Anke Väth:

Erwerbsmöglichkeiten von Frauen in ländlichen und suburbanen Gemeinden Baden-Württembergs. Qualitative und quantitative Analyse der Wechselwirkungen zwischen Qualifikation, Haus-, Familien- und Erwerbsarbeit.

ISBN 3-88570-113-8

HEIDELBERGER GEOGRAPHISCHE ARBEITEN

Herausgeber:

Bernhard Eitel, Hans Gebhardt,
Rüdiger Glaser und Peter Meusburger

Schriftleitung: Klaus Sachs

Heft 113

Im Selbstverlag des Geographischen Instituts der Universität Heidelberg

2001

Erwerbsmöglichkeiten von Frauen in ländlichen und suburbanen Gemeinden Baden-Württembergs. Qualitative und quantitative Analyse der Wechselwirkungen zwischen Qualifikation, Haus-, Familien- und Erwerbsarbeit.

von

Anke Väth

Mit 34 Abbildungen, 54 Tabellen und 1 Karte.

Im Selbstverlag des Geographischen Instituts der Universität Heidelberg

Die vorliegende Arbeit wurde von der Geowissenschaftlichen Fakultät der Ruprecht-Karls-Universität Heidelberg als Dissertation angenommen.

Tag der mündlichen Prüfung: 26. Juli 2000

Gutachter: Prof. Dr. Hans Gebhardt
Gutachter: Prof. Dr. Peter Meusburger

ISBN 3-88570-113-8

Titelfotos: Anke Väth

Zur Erinnerung
an meinen Vater

Vorwort

Mein Interesse an geographischer Frauen- und Geschlechterforschung reicht bis in meine Studienzeit zurück. Im Rahmen des Forschungsprojektes „Frauen im öffentlichen Stadtraum" konnte ich meine Diplomarbeit über „Angst-(freie) Räume in Stuttgart aus der Sicht von BewohnerInnen und ExpertInnen" anfertigen. Das Angebot von Herrn Prof. Dr. Hans Gebhardt, mich am Folgeprojekt „Räumliche Mobilität und Orientierung von Frauen aus dem ländlichen und städtischen Raum" zu beteiligen, habe ich sehr gerne angenommen. Die Bearbeitung des Themenbereiches „Erwerbssituation von Frauen" gab mir die Möglichkeit, mich mit einem weiteren zentralen Aspekt geographischer Geschlechterforschung auseinanderzusetzen. Mein besonderer Dank gilt deshalb Herrn Prof. Dr. Hans Gebhardt, der die vorliegende Arbeit in allen Phasen unterstützt und begleitet hat. Herrn Professor Dr. Peter Meusburger danke ich für die Übernahme des zweiten Gutachtens.

Für die konstruktive Zusammenarbeit, die ganz besonders bei der Erhebung und Weiterverarbeitung des umfangreichen Datenmaterials zum Tragen kam, danke ich meinen Projektkolleginnen Verena Kiedaisch, Anja Kappeler und Heide Orlich sowie unseren Helferinnen in Heidelberg und Tübingen Annika Mattissek, Bettina Lober, Britta Boysen, Nicole Bendig, Heike Valley, Stephanie Dispan und Claudia Rist.

Die qualitativen Daten wären ohne die Mitarbeit der Schlüsselpersonen und Interviewpartnerinnen nicht zustande gekommen. Die erfolgreiche Durchführung der quantitativen Erhebung ist engagierten StudentInnen des Geographischen Instituts der Universität Heidelberg zu verdanken, die im Rahmen des Projektseminars „Erwerbsmöglichkeiten und Mobilität im ländlichen Raum" und des gleichnamigen Geländepraktikums im Sommersemester 1998 BewohnerInnen von vier Gemeinden befragten.

Zum Fortgang dieser Arbeit hat auch der Meinungsaustausch bei mehreren DoktorandInnen-Treffen unter Leitung von Prof. Dr. Hans Gebhardt beigetragen. Für viele Diskussionen an Bahnhöfen, in Zügen und anderswo danke ich Dorothee Wörner ganz herzlich.

Ein anregendes Gesprächsforum bot auch das Graduierten-Kolloquium des Arbeitskreises Feministische Geographie im Oktober 1998 in Bern unter Leitung von Elisabeth Bäschlin und Prof. Dr. Doris Wastl-Walter. Für ein spannendes Diskussionswochenende in der letzten Phase dieser Arbeit sowie für Anmerkungen zum Manuskript danke ich Sabine Malecek.

Viele kritische und konstruktive Kommentare sowie interessante Hinweise zum Text verdanke ich Dr. Ulrike Tagscherer und Christine Johner. Mit großer Geduld hat meine Mutter Waltraud Väth im Text jene Fehler aufgespürt, die die Rechtschreibprüfung überdauert haben.

Meinen Eltern Waltraud und Roland Väth danke ich für vielfältige Unterstützungen, die mir immer wieder Freiräume eröffneten.

Den Herausgebern der Heidelberger Geographischen Arbeiten danke ich für die Veröffentlichung meiner Arbeit, der Kurt-Hiehle-Stiftung für den Zuschuss zu den Druckkosten.

Und last but not least danke ich meinem Lebensgefährten Jürgen Hausen: Er hat mir für die vorliegende Arbeit stets Mut gemacht und war trotz eigener Forschungsarbeiten und räumlicher Trennungen immer für mich da.

Konstanz, im Dezember 2001   Anke Väth

Inhaltsverzeichnis

Abbildungsverzeichnis V

Tabellenverzeichnis VI

Kartenverzeichnis VII

1 Einleitung 1
  1.1 Erwerbstätigkeit von Frauen 1
  1.2 Kennzeichen von ländlichen und suburbanen Räumen 2
  1.3 Zielsetzung und Aufbau der Arbeit 4
  1.4 ‚Alltag von Frauen im ländlichen Raum' – ein Forschungsprojekt 7

2 Theoretische Erklärungsansätze zum Erwerbsverhalten von Frauen 9
  2.1 Klassische Ansätze aus Ökonomie und Soziologie 9
     2.1.1 Die neoklassische Sicht: Humankapitaltheorie 9
     2.1.2 Economics of discrimination 17
     2.1.3 Theorien zur Segmentation des Arbeitsmarktes 20
     2.1.4 Alternativrollenkonzept 27
  2.2 Ansätze der Frauen- und Geschlechterforschung 28
     2.2.1 Die differenztheoretische Sichtweise: Konzept des weiblichen Arbeitsvermögens 28
     2.2.2 Geschlecht als Statuskategorie: die hierarchietheoretische Argumentation 33
     2.2.3 Konstruktivistische Perspektiven: Doing gender 35
  2.3 Gesellschaftstheoretische Ansätze 42
     2.3.1 Die doppelte Vergesellschaftung der Frauen 43
     2.3.2 Soziale Ungleichheiten auf dem Arbeitsmarkt 47

3 Methodologie und methodische Konzeption 63
  3.1 Methodologie und Forschungsdesign 63
     3.1.1 Methodologische Anforderungen 63
     3.1.2 Forschungsdesign 68
  3.2 Angewandte Datenerhebungsmethoden 71
     3.2.1 Auswahl von Untersuchungsgemeinden 71
     3.2.2 Zugang zu den Gemeinden: Gespräche mit Schlüsselpersonen ... 72
     3.2.3 Skizzen aus dem Alltag von Frauen: Tagebücher und Interviews . 75
     3.2.4 Geschlechtsspezifische Differenzen im Blick: Fragebogenerhebung 83

3.3		**Zwischen Stuttgart und Schwarzwald: der Untersuchungsraum**	**85**
	3.3.1	Zwischen Flughafen und Autobahn – Steinenbronn	86
	3.3.2	Von Daimler-Benz geprägt – Nufringen	87
	3.3.3	Kleines Zentrum im Gäu – Bondorf	88
	3.3.4	Dorf mit Stadt-Status – Haiterbach	89

4 Rahmenbedingungen der Erwerbstätigkeit von Frauen 91

4.1		**Qualifikationen im Geschlechtervergleich**	**91**
	4.1.1	Schulische Bildung – Frauen holen auf	91
	4.1.2	Berufsausbildung – noch immer ein männliches Privileg?	102
	4.1.3	Typische Kombinationen schulisch-beruflicher Qualifikationen	110
	4.1.4	Exkurs: Veränderungen – ein Vergleich mit der Generation der Eltern	111
	4.1.5	Zusammenfassung	114
4.2		**Arbeit im Alltag**	**115**
	4.2.1	Von Bügeln bis Vereinsarbeit – Streifzug durch die Arbeiten von Frauen	115
	4.2.2	Arbeitsteilung sowie Vereinbarkeit von Beruf und Familie: Frauen berichten	128
	4.2.3	Arbeitsteilung in der Familie aus Sicht von Frauen und Männern	141
	4.2.4	Pflege von Angehörigen – Frauen zuständig?	152
	4.2.5	Sollten sich Frauen und Männer Erwerbsarbeit und Hausarbeit gleichmäßig teilen?	157
	4.2.6	Zusammenfassung	158

5 Erwerbsbeteiligung und Motive von Frauen 161

5.1		**Erwerbsbeteiligung von Frauen und Männern**	**161**
	5.1.1	Personengebundene Faktoren der Erwerbsbeteiligung	162
	5.1.2	Erwerbschancen und Familienzusammenhang	173
	5.1.3	Gemeindespezifische Unterschiede der Erwerbsbeteiligung	179
	5.1.4	Erwerbstätigkeit – auch eine Frage der Einstellung	181
5.2		**Erwerbsarbeit: Chance oder Belastung für Frauen?**	**187**
	5.2.1	‚Ich arbeite, weil ...' – Bedeutung der Erwerbstätigkeit	188
	5.2.2	‚Ich arbeite nicht, weil ...' – Frauen, die nicht erwerbstätig sind	198
	5.2.3	Erwerbstätigkeit von Frauen: Pro und Contra	201
	5.2.4	Exkurs: Strategien bei der Arbeitssuche	203

6 Geschlechtsspezifische Segregation auf dem Arbeitsmarkt 211

6.1		**Frauenberufe – Männerberufe?**	**211**
	6.1.1	Geschlechtstypische Berufe – eine Einführung	211
	6.1.2	Berufe der befragten Frauen und Männer	213

6.2	Vielfältige Arbeitsorte und Arbeitswege		221
	6.2.1	(Erwerbs-)Arbeitsorte der Interviewpartnerinnen	222
	6.2.2	Arbeitsorte von Frauen und Männern	229
	6.2.3	Arbeitswege und Verkehrsmittel	241
6.3	Wünsche bezüglich des Arbeitsortes		251
	6.3.1	‚Lieber in ...' – Wunscharbeitsorte von Interviewpartnerinnen	251
	6.3.2	Arbeitsplätze und ArbeitgeberInnen – Wünsche von Frauen und Männern	260
	6.3.3	Im Wohnort arbeiten – Pro und Contra	264
6.4	Wochenarbeitszeit – Umfang und Verteilung		264
	6.4.1	Von der (Un-)Zufriedenheit mit der Wochenarbeitszeit	265
	6.4.2	Verteilung der Arbeitszeit über die Woche	273
	6.4.3	Erwerbsarbeitszeiten im geschlechtsspezifischen Vergleich	278
	6.4.4	Formen der Arbeitszeit	286
	6.4.5	Zusammenfassung	291

7 Berufslaufbahnen von Frauen ... 293

7.1	Brüche und Unterbrechungen		293
	7.1.1	‚Das haben früher die Mädle gemacht' – Berufsausbildung selten	293
	7.1.2	‚Nie ´ne Diskussion' – Einfluß des Mannes auf den Berufsverlauf	300
	7.1.3	‚Schöner Job, aber ...' – Einschnitte durch Geschäftsaufgaben	306
	7.1.4	‚Ich bin stolz da drauf, was ich heute bin' – Arbeit im erlernten Beruf	310
	7.1.5	‚Das hat sich so ergeben' – berufsfremde Tätigkeiten	314
	7.1.6	‚Wenn die Kinder in die Schule gehen' – Wiedereinstieg oder nicht?	320
	7.1.7	‚Hat viel mit Kindern zu tun' – Berufswahl junger Frauen	327
	7.1.8	Berufsbiographien von Frauen – überindividuelle Komponenten	330
7.2	Fazit		336
	7.2.1	Qualifikationen – Frauen als Gewinnerinnen der Bildungsexpansion	336
	7.2.2	Aufgabenverteilung in Partnerschaften – allmähliche Veränderungen	338
	7.2.3	Frauen auf dem Arbeitsmarkt – kein Ende der Segregation in Sicht	341

Literatur ... **349**

Anhang 365

A Leitfaden für Gespräche mit Schlüsselpersonen 365

B Qualitative Erhebung 366

    B.1   Liste der Interviewpartnerinnen 366

    B.2   Kurzfragebogen und Tagebuch.. 367

    B.3   Interviewleitfaden zu ‚Erwerbstätigkeit und Raumwahrnehmung'............ 369

    B.4   Interviewleitfaden zu ‚Wohnsituation und soziale Netzwerke'.................. 376

C Quantitative Erhebung... 380

Abbildungsverzeichnis

Abb. 1:	Teufelskreis ökonomischer Rationalität	13
Abb. 2:	Ressourcennutzung im meritokratischen Modell der sozialen Ungleichheit	49
Abb. 3:	Idealtypisches Modell des ungleichheitsbegründenden Kräftefeldes	57
Abb. 4:	Angewandte Methoden in der Übersicht	70
Abb. 5:	Schulische Abschlüsse der Befragten nach Geschlecht	92
Abb. 6:	Schulische Abschlüsse der Befragten nach Altersklassen	93
Abb. 7:	Schulische Abschlüsse der Probandinnen nach Altersklassen	94
Abb. 8:	Schulische Abschlüsse der Probanden nach Altersklassen	95
Abb. 9:	Schulische Abschlüsse in den Untersuchungsgemeinden	96
Abb. 10:	Schulabschlüsse von einheimischen und zugezogenen Befragten	99
Abb. 11:	Berufliche Bildungsabschlüsse nach Altersklassen	105
Abb. 12:	Berufliche Bildungsabschlüsse der Probandinnen nach Altersklassen	106
Abb. 13:	Berufliche Bildungsabschlüsse der Probanden nach Altersklassen	107
Abb. 14:	Zeitverwendung für alltägliche Arbeiten	127
Abb. 15:	Zuständigkeit für Einkäufe aus der Sicht von Frauen und Männern	142
Abb. 16:	Zuständigkeit für Einkäufe aus Sicht von in Partnerschaft lebenden Frauen	143
Abb. 17:	Erledigung von Reparaturen in der Wohnung	145
Abb. 18:	Zuständig für Wäsche waschen	147
Abb. 19:	Sich um die Kindern kümmern	149
Abb. 20:	Erwerbssituation von Frauen verschiedener Altersklassen	165
Abb. 21:	Erwerbssituation von Männern verschiedener Altersklassen	166
Abb. 22:	Anteil der Erwerbstätigen an den Befragten	169
Abb. 23:	Erwerbstätigenquoten von Männern im Vergleich	170
Abb. 24:	Erwerbstätigenquoten von Frauen im Vergleich	170
Abb. 25:	Ansicht zur Erwerbsteilnahme von Eltern und Geschlecht der Befragten	181
Abb. 26:	Faktoren, die die Erwerbsbeteiligung von Frauen beeinflussen	202
Abb. 27:	Arbeitsorte berufstätiger Frauen und Männer	233
Abb. 28:	Arbeitsorte von derzeit Beschäftigten mit betrieblicher Lehre	240
Abb. 29:	Anteile der AutofahrerInnen und Pkw-Verfügbarkeit nach Altersklassen	248
Abb. 30:	Verkehrsmittel auf dem Weg zur Arbeit	249
Abb. 31:	Wöchentlicher Arbeitsumfang der derzeit Beschäftigten	280
Abb. 32:	Arbeitsbiographien von Interviewpartnerinnen mit Hauptschulabschluß	331
Abb. 33:	Arbeitsbiographien von Interviewpartnerinnen mit Mittlerer Reife	333
Abb. 34:	Arbeitsbiographien von Interviewpartnerinnen mit (Fach-)Abitur	334

Tabellenverzeichnis

Tab. 1:	Wichtigste Segmentationsansätze in der Übersicht	21
Tab. 2:	Charakteristische Eigenschaften der drei Segmente des Arbeitsmarktes	23
Tab. 3:	Polare Zuordnungen von Berufsarbeit und Hausarbeit	30
Tab. 4:	Bedingungen der Frauendiskriminierung am Arbeitsmarkt	60
Tab. 5:	Auswahlschema für die Interviewpartnerinnen	76
Tab. 6:	Vergleich zwischen Stichprobe und Grundgesamtheit	84
Tab. 7:	Untersuchungsgemeinden in der Übersicht	85
Tab. 8:	Übergänge auf weiterführende Schulen (Schuljahr 1998/99)	97
Tab. 9:	Schulabschlüsse einheimischer Frauen	100
Tab. 10:	Schulabschlüsse von Einheimischen und Zugezogenen in Nufringen	101
Tab. 11:	Schulabschlüsse von Einheimischen und Zugezogenen in Haiterbach	102
Tab. 12:	Berufsausbildung der Befragten	103
Tab. 13:	Berufsausbildungen der Probandinnen im Gemeindevergleich	108
Tab. 14:	Berufsausbildungen der Probanden im Gemeindevergleich	109
Tab. 15:	Vergleich mit der Qualifikation der Eltern	112
Tab. 16:	Zuständigkeit für Einkäufe und Erwerbssituation	144
Tab. 17:	Zuständigkeit für Wäsche waschen und Erwerbssituation	148
Tab. 18:	Zuständigkeit für die Kinder und Erwerbssituation	150
Tab. 19:	Zuständigkeit für die Kinder und Zahl der Kinder im Haushalt	152
Tab. 20:	Erwerbsbeteiligung der Befragten	164
Tab. 21:	Schulabschluß und Erwerbsbeteiligung	172
Tab. 22:	Berufliche Situation und Partnerschaft	174
Tab. 23:	Einfluß von Kindern im Haushalt auf die Erwerbsbeteiligung	175
Tab. 24:	Zahl der Kinder und finanzielle Lage der Haushalte	176
Tab. 25:	Alter der Kinder und Berufstätigkeit	177
Tab. 26:	Erwerbsbeteiligung von Einheimischen und Zugezogenen	179
Tab. 27:	Gemeindespezifische Erwerbsbeteiligung der Probandinnen	180
Tab. 28:	Ansicht zur Erwerbsteilnahme von Eltern und Alter der Befragten	182
Tab. 29:	Ansicht zur Erwerbsteilnahme von Eltern und Kinder im Haushalt	183
Tab. 30:	Ansicht zur Erwerbsteilnahme von Eltern und Erwerbssituation der Befragten	183
Tab. 31:	Ansicht zur Erwerbsteilnahme von Eltern und Erwerbssituation der Partnerin/des Partners	184
Tab. 32:	Ansicht zur Erwerbsteilnahme von Eltern und Erwerbstätigkeit in der Partnerschaft	184
Tab. 33:	Ansicht zur Erwerbsteilnahme von Eltern und schulischer Abschluß	185
Tab. 34:	Ansicht zur Erwerbsteilnahme von Eltern und Wohnort	186

Tab. 35:	Wichtigste Berufsfelder der befragten Frauen	215
Tab. 36:	Wichtigste Berufsfelder der befragten Männer	216
Tab. 37:	Wichtigste Berufsfelder derzeit erwerbstätiger Probanden nach Gemeinden	218
Tab. 38:	Häufigste Berufsgruppen der ProbandInnen	219
Tab. 39:	Entwicklung der Erwerbsarbeitsorte von Frauen und Männern	230
Tab. 40:	Alter und Erwerbsarbeitsorte derzeit beschäftigter ProbandInnen	232
Tab. 41:	Formen der Erwerbsbeteiligung und Arbeitsorte	233
Tab. 42:	Arbeitsorte derzeit beschäftigter Frauen im Gemeindevergleich	234
Tab. 43:	Auswärtige Arbeitsorte derzeit beschäftigter Frauen im Gemeindevergleich	235
Tab. 44:	Arbeitsorte derzeit beschäftigter Männer im Gemeindevergleich	236
Tab. 45:	Auswärtige Arbeitsorte derzeit beschäftigter Männer im Gemeindevergleich	237
Tab. 46:	Schulabschluß und Arbeitsorte bei derzeit beschäftigten Frauen	239
Tab. 47:	Erwerbsarbeit der Interviewpartnerinnen im Überblick	266
Tab. 48:	Anteil der Teilzeitbeschäftigten	280
Tab. 49:	Arbeitsumfang und der Qualifikation entsprechende Tätigkeit	283
Tab. 50:	Regelmäßigkeit der Arbeitszeiten	285
Tab. 51:	Entwicklung der Schichtarbeit	287
Tab. 52:	Entwicklung der Arbeit auf Abruf	288
Tab. 53:	Arbeit auf Abruf und wöchentliche Arbeitszeit bei derzeit Beschäftigten	289
Tab. 54:	Entwicklung der gleitenden Arbeitszeit	290

Kartenverzeichnis

Karte 1:	Lage der Untersuchungsgemeinden	73

1 Einleitung

Die Erwerbsmöglichkeiten von Frauen in ländlichen und suburbanen Gemeinden zu analysieren heißt, sich mit dem Arbeitsalltag und den Arbeitsbiographien von Frauen auseinander zu setzen, ohne sich dabei auf die Erwerbsarbeit zu beschränken. Im Vordergrund stehen hier Frauen in unterschiedlichen Lebenslagen aus vier Gemeinden im Großraum Stuttgart. Momente und Motive ihrer Erwerbs-, Haus- und Familienarbeit sowie Brüche und Unterbrechungen ihrer Berufslaufbahnen werden mit qualitativen und quantitativen Methoden erfaßt und vor dem Hintergrund aktueller Veränderungsprozesse im ländlichen und suburbanen Raum beleuchtet und diskutiert.

1.1 Erwerbstätigkeit von Frauen

Frauenerwerbsarbeit ist in einem vielschichtigen Spannungsfeld angesiedelt. Gesellschaftliche Entwicklungen, gesetzliche Rahmenbedingungen, Arbeitsmarktsituation, familiäre Gegebenheiten, formale Qualifikationen und individuelle Wünsche sind nur einige der entscheidenden Faktoren. Zahlreiche Untersuchungen geben hierzu Analysen auf empirischer Ebene (z.B. MAYER, ALLEMDINGER & HUININK 1991; HELLMICH 1986). Zugleich ist das Thema Gegenstand aktueller theoretischer Diskussionen (z.B. CYBA 1998; OTT & RINNE 1994).

Die theoretische Auseinandersetzung mit dem Thema Frauenerwerbstätigkeit ist seit mehreren Jahren von lebhafter Entwicklung geprägt. Die klassischen ökonomisch und soziologisch orientierten Modelle wie Humankapitaltheorie oder Segmentationsansatz werden ergänzt durch gesellschaftstheoretische Ansätze (vgl. KRECKEL 1992; BECKER-SCHMIDT 1987a). Hinzu kommt eine äußerst aktive Diskussion im Rahmen feministischer Forschungsarbeit (z.B. REGENHARD; MAIER & CARL 1994; WOLF 1996; GEISSLER, MAIER & PFAU-EFFINGER 1998; ALLGOEWER ET AL. 1998). Sie beinhaltet sowohl Kritik an den genannten klassischen Theorien (vgl. REGENHARD & FIEDLER 1994; MAIER 1998; CYBA 1998) als auch die Entwicklung neuer Ansätze (vgl. OSTNER 1978; TEUBNER 1992; WETTERER 1992; GOTTSCHALL 1998).

Die empirische Seite erfordert eine differenzierte Anwendung des breiten Methodenspektrums. Gilt es doch neben statistisch verwertbarer Erfassung von Erwerbsarbeit und Arbeitsteilung, auch Biographien, Motive und Wünsche zu dokumentieren.

Quantitativ orientierte Studien befassen sich beispielsweise mit den Themen Arbeitszeit (BAUER, GROß & SCHILLING 1996a,b) und Arbeitslosigkeit (RICHTER 1994). Breiten Raum nehmen auch Untersuchungen zu Erwerbsverläufen ein (TÖLKE 1989; FASSMANN 1993; LAUTERBACH 1994).

Komplexere Fragestellungen, wie sie gerade beim Thema Frauenerwerbsarbeit auftreten, sind jedoch rein quantitativ kaum noch sinnvoll zu bearbeiten. Um individuelle Arbeitsbiographien, Motivationen für Erwerbsarbeit, aber auch Interaktionen zwischen verschiedenen gesellschaftlich notwendigen Arbeiten zu erfassen, werden deshalb oft qualitative Erhebungsverfahren eingesetzt (z.B. BECKER-SCHMIDT 1984; BAUER, GROß & SCHILLING 1997). Nicht selten werden quantitative und qualitative Methoden auch kombiniert (z.B. MALECEK 1997; BLÄTTEL-MINK, KRAMER & MISCHAU 1998; SOZIALMINISTERIUM BADEN-WÜRTTEMBERG 1998).

1.2 Kennzeichen von ländlichen und suburbanen Räumen

Die abnehmende Bedeutung der Landwirtschaft, die Zunahme an Arbeitsplätzen im sekundären und tertiären Sektor sowie das durch Zuzug verursachte Bevölkerungswachstum sorg(t)en für einen Umbruch in den ländlich geprägten Gemeinden Baden-Württembergs. Gleichwohl bestimmen traditionelle Ausprägungen des ländlichen Raumes die Erwerbssituation und -möglichkeiten von Frauen. Bieten städtische Räume, angefangen von den Möglichkeiten zur Kinderbetreuung bis hin zu einem breitgefächerten Qualifikations- und Arbeitsplatzangebot, relativ gute Perspektiven für die Erwerbstätigkeit von Frauen, so werden auf dem Weg von suburbanen zu ländlichen Gemeinden zunehmend familiäre Rahmenbedingungen und das Ausdünnen infrastruktureller Einrichtungen zu maßgeblichen Faktoren.

Ein grundlegendes Charakteristikum des ländlichen Raumes sind seine Haushalts- und Familienstrukturen. Noch immer ist die Bedeutung des Mehrpersonenhaushalts im ländlichen Raum quantitativ deutlich stärker ausgeprägt als in Verdichtungsräumen. Ein Ehepaar mit Kindern als klassische Form der Kleinfamilie ist im ländlichen Raum noch häufiger anzutreffen als in anderen Raumkategorien (vgl. STATISTISCHES LANDESAMT BADEN-WÜRTTEMBERG 1993, S. 299 f.).

Auch in puncto Aus- und Weiterbildung unterscheiden sich die einzelnen Lebensräume. Während beispielsweise die Schulabschlüsse von Männern in den verschiedenen Raumkategorien nur geringfügig von einander abweichen, sind bei den Frauen sehr große Differenzen erkennbar. Dies führt dazu, daß die Bildungssituation von Frauen im ländlichen Raum – verglichen mit urbanen Verdichtungsräumen – als wesentlich ungünstiger zu bewerten ist (vgl. STATISTISCHES LANDESAMT BADEN-WÜRTTEMBERG 1993, S. 301). Solche Unterschiede sind auch in Bezug auf Weiterbildungsmaßnahmen zu registrieren: Im ländlichen Raum lebende Frauen nehmen seltener als andere an Weiterbildungsmaßnahmen teil. Einen möglichen Grund dafür stellen sogenannte „Transportwiderstände" dar, die mit Erreichbarkeitsproblemen zusammenhängen (vgl. ebd., S. 304).

Unter dem Gesichtspunkt der Erwerbsbeteiligung ist festzustellen, daß junge ledige Frauen in ländlichen Räumen häufiger erwerbstätig sind als jene im Verdichtungs-

1.2 Kennzeichen von ländlichen und suburbanen Räumen

raum. Dies ist u.a. auf die längeren Ausbildungszeiten im urbanen Raum zurückzuführen. Auch Ehefrauen weisen eine höhere Erwerbstätigenquote als im Stadtraum auf. Mögliche Gründe sind in der angespannten finanziellen Lage von Familien im ländlichen Raum zu sehen. Hier spielt vor allem der aus einem Mangel an Mietwohnungen resultierende Bau bzw. Erwerb von Eigenheimen eine Rolle (vgl. STATISTISCHES LANDESAMT BADEN-WÜRTTEMBERG 1993, S. 324). Außerdem führt auch die schwierige Arbeitsmarktsituation dazu, daß Unterbrechungen nach Möglichkeit vermieden werden. Interessant ist, daß Mütter im ländlichen Raum ebenfalls eine höhere Erwerbstätigenquote aufweisen als in anderen Raumkategorien. Da das Angebot nach Teilzeitarbeitsplätzen im ländlichen Raum deutlich geringer ist als die Nachfrage, ist dort auch der Anteil vollerwerbstätiger Frauen höher als in den anderen Kategorien (vgl. ebd., S. 304 ff.).

Ein Grund für das Ungleichgewicht zwischen Angebot und Nachfrage bei Teilzeitarbeitsplätzen liegt in der Berufsstruktur, denn im ländlichen Raum sind die „teilzeitfreundlichen" Dienstleistungsberufe weit weniger verbreitet als in Verdichtungsräumen. Geht man davon aus, daß eine Teilzeitbeschäftigung zur besseren Vereinbarkeit von Erwerbstätigkeit und Familie beitragen kann, so ist dieses Problem im ländlichen Raum noch weniger gelöst als in urbanen Lebensräumen (vgl. STATISTISCHES LANDESAMT BADEN-WÜRTTEMBERG 1993, S. 309 f.).

Neben der Möglichkeit, auf einer Teilzeitstelle zu arbeiten, kommt auch der familienergänzenden Kinderbetreuung eine wichtige Rolle bei der Erwerbsbeteiligung von Frauen zu. Hier läßt insbesondere die Betreuung von Kleinkindern zu wünschen übrig, denn Kinderkrippen haben im ländlichen Raum Seltensheitswert. Die Eltern sind deshalb auf Eigeninitiative angewiesen, und vielfach kümmern sich Tagesmütter um die Kinder. Allerdings liegt die Nachfrage über dem Angebot, so daß auch diese Form der Tagesbetreuung unter Umständen nur schwer zu realisieren ist. Für Kinder im Alter von ca. drei bis ca. sechs Jahren hat sich die institutionalisierte Kinderbetreuung generell zwar verbessert, doch starre Öffnungszeiten und fehlende Ganztagesbetreuung bereiten auch hier Schwierigkeiten (vgl. STATISTISCHES LANDESAMT BADEN-WÜRTTEMBERG 1993, S. 316 ff.).

Schließlich prägen auch Mobilitätserfordernisse und Mobilitätsmöglichkeiten den Alltag im ländlichen Raum (vgl. KÖRNTGEN 1996). Nahezu alle Aktivitäten erfordern ein Verkehrsmittel: Schul- und Arbeitswege, Einkäufe und Arztbesuche, Behördengänge und Freizeitaktivitäten. Das Angebot an öffentlichen Verkehrsmitteln ist vielfach nicht in der Lage, den Mobilitätsbedarf zu decken, auch werden lange Fahrzeiten, hohe Fahrpreise, die zu geringe Zahl der Verbindungen und deren zeitliche Verteilung kritisiert. Individuelle Mobilitätsprobleme werden zumeist mit Hilfe eines Pkw gelöst, wobei nicht selten auch ein Zweit- oder Drittwagen notwendig ist. Die Hol- und Bringdienste für Kinder sind meistens eine Aufgabe der Mütter, die unter großen Belastungen so etwas wie ein ‚Taxiunternehmen' für ihre Kinder darstellen (vgl. STATISTISCHES LANDESAMT BADEN-WÜRTTEMBERG 1993, S. 321).

Das Thema ‚Erwerbsmöglichkeiten von Frauen' erscheint gerade im ländlichen und suburbanen Raum sehr interessant, weil die Erwerbsvoraussetzungen in mancher Hinsicht komplizierter sind als in städtischen Räumen. Das fängt bereits mit der Schulbildung an, denn vor allem die Wege zu Realschulen und Gymnasien sind in der Regel länger und mit höherem Zeitaufwand verbunden, und setzt sich mit der beruflichen Qualifikation fort. Das Spektrum der Ausbildungsmöglichkeiten ist eingeschränkt, und auch hier sind oft lange Wege oder gar das phasenweise Verlassen des Wohnortes notwendig. Letzteres gilt besonders, aber keineswegs ausschließlich für den Besuch von Universitäten und anderen Hochschulen.

Der ländliche und suburbane Raum ist außerdem durch ein quantitatives und qualitatives Defizit an Arbeitsplätzen gekennzeichnet, das seinen Ausdruck oft in Pendlerströmen findet. Erschwert wird die Situation durch infrastrukturelle Schwächen, die besonders den öffentlichen Nahverkehr und institutionalisierte Kinderbetreuungseinrichtungen betreffen. Weniger leicht greifbar, aber dennoch sehr real, sind tradierte Rollen- und Wertvorstellungen, die die Erwerbsmöglichkeiten von Frauen beeinflussen.

Um dem letztgenannten Punkt gerecht zu werden, reicht Zahlenmaterial allein nicht aus: Hier sind Individuen – in diesem Fall Frauen – mit ihren Ansichten und Biographien gefragt. Gleichzeitig besteht jedoch der Wunsch, bestimmte Phänomene in ihrer Größenordnung zu erfassen. Dazu sind nach Geschlecht differenzierte Zahlen über Qualifikationen, über die Aufteilung von Haus- und Familienarbeit sowie über einzelne Aspekte der Erwerbsarbeit erforderlich.

1.3 Zielsetzung und Aufbau der Arbeit

Ziel der vorliegenden Arbeit ist es, den Themenkomplex Erwerbssituation und Erwerbsmöglichkeiten von Frauen in seinen Wechselwirkungen mit den Faktoren des ländlichen bzw. suburbanen Raumes am Beispiel von vier Untersuchungsgemeinden zu beschreiben und zu analysieren. Dabei kommt folgenden Fragestellungen zentrale Bedeutung zu:

- Wie hat sich das schulische und berufliche Qualifikationsniveau verändert, welchen Einfluß hat es auf die Erwerbssituation von Frauen? Welche Differenzen sind zwischen großstadtnahen und großstadtferneren Gemeinden festzustellen?

- Wie wird die innerfamiliale Arbeitsteilung ausgehandelt und wie gestaltet sie sich in der alltäglichen Praxis?

- Welche Argumente sprechen für, welche gegen die Erwerbstätigkeit von Frauen?

1.3 Zielsetzung und Aufbau der Arbeit

- Welche Bedeutung haben die Wohngemeinden (und damit wohnungsnahe Arbeitsplätze) als Arbeitsorte unter qualitativen und quantitativen Gesichtspunkten?
- In welchem Umfang sind Frauen erwerbstätig? Wie zufrieden sind sie mit Umfang und Verteilung der wöchentlichen Arbeitszeiten? Welchen Einfluß haben sie auf die Arbeitszeitgestaltung?
- Wie sehen Berufslaufbahnen in ländlichen und suburbanen Gemeinden aus? Welche Faktoren beeinflussen sie?

Eine kritische Auseinandersetzung mit theoretischen Konzepten zur Erwerbsarbeit von Frauen[1], entspringt einem Bedürfnis, die Erhebungen und Auswertungen an der aktuellen theoretischen Diskussion auszurichten (siehe Kapitel 2). Untersuchungen zur Situation von Frauen auf dem Arbeitsmarkt werden verstärkt seit den 60er Jahren des 20. Jahrhunderts durchgeführt und sind ursprünglich in den Wirtschaftswissenschaften oder der Soziologie angesiedelt. Geographische Arbeiten dazu liegen vermehrt seit den 80er Jahren vor. Bislang ist es jedoch weder von ökonomischer noch von sozialwissenschaftlicher Seite gelungen, einen umfassenden theoretischen Erklärungsansatz zum Erwerbsverhalten von Frauen zur Verfügung zu stellen. In Kapitel 2 werden deshalb verschiedene, konkurrierende und teilweise auch gegensätzliche Theorien vorgestellt. Neben mittlerweile klassischen Ansätzen wie Humankapitaltheorie und Theorien zur Segmentation von Arbeitsmärkten sind auch in der Frauen- und Geschlechterforschung Erklärungsmuster entstanden. Hier ist das Konzept des weiblichen Arbeitsvermögens ebenso zu nennen wie Perspektiven, die Geschlecht als soziale Konstruktion begreifen. In gesellschaftstheoretischen Ansätzen über die doppelte Vergesellschaftung der Frauen oder über soziale Ungleichheit kommen schließlich auch arbeitsmarktexterne Faktoren bzw. der systematische Zusammenhang zwischen Erwerbsarbeit und anderen gesellschaftlich notwendigen Arbeiten wie der Familienarbeit zur Sprache.

Der methodologische Hintergrund und die methodische Konzeption werden in Kapitel 3 vorgestellt. In das Forschungsdesign fließen Aspekte feministischen Wissenschaftsverständnisses ein, und auch der Zusammenhang zwischen Erwerbs- und Familienarbeit ist zu berücksichtigen. An die Datenerhebung erwachsen daraus bestimmte Anforderungen, die sich durch eine Kombination qualitativer und quantitativer Forschungsmethoden umsetzen lassen. Abschließend wird der Untersuchungsraum vorgestellt. Die Studie befaßt sich mit vier kleinen Gemeinden, die

---

[1] Bei einer Untersuchung, die neben den Unterschieden innerhalb der Gruppe der Frauen auch geschlechtsspezifische Differenzen in den Mittelpunkt stellt, ist eine entsprechend geschlechtssensibilisierte Schreibweise erforderlich: Sind im folgenden Frauen *und* Männer gemeint, so wird beispielsweise von *BewohnerInnen* gesprochen. Geht es ausschließlich um Frauen, so ist von *Bewohnerinnen* die Rede; gleiches gilt, wenn ausschließlich Männer gemeint sind *(Bewohner)*. In Literaturzitaten haben diese Vorgaben nicht zwangsläufig Gültigkeit. Ausnahmen gibt es auch bei zusammengesetzten Substantiven.

dem Großraum Stuttgart zuzuordnen sind und in unterschiedlichem Maße in den dortigen Suburbanisierungsprozeß eingebunden sind.

In Kapitel 4 werden empirische Ergebnisse zu den Rahmenbedingungen der Erwerbstätigkeit von Frauen geschildert. Formale Qualifikationen, also die schulische Bildung und die Berufsausbildung, stellen in Deutschland wesentliche Voraussetzungen für den Zugang zu Arbeitsplätzen dar. Insbesondere für Frauen kommt noch ein weiterer Faktor hinzu: Familiäre Verpflichtungen ‚bestimmen', welchen Raum die Erwerbstätigkeit im Alltag von Frauen einnimmt, da die gesamtgesellschaftliche Aufgabenteilung nach wie vor nur selten in Frage gestellt wird.

Aus dieser traditionellen Aufgaben- und Rollenverteilung resultiert auch die unterschiedliche Erwerbsbeteiligung von Frauen und Männern, wie in Kapitel 5 zu zeigen ist. Die Motivationen von Frauen für eine Erwerbstätigkeit, aber auch die Gründe, die dagegen sprechen, machen die ganze Bandbreite dieses Themas deutlich: Erwerbstätigkeit kann Chance und Bereicherung, aber auch Notwendigkeit oder Belastung sein.

Verschiedene Aspekte der geschlechtsspezifischen Segregation des Arbeitsmarktes werden in Kapitel 6 diskutiert. Hier sind zunächst die Inhalte der Berufstätigkeit zu nennen, die sich in vielen Fällen schon mit der Ausbildung als Frauen- bzw. Männerberuf kennzeichnen lassen. Aus geographischer Perspektive sind Arbeitsorte und die zurückzulegenden Wege in Verbindung mit den Mobilitätsmöglichkeiten relevant. Dieses Thema ist gerade im ländlichen und suburbanen Raum interessant, denn hier sind die Arbeitsplätze weniger konzentriert als im städtischen Raum und gleichzeitig ist die Verkehrsinfrastruktur gerade im öffentlichen Nahverkehr schlechter ausgebaut. Doch Frauen sind nicht nur in anderen Berufen als Männer tätig und arbeiten oft an anderen Orten. Auch in Bezug auf die Arbeitszeitsysteme sind geschlechtsspezifische Differenzen vorhanden.

Von Brüchen und Unterbrechungen sind die in Kapitel 7 geschilderten Berufslaufbahnen von Frauen gekennzeichnet. Die Bildungsexpansion der letzten Jahrzehnte ist darin ebenso dokumentiert wie familiäre Einflüsse auf den Berufsverlauf. Die ländlichen und suburbanen Gemeinden als ‚Schauplatz' dieser Biographien schränken durch ihr begrenztes Ausbildungs- und Arbeitsplatzspektrum die Berufswahl und die Erwerbsmöglichkeiten von Frauen einerseits ein. Andererseits tragen funktionierende soziale Netzwerke dazu bei, Frauen auch in schwierigen Situationen einen Arbeitsplatz zu vermitteln. Den Abschluß bildet ein Fazit, in dem noch einmal die Kernpunkte einzelner Kapitel aufgegriffen und Verknüpfungen hergestellt werden.

1.4 ‚Alltag von Frauen im ländlichen Raum' – ein Forschungsprojekt

Die vorliegende Arbeit ist Teil des interdisziplinären, geographisch-kulturwissenschaftlichen Forschungsprojektes ‚Räumliche Mobilität und Orientierung von Frauen aus dem ländlichen und städtischen Raum', das am Geographischen Institut der Universität Heidelberg sowie am Ludwig-Uhland-Institut für Empirische Kulturwissenschaft an der Universität Tübingen durchgeführt und von Anfang 1997 bis Ende 1998 durch das Förderprogramm ‚Frauenforschung' des Ministeriums für Wissenschaft und Forschung in Baden-Württemberg finanziert wurde.

Das geographische Teilprojekt mit dem Untertitel ‚Alltag von Frauen im ländlichen Raum' unter der Leitung von Prof. Dr. Hans Gebhardt umfaßt drei Themen: Neben dem Schwerpunkt ‚Erwerbsmöglichkeiten von Frauen in ländlichen und suburbanen Gemeinden' sind dies ‚Aktionsräume von Frauen' und ‚Soziale Netzwerke im Alltag von Frauen'.

Wichtige Ergebnisse aus dem geographischen wie auch dem kulturwissenschaftlichen Teilprojekt sind dem Forschungsbericht ‚Aktionsräume von Frauen in der Region Stuttgart' zu entnehmen, der im Februar 1999 zusammengestellt wurde (siehe KAPPELER ET AL. 1999).

2 Theoretische Erklärungsansätze zum Erwerbsverhalten von Frauen

2.1 Klassische Ansätze aus Ökonomie und Soziologie

Bezogen auf die Arbeitskraft unterscheidet man bei den traditionellen Ansätzen aus Ökonomie und Soziologie zwischen angebots- und nachfrageorientierten Theorien.

Die klassischen *angebotsorientierten Ansätze* sind überwiegend humankapitaltheoretisch fundiert und somit den neoklassischen Theorien zuzuordnen. Sie beschäftigen sich mit typischen Unterschieden im Arbeitsmarktverhalten von Frauen und Männern, wobei Erwerbsbeteiligung, Qualifikationsstrukturen und neuerdings auch Arbeitszeitpräferenzen wichtige Aspekte darstellen (vgl. GOTTSCHALL 1995a, S. 135). Aktuell ist hier unter anderem der Frage nachzugehen, ob diese Ansätze, wie GOTTSCHALL (ebd.) meint, „versagen", wenn sich einerseits die Qualifikationsniveaus von Frauen und Männern angleichen, aber andererseits geschlechtsspezifische Unterschiede, wie beispielsweise Einkommensdifferenzen, bestehen bleiben.

Im Zentrum der konkurrierenden *nachfrageorientierten Theorien* – hier sind insbesondere die verschiedenen Segmentationsansätze zu nennen – stehen dagegen Einstellungsverhalten und personalpolitische Strategien von ArbeitgeberInnen (vgl. GOTTSCHALL 1995a, S. 136).

Des weiteren liefern auch Diskriminierungstheorien einen Beitrag zur Erklärung des Erwerbsverhaltens von Frauen; sie sind wie die Humankapitaltheorie neoklassischer Provenienz, konzentrieren sich im Gegensatz zu dieser jedoch auf die Nachfrageseite. Ergänzt werden die genannten Ansätze durch das von segmentationstheoretischen Überlegungen ausgehende Alternativrollenkonzept.

2.1.1 Die neoklassische Sicht: Humankapitaltheorie

Unter den neoklassischen Ansätzen wird die Humankapitaltheorie am häufigsten für die Erklärung geschlechtsspezifischer Phänomene auf dem Arbeitsmarkt – beispielsweise die unterschiedliche Entlohnung von Frauen und Männern – herangezogen. Nach einer kurzen Erläuterung der allgemeinen Kennzeichen dieser Theorie wird im nächsten Abschnitt der Bezug zur spezifischen Situation von Frauen hergestellt. Abschließend wird der Ansatz aus Sicht der Frauenforschung kritisch beleuchtet.

Humankapitaltheorie – eine kurze Einführung

Das zu den Gleichgewichtsmodellen zählende neoklassische Grundmodell geht davon aus, daß der Arbeitsmarkt ein geschlossenes System darstellt, in dem sich

Nachfrage nach Arbeitskräften und Arbeitskräfteangebot ausgleichen. Reguliert wird dieses System über den Preis, der für eine Arbeit geboten wird bzw. für sie verlangt werden kann. Grundlegende Annahme dieses Modells ist, daß die auf dem Arbeitsmarkt agierenden Kräfte (sowohl auf Angebots- wie auf Nachfrageseite) im Sinne des *homo oeconomicus* auftreten und bestrebt sind, ihren Nutzen zu maximieren.

Einige der restriktiven Annahmen des neoklassischen Grundmodells sind heute kaum noch haltbar. Durch die Entwicklung der Humankapitaltheorie konnte eine stärker realitätsbezogene Anpassung formuliert werden. Als Humankapital wird die Summe der (Aus-) Bildungsinvestitionen bezeichnet; über bestimmte personen- oder gruppenspezifische Merkmale will die Theorie Einkommensunterschiede erklären. Dabei ist erhöhtes Humankapital mit erhöhtem Verdienst gleichzusetzen, ein Gedanke, der aus der Investitionstheorie abzuleiten ist. D.h. die Arbeitskräfte stellen keine homogene Gruppe mehr dar, sondern unterscheiden sich hinsichtlich ihrer Qualifikation und sind folglich nicht mehr ohne weiteres austausch- bzw. substituierbar. Neben *generellen* Qualifikationen wie z.B. Pünktlichkeit und Zuverlässigkeit spielen v.a. formale wie Schul-, Ausbildungs- oder Studienabschlüsse eine Rolle. Nach Eintritt in das Berufsleben werden diese durch *spezifische* Qualifikationen, die auf einen Betrieb oder Arbeitsplatz zugeschnitten sind, ergänzt.

Die Humankapitaltheorie geht nun davon aus, daß ein linearer Zusammenhang zwischen den Qualifikations- bzw. Ausbildungsinvestitionen und dem späteren Einkommen besteht. Dies ist einer der Kritikpunkte, die FASSMANN und MEUSBURGER (1997, S. 49 f.) aufführen. Sie verweisen darauf, daß dies nicht unter allen Rahmenbedingungen zutrifft, sondern situationsabhängig ist. Außerdem stellen sie fest, daß – zumindest im mitteleuropäischen Bildungssystem – die Qualifikation eine Form der Privatisierung darstellt, denn das Individuum erhält in Form seiner Ausbildung öffentliche Zuwendungen. Umgekehrt jedoch kann auch die Gesellschaft einen Nutzen aus qualifizierten Individuen ziehen, doch dieser Aspekt bleibt in der Humankapitaltheorie unberücksichtigt. Hinterfragt werden muß ebenfalls, ob die Annahme gleicher Bildungs- und Qualifikationschancen realistisch ist.

Besonders vor dem aktuellen Hintergrund ist der Ansatz auch in sofern problematisch, als er nur freiwillig gewählte Arbeitslosigkeit erklärt und „wenig zum Verständnis gegenwärtiger Arbeitsmarktprobleme mit unfreiwilliger Massenarbeitslosigkeit" beiträgt (KELLER 1997, S. 313). Außerdem wird Bildung auf ihren ökonomischen Wert reduziert und nicht auch als „Mittel zur Persönlichkeitsentfaltung betrachtet" (ebd.). MEUSBURGER (1998, S. 93) weist darauf hin, daß Wissen nicht durch einen Preis definiert werden kann, auch wenn der Begriff des ‚Humankapitals' dies nahe legt.

2.1 Klassische Ansätze aus Ökonomie und Soziologie

Berücksichtigung der Situation von Frauen in der Humankapitaltheorie

Auch um die Situation von Frauen im Rahmen der Humankapitaltheorie erfassen zu können, ist ein kurzer Rekurs auf das neoklassische Grundmodell notwendig: „Das Arbeitsangebot einer Gesellschaft war als bezahlte Beschäftigung definiert, der Umfang des Arbeitsangebots resultierte aus der individuellen Abwägung der relativen Opportunitätskosten von Erwerbstätigkeit gegenüber Freizeit" (BROWN 1994, S. 97).

Die Frage, wie sich steigende Erwerbsquoten verheirateter Frauen innerhalb dieses Arbeit-Freizeit-Schemas erklären lassen, stellt Jacob MINCER im Jahr 1962. Aus feministischer Perspektive sind nach Ansicht BROWNS (1994, S. 97 f.), die sich vorwiegend auf die Situation in den USA bezieht, folgende Aspekte zu beachten:

- Da Arbeit mit Erwerbsarbeit gleichgesetzt und das Pendant hierzu als Freizeit bezeichnet wurde, blieb die von Frauen in Haushalt und Familie geleistete Arbeit unberücksichtigt, so daß von einer androzentrischen Sichtweise gesprochen werden kann.

- Schon lange waren viele junge, arme oder alleinstehende, aber insbesondere schwarze Frauen erwerbstätig. Doch in wirtschaftswissenschaftliche Untersuchungen wurden Frauen erst einbezogen, als mehr und mehr weiße, verheiratete Mittelschichtfrauen auf den Arbeitsmarkt drängten. Zugespitzt formuliert BROWN (1994, S. 97 f.), es sei „schon bezeichnend, daß weiße, männliche, der Mittelschicht angehörende Wirtschaftswissenschaftler die Arbeitnehmerin entdeckten, als ihre eigenen Ehefrauen Mitglieder der Erwerbsbevölkerung wurden!"

- Weiterhin basierten die frühen Untersuchungen auf der Annahme, daß „der Mann das Geld verdient und die Frau den Haushalt führt", obwohl Feministinnen darauf hingewiesen hatten, daß dies nur für einen Teil der Bevölkerung, nämlich weiße, städtische Mittelschichtsehepaare, galt (BROWN 1994, S. 98).

Mitte der 60er Jahre wurde das den neoklassischen Studien zugrundeliegende Arbeit-Freizeit-Konzept zugunsten der Theorie der Zeitallokation sowie der *New Home Economics* modifiziert; beide gehen auf Arbeiten von BECKER (1964, 1965, 1971) zurück[2]. Neu ist jetzt vor allem, daß die Entscheidung eines Haushalts bezüglich dessen Zeitverwendung für marktvermittelte Arbeit einerseits und für Hausarbeit andererseits untersucht wird. Damit nun mikro-ökonomische Modellannahmen auf die Allokationsentscheidungen eines Haushalts übertragen werden können, ist es notwendig, den Haushalt als kleine Firma (mit zwei Personen) zu denken: Der Haushalt „verfolgt eine gemeinsame Nutzenmaximierungsstrategie,

---

[2] Modelle der Neuen Haushaltsökonomik prognostizieren typischerweise eine *eindeutig gerichtete* Reaktion der Frau auf Einkommenssteigerungen des Mannes. Im Zeitallokationsmodell dagegen induziert ein Lohnanstieg beim Mann *immer* einen Rückzug der Frau aus dem Arbeitsmarkt (vgl. RADKE 1996, S. 27).

die sich z.B. der Vorteile von Spezialisierung und Arbeitsteilung bedient. Die Aufteilung der Hausarbeit selbst wie auch die Aufteilung der Zeit zwischen Erwerbsarbeit und Hausarbeit (und Freizeit) erfolgt nach den Gesetzen des komparativen Vorteils. [...] Die Spezialisierung auf die Lohnarbeit ist für das Haushaltsmitglied vorteilhaft und ökonomisch rational, das den höheren Lohnsatz erzielen kann. [...] Da Männer, statistisch gesehen, das höhere Markteinkommen erzielen können, spezialisieren sie sich auf die Erwerbsarbeit, Frauen spezialisieren sich auf die Hausarbeit" (MAIER 1998, S. 22 f.).

Entscheidende Variable ist in diesem Fall also der von außen vorgegebene, durch die Einzelnen nicht zu verändernde Lohnsatz. Anders argumentiert dagegen die *Humankapitaltheorie*, denn ihr zufolge entscheiden die Individuen selbst über ihre Investitionen in das Humankapital und nehmen somit Einfluß auf den Marktlohnsatz (vgl. MAIER 1998, S. 23).

Wie oben erläutert, stellen – zumindest formale und spezielle – Qualifikationen eine Investition dar. Diese kann sich nur dann auszahlen, wenn die Arbeitskraft kontinuierlich erwerbstätig ist; auch können die speziellen Qualifikationen meist nur unter solchen Umständen erst erworben werden. Im Sinne der Humankapitaltheorie sind die Folgen klar: Da bei Frauen die ‚Gefahr' einer diskontinuierlichen Tätigkeit besteht, lohnen sich für sie hohe Ausbildungsinvestitionen nicht – eine Entscheidung, die ihnen möglicherweise bereits von den Eltern abgenommen wird. In Zeiten, in denen eine Frau aufgrund von Kindererziehung o.ä. nicht berufstätig ist, akkumuliert sie in der Regel kein neues Humankapital (jedenfalls kein betriebsspezifisches) und muß damit rechnen, daß ihr bislang erworbenes Wissen an Wert verliert.

Für Mädchen und Frauen heißt dies, daß sie bereits beim Eintritt ins Erwerbsleben mit geringeren Verdiensten rechnen müssen, da sie wegen der auf Nachfrageseite vermuteten Diskontinuität ihres Berufsverlaufes (und nicht etwa wegen mangelnder Qualifikation) nur untergeordnete Positionen erhalten. Im Verlauf des Berufslebens verstärken sich die Tendenzen zur geschlechtsspezifischen Segregation vor allem dann, wenn Frauen ihre Erwerbstätigkeit – aus welchem Grund auch immer – tatsächlich unterbrechen.

Zusammenfassend läßt sich festhalten, daß sich der frauenspezifische Grundgedanke der Humankapitaltheorie dabei an einer Alltagserfahrung orientiert: Da Frauen in der Regel auch über die Geburt hinaus für Kinder verantwortlich sind und außerdem weitere Reproduktionsarbeit leisten, ist ihre Arbeitsmarktbindung meist weniger intensiv als die von Männern. Hinzu kommen alltägliche Ereignisse, wie Krankheiten von Familienmitgliedern, die die Anwesenheit Zuhause erforderlich machen. „Eingeschränkte Flexibilität und Mobilität in der Wahl des Arbeitsplatzes spielen wegen der vorausgesetzten Berufstätigkeit des Ehemannes als Hauptenährer ebenfalls eine nicht zu unterschätzende Rolle für die Arbeitsmarktbindung der Frauen" (REGENHARD & FIEDLER 1994, S. 45 f.).

2.1 Klassische Ansätze aus Ökonomie und Soziologie

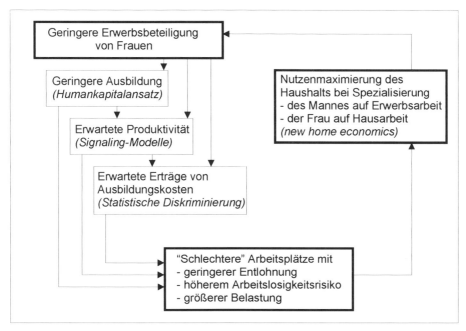

Abb. 1: Teufelskreis ökonomischer Rationalität
Quelle: OTT (1993a, S. 115), leicht verändert

Verhalten sich nun alle AkteurInnen im Sinne der Theorie rational, so entsteht ein Teufelskreis (siehe Abb. 1), „in dem Frauen weniger Ausbildung und weniger Marktlohn erhalten, schlechtere Arbeitsplätze besetzen und sich darüber die traditionelle Arbeitsteilung in der Familie erhält und reproduziert" (MAIER 1998, S. 24).

Humankapitaltheorie aus der Sicht der Frauenforschung

Bevor die Humankapitaltheorie aus Sicht der Frauenforschung kritisch durchleuchtet werden kann, sind auch hier einige Worte zur Neoklassik[3] allgemein notwendig. Trotz weitreichender konzeptioneller und methodischer Kritik an der Neoklassik wird auch in der feministisch orientierten ökonomischen Arbeitsmarktforschung die alte Kontroverse um die Relevanz zentraler neoklassischer Paradigmen reproduziert (vgl. MAIER 1998, S. 24): So sind unter feministischen Ökonominnen sowohl Befürworterinnen als auch Gegnerinnen neoklassischer Argumente vertreten.

---

[3] Die Auseinandersetzung um „Neoklassische Dogmen und feministische Kritik" skizziert MAIER (1994, S. 23 ff.).

Im Sinne der neoklassischen Ökonomie argumentiert beispielsweise Notburga OTT (1993a, 1993b sowie gemeinsam mit RINNE 1994), die in ihren neueren Arbeiten Elemente aus der Spiel- und Verhandlungstheorie aufgreift: In der ökonomischen Theorie des Haushalts wird „die Familie als ökonomische Institution betrachtet, in der durch langfristige Kooperation der Mitglieder die Wohlfahrtsproduktion kostengünstiger als durch Marktbeziehungen erfolgt" (OTT & RINNE 1994, S. 161). Dabei ist sich OTT (vgl. 1993b, S. 25) sehr wohl bewußt, daß sich nicht alle Beweggründe menschlichen Verhaltens ökonomisch erklären lassen, doch sie sieht die Gefahr, dem Verhalten gerade im Bereich von Familie und Partnerschaft jegliche Rationalität[4] abzusprechen.

Mit dem Ziel der Nutzenmaximierung des Haushalts mag es nun in einer ersten Phase durchaus für beide Beteiligten rational sein, wenn sich eine Person auf Erwerbsarbeit, die andere dagegen auf Haus- und Familienarbeit spezialisiert. Statistisch gesehen erzielen Männer ein höheres Markteinkommen als Frauen, so daß die Erwerbsarbeit des Mannes auch aus Sicht der Frau rational erscheint (vgl. MAIER 1998, S. 23). Doch welche Folgen hat dies für die ‚Zwei-Personen-Firma'?

Geht man nun davon aus, daß die „Spezialisierung auf eine Tätigkeit und Akkumulation des entsprechenden Humankapitals [...] immer auch gleichzeitig den Verzicht auf Investitionen in andere Arten von Humankapital" bedeutet, so gewinnt der Mann weiteres marktfähiges (z.B. betriebsspezifisches) Humankapital hinzu, das in der Regel unabhängig vom Haushaltszusammenhang Erträge bringt (OTT & RINNE 1994, S. 162 f.). Das Humankapital, das die Frau in dieser Zeit erwirbt, ist im Gegensatz dazu sehr eng mit dem Haushaltskontext verknüpft und folglich nicht ohne weiteres marktfähig: ihre potentiellen Arbeitsmarktchancen verschlechtern sich.

In einer späteren Phase, wenn beispielsweise die Kinder den Haushalt verlassen haben, trägt die auf Haus- und Familienarbeit spezialisierte Person weniger zum gemeinsamen Gewinn bei: Ihr Humankapital hat also nicht nur auf dem Arbeitsmarkt, sondern auch innerhalb des Haushalts an Wert verloren. Damit auch rational handelnde Individuen einem solchen Arrangement zustimmen, muß die Position der auf Haus- und Familienarbeit spezialisierten Person geschützt werden: „Das traditionelle Rollenverhalten in der Familie kann damit als ein (meist implizit geschlossener) *Vertrag* angesehen werden, in dem die Frau die Hausarbeit übernimmt und damit eine Verschlechterung ihrer Alternativmöglichkeiten hinnimmt, ihr im Gegenzug aber ein unveränderter Anteil an der Wohlfahrtsproduktion des Haushalts zugesichert wird" (OTT & RINNE 1994, S. 166, Herv. im Original).

Kommt es nun zum Bruch des Vertrages (z.B. durch Scheidung), so wird die Asymmetrie zwischen den Beteiligten besonders deutlich: Mittlerweile existieren

---

[4] Im Zuge der kritischen Auseinandersetzung mit neoklassischen Konzepten hat sich inzwischen ein weicherer Rationalitätsbegriff herausgebildet. Während der klassische *homo oeconomicus* seinen Nutzen maximieren wollte, geht es nun um die Nutzenoptimierung (vgl. REUBER 2000). Den Zusammenhang zwischen Wissen und Rationalität erläutert MEUSBURGER (1998, S. 86 ff.).

2.1 Klassische Ansätze aus Ökonomie und Soziologie

für die meisten Haushaltsgüter und -dienstleistungen Marktsubstitute und auf diese kann die auf Erwerbsarbeit konzentrierte Person im Falle des Vertragsbruches zurückgreifen. Schlechter sieht es für die auf Haushalt spezialisierte Person aus, denn ihr Humankapital bringt nicht die gleichen Erträge, da Hausarbeitszeit durch Marktsubstitute sehr viel leichter zu ersetzen ist als umgekehrt Marktgüter durch Eigenproduktion (vgl. OTT & RINNE 1994, S. 171).

Durch die steigenden Risiken der traditionellen Arbeitsteilung ist nach Ansicht OTTS (1993a, S. 140) zu erwarten, „daß in den Familien in Zukunft Entscheidungen mit asymmetrischen Folgen vermieden und Frauen und Männer zunehmend mit ähnlichen Merkmalen auf dem Arbeitsmarkt als Anbieter auftreten werden", obwohl die „gegenwärtige Familienpolitik [...] eher durch eine Förderung traditioneller Rollenmuster gekennzeichnet" ist.

Die Volkswirtin MAIER (1998) zeigt u.a. am Beispiel der Arbeiten von OTT (s.o.), daß die feministische Neoklassik gegenüber der traditionellen Neoklassik zwar nicht unerhebliche Erkenntnisfortschritte aufzuweisen habe, aber dennoch unter den gleichen Begrenzungen wie die traditionellen Ansätze leide. Während aber die frühen Ansätze von BECKER (s.o.) noch zu dem Resultat kamen, daß Ungleichheiten von Männern und Frauen das Ergebnis rationalen Verhaltens seien, zeigten neuere Studien, daß die anhaltende Diskriminierung von Frauen „ökonomische Effizienzverluste" bewirke (MAIER 1998, S. 28 f.).

Andere Autorinnen jedoch sehen die Humankapitaltheorie sehr viel kritischer: So zeige sich, daß diese nur unter höchst problematischen Prämissen einen nur geringen Teil der Lohndifferenzen zwischen Frauen und Männern erklären könne und „zudem die ökonomische Diskriminierung von Frauen in humankapitaltheoretischer Logik" legitimiere (REGENHARD, MAIER & CARL 1994, S. 13). Möglich ist dies, da die Theorie für Frauen kein Humankapital vorsieht, das dem der Männer vergleichbar ist: Die Zuständigkeit der Frauen für Haushalt und Familie ist im Sinne der Humankapitaltheorie eine Minderqualifikation, die zwangsläufig zu weniger Lohn für Frauen führt. Die Verantwortung der Frauen für die Reproduktionsarbeiten wird als naturgegeben aufgefaßt, die gesellschaftsabhängige Trennung von Produktions- und Reproduktionsbereich dagegen nicht thematisiert. Das Argument, mangelnde Qualifikation sei die Ursache für die niedrigeren Einkommen von Frauen, wird gefestigt (vgl. REGENHARD & FIEDLER 1994, S. 42).

Die Kritik von REGENHARD und FIEDLER (1994, S. 53 ff.) setzt nun auf verschiedenen Ebenen an: Zunächst beziehen sie sich auf die Theorie selbst und bemängeln, daß diese rein angebotsorientiert sei und alle Aspekte der Nachfrageseite außer acht lasse. Zwar werden in der Theorie alle Individuen zu KapitalistInnen, nämlich zu HumankapitalistInnen, doch haben sie anders als jene Individuen, die über das Sachkapital verfügen, keinen Einfluß auf Verwendung oder Verwertung ihres Kapitals, da es ja nur in Verbindung mit Sachkapital genutzt werden kann. Ein weiteres Manko der Theorie ist, daß keine Unterscheidung zwischen Müttern und Frauen ohne Kinder erfolgt; das bedeutet, daß für alle Frauen ein diskontinuierlicher Berufsverlauf angenommen wird. Und schließlich ist in diesem theoretischen Konzept auch nur eine Art von Diskriminierung denkbar, nämlich die, daß bei gleicher oder gleichwertiger Arbeit an Frauen und Männer ungleicher Lohn bezahlt wird. Alle anderen sozialen und ökonomischen Aspekte, die dazu führen, daß Frauen schlechter bezahlt sind, werden ausgeblendet.

Doch nicht nur die Theorie selbst ist Anlaß zur Kritik, sondern vor allem die politische und gesellschaftstheoretische Programmatik, die zwar Voraussetzung für das Konzept ist, dort aber nicht thematisiert wird. Die auftretenden Individuen handeln rational, wollen ihre Situation optimieren und treffen frei ihre Wahl. Frauen investieren nicht generell weniger Humankapital, doch sie legen es nicht unbedingt in sich selbst an: „In dem Maße, wie sie durch Nichtanwesenheit auf dem Arbeitsmarkt kein neues hinzugewinnen und Entwertung des bereits erworbenen Humankapitals durch Kenntnisverlust im Haushalt hinnehmen müssen, investieren sie in das Humankapital ihrer Kinder, indem sie diese produzieren und reproduzieren" (REGENHARD & FIEDLER 1994, S. 60). Die bestehende geschlechtliche Arbeitsteilung in Familie und Gesellschaft wird dabei nicht hinterfragt, und die Prämisse der Wahlfreiheit erweckt den Schein, daß auch die geschlechtliche Arbeitsteilung von allen Individuen so gewählt sei. Die Humankapitaltheorie ignoriert damit soziale Ungleichheiten sowie institutionelle Barrieren auf dem Arbeits- oder Ausbildungsmarkt.

Die genannten Kritikpunkte veranlassen REGENHARD und FIEDLER (1994, S. 63) zu dem Schluß, daß die Humankapitaltheorie zwar in der Lage sei, Alltagserscheinungen zu systematisieren, aber zugleich die tatsächlichen Wirkungszusammenhänge außer acht lasse. „Damit verdeckt sie gleichzeitig den nicht vorhandenen, jedoch assoziativ vermittelten Dispositionsspielraum, den Frauen durch ihre Zuweisung auf den Reproduktionsbereich erfahren. Für die marktmäßig vermittelte Arbeit der Frauen werden mit der Argumentation der ‚Familienzuständigkeit' ihre Minderentlohnung gerechtfertigt und gerade die Machtverhältnisse zugeschüttet, die auf seiten der Unternehmen in der rentablen Verwertung geschlechtlicher Arbeitsteilung liegen" (ebd.).

Dies ist keine Einzelmeinung, denn wie CYBA (1998, S. 41) schreibt, argumentiert ENGLAND (1992) ähnlich: Da beim Eintritt ins Berufsleben beide Geschlechter noch keine Erfahrung (d.h. betriebs- oder arbeitsplatzspezifische Qualifikationen) haben, gibt es eigentlich keinen Grund für geschlechtsspezifische Segregation, dennoch sind bereits die Eingangspositionen segregiert. Geht man weiterhin davon aus, daß geschlechtsspezifische Pläne entsprechende Investitionen und Arbeitsplatzwahl nach sich ziehen, so bedeutet dies, daß Frauen Unterbrechungen einplanen und sich aus diesem Grund jene Arbeitsplätze suchen, wo eine Unterbrechung nur geringe Lohnabwertung mit sich bringt. Doch die Lohnabwertung ist sowohl in traditionell männlichen als auch in traditionell weiblichen Arbeitsplätzen ähnlich hoch. Auch „die Annahme, daß die Frauen, wenn sie nichtkontinuierliche Berufsverläufe planen, Arbeitsplätze mit hohem Anfangslohn suchen (wobei diese Wahl als Indikator dafür genommen wird, daß sie nicht viel in Humankapital investieren wollen), ist nicht haltbar. Das Gegenteil ist der Fall: Frauen sind auf Arbeitsplätzen mit niedrigen Anfangslöhnen zu finden. Wenn überhaupt, dann kann die Humankapitaltheorie nach ENGLAND am ehesten die Zuweisung zu Berufen erklären, aber nicht die Segregation im allgemeinen" (ebd.).

2.1.2 Economics of discrimination

Wie im letzten Abschnitt gezeigt, ist die Humankapitaltheorie nicht in der Lage, jene geschlechtsspezifischen Einkommensunterschiede zu erklären, die *nicht* auf Produktivitätsunterschiede zurückzuführen sind (vgl. z.B. KELLER 1997, S. 314). Aus diesem Grund wurden verschiedene neoklassische Diskriminierungstheorien entwickelt, die im Gegensatz zur Humankapitaltheorie aber nicht das Arbeitskräfteangebot, sondern die Nachfrage nach Arbeitskraft in den Mittelpunkt der Überlegung stellen. Die beiden zur Erklärung geschlechtsspezifischer Differenzen wichtigsten Ansätze werden im Folgenden kurz vorgestellt.

Präferenzmodell: ‚taste for discrimination'

Das auf den US-amerikanischen Wirtschaftswissenschaftler BECKER (1971) und den von ihm geprägten Begriff des *taste for discrimination* zurückgehende Präferenzmodell geht davon aus, daß „Menschen eine unterschiedliche Diskriminierungsneigung haben" (OSTERLOH & OBERHOLZER 1994, S. 4). Gemeint ist damit der Hang zur Benachteiligung einzelner Personengruppen aufgrund ihrer Rasse, Nationalität, Religionszugehörigkeit oder aufgrund ihres Geschlechts.

Während KELLER (1997, S. 314) die Lohndifferenzen zwischen einzelnen Gruppen von ArbeitnehmerInnen allein auf das Verhalten der Unternehmen zurückführt, die einerseits Vorlieben für bestimmte Gruppen und andererseits Vorurteile gegenüber anderen Gruppen entwickelten, nennen einige Autorinnen noch zwei weitere Gesichtspunkte: Zum einen die Diskriminierung von Seiten der Angestellten – was bis zur Ablehnung der Zusammenarbeit mit Frauen gehen kann – und zum anderen die Diskriminierung von Seiten der Kundschaft (vgl. MAIER 1990, S. 71; SCHUBERT 1993a, S. 76–80; OSTERLOH & OBERHOLZER 1994, S. 5; CYBA 1998, S. 39 f.).

In der Folge führt dies nun nicht unbedingt zur Nicht-Einstellung von Frauen, jedoch zu niedrigeren Löhnen (bei gleicher Qualifikation und Produktivität), mit denen ArbeitgeberInnen die durch die Diskriminierung von KollegInnen und/oder KundInnen anfallenden höheren Kosten kompensieren.

Das Modell geht davon aus, daß die Diskriminierung nur eine zeitlich begrenzte Erscheinung darstellt, die – nach den Gesetzen des Marktes – verschwinden wird, wenn es auch nur ein Unternehmen gibt, dessen *taste for discrimination* weniger stark ausgebildet ist: Dieses Unternehmen wird vorrangig die preiswerteren weiblichen Arbeitskräfte rekrutieren und kann somit kostengünstiger produzieren. Auf diese Weise werden jene Betriebe vom Markt verdrängt, die sich Diskriminierung leisten und deshalb teurer sind. Eine weitere Folge wäre die steigende Nachfrage nach weiblichen Arbeitskräften, die höhere Löhne nach sich zieht und letztlich die Lohndifferenzen zwischen Frauen und Männern reduziert.

Im Gegensatz zur Modellvorstellung erweist sich die Lohndiskriminierung in der Realität jedoch als äußerst lang andauerndes Phänomen, d.h., der Marktmechanismus scheint in diesem Fall nicht zu funktionieren. MAIER (1990, S. 71) kritisiert in diesem Zusammenhang die Vorstellung, daß sich die Arbeitskräfte zwar hinsichtlich ihres Geschlechts unterscheiden, „die Arbeitskraft als ökonomische Kategorie jedoch homogen und substituierbar" sei. Auf diese Weise bleibe die hierarchische Dimension der Mechanismen zur Differenzierung und Segregierung von Arbeitsmärkten unberücksichtigt (ebd.).

Statistische Diskriminierung

In der Theorie der statistischen Diskriminierung wird berücksichtigt, daß die Unternehmen – trotz Zeugnissen oder teilweise aufwendigen Auswahlverfahren – nur über unvollständige Informationen bezüglich der Produktivität einzelner Arbeitskräfte verfügen; sie sind also gezwungen, die Entscheidung für oder gegen eine Person in Ungewißheit zu treffen, da eine angemessene Bewertung eigentlich erst am Ende der Berufslaufbahn möglich ist. Ersatzweise verwenden die ArbeitgeberInnen „repräsentative, sozialstatistische Merkmale von Gruppen [...] zur wahrscheinlichkeitstheoretischen Einschätzung der Eigenschaften von Gruppenmitgliedern" (KELLER 1997, S. 314). Wenn also Frauen durchschnittlich weniger produktiv sind, höhere Fluktuationsraten oder Ausfallzeiten haben, so werden ArbeitgeberInnen, die Beschäftigungsstabilität erreichen wollen, auch solche Frauen nicht oder nur zu einem geringeren Lohn einstellen, die diesem Bild persönlich nicht entsprechen (vgl. MAIER 1990, S. 73). Im Fall der Nicht-Einstellung ist von Beschäftigungsdiskriminierung zu sprechen, bei geringerer Bezahlung von Lohndiskriminierung (vgl. OSTERLOH & OBERHOLZER 1994, S. 7).

Verschiedene Autorinnen weisen daraufhin, daß auch die Statistische Diskriminierung durch Rückkopplungseffekte relativ stabil ist, womit für die Frauen ein *Teufelskreis* entsteht (z.B. OSTERLOH & OBERHOLZER 1994, S. 7): Aufgrund vorhandener Lohn- und Einkommensdiskriminierung neigen Frauen dazu, weniger Qualifikationen zu erwerben, als es ihren Fähigkeiten entsprechen würde. Dies wiederum bestätigt auf Seiten der Unternehmen die Annahme über die im Durchschnitt geringere Arbeitsproduktivität von Frauen. Genau diese Annahmen „lassen es für Frauen nicht rational – im Sinne von nicht rentabel – erscheinen, mehr Ausbildung zu erwerben" (SCHUBERT 1997, S. 189).

2.1 Klassische Ansätze aus Ökonomie und Soziologie

CYBA (1998) berichtet von einer Studie, die es sich zur Aufgabe gemacht hat, die Modellannahmen am Beispiel sogenannter integrierter Berufe (Geschlechterverhältnis ausgewogen) empirisch zu überprüfen. Dabei stellt sich heraus, daß bezüglich der Arbeitsplätze nahezu vollständige Segregation besteht: „Arbeiten, die von Männern wie auch von Frauen gemacht werden, sind in verschiedenen organisatorischen Bereichen angesiedelt; wenn sie im gleichen Beruf sind, haben sie andere Tätigkeitsbezeichnungen" (CYBA 1998, S. 42 f.). Als Resultat der Untersuchung ist festzuhalten, daß in den Unternehmen tatsächlich bestimmte Arbeitsplätze für Frauen und andere für Männer reserviert sind, d.h. Modell und Ergebnisse sind konsistent. Im Gegensatz zur Modellvorstellung scheinen diese Entscheidungen jedoch keineswegs optimal zu sein.

Zu diesem Resultat kommt auch die Volkswirtschaftlerin SCHUBERT (1993a, 1993b, 1997), die in verschiedenen Publikationen die volkswirtschaftlichen Konsequenzen der Einkommensdiskriminierung von Frauen erläutert. Sie zeigt, daß daraus nicht nur den Frauen Nachteile erwachsen (vgl. 1997, S. 181 ff.):

1. die Lohn- und Preisstruktur einer Volkswirtschaft ist nicht optimal, wenn Lohn- und Produktivitätsunterschiede nicht übereinstimmen;

2. bei Lohn- und Einkommensdiskriminierung ist die Beschäftigungsstruktur nicht optimal;

3. da für die Zukunft ein Mangel an qualifizierten männlichen Arbeitskräften zu erwarten ist, muß mit Wachstumsminderungen gerechnet werden, wenn qualifizierte Frauen durch Diskriminierung vom Arbeitsmarkt ferngehalten werden;

4. indirekte Diskriminierung führt dazu, daß sich Frauen für Ausbildungen entscheiden, die nicht ihren Fähigkeiten entsprechen, sondern darunter liegen;

5. schließlich sind komparative Vorteile bzgl. Berufs- und Familienarbeit zu nennen, denn die traditionelle Rollenzuschreibung stellt eine extreme Art der Spezialisierung dar, die eine Entfaltung der maximalen Gesamtproduktivität von Personen verhindert.

SCHUBERT (1997, S. 184) vermutet, daß die Persistenz der Diskriminierung damit erklärt werden kann, daß „trotz der gesamtwirtschaftlichen Nachteile bestimmte gesellschaftliche Gruppen Vorteile durch die Diskriminierung haben und sich daher nicht für einen Diskriminierungsabbau einsetzen werden".[5] Für die Bundesrepublik Deutschland weisen DIEKMANN, ENGELHARDT & HARTMANN (1993, S. 386 ff.)

---

[5] SCHUBERT (1997, S. 184) schlägt in diesem Zusammenhang eine Analyse der Verteilungseffekte der Einkommensdiskriminierung von Frauen vor, die präzise aufzeigt, „welche Gruppen in welchem Ausmass und für welche Zeithorizonte als Gewinner oder Verlierer der Einkommensdiskriminierung von Frauen anzusehen sind".

nach, daß die geschlechtsbezogene Diskriminierungskomponente stärker ausgeprägt ist, als jene nach Nationalität.

Weshalb aber kommt gerade dem Merkmal Geschlecht eine so große Bedeutung zu? Zwei mögliche Antworten führt SCHUBERT (1997) auf: Sie vertritt die Ansicht, daß „Prägnanz ein zentrales Wahrnehmungsprinzip" und „das Geschlecht ein prägnantes Merkmal zur Unterscheidung von Menschen" sei (SCHUBERT 1997, S. 188). Individuen tendierten dazu, gleiche Menschen in Gruppen zusammenzufassen und sich selbst einer Gruppe zuzuordnen. Ist diese Zuordnung einmal erfolgt, so kommt es zur Solidarisierung mit Mitgliedern der eigenen Gruppe und umgekehrt zu Diskriminierungen von Personen der anderen Gruppe. Die Tatsache, daß die Diskriminierung von Frauen effektiv größer ist als jene von Männern, begründet sie damit, daß „die Solidarität von Männern gegenüber der ‚Männer' -Gruppe stärker ist als die von Frauen gegenüber der ‚Frauen' -Gruppe", da sich Frauen „im Regelfall nicht so sehr wie Männer als Mitglied *ihrer* Gruppe" wahrnehmen, „sondern eher als *Individualpersonen* [...], was wohl auf die relativ starke Vereinzelung von Frauen in Familien zurückzuführen ist" (ebd., Herv. im Original).

Für die Zukunft ist davon auszugehen, daß bei Verringerung der Diskriminierung von Frauen diejenige von Personen mit Kindern zunehmen wird (vgl. SCHUBERT 1997, S. 193 f.). Konkret heißt dies, daß Personen mit Kindern individuell zusätzliche Kosten tragen müssen, obwohl Kinder den Fortbestand der Gesellschaft sichern. Demnach sollten Personen mit Kindern eher entlastet werden. Die Volkswirtschaftlerin hofft, daß dieser Widerspruch dazu führt, statistische Diskriminierung einer Kosten-Nutzen-Analyse zu unterziehen, um damit eine Grundlage zum Abbau der Diskriminierung zu schaffen.

2.1.3 Theorien zur Segmentation des Arbeitsmarktes

Nach dem neoklassischen, angebotsorientierten Konzept des Humankapitals und den ebenfalls neoklassischen Diskriminierungstheorien geht es nun um die Bedeutung der nachfrageorientierten Segmentationsansätze zur Erklärung des Erwerbsverhaltens von Frauen. Darin treten, verglichen mit dem Humankapitalansatz, die ökonomischen Erklärungsanteile zugunsten einer stärker soziologischen Orientierung, deutlich in den Hintergrund (vgl. KELLER 1997, S. 330). Nach einem Überblick über die verschiedenen segmentationstheoretischen Ansätze wird zunächst gezeigt, ob und in welchem Maße Frauen dort berücksichtigt werden, bevor einige Punkte feministischer Kritik vorgestellt werden.

Einführung in die Theorien zur Segmentation des Arbeitsmarktes

Entgegen der neoklassischen Vorstellung stellen weder Arbeitskräfte noch Arbeitsplätze homogene Mengen dar, die „einander gegenseitig konkurrieren und substituieren" (FASSMANN & MEUSBURGER 1997, S. 53). Der Arbeitsmarkt gliedert sich vielmehr in einzelne Teilmengen – auch als Segmente oder Teilarbeitsmärkte bezeichnet – für die sehr unterschiedliche „Allokationsregelungen" gelten (ebd.).[6]

Segmentationstheoretische Ansätze (siehe Tab. 1) sind durch eine institutionelle Betrachtungsweise charakterisiert, und es gelten neben dem Lohnsatz auch andere Allokationsmechanismen. Weiterhin werden Fortbestand und Verstärkung der Arbeitsmarktspaltung registriert, und angenommen, daß Organisationsformen existieren, die nicht den Gesetzen des Marktes unterworfen sind (vgl. RICHTER (1994, S. 42). Ein weiteres Kennzeichen ist die „Betonung überindividueller gesellschaftlicher Barrieren", d.h. die Individuen handeln im Rahmen bestimmter, teilweise einschränkender Strukturen (FASSMANN 1993, S. 32). Auch dies stellt eine klare Abkehr vom individualistischen Gesellschaftskonzept dar, das dem neoklassischen Arbeitsmarktmodell zugrunde liegt.

Tab. 1: Wichtigste Segmentationsansätze in der Übersicht

Zeitliche Einordnung	Wichtigste Vertreter	Gängige Bezeichnung	Benennung der Teilarbeitsmärkte
50er Jahre	KERR	institutionelle Schule; dreiteiliges Modell von KERR	unstrukturiert, strukturiert; extern, intern; berufsfachlich, innerbetrieblich
60er und 70er Jahre	DOERINGER & PIORE	duale Schule; duales Modell	primär, sekundär
70er Jahre	REICH, GORDON & EDWARDS	radikale Schule	keine Benennung
70er und 80er Jahre	LUTZ & SENGENBERGER	dreiteiliges Modell des ISF	unstrukturiert, strukturiert; betriebsintern, berufsfachlich

Quelle: FASSMANN (1993) und RICHTER (1994), eigener Entwurf

Ansatzpunkt für das *dreiteilige Modell* des Neoinstitutionalisten Clark KERR (vgl. u.a. 1950) war die Arbeitsmarktsituation in den USA während der Nachkriegsjahre, wo sich Unterschiede zwischen Angehörigen verschiedener Rassen einerseits sowie zwischen eingesessenen und neuzugewanderten Personen andererseits zeigten. KERR unterscheidet zuerst zwischen einem *strukturierten* und einem *unstrukturierten* Arbeitsmarktsegment. Das letztgenannte ist geprägt von Tätigkeiten, die keine Qualifikation erfordern. Der größere Teil des Arbeitsmarktes ist jedoch als

---

[6] Als Allokation wird die Zuweisung von finanziellen Mitteln, Produktivkräften und Material bezeichnet.

strukturiert zu bezeichnen, denn eine Vielzahl von Vorschriften, Vereinbarungen und Einrichtungen regulieren das Verhältnis von Angebot und Nachfrage.

Innerhalb des strukturierten Arbeitsmarktes kann zwischen einem *internen* und einem *externen* Segment differenziert werden: Während ein interner Arbeitsmarkt ein administratives System darstellt, in dem Entlohnung und Aufstiegsmöglichkeiten vorrangig „administrativen Gesetzen" unterliegen, werden auf dem externen Teilarbeitsmarkt „Entlohnungs-, Allokations- und Qualifizierungsentscheidungen direkt durch ökonomische Variablen gesteuert" (RICHTER 1994, S. 43). Der externe Arbeitsmarkt fungiert als Rekrutierungsreservoir und Auffangbecken für Zu- und Abgänge aus dem internen Arbeitsmarkt (vgl. FASSMANN & MEUSBURGER 1997, S. 55). Schließlich hebt sich im internen Segment der sogenannte *craft labour market* als berufsfachlicher Teilarbeitsmarkt vom sogenannten *plant labour market*, dem innerbetrieblichen Teilarbeitsmarkt ab (ebd.).

Die hier genannte Aufteilung sowie die Begrifflichkeiten waren Grundlage für die weiteren Segmentationsansätze, so auch für das *duale Modell* von DOERINGER und PIORE (1971). Ausgangspunkt dieses Modells war das Konzept einer dualen Ökonomie, wie es in den USA in den 60er Jahren entwickelt wurde. Vor dem Hintergrund von Armut und Diskriminierung in den Großstädten entstanden empirische Arbeiten, die sich mit der Persistenz von Einkommensdifferenzen bei Menschen in Ghettos befaßten. Auf dieser Basis formulierten u.a. DOERINGER und PIORE die Grundzüge eines dualen Arbeitsmarktmodells, das ökonomische und soziologische Erklärungsansätze liefert.

Die Autoren unterscheiden zwischen einem primären und einem sekundären Arbeitsmarktsegment, was – salopp ausgedrückt – zunächst nur heißt, daß es gute und schlechte Arbeitsplätze gibt. Idealtypische Kennzeichen des primären Arbeitsmarktes sind dauerhafte Beschäftigungsverhältnisse mit geregelten Arbeitsbedingungen, hohem Lohnniveau und nicht zuletzt attraktiven Aufstiegsmöglichkeiten. Der sekundäre Arbeitsmarkt ist dagegen durch instabile Arbeitsverhältnisse mit oft ungeregelten Arbeitsbedingungen und schlechterer Entlohnung sowie mangelnden Karrieremöglichkeiten geprägt.

Der beschriebene Dualismus läßt sich auch für die Nachfrageseite formulieren, denn „hochspezialisierte Aufgaben sind dem primären Segment vorbehalten, wo auch ein hoher Einsatz von Sachkapital herrscht" (RICHTER 1994, S. 46). Das sekundäre Segment ist dagegen abhängig vom „Standardisierungsgrad, der Stabilität und der Zuverlässigkeit der Güternachfrage" (ebd.).

Neben vielen Weiterentwicklungen und Anpassungen des Modells, die sich zumeist an den Rahmenbedingungen einzelner Staaten orientieren, hat auch PIORE (1975, S. 126) selbst das duale Konzept modifiziert, indem er eine Unterteilung des primären Segments postuliert und somit zwischen insgesamt drei Segmenten differenziert, wie Tab. 2 zeigt.

2.1 Klassische Ansätze aus Ökonomie und Soziologie

Tab. 2: Charakteristische Eigenschaften der drei Segmente des Arbeitsmarktes

	Primäres Segment (Ia)	**Primäres Segment (Ib)**	**Sekundäres Segment**
Typische Berufe	höhere und leitende Angestellte und Beamte, Unternehmer	Facharbeiter, Angestellte und Beamte in einer mittleren und unteren Hierarchieebene	ungelernte Arbeiter, Hilfsarbeiter, Saisonarbeiter
Eigenschaften des Arbeitsplatzes	Stabilität der Beschäftigung; Selbständigkeit bei der Aufgabenbewältigung	Stabilität der Beschäftigung; Abhängigkeitsbeziehungen, weisungsgebunden	instabile und kurzfristige Beschäftigungen
Mobilität	beruflicher Aufstieg erfolgt nicht mehr auf strikt festgelegten Pfaden; Betriebs- und Ortswechsel häufig	beruflicher Aufstieg entlang vorgegebener Pfade; Dominanz der innerbetrieblichen Mobilität; Seniorität ist wichtig	häufiger Betriebs- und Branchenwechsel ohne nennenswerten Aufstieg
Qualifikation	hohe formale und berufliche Qualifikation	mittlere formale, aber hohe arbeitsplatzspezifische Qualifikation („on the job-training")	geringe formale und arbeitsplatzspezifische Qualifikation; Dominanz der Jedermannqualifikation
Arbeitsinhalt	unabhängige, kreative Arbeitsweise; Konfliktregelung wird personalisiert (persönliche Gespräche)	routinisierte Arbeitsweise mit kreativen „Restfunktionen"; Konfliktregelung wird institutionalisiert (Gewerkschaften, Betriebsrat)	physisch geprägter und wiederkehrender Arbeitsinhalt; Konflikte führen häufig zum Arbeitsplatzwechsel

Quelle: FASSMANN & MEUSBURGER (1997, S. 61)

REICH, GORDON und EDWARDS (vgl. u.a. 1973), als Vertreter einer marxistisch orientierten Ökonomie, die auch als *radikale Schule* bezeichnet wird, betonen, „daß die kapitalistische Produktionsorganisation immer und primär eine Herrschaftsorganisation zur Sicherung einer kontinuierlichen Arbeitsleistung der eingesetzten Arbeitskräfte sein muß" (NEUENDORFF 1983, S. 201 f.). Dieses Herrschaftssystem funktioniert, wenn einem Teil der Arbeiterschaft bestimmte Privilegien zugesprochen werden. Dadurch machen die einzelnen Arbeitskräfte sehr unterschiedliche Erfahrungen, und es gibt keine Basis für eine gemeinsame Opposition gegen die Arbeitgeberseite oder gar das kapitalistische System (vgl. FASSMANN & MEUSBURGER 1997, S. 61). Arbeitsmarktsegmentierung ist demnach das „Produkt einer zunehmend arbeitsteiligen Ökonomie, die sich von einem Konkurrenzkapitalismus zu einem zunehmend monopolisierten Kapitalismus weiterentwickelt hat" (ebd.).

Am Münchner Institut für Sozialwissenschaftliche Forschung e.V. (ISF) entwickelten LUTZ (u.a. 1979, 1987) und SENGENBERGER (u.a. 1975, 1978, 1987) einen sogenannten betriebsstrategischen Ansatz (dreiteiliges Modell). In ihm wurden „verschiedene arbeitsmarkt-theoretische Ansätze (Humankapitaltheorie, Segmentationsansätze) mit den theoretisch-analytischen und empirischen Arbeiten des Instituts über betriebliche Strategien des Arbeitskräfteeinsatzes verknüpft, um ein differenziertes theoretisch-analytisches Instrumentarium zu entwickeln, das der Vielschichtigkeit der Probleme gerecht wird, indem gleicherweise nachfragebedingte und angebotsbedingte Determinanten der Arbeitsmarktstrukturierung berücksichtigt werden" (NEUENDORFF 1983, S. 203).

Wichtig für die Anpassung des segmentationstheoretischen Konzeptes an die bundesdeutschen Gegebenheiten war die Feststellung, daß hier berufliche und fachliche Qualifikation zentrale Merkmale der Arbeitsmarktspaltung darstellen (vgl. MAIER 1998, S. 21); auf dieser Grundlage konnten drei – allerdings idealtypische – Teilarbeitsmärkte (bezogen auf die frühere Bundesrepublik Deutschland) gegeneinander abgegrenzt werden: ein unstrukturierter und ein strukturierter Arbeitsmarkt, wobei sich letzterer in einen berufsfachlichen und einen betriebsinternen Teilarbeitsmarkt spaltet (vgl. FASSMANN & MEUSBURGER 1997, S. 56 ff.). Diese drei Teilarbeitsmärkte sind wie folgt charakterisiert:

1. Ähnlich wie bei KERR gibt es einen *unstrukturierten Teilarbeitsmarkt*, dessen Arbeitskräfte nur über unspezifische Qualifikationen verfügen, d.h. es liegen keine fachlichen oder betriebsspezifischen Erfahrungen vor. Dies hat eine nur sehr lose Bindung zwischen Angebots- und Nachfrageseite zur Folge, denn eine Arbeitskraft kann jederzeit gegen eine andere ausgetauscht werden, und auch die AnbieterInnen sind nicht auf eine bestimmte Arbeit festgelegt. Auf diesem Teilarbeitsmarkt kommt die neoklassische Vorstellung noch am ehesten zum Tragen.

2. Berufsbezogene Tätigkeiten, die nicht auf einen bestimmten Betrieb ausgerichtet sind, kennzeichnen den *berufsfachlichen Teilarbeitsmarkt*, wobei die Analogie zu KERR erneut offensichtlich ist. Die Qualifikationen der Arbeitskräfte werden von bestimmten Instanzen geprüft und bescheinigt, so daß die Arbeitgeberseite anhand von Zertifikaten feststellen kann, welche Fähigkeiten von einer Arbeitskraft zu erwarten sind. Daraus resultiert für dieses Segment ein Verhältnis zwischen Nachfrage- und Angebotsseite, das dem in der Humankapitaltheorie beschriebenen entspricht.

3. Qualifikationen, die nun auf einen Betrieb zugeschnitten sind, aber oft nicht durch ein allgemeingültiges Zertifikat bescheinigt werden können, sind typisch für die Arbeitskräfte des *betriebsinternen Arbeitsmarktes*. Charakteristisch für

2.1 Klassische Ansätze aus Ökonomie und Soziologie

dieses Segment ist eine vergleichsweise enge und lang anhaltende Bindung zwischen den ArbeitnehmerInnen und den Unternehmen. Auch hier ist die Parallele zum innerbetrieblichen Arbeitsmarkt KERRS vorhanden.

Gemeinsam ist den aufgeführten Ansätzen die Annahme, daß die Spaltung von Arbeitsmärkten nicht zufällig erfolgt, „ökonomisch rational und effizient ist und durch institutionelle Barrieren verfestigt wird" (vgl. MAIER 1998, S. 20). Mit fortschreitender Entwicklung von neoklassischen und segmentationstheoretischen Ansätzen wird eine klare Abgrenzung zwischen diesen beiden theoretischen Schulen immer schwieriger: Zum einen sind die neoklassischen Ansätze inzwischen so ausdifferenziert, daß sie auch Erklärungsfaktoren aus den Segmentationsansätzen aufgreifen, und zum anderen hat sich auch die segmentationstheoretische Seite den mikroökonomischen Grundaussagen der Neoklassik angenähert (vgl. MAIER 1998, S. 21).

Berücksichtigung von Frauen im Rahmen des Segmentationsansatzes

Es stellt sich nun die Frage, in welchen Segmenten Frauen arbeiten oder ob es gar ein ‚typisches Frauen-Segment' gibt.

Nach FASSMANN und MEUSBURGER (1997, S. 210) basiert die segmentationstheoretische Erklärung der geschlechtsspezifischen Diskriminierung „auf humankapitaltheoretischen Rentabilitätsüberlegungen von Bildung und verknüpft diese mit den Mechanismen innerbetrieblicher Arbeitsmärkte". Danach kann eigentlich erst am Ende einer Berufslaufbahn beurteilt werden, ob sich betriebliche Ausbildungsinvestitionen nun eher bei Frauen oder bei Männern auszahlen, was in der Praxis natürlich nicht möglich ist. So werden betriebliche Entscheidungen nach dem Prinzip der statistischen Diskriminierung getroffen, d.h. gruppenspezifische (Vor-)Urteile werden auf Einzelpersonen übertragen (siehe Kapitel 2.1.2). Für Frauen bedeutet dies in der Regel, daß sie bereits zu Beginn ihres Berufslebens gegenüber Männern benachteiligt werden, da von ihnen eher Erwerbsunterbrechungen erwartet werden.

Auf der Grundlage des ISF-Ansatzes entwickelt LAPPE (1981) ein Konzept, um die geschlechtsspezifische Arbeitsmarktsegmentation zu erklären, wobei er sich in seinen empirischen Analysen auf den Bereich der Industriearbeit konzentriert. Somit kann diese Studie keine generellen Aussagen über die Situation von Frauen auf dem Arbeitsmarkt machen.

LAPPE sah die Frauen vorrangig im unstrukturierten, sekundären Segment angesiedelt, da restriktive Allokationsregelungen ihnen den Zugang zum primären Teil verwehrten; eine These, die durch spätere Untersuchungen für den gewerblichen Bereich belegt werden konnte (vgl. PFAU-EFFINGER 1990, S. 6 f.). Auch innerhalb des sekundären Segmentes kommt es zur Herausbildung eines abgegrenzten frauenspezifischen Arbeitsmarktes, der insbesondere durch fehlende Aufstiegs- und Weiterqualifikationsmöglichkeiten charakterisiert ist (vgl. PFAU-EFFINGER 1990, S. 6).

Für den gewerblich-industriellen Bereich läßt sich nachweisen, daß Frauen- und Männerarbeitsplätze strikt getrennt sind und sich auch die ausgeübten Tätigkeiten kaum überschneiden (vgl. PFAU-EFFINGER 1990, S. 7). Diese Feststellungen lassen sich allerdings nicht auf andere Beschäftigungsbereiche übertragen, denn vor allem bei den von Frauen häufig ausgeübten Angestelltentätigkeiten werden auch berufsfachliche Qualifikationen vorausgesetzt.

PFAU-EFFINGER (1990) kommt deshalb zu dem Schluß, daß Frauen in allen drei Segmenten des Arbeitsmarktes tätig sind: „Die Trennungslinie zwischen Frauen- und Männerarbeitsplätzen verläuft offensichtlich quer zu den Segmentationslinien, welche die Teilarbeitsmärkte voneinander abgrenzen. Sie ist offenbar vielfältig gebrochen und in den verschiedenen Berufs- und Tätigkeitsbereichen und Statusgruppen unterschiedlich ausgeprägt und verfestigt" (PFAU-EFFINGER 1990, S. 9). Aus diesem Grund schlägt sie vor, bezogen auf die geschlechtsspezifische Strukturierung des Arbeitsmarktes besser von *Segregation* als von Segmentation zu sprechen.

Feministische Kritik am Segmentationsansatz

Die Argumente verschiedener Kritikerinnen hat CYBA (1998, S. 43) zusammengefaßt: Es ist zu bemängeln, daß die Segmentationsansätze „einseitig von der betrieblichen Beschäftigungstheorie ausgehen und ein entsprechendes Konzept der Angebotsseite fehlt". Weiterhin gehe der im Segmentationsansatz formulierte Qualifikationsbegriff bei Frauen von Defiziten aus und tradiere somit die androzentrische Sichtweise von Arbeit und Qualifikation. Auch wird der Vergleich von gegenwärtigen Beschäftigungsverhältnissen in verschiedenen Sektoren als unzureichend empfunden, da vergangene Erfahrungen auf dem Arbeitsmarkt wie auch außerhalb des Arbeitsmarktes unberücksichtigt bleiben.

CYBA (1998, S. 43) verweist auf BURCHELL & RUBERY (1990), die „neben demographischen und Arbeitsplatz-Merkmalen auch Aspekte der Arbeitsbiographie, Arbeitsmotivation, Einstellungen zu Arbeitsplatzwechsel, Zufriedenheit mit verschiedenen Aspekten des gegenwärtigen Arbeitsplatzes" in ihre Untersuchung einbeziehen. Auch HAKIM (1993) plädiere für eine differenziertere Sichtweise, „da die Spaltung nach Berufen, nach Hierarchie und nach Vollzeit- und Teilzeitarbeitsplätzen eine jeweils andere Art von Segmentation sei und ihre Entstehung und Aufrechterhaltung u.U. unterschiedlich zu erklären seien" (CYBA 1998, S. 44).

Anhand dieser Kritikpunkte wird deutlich, daß die verschiedenen Segmentationsansätze – ebenso wie die neoklassischen Theorien – nur für einen Teil der geschlechtsspezifischen Diskriminierungen auf dem Arbeitsmarkt als Erklärungsmuster dienen können. Auch setzen sie die geschlechtsspezifische Arbeitsteilung als gegeben voraus und zementieren somit die derzeitigen Geschlechterverhältnisse.

2.1.4 Alternativrollenkonzept

Ausgehend von der segmentationstheoretischen Argumentation SENGENBERGERS (s.o.) entwickelten OFFE und HINRICHS (1977, S. 39) Ende der 70er Jahre das sogenannte Alternativrollenkonzept. Im Mittelpunkt ihrer Überlegungen steht die Frage, weshalb sich der sekundäre Arbeitsmarkt vornehmlich aus arbeitsmarktpolitischen Problemgruppen wie Frauen, Jugendlichen oder ausländischen Arbeitskräften zusammensetze, die in verstärktem Maße von Arbeitslosigkeit betroffen seien.

Eine Teilantwort bezieht sich auf das arbeitgeberische Rentabilitätsinteresse, dem es entgegenkommt, „eine wenig widerstandsfähige, leicht ausbeutbare und erpreßbare, jederzeit ersetzliche und kaum Humankapital-Investitionen erfordernde ‚Manövriermasse' von Arbeitskräften zur Verfügung zu haben" (KRECKEL 1983, S. 151).

Darauf aufbauend stellt sich die Frage, aus welchem Grund gerade die genannten Gruppen der Macht der ArbeitgeberInnen nichts entgegen zu setzen haben. Dabei wird ein gemeinsames Merkmal dieser Gruppen identifiziert, denn die Autoren kommen zu dem Schluß, daß sowohl für Frauen wie auch für Jugendliche oder ausländische Arbeitskräfte „nach geltenden kulturellen und politisch-institutionellen Regeln eine marktexterne *Alternativrolle* vorgesehen" sei (KRECKEL 1983, S. 151; Herv. im Original). Der Rückzug in den Haushalt bzw. die Familie oder eine Rückkehr ins Ursprungsland[7] werden als solche Alternativen angesehen.

FASSMANN und MEUSBURGER (1997, S. 211 f.) weisen darauf hin, daß es nicht von Bedeutung ist, ob im Einzelfall tatsächlich eine Existenzsicherung außerhalb des Arbeitsmarktes möglich ist: Abermals werden spezifische Erfahrungen und Vorurteile auf ganze Bevölkerungsgruppen übertragen, so daß die statistische Diskriminierung in diesem Konzept ebenfalls eine Rolle spielt.

Da auch die Betroffenen selbst diese Rollen weitgehend akzeptierten, wiesen sie eine geringere Identifikation mit ihrem Arbeitsplatz auf, die sich u.a. in geringerem gewerkschaftlichen Organisationsgrad äußere (vgl. KRECKEL 1983, S. 151 f.): Aufgrund ihrer marginalen Anbieterposition sind diese Personengruppen „weniger organisations- und konfliktfähig bzw. in Gewerkschaften kaum repräsentiert. Die

---

[7] Marktexterne Alternative heißt für ausländische Arbeitskräfte demnach Rückzug aus dem Arbeitsmarkt des Gastlandes.

Unternehmen wälzen das Risiko der Arbeitslosigkeit bei konjunkturellen Nachfragerückgängen auf diese Gruppen ab, um bei vorzunehmenden Entlassungen den (offenen) Konflikt mit den Arbeitnehmervertretungen zu vermeiden" (KELLER 1997, S. 333).

Abschließend ist noch auf einen Sachverhalt hinzuweisen, der auch mit Hilfe des Alternativrollenkonzepts nicht schlüssig zu erklären ist: Es ist offen, weshalb die geschilderte Verhandlungsschwäche aller ‚Problemgruppen' auf dem Arbeitsmarkt auf ein und dieselbe und genau eine einzige Ursache zurückzuführen ist. „Eine der Alternativrollen-Ideologie vergleichbare marginalisierende Wirkung können z.B. auch rassistische oder sexistische Vorurteile oder einfach rechtliche Diskriminierungen haben" (KRECKEL 1983, S. 152). Als Beispiel ist die schwierige Situation schwarzer Arbeitskräfte auf dem nordamerikanischen Arbeitsmarkt zu nennen, denen schließlich keine Alternativrolle zuzuschreiben ist.

Dem ist aus Sicht der Frauenforschung hinzuzufügen, daß die Alternativrolle ‚Haus- und/oder Familienfrau' keineswegs allen Frauen offen steht, sondern nur jenen, die auf einen Versorger zurückgreifen können und wollen. Ähnlich wie bei den Segmentationsansätzen ist anzumerken, daß die Reserve- oder Rückzugsrolle als Hausfrau auf der im Alternativrollenkonzept nicht hinterfragten traditionellen geschlechtsspezifischen Arbeitsteilung aufbaut.

2.2 Ansätze der Frauen- und Geschlechterforschung

Vor dem Hintergrund der in Kapitel 2.1 dargestellten Defizite der traditionellen ökonomischen und soziologischen Erklärungsansätze wurden im Rahmen der Frauenforschung neue Konzepte entwickelt. Im deutschsprachigen Raum bestimmten dabei lange Zeit strukturtheoretische Ansätze das Bild. Zu diesen zählen „sowohl die differenztheoretischen als auch die hierarchietheoretischen Argumentationen, denn beide beziehen sich, wenn auch mit konkurrierenden Erklärungen, vorrangig auf gesamtgesellschaftliche Strukturen, insbesondere die geschlechtsspezifische Arbeitsteilung" (GOTTSCHALL 1998, S. 67). In der jüngsten Vergangenheit ist unter dem Einfluß von BOURDIEU (vgl. u.a. 1985) und GIDDENS (vgl. u.a. 1997) eine Hinwendung zu handlungstheoretischen Orientierungen zu beobachten, und es gewinnen jene Sichtweisen an Raum, die ihren Gegenstand als sozial konstruiert begreifen und als *doing gender*-Perspektive zu bezeichnen sind (vgl. GOTTSCHALL 1998, S. 68).

2.2.1 Die differenztheoretische Sichtweise: Konzept des weiblichen Arbeitsvermögens

Nachdem bislang Theorien vorgestellt wurden, die zwar einige Aspekte des weiblichen Erwerbsverhaltens erklären können, aber immer noch wesentliche Fragen of-

2.2 Ansätze der Frauen- und Geschlechterforschung

fen lassen, wird mit dem Konzept des weiblichen Arbeitsvermögens nun ein differenztheoretischer Ansatz erläutert, dessen Anspruch explizit in der Erklärung der Situation von Frauen auf dem Arbeitsmarkt besteht. Anders als die bereits beschriebenen Konzepte wurde er von Frauen entwickelt und will „dem Leben und der Arbeit von Frauen" angemessener sein (OSTNER 1990, S. 23). Schon Ende der 70er Jahre versuchen die Autorinnen Elisabeth BECK-GERNSHEIM (1980) und Ilona OSTNER (1978)[8] darin, „die Benachteiligung von Frauen im Erwerbsleben, ihre ‚Sonderstellung' mit Rekurs auf die gesamte in entwickelten Industriegesellschaften geleistete Arbeit zu erklären und überschreiten damit den Arbeitsmarkt, das Berufssystem, die Lohnarbeit als Erkenntnisrahmen" (GOTTSCHALL 1990, S. 42). „Sozialisationstheoretische Ansätze" werden dabei „mit stärker soziologisch ausgerichteten Überlegungen zur geschlechtlichen Arbeitsteilung und der Strukturdifferenz von Hausarbeit und Berufsarbeit" verknüpft (HEINTZ 1997, S. 27). Wegen des ursprünglichen Wirkungskreises der Autorinnen wird das Konzept auch als Münchner Ansatz bezeichnet.

Grundzüge des Konzeptes

Die Erklärungsmuster, die von den Ende der 70er Jahre gängigen Arbeitsmarkttheorien zum Thema Frauen in Beruf und Arbeitsmarkt bereitgestellt wurden, empfanden vor allem Frauen als unzureichend. Darin wurde vielfach unterstellt, Frauen „könnten verstärkt in den Arbeitsmarkt integriert werden, wären sie nur flexibler, hätten sie nur mehr Qualifikationen usw." (OSTNER 1990, S. 25).

Trotz dieser Kritik gehen sowohl angebotsorientierte Ansätze, wie Statusrollenkonzept[9] und Humankapitaltheorie, als auch die nachfrageorientierten Segmentationsansätze als Grundlagen in das Konzept des weiblichen Arbeitsvermögens ein (vgl. OSTNER 1990, S. 23 f.).

Ein zentraler Aspekt des weiblichen Lebenszusammenhangs wird erstmals in die Diskussion eingebracht: Das Leben von Frauen wird geprägt durch eine gesellschaftlich verursachte Trennung zwischen den Arbeitsformen Beruf auf der einen und Hausarbeit auf der anderen Seite (vgl. OSTNER 1990, S. 26 und Tab. 3).

So baut das Konzept des weiblichen Arbeitsvermögens auf der These auf, daß zwar beide Arbeitsformen in unserer Gesellschaft notwendig seien, aber jeweils unterschiedlichen Logiken folgten. Damit verbunden seien auch „unterschiedliche Arbeitsweisen mit unterschiedlichen Arbeitsvermögen", die „gerade in der deutschen

---

[8] Siehe auch BECK-GERNSHEIM & OSTNER 1978.
[9] Dieses Konzept geht davon aus, „daß Frauen und Männer entsprechend ihrer unterschiedlichen Statusrollen auch unterschiedliche Interessen am Erhalt ihres jeweiligen Status haben" (OSTNER 1990, S. 23). Dies würde bedeuten, daß Frauen sich in Berufswelt und Arbeitsmarkt jene Positionen suchen, die mit ihrer Geschlechtsrolle (Form der Statusrolle) zu vereinbaren sind; sie versuchen also, den an sie gestellten Rollenerwartungen gerecht zu werden (vgl. OSTNER 1990, S. 23).

sozialen wie ökonomischen Entwicklung durch unterschiedlichste Institutionen und Politiken mithergestellt und verfestigt" wurden und werden (ebd.). Daraus schließt OSTNER (ebd.), daß die beiden Arbeitsformen Beruf und Hausarbeit zwar komplementär, aber nicht ohne weiteres kompatibel seien.

Tab. 3: Polare Zuordnungen von Berufsarbeit und Hausarbeit

	Berufsarbeit	**Hausarbeit**
Charakteristika	naturbeherrschend, verfügend, technisch-instrumentell verfahrend; über den Markt vermittelt, durch Konkurrenzbeziehungen geprägt	Darstellung als natur- oder leibverbunden; Arbeit findet in unmittelbar überschaubarem Sozialkontext statt, in den die Arbeitenden selbst eingebunden sind
Wissensformen	berufliches Spezialistentum, funktional spezifisch, abstrakt	konkretes Erfahrungslernen und Wissen
Arbeitszeit	lineare Zeit und Zeitökonomie	zyklische Zeit und Ereigniszeit
Arbeitsfreie Zeit	klare Trennung von Arbeits- und Freizeit	Trennung von Arbeitszeit und Freizeit nicht möglich

Quelle: OSTNER (1990, S. 28 f.), eigener Entwurf

Festzuhalten ist an dieser Stelle, daß – wie der Name des Konzeptes bereits verdeutlicht – nun *nicht* von einem *hausarbeitsbezogenen*, sondern von einem *weiblichen* Arbeitsvermögen die Rede ist (OSTNER 1990, S. 28). Trotz Kritik (siehe Kapitel 2.2.1) hält OSTNER an diesem Begriff fest, revidiert ihn aber insofern, als sie eingesteht, daß angesichts der vielfältigen, ambivalenten aber auch widersprüchlichen Frauenleben die „These von ‚den' Frauen, die über ‚ein', noch dazu ‚weibliches' Arbeitsvermögen verfügen" unangebracht ist (OSTNER 1990, S. 31). Sie schlägt deshalb vor, von einer „*Vielfalt* von weiblichen Arbeitsvermögen" zu sprechen (ebd., Herv. im Original). Es wird damit zwar der Numerus, nicht aber das entscheidende Adjektiv verändert.

Schließlich vertritt insbesondere OSTNER (1990, S. 30) die Ansicht, „daß die Personen, die sich länger mit Hausarbeit befassen [...] eher hausarbeitsangemessene oder -nahe Arbeitsweisen, entsprechende Arbeitsvermögen und das heißt auch entsprechende Situationsdeutungen und Selbstverortungen erwerben". Den Kern des Konzeptes bildet also die aus der Lebensgeschichte resultierende „Vertrautheit mit einem bestimmten Tun, einer bestimmten Art tätig zu sein" (OSTNER 1991, S. 109) – ein Aspekt, auf den später noch einzugehen ist.

Da Berufswahlverhalten und Berufspraxis von Frauen den Ausgangspunkt dieses differenztheoretischen Konzeptes bilden, ist von einer angebotsorientierten Argumentation zu sprechen. Gleichzeitig geht es jedoch über den „engen rollentheoreti-

2.2 Ansätze der Frauen- und Geschlechterforschung

schen Hintergrund neoklassischer Ansätze" hinaus, „indem es die Trennung und Strukturdifferenz von Berufs- und Hausarbeit, und damit die gesamtgesellschaftlichen Arbeitsteilungsstrukturen zum theoretischen Bezugsrahmen erhebt" (GOTTSCHALL 1995a, S. 137).

Die gesellschaftliche Arbeitsteilung, genauer gesagt die gesellschaftliche Zuweisung der Hausarbeit (die auch Beziehungs- oder Familienarbeit einschließt) an die Frauen, führt dazu, daß die Sozialisation trotz individueller Besonderheiten von geschlechtstypischen Strukturen gekennzeichnet ist. Dabei besteht das gemeinsame Problem vieler Frauen mittlerweile weniger darin, daß sie für die Hausarbeit und gegen eine qualifizierte Berufstätigkeit erzogen würden, sondern vielmehr in der von Widersprüchen geprägten Doppelorientierung auf Hausarbeit und Erwerbsarbeit (vgl. KLEBER 1991, S. 97). Genau in dieser „Thematisierung des strukturellen Zusammenhanges zwischen Erwerbs- und Hausarbeit" werden denn auch die Erkenntnisfortschritte des Konzeptes vom weiblichen Arbeitsvermögen gesehen (GOTTSCHALL 1995a, S. 138).

Kritische Anmerkungen

Denkt man nun, dieses Konzept sei unter Frauen allgemein akzeptiert, so täuscht man sich gewaltig. Gerade von Sozialwissenschaftlerinnen wurde – wenn auch erst einige Jahre nach Erscheinen der ersten Artikel dazu – Kritik laut, und es entwickelte sich „ein Dauerbrenner der feministischen Diskussion" (KNAPP 1993, S. 26). Der weitgefaßte Erklärungsanspruch sowie der hohe Generalisierungsgrad führten zu theoretischer wie empirischer Kritik (vgl. GOTTSCHALL 1995a, S. 138).

Aus Sicht der Soziologin und Sozialpsychologin KNAPP (1987, S. 254) ist das Konzept des weiblichen Arbeitsvermögens vor allem deshalb problematisch, „weil es suggeriert, daß das Arbeitsvermögen von Frauen durchgängig geschlechtsspezifisch bestimmt ist, weil es ahistorisch erscheint, insofern es eine epochenübergreifende Inhaltsbestimmung des Arbeitsvermögens vornimmt, weil es impliziert, daß die Geschlechtsspezifität des weiblichen Arbeitsvermögens durch eine subjektive Prioritätensetzung zugunsten der Hausarbeit zustande kommt und weil es eine größere subjektive Relevanz von Hausarbeit behauptet, ohne beide Bereiche – Familie und Beruf – formanalytisch zu untersuchen".

Zu KNAPPS (1988a, S. 9) Bedenken gegenüber dem Konzept gehört zum einen die Art, wie Frauen auf etwas reduziert werden, das sie „nicht oder nicht nur sind oder unter Umständen nicht nur sein wollen, auf alle Fälle unter gegebenen Umständen kaum ungebrochen sein können". Zum anderen wendet sie ein, das Konzept sei positivistisch, da bei der inhaltlichen Bestimmung der Kategorien „die gesellschaftlichen Kontexte, die Beziehungen, die Arbeitsverhältnisse, in denen sich Arbeitsvermögen, Gegenstandsbezüge und Aneignungsweisen" entwickeln und realisieren keine Rolle spielen (ebd.). Auf diese Weise werde sowohl in Bezug auf die Subjekte als auch auf die gesellschaftlichen Verhältnisse der Eindruck von Widerspruchsfreiheit erweckt und Konzepte wie das des weiblichen Arbeitsvermögens bekämen einen ideologischen Charakter.

Auch wurde BECK-GERNSHEIM und OSTNER eine „Essentialisierung der Geschlechterdifferenz" vorgeworfen, da ihr Konzept Frauen als homogene Gruppe behandle und unter Verwendung klassischer Stereotypen von Weiblichkeit beschreibe; nicht thematisiert würden dagegen „Brüche im weiblichen Lebenszusammenhang" und die Differenzen zwischen Frauen (HEINTZ 1997, S. 28).

Bezogen auf das Verständnis der geschlechtsspezifischen Segregation von Arbeitsmärkten sind neben den theoretischen auch einige empirisch begründete Einwände anzuführen: So zeigt ein Blick auf die Arbeitsinhalte von Frauenarbeitsplätzen und -berufen, daß sie nur selten durchgängige Kennzeichen aufweisen, die mit Rekurs auf das weibliche Arbeitsvermögen zu erklären sind. Eher das Gegenteil ist der Fall, sind doch geschlechtsspezifische Trennungslinien keineswegs stabil, wie empirisch nachweisbare Geschlechtswechsel von Tätigkeiten oder Berufen verdeutlichen (vgl. GOTTSCHALL 1995a, S. 138).

Neben den reproduktionsbezogenen Interessen und Orientierungen spielen bei der Berufswahl von Frauen auch die Gelegenheitsstruktur des Arbeitsmarktes sowie „geschlechtstypische ‚Kanalisierungen' in schulischer und beruflicher Sozialisation" eine zentrale Rolle (GOTTSCHALL 1995a, S. 139). Häufig führt dies zu einer Anpassung an bestehende geschlechtsspezifisch segregierte Ausbildungs- und Arbeitsmarktstrukturen, die damit gefestigt und reproduziert werden. Und schließlich ist auch das Konzept des weiblichen Arbeitsvermögens – ähnlich wie die Humankapitaltheorie – *nicht* in der Lage, „die Frage nach den Ursachen von Frauenbenachteiligung auch bei ‚gleicher Qualifikation' und Erwerbsarbeitspraxis" zu beantworten (ebd., S. 139).

Diese Auseinandersetzung hatte zur Folge, daß verschiedene Autorinnen – darunter auch einige der Kritikerinnen – Weiter- und Neuentwicklungen des Konzeptes in die Diskussion einbrachten. So verweist GOTTSCHALL (1990, S. 45) darauf, daß in der Debatte um Frauenarbeit weitere Ansätze[10] erarbeitet wurden, die mehr oder weniger explizit wichtige Kritikpunkte am Konzept des weiblichen Arbeitsvermögens beinhalten. In der Theorie der doppelten Vergesellschaftung (vgl. Kapitel 2.3.1) sieht GOTTSCHALL (1990, S. 49) eine „präzisierte Perspektive" des Konzepts des weiblichen Arbeitsvermögens, da Männer ihre Arbeitskraft meist ausschließlich in das Lohnarbeitssystem einbringen, während Frauen oft zusätzlich in der Familie tätig sind. Daraus leitet sie die Forderung ab, daß bei Untersuchungen zu Funktionsweisen von Betrieben und Arbeitsmarkt auch berücksichtigt werden müsse, „ob

---

[10] Als Beispiele nennt sie den vorrangig gesellschaftstheoretisch argumentierenden Bielefelder sowie den Hannoveraner Ansatz (vgl. Kapitel 2.3.1).

und wie sich diese Institutionen als Teil der Gesellschaft auf die gesamtgesellschaftliche Arbeitsteilung nach Geschlecht beziehen" (ebd.).

2.2.2 Geschlecht als Statuskategorie: die hierarchietheoretische Argumentation

Die hierarchietheoretische Begründung des weiblichen Erwerbsverhaltens geht vornehmlich auf Arbeiten der Sozialwissenschaftlerin TEUBNER (1992) sowie der Soziologin WETTERER (1992) zurück, ist allerdings weniger rezipiert und diskutiert als das Konzept des weiblichen Arbeitsvermögens. Ausgangspunkt der Überlegungen ist die Tatsache, daß „Formen institutionalisierter Ungleichheit zwischen den Geschlechtern auch bei gleicher Qualifikation fortbestehen", denn „in der Organisation und der Normierung der Geschlechterverhältnisse dominiert die Hierarchie zwischen den Geschlechtern als Konstante gegenüber den Faktoren formaler Gleichheit und Präsenz der Geschlechter" (TEUBNER 1992, S. 45 f.).

Aufgrund der Situation an zwei erwerbsbiographischen Schwellen, nämlich beim Wechsel von der Schule in eine berufliche Ausbildung sowie bei der beruflichen Erstplatzierung nach der Ausbildung, kommt TEUBNER (1992, S. 46) zu dem Schluß, daß der Qualifikation *nicht* die Schlüsselfunktion in Bezug auf die Verteilung beruflicher Chancen zukommt. Dies werde besonders in jenen Studien deutlich, die sich mit der Situation in sogenannten Mischberufen befassen, wie die Autorin am Beispiel von Bankkaufleuten darlegt: „Die Formen der Geschlechtertrennung sind strukturiert entlang der Hierarchien innerhalb des Berufsfeldes, bzw. mit der Zuweisung der Geschlechter zu unterschiedlichen Bereichen geht eine Hierarchisierung einher" (ebd., S. 47).

Hier sind zwei Ebenen zu unterscheiden: Auf der *sozialstrukturellen* sind Herausbildung und Veränderung geschlechtsspezifischer Trennungslinien auf dem Arbeitsmarkt als „Prozesse der Statusdistribution" zu verstehen, die die Hierarchie im Geschlechterverhältnis stets aufs Neue ausdifferenzieren und reproduzieren (GOTTSCHALL 1995a, S. 140). Auf der *diskursiven* Ebene geht es dagegen um „Konstruktion und Rekonstruktion der Geschlechterdifferenz", insofern als mit der Zuweisung von Tätigkeiten an Frauen oder Männern eine Kodierung als spezifisch weiblich oder männlich einhergeht (ebd.). Mit Hilfe der diskursiven Ebene wird die durch Prozesse geschlechtsspezifischer Arbeitsmarktsegregation reproduzierte soziale Ungleichheit legitimiert.

Empirische Bezugspunkte der Hierarchiehypothese sind sowohl historisch angelegte Studien über die Entstehung und Veränderung der geschlechtsspezifischen Typisierung von Berufen und Arbeitsplätzen (vgl. WETTERER 1992, S. 22 f.) als auch „frauenuntypische Beschäftigungsbereiche" wie Professionen[11] oder technisch geprägte Berufsfelder (GOTTSCHALL 1995a, S. 140).

TEUBNER (1995, S. 253) verweist darauf, daß die „hierarchische Strukturierung als innere Ordnung des Geschlechterverhältnisses erhalten" bliebe, „während die Inhaltssysteme von Männlichkeit und Weiblichkeit" variieren. Als Beispiel für eine Situation, in der diese hierarchische Strukturierung offen zutage tritt, nennt sie die Erwerbsarbeit, denn „selbst bei gleicher Qualifikation, gleicher Berufserfahrung und gleichem Einsatzfeld erhalten Frauen weniger Lohn als ihre männlichen Kollegen" (ebd.). Dies gelte in allen Berufen unabhängig vom Qualifikationsniveau oder dem Grad der Vergeschlechtlichung.

Hierarchietheoretische Argumentationen können nach Ansicht GOTTSCHALLS (1995a, S. 140) verständlich machen, „daß geschlechtsspezifische Arbeitsmarktsegregation eine vergleichsweise stabile, ihr Gesicht jedoch wandelnde und von daher inhaltlich nicht generalisierend bestimmbare gesellschaftliche Struktur darstellt und daß die gesellschaftlich dominante Gestaltung des Geschlechterverhältnisses in die Konstitution von Berufen und beruflicher Arbeit eingeht".

WETTERER (1992, S. 23 f.) stellt die Frage nach der Bedeutung differenztheoretischer Überlegungen (also beispielsweise des Konzeptes vom weiblichen Arbeitsvermögen), da die konkreten Inhalte von weiblicher bzw. männlicher Berufsarbeit variabel und historisch (wie am Geschlechtswechsel einzelner Berufe gezeigt werden kann) austauschbar sind, und kommt zu dem Schluß, daß sie zwar zur nachträglichen Legitimation bestimmter ökonomischer Prozesse dienen können, aber nicht zwangsläufig als wissenschaftliche Erklärung für eine feministische Sozialwissenschaft taugen. Diese Kritik überträgt sie auf die hierarchietheoretische Argumentation: Auch bei einem Insistieren auf der Hierarchie drohe „die Sackgasse undifferenzierter Verallgemeinerung", in diesem Falle jedoch nicht die „eines positiv gemeinten weiblichen Arbeitsvermögens, sondern eines zwar zu kritisierenden, aber gleichwohl scheinbar naturwüchsig sich reproduzierenden ‚Opferstatus' von Frauen" (ebd., S. 24). Auch hier seien Kontextualisierung und Historisierung notwendig, wolle man nicht die „Komplexität realer sozialer Differenzierung in der Hypostasierung eines abstrakt wirksamen Strukturprinzips zum Verschwinden bringen" (ebd.). Hier schließt sich denn auch der Kreis, ist doch die hierarchietheoretische Argumentation erst durch „sehr genaue Historisierung und sehr präzise Kontextualisierung" formulierbar geworden (ebd.).

Die Hierarchiehypothese beharrt also einerseits auf einer „analytischen Trennung zwischen Prozessen der Statusdistribution zwischen den Geschlechtern" und andererseits auf deren „ideologischer Begründung durch den Rückgriff auf Geschlechts-

---

[11] Mit dem Begriff ‚Profession' wird ein für die Gesellschaft relevanter Dienstleistungsberuf bezeichnet, „der hochgradig spezialisiertes und systematisiertes, nur im Laufe langer Ausbildung erwerbbares technisches und/oder institutionelles Wissen relativ autonom und kollektivitätsorientiert anwendet (z.B. Arzt, Richter)" (FUCHS-HEINRITZ ET AL. 1995).

rollenstereotype" (GOTTSCHALL 1998, S. 67). Damit bezieht sie sich auf die Zweigeschlechtlichkeit als kulturelles System und stellt auf diese Weise bereits eine Verbindung zu den konstruktivistischen Sichtweisen dar (ebd.), die im nächsten Abschnitt diskutiert werden.

2.2.3 Konstruktivistische Perspektiven: Doing gender

Seit einigen Jahren ist in der Frauenarbeitsforschung eine Umorientierung von struktur- zu handlungstheoretischen Ansätzen zu beobachten. Während in früheren Studien die Strukturen der gesamtgesellschaftlichen Arbeitsteilung als grundlegender gesellschaftlicher Integrations- und Segregationsmechanismus angesehen wurden, wird diese Funktion in neueren Arbeiten der sozio-symbolischen Repräsentation zugeschrieben. Diese Wende ist jedoch keineswegs auf die Frauenarbeitsforschung beschränkt, sondern läßt sich in der Arbeitsmarktforschung ganz allgemein konstatieren. Unter dem Einfluß der Sozialtheorien von GIDDENS (vgl. u.a. 1997) und BOURDIEU (vgl. u.a. 1985) gewinnen jene Sichtweisen an Bedeutung, die ihren jeweiligen Gegenstand als sozial konstruiert verstehen (vgl. GOTTSCHALL 1998, S. 68). So wird beispielsweise Beschäftigung als „soziales Konstrukt im Schnittfeld vielfältiger sozialer Beziehungen" formuliert (MAURICE 1990, S. 80). Theoretische Bezugspunkte der konstruktivistischen Sichtweisen stellen verschiedene Konzepte der auf GIDDENS (1984) zurückgehenden interpretativen Soziologie[12] dar.

Das Konzept des *gendering* oder *doing gender* – der sozialen Konstruktion von Geschlecht – geht auf die US-AmerikanerInnen FENSTERMAKER, WEST und ZIMMERMAN (vgl. WEST & FENSTERMAKER 1995a, 1995b, 1996 sowie WEST & ZIMMERMAN 1991) zurück. Es gewann seit Mitte der 80er Jahre als Gegenposition zu strukturfunktionalistischen Ansätzen zunächst im anglo-amerikanischen Sprachraum an Bedeutung. In dieser Zeit war die deutschsprachige Frauenforschung vorwiegend gesellschaftstheoretisch ausgerichtet, so daß dieses Konzept zunächst nur von Carol HAGEMANN-WHITE (1984, 1988) aufgegriffen wurde. Erst mit dem Erscheinen eines Artikels von GILDEMEISTER & WETTERER (1992) begann in den 90er Jahren eine breitere Rezeption. Den beiden Autorinnen zufolge stellt auch das biologische Geschlecht eine soziale Konstruktion dar[13] (vgl. GILDEMEISTER & WETTERER 1992, S. 210). Geschlecht wird sozusagen ‚denaturalisiert', eine Idee, die auch in poststrukturalistische und diskurstheoretische Ansätze Eingang findet

---

[12] Ziel der interpretativen Soziologie ist das Verstehen sozialen Handelns und sozialer Welten; sie vereinigt dabei durchaus heterogene theoretische Ansätze wie Sozialphänomenologie, Symbolischen Interaktionismus, Ethnomethodologie und Wissenssoziologie (vgl. TREIBEL 2000, S. 111 ff oder SCHÄFERS 2000, S. 176 ff.).

[13] „Weibliches und männliches Geschlecht (sex) werden nicht mehr als zwei entgegengesetzte, einander ausschließende Kategorien verstanden, sondern vielmehr als Kontinuum, bestehend aus dem genetischen Geschlecht, dem Keimdrüsengeschlecht und dem Hormongeschlecht" (LORBER & FARELL 1991, S. 7; zitiert nach GILDEMEISTER & WETTERER 1992, S. 209). Die genannten Faktoren stimmen nicht zwangsläufig überein, und sind in ihrer Wirkungsweise nicht unabhängig von der Umwelt.

(vgl. insbesondere BUTLER 1991). Das Konzept des *gendering* kann als Ergänzung bzw. Präzisierung der bereits erläuterten hierarchietheoretischen Argumentation aufgefaßt werden (vgl. GOTTSCHALL 1995a, S. 140).

Im Mittelpunkt steht die Frage, wie in bestimmten sozialen Kontexten Geschlechterdifferenz und Geschlechterhierarchie hergestellt werden, da die gegenwärtige Klassifikation der Geschlechter nicht etwa selbstverständlich, sondern im Gegenteil höchst voraussetzungsvoll ist (vgl. GOTTSCHALL 1995a, S. 141). Geschlecht wird in diesem Zusammenhang substantiell sozio-symbolisch hergestellt, woraus sich für die Forschung die Aufgabe ableiten läßt, die „Logiken" des *doing gender* zu rekonstruieren (vgl. GOTTSCHALL 1998, S. 64).

In der Sprache schlägt sich nieder, daß Geschlecht hier als Prozesskategorie und nicht mehr als Strukturkategorie verstanden wird: Da der prozessualisierte Geschlechtsbegriff des *doing gender* mit Worten wie Vergeschlechtlichung oder Sexuierung nur unzureichend ins Deutsche zu übersetzen ist, wird meist der englische Ausdruck beibehalten (vgl. KNAPP 1993, S. 28); er betont besonders die handlungsbezogene, praktische Dimension sowie „den (inter)aktiven Charakter der Reproduktion von Geschlechterdifferenzierungen" (KNAPP 1995, S. 171).

Konstruktivistische Perspektiven treffen „mit ihren empirischen Gegenstandsbezügen den Zeitgeist, indem sie gerade die zweischneidigen Folgen von zunehmender Gleichstellung thematisieren [...]. Last but not least erscheinen sie auch politisch attraktiv, nehmen sie doch Frauen als handlungsmächtige Akteure in sozial gestalteten Räumen und nicht etwa als ohnmächtige Opfer gesellschaftlicher Verhältnisse nach dem Muster des ‚oversocialized man' in den Blick" (GOTTSCHALL 1997, S. 479 f.).

Für die Frauenarbeitsforschung sind insbesondere folgende Aspekte relevant: So ist erstens „die ‚Geschlechterklassifikation' als soziale Tatsache" die zentrale analytische Kategorie (GOTTSCHALL 1998, S. 64). Zweitens wird auch der enge Zusammenhang von Geschlechterdifferenz und Geschlechterhierarchie deutlich: „Indem wir Zweigeschlechtlichkeit interaktiv herstellen [...], vollziehen und reproduzieren wir auch deren immanente Hierarchie", wobei in den Interaktionen zumeist Männlichkeit als Dominanz und Weiblichkeit als Unterordnung symbolisch vollzogen werde (ebd., S. 66). Die Geschlechterdifferenzierung ist demzufolge immer auch eine hierarchische Beziehung.

In der aktuellen Diskussion sind drei Ausprägungen des *doing gender*-Konzeptes von Bedeutung: die ethnomethodologisch-interaktionistische Perspektive, der wissenssoziologisch-sozialkonstruktivistische Ansatz sowie die systemtheoretische Argumentation.

Die auf Ursula PASERO (1994, 1995) zurückgehende systemtheoretische Argumentation findet in der Frauenarbeitsforschung bislang keine Anwendung. Unter dem Stichwort „Dethematisierung von Geschlecht" werden strukturfunktionalistische Ansätze eher weiterentwickelt als kritisiert (vgl. GOTTSCHALL 1997, S. 479 ff.). Die beiden erstgenannten Spielarten werden im folgenden vorgestellt, denn sie sind durch eine spezifische Affinität zu arbeitssoziologischen und arbeitsmarkttheoretischen Fragestellungen gekennzeichnet. Dies ist auf die Hartnäckigkeit zurückzuführen, mit der sich geschlechtsspezifische Arbeitsmarkt- und Berufsstrukturen in allen westlichen Industriegesellschaften gegenüber sonstigem gesellschaftsstrukturellen Wandel behaupten (vgl. GOTTSCHALL 1998, S. 66 f.).

Der ethnomethodologisch-interaktionistische Ansatz

Die ethnomethodologisch orientierte Sichtweise des *doing gender*-Konzeptes wird bereits seit Mitte der 80er Jahre von FENSTERMAKER, WEST und ZIMMERMAN vertreten und wurde in verschiedenen Publikationen ausgearbeitet (z.B. WEST & FENSTERMAKER 1995a, 1995b, 1996 sowie WEST & ZIMMERMAN 1991). Ausgangspunkt ist eine empirische Studie von Sarah FENSTERMAKER BERK (1985), die sich damit befaßt, wie durch die Arbeitsteilung in amerikanischen Haushalten Geschlecht produziert wird.

Während Teile der Frauen- und Geschlechterforschung die Zweigeschlechtlichkeit als quasi natürlich gegeben und ohne sie zu hinterfragen zum Ausgangspunkt nehmen, wollen die genannten AutorInnen gerade diesen Aspekt zum Untersuchungsgegenstand machen (vgl. GOTTSCHALL 2000, S. 297).

Sie kritisieren deshalb auch die – mittlerweile – traditionelle Unterscheidung zwischen *sex* und *gender*, die zunächst einen beträchtlichen Erkenntnisgewinn darstellte. Geschlecht ist auf drei Ebenen sozial konstruiert, ein Gedanke, der auf WEST & ZIMMERMAN (1991, S. 14 f.) zurückgeht. Zu unterscheiden sind:

- *sex* bzw. *sex assignment*, eine Zuschreibung, die aufgrund körperlicher Merkmale nach der Geburt erfolgt,

- *sex categorization* bzw. *social membership*, die soziale Zuordnung zu einem Geschlecht, die sich im Alltag durch Kleidung, Gestalt oder nonverbales Verhalten ausdrückt, sowie

- *gender* oder besser gesagt *doing gender*, die interaktive und intersubjektive Herstellung von Geschlechtszugehörigkeit.

Nunmehr stellt Geschlecht eine aktive Leistung der AkteurInnen dar, d.h. Geschlecht ist nicht etwas, das Personen im Sinne einer Eigenschaft haben, sondern etwas, das sie im Kontext von Interaktionen tun bzw. herstellen.

Als Beispiele für Studien, die diesem Ansatz folgen, sind jene von WILLIAMS (1989), LEIDNER (1991) und HALL (1993) zu nennen. In ihnen wird der Frage nachgegangen, wie „Prozesse der interaktiven Konstruktion von Geschlecht im beruflichen Alltagshandeln im einzelnen ablaufen" (WETTERER 1995, S. 236). In den genannten Untersuchungen wird deutlich, „daß Männer wie Frauen bestrebt sind, ihren Beruf in einer Weise auszuüben, für sich selbst zu interpretieren und für andere darzustellen, die darauf abzielt, Geschlechtszugehörigkeit und berufliches Alltagshandeln als kongruent in Szene zu setzen" (ebd., S. 237).

Diese Intention, die auch als „Imperativ der geschlechtlichen Identifizierbarkeit" (ebd.) bezeichnet wird, manifestiert sich beispielsweise im gemischtgeschlechtlichen Gastronomiebereich in bestimmten Tätigkeitsbezeichnungen und Uniformen (vgl. HALL 1993). Ob eine Tätigkeit als *waitering* (im Sinne von kellnern) oder als *waitressing* (im Sinne von bedienen) benannt wird, hängt nicht zuletzt vom Status des Gastronomiebetriebes ab: „In low-prestige restaurants, the integrated staff members are more likely to be called waitresses, and gender-differentiating uniforms are accepted as appropriate and even advantageous to female servers. In more prestigious and trendy restaurants, the integrated staff members are more often called waiters, and generic male uniforms are perceived by female servers as an important aspect of gender equality. The gender meanings incorporated in the language of job titles and dress codes suggests that to wait on tables in a fine dining restaurant is to do waitering and to wait on tables in a coffee shop is to do waitressing, regardless of the sex or gender of the worker" (HALL 1993, S. 342).

Anhand des Beispiels der Arbeitskleidung wird deutlich, daß die Existenz von Geschlechtern sinnlich – in diesem Fall visuell – vermittelt wird. Daraus ist zu folgern, daß es nur insofern zwei Geschlechter gibt, „als Inividuen andere als Männer oder Frauen wahrnehmen und sich selbst als das eine oder das andere darstellen" (GOTTSCHALL 2000, S. 302).

Diese konstruktivistische Perspektive stößt dort an ihre Grenzen, wo Strukturmomente des jeweiligen institutionellen Bezugsrahmens vernachlässigt werden (vgl. GOTTSCHALL 1998, S. 75). Da HALL (1993) *work roles* und Personaleinsatzstrukturen vornehmlich unter dem Gesichtspunkt des *gendering* betrachtet, besteht die Gefahr, daß andere Dimensionen, wie etwa soziale Herkunft, aber auch Ethnizität oder Nationalität außer acht gelassen werden (vgl. GOTTSCHALL 1998, S. 77). Diese sind in Bezug auf handelnde Personen schließlich nicht klar von einander zu trennen, sondern bilden eine Einheit: ein Individuum.

Mitte der 90er Jahre wurde das Konzept des *doing gender* von FENSTERMAKER und WEST (1996) auf *race* und *class* ausgedehnt, denn auch diese sozialen Differenzierungen seien interaktiv hergestellt.[14]

---

[14] Zu Inhalten und Kritik siehe z.B. GOTTSCHALL (2000, S. 303 ff.). Weitere Artikel zu diesem Thema sind dem Sammelband „Race, class, and gender: Common bonds, different voices" (CHOW, WILKINSON & ZINN 1996) zu entnehmen.

Die wissenssoziologisch-sozialkonstruktivistische Argumentation

In der deutschsprachigen Diskussion spielt vornehmlich die auf einen Artikel von GILDEMEISTER und WETTERER (1992) zurückgehende wissenssoziologisch-sozialkonstruktivistische Variante[15] der *doing gender*-Perspektive eine Rolle. Auch die professionssoziologischen Arbeiten von WETTERER (1992, 1995) folgen dieser Argumentation.

Ein wichtiger Ausgangspunkt der Überlegungen von GILDEMEISTER & WETTERER (1992) ist die auf BERGER und LUCKMANN (1969) zurückgehende Soziologie des Alltagswissens. In ihrem inzwischen klassischen Text versuchen die beiden Soziologen aufzuschlüsseln, „wie die Wirklichkeit, die sich den Gesellschaftsmitgliedern darstellt und in der sie leben, überhaupt entsteht" (TREIBEL 2000, S. 127). Daran schließt sich die Frage an, wie es kommt, daß bestimmtes Wissen gesellschaftlich akzeptiert und somit als *objektiv* betrachtet wird.

Institutionalisierungen sind als erstes Medium für derartige Objektivierungen zu nennen: BERGER und LUCKMANN (1969) „leiten die Entstehung von Institutionen, die *Institutionalisierung*, aus Handlungsgewohnheiten und Routinen ab. Sie weisen darauf hin, daß Menschen aus einer Art inner Ökonomie dazu neigen, für den immer wieder notwendigen Umgang mit Personen, Dingen oder Situationen Gewohnheiten oder Routinen auszubilden, sie also zu *habitualisieren*" (GUKENBIEHL 2000, S. 147; Herv. im Original). Werden solche Routinen im Alltag verwendet, dann ist „ein von Menschen selbst geschaffener Sinn- und Handlungszusammenhang zu einem Teil der Welt geworden, die ihnen als ‚objektive Wirklichkeit' [...] gegenübersteht" (ebd.).

Genau an diesem Punkt setzen GILDEMEISTER und WETTERER (1992, S. 238 f.) an, wenn sie kritisieren, daß die Fixierung auf die Geschlechterdifferenz zur Folge hat, daß „deren ‚Institutionenhaftigkeit' entweder systematisch übersehen oder aber als ‚Hierarchie', ‚Gewaltverhältnis' usw. in ihrem gesellschaftlichen Zwangscharakter hypostasiert wird". Ihre zentrale Frage lautet deshalb: „Wie kommt es dazu, daß wir die (Grund)Regeln der sozialen Konstruktion der Zweigeschlechtlichkeit miteinander teilen?" (GILDEMEISTER & WETTERER 1992, S. 240).

Geschlechterklassifikation ist nun aber nicht nur auf die Ebene alltäglicher Interaktionen beschränkt, sondern auch in gesellschaftlichen Institutionen – wie beispielsweise dem Berufssystem – verankert. Nach Ansicht WETTERERS (1995, S. 229) hat

---

[15] Die Wissenssoziologie entstand in den 20er Jahren des 20. Jahrhunderts als Teilgebiet der Soziologie. Sie befaßt sich mit den wechselseitigen Zusammenhängen zwischen gesellschaftlichen Faktoren einerseits und Bewußtseinsinhalten andererseits. Den Bewußtseinsinhalten werden Denkformen wie Weltanschauungen, Ideensysteme und Sozialtheorien zugerechnet. GOTTSCHALL (1997, S. 492) verwendet den Begriff des Sozialkonstruktivismus als „Oberbegriff für konstruktivistische Positionen in der Soziologie", er „umfaßt damit heterogene theoretische Programme, die von der Ethnomethodologie über die Wissenssoziologie bis hin zu den konstruktivistischen Varianten der Systemtheorie reichen".

die bisherige Geschichte der Vergeschlechtlichung von Berufsarbeit gezeigt, daß einerseits die hierarchische und bipolare Struktur im Verhältnis von Frauen- und Männerarbeit monoton reproduziert wurde, und daß andererseits die jeweils als spezifisch für die Differenz ausgewiesenen Inhalte kreativ modernisiert wurden. Dadurch ist es möglich, die Hierarchie zwischen den Geschlechtern auch über Phasen sozialen Wandels hinweg aufrechtzuerhalten.

Die Inhalte von Tätigkeiten, die als ‚weiblich' oder ‚männlich' bezeichnet werden, sind historisch betrachtet sehr variabel, wie besonders der Geschlechtswechsel von Berufen zeigt. Historische Kontinuität hat dagegen die Tatsache, daß überhaupt zwischen zwei Geschlechtern unterschieden wird.

Durch Analogiebildung wird erreicht, daß dieses System den Beteiligten plausibel erscheint: „Neu entstehende (Berufs)Tätigkeiten werden – nach Maßgabe ihrer hierarchischen Positionierung – in Analogie gesetzt zu anderen Tätigkeiten, die z.B. Frauen schon immer übernommen haben, und dergestalt in ein in sich stimmiges Verweissystem von ‚Weiblichkeit' integriert, das aus der neuen (Berufs)Tätigkeit auf plausible Weise einen ‚typischen Frauenberuf' macht. Und das gleiche gilt vice versa für das Verfahren der Konstruktion von ‚Männlichkeit' in ‚typischen Männerberufen'" (WETTERER 1995, S. 231). Zur Erklärung typischer Frauenberufe wird dabei häufig auf deren ‚Hausarbeitsnähe' verwiesen. Wie beliebig solche Argumente sein können, lässt sich am Beispiel der Röntgenassistenz zeigen. Wird sie von einer Frau ausgeübt, steht die soziale Kompetenz als weibliche Fähigkeit im Mittelpunkt der Begründung. Praktiziert dagegen ein Mann diesen Beruf, so geht es vorrangig um den Umgang mit Apparaten, der technische Kompetenz erfordere, was im Rahmen gängiger Geschlechtsstereotypen eher Männern zugeschrieben wird.

Die bereits vorgestellten differenz- und hierarchietheoretischen Ansätze werden durch die wissenssoziologische Argumentation des *doing gender* (re-)interpretiert: Es gelingt, ideologiekritische Einwände gegen differenztheoretische Erklärungen zu konkretisieren, denn „was dort als Kompatibilität von geschlechtsspezifischem Arbeitsvermögen und spezifischen Arbeitsplatzstrukturen erscheint, ist nicht nur Ausdruck einer Verkennung des legitimatorischen Charakters von Geschlechtstypisierungen, die letztlich der Aufrechterhaltung von Statusunterschieden im Erwerbsleben dienen, sondern als wissenschaftliche Erkenntnis selbst Teil der omnipräsenten ‚social construction of gender'" (GOTTSCHALL 1998, S. 81). Durch das Klassifikationsargument wird gleichzeitig die hierarchietheoretische Argumentation spezifiziert: „Der innere Zusammenhang von Statusdistribution und diskursiver Erzeugung von Geschlechterdifferenz wird als Prozeß sozialer Klassifikation konzeptualisiert, die faktische Gleichzeitigkeit beider Prozesse als logische Gleichursprünglichkeit begriffen" (ebd.).

Ähnlich wie die ethnomethodologisch-interaktionistische Argumentation läuft jedoch auch die wissenssoziologisch-sozialkonstruktivistische aufgrund ihrer wissenschaftstheoretischen Ausrichtung Gefahr, zeitliche Veränderungen geschlechtsspezifischer Arbeitsmarktsegregation unter gesellschaftstheoretischer wie arbeitssoziologischer Perspektive nicht ausreichend zu berücksichtigen (vgl GOTTSCHALL 1998, S. 82). Auf diese Weise wird das Geschlechterverhältnis im Erwerbssystem verkürzt dargestellt: So werde das Augenmerk vorrangig auf das sich historisch durchhaltende Prinzip der dualen Geschlechterklassifikation und weniger auf die sich historisch verändernde kulturelle Konstruktion von Geschlechterdifferenz gerichtet (ebd.). Weiterhin werde der Eindruck erweckt, das Geschlechterverhältnis sei vorrangig auf der Ebene der kulturellen Repräsentation und ihrer diskursiven Erzeugung verortet, ohne daß deutlich wird, in welchem Zusammenhang diese zu den Strukturen gesellschaftlicher Arbeitsteilung und damit material verbundener Herrschaftsverhältnisse stehen. Demgegenüber macht jedoch die Empirie deutlich, daß solche Prozesse immer an spezifische historische, nationale und gesellschaftliche Verhältnisse, also an ganz konkrete Strukturvoraussetzungen, gebunden sind (ebd).

Trotz der teilweisen Übereinstimmung mit der ethnomethodologisch-interaktionistischen Perspektive scheint der wissenssoziologisch-sozialkonstruktivistische Ansatz offener zu sein: In Abkehr von interaktionistischen Grundannahmen wird am Beispiel der sozialen Konstitution von Berufen besonders der „geschlechtskonstituierende Charakter von Arbeit bzw. Arbeitsteilung" betont (GOTTSCHALL 1998, S. 88). Außerdem wird eingeräumt, daß die konstruktivistischen Sichtweisen um solche Theorien zu erweitern sind, „die es erlauben, das Handeln kollektiver Akteure auch in seinen herrschaftsrelevanten Dimensionen zu erfassen" (ebd.).[16]

Kritisches Resümee

Bezogen auf die beiden hier vorgestellten Spielarten des Konstruktivismus sieht GOTTSCHALL (1998, S. 86) im Perspektivwechsel den eigentlichen Erkenntnisgewinn, da sie „nicht nach den sozialen Folgen der Geschlechterdifferenzierung" fragen, sondern „umgekehrt die Geschlechterklassifikation selbst zum Ausgangspunkt" nehmen, um herauszufinden, „wie diese Unterscheidung als ‚Garant' für die verschiedensten sozialen Arrangements geltend gemacht wird". Dennoch seien traditionelle arbeitssoziologische Analyseinstrumentarien mit vorrangig strukturtheoretischer Ausrichtung nicht zu ersetzen. In diesem Zusammenhang sind empirische Studien (z.B. zu Managementkonzepten) zu nennen, die entweder konstruktivistische Annahmen mit strukturtheoretischen Konzeptionen verknüpfen oder a priori Theorieansätze verwenden, die Struktur- und Handlungszusammenhänge gleichermaßen einbeziehen (vgl. ebd., S. 86). Als Beispiele für solche integrierten Ansätze sind die Arbeiten von MÜLLER (1993) sowie DETERS (1995) und KIRSCH-AUWÄRTER (1995) zu nennen.

---

[16] Ein Beispiel dafür ist die Theorie der sozialen Schließung (vgl. Kapitel 2.3.2).

Für die Analyse von Strukturveränderungen im Erwerbsleben und die Untersuchung des Verhältnisses von Produktions- und Reproduktionsbereich erweisen sich jedoch einige der Klassifikationshypothese zugrundeliegende Annahmen als unzureichend (vgl. GOTTSCHALL 1998, S. 88 ff.):

Die Annahme der *Gleichursprünglichkeit von Geschlechterhierarchie und -differenz* ist hier als erstes zu nennen: Sie impliziert, alle Formen sozialer Geschlechterarrangements – ob nun im Familien- oder Erwerbsleben – seien hierarchisch strukturiert, und wird dadurch deren Vielschichtigkeit und Vielfalt nicht gerecht (vgl. GOTTSCHALL 1998, S. 88). Auch komme es in bestimmten Bereichen und für bestimmte Gruppen zunehmend zu Prozessen der De-Thematisierung von Geschlecht, wobei teilweise andere Klassifikationen an Bedeutung gewinnen. Eine Lösungsmöglichkeit bietet die kategoriale Unterscheidung von Macht und Herrschaft unter Rekurs auf differenzierte machttheoretische Konzepte (ebd.).

Die zweite Annahme bezieht sich auf die *Omnirelevanz der dualen Geschlechterklassifikation:* Sie läßt keine Veränderungen in der Bedeutung des „sozio-kulturellen Systems der Zweigeschlechtlichkeit" zu und verhindert so eine Konzeptualisierung, die die relative Gewichtung von Geschlecht verglichen mit und in Beziehung zu Klassifikationen wie *ethnicity, age* oder *class* berücksichtigt (GOTTSCHALL 1998, S. 89). Um dies zu erreichen, sind weitere Differenzierungen notwendig. Spannend ist derzeit die Frage, „in welchen sozialen Konstellationen ‚Geschlecht' als Statusanweiser und Sinngeber noch bzw. wieder verstärkt relevant ist, und wo und unter welchen Bedingungen die soziale Verwertbarkeit der Geschlechterklassifikation an ihre Grenzen stößt" (ebd.).

Drittens wird schließlich die *Reproduktion von sozialen Verhältnissen* unterstellt. Um also „von der ‚Rekonstruktion' der Verhältnisse auch zu einer ‚Dekonstruktion' im Sinn der logisch und praktisch möglichen Veränderbarkeit zu kommen", bedarf es weiterer theoretischer Annahmen (ebd.).

2.3 Gesellschaftstheoretische Ansätze

Das ursprüngliche Anliegen der Frauenforschung zum Thema ‚Erwerbsverhalten von Frauen' war es, in der Arbeitsmarktforschung ein Defizit abzubauen. Zum einen wurden Frauen als auf dem Arbeitsmarkt diskriminierte Gruppe thematisiert, und zum anderen jene Mechanismen untersucht, die diese Diskriminierungen produzieren (vgl. GEISSLER, MAIER & PFAU-EFFINGER 1998, S. 7).

Nach mittlerweile rund zwei Jahrzehnten hat sich die Frauenarbeitsforschung stark verändert und ihren Fokus erweitert: Im Mittelpunkt steht inzwischen das „Geschlechterverhältnis als gesellschaftliches Verhältnis" (ebd.).[17] Eine Beschränkung der theoretischen Konzepte auf das Funktionieren von Arbeitsmärkten reicht dann jedoch nicht mehr aus, um die geschlechtsspezifische Segregation auf dem Arbeitsmarkt zu erklären. Diese wird vielmehr erst verständlich, „wenn man sie in den Kontext der gesellschaftlichen Strukturierung entlang kulturell zugeschriebener Geschlechterdifferenzen stellt" (ebd.).

2.3.1 Die doppelte Vergesellschaftung der Frauen

In der Diskussion um die (Erwerbs-)Arbeit von Frauen wurden auch gesellschaftstheoretische Ansätze entwickelt, die sich kritisch mit den Argumenten des Konzeptes vom weiblichen Arbeitsvermögen auseinandersetzen (vgl. GOTTSCHALL 1990, S. 45). Ein Beispiel dafür ist der Hannoveraner Ansatz, der zwei wesentliche Punkte beinhaltet: Zum einen hat Gudrun-Axeli KNAPP (1988b) darauf hingewiesen, daß neben der Geschlechterdifferenz auch die Differenz unter Frauen eine wichtige Rolle spielt. Aufgrund von „immer wieder ähnlichen und historisch erstaunlich konstanten Unterdrückungspraktiken gegenüber allen Frauen", seien die vielfältigen und oft widersprüchlichen Lebenssituationen von Frauen „im nationalen, schichtspezifischen wie auch interkulturellen und interethnischen Vergleich" fast in Vergessenheit geraten (TREIBEL 2000, S. 261). Zum anderen ist die hier vorzustellende These von der doppelten Vergesellschaftung von Frauen zu nennen, die auf Regina BECKER-SCHMIDT (u.a. 1987a) zurückgeht. Sie ist für die Frauenarbeitsforschung von großer Bedeutung.

Empirischer Hintergrund und Kernaussagen

Den empirischen Ausgangspunkt für die Entwicklung des Theorems der doppelten Vergesellschaftung von Frauen bildet eine mehrjährige Erhebung (seit 1978) des Psychologischen Instituts der Universität Hannover im Rahmen des Forschungsschwerpunktes ‚Integration der Frauen in die Berufswelt'. Neu daran ist, daß „das Frauenbewußtsein als Erfahrung von betrieblicher Arbeit auf dem Hintergrund der Hausarbeitsverpflichtungen" untersucht wird, wobei „Emanzipation [...] mit Erwerbstätigkeit konnotiert" wird und in „gewerkschaftlichen und betrieblichen Auseinandersetzungen im Produktionsbereich" stattfindet (MILZ 1994, S. 185). Ein Ziel der Untersuchung ist es, genauer zu erkunden, wie Frauen die Doppelbelastung aus Familie und Beruf praktisch bewältigen (vgl. MILZ 1994, S. 188). Gearbeitet wird mit Methoden der qualitativen Sozialforschung, insbesondere mit dem auf narrativen Interviews beruhenden, biographischen Ansatz (vgl. TREIBEL 2000, S. 259), wobei Fabrikarbeiterinnen im Mittelpunkt des Interesses stehen (vgl. BECKER-SCHMIDT 1984).

---

[17] Diese Neuorientierung drückt sich oftmals auch in einer Umbenennung aus: Statt von Frauenforschung ist nun von Geschlechterforschung die Rede.

Um zu Aussagen über die doppelte Vergesellschaftung zu gelangen, ist zunächst der Begriff der (einfachen) *Vergesellschaftung* zu erläutern: Sie ist als „die Einfügung des modernen Menschen in die Produktionsbedingungen bzw. unter die gesamtgesellschaftlichen Lebensbedingungen" definiert (TREIBEL 2000, S. 259). „Für die kritische und die marxistische Theorie ist dieser Begriff unmittelbar an die Klassenzugehörigkeit gebunden: in den (spät-)kapitalistischen Gesellschaften werden die meisten Menschen als Arbeitskräfte, als Personen, die ihre Arbeitskraft an den Produktionsmittelbesitzer (Kapitalisten) verkaufen müssen, vergesellschaftet" (ebd.).

Genau an diesem Punkt hakt BECKER-SCHMIDT (1987a, S. 20) ein, denn Frauen sind gleich zweifach in die gesellschaftliche Struktur eingebunden. „Ihre Position hängt zum einen von ihrem sozioökonomischen Status ab und ist zum anderen festgelegt durch ihr Geschlecht" (ebd.). Im Vergleich zu männlichen Mitgliedern einer Klasse oder Schicht ist ihre Lage deshalb „gleich und ungleich in eins" (ebd.). Anders ausgedrückt gibt es innerhalb jeder sozialen Klasse noch eine Unterschicht, nämlich die Frauen (vgl. BECKER-SCHMIDT 1987b, S. 191).

Frauen unterliegen somit zwei Herrschaftsformen: einer patriarchalischen und einer gesellschaftlichen; sie sind also doppelt vergesellschaftet und deshalb auch – im Gegensatz zu Männern – mit einer *Doppelsozialisation* konfrontiert. Das daraus resultierende komplexe Arbeitsvermögen qualifiziere sie für häusliche wie außerhäusliche Arbeitsplätze (vgl. BECKER-SCHMIDT 1987a, S. 18 ff.). Aus diesem Grund ist es notwendig, nicht nur Gleichstellung zu fordern, sondern auch geschlechtsspezifische Besonderheiten zu beachten (vgl. ebd., S. 20).

Wichtig ist an dieser Stelle der Hinweis, daß diese doppelte Vergesellschaftung auch in historischer Perspektive gilt, also nichts Neues darstellt: Stets war es nur ein sehr kleiner Teil der Frauen, der es sich leisten konnte oder gezwungen war, „sich auf das familiäre und unmittelbar häusliche Praxisfeld zu beschränken" (KNAPP 1988a, S. 12). Für die Zukunft bezweifelt beispielsweise MILZ (1994, S. 198), daß sich an dieser Doppelorientierung etwas ändern wird, sie sei „kein Übergangsphänomen, sondern ein dauerhafter Status, der Frauen mehr oder weniger aufgenötigt wird und ihnen ein vermittelndes Wissen und Können abfordert und verleiht".

Die bislang geschilderte makrotheoretische Blickrichtung wird durch individuell-psychische Implikationen mikrotheoretisch ergänzt, die BECKER-SCHMIDT (1991) in Anlehnung an die Kritische Theorie[18] als *innere Vergesellschaftung* bezeichnet (vgl. TREIBEL 2000, S. 260). Auch in ihren gesellschaftstheoretischen Perspektiven greift BECKER-SCHMIDT (1991) auf die Kritische Theorie zurück, denn wie die frühe Frankfurter Schule hält sie daran fest, „daß Gesellschaft als ein Funktionszusammenhang zu denken ist, der sich – durch dynamische, krisenhafte Prozesse hin-

---

[18] Siehe dazu KORTE (1998, S. 133–151).

durch – arbeitsteilig reproduziert", und auch für sie „impliziert fortschreitende Vergesellschaftung, daß es keine sozialen Verhältnisse gibt, die nicht durch gesamtgesellschaftliche Konstellationen vermittelt sind" (WOLDE 1995, S. 299).

Trotz dieser Gemeinsamkeiten übt BECKER-SCHMIDT (1991, S. 389) Kritik: Nach Ansicht von HORKHEIMER & ADORNO[19] „sind die Geschlechter der marktvermittelten Tauschrationalität nicht in gleicher Weise unterworfen – ihr Vergesellschaftungsmodus, aber auch der Grad der Integration ist daher different. [...] Der Kritischen Theorie zufolge sind Frauen gesellschaftlich in der Familie verortet". Dabei werde die doppelte Vergesellschaftung von Frauen übersehen und das Frauenbild auf ein „Hausfrauenklischee" reduziert, das dem Wert von Haus- und Familienarbeit nicht gerecht werde (BECKER-SCHMIDT 1991, S. 390).

Zusammenfassend ist folgendes festzuhalten: Neben herkunfts- oder berufsspezifischer Ungleichheit wirkt sich auch die geschlechtsspezifische auf die soziale Schichtung aus. Die Diskriminierung von Frauen ist weder zufällig noch partikular, sondern für viele Gesellschaftsbereiche nachweisbar (vgl. BECKER-SCHMIDT 1991, S. 392). Geschlecht ist also an der Konstitution gesellschaftlicher Strukturen beteiligt und kann entsprechend als Strukturkategorie bezeichnet werden. „In der doppelten Vergesellschaftung von Frauen gibt es keine Partizipation ohne Deklassierung, keine Integration ohne Segregation, keine Ausgrenzung aus einem gesellschaftlichen Bereich ohne Vereinnahmung in einem anderen", so daß sich die weibliche Sozialisation vor allem durch die größere Widersprüchlichkeit von der männlichen unterscheidet (ebd., S. 394).

Bewertung, Weiterentwicklung und Weiterverwendung

Während BECK-GERNSHEIM und OSTNER ihre These vom weiblichen Arbeitsvermögen am Beispiel der Krankenpflege, also einem hausarbeitsnahen Beruf, entwickelten (vgl. OSTNER 1990, S. 29), stehen Fabrikarbeiterinnen im Blickpunkt des Interesses von BECKER-SCHMIDT (1984) und ihren Mitarbeiterinnen. Dabei wird die besondere Situation der Frauenarbeit in Haus und Fabrik mit Begriffen beschrieben, die bislang in der Diskussion um das „Bewußtsein von Arbeitenden" negativ belegt waren, konstatieren sie doch „ein objektives Widerspruchsgefüge zwischen den dualen Arbeitsfeldern Haus und Fabrik" (MILZ 1994, S. 196).

Die Wissenschaftlerinnen aus Hannover versuchen eine „Ausdifferenzierung und Konkretisierung der Kategorie eines spezifisch weiblichen Bewußtseins [...] mit Theoretisierungen, die bis heute nicht endgültig abgeschlossen zu sein scheinen. Jenseits der zeitlichen und belastungsbezogenen Dimensionen der Vereinbarkeit entdecken und betonen sie die inhaltlich konträren Anforderungsprofile von Haus- und Berufsarbeit. Die materiell-organisatorische und intellektuell-psychische

---
[19] Siehe dazu HORKHEIMER & ADORNO 1947 bzw. 1956.

Leistung des Ausbalancierens von synchron anfallenden ungleichartigen Anforderungen wird als umfassende Kompetenz und spezifische Stärke von Frauen vorgestellt, die sich einer lebenslangen ‚doppelten Vergesellschaftung' verdanke" (MILZ 1994, S. 199).

Weibliches Arbeitsvermögen, um diesen Begriff nochmals zu gebrauchen, wäre demnach nicht auf hausarbeitsbezogene Qualifikationen beschränkt, sondern zeichnet sich durch die Leistung aus, widersprüchliche Anforderungen auf der zeitlich-organisatorischen wie der gedanklichen Ebene zu bewältigen bzw. zu vereinbaren. So begreifen die Hannoveraner Wissenschaftlerinnen Emanzipation als einen Prozeß, der Produktions- und Reproduktionstätigkeiten als gleichwertig betrachtet, und sie sehen die Bewältigung der synchronen und zugleich gegensätzlichen Aktivitäten als besondere Fähigkeit von Frauen (vgl. MILZ 1994, S. 202).

In der Diskussion von BECKER-SCHMIDTS Thesen stellt Anja WOLDE (1995, S. 303) deren Bezug zum Thema (Erwerbs-)Arbeit sehr deutlich heraus und verweist darauf, daß die kapitalistische Industriegesellschaft ein komplexes Gebilde sei, in dem sich soziale Bereiche ausdifferenziert haben, die arbeitsteilig den Erhalt des Ganzen bewirkten. Jedoch sind die Beziehungen, in denen die Einzelsegmente zueinander stehen, in sich widersprüchlich. „Zum einen sind zwar die einzelnen Sphären gegeneinander separiert und erfüllen in relativer Autonomie ihre Aufgaben für den ‚Systemerhalt'; dennoch müssen sie gegeneinander durchlässig sein, damit den wechselseitigen Abhängigkeiten im arbeitsteiligen Funktionszusammenhang Rechnung getragen werden kann. Zum zweiten sind zwar alle interdependenten Segmente für die gesellschaftliche Reproduktion gleichermaßen wichtig; dennoch gibt es aber eine eindeutige Rangordnung der sozialen Sphären" (ebd., S. 303 f.).

Die Sphären von Produktion und Reproduktion sind zweifelsohne wechselseitig aufeinander angewiesen, und doch gibt es genauso unbestritten eine Dominanz der Erwerbssphäre gegenüber der Familie. Diese Rangordnung schlägt sich auch in der Geschlechterordnung nieder: „Marktvermittelter Arbeit von Männern wird mehr Wert (Geldwert und soziale Bewertung) zugemessen als den vorrangig von Frauen erbrachten unentgeltlichen Versorgungsleistungen" (WOLDE 1995, S. 304). Außerdem wird die marktvermittelte Arbeit von Frauen geringer entlohnt und bewertet als die der Männer: In der Erwerbssphäre verweisen horizontale und vertikale Schließungsprozesse Frauen faktisch auf die unteren Positionen mit niedrigem Einkommen, und außerdem wird „normativ noch immer die Erwerbsarbeit von Frauen ihrer Familienarbeit nachgeordnet" (ebd.).

„Gesellschaftliche Formbestimmtheit, die soziale Organisation des Geschlechterverhältnisses und die geschlechtsdifferente Vergesellschaftung" sind eng miteinander verknüpft: „Strukturen der geschlechtshierarchischen Arbeitsteilung und Machtverteilung sind an gesellschaftliche Herrschaftsformen zurückgekoppelt, wie umgekehrt hierarchische Geschlechterverhältnisse gesellschaftliche Arbeitsteilung und hegemoniale Differenzierung abstützen" (WOLDE 1995, S. 304).

Ilse LENZ bezieht die These von der doppelten Vergesellschaftung der Frauen in ihre Überlegungen zum Thema „Geschlecht, Herrschaft und internationale Ungleichheit" ein und nimmt „eine dreifache Vergesellschaftung von Frauen und Männern" an (1995, S. 34). Es sind dies die Vergesellschaftung in Familie bzw. Haushalt sowie im Kapitalverhältnis; als Erweiterung kommt die Vergesellschaftung in den Nationalstaaten der Moderne hinzu: „Die Menschen sind in ihrer großen Mehrheit in Nationalstaaten vergesellschaftet, die letztlich in ihrem Bereich einen differentiellen Zugang zu Ressourcen regeln und über die Verteilung bestimmen. Menschen ohne Paß, ohne nationale Mitgliedschaft erleben internationale Ausgrenzung. [...] In dieser Vergesellschaftung überkreuzen sich Geschlecht und nationale Mitgliedschaft" (ebd., S. 35).

Sie folgert daraus, daß in dieser dreifachen Vergesellschaftung komplexe wechselseitige Verbindungen von Klasse, Ethnie und Geschlecht entstehen. „Diese drei Formen sozialer Ungleichheit haben verschiedene Ursachen und wirken unterschiedlich", deshalb sei es nicht sinnvoll, „sich die genannten Kategorien [...] als analoge oder additiv vorzustellen. In den gesellschaftlichen Arbeitsteilungen und Herrschaftsverhältnissen wirken sie vielmehr in ihren *Konfigurationen* zusammen" (LENZ 1995, S. 35f, Herv. im Original).

Auch der Soziologe KRECKEL (1992) verwendet den Begriff der doppelten Vergesellschaftung als ein Element seiner Politischen Soziologie der sozialen Ungleichheit, die im Mittelpunkt des nächsten Kapitels stehen wird.

2.3.2 Soziale Ungleichheiten auf dem Arbeitsmarkt

Einen sehr umfassenden Ansatz zur Erklärung sozialer Ungleichheit in fortgeschrittenen kapitalistischen Staatsgesellschaften stellt die „Politische Soziologie der sozialen Ungleichheit" von Reinhard KRECKEL (1992) dar, da sie wesentliche Elemente der neueren Klassen- und Arbeitsmarkttheorien mit politischen Theorien sozialer Ungleichheit zusammenführt und wohlfahrtsstaatliche Ungleichheiten mit jenen vereint, die aus der Erwerbstätigkeit erwachsen (vgl. HRADIL 1999, S. 134). Innerhalb seines Theoriegebäudes setzt sich KRECKEL auch mit der sozialen Ungleichheit im Geschlechterverhältnis (1992, S. 212–284) auseinander, wobei der geschlechtsspezifischen Strukturierung des Arbeitsmarktes große Bedeutung zukommt. Interessant ist vor allem, daß er in seiner Argumentation einige der bereits vorgestellten Ansätze aufgreift und diskutiert. Nach einem Überblick über diese Theorie sollen auch einige kritische Stimmen dazu nicht unerwähnt bleiben.

Die Soziologin Eva CYBA (1995) befaßt sich – unter Rekurs auf die Theorie KRECKELS – ebenfalls mit dem Thema geschlechtsspezifische Ungleichheiten. Sie bezieht das Konzept der sozialen Schließung in ihre Überlegungen ein und gelangt so zu den Bedingungen der Frauendiskriminierung auf dem Arbeitsmarkt.

Soziale Ungleichheit im Geschlechterverhältnis

Ausgangspunkt der Überlegungen KRECKELS (1992, S. 212) ist die empirische Realität, daß in allen fortgeschrittenen Staatsgesellschaften „die einflußreicheren und besser dotierten Positionen innerhalb des meritokratischen Systems überproportional häufig mit Männern besetzt" sind[20], „während die Frauen zu einem großen Teil am Rande oder gar völlig außerhalb des Erwerbslebens stehen".

Um den „theoretischen Ort der geschlechtsspezifischen Ungleichheit" genauer bestimmen zu können, ist von folgenden historischen Prämissen auszugehen (KRECKEL 1992, S. 223 ff.):

1. Die *Zweigeschlechtlichkeit als kulturelles System* wird als Grundtatsache akzeptiert.

2. Da die *formelle gesetzliche Gleichstellung der Geschlechter* in Staaten wie der Bundesrepublik Deutschland nahezu vollständig verwirklicht ist, geraten faktische Benachteiligungen von Frauen zunehmend ins Blickfeld.

3. Das *substantielle Gleichheitspotential beider Geschlechter* besagt, daß grundsätzlich alle Frauen und Männer gleichermaßen fähig sind, vorhandene soziale Ressourcen für sich zu nutzen. Erklärungsbedürftig ist die relative Seltenheit des Erfolgs von Frauen innerhalb des bestehenden Ungleichheitssystems.

4. Die Sozialstruktur von Staaten wie der Bundesrepublik Deutschland ist durch eine weitgehende „institutionelle Trennung von Privatsphäre und öffentlichem Bereich gekennzeichnet" (KRECKEL 1992, S. 225). Da die soziale Stellung des Menschen in der heutigen Gesellschaft entscheidend von der Position im Erwerbsleben bestimmt wird, gilt auch für Frauen, „daß sie zur Sicherung ihrer ökonomischen und sozialen Existenz auf eine eigenständige Erwerbsposition angewiesen sind. Ebenso wie der ererbte Sozialstatus wird auch der erheiratete Sozialstatus in der von meritokratischen Normen geprägten gesellschaftlichen Wahrnehmung zunehmend prekär" (ebd.).

Im Sinne der meritokratischen Triade von Bildung, Beruf und Einkommen „sollte der Arbeitsmarkt idealerweise so organisiert sein, daß Arbeitskräfte mit höheren Leistungsqualifikationen auch höhere berufliche Stellungen einnehmen und ein höheres Einkommen erzielen als geringer qualifizierte Arbeitskräfte" (KRECKEL 1992, S. 226). Ein Verstoß gegen dieses Prinzip wird als Diskriminierung bezeichnet. Von großer Bedeutung ist nun die Unterscheidung zwischen legitimer und illegitimer Ungleichheit (vgl. Abb. 2). Erstere liegt vor, wenn sie auf Qualifikationsunterschiede zurückzuführen ist, letztere, wenn das Qualifikationsprinzip bei

---

[20] Mit ‚Meritokratie' – einem zentralen Begriff bei KRECKEL – ist die gesellschaftliche Vorherrschaft einer durch Leistung und Verdienst ausgezeichneten Schicht gemeint. Siehe dazu auch MEUSBURGER (1998, S. 11 – 15).

2.3 Gesellschaftstheoretische Ansätze

der Stellenbesetzung verletzt und/oder ungleicher Lohn für gleiche Arbeit bezahlt wird. D.h. auch, daß geschlechtsspezifische Ungleichheiten beim Zugang zum Qualifikationserwerb *nicht* gegen das Leistungsprinzip verstoßen und somit – zumindest nach meritokratischem Verständnis – legitim sind.

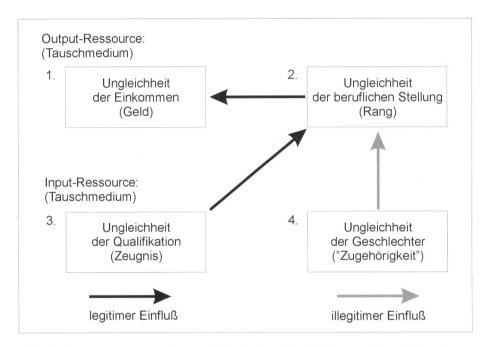

Abb. 2: Ressourcennutzung im meritokratischen Modell der sozialen Ungleichheit
Quelle: KRECKEL (1992, S. 228), leicht verändert

Anhand von Daten zur Schul- und Berufsausbildung für die Geburtsjahrgänge 1900, 1924 - 1926, 1949 - 1951 sowie 1959 - 1964 kann KRECKEL (1992, S. 228 ff.) zeigen, daß der Arbeitsmarkt in Deutschland zu Beginn dieses Jahrhunderts sehr viel eher als meritokratisch zu bezeichnen war als der heutige. Während die Frauenbewegung um die Jahrhundertwende deshalb das gleiche Recht auf Bildung forderte, ist heute problematisch, daß die geschlechtsspezifischen Berufschancen trotz gleicher Bildung sehr ungleich geblieben sind (ebd.).

Da die „beiden Geschlechter [...] im Hinblick auf ihr formales Qualifikationsniveau annähernd gleichgezogen" haben, wendet sich KRECKEL (1992, S. 233 ff.) in einem nächsten Schritt der Frage zu, ob es bei gleicher Qualifikation systematische Einkommensunterschiede zwischen männlichen und weiblichen Erwerbstätigen gibt. Auch hier werden zur Beantwortung statistische Daten herangezogen, aufgrund derer der Autor zu dem Schluß kommt, „daß die Einkommensunterschiede zwischen Männern und Frauen deutlich größer sind als die Qualifikationsunterschiede" (ebd., S. 235). Bezieht man außerdem das Kriterium des beruflichen Ranges in die Überlegungen ein, so seien spektakuläre Ungleichheiten zwischen Männern und Frauen innerhalb der Berufshierarchie festzustellen, die nicht auf ungleiche Qualifikationen zurückgeführt werden könnten, so daß hier ein klarer Fall von illegitimer geschlechtsspezifischer Diskriminierung vorliege (ebd.).

Eine These lautet deshalb, „daß neben der direkten Zurücksetzung von Frauen auch Mechanismen der *strukturellen Diskriminierung* wirksam sind" (KRECKEL 1992, S. 237, Herv. im Original). Da jedoch im realen Leben keineswegs alle Erwerbspersonen mit formal gleicher Qualifikation und formal gleichem beruflichem Rang direkt miteinander konkurrieren, greift er nun auf die Theorie der Arbeitsmarktsegmentation zurück und folgert, daß „die direkte Marktkonkurrenz (und eventuell: Marktdiskriminierung) zwischen Männern und Frauen [...] prinzipiell immer nur *innerhalb* begrenzter Teilarbeitsmärkte stattfinden" könne (ebd., S. 238, Herv. im Original). Der Mechanismus der Segmentierung von Arbeitsmärkten habe eine geschlechtsspezifische Komponente, da in vielen Fällen Frauen und Männer nicht um dieselben Stellen konkurrierten, da sie über unterschiedliche Qualifikationen verfügten und sich folglich in separaten Berufsfeldern bewegten. KRECKEL (1992, S. 239) weist auf die Existenz vertikaler Ausschließungsmechanismen hin und begründet dies damit, „daß – bei vergleichbarem Qualifikationsniveau – das durchschnittliche Einkommen innerhalb von Betrieben und Teilarbeitsmärkten umso niedriger liegt, je größer der Anteil der dort beschäftigten Frauen ist".

Die bisherigen Überlegungen lassen sich in folgender *Zwischenbilanz* zusammenfassen: Die „Folgen des *objektiven Qualifikationsvorsprungs* der Männer gegenüber den Frauen" sind bei älteren Beschäftigten nach wie vor bedeutsam (KRECKEL 1992, S. 239, Herv. im Original). Kommt es zu direkter Konkurrenz gleichqualifizierter oder gleichrangiger Frauen und Männer auf einem bestimmten Teilarbeitsmarkt, so kann es zu „*direkten Diskriminierungen* bei der Stellenbesetzung und/oder Entlohnung" kommen (ebd.). Aus dem „Phänomen der *geschlechtsspezifischen Segregation* von beruflichen Qualifikationen und Tätigkeitsbereichen" kann sich aber auch strukturelle Diskriminierung ergeben (ebd.).

Unter Rekurs auf das Konzept des dualen Arbeitsmarktes ist zu konstatieren, daß in der älteren Literatur zu diesem Thema die Neigung bestehe, „geschlechtsspezifische Arbeitsmarktdisparitäten vor allem im sekundären Arbeitsmarktsegment zu verorten und den primären Arbeitsmarkt als männliche Domäne zu charakterisieren" (KRECKEL 1992, S. 240). Der Soziologe selbst ist hingegen der Meinung, Frauen seien – wenn auch mit sehr unterschiedlichen Anteilen – auf allen Ebenen des Arbeitsmarktes zu finden. Dennoch teilt er die Ansicht LAPPES (1981, vgl. Kapitel 2.1.3), daß sich Frauen im sekundären Teilarbeitsmarkt stark konzentrieren. Aufgrund der geschlechtsspezifischen Schwerpunktbildung in bestimmten Branchen sowie der Trennung von Frauen- und Männerarbeitsplätzen innerhalb ge-

2.3 Gesellschaftstheoretische Ansätze

mischtgeschlechtlicher Branchen ist auch im sekundären Teilarbeitsmarkt die direkte Konkurrenz von Frauen und Männern eher selten.

Der primäre Arbeitsmarkt ist dagegen eher vom Phänomen der Qualifikationssegregation geprägt, wie einige Zahlen zu Ausbildungsgängen belegen: So seien in den Fertigungsberufen von Industrie und Handwerk die Auszubildenden zu 90 % männlich, im Dienstleistungssektor hingegen zu rund 75 % weiblich. Weiterhin fänden sich gerade in schulischen Berufsausbildungsgängen (also außerhalb des dualen Systems) zahlreiche Frauenschwerpunkte. Oftmals handelt es sich dabei um sogenannte Sackgassenberufe (Sprechstundenhilfe, Sekretärin etc.), deren Qualifikationen „jeweils auf die Zusammenarbeit mit einer (in der Regel männlichen) Vorgesetztenfigur zugeschnitten" sind, und einen beruflichen Aufstieg in die Chefposition zumeist ausschließen (KRECKEL 1992, S. 241 f.).

Auf dem Arbeitsmarkt sind die Tätigkeitsbereiche, in denen sich Frauen – ob nun mit oder ohne Qualifikation – konzentrieren, im Vergleich zu jeweils entsprechenden Männerberufen ungünstig plaziert. Wenn also Frauen einen Frauenberuf ergreifen, so müssen sie mit Status- und Einkommensnachteilen rechnen. Hier ist von einer strukturellen Diskriminierung zu sprechen (vgl. KRECKEL 1992, S. 242).

Für die weiteren Überlegungen ist es wichtig, sich noch einmal mit den Anteilen von Frauen und Männern in einzelnen Berufen zu befassen: Berufe, in denen über 90 % der Beschäftigten einem Geschlecht angehören, werden als Frauen- bzw. Männerberufe bezeichnet. Während in der Bundesrepublik Deutschland 1982 rund 41 % der Männer in einem reinen Männerberuf anzutreffen waren, waren nur etwa 8 % der erwerbstätigen Frauen in einem Frauenberuf beschäftigt. In den sogenannten gemischten Berufsfeldern sind zumeist Frauen deutlich in der Überzahl gegenüber ihren unmittelbaren männlichen Kollegen. Sehr wichtig ist in diesem Zusammenhang, daß diese männliche Minderheit – auch bei gleicher beruflicher Qualifikation – die Mehrzahl der oberen hierarchischen Ränge besetzt (vgl. KRECKEL 1992, S. 243). Als Beispiel hierfür sind Grund- und Hauptschullehrerinnen zu nennen, die ihren männlichen Kollegen zwar zahlenmäßig überlegen sind, aber dennoch sehr selten in die Position der Schulleiterin aufsteigen.

Die Tatsache, daß auch bei gleicher Ausbildung im Berufsleben keine volle Wettbewerbsgleichheit zwischen Frauen und Männern möglich sei, wird oft folgendermaßen erklärt: „*Subjektiv* gesehen sei bei Frauen aufgrund ihres typischen Zwiespalts zwischen Berufsleben und Hausfrauen- und Mutterpflichten nur sehr viel seltener eine eindeutige Berufs-, Wettbewerbs- und Erfolgsmotivation anzutreffen als bei Männern. Und *objektiv* gesehen seien die Erwerbslebensläufe der Frauen in der Regel sehr viel diskontinuierlicher als die der Männer, so daß ‚normale' berufliche Karrieren nur selten zu verwirklichen seien" (KRECKEL 1992, S. 244, Herv. im Original). Somit werde nicht gegen das meritokratische Prinzip verstoßen.

Zu beachten sei an dieser Argumentation, daß darin die gesellschaftlich verankerte Trennung zwischen (bezahlter) Erwerbsarbeit und (unbezahlter) Familienarbeit als selbstverständliche Gegebenheit zugrunde gelegt werde, ohne daß zu erkennen sei, daß zwischen beiden ein systematischer Zusammenhang bestehe (vgl. KRECKEL 1992, S. 245). Der Soziologe schließt daraus, daß es nicht ausreicht, die im Erwerbsleben auftretenden geschlechtsspezifischen Ungleichheiten ausschließlich mit marktinternen Mechanismen erklären zu wollen, da diese mit externen Faktoren systematisch verknüpft seien.

Die bisher vorgestellten Ergebnisse kommen durch eine methodische Reduktion zustande, da sich KRECKEL auf die „Gruppe der ausbildungsgleichen Männer und Frauen in gemeinsamen Tätigkeitsfeldern" konzentrierte und „die ansonsten vorherrschende *strukturelle Heterogenität*" ausblendete (KRECKEL 1992, S. 247, Herv. im Original). Für die weitere Argumentation wird zwischen fünf verschiedenen Gruppen von Frauen im erwerbsfähigen Alter differenziert:

1. „Nur-Hausfrauen": Sie stehen vorübergehend oder dauerhaft nicht im Erwerbsleben; ihre Existenzgrundlage sind private Versorgung, Vermögen und/oder Transfereinkommen. Sie fallen somit aus dem meritokratischen Leistungsvergleich heraus, ihre Arbeit zählt nicht.

2. Teilzeitbeschäftigte: Unter meritokratischen Gesichtspunkten stellen sie keine vollwertige Konkurrenz dar; diese Gruppe setzt sich v.a. aus Frauen zusammen, die meisten davon Mütter mit abhängigen Kindern; meist als Zuverdienst und um Kontakt zum Beruf zu halten; ökonomische und soziale Selbständigkeit ist damit meist nicht zu erreichen.

3. Frauen, die in sogenannten Frauenberufen beschäftigt sind: Sie sind von verschiedenen Formen der geschlechtsspezifischen Tätigkeits-, Berufsfeld- und Qualifikationssegregation betroffen: Durch den Abbau geschlechtsspezifischer Qualifikationsdifferenzen und zunehmende formale Ausbildungsgleichheit „übernehmen die geschlechtsspezifischen Segregationslinien zunehmend die Funktion von ‚letzten Dämmen', die die lukrativen männlichen Berufsfelder gegenüber steigendem Konkurrenzdruck abschirmen" (KRECKEL 1992, S. 246 f.). Obwohl die Arbeitsmarktsegregation mit einem hohen Maß an struktureller Diskriminierung von Frauen verbunden ist, entzieht sie sich einem direkten Leistungsvergleich, da der Mechanismus der horizontalen Abgrenzung von separaten Berufsfeldern eine unmittelbare Thematisierung der damit verbundenen Ausschließungsprozesse verhindert, und dies auch, wenn formale Qualifikationsgleichheit vorliegt.

4. In direkter Konkurrenz zu männlichen Kollegen befindet sich nur ein kleiner Teil der weiblichen Erwerbstätigen. Besonders bei älteren Arbeitnehmerinnen und Frauen mit diskontinuierlichen Erwerbsverläufen können sich hier genuine Qualifikationsdefizite auswirken. Es kommt aber auch zu Fällen, wo Frauen

und Männer mit gleicher Ausbildung auf einem Berufsfeld direkt konkurrieren. „Auftretende ‚sexistische' Benachteiligungen" sind dann unmittelbar als solche wahrzunehmen (KRECKEL 1992, S. 249). Hier ist der Hinweis wichtig, daß die Grenzen zwischen direkter Benachteiligung und indirekter Diskriminierung durch Segregation fließend sind, vor allem dort, wo es bei der „Besetzung von Vorgesetztenpositionen zu einer faktischen Geschlechtstypisierung kommt" (ebd., S. 249).

5. Schließlich sind auch die erwerbsfähigen arbeitslosen Frauen zu nennen, die zahlenmäßig jedoch nur schwer zu fassen sind. Ein Teil zieht sich in die Rolle der Hausfrau zurück (vgl. Kapitel 2.1.4), andere arbeiten in Ermangelung anderer Alternativen auf einem Teilzeitarbeitsplatz, sind „aber de facto teilzeitig erwerbslos" (KRECKEL 1992, S. 249).

Diese Differenzierung zeigt, daß eine umfassende Analyse des Systems der geschlechtsspezifischen Ungleichheit nur dann sinnvoll sein kann, wenn alle aufgeführten Gruppen Berücksichtigung finden: „Es ist notwendig, einen *systematischen Zusammenhang* zwischen den unterschiedlichen Typen von erwerbsfähigen Männern und Frauen innerhalb und außerhalb des Arbeitsmarktes herzustellen" (KRECKEL 1992, S. 250, Herv. im Original). Dies ist keineswegs ein rein theoretischer Zusammenhang, sondern der empirisch gegebene soziale Lebenszusammenhang, der sich in der privaten Haushaltsführung, insbesondere im Familienhaushalt, äußert. Hier hat sich ein Normalitätsmuster herausgebildet, dessen Bestandteil auch die innerfamiliäre Rollenverteilung zwischen Frau und Mann ist. „*Die in unserer Gesellschaft geltende innerfamiliäre Aufgabenteilung ist eine soziale Tatsache, keine Naturnotwendigkeit*" (ebd., S. 251, Herv. im Original).

Zur systematischen Trennung von Familien- und Erwerbsleben kommt es erst in der kapitalistischen Arbeitsgesellschaft. Sie zieht schließlich auch eine symbolische Trennung zwischen Erwerbsarbeit und Hausarbeit nach sich, die mit der sich durchsetzenden Geldwirtschaft in engem Zusammenhang steht. Trotzdem es vor allem in der Arbeiter- und Dienstbotenschaft stets eine große Zahl erwerbstätiger Frauen gab, galt in der Regel folgendes: „*Von jedem ‚echten' Mann und Familienvater wurde die Ausübung einer vollen Erwerbstätigkeit erwartet. Die Frauen waren dagegen nach wie vor allein für die Verrichtung der Hausarbeits- und Mutterpflichten zuständig*" (KRECKEL 1992, S. 253, Herv. im Original). Vor diesem Hintergrund bildeten sich verschiedene Haushaltsmodelle heraus:

- Ein *groß- bzw. kleinbürgerliches Modell* lag vor, wenn der Mann ein für den Lebensunterhalt der Familie ausreichendes Einkommen erzielte. Die Frau nahm dann die Rolle der Hausfrau ein, wobei sie in der kleinbürgerlichen Variante die Hausarbeit selbst erledigen mußte, in der großbürgerlichen dagegen Dienstboten zur Verfügung hatte.

- Das *proletarische Modell*, also die Doppelbelastung aus Erwerbstätigkeit und Hausfrauenarbeit, war für jene Frauen Realität, die keinen Mann hatten oder wenn dieser kein ausreichendes Einkommen erwirtschaftete.

Im letztgenannten Modell wird der historische Ursprung der bis heute existierenden „Doppelrollenproblematik" gesehen (KRECKEL 1992, S. 253). Diese Darstellung ist insofern irreführend, als sie nicht klar macht, daß es sich dabei um einen systematischen Vorgang handelt, und dies obwohl die Trennung von unentgeltlicher Hausarbeit und bezahlter Erwerbsarbeit eine tragende Säule des abendländischen Kapitalismus darstellt: Im kapitalistischen Wirtschaftssystem heißt das Unternehmensziel gewinnbringende Produktion, und um dies zu verwirklichen, sind Arbeitskräfte notwendig. „Für die *Reproduktion* dieser Arbeitskräfte sind die Unternehmen hingegen nicht zuständig, sondern die Arbeitnehmer selber. Genau diesem Zweck dient das [...] Arbeitsentgeld: Es soll die Reproduktionskosten der ‚Ware Arbeitskraft' decken" (ebd., S. 254). Dabei sind physische, psychische und biologische Reproduktion zu unterscheiden. Die daraus resultierenden Probleme werden in der kapitalistischen Marktwirtschaft marktextern gelöst.

Dadurch, daß es gelang, „die *Frauen* weiterhin auf diese Reproduktionsaufgaben festzulegen und [...] durchzusetzen, daß diese [...] im Rahmen der Familiensolidarität, also: *ohne Bezahlung*, verrichtet wurden", konnte das kapitalistische Beschäftigungssystem errichtet werden (KRECKEL 1992, S. 255; Herv. im Original). „Zur idealen Arbeitskraft der kapitalistischen und bürokratischen Welt ist somit die ‚Nur-Arbeitskraft' geworden, die durch einen nicht-erwerbstätigen Partner, die ‚Nur-Hausfrau', von den Reproduktionsarbeiten entlastet wird" (ebd.). Die Konsequenzen dieser Entwicklung sind auch heute noch spürbar.

Mit Nachdruck verweist KRECKEL (1992, S. 256) auch auf eine weitere historische Strukturvorgabe, nämlich den Patriarchalismus. Da diesem im kapitalistischen Produktionssystem eigentlich die materielle Grundlage fehlt, verwendet er den von BEER (1990; Bielefelder Ansatz) geprägten Begriff des „Sekundärpatriarchalismus", der sich nun in einer familieninternen und einer berufsstrukturellen Ausprägung darstellt. KRECKEL (1992, S. 259) konstatiert, daß mittlerweile jedoch zwei zentrale Voraussetzungen dieses ungleichheitserhaltenden Systems entfallen, nämlich das geschlechtsspezifische Qualifikationsmonopol und die exklusive Familienorientierung der Frauen und fragt, weshalb sich trotzdem so viele Frauen in ihrer Lebensplanung noch immer so verhalten, daß sie nur periphere Positionen innerhalb des gesamtgesellschaftlichen Ungleichheitssystems erreichen können.

An diesem Punkt bringt er die auf OSTNER (1978) und BECK-GERNSHEIM (1980) zurückgehende Theorie des weiblichen Arbeitsvermögens (vgl. Kapitel 2.2.1) in seine Überlegungen ein. Die These OSTNERS (1990, S. 35), daß „Männer, die sich längerfristig mit Hausarbeit beschäftigen, ähnliche Verhaltens- bzw. Arbeitsweisen entwickeln" wie Frauen, ist für ihn Anlaß zur Kritik: Wäre „nicht die komplementäre These sehr viel realitätsnäher, daß auch *Frauen*, die sich längerfristig mit Be-

2.3 Gesellschaftstheoretische Ansätze

rufsarbeit beschäftigen, ‚ähnliche Verhaltens- und Arbeitsweisen entwickeln', wie berufstätige Männer?" (KRECKEL 1992, S. 264). Obwohl es hierfür zahlreiche Belege gibt, will KRECKEL erwerbstätige Frauen nicht mit dem Attribut eines männlichen Arbeitsvermögens versehen. Statt dessen will er die Bindung an ein bestimmtes Geschlecht vermeiden, denn das entscheidende Kriterium sei die Arbeitsform und nicht das Geschlecht der Arbeitenden. Sein Vorschlag lautet folgerichtig, eine geschlechtsneutrale, aber dennoch geschlechtssensibilisierte Formulierung einzuführen und lieber „von ‚hausarbeitsbezogenem' und ‚berufsbezogenem' als von ‚männlichem' und ‚weiblichem' Arbeitsvermögen" zu sprechen (ebd.).

Die allgemeine Kritik am Konzept des weiblichen Arbeitsvermögens wurde bereits in Kapitel 2.2.1 ausführlich erörtert. Für die weitere Argumentation KRECKELS (1992, S. 265 f.) sind die folgenden drei Einwände von Bedeutung: So gelte die These der hausarbeitsnahen Anforderungsstruktur nur für einen Teil der sogenannten Frauenberufe, während es umgekehrt typische Männerberufe gebe, die sich mit weiblichem Arbeitsvermögen in Verbindung bringen lassen. Weiterhin muß beachtet werden, daß zahlreiche Berufe im Laufe der Zeit einen sogenannten Geschlechtswechsel (siehe Kapitel 6.1.1) durchgemacht haben. Die Verweiblichung eines Berufes bringt in der Regel eine Wertminderung mit sich. Feminisierungsprozesse sind vor allem für jene Berufe nachgewiesen, „die für Männer an Attraktivität und Prestige verloren haben (z.B. Grundschullehrerberuf)" (FASSMANN & MEUSBURGER 1997, S. 206). Nachteile, die durch diskontinuierliche Berufsverläufe und Teilzeitarbeit entstehen, können nicht direkt auf das weibliche Arbeitsvermögen zurückgeführt werden.

Anhand der Beispiele wird deutlich, daß auch das Konzept des weiblichen Arbeitsvermögens nur einige Teilaspekte der weiblichen Erwerbstätigkeit erklären kann. KRECKEL (1992, S. 266) kritisiert weiter, daß Hausarbeit dort als quasi vorindustrielle Wirtschaftsweise eingeordnet werde, während sich der Beruf erst mit der Industrialisierung entwickelt habe. Er geht statt dessen von der Prämisse aus, daß Berufs- und Hausarbeit, moderner Betrieb und moderne Familie – obwohl natürlich auf historischer Grundlage entstanden – als etwas qualitativ Neues aufzufassen sind.

In einem nächsten Schritt greift KRECKEL (1992, S. 268) das von BECKER-SCHMIDT (1987a und Kapitel 2.3.1) entwickelte Konzept der doppelten Vergesellschaftung auf, modifiziert es aber dahingehend, daß er auch hier für eine Geschlechtsneutralisierung des Begriffes plädiert, und die These aufstellt, daß die doppelte Vergesellschaftung in der bürokratisch-kapitalistischen Gesellschaft für beide Geschlechter gilt: Beide seien von der Trennung zwischen privater Familiensphäre und öffentlicher Berufssphäre betroffen. Trotz dieser Geschlechtsneutralisierung kommt auch KRECKEL (1992, S. 268) zu dem Schluß, daß „es der männlichen Seite weitgehend gelungen ist, sich von der Ambivalenz zwischen produktiver und reproduktiver Existenz zu entlasten, indem sie ihr Privatleben den beruflichen Anforderungen unterordnet. Die Frauen hingegen sind nicht nur typischerweise den widersprüchlichen Anforderungen aus beiden Bereichen voll ausgesetzt, sie haben auch die Folgen des ‚Sekundärpatriarchalismus' voll zu tragen. Denn die von ihren männlichen Lebenspartnern praktizierte Unterordnung und Verdrängung der Erfordernisse privater Reproduktion setzt gleichzeitig die Unterordnung und Verdrängung ihrer eigenen Hausarbeit voraus".

Aus Sicht von BECKER-SCHMIDT (1987b, S. 190) sind Geschlecht und Klasse „Strukturkategorien, die soziale Chancen zuweisen. Als Kategorien gesellschaftlicher Ungleichheit bezeichnen beide Herrschaftssysteme, die über eine Vielzahl von Mechanismen verfügen, Macht durchzusetzen". Daran anknüpfend fragt KRECKEL (1992, S. 269): „Welchen Individuen und Personengruppen gelingt es, die bestehenden Strukturkonflikte zwischen Kapital und Arbeit und zwischen Produktion und Reproduktion eher für die Förderung der eigenen Lebenschancen zu nutzen, und wem geraten sie eher zum Nachteil?" Dies ist aus seiner Sicht eine Frage der Macht.

In der sozialwissenschaftlichen Diskussion um das Verhältnis von Klasse und Geschlecht vertritt KRECKEL (1992, S. 270) eine dualistische Position, d.h. er behandelt das abstrakte Klassenverhältnis und das abstrakte Geschlechterverhältnis aus methodischen Gründen als analytisch unabhängig voneinander, obwohl ihm bewußt ist, daß es sich um zwei aufeinander bezogene strukturelle Gegensätze handelt. Dabei muß klargestellt werden, daß es sich hier keineswegs um ein symmetrisches Verhältnis handelt: Da „der Positionierung der aktiven Erwerbstätigen auf dem Arbeitsmarkt [...] für die Bestimmung der Stellung *aller* Individuen innerhalb der Ungleichheitsordnung kapitalistischer Staatsgesellschaften eine zentrale Bedeutung" zukommt, ist das Geschlechterverhältnis vom Klassenverhältnis abhängig (ebd., S. 272; Herv. im Original). Wie wirkt sich diese Unterordnung der Reproduktionsunter die Produktionssphäre auf die gesamtgesellschaftlichen Ungleichheitsstrukturen aus?

Um diese Frage zu beantworten, greift der Autor auf das in Abb. 3 dargestellte Modell zurück, das es seiner Ansicht nach erlaubt, „kollektive Akteure im Hinblick auf ihr ungleiches Gewicht im gesellschaftlichen Verteilungskonflikt zu unterscheiden" (KRECKEL 1992, S. 273). Es ist offensichtlich, daß die Reproduktionssphäre hier in direkter Form so gut wie nicht vertreten ist, so daß zu fragen ist, ob sie in jenen Organisationen, die auf die Produktionssphäre ausgerichtet sind, wenigstens indirekt vertreten ist? KRECKEL (ebd., S. 274 ff.) findet darauf folgende Antworten:

2.3 Gesellschaftstheoretische Ansätze

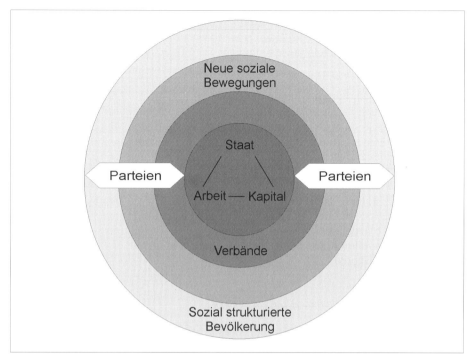

Abb. 3: Idealtypisches Modell des ungleichheitsbegründenden Kräftefeldes
Quelle: KRECKEL (1992, S. 164), leicht verändert

Die *Arbeitgeberseite* ist am Normalarbeitsverhältnis interessiert und wälzt die Reproduktionskosten nach Möglichkeit auf die privaten Haushalte ab. Auch die *Gewerkschaften* vertreten schwerpunktmäßig die Interessen von qualifizierten Vollerwerbstätigen, die meist einheimisch und männlich sind. Der *Staat* tritt in zweierlei Funktion auf: In seiner Funktion als Arbeitgeber ist der Staat zwar weniger auf die Normalarbeitsverhältnisse fixiert als private Unternehmen und Gewerkschaften (Bsp. Teilzeitregelungen), doch in den Führungspositionen ist kein Unterschied zur Privatwirtschaft festzustellen. In seiner Funktion als gesetzgebende und -ausführende Gewalt und als redistributiver Steuerstaat zeigt sich eine deutliche Ambivalenz: Die Gleichstellung von Frau und Mann ist nicht ohne weiteres mit dem Schutz der Familie vereinbar, und auch Wiedereingliederungsmaßnahmen stehen im Gegensatz zum geltenden Steuerrecht (Ehegatten-Splitting), das in der Praxis die traditionelle Rollenverteilung zementiert.

Es wird deutlich, daß eine Veränderung am ehesten von staatlicher Seite zu erwarten ist, wo Frauen zumindest über Wahlen an Einfluß gewinnen könn(t)en. Doch bislang ist auch die Politik eine männliche Domäne geblieben, und widersprüchliche oder zumindest unterschiedliche Lebenssituationen und Wertmaßstäbe von

Frauen verhinderten bislang die Etablierung einer reinen Frauenpartei (vgl. KRECKEL 1992, S. 279). So sei die „Frauenbewegung die einzige ‚Minderheitenbewegung', die sich de facto auf eine knappe Bevölkerungsmehrheit berufen kann" (ebd., S. 280).

Aufgrund der geschilderten Überlegungen kommt KRECKEL (1992, S. 282) zu dem Resultat, „daß eine Beschränkung der Ungleichheitsforschung auf die Produktionssphäre unzulässig ist". Da es immer weniger reine Hausfrauen gibt, spielt die Reproduktionssphäre immer nachhaltiger in die Produktionssphäre hinein. „Verschiedene ‚sekundärpatriarchalische' Mechanismen" führen dazu, „daß Frauen trotz gleichwertiger Qualifikationen im Erwerbsleben immer noch zurückstehen müssen und vorwiegend die hierarchisch untergeordneten beruflichen Positionen einnehmen. Es kommt damit zu einer ‚Vergeschlechtlichung' des Systems der Arbeitsmarktungleichheit, die nicht allein mit arbeitsmarkt*internen* Argumenten zu erklären ist. Die historisch entstandene Trennung von Produktions- und Reproduktionsarbeit in modernen westlichen Gesellschaften muß mit einbezogen werden" (ebd., Herv. im Original).

Kritische Anmerkungen zum Ansatz KRECKELS

Nach Ansicht des Soziologen HRADIL (1999, S. 136) zeichnet sich KRECKELS Theorie (1992) dadurch aus, „daß sie das Wirken von Organisationen und Institutionen berücksichtigt" und „sowohl Strukturbedingungen als auch Handlungschancen und Handlungsweisen" der in Politik, Wirtschaft und Arbeitsmarkt Agierenden verbindet. Besonders hervorzuheben sei, daß nicht nur Ursachen benannt, sondern auch Wirkungsweisen verdeutlicht werden.

Kritische Äußerungen zu KRECKELS (1992) komplexem Ansatz konzentrieren sich auf einen bestimmten Punkt, nämlich die von ihm vorgeschlagene „Geschlechtsneutralisierung" des von BECKER-SCHMIDT (1987a) geprägten Begriffs der „doppelten Vergesellschaftung".

So wird zwar positiv vermerkt, daß u.a. die Arbeiten von BECKER-SCHMIDT „als notwendige Perspektiverweiterung einer gesellschaftstheoretisch fundierten Ungleichheitsanalyse" Eingang in die deutschsprachige Ungleichheitsforschung fanden (GOTTSCHALL 1995b, S. 39). Allerdings verweise die von KRECKEL (1992) geforderte Geschlechtsneutralisierung des Begriffs der doppelten Vergesellschaftung „auf spezifische Verkürzungen in der Rezeption des Konzepts wie auch [auf] gewisse Unklarheiten in der (ursprünglichen) Begriffsbildung" (GOTTSCHALL 1995b, S. 39). Gleichzeitig wird versucht, die Argumentation KRECKELS (1992) zu verstehen: Seine Einwände erklärten sich nicht zuletzt daraus, „daß er die Kategorie als generalisierte Aussage über die Existenz und Entgegensetzung zweier Arbeitsformen und nicht als Aussage über die daraus erst folgende spezifische Nutzung weiblicher Arbeitskraft begreift, ein Mißverständnis, das möglicherweise

2.3 Gesellschaftstheoretische Ansätze

durch die o.g. Komplexität des Begriffs befördert wurde und auf die Notwendigkeit weiterer Präzisierung seines gesellschaftstheoretischen Gehalts verweist" (GOTTSCHALL 1995b, S. 39).

Mit ähnlichem Tenor argumentiert auch Petra FRERICHS (1997): Die von KRECKEL (1992) vorgenommene Geschlechtsneutralisierung des Konzepts habe ihre Berechtigung, soweit sie „die strukturelle Trennung von Produktion und Reproduktion und die gegensätzlichen Logiken des Handelns in den jeweiligen Bereichen betreffe" (FRERICHS 1997, S. 44, Fußnote 20). „Daß diese Segregation und Hierarchisierung der Sphären mit der Hierarchie des Geschlechterverhältnisses in einem Strukturzusammenhang steht und die Entwertung von Arbeitskraft und Arbeitsvermögen von Frauen auf dem *Widerspruch* ihrer doppelten Vergesellschaftung beruht bzw. darauf, ‚wie' sie in die Reproduktionssphäre strukturell und institutionell eingebunden sind, vermag KRECKEL nicht zu erklären, wenn er die Geschlechterungleichheit quasi auf eine ‚empirisch interessante Frage' des graduellen *involvements* in den getrennten Sphären reduziert" (ebd., Herv. im Original).

In einer neueren Publikation äußert sich schließlich auch die Urheberin der These, Regina BECKER-SCHMIDT (1998, S. 109), selbst. Sie plädiert dafür, den Begriff der doppelten Vergesellschaftung „wegen seiner Implikationen für weibliche Lebenszusammenhänge nicht einfach undifferenziert – wie etwa bei KRECKEL (1992) – auf männliche Lebensläufe" auszudehnen (ebd.).

Soziale Ungleichheiten und Frauendiskriminierung am Arbeitsmarkt

Die eingeschränkte Aussagekraft vieler Erklärungsansätze zum Erwerbsverhalten von Frauen ist für die Soziologin Eva CYBA (1998) Anlaß, an einer umfassenderen Theorie zu arbeiten, wobei sie zunächst eine Systematisierung der bisherigen Erkenntnisse vornimmt. Sie will damit „die unterschiedlichen, sozialen Bedingungen" aufzeigen, die Ungleichheiten am Arbeitsmarkt verursachen (CYBA 1998, S. 50). In die Produktion und Reproduktion der Ungleichheiten am Arbeitsmarkt sind verschiedene Gruppen mit entsprechend unterschiedlichen Motiven eingebunden. Das vorgeschlagene Schema ermöglicht es, „die Interdependez von strukturellen und individuellen Bedingungen" auf drei Ebenen zu erfassen: „a) Struktur und Entwicklung der Erwerbsarbeit, des Arbeitsmarkts, b) gesellschaftliche Werthaltungen, individuelle Einstellungen, c) staatliche Politik, gesetzliche Rahmenbedingungen" (ebd.).

In Tab. 4 sind jene Bedingungen zusammengestellt, „die Segregation und Benachteiligungen am Arbeitsmarkt erzeugen, aufrechterhalten oder verstärken, und sie verweist zugleich auf die individuellen oder kollektiven Akteure, die Interessen am Bestehen dieser Konstellationen haben, um zu erklären, auf welche Weise die Faktoren wirksam werden können" (CYBA 1998, S. 52). Die darin aufgeführten Faktoren erheben keinen Anspruch auf Vollständigkeit.

Tab. 4: Bedingungen der Frauendiskriminierung am Arbeitsmarkt

‚Objektive' Faktoren	Mögliche Ursachen	AkteurInnen (individuell/kollektiv)
Ausbildung	Traditionalismus, Mangel an Förderung, verfügbare Ausbildungsplätze, Bildungspolitik	Eltern, Schulen, Betriebe, Interessensgruppen, politische Parteien
Unterschiedliche Arbeitsplätze	Ausbeutung, soziale Schließungen, Vorurteile von ManagerInnen/UnternehmerInnen, Regionalpolitik, staatliche Förderung	ArbeitgeberInnen, ArbeitskollegInnen, Gewerkschaften, Interessengruppen
Anforderungen aus der Familienarbeit	traditionelle Arbeitsteilung, Ausbeutung	(Ehe-) PartnerIn, Kinder
Arbeitszeit, Mobilität	Einstellungen von Männern/Frauen, Arbeitszeitpolitik	(Ehe-) PartnerIn, Interessengruppen, Staat
‚Subjektive' Faktoren	Mögliche Ursachen	AkteurInnen (individuell/kollektiv)
Präsenz in Interessenvertretungen	Einstellungen, soziale Schließungen	männliche Gewerkschafter
Rechtliche/staatliche Regelungen: Steuerrecht, Arbeitsrecht, arbeitsrechtliche Benachteiligungen	Ideologien (Familie), Schutz von etablierten Interessen	Staat, Parteien, Verbände
Lebenspläne (Habitus)	Familie, Schule, Arbeitsteilung, Geschlechterrollen	Eltern, LehrerInnen, (Ehe-) PartnerIn
Erwartungen an die Arbeitswelt	Informationsdefizite, berufliche Sozialisation, Erfahrungen/Konsequenzen gegenwärtiger/vergangener Arbeitssituationen	ArbeitgeberInnen, ArbeitskollegInnen

Quelle: CYBA (1998, S. 51 f.), leicht verändert

Zum Verständnis der Darstellung sind die beiden Begriffe *soziale Schließung* und *Ausbeutung* zu präzisieren: Werden „soziale Gruppen von der Teilnahme an sozialen Lebenschancen, vom Zugang zu sozialen Gütern ausgeschlossen" und somit „soziale Ungleichheiten produziert oder fortgeschrieben", so ist von *sozialer*

Schließung zu sprechen (CYBA 1998, S. 53). Mächtige Gruppen können soziale Schließung erfolgreich praktizieren, in dem sie „auf Grund ihrer vorhandenen Macht(chancen) und ihres Zugangs zur staatlichen Machtausübung andere, real oder potentiell konkurrierende Gruppen als Konkurrenten ‚ausschließen'" (ebd.). Dies geschieht beispielsweise durch die Festlegung von Bildungsvoraussetzungen für bestimmte Berufe, über die dann der Zugang kontrolliert werden kann.

Weniger eindeutig ist dagegen die Definition des Begriffes *Ausbeutung*; ein Mindestkriterium ist allerdings gegeben, wenn zwischen der Diskriminierung der einen und dem Nutzen der anderen Gruppe ein kausaler Zusammenhang besteht (vgl. CYBA 1998, S. 53). Ausbeutung ist jedoch keineswegs nur in der Arbeitswelt anzutreffen, sondern durch die „asymmetrische Arbeitsteilung" zwischen den Geschlechtern auch im privaten Bereich (ebd., S. 53 f.).

Aus der Sicht der Soziologin sind Schließung und Ausbeutung unterschiedliche Formen, Ungleichheiten zu (re-)produzieren und zu verstärken, die auf verschiedenen Formen von Machtausübung beruhen: Im einen Fall wird die Bedrohung durch eine andere Gruppe abgewehrt, im anderen die bereits benachteiligte Situation einer Gruppe zum eigenen Vorteil ausgenutzt (vgl. CYBA 1998, S. 54). Neben den Prozessen von Schließung und Ausbeutung spielen aber auch „traditionalistische Einstellungen von Frauen und Männern innerhalb wie außerhalb der Familie [...] beim Zugang zu Bildungsmöglichkeiten oder bei der Kategorisierung von Arbeitsplätzen" eine wichtige Rolle (ebd., S. 57).

Mit diesem Schema kann gezeigt werden, daß „Handlungsmöglichkeiten, Chancen und Beschränkungen von bestimmten Gruppen" auf dem Arbeitsmarkt nicht ausschließlich von den „Beziehungen zwischen sogenannten Anbietern und Nachfragern von Arbeitskraft" abhängen, „sondern in umfassende soziale Zusammenhänge eingebettet sind, die zur Erklärung herangezogen werden müssen" (CYBA 1998, S. 58). Ziel einer synthetischen Theorie ist deshalb *nicht* mehr die Entwicklung einer Theorie des Arbeitsmarktes, sondern eine Theorie zur Analyse sozialer Ungleichheit am Arbeitsmarkt. Der Arbeitsmarkt wird als „Kristallisationsbereich geschlechtsspezifischer Diskriminierungen" angesehen (ebd.).

3 Methodologie und methodische Konzeption

3.1 Methodologie und Forschungsdesign

Neben der schon geschilderten feministischen Kritik an einigen theoretischen Ansätzen, die zur Erklärung der Situation von Frauen auf dem Arbeitsmarkt herangezogen werden können, spielt in der feministischen Diskussion auch die Frage der Methodologie sowie geeigneter methodischer Konzepte bereits seit längerem eine Rolle: Gibt es eine feministische Methodologie? Müssen bestimmte Methoden bei Untersuchungen der Frauenforschung angewandt werden? Sind einige Methoden mit den Grundsätzen feministischer Forschung nicht vereinbar? Nach der Skizzierung zentraler Aspekte feministischen Wissenschaftsverständnisses werden die Konsequenzen für das Forschungsdesign dieser Arbeit dargelegt.

3.1.1 Methodologische Anforderungen

In den 90er Jahren dieses Jahrhunderts präsentiert sich *Feminismus* als „globales Projekt" und damit auch als „vielstimmiger Chor [...], in dem Dissonanzen und Disharmonien" anklingen (KRÜGER 1994, S. 72) – einen Eindruck dieser ‚Polyphonie' haben bereits die Theorie-Kapitel vermittelt. Diese Vielfalt macht es schwer, von *dem* Feminismus zu sprechen und seine verschiedenen Facetten darzustellen. Um im folgenden aufzeigen zu können, welchen Einfluß feministisches Wissenschaftsverständnis auf die Wahl der Methoden etc. haben kann, wird kurz erläutert, wodurch es gekennzeichnet ist.

Dabei muß gleich zu Beginn betont werden, daß sich bislang weder in der Geographie noch in der Soziologie ein eigenständiger feministischer Analyseansatz herausgebildet hat. Der Feminismus stellt deshalb auf der Grundlage der vorhandenen Theoriekonzepte – also beispielsweise des Konstruktivismus – eine zusätzliche Perspektive dar (vgl. KRÜGER 1994, S. 69 f.).

Aspekte feministischen Wissenschaftsverständnisses

Bei der Frage nach feministischem Wissenschaftsverständnis bzw. dem Selbstverständnis der Frauenforschung kommt man nicht umhin, sich mit einem Text auseinander zu setzen, der – obwohl nach wie vor umstritten – mittlerweile zum Klassiker avanciert ist: „Methodische Postulate der Frauenforschung" der Soziologin Maria MIES (1984/87a, Nachdruck von 1978). Ihre in Anlehnung an die Aktionsforschung[21] formulierten Forderungen haben eine emanzipatorische

---

[21] Die Aktionsforschung ist den Methoden der empirischen Sozialforschung zuzurechnen, stellt jedoch gleichzeitig auch eine Forschungsstrategie dar, die auf eine emanzipatorische Gesellschaftsveränderung abzielt. Ihr wesentliches Merkmal ist die Kooperation zwischen Forschenden und Beforschten (vgl. SCHÄFERS 2000, S. 221 f.).

Wissenschaft zum Ziel; gleichzeitig sollte damit eine Methodendiskussion angeregt werden.

Die Autorin geht davon aus, daß sich Frauen im Hochschulbereich in einer „doppelten Bewußtseins- und Seinslage" befinden, da sie sowohl *Betroffene* seien, die „Unterdrückung in irgendeiner Weise selbst erfahren haben", als auch „*Forschende*, die sich wissenschaftlich mit dieser Unterdrückung und den Möglichkeiten ihrer Aufhebung befassen" (MIES 1984/87a, S. 10, Herv. im Original). Deshalb sei es notwendig, die subjektive Betroffenheit bewußt in den Forschungsprozeß einzubeziehen.

„Feministische Forschung soll nach MIES deshalb nicht nur bisher unberücksichtigte Fragen aufnehmen, sondern Arbeit für eine gesellschaftliche Praxis sein, deren Ziel es ist, Frauenunterdrückung aufzuheben. Sie läßt sich von folgenden *Organisationsprinzipien* leiten: dem Prinzip der bewußten Parteilichkeit [...]; dem Prinzip der ‚Sicht von unten' [...]; der Verpflichtung, Forschung in aktive Praxis zu integrieren [...]; dem Prinzip der Veränderung des status quo als dynamisches Element des Erkenntnisprozesses [...]" (TREIBEL 1997, S. 70; Herv. im Original).[22] Die Postulate können somit als „eine Art *Gegen-Methodologie*" zu jener Sozialwissenschaft verstanden werden, wie sie in den 70er Jahren betrieben wurde (ebd., Herv. im Original). Die Frage nach Methoden, die geeignet sind, um diesen Forderungen gerecht zu werden, spielt bei MIES zwar eine untergeordnete Rolle, dennoch machen einige Passagen die Präferenz qualitativer Verfahren deutlich. Gegenüber quantitativen Methoden werden geäußert Unbehagen und Kritik, Fragebögen als „herrschaftsstabilisierende Methoden" bezeichnet (MIES 1984/87a, S. 7 ff.).

Wird feministische Forschung in Anlehnung an die von MIES formulierten Postulate betrieben, so basiert sie auf folgenden Prämissen: „Erstens: Empirischer Gegenstand sind weibliche Lebenszusammenhänge, und Frauen bilden die Untersuchungspopulation. Frauen forschen über, mit und für Frauen. Diese Fokussierung war für die frühe Frauenforschung naheliegend, galt es doch den Androzentrismus in Forschung und Theoriebildung zu überwinden. [...]. Zweitens: Es wird eine ursprüngliche, über die Geschlechtszugehörigkeit vermittelte Interessensübereinstimmung zwischen Forscherinnen und Erforschten angenommen. [...] Drittens: Es werden bevorzugt solche Forschungsbereiche gewählt, in denen eine unmittelbare, die Erforschten aktivierende Umsetzung der Ergebnisse zumindest möglich erscheint" (BEHNKE & MEUSER 1999, S. 28 f.).

Problematisch wird der skizzierte Forschungsansatz in dem Maße, „in dem die Frauenforschung die Idee eines einheitlichen Subjekts Frau in Frage stellt und stärker ethnisch-, klassen- und milieubedingte Besonderheiten des weiblichen Lebenszusammenhangs fokussiert; in dem die gesellschaftliche Situation der Frau nicht

---

[22] Eine zusammenfassende Darstellung der Postulate ist auch bei BEHNKE & MEUSER (1999, S. 20 f.) zu finden.

mehr nur in Opfer-Kategorien beschrieben wird; in dem sich der Blick auf die andere Seite des Geschlechterverhältnisses, auf die Männer, ausdehnt" (BEHNKE & MEUSER 1999, S. 29).

Um die Postulate entwickelte sich eine heftige, bis in die 90er Jahre reichende Diskussion[23], wobei die Einwände „von einer vorsichtigen Relativierung bis zu deutlichem Widerspruch" reichen (BEHNKE & MEUSER 1999, S. 30).

So kritisiert Christina THÜRMER-ROHR (1987, S. 75) insbesondere die geforderte subjektive Betroffenheit: Sie vertritt die Ansicht, daß die Betroffenheit einer Untersucherin „kein verläßlicher und konstanter Zustand ist, keine ‚methodische' Basis ihres Vorgehens". Vielmehr könne die Untersucherin durchaus widersprüchliche Gefühle bei sich selbst beobachten: „Die Art der Betroffenheit oder Nicht-Betroffenheit ändert sich in subtiler Abhängigkeit von der Situation, in der sich die Untersucherin selbst befindet" (ebd.). Sie kommt zu dem Schluß, daß feministische Wissenschaft keine politischen Ziele erfüllen könne. Aufgabe sei es vielmehr, „sich um eine möglichst sorgfältige, differenzierte und systematische Wiedergabe der Situation von Frauen – in ihrer ganzen Unterschiedlichkeit – und um die Analyse und Erkenntnis allgemeiner Gesetzmäßigkeiten der patriarchalen Realität aus der Sicht von Frauen – in ihrer ganzen Unterschiedlichkeit – zu bemühen" (ebd.).

Lange Zeit bestand relativ wenig reflektiert das sogenannte ‚Beziehungspostulat' (vgl. MÜLLER 1994, S. 39), dessen Ziel es war (und ist), das Forschungsobjekt durch den Aufbau einer *Beziehung* (*rapport*) zum Subjekt zu machen. Dadurch sollte die Hierarchie bzw. das Machtgefälle zwischen Forschenden und Beforschten zumindest abgebaut sowie die Ausbeutung der Beforschten verhindert werden. Allerdings birgt diese Haltung auch Gefahren, wie REINHARZ schildert: „The feminist demand for rapport may have led us to put on blinders compelling us to see gender as the most salient characteristic of a woman, even when the woman sees otherwise" (1992, S. 266). Sie plädiert für einen gemäßigten Umgang mit dem ‚Beziehungspostulat': „I also believe that we can develop nonexploitative relations with the people involved in our research projects, without attempting to achieve 'rapport' or 'intimacy' with them. Relations of respect, shared information, openness, and clarity of communication seem like reasonable substitute goals" (ebd., S. 267). Auch die Parteinahme für Frauen ist unter Umständen mit Schwierigkeiten verbunden: So läßt sich das Bild der ‚guten Unterdrückten' nicht immer halten, wenn sich beispielsweise amerikanische Arbeiterfrauen rassistisch über Schwarze äußern (vgl. ebd., S. 242).

Mittlerweile werden allerdings die Postulate der Parteilichkeit sowie der gemeinsamen Betroffenheit zurückhaltender interpretiert: So meine Parteilichkeit „nicht schlichte Parteinahme für und Identifikation mit den anderen Frauen, sondern das

---

[23] Da es zu weit führen würde, diese Diskussion hier in ihren Einzelheiten wiederzugeben, sei hier auf die wichtigsten Artikel dazu verwiesen: GÖTTNER-ABENDROTH (1983); MIES (1978, 1984/87a, 1984/87b 1994); THÜRMER-ROHR (1984/87).

erkenntnisleitende Interesse am Abbau der Hierarchie im Geschlechterverhältnis und der Verbesserung der Lebensbedingungen von Frauen. Neben Momenten gemeinsamen Betroffenseins von der gesellschaftlichen Situation als Frau werden die Unterschiede in sozialer Lage, Macht, Kompetenz und Wirklichkeitssicht zwischen Forscherinnen und untersuchten Frauen anerkannt" (BECKER-SCHMIDT & BILDEN, 1995, S. 27 unter Bezugnahme auf THÜRMER-ROHR 1984).

Neben den Kritikerinnen gibt es aber auch nach wie vor Forscherinnen, die in der Tradition der Miesschen Postulate argumentieren oder diesen zumindest nahe stehen. Beispielsweise erwähnen BRÜCK ET AL. fünf Prinzipien, die sich in der Debatte um die Postulate herausgebildet hätten und den Forschungsprozeß leiten: „Betroffenheit, Parteilichkeit, Autonomie, Praxisbezug und Interdisziplinarität" (1997, S. 35). Allerdings gelangen die Autorinnen zu der Auffassung, daß es ebensowenig wie *die eine* feministische Theorie *die eine* feministische Methodologie gebe, es könne viel eher von einem „Ausdifferenzierungsprozeß feministischer Methodologien" gesprochen werden (ebd., S. 39).

Trotz dieser Unterschiede geht eine zentrale These feministischen Wissenschaftsverständnisses davon aus, daß *Wissenschaft eine soziale Tätigkeit* ist, die von Individuen oder Gruppen ausgeübt wird und somit als „Resultat gesellschaftlichen Handelns" bezeichnet werden kann, das seinerseits wieder Rückwirkungen auf Gesellschaft und Politik zeigt (KRÜGER 1994, S. 77). Ebenfalls auf die ‚Postulate' zurückgehend spielt das *Verhältnis zwischen Forschenden und Beforschten* eine wichtige Rolle in der feministischen Debatte. Hier ist zunächst die Position der Forschenden[24] in einem solchen Prozeß zu klären, die STURM (1994, S. 90) als dialektisch darstellt: „Zum einen gestalte ich diesen Prozeß als Forschungssubjekt und wirke auf den Forschungsgegenstand ein. Zum anderen bin ich als Mitglied der Gesellschaft bzw. als Teil des ökologischen Wirkungsgefüges Teil eben dieses beforschten Feldes".

Feministische Methoden?

Bleibt die Frage, welche Methoden den im Kapitel ‚Aspekte feministischen Wissenschaftsverständnisses' geschilderten Anforderungen gerecht werden, und ob die feministische Forschung eigene Methoden entwickelt hat. Welche Rolle spielen qualitative und welche quantitative Methoden?

In einer ersten Phase war die Diskussion um geeignete Methoden in der Frauenforschung[25] „von der Annahme geprägt, die weibliche Stimme sei notwendigerweise

---

[24] Zur Sichtweise der Verfasserin siehe Kapitel 3.2.3.
[25] Die Auseinandersetzung um qualitative und/oder quantitative Methoden wurde und wird natürlich nicht ausschließlich unter feministischen Wissenschaftlerinnen geführt, sondern prägt, ausgehend von Positivismusstreit der deutschen Soziologie, die Diskussion in der empirischen Sozialforschung bis heute (vgl. MÜLLER 1994, S. 33).

qualitativ" (ABELS 1997, S. 134). Begründet wurde dies damit, „daß die Abgrenzung gegenüber quantifizierenden Methoden [...] in engem Zusammenhang mit der Identitätssuche einer ‚weiblichen' Wissenschaft" stehe (OSTNER 1987, S. 106). In einzelnen Fällen reichte die Bevorzugung qualitativer Verfahren so weit, „daß ein systematischer Zusammenhang zwischen Geschlecht und Methode behauptet wurde" (ABELS 1997, S. 134). Eine extreme Position lehnt „quantitative Verfahren als prinzipiell objektivierend, hierarchisch und herrschaftsstabilisierend" ab (ebd.). Umgekehrt wurde qualitativen Methoden größere Wirklichkeitsnähe zugeschrieben.

Gegen eine Ablehnung quantitativer Untersuchungen spricht aber beispielsweise, daß sich „die Frauenbewegung und die feministische Forschung an zentralen Stellen ihrer Argumentation gleichermaßen auf quantitative Daten gestützt haben, so z.B. bei der Notwendigkeit der Frauenförderung in der Wissenschaft aufgrund der Unterrepräsentation von Wissenschaftlerinnen" (ABELS 1997, S. 134 f.). Mittlerweile sind die extremen Positionen weitgehend der Auffassung gewichen, „daß methodische Ansätze den Gegenständen, die erforscht werden sollen, adäquat sein müssen" (BECKER-SCHMIDT & BILDEN, 1995, S. 24).[26] So sind die Vorbehalte gegenüber quantifizierenden Verfahren zwar noch nicht vollständig ausgeräumt, „aber einer differenzierten Betrachtung ihrer Potentiale gewichen" (ABELS 1997, S. 139). Anders ausgedrückt: Es gibt zwar keine spezifisch feministischen Methoden (vgl. KRÜGER 1994, S. 76; vgl. STURM 1994, S. 85), wohl aber eine „feministisch begründete Wahl adäquater/er Methoden" (STURM 1994, S. 85).

Trotz der inzwischen vorherrschenden Offenheit gegenüber verschiedensten Methoden gibt es nach wie vor einen Zusammenhang zwischen Frauen- bzw. Geschlechterforschung und qualitativen Methoden, denn „unabhängig von Beiträgen zur Elaboration einzelner Methoden haben Frauen- und Geschlechterforschung einen generellen Bedeutungszuwachs qualitativer Verfahren in der empirischen Sozialforschung" gefördert (BEHNKE & MEUSER 1999, S. 45). Als Beispiele für Forschungsfelder, in denen gerade qualitative Ansätze Lösungsmöglichkeiten bieten, sind Forschungen zu weiblichen Biographien und zur sozialen Konstruktion der Geschlechter zu nennen.

Um nicht in der Diskussion um quantitative und qualitative Methoden bzw. Induktion und Deduktion zu verharren, schlägt STURM (1994, S. 95 ff.) vor, diesen Dualismus zu verlassen und skizziert statt dessen ein methodologisches Trivium, das auch die *Abduktion* umfaßt. Es würde an dieser Stelle zu weit führen, dieses Trivium[27] in allen Einzelheiten wiederzugeben. Wichtig erscheint jedoch, daß nach

---

[26] In diesem Zusammenhang sei auf eine amerikanische Studie hingewiesen, die Ende der 80er Jahre zu dem Ergebnis kommt, daß Wissenschaftlerinnen zwar in stärkerem Maße als ihre männlichen Kollegen mit qualitativen Verfahren arbeiten, daß jedoch auch unter den Frauen die quantitativen Methoden dominieren (vgl. BECKER-SCHMIDT & BILDEN), 1995, S. 23 f.).
[27] *Deduktion*: Ableitung besonderer Aussagen aus allgemeinen anderen Aussagen (per Experiment); Erkenntnisziel: Überprüfung und Sicherung der vorgenommenen Sequenzen; Reichweite des theoretischen

Ansicht STURMS (ebd., S. 99) zum gegenwärtigen Zeitpunkt und besonders zur Thematisierung des Geschlechterverhältnisses abduktiv angelegte Untersuchungen (also das Arbeiten mit Fallstudien) den größten Erkenntnisgewinn bringen. Eine Einschätzung, die auch von anderen Autorinnen geteilt wird: Wenn es darum geht, die Differenzen innerhalb der Gruppe der Frauen aufzuzeigen und „die widersprüchliche und gebrochene Subjekthaftigkeit von Frauen in ihren je konkreten Lebenssituationen aufzusuchen und zum Ausdruck kommen zu lassen, dann sind offene, qualitative Gespräche gefordert" (KRÜGER 1994, S. 80).

Nach einer Phase mit weitgehender Orientierung an quantitativen Forschungsmethoden wird das szientistische Wissenschaftsverständnis auch in der Geographie seit Beginn der 80er Jahre kritischer gesehen (vgl. GEBHARDT 1993, S. 16 f.). Die Suche nach sozialwissenschaftlichen Forschungsmethoden, die eher einem interpretativen als einem normativen Paradigma folgen, führte zu einer Renaissance qualitativer Verfahren (vgl. (NIEDZWETZKI 1984). Mittlerweile gehören qualitative Methoden (insbesondere verschiedene Formen von Interviews) zum Standardinstrumentarium der Anthropogeographie. Sie werden teilweise als eigenständige Analyseverfahren verwendet (vgl. MEIER 1989). Zumeist werden sie jedoch im Rahmen eines Methoden-Mix in Kombination mit quantitativen Verfahren eingesetzt (vgl. GEBHARDT ET AL. 1992; VÄTH 1996; MALECEK 1997; KIEDAISCH, VÄTH & VALLEY 1997).

3.1.2 Forschungsdesign

Während sich die Frauen- und Geschlechterforschung in hohem Maße qualitativer Erhebungsverfahren bedient, greift die Arbeitsmarktforschung zumeist auf quantifizierende Methoden zurück, wobei, wie sich die Volkswirtin Friederike MAIER (1998, S. 33) ausdrückt, „der Glaube an die Aussagekraft quantitativ-statistischer Modelle, mit deren Hilfe formalisierte und mathematisierte Hypothesen über kausale Zusammenhänge getestet werden können, ungebrochen" sei. Es ist offensichtlich, daß die vorliegende Arbeit diesbezüglich in einem Spannungsfeld angesiedelt ist. Bevor die eigentliche Untersuchungsanordnung skizziert wird, werden einige Rahmenbedingungen und Anforderungen erläutert.

Konzeptes, Verfeinerung der theoretischen Konzeption. *Induktion*: aus bestimmten Einzelaussagen werden allgemeingültige abgeleitet (per *survey*); Erkenntnisziel: Entwicklung allgemeiner Aussagen; Verteilungsaussagen und Unterschiedsanalysen im Hinblick auf die Theoriebildung. *Abduktion*: Empirisches Material eines Falles wird mit Hilfe aller zugänglichen (interpretierenden) Aussagen in kontrastierende Lesarten aufgefächert; eine sequentielle Abarbeitung entlang dem Material führt zu einer Rekonstruktion deutungs- und handlungserzeugender Tiefenstrukturen (per Fallstudie); Erkenntnisziel: Dechiffrierung der den Erscheinungsformen zugrundeliegenden Struktur; Exploration ist dafür typisches Vorgehen (vgl. STURM 1994, S. 99 ff.).

3.1 Methodologie und Forschungsdesign

Rahmenbedingungen und Anforderungen

Einige der in Kapitel 2 vorgestellten Erklärungsansätze zum Erwerbsverhalten von Frauen haben bereits deutlich gemacht, daß sich dieses keineswegs ausschließlich mit arbeitsmarktinternen Argumenten fassen läßt (vgl. insbesondere KRECKEL 1992, S. 282). Es besteht daher die Notwendigkeit, aber auch der Wunsch, neben der Produktionssphäre auch die Reproduktionssphäre angemessen in die Untersuchung einzubeziehen. Um die Wechselwirkungen zwischen diesen beiden Bereichen analysieren zu können, ist die Erhebung von Primärdaten notwendig, die sowohl die aktuelle Situation als auch die Biographie von Frauen berücksichtigen.

Ein zentrales Anliegen der Untersuchung ist es, einerseits Frauen in den Mittelpunkt zu stellen, um den Unterschieden innerhalb dieser Gruppe gerecht zu werden. Anderseits ermöglicht jedoch ein Vergleich zwischen den Geschlechtern die Benennung von Aspekten geschlechtsspezifischer Segregation auf dem Arbeitsmarkt sowie geschlechtsspezifischer Arbeitsteilung in der Familie.

Eine wichtige Rahmenbedingung für die Entstehung dieser Studie stellt deren Einbindung in das interdisziplinäre, geographisch-kulturwissenschaftliche Forschungsprojekt ‚Räumliche Mobilität und Orientierung von Frauen aus dem ländlichen und städtischen Raum', genauer gesagt in dessen geographisches Teilprojekt ‚Alltag von Frauen im ländlichen Raum' (vgl. KAPPELER ET AL. 1999), dar: So gab es zum einen zeitliche Vorgaben für die Datenerhebung (das Projekt wurde von Mai 1997 bis Dezember 1998 durch das Ministerium für Wissenschaft und Forschung des Landes Baden-Württemberg finanziell gefördert); und zum anderen sollte innerhalb des geographischen Teiles eine Vernetzung der drei Themenschwerpunkte – Erwerbsmöglichkeiten, Aktionsräume sowie soziale Netzwerke von Frauen – in Form einer zumindest teilweisen gemeinsamen Datenerhebung stattinden.

Untersuchungsanordnung

Anhand der theoretischen und methodologischen Anforderungen wurde ein mehrstufiges Erhebungsverfahren entwickelt, das sowohl qualitativ- als auch quantitativ-orientierte Elemente enthält. Der daraus resultierende Methoden-Mix ist geleitet von der Suche nach neuen oder unerwarteten Sichtweisen und nutzt den sich „gegenseitig ergänzenden Charakter" einzelner Untersuchungsmethoden (STURM 1994, S. 86). Während es im ersten Teil der Erhebung durch das qualitative Herangehen möglich ist, die Vielfalt und das Besondere in den Erwerbssituationen und Erwerbsbiographien von Frauen zu betonen, werden im zweiten Teil mit Hilfe quantifizierender Verfahren eher Mehrheitsaussagen sowie die Reduktion des Materials im Sinne einer Ökonomisierung angestrebt (vgl. ebd., S. 92).

3 Methodologie und methodische Konzeption

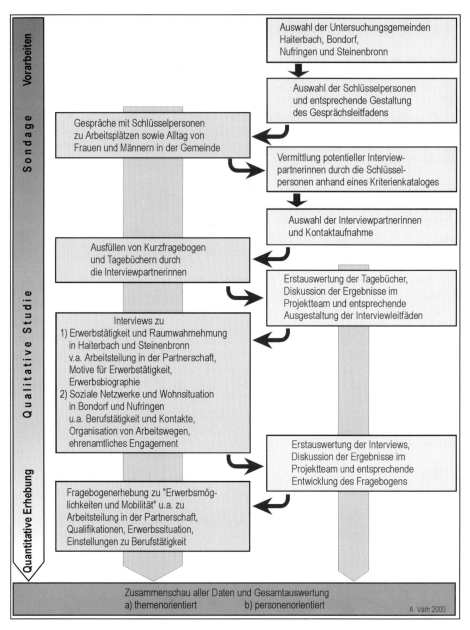

Abb. 4: Angewandte Methoden in der Übersicht
Eigener Entwurf

Abb. 4 zeigt die angewandten Methoden in einer Übersicht und dokumentiert ihre zeitliche Abfolge. Qualitative Verfahren zur Erschließung des Forschungsfeldes bilden den Anfang. Zur Quantifizierung einzelner Phänomene schließt sich daran eine standardisierte Erhebung mittels Fragebogen an. Wichtig ist, daß die Ergebnisse bereits abgeschlossener Erhebungen stets in den nächsten Schritt einfließen. Der ausführlichen Darstellung der einzelnen Elemente ist das folgende Kapitel gewidmet.

3.2 Angewandte Datenerhebungsmethoden

Neben dem Instrumentarium, das gemäß der methodologischen Anforderungen und der Untersuchungsanordnung zum Einsatz kommt, werden im folgenden auch die in den Erhebungen gewonnenen Samples vorgestellt. Außerdem wird bilanzierend hinterfragt, was die einzelnen Methoden für die vorliegende Untersuchung leisten können.

Mit Blick auf den eben kritisierten Methodendualismus (vgl. Kapitel 5.1.2) wird auf eine Unterteilung in qualitative und quantitative Methoden verzichtet und statt dessen jede der durchgeführten Untersuchungen einzeln beschrieben. Den Schwerpunkt bildet die Darstellung der qualitativen Erhebung (bestehend aus Tagebuchaufzeichnungen und Interview). Da den Ergebnissen qualitativer Untersuchungen oft mit Zurückhaltung oder Skepsis begegnet wird, erscheint es notwendig, gerade hier den Prozeß der Datengewinnung und -interpretation detailliert zu dokumentieren, um eine möglichst große Transparenz herzustellen.

3.2.1 Auswahl von Untersuchungsgemeinden

Der Auswahl von Gemeinden für die vorliegende Untersuchung liegt folgende These zugrunde: Die Erwerbsmöglichkeiten von Frauen sind – im Vergleich zu denen von Männern – aufgrund zusätzlicher familiärer Verpflichtungen in stärkerem Maße von den infrastrukturellen Gegebenheiten einer ländlich-geprägten oder suburbanen Wohngemeinde abhängig. Neben den Arbeitsplätzen vor Ort beeinflussen Versorgungsmöglichkeiten, Betreuungseinrichtungen für Kinder sowie die Verkehrsanbindung die Erwerbschancen von Frauen maßgeblich.

Im Rahmen des interdisziplinären Forschungsprojektes war der Großraum Stuttgart (auch im Hinblick auf das bereits abgeschlossene Projekt ‚Frauen im öffentlichen Stadtraum am Beispiel der Stadt Stuttgart') als Untersuchungsgebiet festgelegt. Um Anknüpfungspunkte zwischen den Teilprojekten zu gewährleisten, galt es, Gemeinden zu suchen, die aufgrund von Pendelverkehr u.ä. mit der Stadt Stuttgart verflochten sind. Dabei wurde billigend in Kauf genommen, daß es in anderen Landesteilen Baden-Württembergs ‚ländlichere' Orte gibt.

Zentrale Auswahlkriterien waren die Zahl der EinwohnerInnen und die urbane Überprägung. So sollten die Orte zwischen 3.000 und 6.000 EinwohnerInnen aufweisen und nach Möglichkeit nur aus einem Ortsteil (ohne Teilgemeinden) bestehen. Ein weiteres Kriterium bestand in einer zunehmenden räumlichen Distanz zum Oberzentrum mit unterschiedlich guter Verkehrsanbindung bezüglich Pkw und ÖPNV. Als ein Maß für die mehr oder weniger starke ländliche Prägung wurde die Wirtschaftsweise gewertet; der Anteil der noch in der Landwirtschaft tätigen Bevölkerung sollte mit zunehmender Entfernung von Stuttgart ansteigen.

Anhand dieses Katalogs wurden schließlich entlang eines Profils von Stuttgart in Richtung Schwarzwald die vier Gemeinden Steinenbronn, Nufringen, Bondorf und Haiterbach ausgewählt (siehe Karte 1).

Sie liegen in unterschiedlichen stark verdichteten Zonen auf der Entwicklungsachse Stuttgart – Herrenberg – Horb: Während Steinenbronn noch dem Stuttgarter Verdichtungsraum zuzurechnen ist, liegen Nufringen und Bondorf in dessen Randzone. Haiterbach dagegen ist laut Landesentwicklungsplan Teil des ländlich strukturschwachen Raumes.

3.2.2 Zugang zu den Gemeinden: Gespräche mit Schlüsselpersonen

Wie lernt man nun Orte, zu denen bislang keinerlei Kontakte bestanden, am besten kennen und macht das Forschungsteam sowie das Anliegen des Forschungsvorhabens dort bekannt? Wie können die Gemeinden bzw. einzelne VertreterInnen frühzeitig in den Forschungsprozeß eingebunden werden? Diese und ähnliche Fragen kommen unweigerlich auf, sobald geeignete Gemeinden gefunden sind. Nach der offiziellen Kontaktaufnahme zu den Bürgermeistern und deren Einverständnis, das Forschungsvorhaben in den jeweiligen Gemeinden durchzuführen, werden deshalb Gespräche mit sogenannten Schlüsselpersonen aufgenommen.

Damit werden zwei Ziele verfolgt: Zum einen gilt es, Informationen über die Situation der Frauen in den Gemeinden zu erhalten und die Themenschwerpunkte mit den tatsächlichen Gegebenheiten in den vier Orten abzustimmen. Zum anderen kann durch die Gespräche das Forschungsvorhaben bekanntgemacht werden, was besonders für die Interviewanbahnung unabdingbar ist. Zentrale Themen der Gespräche sind die Charakterisierung der Gemeinde, Dorfentwicklung, Stellung des Ortes in der Region, Kennzeichen der Infrastruktur (insbesondere Arbeitsmarktsituation) und soziales Leben.

3.2 Angewandte Datenerhebungsmethoden

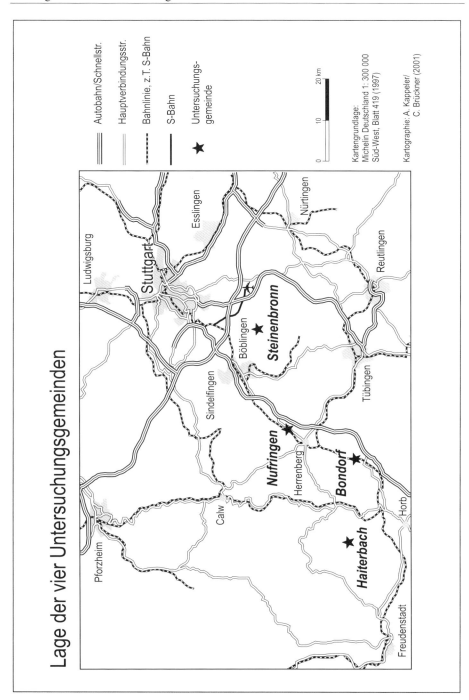

Karte 1: Lage der Untersuchungsgemeinden

GesprächspartnerInnen und ihre Funktionen

Der Begriff ‚Schlüsselperson' (oder *key person*) wird in der Literatur teilweise nur mit visuellen Datenerhebungsmethoden wie der teilnehmenden Beobachtung in Verbindung gebracht (vgl. FLICK 1995, S. 160 f.). Im Kontext des hier angewandten Methoden-Mix werden damit jedoch Personen bezeichnet, die im Sinne von MEUSER & NAGEL (1991) als ExpertInnen für den Forschungsgegenstand fungieren. Die Gespräche mit den Schlüsselpersonen nehmen innerhalb des Forschungsdesigns eine Randstellung ein, da sie „explorativ-felderschließend" angelegt sind (ebd., S. 445). Dabei stellen die *key persons* eine zur Zielgruppe (Frauen in ländlich-geprägten Gemeinden) komplementäre Handlungseinheit dar und liefern „Informationen über die Kontextbedingungen der Zielgruppe" (ebd.).

So wurden in jeder Gemeinde vier Personen (Frauen und Männer) angesprochen, von denen wegen ihres beruflichen und/oder ehrenamtlichen Engagements zu erwarten war, daß sie nicht nur gute Kenntnisse über den jeweiligen Ort im Allgemeinen, sondern v.a. über die Situation und den Alltag von Frauen besitzen sowie aufgrund ihrer Funktion auch Einfluß darauf nehmen können. Wichtige Ansprechpartner waren deshalb in allen vier Gemeinden die Bürgermeister. Die übrigen drei Schlüsselpersonen variierten; unter ihnen waren beispielsweise Pfarrer, Kindergärtnerinnen, GemeinderätInnen und Schulrektoren.

Konzeption und Durchführung

Um dem Anspruch auf *Informationsaustausch* dieser Erhebung Rechnung zu tragen, wurde sie als Gespräch konzipiert. Nach Festlegung der relevanten Themen – hier sind alle Themenschwerpunkte des geographischen Teilprojekts zu berücksichtigen – wurden Fragen vorformuliert und in einem Leitfaden (siehe Anhang A) zusammengestellt. Die Reihenfolge der Themen und Fragen waren jedoch nicht festgelegt, sondern konnte flexibel gehandhabt und dem Gesprächsverlauf angepaßt werden.

Die Interviews mit den *key persons* wurden im Juli 1997 durchgeführt. Nicht nur die Dauer der 16 Gespräche variiert, sondern auch die thematischen Akzente unterscheiden sich erwartungsgemäß aufgrund der verschiedenen Tätigkeitsfelder der Schlüsselpersonen. Dokumentiert sind die Gespräche auf zwei Arten: Neben der Anfertigung von Stichwortprotokollen während des Interviews werden mit dem Einverständnis der GesprächspartnerInnen Tonbandaufzeichnungen erstellt.[28] Zur Auswertung wird das Tonmaterial transkribiert – wenn auch nicht so detailliert wie bei den im nächsten Abschnitt beschriebenen Interviews.

---

[28] Nur in einem Fall war eine Aufzeichnung auf Tonband nicht möglich, da die Schlüsselperson dem Gespräch wegen eines Vorgesetzten sehr mißtrauisch gegenüberstand; das Beharren auf der Aufnahme hätte voraussichtlich zum Abbruch des Kontaktes geführt.

3.2 Angewandte Datenerhebungsmethoden

Erfahrungen

Durch die personelle Situation im Teilprojekt Geographie war es möglich, pro Gemeinde je eine Interviewerin einzusetzen, die dann alle vier Gespräche durchführte und damit ihrerseits zur ‚Expertin' wurde. Diese Aufteilung und die daraus resultierende Ortskenntnis bewährte sich auch während der Fragebogenerhebung.[29]

Neben den unterschiedlichen und teilweise sogar widersprüchlichen Ansichten über die Gemeinden lieferten die Schlüsselpersonen vor allem die Kontakte für die qualitativen Interviews. Darüber hinaus waren besonders die Bürgermeister im Vorfeld der Fragebogenerhebung wichtige Ansprechpartner, denn sie ermöglichten kostenlose Ankündigungen der Befragung in ihren Gemeindeblättern. Schließlich wurden die Untersuchungsergebnisse nach Abschluß des Projektes im März 1999 in drei der Gemeinden der Öffentlichkeit vorgestellt, und auch diese Veranstaltungen kamen durch die Kontakte zu den Schlüsselpersonen zustande.

3.2.3 Skizzen aus dem Alltag von Frauen: Tagebücher und Interviews

Nachdem die erste Erhebung vielfältige Informationen *über* Frauen (und ihre Wohngemeinden) liefert, ist es das Ziel der zweiten, ungefilterte Informationen *von* Frauen zu erhalten. Für die vorliegende Arbeit sind dabei folgende Leitfragen von Bedeutung: Welche Arten von Arbeit fallen im Alltag von Frauen an und wie werden sie im zeitlichen Nach- oder auch Nebeneinander organisiert? Welche Gründe sprechen für bzw. gegen eine Erwerbstätigkeit? Wie sehen Arbeitszeiten und Arbeitsorte bezogen auf die Erwerbsarbeit aus? Welche Arbeitsbiographien haben die befragten Frauen durchlaufen?

Um wiederkehrende Abläufe und besonders die Organisation der verschiedenen Arten von Arbeit im Alltag von Frauen erfassen zu können, wurde ein mehrstufiges Verfahren entwickelt, das vorwiegend qualitativ orientiert ist, jedoch auch Passagen enthält, die als quantitativ bezeichnet werden können: Diese Erhebung besteht aus einem schriftlichen Teil, dem Tagebuch, und einem mündlichen, dem problemzentrierten Interview, die beide im Abstand von wenigen Wochen durchgeführt wurden. Nach welchen Kriterien Probandinnen ausgewählt wurden, erläutert das folgende Kapitel.

Frauentypen in der Theorie – Interviewpartnerinnen in der Praxis

Leitmotiv für die Auswahl der Interviewpartnerinnen war, ein möglichst breites Spektrum an Lebenskonzepten, sozialen Lagen und Altersgruppen abzudecken.

---

[29] Bei den qualitativen Interviews mit Frauen aus den Gemeinden wurde von diesem Schema etwas abgewichen, da zwei Orte von einer Interviewerin bearbeitet wurden (siehe nächstes Kapitel).

Eine Festlegung bestimmter Schulabschlüsse, Berufsgruppen oder gar Tätigkeiten erschien nicht sinnvoll, da es sich um einen Untersuchungsteil handelt, der zum Ziel hat, auch genau dies herauszufinden. Außerdem wäre ein Zugang zu den Interviewpartnerinnen über die Schlüsselpersonen vermutlich schwieriger geworden, da schulische und berufliche Bildung Merkmale sind, die Dritte vermutlich weniger gut kennen. Auch hätten weitere Kriterien die Zahl der ‚Frauen-Typen' so stark erhöht, daß keine sinnvolle Bearbeitung mehr möglich gewesen wäre. Es entstand schließlich ein Schema, das acht Kategorien von Frauen umfaßt (siehe Tab. 5).

Tab. 5: Auswahlschema für die Interviewpartnerinnen

Einheimische Mutter	*Zugezogene Mutter*
- Alter: bis ca. 40 Jahre - Kind(er) unter 15 Jahren im Haushalt - nicht erwerbstätig - mit Partner - alteingesessen	- Alter: bis ca. 40 Jahre - Kind(er) unter 15 Jahren im Haushalt - nicht erwerbstätig - mit Partner - zugezogen
Alleinerziehende	*Berufswiedereinsteigerin*
- Kind(er) unter 15 Jahren im Haushalt - erwerbstätig - ohne Partner	- Kind(er) unter 15 Jahren im Haushalt - teilzeiterwerbstätig außerhalb der Gemeinde - Erwerbstätigkeit während der Kinderphase unterbrochen - mit Partner
Junge Frau ohne Kinder	*Hausfrau*
- Alter: zwischen 18 u. 30 Jahren - kein(e) Kind(er) - vollzeiterwerbstätig/ in Ausbildung - PKW verfügbar	- Alter: über 40 Jahre - kein(e) Kind(er) unter 15 Jahren im Haushalt - nicht erwerbstätig - mit Partner
Erwerbstätige Frau	*Rentnerin*
- Alter: über 40 Jahre - kein(e) Kind(er) unter 15 Jahren im Haushalt - erwerbstätig in der Wohngemeinde - zugezogen	- Alter: über 60 Jahre - kein(e) Kind(er) im Haushalt - nicht erwerbstätig - ohne Partner - alteingesessen - kein Pkw verfügbar

Dieses Schema wurde allen 16 Schlüsselpersonen zugesandt, mit der Bitte, jeweils eine oder mehrere Frauen einzutragen, die den Kriterien entsprechen und die ihrer Ansicht nach zu einem Interview bereit wären. Auf diese Weise kamen weit mehr Namen mit Adressen und Telefonnummern zusammen als eigentlich benötigt. Die

3.2 Angewandte Datenerhebungsmethoden

Kontakte zu den tatsächlichen Probandinnen wurden dann über Telefonate hergestellt, wobei darauf geachtet wurde, daß die Kontakte gleichmäßig über alle vier Schlüsselpersonen jedes Ortes verteilt waren, um einseitige Orientierungen (z.B. ausschließlich Frauen, die in der Kirche engagiert sind) so gering wie möglich zu halten.

Schließlich standen in jeder Gemeinde acht[30] Frauen für die Interviews zur Verfügung. Eine Übersicht über die Interviewpartnerinnen bezüglich Alter, Familienstand, Erwerbssituation u.a. ist Anhang B.1 sowie der Klappseite am Ende des Bandes zu entnehmen. Die ausgewählten Frauen entsprachen zumeist den vorgegebenen Kategorien. Die Kapitelüberschrift deutet bereits an, daß einzelne – sehr interessante – Diskrepanzen zwischen den ‚theoretischen' und den ‚tatsächlichen' Probandinnen bestehen:

- *Mütter und Hausfrauen:* Sehr deutlich wurde hier, daß Tätigkeiten in geringem Umfang nicht unbedingt als Erwerbstätigkeit angesehen werden. Dies kann einerseits damit zusammenhängen, daß von der Umgebung nur normale Arbeitsverhältnisse als Erwerbstätigkeit registriert werden, andererseits liegt es vielleicht auch im Interesse der Frauen selbst, daß ihre Tätigkeiten und damit verbundene Einkünfte nicht bekannt werden. Unter den vier mutmaßlichen Hausfrauen befindet sich nur eine, die keiner Nebentätigkeit nachgeht; und unter den acht zugezogenen und einheimischen Müttern sind es immerhin zwei, die stundenweise einer Erwerbsarbeit nachgehen.

- *Alleinerziehende Mütter:* Hier hat sich zum einen gezeigt, daß der Status ‚alleinerziehend' für manche Frauen nur eine Phase darstellt und nicht dauerhaft angestrebt wird. Eine alleinerziehende Mutter plante mit ihrem Freund zusammenzuziehen um eine neue Familie aufzubauen. Zum anderen wurde der Begriff auch für eine Frau verwendet, die zwar mit dem Vater ihres Kindes zusammenlebt, aber erstens ist der Partner aus beruflichen Gründen nur selten Zuhause und zweitens sind die beiden nicht verheiratet.

Aufgrund der großen Auswahl an potentiellen Gesprächspartnerinnen wäre es möglich gewesen, so lange zu suchen, bis alle Kriterien bei allen Frauen gestimmt hätten.[31] Dies war jedoch nicht das Hauptanliegen; die acht Kategorien waren als Suchschema gedacht. Außerdem enthält gerade das Nicht-Zutreffen einzelner Kriterien interessante Informationen über die Situation der Frauen und ihre Außenwahrnehmung.

---

[30] Eine Ausnahme stellt Steinenbronn dar, denn dort wurden sogar neun Probandinnen in die Untersuchung einbezogen. Die erste Rentnerin, die angesprochen wurde, verfügt über einen Pkw, so daß eine weitere ältere Frau gesucht wurde.
[31] Hier ist auch ein ganz praktischer Aspekt zu erwähnen: Wie gut sich die Kriterien schon vor Beginn des Interviews überprüfen lassen, ist vom Verlauf des Telefonats zur Interviewanbahnung abhängig. Es ist nicht bei allen Kriterien gleich einfach nachzufragen, ohne daß bei den Frauen der Eindruck entsteht, ausgehorcht zu werden.

Tagebücher – Notizen aus dem Alltag

Den ersten Teil der qualitativen Einzelfallerhebung stellen sogenannte Tagebücher dar, die dazu dienen, „Informationen über das gewöhnliche Alltagsleben" der Probandinnen zu liefern (GIDDENS 1995, S. 737). Es wurde die Form eines ‚Wochentagebuchs' gewählt, in dem über einen Zeitraum von vier Tagen (Mittwoch, 12.11.1997 bis einschließlich Samstag, 15.11.1997) eingetragen werden sollte, welche Tätigkeiten (Arbeiten, Treffen, Aktivitäten) zu Hause und außerhalb des Hauses erledigt werden. Für die Außerhausaktivitäten waren neben Zweck und Ziel des Ausganges auch die benutzten Verkehrsmittel sowie Begleitpersonen von Interesse.

Um es den Befragten zu ermöglichen, ihren Tagesablauf mit geringem Aufwand und auch Spaß aufzuzeichnen, wurde ein Formular (siehe Anhang B.2) entwickelt. Ergänzt durch eine Anleitung sowie einen soziodemographischen Kurzfragebogen (vgl. WITZEL 1982, S. 89 f.; siehe Anhang B.2) wurden diese Formulare zu Heften gebunden. In den meisten Fällen konnten diese Tagebücher den Probandinnen von der jeweiligen Interviewerin persönlich überreicht werden. Bei dieser Gelegenheit wurden oft schon kurze Gespräche geführt, die dem gegenseitigen Kennenlernen dienten, den Probandinnen das Anliegen der Erhebung näher brachten und außerdem bereits Informationen über die Situation der Probandinnen sowie anderer Frauen in den Untersuchungsgemeinden lieferten. Um die Aufzeichnungen noch vor den Interviews durchsehen zu können, wurden sie von den Probandinnen nach Abschluß der viertätigen Erhebung zurückgeschickt. Auf diese Weise konnten die eigentlichen Gespräche sehr gezielt vorbereitet werden.

Die einzelnen Tagebücher unterscheiden sich erwartungsgemäß ganz erheblich, sowohl was den Umfang als auch den Inhalt angeht: So variiert beispielsweise die Zahl der beschriebenen Formulare zwischen drei und zehn; außerdem sind sie unterschiedlich eng beschrieben. Daraus resultieren schließlich Tagebücher, die in ihrer Aussagekraft und Genauigkeit differieren. Sie alle ermöglichen jedoch einen Einblick in die Tagesabläufe der Probandinnen.

Interviews – Berichte aus dem Alltag und der Biographie

Im Anschluß an eine erste Auswertung der Tagebücher wurden im November und Dezember 1997 die Interviews mit den Probandinnen, die hier als Expertinnen ihres Alltages fungieren, durchgeführt. Diese Gespräche fanden auf der Basis eines, in Anlehnung an das problemzentrierte (vgl. WITZEL 1982) bzw. themenzentrierte (vgl. REUBER 1993 bzw. REICHERT & ZIERHOFER 1993) Interview, entwickelten Leitfadens statt.

WITZEL (1982, S. 89 ff.) benennt vier Bestandteile des problemzentrierten Interviews: einen Kurzfragebogen, den Leitfaden, die Tonbandaufzeichnung sowie das Postscriptum. WITZEL (vgl. ebd., S. 90) setzt den Kurzfragebogen direkt vor dem

3.2 Angewandte Datenerhebungsmethoden

Interview ein, ein Vorgehen, das von FLICK (1995, S. 107) kritisiert wird: Er schlägt vor, den Fragebogen „am Ende zu verwenden, damit sich seine Frage-Antwort-Struktur nicht auf den Dialog im Interview selbst auswirkt" (ebd., S. 107). Im vorliegenden Fall konnte das Problem dadurch gelöst werden, daß der Kurzfragebogen, wie schon erwähnt, mit dem Tagebuch verteilt wurde. Auf diese Weise wurde die Interviewsituation selbst nicht beeinflußt und die Informationen konnten trotzdem in die Gesprächsführung einbezogen werden.

Ähnlich wie bei den Gesprächen mit den Schlüsselpersonen wurde die Reihenfolge der Fragen[32] zwar im Vorfeld festgelegt, doch im Verlauf des Gesprächs konnte die Abfolge der Themen auch durch die Befragten bestimmt werden. Abschließend wurden noch diejenigen Themen abgefragt, die die Interviewpartnerinnen nicht von sich aus angesprochen hatten.

Zur Unterstützung des Gesprächsverlaufs wurden sogenannte Impulse eingebaut. Den wichtigsten Impuls für die vorliegende Arbeit stellt ein ‚Biographie-Diagramm' (siehe Anhang B.3) dar, in das während des Gesprächs Daten wie z.B. Geburtsjahr der Probandin (und eventuell der Kinder), aber auch die Dauer von Ausbildungen, Erwerbsphasen und Erwerbsunterbrechungen sowie Ortswechsel bzw. Umzüge eingetragen wurden. Die Interviewpartnerin hatte dadurch die Möglichkeit, zu prüfen, ob das von ihr Erzählte richtig verstanden wurde; auch konnte sie ihr wichtig erscheinende und/oder bis dahin fehlende Informationen nachtragen.

Es entstanden insgesamt 33 Interviews[33], die – ähnlich wie die Tagebücher – sehr unterschiedlich lang sind: Das kürzeste dauerte wenig mehr als eine halbe Stunde, die längsten dagegen über zwei Stunden; sie wurden mit dem Einverständnis der Gesprächspartnerinnen auf Tonband aufgezeichnet. Im Anschluß an jedes Interview wurde ein Postskriptum erstellt, um Eindrücke festzuhalten und die Begleitumstände zu dokumentieren. Besonders wichtig war dies, da mehrere Interviewerinnen an der Erhebung beteiligt waren.

Alle Interviews wurden komplett transkribiert, wobei auch Pausen, Unterbrechungen sowie Zustimmung (‚mhm') oder Nachdenklichkeit (‚ähm') signalisierende Äußerungen festgehalten wurden. Transkriptionen in dieser Ausführlichkeit sind nicht unumstritten (vgl. HOPF 1995), erscheinen jedoch im vorliegenden Fall wegen der Teamarbeit als notwendig. Außerdem kann dadurch ein sehr viel realistischer Eindruck der Gespräche vermittelt werden, und es kommen beispielsweise

---

[32] Bei der Erstellung des Fragenkataloges wurde die angestrebte Vernetzung der drei geographischen Themenschwerpunkte zu Gunsten übersichtlicher und zeitlich überschaubarer Leitfäden teilweise aufgegeben: Es wurde ein Leitfaden entwickelt, der die Themenkomplexe „Erwerbsmöglichkeiten" sowie „Mobilität und Raumwahrnehmung" (siehe Anhang B.3) beinhaltet. Er wurde an den beiden Endpunkten des räumlichen Profils, also im oberzentrumsnahen Steinenbronn und im strukturschwachen, ländlichen Haiterbach, eingesetzt. In den leicht städtisch überprägten Gemeinden Nufringen und Bondorf standen dagegen die Themen „Wohnsituation und soziale Netzwerke" (siehe Anhang B.4) im Mittelpunkt des Interesses.
[33] In Steinenbronn wurden neun Interviews von Anja Kappeler geführt, in Nufringen und Bondorf je acht von Heide Orlich. Weitere acht wurden in Haiterbach von der Verfasserin erhoben.

unterschiedliche sprachliche Kompetenz, aber auch Zögern der Gesprächspartnerinnen bei eher unangenehmen Themen zum Ausdruck. Auf eine grundlegende Auswertung dieser Zusatzinformationen wurde zwar verzichtet, doch werden sie in einzelnen Fällen als Interpretationshilfen herangezogen. In den Transkripten bzw. den Interview-Zitaten der folgenden Kapitel auch einige Sonderzeichen enthalten:

Fettdruck	starke Betonung
(...)	unverständliche Passage (z.B. aufgrund von schlechter Aufnahmequalität oder Nebengeräuschen)
/	Bruch in der Satzstruktur oder im Inhalt
(-), (–), (--)	Sprechpausen in unterschiedlicher Länge
[...]	Auslassen eines Interviewabschnittes, der für das Verständnis nicht unbedingt notwendig ist

Grundlage der Auswertung und Interpretation ist jedoch nicht die Transkription allein, sondern das gesamte empirische Material:

- die Tagebuchaufzeichnungen und deren Auswertungen,

- der Kurzfragebogen,

- das Interviewtranskript (bei Unklarheiten auch die Tonbandaufzeichnung) sowie zugehörige Materialien (insbesondere das Biographie-Diagramm),

- das Postskriptum (mit Hinweisen auf wichtige Themen in den vor bzw. nach dem eigentlichen Interview geführten Unterhaltungen),

- zusätzliche Hinweise aus Diskussionen im Projektteam über einzelne Probandinnen.

Um den Aufwand für Auswertung und Interpretation angesichts dieser Fülle an Material zu ökonomisieren, wurden die Interviews unterschiedlich intensiv bearbeitet: Jene 17, die sich vorrangig mit dem Thema Erwerbsmöglichkeiten befassen (in Haiterbach und Steinenbronn geführt) wurden in einem mehrstufigen Verfahren erschlossen, während sich bei den übrigen 16 eine einfache Auswertung als ausreichend erwies.

Im Rahmen des mehrstufigen Auswertungsverfahrens (vgl. REINHARDT 1996) wurden zunächst erste Eindrücke und Assoziationen in einer Randspalte schriftlich festgehalten. Danach wurden die Transkripte paraphrasiert, also die zentralen Passagen in eigenen Worten wiedergegeben, und gleichzeitig Widersprüche im Text oder zwischen Tagebuch und Text markiert. In einem dritten Schritt wurden über den Text verteilte Aussagen zu einzelnen Themen zu Blöcken zusammengestellt. Anhand des Leitfadens läßt sich dann auch überprüfen, welche Fragen nicht gestellt

3.2 Angewandte Datenerhebungsmethoden

werden konnten oder aber nicht beantwortet wurden. Außerdem werden jene Punkte deutlich, die eine Probandin von sich aus ins Gespräch gebracht hat.

Auf Grundlage einer solch ausführlichen Auswertung sind nach REUBER (1993, S. 30) drei verschiedene Arten der Dokumentation denkbar: die komplette Darstellung eines Einzelfalles, die aspektbezogene Darstellung eines Einzelfalles sowie eine themenzentrierte Zitatesammlung aus mehreren Interviews. In den folgenden Kapiteln kommen zunächst die beiden letztgenannten Methoden zu Anwendung. Die in Kapitel 7.1 dargestellten Berufslaufbahnen der Interviewpartnerinnen gehen jedoch zumindest in die Richtung der kompletten Darstellung von Einzelfällen.

Die übrigen 16 Interviews zum Thema soziale Netzwerke wurden mittels eines einfacheren Verfahrens ausgewertet: Die Eindrücke wurden in Form von Notizen am Rand des Textes festgehalten und die für das Thema Erwerbsmöglichkeiten zentralen Stellen farbig gekennzeichnet (z.B. Aussagen über Arbeitsorte, Arbeitswege). Die Resultate dieser Auswertung fließen vor allem in die themenzentrierten Zitatesammlungen ein. Sie tragen in vielen Fällen zu einer Erweiterung der Bandbreite bei, was auch im Hinblick auf die Konzeption der Fragebogenerhebung bedeutsam ist.

Erfahrungen und Eindrücke

Der Zugang zu den Interviewpartnerinnen über die Schlüsselpersonen hat sich in zweierlei Hinsicht als sehr positiv herausgestellt: Zum einen gaben mehrere Frauen an, daß sie ohne diese Anbahnung (also z.B. bei Auswahl aus dem Telefonbuch) nicht zur Teilnahme an der Erhebung bereit gewesen wären. Zum anderen zog keine der 37 Frauen ihre Zusage zu Tagebuch und Interview zurück, was möglicherweise auch damit zusammenhängt, daß sie die Schlüsselpersonen nicht enttäuschen wollten; allerdings haben die *key persons* von seiten des Projektteams nicht erfahren, wer sich letztendlich an den Interviews beteiligt hat.

Die Reaktionen der Probandinnen auf die Tagebücher waren recht unterschiedlich: Einige meinten, daß das Ausfüllen doch mit erheblichem Zeitaufwand verbunden gewesen sei, andere sahen darin kein Problem und betonten statt dessen, daß sie durch die Aufzeichnungen viel über ihren persönlichen Alltag erfahren hätten. Aus Sicht der Projektbearbeiterinnen hat sich das Tagebuch als durchweg geeignetes Instrument erwiesen, um Informationen über Alltagsabläufe zu erhalten.

Die Kenntnisse aus den Tagebüchern machten es möglich, in den Interviews gezielt Besonderheiten, Unklarheiten, aber auch Widersprüche zwischen Tagebuch und Interviewaussagen anzusprechen. Die Gesprächsdauer wurde durch das Tagebuch reduziert, da zeitintensive Fragen („Wie haben Sie die letzten Tage verbracht?') entfielen: ein Vorteil für Interviewte und Interviewerinnen. Dadurch verringerte sich auch der zeitliche Aufwand für die Transkription der Gespräche. Als problematisch stellte sich jedoch die Aufzeichnung des Samstages (letzter vorgesehener Tag des Protokolls) heraus, denn er fehlt in vier Tagebüchern. Ein Grund ist vielleicht in unzureichender Vermittlung des Anliegens zu sehen. Es ist jedoch auch vorstellbar, daß der Samstag, als Teil des Wochenendes, privateren Charakter als die übrigen Wochentage hat und deshalb nicht aufgezeichnet wurde. Theoretisch wäre es denkbar gewesen, die Frauen im Interview auf diesen Punkt anzusprechen, doch darauf wurde verzichtet, um ihnen nicht den Eindruck zu vermitteln, sie hätten einen Fehler gemacht.

Bei allem Lob für die Tagebücher darf natürlich nicht vergessen werden, daß insbesondere deren persönliche Übergabe an die Probandinnen mit erheblichem zeitlichen und organisatorischen Aufwand verbunden war, mußte doch mit jeder Frau (zusätzlich zum Gesprächstermin) ein weiteres Treffen vereinbart werden.

Zur Durchführung qualitativer Interviews mit mehreren InterviewerInnen finden sich in der Literatur recht widersprüchliche Aussagen: REUBER (1993, S. 28) etwa hält die „eigenhändige Durchführung aller qualitativen Interviews für ein unbedingtes Muß". Nach SCHNELL, HILL & ESSER (1999, S. 355) „stellt diese Befragungsform Anforderungen an den Interviewer, die ansonsten dem Forscher obliegen". Ob damit notwendigerweise eine Personalunion verbunden ist, bleibt offen. HOPF (1995, S. 181) ist schließlich der Ansicht, daß qualitative Interviews „nur von Befragenden durchgeführt werden sollten, die verantwortlich in dem jeweiligen Forschungsprojekt mitarbeiten oder zumindest mit dem theoretischen Ansatz, den Fragestellungen und Vorarbeiten des Projekts so vertraut sind, daß sie in der Lage sind, Interviews autonom zu führen". Im vorliegenden Fall ist genau diese Situation gegeben, da alle drei Interviewerinnen mit eigenen Forschungsarbeiten in das geographische Teilprojekt eingebunden und von Beginn an am Forschungsprozeß beteiligt waren. Die Erhebung qualitativer Daten im Team erweist sich somit nicht als Nach-, sondern als Vorteil, ermöglicht sie doch einen intensiven Austausch über die einzelnen Interpretationen.

Schließlich zeigt sich, daß trotz der Aufteilung in zwei Leitfäden bestimmte Aspekte in fast jedem Interview vorkamen: Ausgehend von der Organisation des Arbeitsalltages berichten auch die Probandinnen in Haiterbach und Steinenbronn über ihre sozialen Netzwerke, und umgekehrt kommen im Nufringen und Bondorf ausgehend vom Thema soziale Netzwerke bei der Alltagsbewältigung auch viele Aspekte der (Erwerbs-)Arbeit zur Sprache.

Auf den feministischen Diskurs zum Verhältnis von Beforschten und Forscherinnen wurde bereits in Kapitel 3.1.1 hingewiesen. Die Eindrücke der Verfasserin dazu gibt das folgende Zitat wider: „Jede Wissenschaftlerin mit Erfahrung in qualitativer Frauenforschung weiß: Ich werde in irgendeiner Form von dem, was ich forsche, betroffen: Die Fragestellung mag bewußt oder unbewußt von meiner Biographie mitbestimmt sein, oder sie spricht lebensgeschichtliche Erfahrungen oder Entscheidungen [...] an: Meine Gefühle und Wertungen werden aktiviert, durch die

3.2 Angewandte Datenerhebungsmethoden

Art, wie die untersuchten Frauen mit ihrem Frauen-Leben umgehen" (BECKER-SCHMIDT & BILDEN 1995, S. 27).

Sowohl das Führen wie auch das Lesen oder Interpretieren der Interviews ruft Reaktionen hervor: Spontane Sympathie für die Probandin ist dabei ebenso möglich wie Ressentiments oder zumindest Unverständnis. „Gemeinsame Betroffenheit" (vgl. Kapitel 3.1.1) scheint dafür nur teilweise ein geeigneter Ausdruck zu sein. Auch die Probandinnen reagieren im Gespräch auf die Interviewerin, überlegen, was sie wie erzählen. Das Interview, als Form der Kommunikation, wird damit zur sozialen Interaktion.

Diskussionen im Projekt-Team über einzelne Interpretationsansätze erlaubten Re-Interpretationen, machten teilweise Korrekturen erforderlich und ließen eine Vielzahl neuer Ideen entstehen.

3.2.4 Geschlechtsspezifische Differenzen im Blick: Fragebogenerhebung

Die Auswertung der Tagebücher und Interviews erbrachte eine Fülle neuer Informationen und Erkenntnisse, doch in einigen Fällen entstanden auch widersprüchliche Eindrücke – beispielsweise beim Thema Arbeitsteilung in der Familie –, so daß weiterer Informationsbedarf bestand. Darüber hinaus war von vornherein geplant, Informationen über Qualifikation und Erwerbssituation auf quantitativem Wege zu erfassen. Ziel der Erhebung war es, eine Datengrundlage zu schaffen, die sowohl einen Vergleich zwischen den Geschlechtern als auch zwischen den Gemeinden ermöglicht.

Konzeption, Durchführung und Auswertung

Auf der Grundlage der qualitativen Daten wurde ein sechsseitiger Fragebogen (siehe Anhang C) mit dem Schwerpunktthema Erwerbssituation erarbeitet. Er besteht größtenteils aus geschlossenen Fragen, bei einigen Punkten ist es jedoch notwendig ohne Antwortvorgaben (also mit offenen oder zumindest halboffenen Fragen) zu arbeiten (siehe Kapitel 6.1.2). Neben reinen Fakten werden anhand einiger Statements auch persönliche Einschätzungen der Befragten erfaßt. Um eine nach sozialen Gruppen differenzierte Datenanalyse zu gewährleisten, werden auch die für die Fragestellung bedeutsamen sozialstatistischen Einzelmerkmale der ProbandInnen abgefragt.

Die Erhebung fand im Sommersemester 1998 mit Hilfe von 29 Geographie-StudentInnen der Universität Heidelberg im Rahmen eines Projektseminars sowie eines Geländepraktikums statt. Sie erfolgte in Form einer Kombination von Befragung auf der Straße und an der Haustüre und erstreckte sich insgesamt über vier Wochentage. Entsprechend des Erhebungszeitraums für die Tagebücher wurden die Wochentage Mittwoch bis Samstag gewählt. Die Befragung wurde im Vorfeld pro Gemeinde zweimal im Gemeindeblatt angekündigt, außerdem erschien ein Bericht in der Tagespresse.

Die Daten wurden mittels EDV erfaßt und ausgewertet. Bei der Prüfstatistik wurde als kritische Grenze ein Signifikanzniveau von 95 % festgesetzt. Als Zusammenhangsmaß bei den bivariaten Verfahren wurde meist der Kontingenzkoeffizient verwendet, da es sich überwiegend um nominale Daten handelt.

ProbandInnen im Sample

Das gewonnene Sample setzt sich aus 1219 ProbandInnen zusammen, darunter 810 Frauen und 409 Männer. Davon wurden 349 Personen (239 Frauen und 110 Männer) in Steinenbronn und 317 Personen (204 Frauen und 113 Männer) in Nufringen erfaßt. In Bondorf konnten 285 Fragebögen (191 mit Frauen und 94 mit Männern) ausgefüllt werden, in Haiterbach 268 (176 mit Frauen und 92 mit Männern). Das angestrebte Geschlechterverhältnis von 2:1 wurde damit in jeder der vier Gemeinden erreicht.

Vergleicht man den Altersaufbau der Grundgesamtheit mit dem der Stichprobe (siehe Tab. 6), so sind einige Abweichungen festzustellen. Sie sind zum einen darauf zurückzuführen, daß nicht alle Personengruppen gleich häufig in den Gemeinden anzutreffen waren. Zum anderen wirkt sich dabei auch die unterschiedliche Bereitschaft an der Befragung teilzunehmen aus.

Tab. 6: Vergleich zwischen Stichprobe und Grundgesamtheit

	Statistisches Landesamt 1998 EinwohnerInnen der 4 Gemeinden (Summe)		Befragung 1998 ProbandInnen in den 4 Gemeinden (Summe)					
Altersklasse	gesamt		gesamt		Frauen		Männer	
18 - 24	1640	10 %	121	10 %	63	8 %	58	14 %
25 - 39	5455	34 %	428	35 %	324	40 %	104	26 %
40 - 64	6590	41 %	479	39 %	304	38 %	175	43 %
65 und älter	2485	15 %	187	15 %	116	14 %	71	17 %
Summe	*16170*	*100 %*	*1215*	*100 %*	*807*	*100 %*	*408*	*100 %*

Quelle: Struktur- und Regionaldatenbank des Statistischen Landesamtes Baden-Württemberg sowie eigene Erhebung 1998, eigene Bearbeitung

Im Sample fallen besonders die unterschiedlichen Anteile der 25- bis 39jährigen Frauen (40 %) und Männer (26 %) an den allen Befragten des jeweiligen Geschlechts auf: Frauen dieser Altersklasse waren besonders häufig in den Gemeinden vorzufinden und sehr gerne bereit, sich befragen zu lassen. Männer im Alter von 25 bis 39 Jahren waren dagegen schwerer zu erreichen und zeigten außerdem eine geringere Neigung sich an der Befragung zu beteiligen. Ursachen dafür sind in den unterschiedlichen Lebensschwerpunkten von Frauen und Männern in diesem Alter zu sehen: Trotz zunehmender weiblicher Erwerbsbeteiligung unterbrechen noch immer viele Frauen ihre Erwerbstätigkeit während der Kinderphase. Gleichzeitig ist dies bei den Männern die Phase mit der höchsten Erwerbsbeteiligung (vgl. Kapitel 5.1.1). Dies führt dazu, daß sich die Frauen eher als die Männer Zuhause oder zumindest in den Gemeinden aufhalten und deshalb für die BefragerInnen leichter anzusprechen waren. Auch die Befragungen am späten Nachmittag bzw. in den frühen Abendstunden sowie am Samstag konnten das ‚Defizit' bei Männern dieser Altersklasse nicht vollständig ausgleichen.

3.3 Zwischen Stuttgart und Schwarzwald: der Untersuchungsraum

Die für die Untersuchung ausgewählten Gemeinden (vgl. Tab. 7) liegen auf einem Profil, das in südwestlicher Richtung von der Landeshauptstadt Stuttgart in Richtung Schwarzwald geht. Alle Orte außer Haiterbach liegen somit auf der Entwicklungsachse Stuttgart – Böblingen/Sindelfingen – Herrenberg – Horb.[34]

Tab. 7: Untersuchungsgemeinden in der Übersicht

	Steinenbronn	Nufringen	Bondorf	Haiterbach
Zahl der EinwohnerInnen (1998)	5945	4602	4929	5735 (inklusive Teilorte)
Entfernung nach Stuttgart	19 km	32 km	49 km	58 km
ÖPNV-Verbindung in Richtung Stuttgart	Bus nach Leinfelden, dort S-Bahnanschluß	direkter S-Bahnanschluß	direkter DB-Anschluß	Bus nach Nagold, dort Bus nach Herrenberg, dort S-Bahnanschluß
Allgemeinbildende Schulen	Grund- und Hauptschule	Grund- und Hauptschule	Grund- und Hauptschule	Grund-, Haupt- und Werkrealschule

---

[34] Haiterbach ist die einzige Gemeinde, die das Kriterium, nur aus einem Ortsteil und nicht aus mehreren Teilorten zu bestehen, nicht erfüllt.

Um die nachfolgenden Untersuchungsergebnisse einordnen zu können, werden die vier Gemeinden in den nächsten Abschnitten kurz skizziert, wobei die Erwerbssituation im Mittelpunkt steht. Die dazu verwendeten Zahlen stammen ausschließlich aus der Struktur- und Regionaldatenbank des Statistischen Landesamtes Baden-Württemberg und beziehen sich, soweit nicht anders angegeben, auf 1998.[35] Außerdem gehen Informationen aus den Gesprächen mit Schlüsselpersonen in die Porträts ein.

3.3.1 Zwischen Flughafen und Autobahn – Steinenbronn

Die Gemeinde Steinenbronn hat 5945 EinwohnerInnen, darunter ein Sechstel ausländische MitbürgerInnen. Der Ort liegt wie Nufringen und Bondorf im Landkreis Böblingen und gehört damit zum Verdichtungsraum Stuttgart. Planungsrechtlich gesehen ist er darüber hinaus Teil des ‚Verband Region Stuttgart'. Die Nähe zu Stuttgart wird bei Steinenbronn vor allem dadurch deutlich, daß die Gemeinde sehr rasch wächst; allein zwischen 1988 und 1998 wurde ein positives Wanderungssaldo von ca. 1150 Personen registriert. Das entspricht einem Zuwachs von 24 %.

Ihren Arbeitsplatz haben 1223 versicherungspflichtig beschäftigte ArbeitnehmerInnen in Steinenbronn. Ihre Zahl hat allerdings seit 1991 um rund 20 % abgenommen. Diese Beobachtung machen auch die Schlüsselpersonen, die davon berichten, daß immer wieder Betriebe aufgeben müssen. Mit diesem Rückgang gehen eine prozentuale Zunahme (um ca. 7 Prozentpunkte auf 70 %) des produzierenden Gewerbes sowie eine entsprechende Abnahme im Bereich der Dienstleistungen einher, die nur einen Anteil von 30 % aufweisen. Auswärtige Arbeitsplätze der EinwohnerInnen Steinenbronns liegen vor allem in Böblingen, Sindelfingen, Waldenbuch sowie in Leinfelden-Echterdingen und sind zumindest mit dem eigenen Pkw relativ gut zu erreichen. Als bedeutende Unternehmen sind die Firmen Haka und Rittersport (Waldenbuch) zu nennen, aber auch der nahegelegene Flughafen sowie IBM, Daimler-Benz und HP (Böblingen und Sindelfingen). 1998 waren im Durchschnitt 4,5 % der erwerbsfähigen Personen (15 bis unter 65 Jahre) arbeitslos. Steinenbronn lag damit minimal unterhalb des Landesdurchschnitts (4,7 %). Der Anteil der Frauen an den Arbeitslosen lag bei ca. 44 %.

Land- und forstwirtschaftliche Betriebe sind in Steinenbronn praktisch bedeutungslos. Ihre Zahl sank von 190 im Jahr 1949 auf 10 im Jahr 1995, darunter sind keine Vollerwerbsbetriebe mehr. Dennoch wird Steinenbronn von den befragten Schlüsselpersonen mehrfach als ‚ländlich' bezeichnet:

‚Es ist ländlich hier, unbedingt, aber es ist nicht nur negativ besetzt. Einfach die Möglichkeiten, die man rein äußerlich durch die Landschaft hat. [...] Das sind für mich einfach Vorteile.'

---

[35] Die Daten wurden via Internet am 24.10.1999 abgefragt.

3.3 Zwischen Stuttgart und Schwarzwald: der Untersuchungsraum

‚Ländlich, sittlich. [...] sehr überschaubar.'

‚Ländlich, Provinz. [...] Es ist eigentlich nichts Kulturelles.'

Die Verkehrsanbindung ist aus Sicht des motorisierten Individualverkehrs positiv einzuschätzen, denn sowohl die Autobahn A 8 als auch die vierspurig ausgebaute Bundesstraße 27 sind schnell zu erreichen. Wesentlich schlechter ist die Situation des ÖPNV, denn Steinenbronn hat keinen direkten Anschluß zur S-Bahn nach Stuttgart; die nächste S-Bahn-Haltestelle befindet sich in Leinfelden.

3.3.2 Von Daimler-Benz geprägt – Nufringen

Mit 4602 EinwohnerInnen ist Nufringen der kleinste der vier untersuchten Orte. Ausländische MitbürgerInnen machen rund 10 % der Bevölkerung aus. Auch Nufringen gehört zum Landkreis Böblingen, dem Verdichtungsraum Stuttgart und dem 1994 geschaffenen ‚Verband Region Stuttgart'. Die Zahl der EinwohnerInnen stieg seit 1988 um 12 %.

Die Zahl der in Nufringen versicherungspflichtig beschäftigten ArbeitnehmerInnen hat – anders als in Steinenbronn – in den letzten Jahren kontinuierlich zugenommen. Waren es 1989 noch 828, so lag der Wert 1998 bereits bei 1417, was einer Zunahme um 70 % entspricht. Drei Fünftel der ArbeitnehmerInnen sind im produzierenden Gewerbe und zwei Fünftel im Dienstleistungsgewerbe beschäftigt. Arbeitslos waren 1998 im Schnitt 5,1 % der erwerbsfähigen Personen in Nufringen. Frauen machen daran einen Anteil von rund 36 % aus.

Ungefähr die Hälfte der ca. 2.000 AuspendlerInnen arbeitet nach Einschätzung einer Schlüsselperson bei Daimler-Benz in Sindelfingen, weitere 30 % bei IBM und ein kleinerer Anteil bei HP. Die Gespräche mit den Schlüsselpersonen machen klar, daß die geschilderte Konzentration auf wenige Arbeitgeber oftmals deutlich zu spüren sei und sich beispielsweise im Lebensstil der NufringerInnen niederschlage: der ‚Daimler' vor dem Haus ist weit mehr als ein Fahrzeug, er ist ein Statussymbol. Die räumliche Nähe zu den genannten Großbetrieben wirkt sich auch auf die ortsansässigen Handwerksbetriebe aus: Sie können ihre Lehrstellen nicht immer besetzen, da es für viele Jugendliche aus finanziellen Gründen, aber eben auch wegen des Prestiges attraktiver ist, bei Daimler-Benz oder einem anderen Großunternehmen eine Ausbildung zu beginnen.

Ähnlich wie in Steinenbronn spielt auch in Nufringen die Land- und Forstwirtschaft kaum mehr eine Rolle. 219 Betrieben im Jahr 1949 stehen gerade noch 24 im Jahr 1995 gegenüber. Doch aus Sicht der Schlüsselpersonen hat die Gemeinde ihren ländlichen Charakter trotzdem beibehalten, und Teile der Bevölkerung scheinen in traditionellen Einstellungen verwurzelt zu sein. So bestehen kaum Bestrebungen, städtisch wirken zu wollen:

‚Bis auf fünf oder sechs Frauen sind bei den Landfrauen keine mehr landwirtschaftlich tätig. Gut, viele haben einen Acker, jeder hat schon einen Garten; und viele haben noch einen Bulldog, [...], also irgendwie sind wir doch noch ländlich.'

‚Ländlich auch durch die Landschaft drum herum,[...]. Keine Großindustrien und so.'

‚Wir legen schon Wert darauf, daß wir eher ländlich sind. Wir haben auch keine Ambitionen, in Richtung Stadt abzudriften.'

Sowohl für den Individualverkehr als auch für NutzerInnen des ÖPNV liegt Nufringen äußerst günstig: Seit 1992 bietet der S-Bahn-Anschluß eine schnelle und direkte Verbindung nach Böblingen und weiter nach Stuttgart; außerdem ist die nahe Autobahn 81 (Stuttgart – Singen) über die Bundesstraße 14 schnell zu erreichen.

3.3.3 Kleines Zentrum im Gäu – Bondorf

Auch die Gemeinde Bondorf ist in den letzten Jahren sehr stark angewachsen: Allein im Zeitraum 1993 bis 1998 stieg die Zahl der EinwohnerInnen von 4035 auf 4929 an, das entspricht einem Zuwachs von 22 %. Zwischen 1988 und 1998 ist sogar ein Anstieg um 39 % zu verzeichnen. Der Anteil ausländischer MitbürgerInnen beläuft sich auf 14 %.

Wie in Nufringen, so geht auch in Bondorf der Bevölkerungsanstieg mit einem Anstieg der versicherungspflichtig beschäftigten ArbeitnehmerInnen einher, er fällt jedoch sehr viel moderater aus: Im Jahr 1989 waren dies 448 Personen, 1998 dann 596. Der Anteil der im produzierenden Gewerbe Beschäftigten geht dabei zurück zugunsten des Dienstleistungsbereiches, auf den 1998 ca. 63 % entfallen. Damit stimmt auch die Einschätzung einer Bondorfer Schlüsselperson überein, die den Ort als ‚Dienstleistungszentrumle' bezeichnet. Verglichen mit den drei übrigen Gemeinden bietet Bondorf ein recht breites Versorgungsangebot für Güter des kurz- und mittelfristigen Bedarfs. Die wichtigsten Arbeitsorte der AuspendlerInnen liegen nach Angaben von Schlüsselpersonen in Böblingen, Sindelfingen, Herrenberg und Stuttgart, die wichtigsten Unternehmen sind wie für die Arbeitskräfte aus Nufringen die Großbetriebe, allen voran Daimler-Benz. Der Anteil der Arbeitslosen an der erwerbsfähigen Bevölkerung Bondorfs betrug 1998 5 %, etwa die Hälfte von ihnen ist weiblich.

Die Zahl der land- und forstwirtschaftlichen Betriebe ging auch in Bondorf drastisch zurück, dennoch waren hier 1995 noch 74 Unternehmen zu verzeichnen, also doch deutlich mehr als in Steinenbronn (10) oder Nufringen (24). Auch im Ortsbild ist die Landwirtschaft noch präsent, weisen doch zahlreiche Schilder auf den Verkauf von Gemüse, Obst und Geflügel ‚frisch vom Bauernhof' hin. Der Kontrast zwischen Landwirtschaft einerseits und Dienstleistungsangebot andererseits spiegelt sich auch in den Aussagen der Schlüsselpersonen wider, die sich nicht einig sind darüber, ob sie Bondorf nun eher als ländlich oder städtisch empfinden. Insgesamt charakterisieren sie Bondorf als kleine Gemeinde auf dem Land, die sich durch ihre relativ geringe Entfernung zu großen Arbeitgebern sehr gut als Wohnort eignet und deren Infrastruktur gut entwickelt ist.

Gerade aus Sicht der BerufspendlerInnen spielt natürlich die Verkehrsanbindung eine wichtige Rolle: Der Ort liegt an der Bundesstraße 14 (Horb – Herrenberg) und nur wenige Kilometer von der Autobahn A 81 (Stuttgart – Singen) entfernt. Der Ort verfügt über eine Autobahnausfahrt und ist entsprechend gut für den motorisierten Individualverkehr zu erreichen. Da außerdem die Bahnlinie Horb – Stuttgart durch Bondorf führt, können viele der nach Böblingen oder Sindelfingen pendelnden Bewohnerinnen mit dem Zug zur Arbeit fahren. Die Züge von und nach Sindelfingen sind bezüglich der Abfahrtszeiten teilweise auf die Arbeitsschichten der großen Unternehmen wie Daimler-Benz abgestimmt.

3.3.4 Dorf mit Stadt-Status – Haiterbach

Die zum Landkreis Calw gehörende Stadt Haiterbach (bestehend aus Beihingen, Altnuifra, Ober- und Unterschwandorf sowie Haiterbach selbst) hat 5735 EinwohnerInnen, darunter befinden sich 15 % ausländische MitbürgerInnen. Verglichen mit Bondorf ist die Stadt in den letzten Jahren nur langsam gewachsen, seit 1993 um 4 %, seit 1988 um 19 %.

Obwohl Haiterbach als einzige der vier untersuchten Gemeinden zum ländlich strukturschwachen Raum gehört, ist dort ein recht großes Arbeitsplatzangebot vorhanden. Als Grund dafür sind Standortvorteile wie niedrige Grundstückskosten, günstige Verkehrslage, relativ großes Arbeitskräftepotential sowie der hohe Freizeitwert durch den nahegelegenen Schwarzwald zu nennen (vgl. GEBHARDT & SCHRÖDER 1993, S. 311). Die Entwicklung der Zahl der versicherungspflichtig beschäftigten ArbeitnehmerInnen läßt in Haiterbach jedoch keine klare Tendenz erkennen: Nach 1604 Beschäftigten im Jahre 1989, waren es 1995 2112. Seither waren die Werte rückläufig (1993 Beschäftigte im Jahr 1998). Dabei ging der Anteil der im produzierenden Gewerbe Arbeitenden von 70 auf 63 % zurück, so daß nunmehr 37 % der Beschäftigten dem Dienstleistungsbereich zuzuordnen sind. Die wichtigsten Arbeitgeber vor Ort sind holzverarbeitende Betriebe wie Schreinereien oder Unternehmen der Möbelindustrie. Die Bedeutung des Rohstoffs Holz wird durch zwei örtliche Sägewerke noch unterstrichen. Außerdem haben Speditionsunternehmen eine lange Tradition.

Viele Haiterbacher Männer sind nach Aussagen der Schlüsselpersonen außerhalb der Gemeinde beschäftigt: in Nagold, in Sindelfingen bei Daimler-Benz oder in Böblingen; die Frauen sind hingegen überwiegend in der Wohngemeinde erwerbstätig. Allerdings seien im Ort während der letzten Jahre Arbeitsplätze verloren gegangen, und es mangele an Teilzeittätigkeiten. In Haiterbach lag der Anteil der Arbeitslosen an der erwerbsfähigen Bevölkerung im Jahr 1998 mit 3,2 % niedriger als in den anderen drei Gemeinden. Frauen machen rund zwei Fünftel der Arbeitslosen aus.

Was die Zahl der land- und forstwirtschaftlichen Betriebe anbelangt, so hat Haiterbach eine Entwicklung erlebt, die sich am ehesten mit der in Bondorf vergleichen läßt: Die Zahl ging von 498 im Jahre 1949 auf 121 im Jahr 1995 zurück (zum Vergleich: in Bondorf ging sie von 284 auf 74 zurück). Viele der ehemals landwirtschaftlich genutzten Flächen sind mittlerweile bebaut.

Die Aussagen von zwei Schlüsselpersonen zeigen, daß die Gemeinde Haiterbach trotz ihres formalen Status als ‚Stadt' faktisch ausgesprochen ländlich geprägt ist:

‚*Man kann nicht sagen, wir sind städtisch. [...], aber was man eigentlich darunter versteht, Stadt, städtischer Charakter, da sind wir natürlich schon ländlich. Wir sind im ländlichen Raum eine Stadt.'*

‚*Sehr ländlich geprägt. Die Lage zu den Verkehrswegen hat diese Abgeschiedenheit über die Jahrhunderte unterstützt, heute spielt das vielleicht nicht mehr so eine große Rolle. [...] Die Bezeichnung ‚Stadt' wird gelegentlich in Frage gestellt.'*

Dieses ländliche Bild wird auch durch die Versorgungslage unterstrichen, denn das Angebot ist deutlich kleiner als beispielsweise in Bondorf. Die Geschäfte bieten zwar alles Notwendige für den täglichen Bedarf, allerdings sind die Preise relativ hoch. Die Wege sind zudem wegen innerörtlichen Höhendifferenzen ohne motorisiertes Verkehrsmittel beschwerlich.

Die Verkehrsanbindung der Gemeinde Haiterbach ist nahezu ausschließlich durch den Individualverkehr gegeben, denn es besteht kein Bahnanschluß. Die ÖPNV-Anbindung, die sich auf einen Bus in Richtung Nagold beschränkt, ist vor allem auf die Unterrichtszeiten der Schulen abgestimmt. Man ist in Haiterbach also mehr oder weniger auf den eigenen Pkw angewiesen. So vermutet auch eine der Schlüsselpersonen, daß es in jedem Haushalt in Haiterbach zumindest einen Pkw gibt. So verwundert es kaum, daß sich die HaiterbacherInnen bei Einkauf, Freizeit sowie dem Besuch weiterführender Schulen, nach außen orientieren, insbesondere nach Nagold.

4 Rahmenbedingungen der Erwerbstätigkeit von Frauen

4.1 Qualifikationen im Geschlechtervergleich

Formale Qualifikationen stellen einen zentralen Bestandteil des Humankapitals dar (vgl. Kapitel 2.1.1); dabei kann zwischen schulischer Bildung einerseits und beruflicher Qualifikation andererseits differenziert werden. Beide Aspekte wurden bei der quantitativen Befragung erhoben, so daß ein Vergleich zwischen Männern und Frauen möglich ist. Neben Geschlecht bilden Alter und Wohnort die wichtigsten Unterscheidungsmerkmale. Außerdem werden typische Kombinationen aus schulischen und beruflichen Abschlüssen vorgestellt. Abschließend wird in Form eines Exkurses gezeigt, wie die Befragten ihre eigene Ausbildung im Vergleich zu jener ihrer Eltern bewerten.

4.1.1 Schulische Bildung – Frauen holen auf

Wichtige Voraussetzung für den Zugang zu Ausbildungsplätzen und später entsprechend auch Arbeitsplätzen ist die schulische Bildung. Die ProbandInnen wurden deshalb nach ihrem höchsten allgemeinbildenden Schulabschluß gefragt.

> *Eckdaten:* Von 1208 Personen, die diese Frage beantworteten, haben
> - 29 die Schule noch nicht abgeschlossen,
> - 11 die Schule nicht abgeschlossen,
> - 539 den Volks- oder Hauptschulabschluß,
> - 386 die Mittlere Reife bzw. Realschulabschluß,
> - 231 das Abitur oder die Fachhochschulreife,
> - 12 einen sonstigen Schulabschluß.

Geschlechtsspezifische Differenzen

Zunächst geht es darum, den Anteil der Frauen an den obengenannten schulischen Abschlüssen darzustellen. Wenden sie tatsächlich weniger als Männer für ihre Ausbildung auf, wie dies die Humankapitaltheorie unterstellt? Oder hat sich „das gesellschaftliche Leitbild, das eine qualifizierte Ausbildung von Frauen als unnötige Investition ansah, da sie durch baldige Heirat nur noch den häuslichen Aufgaben verpflichtet sein würden und eine Erwerbstätigkeit allein in extremer finanzieller Notlage erwogen wurde" gewandelt (STATISTISCHES LANDESAMT BADEN-WÜRTTEMBERG 1993, S. 45)?

Wie Abb. 5 zeigt, stellt sowohl für die befragten Frauen als auch für die Männer der Volks- bzw. Hauptschulabschluß am häufigsten den höchsten allgemeinbildenden Schulabschluß dar (41 % der Frauen; 52 % der Männer).

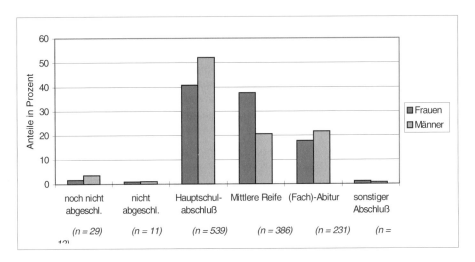

Abb. 5: Schulische Abschlüsse der Befragten nach Geschlecht
Quelle: Eigene Erhebung 1998, eigene Bearbeitung

Die Differenz von rund 11 % zwischen diesen beiden Werten macht aber auch deutlich, daß dieser Abschluß von den männlichen Befragten eher angestrebt wird, als von den weiblichen. Woraus dieser Unterschied resultiert wird offensichtlich, wenn man die Mittlere Reife in die Betrachtung einbezieht: Sie ist bei den Frauen der zweithäufigste, bei den Männern dagegen nur der dritthäufigste Abschluß, wobei die Differenz zwischen den beiden Werten hier mit Abstand am größten ist: Während nur 21 % der Männer angeben, die Mittlere Reife gemacht zu haben, sind es bei den Frauen 38 %.

Ist nun die Mittlere Reife ein typischer Frauen-Abschluß? Diese Frage kann wohl mit ja beantwortet werden, denn auch das STATISTISCHE LANDESAMT BADEN-WÜRTTEMBERG (1993, S. 51) kommt zu dem Schluß, daß die Mittlere Reife ein Abschluß ist, der „rein geschlechtsspezifisch" variiert und „von Frauen bevorzugt wird".

Ein Blick auf die Zahl der Befragten mit Abitur bzw. Fachhochschulreife zeigt, daß hier der Unterschied zwischen den Geschlechtern, verglichen mit den beiden schon besprochenen Abschlüssen, deutlich geringer ist: 18 % der befragten Frauen und

22 % der Männer fallen in diese Kategorie. Auf die übrigen drei Klassen entfallen insgesamt nur 52 Befragte, so daß hier keine sinnvollen Aussagen getroffen werden können.

Differenzierung nach Altersklassen – steigendes Bildungsniveau

Es ist bekannt, daß sich das Bildungsverhalten in den letzten Jahrzehnten stark verändert hat und dabei die Differenzen zwischen Frauen und Männern geringer geworden sind. Die Betrachtung der Schulabschlüsse bezogen auf verschiedene Altersklassen kann Aufschluß darüber geben, ob und in welchem Maße dies auch für die vier Untersuchungsgemeinden zutrifft. Bezugsgröße sind dabei die 1156 Befragten, die angeben, einen Volks- oder Hauptschulabschluß, die Mittlere Reife, Abitur oder Fachhochschulreife gemacht zu haben.

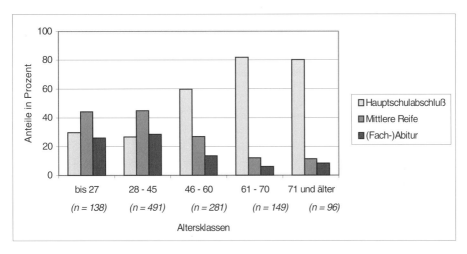

Abb. 6: Schulische Abschlüsse der Befragten nach Altersklassen
Quelle: Eigene Erhebung 1998, eigene Bearbeitung

Schon bei flüchtigem Blick auf Abb. 6 wird klar, daß die Mittlere Reife den Hauptschulabschluß als häufigsten Abschluß verdrängt hat. Das schlüssigste Bild erhält man aus den drei mittleren Altersklassen: Hier ist eine kontinuierliche Abnahme der Hauptschulabschlüsse zugunsten einer Zunahme von Mittlerer Reife und Abitur zu verzeichnen, und in der Altersklasse der 28- bis 45jährigen Befragten ist erstmals der Anteil der AbiturientInnen höher als der jener Personen mit Hauptschulabschluß.

Vergleicht man die beiden höchsten Altersklassen, so zeigt sich eine Stagnation der Werte für die Mittlere Reife, während die Hochschulreife bei den Geburtsjahrgängen 1920 bis 1937 (61- bis 70jährige) an Bedeutung verliert und die Hauptschulabschlüsse etwas zunehmen.

Ein fast identisches Bild erhält man beim Vergleich der beiden niedrigsten Altersklassen: Auch hier stagniert der Anteil der Personen mit Mittlerer Reife (wenn auch auf wesentlich höherem Niveau); gleichzeitig kann eine geringfügige Abnahme des Anteils der AbiturientInnen (minus 2,4 Prozentpunkte) sowie eine leichte Zunahme des Anteils der HauptschulabsolventInnen (plus 3,2 Prozentpunkte) verzeichnet werden.

Natürlich stellt sich nun die Frage, wie es zu dieser Verschiebung kommt. Das Argument, daß sich ein Teil der Personen in der jüngsten Gruppe noch in der schulischen Ausbildung befindet, greift nicht, da diese nicht in die Berechnung einbezogen wurden. Eine denkbare Interpretation dafür ist z.B. die ‚AkademikerInnenschwemme', die eventuell davon abhält, das Abitur zu machen, da sich die AbsolventInnen (und auch deren Eltern) nicht mehr sicher sein können, daß sich die höheren Ausbildungsinvestitionen später auch auszahlen.

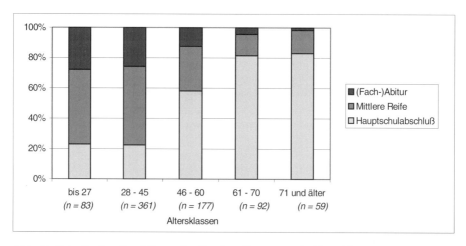

Abb. 7: Schulische Abschlüsse der Probandinnen nach Altersklassen
Quelle: Eigene Erhebung 1998, eigene Bearbeitung

Aus Abb. 7 und Abb. 8 ist ersichtlich, daß die Entwicklung hin zu besserer schulischer Qualifikation geschlechtsspezifische Variationen aufweist. Das Diagramm der weiblichen Befragten läßt sich in drei Teile untergliedern:

4.1 Qualifikationen im Geschlechtervergleich

- In den beiden höchsten Altersklassen dominiert eindeutig der Hauptschulabschluß, Frauen mit (Fach-) Hochschulreife stellen eher eine Seltenheit dar. Es treten kaum Veränderungen auf.

- In der Altersklasse der 46- bis 60jährigen Probandinnen liegt der Anteil der Abiturientinnen erstmals über 10 % und der Anteil der Hauptschulabsolventinnen ist auf unter 60 % zurückgegangen. Hier kristallisiert sich die bereits angesprochene Bedeutung der Mittleren Reife für Frauen heraus, denn der Wert liegt ungefähr doppelt so hoch, wie in den oberen Altersklassen.

- Auch zwischen der Klasse der 46- bis 60jährigen und jener der 28- bis 45jährigen sind nochmals sprunghafte Veränderungen zu erkennen, denn der Anteil der befragten Frauen mit Hauptschulabschluß geht erneut stark zurück. Dies führt vor allem zu einem hohen Prozentsatz von Realschulabsolventinnen. Die geringsten Differenzen sind zwischen den beiden unteren Altersklassen zu verzeichnen, in denen jeweils die Hälfte der Frauen einen Realschulabschluß hat.

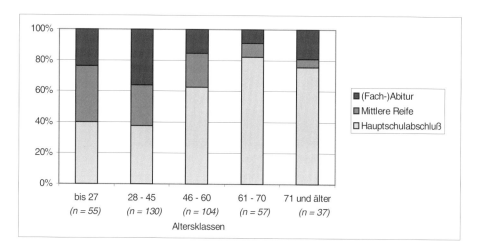

Abb. 8: Schulische Abschlüsse der Probanden nach Altersklassen
Quelle: Eigene Erhebung 1998, eigene Bearbeitung

Wesentlich diskontinuierlicher stellt sich die vergleichbare Entwicklung für die männlichen Befragten dar (vgl. Abb. 8), denn hier werden die Maxima bzw. Minima nicht in der höchsten bzw. niedrigsten Altersklasse erreicht. Der höchste Anteil von Befragten mit Hauptschulabschluß sowie der geringste Anteil an

Abiturienten sind in der Klasse der 61- bis 70jährigen zu notieren. Das höchste schulische Qualifikationsniveau wird unter den 28- bis 45jährigen erreicht. Festzuhalten ist, daß die Mittlere Reife für die Männer kontinuierlich an Bedeutung gewonnen hat, eine Entwicklung, die möglicherweise mit dem geringen Ansehen der Hauptschule zusammenhängt.

Differenzen zwischen Untersuchungsgemeinden – wirkt der Raum?

Im nächsten Schritt ist zu überprüfen, ob und in welchem Maß sich neben Geschlecht und Alter der Befragten auch der jeweilige Wohnort auf das Bildungsverhalten auswirkt. Denkbar ist, daß – gerade in ländlich geprägten Regionen – die Entfernung zu Bildungseinrichtungen bei der Wahl der Schule eine Rolle spielt, denn es gibt in keiner der Untersuchungsgemeinden ein Gymnasium oder eine Realschule.

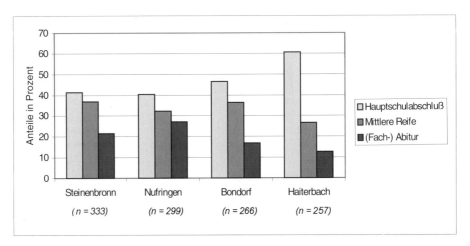

Abb. 9: Schulische Abschlüsse in den Untersuchungsgemeinden
Quelle: Eigene Erhebung 1998, eigene Bearbeitung

In jeder der vier Gemeinden (vgl. Abb. 9) ist der Anteil der HauptschulabsolventInnen am größten, auf Platz zwei rangiert jeweils die Personengruppe mit Mittlerer Reife und der geringste Teil der Befragten hat das Abitur erworben.

Trotz dieser Gemeinsamkeiten weisen die Gemeinden deutliche Unterschiede auf. Liegen die Werte in Nufringen relativ nahe beisammen, so weisen sie in Steinenbronn und Bondorf ähnlich hohe Differenzen auf. Am deutlichsten hebt sich

4.1 Qualifikationen im Geschlechtervergleich

Haiterbach ab durch einen sehr hohen Wert für Volks- und Hauptschulabsolventlnnen sowie durch sehr niedrige Zahlen beim Abitur.

Um einen Eindruck davon zu gewinnen, wie langsam oder schnell sich das Bildungsverhalten in den vier Gemeinden ändert, können Daten des Statistischen Landesamtes herangezogen werden:

Tab. 8: Übergänge auf weiterführende Schulen (Schuljahr 1998/99)

	Hauptschulen	Realschulen	Gymnasien	Sonstige	Summe
Baden-Württemberg (n = 11.0394)	35,5	30,1	32,6	1,9	100 %
Landkreis Böblingen (n = 3.870)	32,6	30,7	35,7	1,1	100 %
Steinenbronn (n = 71)	*29,6*	*36,6*	*29,9*	*4,2*	*100 %*
Nufringen (n = 54)	*33,3*	*33,3*	*33,3*	*--*	*100 %*
Bondorf (n = 64)	*45,3*	*21,9*	*31,3*	*1,6*	*100 %*
Landkreis Calw (n = 1.871)	37,9	31,2	30,3	0,6	100 %
Haiterbach (n = 75)	*42,7*	*32,0*	*25,3*	*--*	*100 %*

Quelle: Struktur- und Regionaldatenbank des Statistischen Landesamtes Baden-Württemberg, Internet-Abfrage vom 26. Oktober 1999

Tab. 8 zeigt, daß die Werte in Nufringen kaum von denen im Landkreis Böblingen sowie jenen auf Landesebene abweichen, d.h. auf jede der weiterführenden Schulen entfällt ein Drittel der SchülerInnen. Anders ist die Situation in Steinenbronn, wo ein erhöhter Anteil von Kindern auf eine Realschule wechselt. Sowohl in Bondorf als auch in Haiterbach kommt der Hauptschule noch immer eine überdurchschnittliche Bedeutung zu. Während jedoch die SchülerInnen aus Haiterbach am zweithäufigsten eine Mittlere Reife (32 %) anstreben, besuchen jene aus Bondorf zu über 30 % ein Gymnasium. Daraus ergibt sich in Bondorf ein auffallend niedriger Wert beim Realschulbesuch.[36]

MEUSBURGER (1998, S. 293) weist darauf hin, daß der Besuch von weiterführenden Schulen von der Dauer des Schulweges beeinflußt wird, wobei die Frage, „wann

---

[36] Von einem direkten Datenvergleich zwischen der quantitativen Erhebung, wo der höchste allgemeinbildende Schulabschluß erfaßt wurde, und den in der Tabelle aufgeführten Zahlen des Statistischen Landesamtes wird abgesehen. Der Übergang auf bestimmte weiterführende Schulen kann nicht mit deren Abschluß gleichgesetzt werden, da sowohl nach „oben" wie auch nach „unten" Schulwechsel stattfinden können.

ein Zeitaufwand nicht mehr zumutbar ist, [...] je nach Region, Alter der Schulkinder und Schichtzugehörigkeit der Eltern unterschiedlich beantwortet" wird.

Auch die SchülerInnen aus Nufringen besuchen in der Regel weiterführende Schulen in Herrenberg. Die schnellste ÖPNV-Verbindung[37] dorthin dauert nur vier Minuten. Etwas mehr Zeit ist mit sieben bzw. acht Minuten notwendig, um von Steinenbronn nach Echterdingen oder von Bondorf nach Herrenberg zu gelangen. Den zeitlich längsten Schulweg legen die SchülerInnen aus Haiterbach zurück, denn sie sind bis nach Nagold rund 20 Minuten unterwegs.

Welche weiteren Ursachen gibt es für die beträchtlichen Differenzen zwischen den Orten? Da alle vier Gemeinden in den letzten Jahren einen starken Zuwachs zu verzeichnen haben, zeigen sich vielleicht auch zwischen im Ort aufgewachsenen und zugezogenen Befragten Unterschiede im Bildungsverhalten. Diesem Thema ist der nächste Abschnitt gewidmet.

Zugezogene und Einheimische – Bildung mitbringen?

Neben der Lage der Bildungseinrichtungen und ihren Entfernungen zu den untersuchten Gemeinden könnte ein weiterer Aspekt für die großen Unterschiede verantwortlich sein: der Anteil der zugezogenen Personen. Ob die Lage der Schulen im Untersuchungsraum für einzelne Personen von Bedeutung ist, hängt davon ab, in welchem Alter sie zugezogen sind. Die Lage der Bildungseinrichtungen im Untersuchungsraum ist also bestenfalls für einen Teil der Befragten relevant (gewesen).

Um sich hier ein Bild machen zu können, ist zu untersuchen, in welchem Zahlenverhältnis einheimische und zugezogene Befragte jeweils stehen. Wie im suburbanen Raum zu erwarten, steigt der Anteil der im jeweiligen Ort aufgewachsenen Personen mit zunehmender Entfernung vom Oberzentrum Stuttgart an: Während in Steinenbronn nur noch ein Anteil von 27 % angibt, auch dort aufgewachsen zu sein, sind dies in Nufringen 32 %, in Bondorf 38 und in Haiterbach schließlich sogar 49 % (hochsignifikant). Auch bestätigt sich die Vermutung, daß sich diese Personengruppen in Bezug auf ihren höchsten Schulabschluß deutlich voneinander unterscheiden (vgl. Abb. 10).[38]

---

[37] Erwähnt werden die jeweils schnellsten Verbindungen mit dem ÖPNV, Wege zwischen Wohnhaus und Haltestelle sowie zwischen Haltestelle und Schule bleiben unberücksichtigt.
[38] Spalten- oder Zeilensummen in Tabellen, die von 100 % abweichen und nicht durch Mehrfachnennungen entstehen, ergeben sich aufgrund von Rundungen.

Während unter den Einheimischen eine deutliche Dominanz des Hauptschulabschlusses zu verzeichnen ist, sind die Anteile der drei Anschlüsse bei den Zugezogenen sehr viel ausgeglichener und vor allem das Abitur bzw. die Fachhochschulreife gewinnt an Bedeutung.

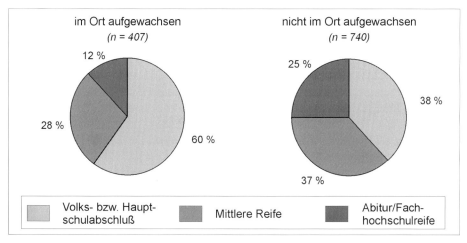

Abb. 10: Schulabschlüsse von einheimischen und zugezogenen Befragten
Quelle: Eigene Erhebung 1998, eigene Bearbeitung

Betrachtet man zunächst die Gruppe der 407 Einheimischen (also Personen, die angeben im jeweiligen Ort aufgewachsen zu sein) näher, so zeigen sich auch hier noch sehr deutliche Differenzen zwischen den jeweils wichtigsten Schulabschlüssen: Mit zunehmender Entfernung von Stuttgart steigt der Anteil der HauptschulabsolventInnen von 53 auf 72 % an.

Weniger klar verhalten sich die Werte für Mittlere Reife und Abitur. So schwanken die Anteile von Personen mit mittlerem Schulabschluß zwischen 17 % in Haiterbach und 37 % in Bondorf. Beim Abitur hingegen weist Bondorf den Minimalwert auf (7 %), während das Maximum bei Steinenbronn (18 %) vorliegt.

Nimmt man nun zusätzlich eine Differenzierung nach Geschlecht vor, so ergeben sich für die Männer keine signifikanten Ergebnisse, wohl aber für die Frauen, wie Tab. 9 zeigt.

Läßt man Bondorf außer acht, so ist mit zunehmender Entfernung von Stuttgart ein sinkender Anteil von mittleren und höheren Schulabschlüssen sowie eine entsprechende Zunahme des Anteils von HauptschulabsolventInnen festzustellen: ein typisches Zentrum-Peripherie-Gefälle. Offen bleibt jedoch, weshalb Bondorf sich nicht in dieses Schema einordnen läßt. Trotz der Unterschiede ist allen vier Orten gemeinsam, daß der Volks- bzw. Hauptschulabschluß jeweils auf Platz eins rangiert, gefolgt von Realschule und Gymnasium.

Tab. 9: Schulabschlüsse einheimischer Frauen

	Steinenbronn *(n = 54)*	Nufringen *(n = 55)*	Bondorf *(n = 62)*	Haiterbach *(n = 75)*
Volks-/Hauptschulabschluß	50	60	55	67
Mittlere Reife	33	29	45	24
Abitur/Fachhochschulreife	17	11	0	9
	100 %	100 %	100 %	100 %

Quelle: Eigene Erhebung 1998, eigene Bearbeitung

Auch unter den 740 Zugezogenen (also jenen Befragten, die angeben, *nicht* in ihrer derzeitigen Wohngemeinde aufgewachsen zu sein) unterscheiden sich die Schulabschlüsse entsprechend der Gemeinden erheblich. Erneut sinkt der Anteil der Personen mit Hauptschulabschluß mit abnehmender Entfernung zur Landeshauptstadt Stuttgart: Beträgt er in Haiterbach noch 48 %, so sind es in Steinenbronn nur noch 38 %.

Es zeigt sich jedoch auch, daß die Differenz lange nicht so ausgeprägt ist, wie unter den Einheimischen. Recht nah beisammen liegen die Anteile der Befragten mit Mittlerer Reife; sie schwanken nur zwischen 33 % (Nufringen) und 40 % (Steinenbronn). Am stärksten ausgeprägt sind die Unterschiede beim Abitur bzw. der Fachhochschulreife. Beläuft sich der Anteil in Haiterbach auf gerade mal 15 %, so liegt er in Nufringen mit 34 % mehr als doppelt so hoch.[39]

Die geschilderten Befunde deuten bereits an, daß es auch interessant sein dürfte, die Differenzen zwischen einheimischen und zugezogenen Befragten auf Gemeindeebene zu untersuchen.

Unter den Einheimischen in *Steinenbronn* dominiert eindeutig der Hauptschulabschluß (53 %), gefolgt von der Mittleren Reife (29 %). Unter den Zugezogenen dagegen hat die Mittlere Reife (40 %) den Hauptschulabschluß (38 %) knapp als häufigsten Schulabschluß überholt. Nur sehr geringe Differenzen zwischen den beiden Personengruppen sind bezüglich des Abiturs/der Fachhochschulreife vorhanden.

---

[39] Eine zusätzliche Aufteilung nach Geschlecht erbringt keine signifikanten Ergebnisse.

4.1 Qualifikationen im Geschlechtervergleich

Nimmt man hier eine Unterteilung nach Geschlecht vor, erhält man zwar für die 104 männlichen Befragten keine signifikanten Ergebnisse, wohl aber für die 229 weiblichen: Die Hälfte der Einheimischen hat die Hauptschule abgeschlossen und ein Drittel die Mittlere Reife gemacht. Sehr viel deutlicher als für alle in Steinenbronn Befragten zeigt sich bei den Frauen die Bedeutung des Realschulabschlusses für die Zugezogenen: Immerhin 46 % machen diese Angabe. Entsprechend geringer ist der Anteil der Hauptschulabsolventinnen mit 32 %. Auch bei den Frauen sind die Unterschiede das Abitur betreffend nur schwach ausgeprägt.

In *Nufringen* sind für die Einheimischen ähnliche Zahlenverhältnisse wie in Steinenbronn feststellbar. Allerdings unterscheiden sich die Werte der Zugezogenen doch ganz erheblich von jenen in Steinenbronn: Hier sind die Anteile für alle drei Schulabschlüsse so gut wie identisch, sie machen jeweils ungefähr ein Drittel aus.

Tab. 10: Schulabschlüsse von Einheimischen und Zugezogenen in Nufringen

In Nufringen aufgewachsen	Alle		Frauen		Männer	
	ja (n = 91)	nein (n = 204)	ja (n = 55)	nein (n = 138)	ja (n = 36)	nein (n = 66)
Volks-/Hauptschulabschluß	56	33	60	30	50	39
Mittlere Reife	31	33	29	41	33	18
Abitur/Fachhochschulreife	13	34	11	30	17	42
	100 %	100 %	100 %	101 %	100 %	99 %

Quelle: Eigene Erhebung 1998, eigene Bearbeitung

Nimmt man die Auswertung für beide Geschlechter getrennt vor, so ergeben sich jeweils signifikante Resultate (vgl. Tab. 10). Erneut ist bei den einheimischen Frauen der Anteil der Hauptschulabsolventinnen dominierend, während die zugezogenen Frauen am häufigsten mit der Mittleren Reife die Schule beendet haben. Für die zugezogenen Männer dagegen hat der Realschulabschluß eine geringere Bedeutung; sehr hoch liegt mit 42 % der Anteil der Abiturienten. Ins Auge sticht hier besonders der klare Unterschied zwischen einheimischen Frauen und zugezogenen Männern, zwei Personengruppen, die möglicherweise auch in ihrem Alltag nur wenige Berührungspunkte haben (vgl. Kapitel 6.2).

In *Bondorf* ist unter Einheimischen wie unter Zugezogenen der Hauptschulabschluß am häufigsten vertreten, allerdings mit einer beachtlichen Differenz: Einem Anteil von 56 % unter den im Ort aufgewachsenen stehen nur 40 % unter den Zugezogenen gegenüber. Da sich die Werte bezüglich der Mittleren Reife kaum voneinander abheben, besteht beim Abitur wieder ein größerer Unterschied: Der Anteil erreicht unter den Zugezogenen 24 % und liegt damit mehr als dreimal so hoch wie bei den

Einheimischen. Wie in Steinenbronn so lassen sich auch in Bondorf nur für die Frauen, nicht aber für die Männer signifikante Werte anführen. Auffallend ist dabei besonders, daß von den befragten einheimischen Frauen keine das Abitur oder die Fachhochschulreife gemacht hat.

Tab. 11: Schulabschlüsse von Einheimischen und Zugezogenen in Haiterbach

In Haiterbach aufgewachsen	Alle		Frauen		Männer	
	ja (n = 129)	nein (n = 126)	ja (n = 75)	nein (n = 94)	ja (n = 54)	Nein (n = 32)
Volks-/Hauptschulabschluß	72	48	67	45	80	56
Mittlere Reife	17	37	24	40	7	28
Abitur/Fachhochschulreife	11	15	9	15	13	16
	100 %	100 %	100 %	100 %	100 %	100 %

Quelle: Eigene Erhebung 1998, eigene Bearbeitung

Im Gegensatz zu Nufringen, wo markante Unterschiede zwischen einheimischen Frauen und zugezogenen Männern bestehen, existieren die größten Differenzen in *Haiterbach* zwischen zugezogenen Frauen einerseits und einheimischen Männern andererseits (vgl. Tab. 11). Am deutlichsten wird dies in Bezug auf die Mittlere Reife, denn hier steht einem Anteil von 40 % bei den zugezogenen Frauen lediglich 7 % bei den im Ort aufgewachsenen Männern gegenüber.

4.1.2 Berufsausbildung – noch immer ein männliches Privileg?

Die schulische Ausbildung entscheidet zunächst in hohem Maß darüber, welche berufliche Ausbildungsmöglichkeiten jemandem offen stehen. Die berufliche Qualifikation bestimmt aber letztendlich mögliche berufliche Positionierungen auf dem Arbeitsmarkt. Im folgenden geht es vor allem darum herauszufinden, ob sich die insgesamt gute Schulbildung der befragten Frauen auch in der Berufsausbildung niederschlägt.[40]

---

[40] Die Summe der Antworten ergibt bei 1202 Befragten 1325, da mehrere Antworten angekreuzt werden konnten.

4.1 Qualifikationen im Geschlechtervergleich

Eckdaten: Von 1202 Personen, die diese Frage beantworteten, haben
- 635 eine beruflich-betriebliche Ausbildung/Lehre gemacht,
- 212 keinen beruflichen Abschluß,
- 123 eine Fachschule, Fachakademie, Berufsakademie besucht,
- 100 eine beruflich-schulische Ausbildung gemacht,
- 86 ein Hochschulstudium abgeschlossen,
- 63 eine Fachhochschule oder Ingenieurschule absolviert,
- 53 ihre Ausbildung bzw. ihr Studium noch nicht beendet,
- 53 einen sonstigen beruflichen Abschluß.

Geschlechtsspezifische Differenzen

Auch hier stellt sich zunächst die Frage, ob es – vergleichbar dem Realschulabschluß, der sich als ‚typisch weiblich' erwiesen hat – Berufsausbildungen gibt, die von Frauen besonders häufig gewählt werden.

Am häufigsten haben die befragten Frauen und Männer eine beruflich-betriebliche Ausbildung absolviert, doch es sind deutliche Unterschiede erkennbar, wie Tab. 12 zeigt.

Tab. 12: Berufsausbildung der Befragten

	Frauen *(864 Antworten)*	Männer *(461 Antworten)*
Noch in Ausbildung/Studium	4	5
Ohne beruflichen Abschluß	21	7
Beruflich-betriebliche Ausbildung	44	55
Beruflich-schulische Ausbildung	9	5
Fachschule, -akademie, Berufsakademie	10	9
Fachhoch-, Ingenieurschule	3	9
Hochschule	7	7
Sonstige Abschlüsse	4	4
	102 %	101 %

Quelle: Eigene Erhebung 1998, eigene Bearbeitung

Während bei den männlichen Befragten 55 % der Antworten auf diese Kategorie entfallen, sind es bei den weiblichen 11 % weniger. Verglichen mit der beruflich-betrieblichen Ausbildung ist die beruflich-schulische kaum von Bedeutung, sie spielt aber eher noch für die Frauen eine Rolle.

Sehr deutlich ausgeprägt sind dagegen die Unterschiede bei Personen ohne Berufsausbildung: Während gerade mal 7 % der Antworten von männlichen Befragten zu dieser Gruppe gehören, sind es bei den Frauen dreimal so viele. Für diese Frauen heißt das, daß sie in den meisten Fällen keinen Zugang zu qualifizierten Tätigkeiten haben und sich auf dem unstrukturierten Teilarbeitsmarkt wiederfinden. Dieser ist durch lose Bindungen zwischen Angebots- und Nachfrageseite sowie schlechte Entlohnung gekennzeichnet (vgl. Kapitel 2.1.3).

Rund ein Zehntel der Antworten bezieht sich auf Ausbildungen an Fachschulen, Fach- oder Berufsakademien, wobei kaum Differenzen zwischen den Geschlechtern auszumachen sind. Anders dagegen die Ingenieur- oder Fachhochschulen: Sie fallen bei den weiblichen Befragten erwartungsgemäß nicht ins Gewicht (niedrigster Anteil), stellen jedoch unter den Männern mit 9 % eine der größeren Gruppen. Die Antworten zum Hochschulbesuch halten sich bei beiden Geschlechtern die Waage, ebenso wenig zeigen sich Unterschiede bei anderweitigen Berufsausbildungen.

Die anfangs gestellte Frage nach frauen-typischen Berufsausbildungen kann nun beantwortet werden: Frauen-typisch ist einmal die beruflich-schulische Ausbildung. Hier liegt der Anteil der Frauen fast doppelt so hoch wie jener der Männer. Viele der so erlernten Berufe können als Sackgassenberufe bezeichnet werden (vgl. Kapitel 2.3.2). Ferner ist die *nicht* vorhandene Berufsausbildung ein Kennzeichen vieler Probandinnen.

Altersklassen

Von zentraler Bedeutung ist für die befragten Frauen und Männer nach wie vor eine betriebliche Ausbildung. Eine Differenzierung nach Altersklassen kann Aufschluß darüber geben, ob sich die Bedeutung einzelner Abschlüsse verändert hat (vgl. Abb. 11).

In allen fünf Altersklassen dominieren die Antworten zur betrieblich-beruflichen Ausbildung, meist als Lehre bezeichnet. Es ist ein Anstieg der Werte von der höchsten bis zur zweitjüngsten Klasse festzustellen, nämlich von 39 auf 53 %. Zwischen der Klasse der 28- bis 45jährigen und den bis 27jährigen ist ein deutlicher Sprung zu erkennen, was wohl in erster Linie darauf zurückzuführen ist, daß die jungen Befragten noch zu über einem Fünftel angeben, ihre Ausbildung bzw. ihr Studium sei noch nicht abgeschlossen.

4.1 Qualifikationen im Geschlechtervergleich

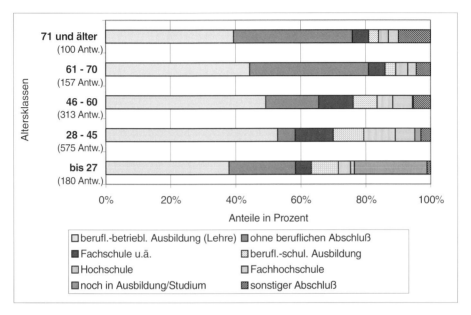

Abb. 11: Berufliche Bildungsabschlüsse nach Altersklassen
Quelle: Eigene Erhebung 1998, eigene Bearbeitung

Die umgekehrte Entwicklung kann man in Bezug auf die Kategorie ‚ohne beruflichen Bildungsabschluß' verfolgen: Ihr Anteil nimmt von 37 % in den beiden höchsten Altersklassen auf 5 % bei den 28- bis 45jährigen ab. Allerdings wartet die unterste Altersklasse mit dem dritthöchsten Anteil auf (19 %). Gründe hierfür können einerseits fragebogentechnischer Natur sein, d.h. die Personen befinden sich eventuell noch in Ausbildung und haben etwas ‚Falsches' angekreuzt. Andererseits kann dies auch ein Hinweis darauf sein, dass es in den letzten Jahren zunehmend schwieriger wurde, einen Ausbildungsplatz zu finden. Dieser Mangel läßt sich jedoch nicht allein mit der Zahl der angebotenen Ausbildungsplätze begründen, denn er entsteht auch dadurch, daß sich die Wünsche nach Lehrstellen auf wenige Lehrberufe konzentrieren.

Für eine differenziertere Analyse ist die Aufteilung der Daten nach Geschlecht notwendig: Interessant ist vor allem die Entwicklung des Anteils von Frauen ohne beruflichen Bildungsabschluß (vgl. Abb. 12): In den vier oberen Altersklassen ist eine fast kontinuierliche Abnahme auf 6 % bei den 28- bis 45jährigen festzustellen; das Maximum wird bei den 61- bis 70jährigen Probandinnen erreicht. Hier schlagen sich vermutlich die Auswirkungen des Zweiten Weltkrieges in den Berufsbiographien nieder. In der untersten Altersklasse beträgt der Anteil allerdings wieder 20 %; auf mögliche Ursachen wurde bereits hingewiesen.

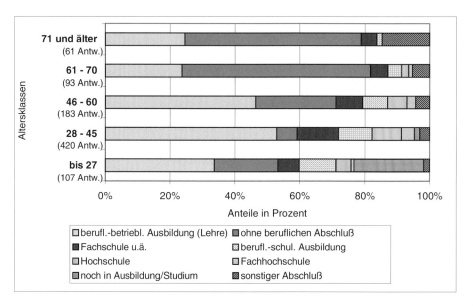

Abb. 12: Berufliche Bildungsabschlüsse der Probandinnen nach Altersklassen
Quelle: Eigene Erhebung 1998, eigene Bearbeitung

Die umgekehrte Tendenz ist bezüglich der betrieblichen Lehre zu notieren, denn ihr Anteil nimmt von 25 % in der höchsten Altersklassen auf 53 in der zweituntersten zu. Der niedrige Wert bei den jüngsten Probandinnen resultiert zu einem Teil sicher aus den noch nicht beendeten Ausbildungen.

Weitere zwei Aspekte sind interessant: Erstens läßt sich die zunehmende Bedeutung beruflich-schulischer Ausbildungen hier sehr gut nachzeichnen. Zweitens ist die deutliche Abnahme ‚sonstiger Abschlüsse' ein Spezifikum der weiblichen Befragten. Hier spielen vermutlich Haushaltsschulen (auch als Hauswirtschafts- oder Haushaltungsschulen bezeichnet) und ähnliche Einrichtungen eine gewisse Rolle.

Während bei den Frauen die meisten Antworten in der Kategorie ‚betriebliche Lehre' in der Altersklasse der 28- bis 45jährigen zu finden sind, liegt unter den Männern das Maximum bei den 61 bis 70 Jahre alten Befragten (vgl. Abb. 13).

4.1 Qualifikationen im Geschlechtervergleich

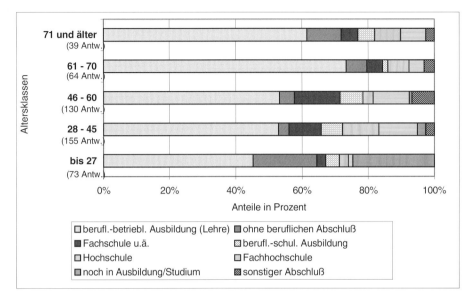

Abb. 13: Berufliche Bildungsabschlüsse der Probanden nach Altersklassen
Quelle: Eigene Erhebung 1998, eigene Bearbeitung

Ähnlich wie bei den weiblichen Befragten ist auch bei den männlichen in den vier oberen Altersklassen eine kontinuierliche Abnahme in der Kategorie ‚ohne beruflichen Abschluß' zu erkennen – das Niveau unterscheidet sich jedoch erheblich. Allerdings weist erneut die unterste Altersklasse einen sehr hohen Wert auf. Die Tatsache, daß die betriebliche Lehre im Laufe der Zeit für die Frauen an Bedeutung gewonnen, für die Männer jedoch verloren hat, ist wohl teilweise mit dem Prozeß der *Feminisierung* zu erklären: Frauen verdrängen Männer aus einzelnen Berufsfeldern bzw. substituieren sie (vgl. FASSMANN & MEUSBURGER 1997, S. 205).

Unterschiede zwischen den Untersuchungsgemeinden

Um die Differenzen bezüglich der Berufsausbildung in den untersuchten Gemeinden darzustellen, wird zunächst die Situation der Frauen aus den einzelnen Gemeinden vergleichend geschildert (vgl. Tab. 13), danach jene der Männer. Abschließend werden alle vier Orte einzeln betrachtet, um lokale geschlechtsspezifische Differenzen benennen zu können.

Bereits auf den ersten Blick ist eine starke Zunahme des Anteils an Probandinnen ohne berufliche Qualifikation mit zunehmender Entfernung von Stuttgart zu erkennen. Er liegt in Haiterbach mit 30 % über 10 Prozentpunkte höher als in Nufringen und Steinenbronn.

Tab. 13: Berufsausbildungen der Probandinnen im Gemeindevergleich

	Steinenbronn *(252 Antw.)*	Nufringen *(232 Antw.)*	Bondorf *(202 Antw.)*	Haiterbach *(178 Antw.)*
Noch in Ausbildung/Studium	3	2	5	5
Ohne beruflichen Abschluß	17	17	21	30
Beruflich-betriebliche Ausbildung	42	41	50	44
Beruflich-schulische Ausbildung	8	14	6	7
Fachschule, Fach-, Berufsakademie	14	9	8	7
Fachhoch-, Ingenieurschule	4	3	2	2
Hochschule	8	8	5	4
Sonstige Abschlüsse	4	6	5	2
	100 %	100 %	102 %	101 %

Quelle: Eigene Erhebung 1998, eigene Bearbeitung

Sehr deutlich unterscheiden sich auch die Werte beim Abschluß einer betrieblichen Lehre: Der Maximalwert wird in Bondorf mit 50 % erreicht, der Minimalwert liegt bei 41 % in Nufringen. Ausgeglichen wird dies in Nufringen durch einen recht hohen Anteil beruflich-schulischer Ausbildungen. Addiert man die Werte der beruflich-betrieblichen sowie der beruflich-schulischen Ausbildungen, so schwanken die Summen nur in einem Bereich zwischen 50 (Steinenbronn) bis 56 % (Bondorf). Die Anteile der Berufsausbildungen an Fach-, Fachhoch- und Hochschulen steigen mit zunehmender Nähe zum Oberzentrum Stuttgart an.

Einen Vergleich der Situation der Männer aus den Untersuchungsgemeinden erlaubt Tab. 14. In allen vier Gemeinden entfallen die meisten Antworten auf die betriebliche Ausbildung (Lehre); einzig in Nufringen ist dies nicht die absolute Mehrheit. Beträchtlich sind jedoch die Unterschiede, die bis zu 22 Prozentpunkte betragen.

Am zweithäufigsten haben die männlichen Befragten eine Fachschule o.ä. abgeschlossen. Recht groß sind die Unterschiede zwischen den vier Gemeinden bezüglich des Anteils an Fachhochschul- und Ingenieurschulabsolventen: Auf diese Kategorie entfallen in Haiterbach nur 4 %, in Nufringen jedoch 16 % der Angaben. Dies ist ein Hinweis darauf, daß Nufringen aufgrund der sehr guten Verkehrsanbindung (Nähe zur Autobahn sowie direkte S-Bahn-Verbindung nach Böblingen und Stuttgart) einen besonders attraktiven Wohnort für hochqualifizierte Männer (mit ihren Familien) darstellt.

Tab. 14: Berufsausbildungen der Probanden im Gemeindevergleich

	Steinenbronn (120 Antw.)	Nufringen (131 Antw.)	Bondorf (107 Antw.)	Haiterbach (102 Antw.)
Noch in Ausbildung/Studium	8	2	7	4
Ohne beruflichen Abschluß	8	6	11	3
Beruflich-betriebliche Ausbildung	56	46	54	68
Beruflich-schulische Ausbildung	6	3	8	5
Fachschule, Fach-, Berufsakademie	7	11	6	12
Fachhoch-, Ingenieurschule	8	16	5	4
Hochschule	7	9	7	3
Sonstige Abschlüsse	2	7	3	2
	102 %	100 %	101 %	100 %

Quelle: Eigene Erhebung 1998, eigene Bearbeitung

Befragte ohne berufliche Qualifikation machen unter den Männern einen sehr viel geringeren Anteil aus als unter den Frauen. Dennoch lassen sich auch hier Differenzen zwischen den Gemeinden beobachten. Am ausgeprägtesten sind sie im Vergleich von Bondorf und Haiterbach. Die gute Ausbildungssituation in Haiterbach steht in Zusammenhang mit der langen gewerblichen Tradition des Ortes (vgl. Kapitel 3.3.4).

Abschließend wird nun kurz skizziert, welche Unterschiede zwischen Frauen und Männern auf der Ebene der einzelnen Gemeinden bestehen (vgl. Tab. 13 und Tab. 14).

In *Steinenbronn* wird die betriebliche Lehre von weiblichen wie männlichen Befragten am häufigsten als Abschluß genannt, jedoch stehen einem Anteil von 56 % der Antworten bei den Probanden nur 42 % bei den Probandinnen gegenüber. Unterschiede bestehen auch im Hinblick auf Personen ohne berufliche Qualifikation sowie bezüglich der Fachschulen: Frauen geben mehr als doppelt so häufig wie Männer an, keine Berufsausbildung abgeschlossen zu haben, umgekehrt haben die Probanden nur halb so oft eine Fachschule oder vergleichbares absolviert.

In *Nufringen* ist die Differenz zwischen Frauen und Männern, was die Bedeutung der betrieblichen Lehre angeht, geringer ausgeprägt als in Steinenbronn; die Werte betragen 41 (Frauen) bzw. 46 (Männer) %. Der zweitgrößte Anteil der Nennungen entfällt auch hier auf Personen ohne beruflichen Abschluß, doch in diesem Fall ist die geschlechtsspezifische Diskrepanz deutlicher als in Steinenbronn, denn Frauen geben diese Antwort fast dreimal so häufig wie Männer. Ebenfalls geschlechtsspezifische Ausprägungen sind bei beruflich-schulischen Ausbildungen sowie bei Fachhochschulen vorhanden: Während erstere häufiger von weiblichen Befragten genannt werden, sind letztere sehr viel eher für die Männer aus Nufringen relevant.

Die Befragten ohne berufliche Ausbildung machen in *Bondorf* einen größeren Anteil aus als in den bislang beschriebenen Gemeinden. Dabei treten die geschlechtsspezifischen Unterschiede etwas deutlicher zu Tage als in Steinenbronn, sie sind jedoch nicht so prägnant wie in Nufringen. Auch bei Betrachtung der einzelnen Abschlüsse sind nur geringe Differenzen zwischen den Antworten der Frauen und jenen der Männer festzustellen.

Extreme Unterschiede zwischen Frauen und Männern – vor allem in Bezug auf die Kategorien ‚ohne berufliche Qualifikation' und ‚betrieblich-berufliche Ausbildung' – sind dagegen in *Haiterbach* zu beobachten. Während fast alle der männlichen Befragten eine Berufsausbildung absolviert haben, sind dies bei den Frauen nur rund 70 %. Umgekehrt haben 30 % der Frauen keine formale berufliche Qualifikation erworben, während dieser Anteil bei den Männern nur 3 % beträgt. Fast ebenso deutlich unterscheiden sich die Werte hinsichtlich der Lehre: Sie nimmt unter den Antworten der Frauen nur einen Anteil von 44 % ein, unter denen der Männer jedoch 68 %. Auch Fachschulen werden von den Männern (12 %) häufiger als von den Frauen (7 %) angegeben. Die übrigen Abschlüsse weisen keine deutlichen geschlechtspezifischen Ausprägungen auf.

4.1.3 Typische Kombinationen schulisch-beruflicher Qualifikationen

Wie in den beiden vorangehenden Kapiteln deutlich wurde, zahlt sich die gute Schulbildung der befragten Frauen nicht in allen Fällen aus, da unter ihnen der Anteil ohne berufliche Qualifikation wesentlich höher liegt, als unter den Männern. Da zu erwarten ist, daß davon nicht alle Frauen gleichermaßen betroffen sind, werden im folgenden typische Kombinationen von schulischer und beruflicher Bildung herausgearbeitet:

Von den 324 Hauptschulabsolventinnen liegen 337 Antworten vor; davon entfällt der größte Teil (44 %) auf die beruflich-betriebliche Ausbildung (Lehre). Einen fast ebenso hohen Anteil (42 %) weist die Kategorie ‚ohne beruflichen Abschluß' auf. Ganz anders stellt sich die Situation der Probanden mit Hauptschulabschluß (n = 210): 172 der 229 Antworten beziehen sich auf die betriebliche Lehre, das entspricht einem Anteil von 75 %. Folglich liegt auch der Anteil derer, die keinen Abschluß aufweisen können mit 8 % wesentlich niedriger als bei den Frauen.

Auch unter den 334 Antworten der Probandinnen mit Mittlerer Reife (n = 302) dominiert die Lehre als berufliche Qualifikation mit einem Anteil von fast zwei Dritteln. Von wesentlich geringerer Bedeutung sind Fachschulen und -akademien sowie beruflich-schulische Ausbildungen, auf die 12 bzw. 13 % entfallen. Die beruflichen Ausbildungen der 83 Realschulabsolventen (105 Antworten) sind ähnlich verteilt wie bei den Frauen: 56 % der Antworten entfallen auf die Lehre und 15 % auf eine Fachschule o.ä.. Ein deutlicher Unterschied ist bezüglich der Bedeutung von Fachhoch- bzw. Ingenieurschulen vorhanden, denn sie spielen bei Frauen mit Realschulabschluß keine Rolle, erreichen jedoch bei den befragten Männern einen Anteil von 11 % der Angaben.

Die meisten Angaben (160 Antworten) der 141 Abiturientinnen sind in der Kategorie ‚Hochschulen oder Universitäten' zu finden (40 %). Zwischen 13 und 16 % liegen die Anteile der Frauen, die eine Fachhoch- bzw. Ingenieurschule, eine Fachschule bzw. -akademie besucht oder eine Lehre absolviert haben. Auch die 88 männlichen Befragten mit Abitur (103 Antworten) konzentrieren sich auf die vier genannten beruflichen Abschlüsse, allerdings liegen die Schwerpunkte anders: Während der Anteil der Universitätsabsolventen mit 28 % etwas niedriger ausfällt, haben nahezu doppelt so viele Männer wie Frauen eine Fachhoch- bzw. Ingenieurschule besucht (23 %).

Festzuhalten ist, daß gerade Frauen mit Hauptschulabschluß häufig keine Berufsausbildung absolvieren. Es muß allerdings darauf hingewiesen werden, daß dies vor allem die über 60jährigen Probandinnen betrifft, d.h. die Situation hat sich merklich verändert. Die Möglichkeiten, berufliche Qualifikationen zu erwerben, verbessern und diversifizieren sich für Frauen und Männer mit zunehmender Schulbildung.

4.1.4 Exkurs: Veränderungen – ein Vergleich mit der Generation der Eltern

Um einen Eindruck davon zu gewinnen, ob und in welcher Richtung sich das Ausbildungsniveau für Frauen und Männer verändert hat, wurden die ProbandInnen gebeten, sich mit ihren Eltern zu vergleichen (vgl. Tab. 15). Dabei geht es weniger um meßbare Veränderungen, als vielmehr um eine *Einschätzung* der Befragten.

Zunächst der Vergleich mit der Mutter: Kaum eineR der Befragten gab an, ein niedrigeres Ausbildungsniveau als die eigene Mutter zu haben (4 %). Deutlich höher liegt mit 26 % der Anteil jener ProbandInnen, die der Ansicht sind, ihre Ausbildung sei gleichwertig wie die der Mutter.

Tab. 15: Vergleich mit der Qualifikation der Eltern

	Vergleich mit der Mutter			Vergleich mit dem Vater		
	Gesamt *(n = 1178)*	Frauen *(n = 785)*	Männer *(n = 393)*	Gesamt *(n = 1168)*	Frauen *(n = 776)*	Männer *(n = 392)*
Niedriger als Mutter bzw. Vater	4	3	5	13	17	6
Gleichwertig wie Mutter bzw. Vater	26	31	18	40	40	38
Höher als Mutter bzw. Vater	70	66	78	48	43	57
	100 %	100 %	101 %	101 %	100 %	101 %

Quelle: Eigene Erhebung 1998, eigene Bearbeitung

Auffallend ist hierbei die große Diskrepanz zwischen weiblichen und männlichen Befragten: Während nur 18 % der Männer diese Angabe machen, liegt der Wert bei den Frauen bei fast 31 %. Daraus folgt, daß mehr als drei Viertel der Männer davon ausgehen, eine höherwertige Ausbildung als ihre Mutter zu besitzen. Bei den weiblichen Befragten liegt dieser Anteil nur bei 66 %.

Der Vergleich mit dem Ausbildungsniveau des Vaters fällt anders aus: Während nur 6 % der befragten Männer ein niedrigeres Ausbildungsniveau als ihre Väter haben, sind dies bei den Frauen über 16 %. Jeweils etwa zwei Fünftel der befragten Frauen und Männer schätzen ihre Ausbildung gleichwertig wie die ihrer Väter ein. Die größte Differenz zwischen weiblichen und männlichen Befragten findet man bezogen auf eine Ausbildung, die höher als jene des Vaters eingestuft wird: Nur 43 % der Frauen, aber 57 % der Männer geben diese Antwort.

Es kann festgehalten werden, daß der größte Anteil der Befragten die eigene Ausbildung höher einschätzt als die der Eltern. Dabei schneiden weibliche wie männliche Befragte eher besser als die Mutter ab. Mit dem Vater gleichzuziehen oder gar besser ausgebildet zu sein als er, ist seltener der Fall. Insgesamt belegen die Zahlen den deutlichen Anstieg des Bildungsniveaus.

Interessant ist hier auch eine geschlechtsspezifische Differenzierung der Befragten: Wie Tab. 15 zeigt, sind die Werte der Frauen im Vergleich zu ihren Müttern recht ähnlich wie die der Männer im Vergleich mit ihren Vätern. Große Unterschiede weisen dagegen die Gegenüberstellungen von Frauen mit ihren Vätern sowie von

4.1 Qualifikationen im Geschlechtervergleich

Männern mit ihren Müttern auf: Sehr viel seltener als Männer gelangen Frauen zu der Einschätzung, ein höheres Niveau als ihr Vater erreicht zu haben. Umgekehrt sind die männlichen Befragten häufiger als die weiblichen der Ansicht, über eine bessere Ausbildung als die eigene Mutter zu verfügen.

Ob der Anstieg des Bildungsniveaus kontinuierlich oder eher sprunghaft verlief, kann eine Aufschlüsselung nach Altersklassen zeigen (dabei werden die Altersklassen aus Kapitel 4.1.2 (Altersklassen) übernommen).

Zunächst geht es um Probanden im Vergleich mit ihren Vätern: In den drei mittleren Altersklassen hat jeweils der größte Anteil der befragten Männer eine höhere Qualifikation als der Vater. Eine interessante Beobachtung läßt sich beim Vergleich der drei unteren Altersklassen machen: Hier nimmt der Anteil mit höherer Ausbildung deutlich von 65 auf 42 % ab, wobei der größte Sprung zwischen den bis 27jährigen und den 28- bis 45jährigen vorhanden ist. Dies mag teilweise daran liegen, daß die jungen Befragten ihre Ausbildung noch nicht abgeschlossen haben. Denkbar ist jedoch auch, daß es immer schwieriger wird, besser qualifiziert zu sein als die Eltern, wenn diese bereits eine gute Ausbildung genossen haben.

Wie sehen sich nun die Probandinnen im Vergleich zu ihren Vätern? Der Anteil der Frauen, die der Ansicht sind, besser qualifiziert zu sein als ihre Väter, steigt von 22 % unter den über 70jährigen auf 49 % in der Klasse der 28- bis 45jährigen an. Wie auch bei den männlichen Befragten weist die unterste Altersklasse einen niedrigeren Wert auf (41 %).

Ein Vergleich der Männer mit ihren Müttern zeigt, daß unter den Befragten im Alter zwischen 61 und 70 Jahren der Anteil derer, die ihre Qualifikation besser als die ihrer Mutter einschätzen, am höchsten liegt (88 %). Dieser Anteil nimmt mit sinkendem Alter der Befragten ab und erreicht bei den unter 28jährigen nur noch 57 %.

Ein ganz anderes Bild erhält man beim Vergleich der Frauen verschiedener Altersklassen mit ihren Müttern. Von der höchsten Altersklasse bis zu den Befragten im Alter zwischen 28 und 45 Jahren steigt der Anteil jener Frauen, die ihre Qualifikation höher als die der eigenen Mutter einstufen kontinuierlich an von 42 auf 73 %. Ein Rückgang dieses Anteils ist erst in der niedrigsten Altersklasse zu beobachten, wo der Wert nur noch 67 % erreicht.

Diese Daten bestätigen die These, daß die Bildungsexpansion zum Stillstand gekommen ist. Die Gründe dafür sind wohl in der überregionalen Wirtschaftsentwicklung zu sehen: Zu nennen sind hier insbesondere die anhaltend schwierige

Situation auf dem Lehrstellen- und Arbeitsmarkt, aber auch rückläufige Zahlen der Bafög-EmpfängerInnen u.ä..

4.1.5 Zusammenfassung

Bevor im nächsten Kapitel Rahmenbedingungen der Erwerbstätigkeit von Frauen geschildert werden, die auf den ersten Blick nicht mit formalen Qualifikationen zusammenhängen, gilt es, die wichtigsten Befunde zu schulischer und beruflicher Ausbildung kurz zusammenzufassen:

Der Volks- bzw. Hauptschulabschluß stellt für die Mehrzahl der ProbandInnen den höchsten allgemeinbildenden Schulabschluß dar. Nur geringe Unterschiede zwischen Frauen und Männern sind bezüglich der (Fach-) Hochschulreife zu erkennen. Der Anteil der Frauen, die die Schule mit der Mittleren Reife beendet haben, liegt deutlich über dem Vergleichswert für die Männer, so daß der Realschulabschluß zu recht als ‚typischer Frauen-Abschluß' gilt. In den letzten Jahrzehnten hat die Zahl der mittleren und höheren Schulabschlüsse deutlich zugenommen. Nun ist eine Stagnation eingetreten, denn die Unterschiede zwischen den 28- bis 45jährigen und den 18- bis 27jährigen sind sehr gering.

Die berufliche Bildung ist nur in der älteren Generation ein männliches Privileg, inzwischen absolviert auch die große Mehrheit der Frauen eine Berufsausbildung. Für Frauen und Männer spielt eine Lehre die mit Abstand wichtigste Rolle. Außerhalb des dualen Systems angesiedelte beruflich-schulische Ausbildungen werden eher von weiblichen als von männlichen Befragten absolviert.

Aus den genannten schulischen und beruflichen Qualifikation resultieren einige charakteristische Kombinationen: Männliche Befragte mit Hauptschulabschluß haben größtenteils eine Lehre abgeschlossen; der vergleichbare Anteil der weiblichen Befragten liegt deutlich niedriger. Auch unter den RealschulabsolventInnen dominiert die beruflich-betriebliche Ausbildung. Weniger ausgeprägt sind die Schwerpunkte bei Befragten mit Abitur: Sie können zwischen vielen Berufsausbildungen wählen, so daß sich die Antworten wie erwartet gleichmäßiger über die verschiedenen Kategorien verteilen.

Vergleicht man die vier Orte miteinander, so ist ein Bildungsgefälle zwischen zentrumsnahen und peripheren Gemeinden zu beobachten, das auch von den unterschiedlich hohen Anteilen zugezogener Personen beeinflußt wird. Hier handelt es sich um ein für Suburbanisierungsprozesse charakteristisches Phänomen: Gut ausgebildete Menschen verlassen den Kernraum und siedeln sich in einer Umlandgemeinde an. In vielen Fällen geht damit der Erwerb von Wohneigentum (Eigentumswohnung oder eigenes Haus) einher, wobei den im Vergleich zum Zentrum günstigeren Preisen große Bedeutung zukommt.

4.2 Arbeit im Alltag

Schon in Kapitel 2.3.2 wurde anhand der Ausführungen des Soziologen KRECKEL (1992) deutlich, daß die Situation von Frauen auf dem Arbeitsmarkt nicht allein mit arbeitsmarktinternen Faktoren zu erklären ist, und daß ein systematischer Zusammenhang zwischen bezahlter Erwerbsarbeit einerseits und unbezahlter Familienarbeit andererseits besteht. Diesem Umstand wird hier Rechnung getragen, indem auch die unbezahlten Tätigkeiten im Alltag von Frauen erläutert werden. Auskunft darüber geben zunächst die Tagebücher. In einem zweiten Schritt wird mit Hilfe einiger Interviewpassagen gezeigt, wie – gut oder weniger gut – Arbeitsteilung in der Familie funktionieren kann, und welche Schwierigkeiten auftreten, will frau Beruf und Familie unter einen Hut bringen. Darüber, wie einzelne Aufgaben aus Sicht von Frauen und Männern verteilt sind, können Daten aus der quantitativen Befragung Aufschluß geben. Interessant ist schließlich auch das Antwortverhalten der ProbandInnen in Bezug auf das Statement ‚Frauen und Männer sollten sich Erwerbsarbeit und Hausarbeit gleichmäßig teilen'.

4.2.1 Von Bügeln bis Vereinsarbeit – Streifzug durch die Arbeiten von Frauen

Die Tagebücher[41] der Interviewpartnerinnen vermitteln einen sehr intensiven Eindruck von den vielfältigen Arbeiten, die Frauen in ihrem Alltag zu bewältigen haben. Einige dieser Aufgaben sind unumgänglich, andere haben eher freiwilligen oder gewählten Charakter, manche werden im Haus oder der Wohnung erledigt, manche machen Wege notwendig, einzelne lassen sich planen, andere treten unerwartet auf, vieles ist repetitiv, manches einmalig. Die Tätigkeiten orientieren sich manchmal an den eigenen Bedürfnissen und oft an denen anderer Personen. Wie die Frauen mit diesen Anforderungen umgehen, ist individuell sehr verschieden: Die einen organisieren und planen, die anderen lassen die Ereignisse auf sich zukommen. Manche haben eher einen strukturierten, andere eher einen unstrukturierten Tagesablauf. Probandinnen, die kaum eigene Aktivitäten erwähnen, stehen solchen gegenüber, die sich auch Zeit für sich selbst nehmen. Um einen Überblick über die Tagesabläufe zu gewinnen, werden zwei Arten von Tätigkeiten bzw. Aufgaben unterschieden:

---

[41] Grundlage der im Folgenden vorgestellten Tagesabläufe sind die Aufzeichnungen der Probandinnen in den Tagebüchern; es wurden lediglich Rechtschreibkorrekturen vorgenommen. Eigenheiten in den Tagebüchern, wie z.B. die unterschiedliche Darstellung von Uhrzeiten, wurden nicht vereinheitlicht.

- Aktivitäten, die in (fast) allen Tagebüchern aufgezeichnet wurden, wie z.B. Familienarbeit, Einkaufen, Haushalt, Mahlzeiten und Erwerbsarbeit.

- Aktivitäten, die nur für einzelne Probandinnen von Bedeutung sind, wie beispielsweise Krankenbesuche, Gartenarbeit, sich um Enkelkinder kümmern.

Erwerbsarbeit mit verschiedensten Inhalten und in sehr unterschiedlicher zeitlicher Ausdehnung spielt zwar im Alltag der meisten Probandinnen eine wichtige Rolle, wird aber hier zunächst zurückgestellt. Diesem Thema wendet sich insbesondere Kapitel 6 zu.

Alltägliches

Der *Familie* der jeweiligen Probandin kommt in den allermeisten Aufzeichnungen größte Bedeutung zu, und so gibt es gerade mal zwei Tagebücher, in denen kein Familienmitglied (weder Klein- noch Großfamilie) erwähnt wird. Beide wurden von Frauen im Rentenalter erstellt. Alle anderen Gesprächspartnerinnen führen Partner, Kinder und/oder andere Verwandte in den verschiedensten Zusammenhängen auf.

Von den 33 Probandinnen hat etwa ein Drittel keinen Partner (sie sind ledig, verwitwet oder geschieden), die übrigen leben in einer Partnerschaft (teilweise verheiratet, teilweise unverheiratet). Diese Frauen erwähnen ihren Partner nur in Ausnahmefällen nicht im Tagebuch, allerdings gibt es einige, die nur selten von ihren Männern berichten. Genannt werden sie häufig in Zusammenhang mit Mahlzeiten, wenn sie das Haus verlassen oder heimkommen, gemeinsamem Fernsehen oder Gesprächen.

Eher selten sind gemeinsame Aktivitäten, es finden sich jedoch trotzdem einige Beispiele: Ein Paar verlegt gemeinsam Platten im Garten, ein anderes montiert Möbel, also beides Tätigkeiten, die den Charakter von Pflicht haben oder zumindest als ‚nützlich' einzustufen sind. Nur eine Probandin erledigt Einkäufe und Besorgungen gemeinsam mit ihrem Mann. Gemeinsame Freizeitaktivitäten, die über Fernsehen hinausgehen, werden nur von zwei Frauen erwähnt: Eine jüngere Probandin geht mit ihrem Partner gemeinsam in eine Diskothek, eine andere verbringt mit ihrem Mann einen Abend ‚beim Italiener'. Insgesamt entsteht der Eindruck, daß es zwischen den Tagesabläufen der Frauen und denen ihrer Partner kaum Überschneidungen gibt.

Deutlich häufiger als von den Partnern ist in den Aufzeichnungen von den Kindern die Rede: Kinder unter 16 Jahren leben in den Haushalten von 12 Probandinnen. In

4.2 Arbeit im Alltag

sieben Haushalten leben Kinder, die 16 Jahre und älter sind. In den Haushalten von drei befragten Frauen leben Kinder beider Altersgruppen.

Die Art und Weise, wie sich die Probandinnen ihren Kindern widmen bzw. sich um sie kümmern, ist natürlich stark vom Alter der Kinder geprägt. So gibt es Tagebücher, in denen die Kinder so gut wie gar nicht auftauchen oder wo zumindest die Tagesabläufe der Frauen nicht von denen der Kinder beeinflußt werden.

Doch vor allem in Haushalten mit mehreren kleinen Kindern wird der Rhythmus von deren Bedürfnissen bestimmt. Häufig notieren die Frauen das Wecken ihrer Kinder am Morgen oder das abendliche zu Bett bringen. Dies wird teilweise noch ergänzt durch einen Mittagsschlaf. In engem Zusammenhang damit stehen auch Baden, An-, Um- oder Ausziehen. Ähnlich wie die Partner werden auch die Kinder sehr oft bei den Mahlzeiten erwähnt, beim gemeinsamen Fernsehen oder Gesprächen. Außerdem wird aufgeführt, wann sie das Haus verlassen bzw. nach Hause kommen.

Bei Schulkindern spielen die Hausaufgaben eine gewisse Rolle: Die Mütter sind dabei, wenn diese gemacht werden oder schauen sie zumindest an. Es wird aber auch telefoniert, um sich (vermutlich bei der Lehrerin oder dem Lehrer) nach den Aufgaben des Kindes zu erkundigen. Weitere häufige Aktivitäten mit den Kindern und für die Kinder sind die Hol- und Bringdienste; sie nehmen in manchen Tagesabläufen eine geradezu dominierende Rolle ein, wie das Beispiel von Brigitte K. zeigt:

	BRIGITTE K.: *Mittwoch, 12. November 1997*	
6.50 – 7.45	Aufstehen und Frühstück mit Kindern und Ehemann, waschen, anziehen und richten zum Fortgehen	
7.55 – 8	**Fahrt mit Ron zur Schule**	*Wohnort (mit Pkw)*
8 – 8.30	Gespräch mit Lehrer von Ron	
8.30 – 9.20	Einkaufen bei Lidl	
10 – 12	Aufräumen und Mittagessen kochen	
12.30	Mittagessen mit Ron	
13 – 14	Mittagsruhe	
14.15	**Zeitungen zum Treffpunkt gebracht**	*Wohnort (mit Pkw)*
15 – 16.15	Einkaufen bei Aldi und Marktkauf	*Herrenberg (mit Pkw)*
16.45	**Ron zum Judo gebracht**	*Wohnort (mit Pkw)*
17.45	**Leonie zum Judo gebracht, Ron abgeholt**	*Wohnort (mit Pkw)*
18.09	**Mann von S-Bahn abgeholt**	*Wohnort (mit Pkw)*
19.35	**Leonie vom Judo abgeholt**	*Wohnort (mit Pkw)*
	anschließend zu Abend gegessen	
20 – 22	Fernsehen	
22 – 23.45	Video (Schimanski) geschaut, anschl. ins Bett geg.	

Im jeweiligen Wohnort werden die Kinder, oft mit dem Auto, teilweise aber auch zu Fuß, in den Kindergarten oder zur Schule gebracht. Finden die Aktivitäten der Kinder außerhalb des Ortes statt, so wird ausschließlich der Pkw verwendet: Die Kinder werden zum Sport, zur Musikstunde, zu bestimmten Spielplätzen oder FreundInnen chauffiert, wobei häufig mehrere Kinder mitgenommen werden, so daß die Mütter sich beim Fahren abwechseln können. Nicht immer scheint es sich zu lohnen, während der jeweiligen Veranstaltung etwas anderes zu machen (z.B. einkaufen) oder in der Zwischenzeit nach Hause zu fahren, denn manche Mütter bleiben bei ihren Kindern, sei es beim Tennis oder in der Geigenstunde.

Auffallend selten kommen die Mütter dazu, mit ihren Kindern etwas zu spielen oder ihnen vorzulesen, und Angebote, die sich an Mutter und Kind gleichermaßen richten, werden nur ein einziges mal erwähnt (Mutter-und-Kind-Gruppe). Es wird jedoch deutlich, daß die Tagesabläufe der Probandinnen sehr viel enger mit denen ihrer Kinder als mit denen ihrer Partner verflochten sind.

Viele der Probandinnen sind zusätzlich auch in ein dichtes Netz aus verwandtschaftlichen Beziehungen eingebunden, denn neben Partner und Kindern werden noch weitere Personen aus dem Kreis der Großfamilie erwähnt: Geschwister, Eltern, erwachsene Kinder, Schwiegereltern und andere mehr. Besondere Aufmerksamkeit widmet ein Teil der Probandinnen ihren Enkelkindern (vgl. Kapitel 4.2.2).

Ein sehr wichtiges Element, das die Tagesabläufe aller Probandinnen mehr oder weniger stark strukturiert, sind die *Mahlzeiten*. Ihnen wird jedoch in den einzelnen Tagebüchern unterschiedlich viel Platz eingeräumt: Während einige Befragte neben dem eigentlichen Essen auch die Vorbereitungen (Kochen, Tisch decken) sowie Tisch abräumen und Küche machen aufführen, ist bei anderen nur die Mahlzeit selbst erwähnt. Ob dies im Einzelfall daran liegt, daß nicht genannte Aufgaben von anderen Personen übernommen werden, oder ob die Probandin ihnen geringere Bedeutung zumißt, geht aus den Aufzeichnungen nicht hervor.

Am Beispiel von zwei Müttern wird deutlich, wie unterschiedlich dies in einzelnen Familien gehandhabt wird. Aus den Notizen von Edith L. geht hervor, daß die Familie üblicherweise gemeinsam ißt. Die Probandin ist sowohl für die Vorbereitungen als auch für das anschließende Aufräumen der Küche zuständig.

Die Mahlzeiten prägen den Tagesablauf, nehmen aber keine dominierende Funktion ein, es scheint keine ‚Extras' für einzelne Familienmitglieder zu geben. Auch eine Zwischenmahlzeit (Obst) wird von ihr und den beiden Kindern gemeinsam eingenommen. Der Mann ist zu diesem Zeitpunkt noch nicht Zuhause.

4.2 Arbeit im Alltag

	EDITH L.: *Freitag, 14. November 1997*	
6.30	aufstehen, Kinder wecken, **Frühstück richten**	
7.10	**Frühstück mit allen**, Kinder fertigmachen	
7.50	*Lars geht zur Schule, Frank zur Arbeit*/Morgentoilette	
8.15	ich fahre Ulrike zum Kindergarten, dann weiter nach	*Böblingen (mit Pkw)*
9.00	HNO-Arzt-Termin	
10.00 - 10.30	einkaufen, dann wieder Heimfahrt	
11.00 - 11.10	telefonieren (Wochenende absagen)	
- 11.40	**Küchenarbeit**/Lars + Ulrike abholen	*Wohnort (mit Pkw)*
12.15	**Mittagessen**; telefonieren	
13.05	Abfahrt zur Musikschule	*Herrenberg (mit Pkw)*
13.30 - 14.00	mit Lars in der Geigenstunde	
- 14.30	mit Lars Schuhe kaufen, Ulrike abholen, nach Hause fahren	
15.00	Kinder umziehen zum draußen spielen, telefonieren	
15.15 - 16.30	ausruhen, **mit Kindern Obst essen**	
	mit Lars Hausaufgaben machen, dabei Brief schreiben	
18.30	Brief faxen, Geburtstagsanruf	
	Abendessen vorbereiten, Frank kommt	
19.30	**Abendessen**	
	ausruhen, schlafen	

In anderen Familien werden die Mahlzeiten nicht immer gemeinsam eingenommen, und manchmal wird, wie das Beispiel von Christine J. zeigt, sogar in drei Etappen gegessen (siehe nächste Seite).

Die Vorbereitung der Mahlzeiten wird ausschließlich von der Probandin übernommen und so ist es auch sie, die sowohl für den Sohn als auch den Mann das Essen ‚richtet'. Beide kommen erst nach Hause nachdem Christine J. bereits mit den beiden Töchtern sowie der Oma gegessen hat. Aus den Aufzeichnungen geht leider nicht hervor, ob dies geplant oder unvorhergesehen geschah. War es geplant, so kann man sich fragen, weshalb nicht alle später essen (sprich, wenn der/die letzte heimgekommen ist) oder das Essen nicht wenigstens auf zwei mal eingenommen wird.

Die unterschiedlichen Gepflogenheiten in den beiden Familien sind eventuell darauf zurückzuführen, daß der Haushalt von Christine J. eine Person mehr (fünf) umfaßt, so daß es noch schwerer als bei vier Personen ist, einen gemeinsamen Zeitpunkt für das Essen zu finden. Außerdem mag es eine Rolle spielen, daß Edith L. jede Woche mehrere Stunden ihrem Beruf nachgeht, während Frau J. nur wenige Stunden pro Monat erwerbstätig ist und sich deshalb auch für solche ‚Extras' Zeit nehmen kann oder diese auch von den Familienmitgliedern gefordert werden können (vgl. Kapitel 5.2.2 sowie 6.2.1).

	CHRISTINE J.: *Freitag, 14. November 1997*	
7.15 - 8.15	**Frühstück zubereiten, Vesperbrote richten, mit den Kindern frühstücken**	
8.45	*jüngste Tochter in den Kiga bringen*	*Wohnort (zu Fuß)*
9.00 - 11.15	*Arbeiten im Haushalt (alle Räume naß aufwischen)*	
11.15 - 12.00	**Mittagessen vorbereiten, Tisch decken**	
12.00	*jüngste Tochter vom Kiga abholen*	*Wohnort (zu Fuß)*
12.15 - 13.00	**Mittagessen mit den 2 Töchtern und der Oma**	
13.00	**Mittagessen für den Sohn richten**	
13.15 - 13.30	*jüngste Tochter fürs Bett richten und schlafen legen*	
13.30 - 14.00	*Kindern bei den Hausaufgaben helfen*	
14.00	**Mittagessen für den Ehemann richten**	
15.00 - 16.00	*Gartenarbeit (Vogelvoliere sauber machen, Hasenstall putzen, Laub zusammen rechen)*	
16.00 - 16.15	*freie Zeit (Kaffee trinken)*	
16.15 - 16.45	*Einkäufe (Post, Lebensmittel, Pflanzen)*	*Wohnort (mit Pkw)*
16.45 - 17.15	**Sohn kleines Vesper vor dem Sport richten**	
17.15 - 17.30	*Sohn zum Sport fahren*	*Leinfelden (mit Pkw)*
18.00	**Abendessen richten, Tisch decken**	
18.45 - 19.15	*Sohn vom Sport abholen*	*Leinfelden (mit Pkw)*
19.15 - 19.45	**mit Sohn abendessen**	
19.45 - 20.00	*kleine Tochter ins Bett bringen*	
20.00 - 21.30	*Arbeit im Haushalt (bügeln), ältere Kinder ins Bett bringen*	
21.30 - 0.30	*freie Zeit (basteln und fernsehen)*	

Doch es werden natürlich längst nicht alle Mahlzeiten selbst zubereitet und/oder Zuhause eingenommen. Vor allem junge, berufstätige Probandinnen essen – zumeist am Mittag – auch außer Haus. Es werden dafür Bezeichnungen wie ‚Vesper' verwendet. Eine weitere Möglichkeit besteht darin, sich quasi fertige Speisen zu besorgen, diese jedoch erst nach der Heimkehr einzunehmen, denn auch auf diese Weise läßt sich der (Zeit-) Aufwand für Zubereitung und Aufräumen reduzieren. Davon machen nicht nur berufstätige Frauen Gebrauch.

Die Möglichkeit essen zu gehen wird ausschließlich abends wahrgenommen, jedoch nicht von allen Frauen in gleichem Maße: Nur eine der befragten Frauen geht mit Kind und Mann aus, während die übrigen keine Kinder (im Haushalt) haben. Bei Probandinnen mit Kind(ern) mögen hierfür organisatorische wie finanzielle Gründe eine Rolle spielen.

Schließlich ist noch ein weiterer Gesichtspunkt zu nennen: Mahlzeiten, die nicht ausschließlich im Familienkreis, sondern – oft im Rahmen von Geburtstagsfeiern – mit FreundInnen, Bekannten, NachbarInnen oder Verwandten, eingenommen werden. Die Probandinnen sind dabei sowohl Gäste (haben also mit den Vorbereitun-

4.2 Arbeit im Alltag

gen nichts zu tun) als auch Gastgeberinnen, denen dadurch eine Menge zusätzlicher Arbeit entsteht.

Doch nicht nur die Mahlzeiten und damit zusammenhängende Aufgaben, sondern auch die übrigen *Haushaltstätigkeiten* nehmen in den Protokollen unterschiedlich viel Raum ein. So gibt es beispielsweise eine Gruppe von Probandinnen, die davon kaum oder gar nicht berührt wird: Es sind dies junge Frauen, mit oder ohne Kind, die noch im elterlichen Haushalt leben, wo zumeist die Mutter für diese Aufgaben zuständig ist.

Ganz anders dagegen ist die Situation der älteren, alleinlebenden Probandinnen (Rentnerinnen), sie müssen die Haushaltstätigkeiten selbst erledigen. Sie sind vielleicht dadurch im Vorteil, daß sie sich ihre Zeit relativ frei einteilen können. Es fällt auf, daß sie meist in mehreren, über den Tag verteilten Etappen arbeiten. Damit wird eventuell dem Alter Rechnung getragen. Sehr ausgeprägt ist dies bei Katharina S.

KATHARINA S.: *Freitag, 14. November 1997*		
6.45 - 8.00	*aufstehen, Frühstück*	
8.00 - 10.15	**Hausarbeit**	
10.15 - 11.45	*Einkaufen: Lebensmittel, Kiste Sprudel*	*Wohnort (zu Fuß, mit Rad)*
11.45 - 13.30	*Mittagessen mit Pause*	
13.30 - 17.30	**Gartenarbeit**, *zwischendurch mit Nachbarn und Bekannten reden*	
17.30 - 18.30	**Hausarbeit**	
18.30 - 19.00	*Abendbrot*	
19.30 - 20.00	**Hausarbeit**	
20.00 - 21.45	*Feierabend, fernsehen, Zeitung lesen*	
21.45	*Müde von der Gartenarbeit und Zeit zum ins Bett gehen*	

Weniger frei in ihrer Zeiteinteilung sind besonders die Alleinerziehenden. Bei ihnen konzentriert sich die Hausarbeit oft auf Tage, an denen sie nicht arbeiten gehen, sei es unter der Woche oder am Wochenende. Doch manchmal werden auch die Abende genutzt – meist erst dann, wenn die Kinder bereits im Bett sind.

Eine andere Einteilung ist bei berufstätigen Frauen zu finden, denn einige von ihnen erledigen – wie beispielsweise Frieda R. – ihre Hausarbeiten vor und nach der Erwerbsarbeit: Während des Tages hat Frieda R. sozusagen ein volles Programm, das ihr für Arbeiten im Haushalt keine Zeit läßt. So erledigt sie ihre Aufgaben teilweise bereits vor dem Frühstück, andere werden nach dem Abendessen in Angriff genommen. Der geschilderte Tag ist für dieses Vorgehen kein Einzelfall.

FRIEDA R.: Donnerstag, 13. November 1997		
6.00 - 7.30	aufstehen, **Hausarbeit**	
7.30 - 8.00	Frühstück m. Familie	
8.00 - 9.00	Gartenarbeit	
9.00 - 10.00	Büroarbeit Vhs im Rathaus	Wohnort (mit Rad)
10.00 - 11.00	Einkaufen	Wohnort (mit Rad
11.00 - 11.30	Besuch bei der Mutter, Heimfahrt	Wohnort (mit Rad)
11.30 - 12.00	Mittagessen	
12.00 - 13.00	Fahrt zur Arbeit	Sindelfingen (Bahn)
13.00 - 17.15	Büroarbeit	
17.15 - 18.00	Rückfahrt m. Ehemann	Pkw mitgefahren
18.00 - 18.30	Gespräch mit der Nachbarin	
18.30 - 19.30	Telefonate für Vhs	
19.30 - 20.15	Kochen + Essen mit Familie	
20.15 - 21.30	**Hausarbeit**	
21.30 - 22.00	Gespräche mit den Kindern	
22.00 - 23.30	Fernsehen mit Ehemann	
23.30	ins Bett gegangen	

Nachdem schon am Beispiel der Mahlzeiten deutlich wurde, daß selbst Frauen, die sich in ähnlichen Situationen befinden, sehr unterschiedliche Strategien zur Bewältigung dieser Aufgabe entwickelt haben, kann dies auch bezüglich der Haushaltstätigkeiten gezeigt werden.

Der Haushalt nimmt in den Aufzeichnungen von Elke K. viel Raum ein, und ähnlich wie Katharina S. erledigt sie ihre Haushaltstätigkeiten in Etappen. Ihre Arbeitszeiten sind jedoch nicht frei gewählt, sondern am Tagesablauf ihrer Kinder orientiert, denn sie nutzt besonders die Zeiträume, in denen zumindest nicht alle drei anwesend sind.

ELKE K.: Mittwoch, 12. November 1997		
7.00 - 7.50	Aufstehen und Frühstück mit Helene	
7.50 - 8.30	Theresa und Katharina geweckt u. Frühstück gerichtet	
8.30 - 9.30	Theresa in den Kindi gebracht und anschließend mit Katharina einkaufen gegangen (Bäcker u. Metzger)	Wohnort (zu Fuß)
9.30 - 12.00	**Wohnung aufgeräumt**, mit Katharina gespielt, gekocht und Theresa vom Kindi abgeholt	Wohnort (zu Fuß)
12.00 - 15.00	Mittagessen mit der Familie, Hausaufgaben mit Helene gemacht, Fototermin im Kindi	Wohnort (zu Fuß)
15.00 - 17.00	Kaffeetrinken bei Bekannten, **Wäsche gebügelt**	Wohnort (mit Pkw)
17.00 - 20.00	Kinder gebadet, miteinander zu Abend gegessen und dann Kinder ins Bett gebracht	
20.00 - 22.00	**Wohnung aufgeräumt**, Bastel- und Backbücher durchgesehen, mit Ehemann zwei bevorstehende Geburtstage besprochen	
22.00 - 23.00	gemütliches Beisammensein u. Fernsehen geschaut	
23.00	zu Bett gegangen	

4.2 Arbeit im Alltag

Eine erste Phase findet deshalb am Vormittag statt, wenn die beiden älteren Kinder in der Schule bzw. im Kindergarten sind. Am Nachmittag gibt es dann eine zweite Einheit, wobei unklar ist, wo sich die Kinder währenddessen aufhalten. Schließlich nutzt Elke K. – wie andere Probandinnen auch – den Abend, nachdem die Kinder bereits zu Bett gebracht wurden, um weitere Arbeiten zu erledigen. Den hier geschilderten Rhythmus behält die Probandin auch an den beiden übrigen Tagen bei.

Ein ganz anderes Bild vermitteln dagegen die Aufzeichnungen von Ruth M., denn während der vier von ihr beschriebenen Tage werden Hausarbeiten insgesamt nur zweimal erwähnt. Sie scheint für diese Aufgaben nicht auf bestimmte Zeiten festgelegt zu sein.

	RUTH M.: *Donnerstag, 13. November 1997*	
	Beide Jungs zur Schule gefahren	*Wohnort (mit Pkw)*
9.30	*Einkaufen im Ort mit Ulla*	*Wohnort (mit Pkw)*
11.00	*Kochen,* **Hausarbeiten erledigen**	
14.30	*Leon zum Tennis gefahren, 3 Kinder mitchauffiert, zugeschaut (mit Ulla)*	*Waldenbuch (mit Pkw)*
15.30	*Wieder alle daheim abgeliefert*	*Wohnort (mit Pkw)*
18.00	*Noch schnell ein Brot beim Bäcker besorgt!*	*Wohnort (mit Pkw)*
19.00	*Abendessen alle zusammen*	

Möglicherweise versucht Ruth M. im Gegensatz zu Elke K. ihre Haushaltstätigkeiten auf wenige Termine zu konzentrieren, notiert sie doch beim zweiten Mal ausdrücklich ‚Großputz'. Eine Parallele ist zwischen diesen beiden Frauen aber trotzdem vorhanden, denn auch Ruth M. nutzt jene Zeiten, in denen nicht alle Kinder daheim sind.

Nach den Mahlzeiten und deren Zubereitung sowie den sonstigen Haushaltstätigkeiten, wird nun ein Alltagsbereich erläutert, bei dem die Probandinnen ihre Wohnung und oft sogar ihren Wohnort verlassen, das *Einkaufen*. Auch hier unterscheiden sich die Gepflogenheiten ganz erheblich, denn es gibt Probandinnen, die während der Zeit der Aufzeichnungen nicht ein einziges Mal einkaufen gehen, sei es, daß sie dafür wohl nicht zuständig sind, sei es, daß es nicht notwendig ist. Andere kaufen in dieser Zeit täglich oder sogar mehrmals täglich ein.

In den Aufzeichnungen von Paula R. nehmen Einkäufe sehr viel Raum ein, denn an jedem der vier geschilderten Tage geht sie mindestens einmal Einkaufen. Da sie nicht mehr erwerbstätig ist, hat der Einkauf für sie eventuell auch eine soziale Funktion: Sie kann aus dem Haus gehen und hat dadurch Kontakte, ohne sich auf irgendwelche weitergehenden Verpflichtungen (wie etwa in einem Verein) einlassen zu müssen.

PAULA R.: Donnerstag, 13. November 199		
7.15 - 8.15	Aufstehen, Duschen, Frühstück mit Zeitung lesen	
8.30 - 9.15	Hausarbeit – **Einkaufszettel schreiben**	
9.30 - 10.30	**nach Waldenbuch Einkaufszentrum**	Waldenbuch (Pkw mitgefahren)
10.45 - 11.05	Telefonat mit einer Nachbarin	
11.15 - 14.30	Mittagessen kochen, essen, Küche fertig m., Herbstlaub vor dem Haus aufräumen	
14.40 - 15.00	Telefonat mit einer früheren Kollegin	
15.15 - 17.00	**Besorgung im Ort mit Enkelkind Jana** (Lebensmittelgeschäft, Bäckerei, Post)	Wohnort (zu Fuß)
18.00 - 22.30	mit Freundinnen Pizza essen	Wohnort (zu Fuß)
	Weg nach Hause – schlafen	

Um die Einkäufe zu erledigen, wird – vor allem außerhalb des jeweiligen Wohnortes – der Pkw genutzt. Da nicht alle Probandinnen über ein eigenes Fahrzeug verfügen, sind sie zum Teil auf ‚Mitfahrgelegenheiten' angewiesen (z.B. mit Bekannten, Verwandten oder dem Partner). Auch wenn die Einkäufe im Ort getätigt werden können, wird von vielen das Auto genutzt, andere fahren Fahrrad oder gehen zu Fuß. Dem ÖPNV kommt beim Einkaufen keinerlei Bedeutung zu.

Schließlich taucht in allen Tagebüchern *freie Zeit* in irgendeiner Form auf: Mal ist sie ausdrücklich als solche gekennzeichnet, mal kann sie als solche interpretiert werden. Erneut sind die Differenzen zwischen den Probandinnen sehr groß: Frauen, die kaum Zeit für sich haben oder sich diese nicht nehmen, stehen jenen gegenüber, die unabhängig von Familie und/oder Beruf eigene Interessen verfolgen.

Nicht immer ist eine eindeutige Zuordnung möglich (Bsp. bei der Kombination Bügeln und Fernsehen), und auch die Probandinnen wählen für sich wiederholende Tätigkeiten unterschiedliche Oberbegriffe. Ein Beispiel mag dies verdeutlichen: In den Aufzeichnungen von Christine J. wird das Reinigen der Vogelvoliere an einem Tag mit ‚Gartenarbeit' überschrieben (siehe oben), an einem anderen dagegen mit ‚freie Zeit'.

Doch es gibt auch eindeutigere Beispiele: Andacht oder Stille Zeit, Diaabend, Disco-Besuch, Lesen, Liederkranz oder Singstunde, Mittagsruhe oder Ausruhen, Spieleabend, Sportstudio, Volleyball oder Squash spielen, Waldlauf. Schwieriger zu bewerten sind dagegen Handarbeiten wie stricken oder nähen, aber auch Kuchen backen für einen Bazar und ähnliche Tätigkeiten.

Freizeitaktivitäten sind vor allem bei den jüngeren Probandinnen ohne Kinder sehr ausgeprägt – was nicht verwundert, denn sie sind teilweise nicht für Haushaltstätigkeiten verantwortlich. In vielen Tagebüchern ist es kaum möglich zu entscheiden, ob eine Handlung nun als Freizeit oder als wie auch immer ausgeprägte Arbeit

4.2 Arbeit im Alltag

zu bezeichnen ist. Abschließend wird noch ein Auszug vorgestellt, der diese Differenzierung zulässt.

JOHANNA S.: Freitag, 14. November 1997		
6.00 - 7.00	Aufstehen, aufräumen, Frühstück mit Tochter	
7.00 - 7.40	Haushalt, waschen, anziehen	
7.45 - 13.10	Schule	Wohnort (mit Pkw)
13.10 - 13.45	einkaufen	Wohnort (mit Pkw)
13.45 - 14.30	kochen, Mittag mit Tochter	
14.30 - 15.30	Haushalt	
15.30 - 16.30	telefonieren, lesen	
16.45 - 19.00	**Volleyball spielen**	Wohnort (mit Pkw)
19.00	Abendessen (allein)	
ab 20.00 bis 22.30	fernsehen und lesen	

Weniger Alltägliches

Zusätzlich zu jenen Punkten, die in den meisten Tagebüchern auftreten, gibt es auch mehr oder weniger individuelle Aufgaben und Aktivitäten der einzelnen Probandinnen.

Wie bereits erwähnt, spielen *Enkelkinder* im Leben einzelner Frauen eine teilweise sehr wichtige Rolle: Vier der älteren Probandinnen kümmern sich mehr oder weniger regelmäßig um mindestens ein Enkelkind und gehen dabei recht unterschiedlich vor. So verläßt eine der Frauen ihren Wohnort regelmäßig für ein oder zwei Wochen, um sich im Haushalt ihrer Tochter um das Enkelkind kümmern zu können (vgl. Kapitel 5.2.1). Die anderen Probandinnen nehmen die Kinder zu sich, entweder für einen längeren Zeitraum (mehrere Wochen), wenn diese nicht in der Nähe aufwachsen oder stundenweise, wenn diese im gleichen Ort oder gar im selben Haus leben.

In rund einem Drittel aller Tagebücher werden verschiedene *Gartenarbeiten* erwähnt; dies sind der Jahreszeit entsprechend Tätigkeiten wie Laub zusammenrechen, Reisig im Garten verteilen und ähnliches. Die große Bedeutung der Gärten steht in engem Zusammenhang mit den Wohnformen der Probandinnen, denn sie wohnen mehrheitlich nicht zur Miete, sondern verfügen über Wohneigentum (Wohnung oder Haus). Besonders auffallend ist dabei, daß Gartenarbeit bei allen Rentnerinnen erwähnt wird, während sie für die jungen Frauen, ob nun mit oder ohne Kind, nur eine geringe Rolle spielt. Die Arbeit im Garten bietet teilweise auch die Möglichkeit Kontakte zu pflegen, wie das Beispiel von Katharina S. zeigt (vgl. Tagesablauf in Kapitel 4.2.1).

Ein weiterer Aspekt, der sich in vielen Tagebüchern finden läßt, ist das sich *Kümmern um* oder *Pflegen von kranken Personen* in der näheren und weiteren Umgebung. Da sich in diesem Fall ein Vergleich zwischen qualitativen und quantitativen Ergebnissen anbietet, wird das Thema in einem eigenen Kapitel (4.2.4) behandelt.

Bereits im vorigen Abschnitt wurde darauf hingewiesen, daß einige Frauen in ihrer eigentlich freien Zeit ehrenamtlich Aufgaben – sei es in der Kirche oder einem Verein – übernehmen, die sich am besten mit dem Begriff Arbeit überschreiben lassen:

- So engagiert sich eine der jungen Frauen in der Tanzgarde des örtlichen Narrenvereins, obwohl sie schon in ihrem Tagebuch betont, wenig Freizeit zu haben.

- Eine andere jüngere Probandin leitet eine kirchliche Kindergruppe (Mädchen-Jungschar); dazu gehört nicht nur die Jungschar-Stunde selbst, sondern auch die Vorbereitungen, die sie teilweise allein, teilweise mit einer Kollegin durchführt. Darüber hinaus engagiert sie sich bei weiteren Veranstaltungen in der Kirchengemeinde.

- Eine der jungen Frauen ohne Kind leitet ein Kinderturnen im örtlichen Sportverein.

- Eine der älteren Probandinnen ist – zusätzlich zu ihrer Erwerbsarbeit – während der gesamten Dauer des Tagebuchs mit dem Bazar einer kirchlichen Gemeinschaft beschäftigt: Neben dem Verkauf gehören dazu Vorbereitungen wie Kuchen backen und der Aufbau des Bazars.

Politische Aktivitäten scheinen dagegen im Leben der Interviewpartnerinnen kaum eine Rolle zu spielen, zumindest gibt es in den Tagebüchern darauf so gut wie keine Hinweise. Die einzige Ausnahme stellt vielleicht Ina Z. dar, die im Anschluß an eine Elternbeiratssitzung noch einen Brief im Namen dieses Beirats schreibt.

Zeitverwendung und Prioritäten im Alltag

Faßt man alltägliche und weniger alltägliche Arbeiten zusammen, so sind einige Verallgemeinerungen möglich. Abb. 14 zeigt schematisch, für welche Tätigkeiten die Interviewpartnerinnen viel und für welche sie wenig Zeit verwenden. Auf welcher Ebene die Erwerbstätigkeit einzutragen wäre, variiert aufgrund des sehr unterschiedlichen Umfangs der wöchentlichen Erwerbsarbeitszeit (vgl. Kapitel 6.4.1).

4.2 Arbeit im Alltag

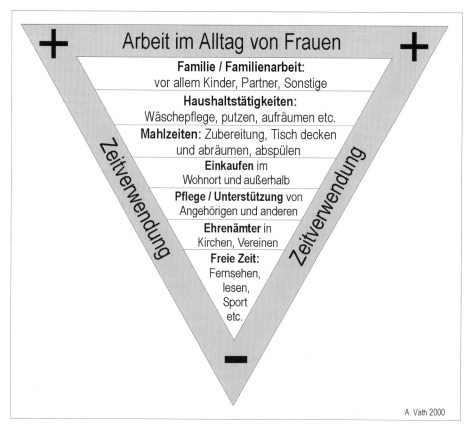

Abb. 14: Zeitverwendung für alltägliche Arbeiten
Quelle: Eigener Entwurf

Die Zeitverwendung läßt auch Rückschlüsse auf die Prioritätensetzung und das Rollenverständnis der Interviewpartnerinnen zu: Die Verantwortung für Haus- und Familienarbeit tragen nahezu alle interviewten Frauen. Einem traditionellen Rollenverständnis entspricht auch der Einsatz für hilfsbedürftige Personen sowie die Übernahme von Ehrenämtern in Kirchen und in Vereinen. Zeit und Raum für Aktivitäten, die diesem Verständnis nicht entsprechen (wie z.B. politisches Engagement), sind nur in geringem Maße vorhanden.

Inwieweit diese traditionelle Rollenverteilung noch akzeptiert wird, wie zufrieden die Interviewpartnerinnen damit sind, welche Veränderungs- oder Ausbruchsversuche sie unternehmen, kann Kapitel 4.2.2 zeigen.

4.2.2 Arbeitsteilung sowie Vereinbarkeit von Beruf und Familie: Frauen berichten

Wie kommt es dazu, daß die Frauen in den Tagebüchern geschilderten Aufgaben übernehmen? Wird die Arbeit innerhalb der Familie verteilt und, wenn ja, wie? Wird über die Aufteilung verhandelt?

Wie sich die Frauen dazu äußerten und welche Strategien sie entwickeln, um die beiden Lebensbereiche Haus- und Familienarbeit sowie Berufsarbeit zu koordinieren, zeigen die folgenden Passagen. Die Berichte lassen sich unter den folgenden Überschriften zusammenfassen:

- Haushaltstätigkeiten einschränken,

- Unterstützung von Familienmitgliedern,

- Unterstützung vom Partner einfordern,

- gute Planung ist entscheidend.

Vorab muß noch darauf hingewiesen werden, daß das Thema ‚Arbeitsteilung in der Familie' sich im Verlauf der qualitativen Interviews zwar als eines der interessantesten, aber gleichzeitig auch als eines der schwierigsten erwies. Dies hing einerseits damit zusammen, daß von Seiten der interviewten Frauen teilweise Hemmungen gegenüber den Interviewerinnen von der Universität bestanden und andererseits beeinflußten auch während des Gesprächs anwesende Personen (meist Kinder) die Situation, so daß es nicht immer leicht war, nachzufragen oder ausführlichere Antworten zu erhalten.

‚Das halte ich minimal' – Haushaltstätigkeiten einschränken

Den Haushaltstätigkeiten nicht zu viel Zeit zu widmen, ist die Strategie, die Johanna S. entwickelt hat, um ihren Haushalt neben der Berufstätigkeit zu organisieren. Sie beschreibt auch, welche Rolle dabei den übrigen Familienmitgliedern, zwei erwachsenen Kindern, zukommt:

INTERVIEWERIN: Jetzt sind Sie ja nicht nur erwerbstätig, sondern die Hausarbeit kommt noch dazu. (JOHANNA S.: räuspert sich) Wie bringen Sie dann die beiden Sachen unter einen Hut?
JOHANNA S.: Das halte ich minimal, mit dem Haushalt. Ich tu' das, was nötig ist, [...]. Ich lege schon auch Wert darauf, daß es einigermaßen in Ordnung ist; ich setze natürlich von Zeit zu Zeit auch meine Kinder ein, sie sind ja nun erwachsen, und da dürfen sie auch mal helfen. [...].

4.2 Arbeit im Alltag

INTERVIEWERIN: Sind sie an den verschiedenen Arbeiten irgendwie beteiligt, Hausarbeit...?
JOHANNA S.: Also, es gibt so ein paar Sachen, die ich nicht mache, das ist zum Beispiel, also, den Kindern die Zimmer sauber machen, das mache ich nicht. [...] und die muß man immer so ein bißchen treten, ja, ich, also ich überarbeite mich nicht, aber jemandem andern würden wahrscheinlich die Haare zu Berge stehen, ne, also, hier, ich kann es auch sehen, wenn da eine Staubschicht draufsteht, [...]: Da setze ich mich dreimal lieber hin und lese ein Buch oder sonstwas (lacht). [...], aber das ist natürlich immer so eine Sache. [...] also, wenn ein Mann nach Hause kommt, der dann sagt, hier sieht es aber nicht ordentlich aus, dann macht man das natürlich schon wieder, Ordnung. Das kann ich jetzt im Prinzip machen und das / (lacht). Ich kann es halt auch stehen lassen. Ich kann auch am Abend ins Bett gehen, hier alles stehen lassen und am Morgen früh aufstehen und dann wegräumen, zum Beispiel, das kann ich auch, das kann eine ordentliche, schwäbische Hausfrau nicht. (INTERVIEWERIN: mhm) (beide schmunzeln) Ne, ehrlich wahr.

Ein wichtiger Punkt in der Argumentation von Probandin Johanna S. ist die Tatsache, daß sie ohne Partner lebt und somit auch kein Mann nach Hause kommt, der den Zustand der Wohnung kommentieren würde. So kann sie auch mal etwas stehen lassen, was eine ordentliche schwäbische Hausfrau ihrer Ansicht nach nicht kann oder darf. Es wird aber auch klar, daß sie die Hauptverantwortung für den Haushalt hat, obwohl die Kinder längst erwachsen sind.

Auch Rebecca V. ist berufstätig und kann es sich nicht leisten, ihrem Haushalt viel Aufmerksamkeit zu widmen; sie bezeichnet ihn als ‚Nebensächlichkeit':

INTERVIEWERIN: [...] Wie organisieren Sie es, Ihre Haus- und Familienarbeit einerseits und ihren Job andererseits unter einen Hut bringen?
REBECCA V.: [...] Schwierig, es ist verdammt schwierig. [...] Ja, also ich denk' einmal die Familie bleibt zum Großteil auf der Strecke und der Haushalt, der Haushalt, das ist so eine Nebensächlichkeit: ich kann nicht sagen: gut, heut' ist Donnerstag, ich putz heut'; morgen ist Freitag, morgen hab' ich Waschtag. Das gibt's nicht. Bei mir ist jeder Tag gleich, ob das Samstag oder Sonntag ist (INTERVIEWERIN: mhm). Und Sonntag ist oft so, daß ich da die ganze Wäsche wasch', wenn ich dann Lust hab', kann's sein, ich bügel' sie auch noch. Weil in der modernen Welt wie heut' hat man ja einen Trockner, anders geht's ja gar nicht (beide lachen), dann bügel' ich sie vielleicht auch noch, und wenn ich dann ganz großes Glück hab' (-) / geb's Gott, daß meine Mutter wieder gesund wird, die hat 'ne Mangel, und die mangelt mir dann meine Wäsche (INTERVIEWERIN: mhm). Also sie hilft mir schon da irgendwie anders, und ich muß sagen, auch meine Tagesmutter hilft viel Besorgungen zu machen [...].

Aus dem Bericht wird zum einen deutlich, daß die Probandin sich keine festen Termine wie bestimmte Putz- oder Waschtage vornehmen kann und zum anderen zeigen die Aussagen, daß dem Wochenende, wenn sie nicht zum Arbeiten geht, große Bedeutung zukommt, denn dann werden jene Sachen gemacht, für die sie unter der Woche zuwenig Zeit hat wie beispielsweise Wäsche waschen. Rebecca V.

erwähnt auch zwei Personen, die sie dabei unterstützen Beruf und Familie zu vereinbaren: Da ist einmal ihre Mutter, doch die ist zum Zeitpunkt des Gesprächs krank und kann ihrer Tochter deshalb nicht helfen. Außerdem hilft ihr die Tagesmutter ihres Kindes, indem sie Besorgungen und ähnliches für sie erledigt. Die beiden haben ein Verhältnis, daß über das geschäftliche hinaus geht.

Da der Partner der Probandin aus beruflichen Gründen nur sehr selten Zuhause ist, muß sie nicht nur die üblichen (frauentypischen) Haushaltstätigkeiten übernehmen, sondern ist beispielsweise auch für die Renovierung der Wohnung zuständig:

REBECCA V.: Früher hieß es mal, selbst war der Mann oder selbst ist der Mann, heute heißt es selbst ist die Frau. Nö, mach' ich selber (INTERVIEWERIN: mhm). [...] Renovieren und so, das mach' ich selber, das Eßzimmer hab' ich jetzt vor kurzem erst renoviert, jetzt tu' ich's Wohnzimmer, aber ich hab' kein' Mann zu dem ich sagen kann: schlag' mir mal den Nagel in die Wand oder so (INTERVIEWERIN: lacht). Oder nee, das mach' ich alles selber. Das einzige, was er macht, ist das Auto reparieren. [...] Eigentlich machen wir das so, selber und dann / (spricht mit Kind). Und dann muß ich dazu sagen, da ist dann auch meine Tagesmutter relativ geschickt, die ist auch handwerklich begabt und was ich nicht allein machen kann, da hilft sie mir [...].

Aus den Aussagen geht letztendlich nicht ganz genau hervor, ob und welche Aufgaben der Partner außer der Reparatur des Autos übernimmt. Es entsteht jedoch der Eindruck, daß Frau V. die meiste Zeit auf sich selbst gestellt ist, und sich eher von der Tagesmutter als von ihrem Partner Hilfe und Unterstützung verspricht. Bemerkungen wie ‚selbst ist die Frau' und ‚ich hab' kein' Mann zu dem ich sagen kann: schlag' mir mal den Nagel in die Wand' sowie ‚das mach' ich alles selber' lassen jedoch auch ahnen, daß sie stolz darauf ist, nicht auf einen Mann angewiesen zu sein.

Ähnlich wie Johanna S. und Rebecca V. hält es auch Christa H. mit dem Haushalt, wie sie im folgenden Ausschnitt schildert. Sie lebt gemeinsam mit ihrem Mann und einem Kind im Kindergartenalter:

CHRISTA H.: Sie sehen ja, die Woche habe ich noch gar nichts gemacht (lacht), so wie es ausschaut (beide lachen). Man muß also, manche machen sich da verrückt und da muß alles tipptopp sein, das muß man einfach mal, muß man einfach mal / auch mal drübersteigen und das Zeug liegen lassen, gell (INTERVIEWERIN: mhm).
INTERVIEWERIN: Haben Sie also keine Schwierigkeiten dabei?
CHRISTA H.: [...] Ich mach' mich da nicht verrückt, dann lasse ich halt mal was liegen, es läuft nicht weg (lacht). Es nimmt mir keiner ab (lacht).

4.2 Arbeit im Alltag

Die letzte Äußerung scheint unmißverständlich klar zu machen, daß ihr niemand etwas von den Aufgaben im Haushalt abnimmt. Doch eine weitere Nachfrage bringt anderes zu Tage.

INTERVIEWERIN: *Ja, das ist die Frage: Wie sieht es denn mit der Arbeitsteilung aus? [...]*
CHRISTA H.: *[...] Also Kind würde ich sagen geteilt. Also er holt ihn auch vom Kindergarten ab, genauso, wenn er seine freien Tage hat, betreut auch er ihn, dann braucht die Oma nicht kommen (INTERVIEWERIN: mhm). [...].*
INTERVIEWERIN: *Und die Oma ist da noch miteinbezogen?*
CHRISTA H.: *Ja.*

Für die Betreuung des Kindes ist die Probandin wohl doch nicht allein zuständig, denn sowohl ihr Partner als auch die Oma (vermutlich die des Kindes) übernehmen einen Teil der Aufgaben. Außerdem scheint der Partner auch Haushaltstätigkeiten zu erledigen. Frau H. kommen dabei die Arbeitszeiten ihres Mannes zu gute, denn er ist im Schichtdienst tätig und hat deshalb auch unter der Woche regelmäßig freie Tage.

CHRISTA H.: *Also Wäsche wäscht er (.....) (beide lachen). Ja, daß er mir vielleicht mal die Wäsche aufhängt (lacht), aber, dann trocknet es, ich weiß, aber bügeln tut er es dann nicht, das ist nicht sein Ding. (INTERVIEWERIN: mhm) Dafür wischt er eher mal die Küche auf.*
INTERVIEWERIN: *Wie wäre denn für Sie der Idealzustand?*
CHRISTA H.: *Ja, Idealzustand, das ist / (-). Sagen wir mal, wenn beide voll berufstätig sind, dann sollte auch wirklich 50, 50 geteilt sein. Aber er arbeitet wesentlich mehr als ich, für ihn ist es auch kein 8-Stunden-Tag, das gibt es bei denen ja schier nicht (lacht) (INTERVIEWERIN: mhm). Ja, manchmal könnte er ein bißchen mehr helfen, so ist es auch wieder nicht.*

Obwohl Christa H. mit der derzeitigen Arbeitsteilung in ihrer Partnerschaft nicht ganz zufrieden zu sein scheint, gesteht sie ihrem Mann zu, weniger als sie im Haushalt zu arbeiten, da er in größerem Umfang als sie erwerbstätig ist. Allerdings betont sie auch, daß bei gleichem Umfang der Erwerbstätigkeit auch die Aufgaben im Haushalt gleichmäßig verteilt sein sollten.

‚Das übernimmt halt meine Mutter' – Hilfe aus der Familie

Im nun folgenden Abschnitt kommen Frauen zu Wort, die von Familienmitgliedern unterstützt wurden oder werden, um Haus- und/oder Familienarbeit mit beruflichen Verpflichtungen vereinbaren zu können. Dies klang ja auch bei Christa H. und Rebecca V. bereits an.

Da Paula R. neben ihrer Berufstätigkeit nicht nur einen Haushalt, sondern auch einen Garten zu versorgen hatte, standen ihr gleich mehrere Verwandte zur Seite, wie sie im Rückblick schildert:

INTERVIEWERIN: Und Sie haben ja schon angesprochen, daß Sie, wenn Sie abends heimkamen, noch den Haushalt hatten. Wie hat das geklappt, daß Sie Hausarbeit und Erwerbsarbeit unter einen Hut gebracht haben?
PAULA R.: Ja, das hat schon geklappt. Ich habe meine Mutter und meine Schwester gehabt, was das große war, da im Garten und so, das haben die mir geholfen, gell, und meine Tochter, und das andere habe ich halt versetzen müssen, dafür, daß ich da fertig geworden bin. [...]

Die Probandin mußte wohl Menschen ‚versetzen', d.h. eventuell Freitzeitaktivitäten absagen bzw. darauf verzichten, um mit den Mehrfachanforderungen fertig zu werden. Interessant ist an diesem Bericht aber vor allem, daß die Hilfe aus verschiedenen Generationen kommt: aus der eigenen in Person der Schwester, aus der Elterngeneration in Person der Mutter und schließlich aus jener der Kinder in Person der Tochter. Und es fällt erstens auf, daß es ausschließlich Frauen sind, die Paula R. entlasten, und zweitens, daß sie aus ihrer direkten Verwandtschaft stammen.

Paula R. ist diesbezüglich kein Einzelfall: MAYR-KLEFFEL (1991, S. 88) ist der Ansicht, daß für Frauen bei der Bewältigung der Hausarbeit die geographische Nähe ihrer Verwandten große Bedeutung zukommt. „Wegen des strukturell angelegten stärkeren Konfliktpotentials zwischen Frauen und ihren Schwiegertöchtern geht [...] die Balance der verwandtschaftlichen Interaktionen und Arbeitsleistungen überproportional auf die Seite der Familie der Frau" (ebd.). Die daraus resultierenden Netzwerke werden deshalb als matrilateral bezeichnet.

Ob Unterstützung und Hilfe nun aus der eigenen oder der angeheirateten Verwandtschaft kommen: insgesamt bevorzugen Frauen also weibliche Verwandte als Bezugspersonen. Dies wird durch die Erzählungen von Christa H. und Rebecca V. gestützt.

In einer etwas anderen Situation befindet sich Christine J., denn sie ist zum Interviewzeitpunkt nur in sehr geringem Umfang (weniger als 10 Stunden pro Monat) beruflich tätig. Sie schildert zunächst rückblickend, wie sie Beruf und Haushalt erledigt hat, als sie noch eine Vollzeitstelle inne hatte.

INTERVIEWERIN: Wie konnten Sie dann, als Sie noch gearbeitet haben, Haus- und Erwerbsarbeit unter einen Hut bringen?

4.2 Arbeit im Alltag

CHRISTINE J.: Das hat man halt abends drangesetzt. Wo ich mir also jetzt tagsüber mir Zeit lassen kann, das hat man halt abends gemacht oder Freitag Nachmittag, wo ich daheim war oder samstags. (INTERVIEWERIN: mhm) (-)
INTERVIEWERIN: Und gab es da irgendwelche Schwierigkeiten, oder wie /?
CHRISTINE J.: Ah nee. Mein Mann hat ja auch mitgeholfen, der hilft auch heute noch mit, muß ich sagen.

Was schon in einigen Tagebüchern anklang, bestätigt auch die Aussage dieser Gesprächspartnerin: Das Wochenende oder zumindest der Samstag ist, was die Hausarbeiten angeht, Arbeitszeit, wo vieles, zu dem unter der Woche die Zeit fehlt, erledigt werden kann. Inzwischen hat sich die Situation allerdings stark verändert, denn Christine J. hat drei Kinder und kümmert sich nun vorwiegend selbst um den Haushalt. Auf die Frage nach der Arbeitsaufteilung antwortet sie:

CHRISTINE J.: Ha, vorwiegend mache schon ich, weil mein Mann geht halt auch ins Geschäft. (INTERVIEWERIN: mhm) Aber so wie Staubsaugen und das, wo man gerade (....), geht man abends und mein Mann ist da, staubsaugt mein Mann auch mal. Auch jetzt gerade die Kinder in den Kindergarten, oder er macht die Kleine auch trocken / ins Bett schaffen, so Sachen, macht auch mein Mann. [...] Abends ist mein Mann viel daheim, da tut er die Kinder duschen, und die Kleine duschen (INTERVIEWERIN: mhm). Und morgens bin halt ich mehr daheim [...]. Also, was Kinder anbelangt / mit dem, daß mein Mann im Schichtdienst ist (INTERVIEWERIN: mhm) und / der ist zweieinhalb Tage im Geschäft und drei Tage daheim (INTERVIEWERIN: mhm), ist das eigentlich irgendwie schon ein bißchen ausgeglichen (INTERVIEWERIN: mhm). Und (-) da haben die Kinder schon viel vom Vater noch.

Während Frau J. bei der Betreuung der Kinder auch auf die Hilfe ihrer Mutter zurückgreifen kann, ist sie bei den eigentlichen Hausarbeiten meist auf sich gestellt:

CHRISTINE J.: (-) Ha, da mach' schon das meiste ich. (INTERVIEWERIN: mhm) Weil, da kann ich zu meinem Mann auch nicht sagen, jetzt gehst Du ins Geschäft und wenn Du dann wieder zu Hause bist, machst Du Hausarbeit. (INTERVIEWERIN: Ja, klar) Das mach' schon ich dann.

Es fällt zwar neben der Hausarbeit und der Betreuung der Kinder noch weitere Arbeit an, nämlich im Garten, doch dabei wird die Probandin erstes von ihrer Mutter und ihrer Tante unterstützt, und zweitens betrachtet sie diese Tätigkeiten eher als ‚Hobby und Ausgleich'. Ihr Mann dagegen ist an den Gartenarbeiten nur unregelmäßig beteiligt, macht dann die ‚großen Sachen' wie Platten verlegen und ähnliches. Ist Christine J. mit der derzeitigen Verteilung der Arbeiten nun einverstanden oder nicht? Auf die Frage, wie sie sich diesbezüglich einen Idealzustand vorstellen würde antwortet sie:

CHRISTINE J.: *Ha, für mich eigentlich so Idealzustand, wie das ist (INTERVIEWERIN: mhm), ich fühl' mich nicht zu überlastet [...].*

Auf die Frage nach der Vereinbarkeit von Beruf und Familie bringt Ute D. gleich ihren Mann ins ‚Spiel'. Ihre Kinder haben den Haushalt schon verlassen; nur das jüngste verbringt regelmäßig die Wochenenden bei den Eltern. Wie es dazu kam, daß sich Herr D. auch im Haushalt engagiert, erläutert seine Frau folgendermaßen:

INTERVIEWERIN: *Da würde mich jetzt noch interessieren, wie Sie das jetzt das so organisiert haben, ja, Haus- und Familienarbeit einerseits und die Erwerbstätigkeit andererseits?*
UTE D.: *Da kommt jetzt wieder mein Mann ins Spiel, durch das, daß ich so schwer krank war und wir hatten ja keine Oma und keinen Opa und da war mein Mann eben auf sich selbst gestellt, also die Gabi war damals (-) elf, ja und der Mark war neun / und daß die Gabi dann auch schon mal das Treppenhaus geputzt hat am Samstag und Kuchen gebacken (INTERVIEWERIN: mhm) aber gekocht, geputzt, gewaschen hat dann mein Mann. Selbstverständlich war dann die Weißwäsche manchmal rosa (INTERVIEWERIN: lacht) gewesen, aber er hat sich selber sehr viel angeeignet (INTERVIEWERIN: mhm), [...]. Also, bei uns gibt es auch nicht, daß man sagt, ich spül' Geschirr und du tust den Rasen mähen, weil das Männersache ist (INTERVIEWERIN: mhm): ich mäh' auch mal den Rasen und mein Mann steht in der Küche und kocht, also da gibt es überhaupt keine Probleme. Er fühlt sich da nicht irgendwie, daß er da kein Mann mehr wäre, weil er jetzt da mal die Waschmaschine leer macht (INTERVIEWERIN: mhm) oder so irgendwie etwas.*

Da Ute D. und ihre Familie zugezogen sind, haben sie keine Verwandten im Ort und können nicht auf die zuvor geschilderten Netzwerke zurückgreifen. Während einer längeren Krankheit der Probandin war ihr Mann auf sich gestellt und für die Kinder sowie den Haushalt verantwortlich. In dieser Zeit hat sich Herr D. vieles angeeignet, was seiner Frau noch heute – wo beide berufstätig sind – zugute kommt, denn er übernimmt auch Arbeiten im Haushalt. Interessant ist dabei, daß es keine vorgegebene Arbeitsteilung gibt, sondern beide mal dies und mal jenes erledigen. Aus Sicht von Frau D. ist die Beteiligung eines Mannes an der Hausarbeit allerdings nicht der Normalfall:

UTE D.: *[...] doch, doch, das ist kein Problem, also in der Beziehung (INTERVIEWERIN: mhm) / wirklich toll. Da werde ich auch oft beneidet (-) (INTERVIEWERIN: das kann ich mir vorstellen) (beide lachen); och, wenn ich dann aber immer wieder sag', gut o.k., ihr habt vielleicht einen Wald oder einen Acker, und da muß er dann da hin oder dort hin, das haben wir nicht [...].*

Den Grund dafür, daß sich ihr Mann im Gegensatz zu vielen anderen in der Gemeinde auch an den Hausarbeiten beteiligt, sieht Frau D. darin, daß sie und ihre Familie zugezogen sind, und deshalb im Ort nicht über Grundeigentum wie einen Acker oder Wald verfügen, für das unter den Alteingesessenen vielfach der Mann zuständig ist. Diese Zuständigkeit scheint in den Augen von Ute D. die Nicht-Beteiligung von Männern an Haushaltstätigkeiten zu legitimieren.

Zusammenfassend läßt sich feststellen, daß in den meisten Fällen Frauen aus der Verwandtschaft Hilfe gewähren. Interessanterweise engagiert sich genau in dem Fall, wo keine Großfamilie vor Ort ist, der Mann der Probandin, und dies nicht nur in der akuten Situation während der Krankheit seiner Frau, sondern auch jetzt noch, viele Jahre später. Es entsteht der Eindruck, daß aufgrund der Entlastung der Probandinnen durch andere Frauen die Männer mit vielen Aufgaben nicht konfrontiert werden.

‚Ich hab' darum kämpfen müssen' – Unterstützung durch den Partner

Anhand von weiteren Beispielen wird deutlich, daß nicht in jeder Beziehung die Partner von vornherein bereit sind, die Frauen im Haushalt und bei den Kindern zu unterstützen. Zwei Frauen erzählen recht freimütig, wie sie sich die Mithilfe des Partners erkämpft haben.

Im Fall von Michaela A. ist es zunächst so, daß sich die Probandin selbst um den Haushalt kümmert, was sich auch gut mit ihren Arbeitszeiten vereinbaren läßt. Als sie ihre Ausbildung beginnt, hat sie weniger Zeit für die Hausarbeit und die Arbeitsteilung in der Partnerschaft muß neu verhandelt werden.

MICHAELA A.: Also im Moment ist das unheimlich schwierig, zu Hause die Hausarbeit zu erledigen (lacht). Das habe ich aber meinem Lebensgefährten schon gesagt, kurz bevor ich mit der Schule angefangen habe. Wo ich in dem Vorpraktikum war, da war das überhaupt kein Problem: ich hatte von acht, [...] und der Tag war vorbei um 16 Uhr, und dann konnte ich mich / konnte ich mich dann zu Hause den Pflichten widmen. Und jetzt, jetzt tritt das einfach zurück, und mein Lebensgefährte hilft.
INTERVIEWERIN: Wie sieht das denn aus mit der Arbeitsteilung. Wenn Sie mal überlegen, was an Arbeiten anfällt /
MICHAELA A.: Nahrungszubereitung: Ich koche, er putzt / er wäscht auf (lacht) (INTERVIEWERIN: Aha). Und wenn es ums Putzen geht: Also, ich putze dann die Wohnung, und er bringt in der Zeit, z.B. wir sortieren alles, bringt er die Sachen zum Wertstoffhof / die im Keller anfallen.
INTERVIEWERIN: Also Putzen ist dann Ihre Aufgabe?
MICHAELA A.: Samstags, ich mache immer samstags Großputz und er putzt zwischendurch. [...]
INTERVIEWERIN: Wie würden Sie sich den Idealzustand vorstellen?
MICHAELA A.: Ich finde das optimal. (-) Also, ich hab' darum kämpfen müssen, aber jetzt ist es okay (beide lachen). Also, er ist schon so ein bißchen / ein kleiner Pascha, aber mittlerweile habe ich ihn schon ein bißchen so weit gekriegt, daß er daheim mithilft (beide lachen).

INTERVIEWERIN: (Im Spaß) Gezogen.
MICHAELA A.: Ja (ernst).
INTERVIEWERIN: Irgendwelche anderen Leute gibt es bei Ihnen nicht, die noch etwas machen.
MICHAELA A.: Nee. Er ist noch für das Blumengießen zuständig und ich dafür für den Garten, für's Pflanzen, das Rasen mähen tut auch er wieder. Ja.

Michaela A. mußte zwar darum kämpfen, die Aufgaben gleichmäßig zu verteilen, doch es scheint ihr weitgehend gelungen zu sein. Allerdings lassen ihre Äußerungen ahnen, daß es nicht ganz einfach war, diesen Zustand zu erreichen.

Kaum Hausarbeiten hatte Ruth M. zu bewältigen, als sie noch alleinstehend war, denn ‚da machst du dann kein Geschirr dreckig, niemand macht die Wohnung dreckig'. Das hat sich jedoch verändert, da sie mittlerweile für einen 5-Personen-Haushalt zuständig ist. Die anfallenden Arbeiten schildert sie folgendermaßen:

RUTH M.: Also Arbeiten, das ist halt das tägliche Geschirr, also Geschirr wegräumen, kochen, putzen, Wäsche in die Waschmaschine reinstopfen und wieder rausholen und in den Trockner schmeißen, bügeln, putzen, staubsaugen, also den ganzen Tag hast du was zu tun (INTERVIEWERIN: mhm) also von morgens bis abends und ja, das ist halt immer tagtäglich der gleiche Rhythmus. Wenn man vernünftig ist, dann schafft man sich einen Rhythmus an, dann hat man es gleich drauf, aber wenn man eben dazwischen rein mal faul ist oder / oder einfach keine Lust hat, dann wird das ganze schon etwas unangenehm und brenzlig mit der Zeit, also wenn du mal so Durchhänger hast, dann geht es dir die nächsten Tage nicht so gut, also man muß sich eine ganz gewisse Disziplin schon angewöhnen mit der Zeit, wenn es auch schwer fällt, aber sonst ist es chaotisch, sonst schaffst du das einfach nicht, gell.

Die detaillierte Auflistung der einzelnen Tätigkeiten will so gar nicht zu den Tagebuchnotizen von Ruth M. passen, denn dort hatte sie nur pauschal ‚Hausarbeit' erwähnt (vgl. Kapitel 4.2.1). Unklar bleibt, ob sie nun der Ansicht ist, einen Rhythmus bei ihren Tätigkeiten zu haben oder nicht. Möglicherweise würde sie sich einen etwas geregelteren Ablauf wünschen. Ihr Mann ist an den Hausarbeiten nicht beteiligt, er trage zwar nach dem Frühstück sein Geschirr in die Küche und bringe den Müll hinaus, doch ‚ansonsten ist er nicht zuständig für den Bereich hier'. In Ausnahmefällen wird die Probandin beim Putzen von einer Frau unterstützt, die eigentlich angestellt ist, um den Arbeitsbereich ihres Mannes (seine Firma befindet sich im gleichen Haus) in Ordnung zu halten. In den Augen von Frau M. wäre es ideal, wenn sie diese Hilfe häufiger in Anspruch nehmen könnte oder aber ein Au-pair-Mädchen eingestellt würde. Ein stärkeres Engagement des Mannes wird dagegen nicht in Erwägung gezogen, was die Interviewerin dazu veranlaßt nachzufragen:

4.2 Arbeit im Alltag

INTERVIEWERIN: Und würden Sie sich wünschen, daß Ihr Mann mal ein bißchen mehr übernimmt?
RUTH M.: Das kann ich nicht von ihm verlangen, er hat einen Full-Time-Job und er ist wirklich gestreßt, also der hat wirklich viel am Hals und da will ich ihn mit diesen Lappalien da nicht auch noch anhängen, klar sage ich, Mensch, du könntest auch mal den Tisch abräumen oder so, weil / ja gut er nimmt seine Tasse und er stellt sie in die Spüle rein, aber das ist dann auch schon alles, da gehen sie dann alle vom Tisch, und ich muß / muß dann halt den Rest erledigen (INTERVIEWERIN: mhm), also da kommen sie nicht auf die Idee den Tisch abzuräumen, jetzt mein größerer Sohn schon, [...] der sieht, daß ich da manchmal strauchel' und daß viel Geschäft ist, und der macht auch schon viel, hilft mit, also der wird mal ein guter Hausmann.

Die Interviewpartnerin befindet sich wohl in einer zwiespältigen Situation, denn einerseits wäre sie froh darüber, nicht immer alles alleine machen zu müssen, andererseits aber möchte sie ihrem Mann nicht auch noch den Haushalt zumuten. Nachdenklich macht der Begriff ‚Lappalien': Die bisherigen Schilderungen zeigen ja, daß die diversen Haushaltstätigkeiten aus Sicht von Ruth M. keineswegs Kleinigkeiten sind. So bleibt zu vermuten, daß andere Personen diesen Begriff im Zusammenhang mit Hausarbeit verwenden.

Schließlich darf bei drei Kindern natürlich auch die Familienarbeit nicht außer Acht gelassen werden: Eines der Kinder von Frau M. steht am Beginn der Pubertät, und sie hat infolgedessen einige Schwierigkeiten mit ihm. Da sie die täglichen Auseinandersetzungen als sehr anstrengend, empfindet, will sie ihren Mann stärker an der Erziehung beteiligen.

RUTH M.: [...] Jetzt abends habe ich durchgesetzt, aber erst seit neuestem, ich habe mich ein bißchen emanzipiert (lacht), nein, ich habe einfach darauf bestanden, daß er abends da ist, so ab sechs, halb sieben um mit mir gemeinsam die Hausaufgaben zu kontrollieren, die Kinder / mit denen zu essen und dann sie abzufertigen ins Bett, daß das also alles zügig von statten geht und sich nicht stundenlang hinzieht, [...] und deswegen habe ich zu meinem Mann gesagt, du tust jetzt einfach mit mir das zusammen abends machen, das schaffe ich nicht allein (INTERVIEWERIN: mhm), damit ich da nicht abends die Zunge raushänge und fix und fertig bin, ich will auch ein bißchen was von meinem Abend noch genießen gell, und das macht er jetzt gell, [...] wenn er dann gekommen ist, dann war alles im Bett und erledigt und das habe ich jetzt halt abgestellt (INTERVIEWERIN: mhm) ich habe gesagt, das gibt es jetzt nicht mehr [...], früher hätte ich das nicht zu ihm sagen können, da hat er noch so seinen Stolz gehabt, so und hat sich von mir nicht so / wie soll ich sagen, so ein bißchen dirigieren lassen, aber jetzt ist er auch / auch ein bißchen nachdenklicher geworden und sieht auch, daß das einfach wichtig ist, weil da mußt du einfach auch reinwachsen in so / auch / auch die als Vater, da reifst du ja auch mit der Zeit, [...], und am Anfang hat er das gar nicht eingesehen aber jetzt ist er / wird er immer – für meine Begriffe – immer vernünftiger oder / oder einfach auch besser zu haben (INTERVIEWERIN: mhm) gell, er wird jetzt / er ist jetzt auch einundvierzig und wird auch ein bißchen weicher mit der Zeit [...], also muß nicht mehr so den harten Mann spielen, sondern wird einfach weicher und nachgiebiger auch, und das tut mir auch gut (INTERVIEWERIN: mhm), weil dann muß ich nicht immer alles so erkämpfen und durchsetzen, was viel Kraft und Nerven kostet in der Beziehung, gell, weil das ja meistens ein Mordskampf ist, bis du da deine Interessen da durchgesetzt hast, aber also so hat er es jetzt eingesehen, daß er da sich beteiligen muß.

Die extrem lange Erzählung der Probandin macht sehr deutlich, wie wichtig ihr dieses Thema ist. Sie ist eine der wenigen Gesprächspartnerinnen, die so offen über ihre Partnerschaft und vor allem ihren Partner geredet hat. Sie ist der Ansicht, ihr Mann komme mit seiner Rolle als Vater immer besser zurecht, und davon kann auch sie profitieren, denn es ist nun weniger anstrengend eigene Interessen durchzusetzen. Teil des Arrangements ist auch, daß die Kinder die Wochenenden mit ihrem Vater oft außerhalb des Hauses verbringen, während Ruth M. daheim bleibt. Wie wichtig diese Zeit für sie ist, schildert sie im folgenden Ausschnitt:

RUTH M.: *Ja, am Wochenende, ja da geht er, also die meiste Zeit mit den Kindern, ist er also auf Achse und daß ich meine Hausarbeit erledigen kann und kochen kann und auch ein bißchen Zeit für mich habe, einfach Ruhe, das braucht man, ich weiß nicht, das können Sie sich vielleicht nicht vorstellen, aber wenn man den ganzen Tag bloß gefordert wird von allen, also jeder will was von einem, du kannst nicht mal aufs Klo gehen [...], also du hast nie mal einen Raum für dich, wo du sagen kannst, so jetzt habe ich mal meine Ruhe, jetzt will keiner was von mir (INTERVIEWERIN: mhm) und deswegen, wenn er dann mit den Kindern am Wochenende mal fortgeht, einen Ausflug macht, dann genieße ich das derartig, also da fühle ich mich richtig happy und da kann ich durchatmen und kann einfach ich selber sein (INTERVIEWERIN: mhm) und das kann ich unter der Woche fast nicht gell, weil ich also immer / immer von irgend jemand gefordert werde und deswegen gehe ich da auch nicht mit bei so Ausflügen, die Zeit, die nehme ich mir einfach für mich allein, die will ich haben.*

Wie auch andere Probandinnen nutzt Ruth M. das Wochenende um Hausarbeiten zu erledigen, doch ein wesentlich wichtigerer Aspekt ist, daß sie, wenn Mann und Kinder unterwegs sind, mal nicht gefordert wird und ein wenig Zeit (und Raum) für sich selbst hat.

‚Alles total organisiert' – gute Planung ist entscheidend

Eigentlich befinden sich Helga V. und Ina Z. in sehr unterschiedlichen Situationen, denn die eine ist verheiratet und ihre Kinder sind bereits erwachsen, die andere lebt allein und hat ein kleines Kind. Beide sind allerdings berufstätig und versuchen, ihren Alltag so zu organisieren, daß sich Beruf, Haushalt und Familie vereinbaren lassen.

4.2 Arbeit im Alltag

Zunächst war es für Helga V. kein Problem, daß ihre Arbeitszeit sich auch über den Mittag erstreckte, denn ihr Mann hatte die Möglichkeit, in seinem Betrieb zu essen. Da er in der Zeit des Interviews aus gesundheitlichen Gründen nicht zur Arbeit geht, ist organisatorisches Geschick gefragt:

HELGA V.: *Ja, das geht eigentlich so ganz gut. Früh mach' ich alles hier soweit fertig (INTERVIEWERIN: mhm) und dann über den Mittag, dadurch daß mein Mann, der hat ja erst im Betrieb immer gegessen, also im Geschäft, der hat früh um halb sechs angefangen und um halb elf war Mittagessen, da brauchte ich ja dann nicht da sein zum Kochen. Und jetzt, wenn er halt krank ist noch Zuhaus', also seit er noch Zuhaus' ist, da machen wir es dann so, entweder bei den Kindern (Band zu Ende). Montags haben wir meistens was übrig vom Sonntag (INTERVIEWERIN: mhm), das ist dann meistens so, daß was übrig bleibt, und die anderen Tage da koche ich (INTERVIEWERIN: mhm). [...] wenn ich dann am Nachmittag heim komm', dann mache ich halt meine Sachen (INTERVIEWERIN: mhm).*

Mit verschiedenen Strategien wird versucht, die berufsbedingte Abwesenheit von Frau V. auszugleichen: Entweder ist noch Essen vom Wochenende übrig oder er kann das Mittagessen bei den Kindern – sie wohnen im gleichen Haus – einnehmen. Für die Nahrungszubereitung ist also ausschließlich Helga V. zuständig, doch die Einkäufe erledigt oft ihr Mann:

HELGA V.: *Ja, mit Einkaufen, das macht mein Mann meistens (INTERVIEWERIN: mhm). Entweder ich geh' mal mit, aber meistens kann er es selber (INTERVIEWERIN mhm). Da schreiben wir einen Zettel, da schreib' ich mir alles auf.*

Wie Paula R. hat auch Helga V. noch einen Garten zu versorgen:

INTERVIEWERIN: *Und wie machen Sie das, Sie haben mir erzählt, Sie haben auch noch einen Garten?*
HELGA V.: *Ja, der kommt auch noch hinten raus. Ja, den machen wir zusammen. Das machen wir dann meistens am Nachmittag, wenn ich dann komm' (INTERVIEWERIN: mhm) und im Sommer ist ja lang hell und wenn ich dann um drei oder so heim komm' / und dann kann ich dann den Garten machen (INTERVIEWERIN: mhm) bis abends, das geht dann eigentlich ganz gut. Mein Mann, der ist ja auch immer um halb drei gekommen und da haben wir dann immer zusammen (INTERVIEWERIN: mhm), das war ganz günstig. Sagen wir mal, wir sind zusammen gekommen und dann haben wir zusammen Sachen eingeräumt (INTERVIEWERIN: mhm) und dann haben wir zusammen den Garten gemacht (INTERVIEWERIN: mhm), da gibt es immer ganz schön Arbeit.*

Interessant ist an diesem kleinen Ausschnitt zum einen der Wechsel zwischen ‚wir' und ‚ich' und zum anderen die Verwendung des Perfekt, so daß es klingt, als fände in der Gegenwart (zum Interviewzeitpunkt) keine gemeinsame Arbeit im Garten mehr statt. Dies ist nicht allein auf die Jahreszeit (das Interview fand im November statt) zurückzuführen, denn auch andere Probandinnen waren noch in ihren Gärten beschäftigt. So kann es sein, daß sich die den Garten betreffende Arbeitsteilung der Familie V. – eventuell wegen der Krankheit des Ehemannes – in einem Umbruch befindet und in Zukunft von Helga V. allein geleistet werden muß. Insgesamt entsteht der Eindruck, daß es Helga V. recht problemlos gelingt, Beruf und Haushalt zu vereinbaren, da die Aufgaben innerhalb der Partnerschaft verteilt sind und außerdem auch auf die Hilfe der vor Ort lebenden Kinder gezählt werden kann.

Wie eingangs angedeutet, ist Arbeitsteilung in der Partnerschaft bei der folgenden Probandin kein Thema, denn sie lebt als Alleinerziehende nur mit ihrem Kind zusammen. Da sie berufstätig ist, erwartet man eigentlich eine schwierige Situation und Probleme die verschiedene Verpflichtungen zu vereinbaren. Doch wie die nächste Passage zeigt, ist eher das Gegenteil der Fall, denn Ina Z. erzählt geradezu begeistert davon, wie ihr Alltag strukturiert und organisiert ist:

INTERVIEWERIN: [...] Ähm, wie schaffen Sie das jetzt, die Erwerbsarbeit auf der einen Seite und die Hausarbeit und die Familienarbeit (INA Z.: hervorragend) unter einen Hut zu kriegen?
INA Z.: Ganz toll. [...]. Ich hab' das ja alles total organisiert. Montags ist mein Arbeitstag, da arbeite ich, und ich komm' abends heim und meine Schwester ist hier und hat hier bereits gekocht. [...]. Dienstags ist mein Einkaufstag. Da gehe ich vormittags einkaufen. Danach mache ich halt noch so ein bißchen Haushalt, was so angefallen ist vom Wochenende. Also nicht so arg viel. Und mittwochs bin ich dann den ganzen Tag daheim, da ist dann quasi nur mein / da putze ich und mach' alles im Haushalt, waschen, putzen, und was halt alles so dazugehört. Und donnerstags da arbeite ich dann wieder. Und freitags, da ist dann meine Schwester ja auch da, die hat dann auch frei, da gehen wir morgens zum Einkaufen fürs Wochenende. Und dann nehmen wir uns den ganzen Tag quasi, besuchen irgend jemand, gehen mal bummeln oder machen irgendwas (INTERVIEWERIN: mhm). Also von daher ist das absolut gut organisiert. Ich habe jetzt nicht das Gefühl, daß bei mir irgendwas zu kurz kommt. Weder das eine noch das andere. [...]. Und mein Haushalt, klar wenn ich jetzt mal mittwochs, wenn mal was dazwischen kommt, oder meine Schwester ist – wie jetzt grade in dieser Woche, als ich das Protokoll ausgefüllt habe – meine Schwester hat zufälligerweise frei, bzw. hat einen Tag Urlaub oder irgendwas. Dann komme ich halt nicht zum Putzen und der Haushalt bleibt halt mal ein paar Tage liegen. Aber das ist dann nicht so tragisch (INTERVIEWERIN: mhm). Also ich bin immer soweit auf dem laufenden, also ich ertrink' nicht in Hausarbeit (INTERVIEWERIN: lacht). Nee, da, wenn's dann halt mal einen Tag nicht so picobello ist, da, das sieht außer mir auch gar niemand (INTERVIEWERIN: ja). Also tragisch ist das nicht (INTERVIEWERIN mhm).

Offensichtlich ist alles nur eine Frage der persönlichen Organisation – so möchte man vielleicht meinen. Möglich ist diese Art Beruf und Familie zu vereinbaren allerdings nur, weil die Probandin in ihrem Betrieb ein beträchtliches Mitspracherecht bezüglich der Arbeitszeiten (vgl. Kapitel 6.4.2) hat, und bei der Kinderbetreuung außerdem auf ein Familienmitglied zurückgreifen kann.

4.2.3 Arbeitsteilung in der Familie aus Sicht von Frauen und Männern

Die Beispiele aus den Interviews haben gezeigt, wie sehr sich die Arrangements zur Arbeitsteilung in der Familie bzw. zwischen den Geschlechtern voneinander unterscheiden. Wie sich die Zuständigkeiten für bestimmte Tätigkeiten in der Familie aus der Sicht von Frauen und Männern darstellen, inwieweit sich weibliche und männliche Befragte einig und bei welchen Punkten sie unterschiedlicher Ansicht sind, wird im folgenden auf der Basis der quantitativen Daten vermittelt.[42]

Exemplarisch wurden folgende Bereiche des Alltags abgefragt: Einkaufen, Geld und Finanzen verwalten, Wäsche waschen, kleinere Reparaturen in der Wohnung erledigen sowie sich um Kinder kümmern, wobei nicht ausschließlich eigene Kinder gemeint waren. Damit wurden fünf Themenbereiche angesprochen, die, beispielsweise in der Werbung, mit sehr verschiedenen Attributen in Verbindung gebracht werden.[43]

Einkaufen: noch immer Frauensache?

In den Interviews war der Eindruck entstanden, daß in manchen Partnerschaften Einkaufen als gemeinsame Aufgabe angesehen wird und gelegentlich auch ganz vom Mann übernommen wird.

Das Ergebnis der quantitativen Befragung ergibt folgendes Bild (vgl. Abb. 15): Die meisten Frauen sehen vorwiegend sich selbst als Einkäuferinnen an. Die zweitgrößte Gruppe geht davon aus, daß diese Aufgaben zwischen ihnen und ihrem Partner gleich verteilt ist. Nur rund 5 % geben an, daß die Einkäufe vorwiegend vom Partner erledigt werden.

Etwas anders stellen sich die Zuständigkeiten aus Sicht der männlichen Befragten dar: Fast die Hälfte von ihnen gibt an, daß die Einkäufe vorwiegend von der Partnerin gemacht werden und 37 % sehen dies als gleichmäßig verteilte Aufgabe an. Diejenigen, die sich selbst als ‚Haupteinkäufer' betrachten, stellen die drittstärkste Gruppe.

---

[42] Um vergleichbare Aussagen zu erhalten, gehen, sofern nicht anders angegeben, in die folgenden Berechnungen nur jene Personen ein, die angeben, in einer Partnerschaft zu leben.
[43] Bei den fünf oben genannten Teilbereichen lassen sich nur in vier Fällen statistisch verwertbare Aussagen machen; die Ergebnisse zum Thema „Geld und Finanzen verwalten" sind weder bezüglich Geschlecht noch Alter der Befragten signifikant.

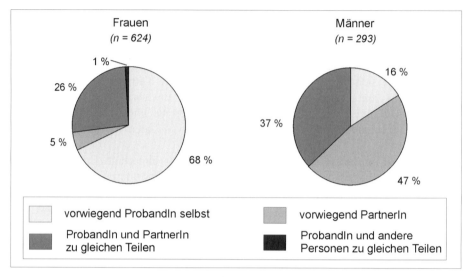

Abb. 15: Zuständigkeit für Einkäufe aus der Sicht von Frauen und Männern
Quelle: Eigene Erhebung 1998, eigene Bearbeitung

Betrachtet man nun Frauen und Männer im Vergleich, so ist festzustellen, daß sie zwar in den tendenziellen Aussagen übereinstimmen, sich im Detail jedoch einige Differenzen zeigen: Erstens sind es aus Sicht von weiblichen und männlichen Befragten überwiegend die Frauen, die für Einkäufe zuständig sind. Während 40 % der Probanden dies als gleich verteilte Aufgabe sehen, sind es unter den Probandinnen nur 26 %. Schließlich geben 16 % der befragten Männer an, daß vorwiegend sie selbst für die Einkäufe zuständig seien, doch aus Sicht der weiblichen Befragten sind dies nur 5 %.

Hier lassen sich vor allem zwei Dinge konstatieren: Zum einen ist Einkaufen eine Aufgabe, die zum größten Teil in der Partnerschaft geregelt wird, d.h. daß dabei andere Personen keine Rolle spielen. Zum anderen sehen die befragten Frauen – darauf deuten die großen Differenzen zwischen den Werten (68 % – 5 % – 26 %) hin – wohl eine klarere Aufgabenteilung als die Männer, denn bei ihnen schwanken die Werte in einem wesentlich kleineren Bereich, sind also gleichmäßiger auf die einzelnen Antwortmöglichkeiten verteilt.

Eine Differenzierung nach Altersklassen ergibt folgendes Resultat: Nur in der Altersklasse der bis einschließlich 27jährigen weisen die Antworten von weiblichen und männlichen Befragten insgesamt keine signifikanten Unterschiede auf; in den übrigen vier Altersklassen sind signifikante Differenzen vorhanden. Innerhalb der Gruppe der männlichen Befragten unterscheiden sich die Antworten nach einzelnen

4.2 Arbeit im Alltag   143

Altersklassen nicht signifikant, während sich für die Frauen folgendes Resultat ergibt:[44]

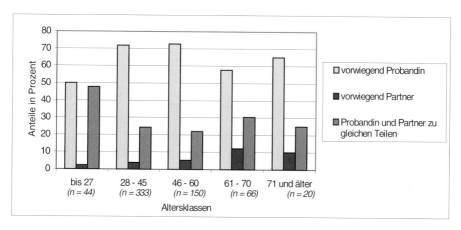

Abb. 16: *Zuständigkeit für Einkäufe aus Sicht von in Partnerschaft lebenden Frauen*
Quelle: *Eigene Erhebung 1998, eigene Bearbeitung*

Zwar trifft man in der untersten Altersklasse – wie man es erwarten würde – a¹ den höchsten Anteil an Frauen, die gemeinsam mit ihrem Partner für das Einkaufe zuständig sind, aber es erstaunt doch, daß die Klasse der 61- bis 70jährigen ebe: falls eine gleichberechtigtere Arbeitsteilung aufweist, als die übrigen drei Gruppen (vgl. Abb. 16). Hier sind zwei Erklärungen denkbar: Zum einen sind die Partner der Probandinnen vermutlich schon aus dem Erwerbsleben ausgeschieden und haben (oder nehmen sich) infolgedessen Zeit, sich um die Einkäufe zu kümmern. Zum anderen besteht in ländlich geprägten Gemeinden häufiger als im urbanen Raum die Notwendigkeit, den Einkauf mit dem Pkw zu erledigen; für Frauen dieser Generation ist es jedoch nicht selbstverständlich, einen Führerschein zu besitzen und Auto zu fahren, so daß auch aus diesem Grund der Partner für die Einkäufe zuständig sein kann.[45] Untersucht man aber den Zusammenhang zwischen Pkw-Verfügbarkeit und Zuständigkeit für Einkäufe, so gelangt man nicht zu signifikanten Ergebnissen, d.h. Frauen, die nicht über einen Pkw verfügen, sind fast in gleichem Maße für das Einkaufen zuständig, wie jene, denen ein Wagen zur Verfügung steht.

---

[44] Drei der 15 Zellen, also 20 %, weisen eine erwartete Häufigkeit von unter 5 auf.
[45] Bemerkenswert ist allerdings auch, daß eine Untersuchung der vergleichbaren Gruppe von Probanden keine signifikanten Ergebnisse liefert.

Schließlich ist es natürlich auch interessant herauszufinden, wie Hausarbeit (in diesem Fall Einkaufen) und Erwerbsarbeit in den Partnerschaften verteilt sind. Im folgenden werden deshalb sowohl die Erwerbssituation der/des Befragten sowie die des Partners/der Partnerin berücksichtigt. Vier Konstellationen sind hier möglich:

- beide, Frau und Mann, sind erwerbstätig;
- beide, Frau und Mann, sind nicht erwerbstätig;
- die Frau ist erwerbstätig, der Mann ist nicht erwerbstätig;
- der Mann ist erwerbstätig, die Frau ist nicht erwerbstätig.

Einschätzungen von Frauen und Männern zu allen vier Situationen sind Tab. 16 zu entnehmen, wobei die Differenzen zwischen Frauen und Männern jeweils signifikant sind:

Tab. 16: Zuständigkeit für Einkäufe und Erwerbssituation

	Beide nicht erwerbstätig		Frau erwerbstätig, Mann nicht		Mann erwerbstätig, Frau nicht		Beide erwerbstätig	
	Frauen (n = 90)	Männer (n = 70)	Frauen (n = 40)	Männer (n = 23)	Frauen (n = 194)	Männer (n = 71)	Frauen (n = 279)	Männer (n = 117)
Vorwiegend ProbandIn	52	21	58	30	75	6	72	17
Vorwiegend PartnerIn	11	41	13	35	2	58	5	46
ProbandIn und PartnerIn zu gleichen Teilen	37	37	30	35	24	37	23	37
	100 %	99 %	101 %	100 %	101 %	101 %	100 %	100 %

Quelle: Eigene Erhebung 1998, eigene Bearbeitung

Wie die Tabelle zeigt, halten sich Frauen aus allen vier Gruppen mehrheitlich selbst für den Einkauf zuständig, und auch unter den männlichen Befragten weist die Kategorie ‚vorwiegend Partnerin' die jeweils höchsten Anteile auf. Das bedeutet, daß die Frauen unabhängig davon, ob sie nun erwerbstätig sind oder nicht, angeben, die Einkäufe selbst zu erledigen. Im Vergleich dazu wirkt sich bei den Männern die Berufstätigkeit stärker auf die Arbeitsteilung aus: Sie übernehmen sowohl aus ihrer

4.2 Arbeit im Alltag 145

eigenen Sicht wie auch aus Sicht der Frauen das Einkaufen eher, wenn sie nicht erwerbstätig sind.

Da Einkaufen also nach wie vor ‚Frauensache' zu sein scheint, stellt sich natürlich die Frage, wie dies Männer ohne Partnerin im Haushalt (n = 113) regeln: Mehr als zwei Fünftel von ihnen geben an, diese Aufgabe vorwiegend selbst zu übernehmen, doch die Mehrheit (45 %) nennt vorwiegend andere Personen, gibt diese Aufgabe also ab.

Selbst ist die Frau, selbst ist der Mann: Reparaturen

Mit dem Bereich ‚Reparaturen' wird nun eine Arbeit angesprochen, die häufig Männern zugeschrieben wird. Nach den Interviews war diesbezüglich kein klares Bild vorhanden, da es einerseits Frauen gibt, die Reparaturen nach dem Motto ‚selbst ist die Frau' erledigen (Rebecca V., siehe Kapitel 4.2.2), und anderseits solche, die diese Tätigkeiten nicht in Angriff nehmen, da sie von sich behaupten ‚zwei linke Hände' zu haben (Beate T.) oder sagen, ‚das bekomme ich nicht so hin' (Christine J.).

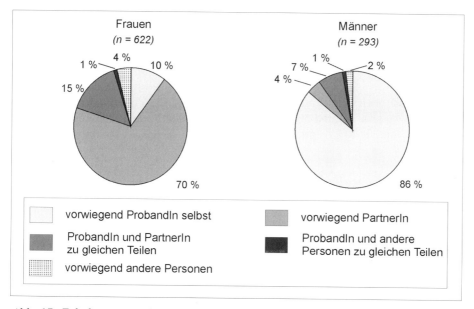

Abb. 17: *Erledigung von Reparaturen in der Wohnung*
Quelle: *Eigene Erhebung 1998, eigene Bearbeitung*

Der größte Anteil der weiblichen Befragten ist der Ansicht, daß vorwiegend der Partner für die Erledigung kleinerer Reparaturen in der Wohnung zuständig sei (vgl. Abb. 17). Am zweithäufigsten machen die Probandinnen die Angabe, dies zu gleichen Teilen wie der Partner zu übernehmen. Nur 10 % von ihnen sehen dies vorwiegend als eigene Aufgabe an. Mit einem Anteil von 4 % spielt hier – anders als beim Einkaufen – auch die Angabe ‚vorwiegend andere Personen' eine gewisse Rolle.

Die männlichen Befragten geben mit großer Mehrheit an, selbst vorwiegend für Reparaturen zuständig zu sein. Nur 7 % von ihnen sehen dies als gleichmäßig zwischen sich und ihrer Partnerin verteilt an, und gerade mal 4 % betrachten Reparaturen als Aufgabe, die vorwiegend die Partnerin erledigt. Auch hier findet die Aufgabenverteilung größtenteils innerhalb der Partnerschaft statt.

Natürlich geben die Daten der Befragung keinen Aufschluß darüber, wie es zu solchen unterschiedlichen Einschätzungen kommt, so daß verschiedenste Dinge denkbar sind: Zunächst einmal mag da die Einschätzung was denn nun eine Reparatur sei, eine gewisse Rolle spielen: Ist es bereits das Austauschen einer Glühbirne oder erst das Verlegen neuer Fliesen im Badezimmer? Oder gehen Männer davon aus, daß Frauen ohnehin nicht mit Werkzeug umgehen können und sehen dies deshalb als ihren Aufgabenbereich an? Oder fallen viele Kleinigkeiten an, während der (vollzeiterwerbstätige) Mann nicht anwesend ist und werden bereits repariert bevor er wieder nach Hause kommt? Das sind, wie gesagt, Spekulationen, aber irgendwelche Ursachen muß die differierende Ansicht der befragten Frauen und Männer schließlich haben.

Ergänzend sei noch darauf hingewiesen, daß Probandinnen ohne Partner im Haushalt (n = 177), sich zu rund 50 % selbst um anfallende Reparaturen kümmern. Der zweitgrößte Anteil (40 %) entfällt auf die Kategorie ‚vorwiegend andere Personen'.

Wäsche waschen – macht das nicht die Waschmaschine?

Im folgenden wird gezeigt, wie sich die Situation in bezug auf ‚Wäsche waschen' darstellt. Diese Tätigkeit wird wie kaum eine andere den Frauen zugeschrieben, wie beispielsweise die Waschmittelwerbung des Fernsehens vermittelt (vgl. Abb. 18).

Mehr als 90 % der weiblichen Befragten antwortet, daß vorwiegend sie selbst dafür zuständig seien und nur in wenigen Fällen wird diese Aufgabe als gleichmäßig verteilt bezeichnet. Auch die Männer geben zum größten Teil an, daß Wäsche waschen vorwiegend Aufgabe der Partnerin sei. Der Anteil jener, die von einer gleichmäßigen Verteilung in der Partnerschaft ausgehen, liegt mit 8 % nur geringfügig höher als bei den Frauen. Beim Wäsche waschen ist – auch im Vergleich mit Einkaufen oder Reparaturen ausführen – die Aufgabenverteilung so klar, daß eigentlich nicht von Arbeitsteilung gesprochen werden kann. Die männliche Beteiligung beschränkt sich hier – salopp gesagt – auf Waschmittel mit männlichen Attributen (Bsp. Der Weiße Riese).

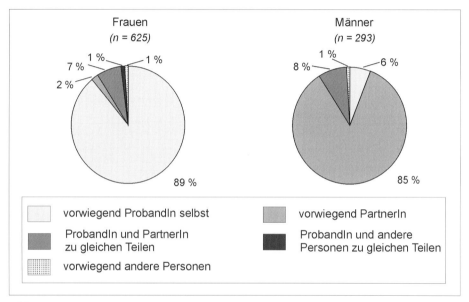

Abb. 18: *Zuständig für Wäsche waschen*
Quelle: *Eigene Erhebung 1998, eigene Bearbeitung*

Die vorliegenden Ergebnisse werden auch durch andere Untersuchungen, wie beispielsweise die repräsentative Zeitbudgeterhebung des Statistischen Bundesamtes, bestätigt: Während sich Männer im Schnitt 3 Minuten täglich der Wäschepflege widmen, ist der Zeitaufwand der Frauen mit 39 Minuten mehr als 10 mal so hoch (vgl. BUNDESMINISTERIUM FÜR FAMILIE, SENIOREN, FRAUEN UND JUGEND 1996, S. 72 f.).

Auch läßt hier sich die Argumentation ‚ja, das war früher so, aber das hat sich doch längst geändert' recht schnell entkräften, wie ein Blick auf die Auswertung nach Altersklassen zeigt: Während die befragten Frauen der vier oberen Altersklassen jeweils zu über 90 % selbst für diese Haushaltstätigkeit verantwortlich sind, so bezeichnen es in der niedrigsten immerhin schon 21 % als gleich verteilte Aufgabe. Doch auch bei den jüngeren Probandinnen bleibt dieser Bereich eindeutig eine

‚Frauendomäne'. Diese Tendenz wird auch durch die Aussagen der Männer bestätigt, allerdings ist aus deren Sicht eine Umverteilung dieser Tätigkeit schon etwas weiter fortgeschritten.[46]

Während beim Einkaufen ja kein Einfluß des Bildungsniveaus (hier: höchster Schulabschluß) auf die Aufgabenverteilung zu beobachten war, ist dies beim Wäsche waschen sehr wohl der Fall, denn unter den Probandinnen mit Abitur wird eher von einer gemeinsamen Aufgabe gesprochen (14 %) als bei Frauen mit einem niedrigeren Bildungsabschluß (4 bzw. 6 %)[47]. Als Trend ist dies auch bei den Männern zu konstatieren, wenn sich dort auch die Werte nicht signifikant unterscheiden.

Wiederum lohnt es sich, einen Zusammenhang mit der Erwerbssituation herzustellen (vgl. Einkauf). Die Erwerbssituation hat in diesem Fall einen noch geringeren Einfluß auf die Arbeitsteilung als beim Einkaufen, wie Tab. 17 verdeutlicht: Die Frauen sind in Partnerschaften generell zuständig für das Wäsche waschen!

Tab. 17: Zuständigkeit für Wäsche waschen und Erwerbssituation

	Beide nicht erwerbstätig		Frau erwerbstätig, Mann nicht		Mann erwerbstätig, Frau nicht		Beide erwerbstätig	
	Frauen (n = 89)	Männer (n = 69)	Frauen (n = 41)	Männer (n = 23)	Frauen (n = 196)	Männer (n = 70)	Frauen (n = 282)	Männer (n = 118)
Vorwiegend ProbandIn	92	1	83	13	94	3	90	8
Vorwiegend PartnerIn	5	93	7	83	--	91	1	81
ProbandIn und PartnerIn zu gleichen Teilen	3	6	10	4	6	6	8	11
	100 %	100 %	100 %	100 %	100 %	100 %	99 %	100 %

Quelle: Eigene Erhebung 1998, eigene Bearbeitung

Hier stellt sich fast zwangsläufig die Frage, wie Männer, in deren Haushalt keine Partnerin lebt, dieses ‚Problem' lösen: Übernehmen sie diese Aufgabe selbst oder wird sie abgegeben? Zwar gibt rund ein Drittel der 113 Probanden an, vorwiegend selbst dafür zuständig zu sein, aber die große Mehrheit (61 %) überträgt diese Auf-

---

[46] Bei Frauen weisen 46,7 % der Zellen eine erwartete Häufigkeit von unter 5 auf, bei den Männern 40 % der Zellen.
[47] Ein Drittel der Zellen weist eine erwartete Häufigkeit von unter 5 auf.

4.2 Arbeit im Alltag   149

gabe vorwiegend anderen Personen, die aller Wahrscheinlichkeit nach weiblich sind. Zumindest in dieser Gruppe von männlichen Befragten hat das Argument, Frauen würden stets befürchten, daß ‚Mann' etwas falsch macht, so daß sie diese Aufgabe doch besser gleich selbst übernehmen sollten, keine Gültigkeit. Und so bleibt die Frage: Was hält die Männer davon ab, eine Waschmaschine in Gang zusetzen?

Kinderbetreuung: Mütter und Väter gefragt

Nach drei Beispielen für recht verschiedenartige Haushaltstätigkeiten wird nun mit Abb. 19 noch ein Blick auf die Familienarbeit geworfen: Für jene Personen, in deren Haushalt mindestens ein Kind lebt, wird untersucht, wer für den Bereich ‚sich um Kinder kümmern' zuständig ist.

Die Mehrzahl der befragten Frauen gibt an, sich vorwiegend selbst um das Kind/die Kinder zu kümmern. Doch ein ebenfalls sehr großer Anteil sieht es als gemeinsame Aufgabe mit dem Partner an. Verschwindend gering ist der Anteil jener Frauen, die die Zuständigkeit für die Kinder eher bei ihrem Partner sehen.

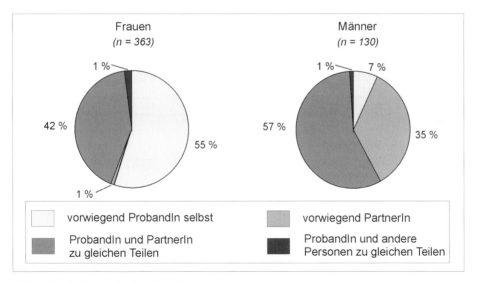

Abb. 19: Sich um die Kindern kümmern
Quelle: Eigene Erhebung 1998, eigene Bearbeitung

Die befragten Männer antworten mehrheitlich, daß die Zuständigkeit für die Kinder gleichmäßig verteilt sei, und 31 % sehen ihre Partnerin als die für die Kinder vorwiegend Zuständige an. Nur ein geringer Anteil gibt an, selbst dafür zuständig zu sein.

Eine nach Erwerbssituation der Eltern (vgl. Tab. 18) differenzierte Darstellung muß auf zwei Möglichkeiten beschränkt werden, denn sowohl für die Situation, daß beide Elternteile nicht arbeiten als auch für die, daß die Frau erwerbstätig ist, der Mann jedoch nicht, lassen sich aufgrund geringer Fallzahlen (n = 15 bzw. n = 19) keine Aussagen machen.[48]

Während sich die Antworten der Frauen beider Gruppen kaum unterscheiden, fallen die der Männer doch deutlich verschieden aus, je nach dem, ob auch die Partnerin berufstätig ist oder nicht. Insgesamt schätzen die Männer ihre Beteiligung an dieser Aufgabe höher ein als die Frauen. Auf die die Kinder betreffende Arbeitsverteilung hat der Schulabschluß weder bei weiblichen noch bei männlichen Befragten eine Auswirkung.

Tab. 18: Zuständigkeit für die Kinder und Erwerbssituation

	Mann erwerbstätig, Frau nicht		Beide erwerbstätig	
	Frauen *(n = 153)*	Männer *(n = 50)*	Frauen *(n = 179)*	Männer *(n = 62)*
Vorwiegend ProbandIn	63	10	53	5
Vorwiegend PartnerIn	1	46	1	29
ProbandIn und PartnerIn zu gleichen Teilen	37	44	46	66
	100 %	100 %	100 %	100 %

Quelle: Eigene Erhebung 1998, eigene Bearbeitung

Um eventuelle Veränderungen der bestehenden Arbeitsteilung zu erfassen, muß das Alter der ProbandInnen berücksichtigt werden: Weder bei den weiblichen noch bei den männlichen Befragten sind signifikante Unterschiede zwischen den Altersklassen[49] festzustellen. Die niedrigste Altersklasse weist allerdings bei beiden Geschlechtern erhöhte Werte in der Kategorie ‚PartnerIn und ich zu gleichen Teilen' auf, so daß zumindest eine Tendenz in Richtung gemeinsamer Zuständigkeit für die

---

[48] In diese sowie die folgenden Berechnungen werden nur jene ProbandInnen einbezogen, die sich innerhalb der Partnerschaft um die Kinder kümmern, da in den anderen Kategorien die Werte zu klein sind um sinnvolle Aussagen treffen zu können.
[49] Entsprechend der Lebensabschnitte werden folgende Altersklassen unterschieden: bis einschließlich 27 Jahre, 28 bis 45 Jahre, 46 bis 60 Jahre, 61 bis 70 Jahre sowie 71 Jahre und älter.

4.2 Arbeit im Alltag

Kinder beider Elternteile zu erwarten ist. Es zeichnen sich jedoch keine gravierenden Veränderungen ab.[50]

Eckdaten:	Von 1219 Personen, die diese Frage beantworteten, leben - 565 ohne Kinder in ihrem Haushalt, - 293 mit einem Kind in ihrem Haushalt, - 256 mit zwei Kindern in ihrem Haushalt, - 78 mit drei Kindern in ihrem Haushalt, - 20 mit vier Kindern in ihrem Haushalt, - 4 mit fünf Kindern in ihrem Haushalt, - 3 mit sechs Kindern in ihrem Haushalt.

Nach diesen Informationen über die Eltern, werden nun die bislang pauschal dargestellten Kinder näher betrachtet, denn es ist zu erwarten, daß sowohl deren Anzahl als auch ihr Alter Einfluß auf die Arbeitsteilung der Eltern haben.

In die folgenden Berechnungen gehen nur jene Befragten ein, die die Zuständigkeit für die Kinder innerhalb ihrer Partnerschaft verteilen: Sowohl die Angaben der weiblichen als auch die der männlichen Befragten variieren in Abhängigkeit von der Kinderzahl, wobei sich nur die Angaben der Frauen signifikant unterscheiden. Während Frauen mit nur einem Kind im Haushalt sich zu nur 52 % vorwiegend selbst für dieses für zuständig halten, steigt der Wert bei zwei Kindern bereits auf 62 % und erreicht bei drei Kindern schließlich 70 %. Diese Zunahme geht einher mit einem Rückgang der Antworten in der Kategorie ‚Partner und Probandin zu gleichen Teilen', da die Angaben ‚vorwiegend Partner' mit nur zwei von 384 Nennungen vernachlässigt werden können.

Dieses Bild wird durch die (nicht signifikanten) Aussagen der Männer in der Tendenz bestätigt, doch unterscheidet sich das Ausgangsniveau ganz erheblich, wie Tab. 19 zeigt:

Die markantesten Unterschiede zeigen sich in Haushalten mit zwei Kindern: Die befragten Frauen sind nur zu 37 % der Ansicht, daß ihr Partner in gleichem Maße wie sie selbst für die beiden Kinder zuständig ist. Die männlichen Befragten hingegen gehen zu 58 % davon aus, sich diese Aufgaben mit ihrer Partnerin gleichmäßig zu teilen.

---

[50] Eine gleichzeitige Berücksichtigung von Altersklassen und Erwerbssituation ist aufgrund geringer Fallzahlen nicht möglich.

Tab. 19: Zuständigkeit für die Kinder und Zahl der Kinder im Haushalt

	Frauen				Männer			
	1 Kind (n = 143)	2 Kinder (n = 163)	3 Kinder (n = 57)	4 - 6 Kinder (n = 21)	1 Kind (n = 62)	2 Kinder (n = 48)	3 Kinder (n = 17)	4 - 6 Kinder (n = 4)
Vorwiegend ProbandIn	52	62	70	62	11	6	6	--
Vorwiegend PartnerIn	--	1	--	5	29	35	59	50
ProbandIn u. PartnerIn zu gleichen Teilen	48	37	30	33	60	58	35	50
	100 %	100 %	100 %	100 %	100 %	99 %	100 %	100 %

Quelle: Eigene Erhebung 1998, eigene Bearbeitung

Es kann festgehalten werden, daß sowohl weibliche als auch männliche Befragte die eigene Beteiligung höher einschätzen als dies das jeweils andere Geschlecht tut. Vorausgesetzt, eine gleichmäßige Verteilung der in Zusammenhang mit den Kindern stehenden Aufgaben wird gewünscht, so ist dies aus Sicht der meisten männlichen Befragten bereits erreicht. Da die Probandinnen die Zuständigkeit für die Kinder jedoch mehrheitlich bei sich selbst sehen, besteht aus ihrer Perspektive noch ein recht großer Nachhol- oder besser gesagt Umverteilungsbedarf.

Auch an dieser Stelle können die Daten der repräsentativen Zeitbudgeterhebung des Statistischen Bundesamtes ergänzend hinzugezogen werden. Danach verwenden Frauen durchschnittlich 27 Minuten am Tag für die Kinderbetreuung. Der Wert der Männer liegt mit nur 11 Minuten deutlich darunter (vgl. BUNDESMINISTERIUM FÜR FAMILIE, SENIOREN, FRAUEN UND JUGEND 1996, S. 72 f.). Diese Studie stimmt also eher mit der Einschätzung der Frauen in der hier durchgeführten quantitativen Erhebung überein.

4.2.4 Pflege von Angehörigen – Frauen zuständig?

In den Tagebüchern und den Gesprächen wird deutlich, daß sich viele der Interviewpartnerinnen in irgendeiner Form um kranke oder pflegebedürftige Personen aus der Familie oder der näheren Umgebung kümmern.

Um festzustellen, ob in diese Tätigkeiten auch Männer eingebunden sind, wurde das Thema auch in die quantitative Befragung aufgenommen. Die Ergebnisse der

4.2 Arbeit im Alltag

beiden Erhebungen vermitteln kein ganz einheitliches Bild. Mögliche Gründe für diese Unterschiede werden im folgenden erläutert.

Krankenbesuche, Pflege und Unterstützung – Beispiele aus Tagebüchern und Interviews

In rund einem Viertel der Tagebücher finden sich Hinweise darauf, daß sich die Probandinnen um kranke, alte oder hilfsbedürftige Menschen, meist aus der Verwandtschaft, kümmern:

Elke K. erwähnt mehrere Krankenbesuche bei der Schwiegermutter, die jedoch im Interview nicht thematisiert wurden. Melanie D. besucht eine Tante im Krankenhaus; aus dem Gespräch mit ihr geht dann hervor, daß dies eher außergewöhnlich war. Rebecca V. notiert einen Besuch im Krankenhaus und kümmert sich außerdem um ihre im Nachbarort lebende pflegebedürftige Mutter. Ihre Schwiegereltern betreut Gertrud G., in dem sie beispielsweise Fahrdienste übernimmt oder die Schwiegermutter im Pflegeheim besucht.

Anna R. berichtet im Interview davon, daß sie gelegentlich Krankenbesuche macht. Diese finden meist vor Ort statt, da sie selbst nicht Auto fährt. Der Grund für ihr Engagement ist möglicherweise darin zu sehen, daß sie beide Elternteile vor deren Tod in Pflege hatte und deshalb sowohl mit der Situation von Pflegenden als auch mit den Bedürfnissen pflegebedürftiger Menschen vertraut ist.

In einigen Fällen wurden die Notizen aus den Tagebüchern auch im Interview wieder aufgegriffen:

Annemarie S. beispielsweise ‚schaut' (vermutlich regelmäßig) nach ihrer fast achtzigjährigen Mutter, die im Nachbarhaus wohnt. Sie rechnet aber bereits damit, daß es dabei nicht bleiben wird und sie in naher Zukunft mehr Zeit für ihre Mutter wird aufwenden zu müssen:

ANNEMARIE S.: Aber dann ist's ja auch so: Jetzt ist die Oma 79 (INTERVIEWERIN: mhm), kann sein, in ein, zwei Jahren ist es dann so, daß ich echt auch / sie mich wieder so braucht, daß ich es (INTERVIEWERIN: mhm) auch nicht machen könnte (INTERVIEWERIN: mhm).

Mit ‚es' meint die Probandin eine berufliche Tätigkeit, die über die Teilzeitarbeit hinaus geht, die sie zum Interviewzeitpunkt ausübt. Da die ‚Oma' (die Mutter der Probandin) selbst während des Gespräches im Raum ist, ist es nicht möglich dieses Thema zu vertiefen.

Im Tagebuch von Veronika K. ist ein kurzer Krankenbesuch bei ihrer Nachbarin erwähnt, dessen Hintergründe sie im Gespräch erläutert:

VERONIKA K.: *Jaja, ich geh' auch mal rüber und bleib' mal geschwind eine Stunde bei ihr, wenn der Sohn mal weg will und will sie nicht alleine lassen. Sie ist früher öfter mal aufgestanden und mal gefallen, und jetzt haben sie einfach Angst und lassen sie nicht gern allein, gell.*

Die geschilderte Situation ist vor allem deshalb interessant, weil Veronika K. ebenso wie Anna R. bereits zu den älteren Interviewpartnerinnen zählt: Offensichtlich sind sie stärker als jüngere Menschen für die Probleme des Alters sensibilisiert.

In einem weiteren Interview entsteht der Eindruck, daß die Gesprächspartnerin sich selbst gar nicht im klaren darüber ist, wie viel Zeit sie für andere aufwendet:

INTERVIEWERIN: *[...] Wie oft sind Sie so durchschnittlich bei Ihrer Mutter?*
FRIEDA R.: *Ich bin jeden Tag bei ihr und Hausarbeit einmal pro Woche.*

Doch schon im Verlaufe der vier Tage, in den Frieda R. Tagebuch führte, sind zwei Eintragungen zu finden, die sich auf den Haushalt ihrer Mutter beziehen. Offen bleibt, ob es sich dabei um eine einmalige, außerplanmäßige oder um eine regelmäßige Angelegenheit handelt.

Christa H. erwähnt Fahrten mit einer Tante und einem Onkel, die jedoch nicht zum ihrem normalen Alltag gehören, sondern eine außergewöhnliche Situation darstellen. Im Interview sind dazu einige Hintergründe zu erfahren:

CHRISTA H.: *Ne. Das war außergewöhnlich (lacht). Das hat sich dann gerade ergeben. Meine Tante wurde am Meniskus operiert, und mein Onkel ist Pflegefall, der hat schon mehrere Schlaganfälle gehabt, und dann hat sich das alles in der Woche ergeben (lacht).*

	CHRISTA H.: *Freitag, 14. November 1997*	
6.00 - 6.30	Aufstehen	
6.30 - 7.00	Wecken Sohn + Anziehen etc.	
7.00 - 7.15	**Abholen Oma** + Opa mit Sohn	*Wohnort (mit Pkw)*
7.15 - 8.15	Mit Sohn, Oma + Opa zur Tante gefahren	*Lauffen (mit Pkw)*
8.15 - 9.00	Frühstück mit Oma, Opa, Sohn + Tante	
9.00 - 9.30	**Fahrt zum Pflegeheim, Onkel abholen u. zurück**	*Lauffen (mit Pkw)*
9.30 - 10.00	Spielen mit Sohn	
10.00 - 11.30	Mit Sohn u. Oma diverse Einkäufe getätigt	*Lauffen (mit Pkw)*
11.30 - 13.00	Mittagessen mit Oma, Opa, Sohn, Tante + Onkel + Spiele mit Sohn	
13.00 - 14.00	Mit Tante Einkäufe erledigt	*Heilbronn (mit Pkw)*
14.00 - 15.00	**Tante zum Doktor gefahren**	*Lauffen (mit Pkw)*
15.00 - 16.00	Kaffee mit Oma, Opa, Tante + Onkel + Sohn getr.	

4.2 Arbeit im Alltag

16.00 - 17.30	Heimfahrt mit Sohn	mit Pkw
17.45 - 18.00	Einkäufe bei Oma abgeladen, Briefkasten geleert, Rolläden geschlossen	
18.30 - 20.00	Abendessen mit Sohn + Hausarbeit	
20.00 - 20.15	Sohn ins Bett gebracht	
20.15 - 21.00	Fernsehen	
21.00	Ins Bett gegangen	

Bei Martha P. dagegen ist Pflege nicht außergewöhnliches, sondern gehört bereits seit einigen Monaten zu ihrem Alltag, denn sie hat eine Tante während deren Rekonvaleszenz bei sich aufgenommen:

MARTHA P.: *Ja. Ich hab eine Tante in Stuttgart, die gerade bei mir ist seit einem Viertel Jahr, weil ihr es gar nicht gut gegangen ist (INTERVIEWERIN: mhm, genau, das hatten Sie...). Ja, und ich hab' so ein kleines Gästezimmer, und das ist ganz ideal für sie.*

Martha P. hat ihre Tante nicht nur in der eigenen Wohnung untergebracht, sie richtet sich auch in ihrem Tagesablauf oft nach den Bedürfnissen der Kranken (z.B. besondere Essenszeiten, Spaziergänge). Bei ihrer Pflegetätigkeit wird die Probandin allerdings noch von anderen Personen – nicht nur aus der Familie – unterstützt.

Die genannten Beispiele zeigen, daß sich die Probandinnen mit unterschiedlicher Intensität und unterschiedlichem Aufwand um hilfsbedürftige Menschen aus ihrer näheren Umgebung kümmern. Dabei kann wohl nicht in allen Fällen von Pflege – im Sinne von Kranken- oder Altenpflege – gesprochen werden, eine genaue Abstufung ist jedoch außerordentlich schwierig.

Pflege von Angehörigen: Aufgabe von Frauen und Männern

Um den Themenbereich Pflege bzw. sich kümmern um Angehörige quantitativ abfragen zu können, wurde folgende Formulierung gewählt: ‚Sind Sie zur Zeit für die Pflege von Angehörigen zuständig?' Dabei werden natürlich nicht alle in den Interviews vorkommenden Facetten erfaßt, doch hätte etwas bei der Formulierung ‚Kümmern Sie sich zur Zeit um pflegebedürftige Angehörige?' die Gefahr bestanden, daß ein ‚Nein' als sehr negativ empfunden und folglich nicht angegeben worden wäre.

Die Frage wurde folgendermaßen beantwortet: Mit der Pflege von Angehörigen haben 13 % der Befragten zu tun, davon 5 % nur ab und zu. Sehr erstaunlich ist dabei, daß es keine geschlechtsspezifischen Unterschiede gibt. Eher das Gegenteil ist der Fall, denn die Werte sind nahezu identisch. Ohne die Ergebnisse der qualitativen Erhebung all zu sehr quantifizieren zu wollen, entsteht der Eindruck, daß hier weniger Personen in die Pflege um Angehörige eingebunden sind, als nach den Interviews zu erwarten war. Dies mag teilweise an der Formulierung liegen; außerdem spielt vielleicht auch die Jahreszeit eine Rolle, denn die Fragebogenaktion fand im Mai statt, die qualitative Erhebung dagegen im November und Dezember, wenn insgesamt wohl mehr Personen (auch kurzzeitig) krank sind.

Hinsichtlich des Alters der pflegenden Personen bestätigen die quantitativen Ergebnisse die Eindrücke aus Tagebüchern und Interviews, denn es wird deutlich, daß die Befragten nicht in allen Lebensphasen gleichermaßen für die Pflege Angehöriger verantwortlich sind. Während es in der untersten Altersklasse gerade mal 5 % sind, liegt der Wert bei den 61- bis 70jährigen bei 13 %. In der höchsten Klasse sinkt er wieder etwas ab (7 %).

Müssen Angehörige gepflegt werden, so geschieht dies unabhängig davon, ob die Befragten berufstätig sind oder nicht. Eher unerwartet ist das Ergebnis, daß dagegen die schulische Qualifikation der ProbandInnen eine Rolle spielt: Befragte mit Haupt- oder Realschulabschluß kümmern sich sehr viel häufiger um Verwandte als Personen mit Abitur oder vergleichbarem Abschluß. Hier sind verschiedene Gründe denkbar: Möglicherweise verdienen AbiturientInnen mehr und können solche Aufgaben an professionelle Pflegedienste o.ä. übergeben[51], oder den gut ausgebildeten Personen werden solche Tätigkeiten innerhalb der Großfamilie nicht ‚zugemutet'.

Weiterhin zeigt sich, daß Personen, die in der Untersuchungsgemeinde aufgewachsen sind, in stärkerem Maß Pflegedienste übernehmen als die Zugezogenen. Letztere haben – wenn sie nicht mit einer/einem Einheimischen verheiratet sind – weniger Verwandtschaft vor Ort. Allerdings ist kein Zusammenhang mit der Haushaltsgröße erkennbar.

Auch beim Thema Pflege lohnt sich ein Blick in die schon erwähnte repräsentative Zeitbudgeterhebung des Statistischen Bundesamtes. Die Studie kommt zu dem Ergebnis, daß Frauen für die Pflege und Betreuung von Personen (inklusive Kinderbetreuung) täglich 37 Minuten aufwenden, Männer dagegen nur 16 Minuten. Die Betreuung tatsächlich pflegebedürftiger Personen macht davon nur einen geringen Teil aus: bei den Frauen im Durchschnitt 4 und den Männern 2 Minuten täglich (vgl. BUNDESMINISTERIUM FÜR FAMILIE, SENIOREN, FRAUEN UND JUGEND 1996, S. 72 f.).

---

[51] Ein Zusammenhang mit der finanziellen Situation des Haushalts ist nicht nachweisbar.

4.2.5 Sollten sich Frauen und Männer Erwerbsarbeit und Hausarbeit gleichmäßig teilen?

Neben den geschilderten Aufteilungen von einigen im Haushalt anfallenden Tätigkeiten, ist es auch interessant zu erfahren, wie die Befragten allgemein, also nicht speziell auf ihre persönliche Situation bezogen, über die Frage der Arbeitsteilung denken. Sie sollten deshalb zu folgender Aussage Stellung beziehen:

> Frauen und Männer sollten sich Erwerbsarbeit und Hausarbeit gleichmäßig teilen.

Wie aufgrund der bisherigen Ergebnisse zum Thema Arbeitsteilung zu erwarten, antworten hier Frauen und Männer sehr unterschiedlich: 65 % der weiblichen, aber nur 55 % der männlichen Befragten stimmen dieser Aussage ‚voll' zu. Auf völlige Ablehnung stößt das Statement nur bei 2 % der Frauen. Die Probanden sehen das etwas anders, denn 5 % von ihnen lehnen den Satz ‚ganz und gar ab'.

Nachdem bei einzelnen Aufgaben bereits auf sich andeutende Veränderungen hingewiesen wurde, stellt sich auch hier die Frage, ob die geäußerten Einstellungen vom Alter der ProbandInnen beeinflußt werden. Dies scheint nur bei den Frauen der Fall zu sein, denn das Ergebnis für die männlichen Befragten ist nicht signifikant. Die höchste Zustimmung ist in der Klasse der bis 27jährigen Probandinnen (83 %) zu finden; den niedrigsten Wert in dieser Kategorie weisen die 61- bis 70jährigen Frauen mit 57 % auf. Jene Probandinnen, die schon 71 Jahre oder älter sind, stimmen der Aussage zu 67 % voll zu. Anders verhält es sich mit der völligen Ablehnung des Statements: Hier steigen die Werte kontinuierlich von der niedrigsten (1 %) zur höchsten Altersklasse (7 %) an.

In einem nächsten Schritt wird gezeigt, inwiefern die schulische Qualifikation der Befragten und die Meinungen zu diesem Satz zusammenhängen. Während unter Personen mit Hauptschulabschluß 58 % volle Zustimmung bekunden, steigt der Wert bei RealschulabsolventInnen auf 63 und bei Befragten mit (Fach-) Hochschulreife auf 68 % an. Trennt man allerdings nach Geschlecht, so ergeben sich weder für die weiblichen noch die männlichen Befragten signifikante Unterschiede. Weiterhin beeinflußt die berufliche Situation das Antwortverhalten: Das höchste Maß an voller Zustimmung erhält die Aussage unter den Befragten, die berufstätig sind (68 %), den niedrigsten Wert weisen Personen mit Nebenjob auf (55 %).

Ob die Antworten außerdem auch von der Struktur der jeweiligen Haushalte abhängen, wird anhand verschiedener Merkmale untersucht: Keine Unterschiede im Antwortverhalten zeigen Befragte, die mit PartnerIn im Haushalt leben gegenüber denen, die ohne PartnerIn wohnen. Auch läßt sich kein Unterschied zwischen Befragten mit oder ohne Kind im Haushalt nachweisen. In Paarhaushalten spielt allerdings die berufliche Situation eine Rolle: Personen, deren PartnerIn berufstätig ist, stimmen der Aussage häufiger (64 %) zu als Befragte, bei denen dies nicht der Fall ist (53 %). Die Ansichten der Frauen dazu hängen nicht davon ab, ob ihr Partner berufstätig ist oder nicht. Bei den männlichen Befragten zeigen sich dagegen sehr wohl Differenzen: Unter jenen, deren Partnerinnen nicht im Erwerbsleben stehen, liegt die volle Zustimmung zu diesem Statement bei nur 44 %, und 8 % lehnen es ganz und gar ab. Probanden mit berufstätigen Partnerinnen stimmen der Aussage zu 64 % voll zu und nur ein sehr kleiner Anteil von 2 % lehnt sie völlig ab.[52] Hier entsteht der Eindruck, daß es Frauen schwer haben am Berufsleben teilzunehmen, wenn ihr Partner damit nicht einverstanden ist; diesem Aspekt ist im Kapitel 7.1 noch nachzugehen.

4.2.6 Zusammenfassung

Die Tagebücher wie auch die qualitativen Interviews vermitteln einen sehr lebendigen Eindruck von den vielfältigen Aufgaben, mit denen Frauen alltäglich konfrontiert werden, und insbesondere von der Zeit, die sie dabei für andere Personen, seien es nun Kinder, der Partner oder andere, aufwenden. Zeit wird vor allem dann zu einem knappen Gut, wenn die Interviewpartnerinnen Erwerbs-, Haus- und Familienarbeit zu leisten haben: Nicht selten arbeiten sie auch am ‚Feierabend' oder dem ‚freien Wochenende'. Zeit kann regelrecht umkämpft sein, wie die Gespräche mit Michaela A. und Ruth M. (vgl. Kapitel 4.2.2) gezeigt haben. Um nicht in Zeitnot zu geraten oder um auch Zeit für sich selbst zu haben, forderten sie die Unterstützung ihrer Partner im Haushalt bzw. bei der Kindererziehung ein. Solche Auseinandersetzungen in Familien und Partnerschaften sind nach Ansicht von Karin JURCZYK (1994, S. 209) ein Indiz dafür, daß Frauen in den letzten Jahrzehnten „die Bedeutung der Ressource Zeit für ihre Autonomie" erkannt haben. Sie kommt zu dem Schluß, daß der „Machtkampf zwischen den Geschlechtern [...] derzeit häufig als Kampf um Zeit" verlaufe (ebd.).

Vor diesem Hintergrund verwundert es auch nicht, daß sich die Arbeitsteilung in der Familie für Frauen und Männer, die in Partnerschaften leben, doch sehr unterschiedlich darstellt. Offensichtlich schätzen sowohl weibliche als auch männliche Befragte das eigene Engagement bei Tätigkeiten, die dem eigenen Geschlecht zugeschrieben werden, höher ein, als es das jeweils andere Geschlecht tut.

Drei der vier angesprochenen Tätigkeitsbereiche werden aus Sicht beider Geschlechter klar zugeordnet: Für Einkaufen und Wäsche waschen sind vorwiegend die Frauen zuständig, während sich die Männer vorwiegend um Reparaturen küm-

---

[52] Sehr interessant ist dabei, daß die sich berufstätige (49 %) und nicht-berufstätige Partnerinnen (51 %) hier zahlenmäßig die Waage halten.

mern. Weniger Einigkeit besteht bei der am Beispiel der Kinder dargestellten Familienarbeit, denn hier halten Frauen vorwiegend sich selbst für zuständig, während die meisten Männern der Meinung sind, sich diese Aufgabe mit der Partnerin zu teilen. Auffallend ist, daß Frauen sehr viel eher Tätigkeiten aus ehemals männlich konnotierten Bereichen (beispielsweise Reparaturen) übernehmen als umgekehrt wie das Bsp. Wäsche waschen eindrücklich zeigen konnte.

Befindet sich nun die familiale Arbeitsteilung in einem Wandlungsprozeß, der in naher Zukunft eine gleichberechtigte Teilhabe von Frauen und Männern an Erwerbs-, Haus- und Familienarbeit ermöglicht? Oder ist eher anzunehmen, daß das derzeitige Geschlechterverhältnis sowie die daraus resultierende Arbeitsteilung weiterhin Bestand haben werden? Um dies beantworten zu können, ist eine weitere Differenzierung der Befragten nach Altersklassen und Bildungsstand notwendig. Die vielleicht naheliegende (oder erhoffte) Vermutung, daß jüngere Frauen und/oder gut ausgebildete in geringerem Maße für die Haus- und Familienarbeit zuständig sind als ältere und/oder schlechter ausgebildete, ist nicht generell haltbar.

Welche Schlußfolgerungen erlauben die genannten Beispiele? Die Zuständigkeit für einzelne Haushaltstätigkeiten wird sowohl vom Alter als auch vom Bildungsniveau der Befragten beeinflußt. Klare Tendenzen sind jedoch nur in einzelnen Fällen auszumachen und beschränken sich vor allem auf die unterste Altersklasse: Die Umverteilung und Umorganisation aller gesellschaftlich notwendigen Tätigkeiten geht nur sehr langsam vor sich, so daß zumindest die hier befragten Frauen wohl auch weiterhin die überwiegende Zuständigkeit und Verantwortung für die Haus- und Familienarbeit tragen werden.

5 Erwerbsbeteiligung und Motive von Frauen

5.1 Erwerbsbeteiligung von Frauen und Männern

In den beiden vorangegangenen Kapiteln konnte gezeigt werden, daß die befragten Frauen zwar über eine relativ gute Schulbildung verfügen, aber seltener als die männlichen Befragten eine formale berufliche Qualifikation erworben haben. Auch sind die Probandinnen weitgehend für Haus- und Familienarbeit zuständig. Wie sich diese Vorbedingungen in der Erwerbsbeteiligung niederschlagen, ist Gegenstand des folgenden Kapitels.

Die Erwerbsbeteiligung ist jene Größe, in der das Angebot von und die Nachfrage nach Arbeitskräften zusammentreffen, sie stellt also einen wichtigen „Indikator am ‚Schnittpunkt' zwischen Arbeitsmarkt und Bevölkerung" dar (FASSMANN & MEUSBURGER 1997, S. 85). Zur Messung der Erwerbsbeteiligung wird oft die *erwerbsfähige Bevölkerung* herangezogen: Sie umfaßt alle zwischen 15 und 65 Jahre alten Personen, unabhängig davon, ob sie tatsächlich in der Lage sind, einer Erwerbstätigkeit nachzugehen oder nicht. Die erwerbsfähige Bevölkerung setzt sich aus *Nichterwerbspersonen* und *Erwerbspersonen* zusammen, wobei sich letztere aus *Beschäftigten* und *Arbeitslosen* zusammensetzen.

Diesem Konzept liegt ein Arbeitsbegriff zugrunde, der sich daran orientiert, ob eine Tätigkeit auf Erwerb bzw. Verdienst ausgerichtet ist oder nicht, d.h. die von Hausfrauen und -männern geleistete Arbeit fällt nicht darunter, sie zählen folglich zu den Nichterwerbspersonen. Nicht klar zu verorten ist in diesem Konzept die sogenannte ‚Stille Reserve', also Personen, die weder erwerbstätig sind noch sich arbeitslos gemeldet haben, die jedoch bei entsprechenden Bedingungen an der Aufnahme einer Erwerbstätigkeit interessiert sind. Da diese ‚Stille Reserve' zum Großteil aus Frauen besteht, die sich in die Alternativrolle der Hausfrau (vgl. Kapitel 2.1.4) zurückgezogen haben, erscheint das Erwerbspersonenkonzept für die vorliegende Untersuchung nur bedingt tauglich.

Im folgenden wird deshalb der Anteil der Erwerbstätigen an den Befragten berechnet und als Erwerbstätigenquote[53] bezeichnet. Da in die Auswertung nur Personen im Alter von mindestens 18 Jahren eingehen, ist eine untere Altersgrenze gegeben. Auf eine obere Altersgrenze wird verzichtet, da eine Vorauswertung gezeigt hat, daß auch Personen, die bereits das Rentenalter erreicht haben, noch einer Erwerbstätigkeit nachgehen: So ist die älteste Probandin, die am Erwerbsleben teilnimmt, 75 Jahre alt, der älteste Proband 70 Jahre. Die qualitativen Interviews lassen den

---

[53] Üblicherweise wird zur Berechnung der Erwerbstätigenquote „die Zahl der tatsächlich Erwerbstätigen durch die Wohnbevölkerung dividiert" (FASSMANN & MEUSBURGER 1997, S. 87).

Schluß zu, daß hier – zumindest bei den Frauen – finanzielle Gründe eine zentrale Rolle spielen (vgl. Kapitel 5.2.2 und 7.1.1).

Neben den persönlichen Merkmalen der ProbandInnen wird im folgenden auch der Zusammenhang zwischen Familie und Erwerbsbeteiligung berücksichtigt. Außer einem Einfluß von Partner bzw. Partnerin und Kindern spielt möglicherweise auch die vor Ort lebende Großfamilie eine Rolle: Sie kann einerseits bestimmte Arbeiten (wie z.B. Hol- und Bringdienste für Kinder) abnehmen, also entlasten, andererseits aber auch Arbeit verursachen (Bsp. Pflege), so daß zusätzliche Belastung entsteht.

Weiterhin wird die Erwerbsbeteiligung auch von den vorhandenen Erwerbsmöglichkeiten (sprich Arbeitsplätzen) vor Ort oder in der erreichbaren Umgebung beeinflußt, so daß zwischen den vier Untersuchungsgemeinden Unterschiede zu erwarten sind. Schließlich scheint bei der Entscheidung für oder gegen Erwerbstätigkeit neben den äußeren Umständen immer auch die persönliche Einstellung von Frauen und Männern eine Rolle zu spielen.

5.1.1 Personengebundene Faktoren der Erwerbsbeteiligung

Auf der individuellen Ebene beeinflußt insbesondere das Geschlecht der Befragten deren Erwerbsbeteiligung, es stellt ein „durch alle Arbeitsmarktphänomene durchgehendes Differenzierungsprinzip" dar (FASSMANN & MEUSBURGER 1997, S. 95). Daneben wirkt sich auch das Alter – wie schon die Definition der erwerbsfähigen Bevölkerung gezeigt hat – auf die Erwerbstätigkeit aus. Viele gesetzliche Regelungen (z.B. Verbot der Kinderarbeit, Altersteilzeit) knüpfen an diesem Merkmal an. Schließlich kommt auch hier die Qualifikation der Befragten zum Tragen, denn insbesondere bei den Frauen schlägt sich das gestiegene Ausbildungsniveau in höherer Erwerbsbeteiligung nieder.

Geschlechtsspezifische Erwerbsbeteiligung

Die qualitativen Interviews zeigen auf eindrückliche Art und Weise die vielfältigen Möglichkeiten der Erwerbsbeteiligung von Frauen: Ein Zuverdienst zur Rente wird ebenso erwähnt wie eine Teilzeitstelle während des Erziehungsurlaubes oder eine vom Arbeitsamt genehmigte Ergänzung zum Arbeitslosengeld. Um gerade diese Formen der Erwerbsbeteiligung auch quantitativ im Fragebogen erfassen zu können, werden die ProbandInnen zunächst nach ihrem ‚Status' gefragt (vgl. Abhang C, Frage 7.1), wobei Mehrfachnennungen möglich sind (siehe Eckdaten).[54]

---

[54] Die zu 100 % fehlenden Angaben entfallen auf Umschulung, Zivil- oder Wehrdienst bzw. soziales Jahr und arbeitslos. Es ist davon auszugehen, daß jene Personen, die sich selbst vorwiegend als berufstätig be-

5.1 Qualifikationen im Geschlechtervergleich

In den vier untersuchten Gemeinden ist zwar der jeweils größere Teil der befragten Frauen und Männer beruflich tätig, doch die geschlechtsspezifische Diskrepanz ist beträchtlich: Während zwei Drittel der männlichen Befragten am Erwerbsleben teilnehmen, ist es unter den weiblichen nur etwa die Hälfte (52 %).

Eckdaten der weiblichen Befragten:	*Eckdaten der männlichen Befragten:*
• 50 % Hausfrau, • 15 % Rentnerin, • 8 % Mutterschutz/Erziehungsurlaub, • 5 % schulische/berufliche Ausbildung, • 20 % keine der Aussagen trifft zu.	• 28 % Rentner, • 9 % schulische/berufliche Ausbildung, • 6 % Hausmann, • 53 % keine der Aussagen trifft zu.

Erwerbstätige Frauen antworten auf die Frage nach dem Status größtenteils, daß auf sie keine der Aussagen zutreffe (44 %), womit dieser Anteil nur unwesentlich größer ist als jener, der auf die Kategorie ‚Hausfrau' entfällt (43 %). Auf Mutterschutz bzw. Erziehungsurlaub entfallen weitere 6 %, auf schulische oder berufliche Ausbildung 5 %.

Frauen, die nicht am Erwerbsleben teilnehmen, ordnen sich mehrheitlich der Kategorie ‚Hausfrau' zu und rund ein Viertel bezeichnet sich als Rentnerin. Mit 10 % liegt der Anteil der Probandinnen im Mutterschutz oder Erziehungsurlaub höher als unter den erwerbstätigen Frauen, während sich bezüglich der Ausbildung keine Differenzen zwischen diesen beiden Gruppen feststellen lassen.

Erwartungsgemäß fällt die Verteilung der Antworten unter den männlichen Befragten deutlich anders aus, denn unter den erwerbstätigen Probanden geben 83 % an, auf sie treffe keine der vorliegenden Aussagen zu. Auf Ausbildung entfällt mit 9 % ein etwas größerer Anteil als bei der weiblichen Vergleichsgruppe, dafür sind ‚Hausmänner' mit einem Anteil von nur 4 % als Ausnahmeerscheinungen zu betrachten.

Probanden, die nicht erwerbstätig sind, ordnen sich vorwiegend der Kategorie ‚Rente' zu (71 %), ein Zehntel der Antworten entfällt auf Ausbildung und 9 % bezeichnen sich als ‚Hausmann'.

In der Befragung wurde weiterhin zwischen verschiedenen Erscheinungsformen/Dimensionen der Berufstätigkeit und der Nicht-Berufstätigkeit unterschieden.

---

zeichnen, angeben, daß keine der aufgeführten Aussagen auf sie zutreffe. Dies wird durch die Auswertung zu 99 % bestätigt.

So wird differenziert zwischen jenen Personen, die *nicht mehr* berufstätig sind, und jenen, die es *noch nie* waren. Die Erfahrungen mit den Interviews zeigen, daß zumindest Frauen, die nur in geringem Umfang beschäftigt sind, sich selbst oft *nicht* als berufstätig bezeichnen und auch von ihrer Umgebung nicht so eingestuft werden. Berufstätige konnten deshalb unter folgenden drei Antwortmöglichkeiten wählen: *berufstätig sein und einem Nebenjob nachgehen, berufstätig sein* oder *einem Nebenjob nachgehen*[55]. Hierbei ging es einerseits darum, daß sich möglichst viele Befragte in einer der Antwortmöglichkeiten wiedererkennen und andererseits um eine Quantifizierung der jeweiligen Tätigkeitsformen.

Tab. 20: Erwerbsbeteiligung der Befragten

	Frauen (n = 798)	Männer (n = 399)
Berufstätig mit Nebenjob	3	6
Berufstätig	37	56
Nebenjob	12	4
Nicht mehr berufstätig	42	30
Noch nie berufstätig	6	4
	100 %	100 %

Quelle: Eigene Erhebung 1998, eigene Bearbeitung

Schaut man sich in Tab. 20 die Erwerbsbeteiligung der Befragten an, so weist die Gruppe der *berufstätigen Personen* die größte geschlechtsspezifische Differenz auf, denn der Wert unter den Männern liegt 19 % höher als der unter den Frauen. Der zweitgrößte Unterschied ist bei Personen festzustellen, die *nicht mehr* im Berufsleben stehen. Diese Angabe trifft für den größten Anteil der Frauen zu, während die meisten Männer in der Gruppe der Berufstätigen zu finden sind.

Das Ausüben eines *Nebenjobs* ist erwartungsgemäß eine eher weibliche Form der Erwerbstätigkeit; der Anteil der Frauen liegt mehr als 7 % über dem der Männer. Zwei Gründe können dabei eine Rolle spielen: zum einen die überwiegende Zuständigkeit der Frauen für Haushalt und Familie und damit verbunden geringere zeitliche Spielräume für die Ausübung einer Erwerbstätigkeit, zum anderen die schlechtere berufliche Qualifikation der Probandinnen, die dazu führt, daß sie oft nur im Rahmen von 620-DM-Jobs eine Anstellung finden.

---

[55] Unter dem Begriff Nebenjob bzw. Nebentätigkeit wird eine auf Verdienst ausgerichtete Tätigkeit verstanden, die von den Befragten nicht als ihre Hauptaufgabe eingeschätzt wird und *neben* einer anderen ausgeführt wird. Die Hauptaufgabe kann eine Erwerbstätigkeit, Hausarbeit oder auch ein Ehrenamt sein.

5.1 Qualifikationen im Geschlechtervergleich

Dagegen stellt die Kombination *Beruf plus Nebenjob* ein überwiegend männliches Erwerbsmuster dar, wobei davon auszugehen ist, daß dies ohne die vorherrschende geschlechtsspezifische Arbeitsteilung in der Familie nicht möglich wäre.

Altersabhängige Erwerbsteilnahme

Der Einfluß des Alters auf die Erwerbsbeteiligung wird in zwei Schritten untersucht: Im ersten werden die bereits eingeführten Altersklassen im Zusammenhang mit den fünf genannten Kategorien der (Nicht-)Erwerbstätigkeit gebracht, im zweiten wird die Erwerbstätigenquote anhand von Altersklassen in 5-Jahres-Schritten berechnet.[56]

Zunächst wird nun geprüft, welche Zusammenhänge zwischen den genannten Formen der (Nicht-)Erwerbstätigkeit und einzelnen Altersklassen festzustellen sind. Ein Vergleich von Abb. 20 und Abb. 21 macht deutlich, daß die Situation der Frauen in den einzelnen Altersklassen sehr viel stärker differiert als die der Männer. Dies gilt vor allem für die Gruppe der 28- bis 45jährigen sowie für die höchste Altersklasse.

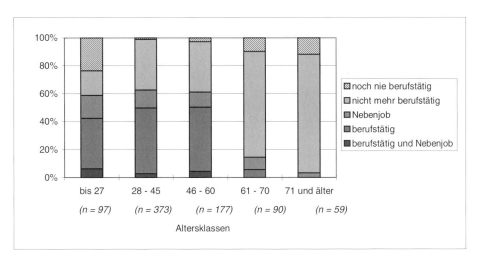

Abb. 20: Erwerbssituation von Frauen verschiedener Altersklassen
Quelle: Eigene Erhebung 1998, eigene Bearbeitung

---

[56] Die Größe des Datensatzes läßt eine gleichzeitige Bearbeitung von elf Altersklassen und fünf Kategorien der (Nicht-)Erwerbstätigkeit nicht zu.

Zuerst werden jene Personen genauer betrachtet, die *berufstätig sind und einen Nebenjob ausüben:* Ihr Anteil an allen Befragten beträgt 4 % (n = 50). Diese Form der Erwerbstätigkeit tritt in der höchsten Altersklasse gar nicht auf und kann in der Klasse der 61- bis 70jährigen vernachlässigt werden, da nur eine Angabe vorliegt.

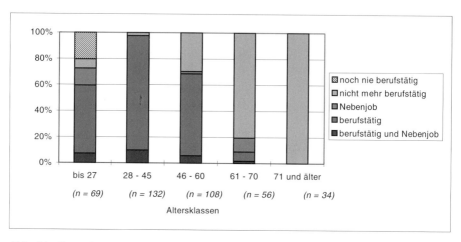

Abb. 21: Erwerbssituation von Männern verschiedener Altersklassen
Quelle: Eigene Erhebung 1998, eigene Bearbeitung

Interessant sind folglich die drei unteren Altersklassen, denn hier läßt sich bei Frauen und Männern eine gegenläufige Tendenz[57] feststellen. Die Werte liegen bei den bis 27jährigen mit 6 und 7 % recht nah beisammen. Bei den 28- bis 45jährigen sinkt der Wert bei den Frauen auf 3 % ab, während bei den Männern ein Anstieg auf 10 % zu verzeichnen ist. In der nächst höheren Klasse gleichen sich die Daten dann wieder an, d.h. der Anteil steigt bei den Frauen und nimmt bei den Männern ab. Dies läßt sich dahingehend interpretieren, daß sich im männlichen Lebenslauf die Haupterwerbsphase dann abspielt, wenn sich die Frauen in der Familienphase befinden.

Auch in der Gruppe der berufstätigen Personen (n = 520) sind vor allem die drei unteren Altersklassen von Interesse: Dort schwankt der Anteil der Berufstätigen zwischen 36 und 88 %. Sowohl bei den weiblichen wie bei den männlichen Befragten ist er bei den bis 27jährigen am niedrigsten, erreicht dann sein Maximum und sinkt bei den 46- bis 60jährigen wieder ab. Jedoch sind die Schwankungen bei

---

[57] Diese Werte sind statistisch nicht signifikant; die Auswertung ist deshalb als qualitative Interpretation der Daten zu verstehen.

den Probandinnen (36 % – 47 % – 46 %) wesentlich geringer als bei den Probanden (52 % – 88 % – 63 %). Dies kann darauf hindeuten, daß die Lebensphase, in der Männer bereits aus dem Beruf ausscheiden (z.B. durch Altersteilzeit), mit jener des Wiedereinstiegs von Frauen zusammenfällt.

Schließlich darf auch die Gruppe derjenigen, die einem *Nebenjob* nachgehen, nicht außer acht gelassen werden: Sie umfaßt 110 Personen, also 9 % der Befragten. Wie bereits Tab. 20 deutlich gemacht hat, sind Nebentätigkeiten für Frauen von größerer Bedeutung als für Männer.

Bei Betrachtung der einzelnen Altersklassen wird deutlich, daß die geschlechtsspezifischen Differenzen in sehr unterschiedlichem Maße ausgeprägt sind: So liegen die Werte für die weiblichen und männlichen Befragten in der untersten sowie der zweit höchsten Klasse recht nah beisammen, während sie in den drei übrigen deutliche geschlechtsspezifische Charakteristika aufweisen.

Der Anteil der Frauen, die in Form eines Nebenjobs erwerbstätig sind, nimmt mit zunehmendem Alter kontinuierlich von 17 % in der untersten auf 3 % in der höchsten Altersklasse ab. Hier gilt es festzuhalten, daß auch über 70jährige Frauen noch eine Tätigkeit ausüben, wenn es auch nur wenige sind.[58]

Männer dagegen haben nur in einzelnen Lebensphasen einen Nebenjob. Wie bei den Frauen wird auch hier der höchste Wert bei den bis 27jährigen erreicht so daß zu vermuten ist, daß solche Tätigkeiten oft parallel zur schulischen oder beruflichen Ausbildung ausgeübt werden. In der Haupterwerbsphase dagegen geht keiner der Probanden ausschließlich einem Nebenjob nach; dies ist erst wieder bei den 46- bis 60jährigen der Fall. Eine größere Rolle spielen solche Tätigkeiten dann in der nächst höheren Altersklasse, wobei der Wert sogar über dem der Probandinnen liegt. Einige Männer scheinen also den Übergang ins Rentenalter schrittweise zu gestalten. Im Gegensatz zu einigen Frauen stehen die Männer, die bereits 71 Jahre und älter sind, nicht mehr im Erwerbsleben.

Der Fokus dieser Untersuchung ist jedoch nicht ausschließlich auf Personen gerichtet, die im Erwerbsleben stehen, sondern es werden auch jene ProbandInnen einbezogen, die nicht mehr erwerbstätig sind oder dies noch nie waren.

Die Gruppe der Befragten, die *nicht mehr erwerbstätig sind*, umfaßt 454 Personen. Ihr Anteil differiert je nach Altersklasse bei den Frauen zwischen 18 und 85 %, bei den Männern dagegen zwischen 2 und 100 %. In den drei unteren Altersklassen

---

[58] Um festzustellen, ob dies aufgrund finanzieller Engpässe geschieht, reicht die Zahl der betroffenen Probandinnen nicht aus, denn es sind nur zwei.

liegt der Wert der Frauen jeweils über dem der Männer; in den beiden oberen kehrt sich das Verhältnis um.

Die Zahlen bei den Frauen steigen von der niedrigsten zur höchsten Altersklasse hin an, mit einer Stagnation bei den 46- bis 60jährigen. Gerade in dieser Klasse ist jedoch bei den Männern eine deutliche Zunahme zu verzeichnen, die mit dem Eintritt ins Rentenalter zusammenhängt.

Abschließend folgt ein Blick auf jene 62 Personen, die *noch nie berufstätig* waren. Auch hier ist eine starke geschlechtsspezifische Komponente vorhanden[59].

Erwartungsgemäß sind die Anteile in der untersten Altersklasse bei beiden Geschlechtern relativ hoch, auch ist die Differenz zwischen beiden Werten relativ gering (24 % der Frauen; 20 % der Männer). Doch damit enden die Gemeinsamkeiten bereits, denn dies ist der einzige Wert, der für die männlichen Befragten vorliegt, d.h. in den vier übrigen Altersklassen gibt es keine Probanden, die noch nie erwerbstätig waren.

Ganz anders stellt sich die Situation bei den Frauen dar, denn in den vier oberen Altersklassen ist eine kontinuierliche Zunahme des Anteils jener Frauen zu verzeichnen, die noch nie berufstätig waren (von 1 auf 12 %). Daraus läßt sich schließen, daß die Bedeutung der Erwerbstätigkeit im Lebensverlauf von Frauen in den vergangenen Jahrzehnten erheblich zugenommen hat.

Erwerbstätigenquote

Nachdem im ersten Schritt das Hauptaugenmerk auf der Differenzierung bestimmter Formen der Erwerbsbeteiligung lag, gilt es nun anhand kleinerer Altersklassen, den Verlauf der Erwerbstätigenquote bei Frauen und Männern herauszustellen (vgl. Abb. 22)[60].

Bei den männlichen Befragten ist zunächst ein steiler Anstieg der Kurve zu verzeichnen (Altersklasse 1 bis 3), danach bleibt die Quote bis zur Altersklasse der 43- bis 47jährigen auf sehr hohem Niveau; in diese Phase fällt auch das absolute Maximum. Bereits in der Gruppe der 48- bis 52jährigen Probanden ist ein deutlicher Rückgang zu konstatieren, und ein großer Teil der Befragten scheidet bereits vor Erreichen des 58. Lebensjahres aus dem Erwerbsleben aus.

---

[59] Diese Werte sind statistisch nicht signifikant; die Auswertung ist deshalb als qualitative Interpretation der Daten zu verstehen.
[60] Dazu werden die 18- bis 72jährigen Befragten in elf gleich große Altersklassen eingeteilt.

5.1 Qualifikationen im Geschlechtervergleich

Bezogen auf den Verlauf der Erwerbstätigenquote von Frauen wird häufig auf die abnehmende Bedeutung des 3-Phasen-Modells hingewiesen (Bsp. FASSMANN & MEUSBURGER 1997, S. 92). Die Daten zeigen jedoch, daß dieses zumindest im ländlichen bzw. suburbanen Raum durchaus noch Gültigkeit besitzt: So weist die Kurve bei den Probandinnen zwei Höchststände auf, denn in der Altersklasse der 23- bis 27jährigen ist ein lokales, in jener der 43- bis 47jährigen ein absolutes Maximum zu erkennen.

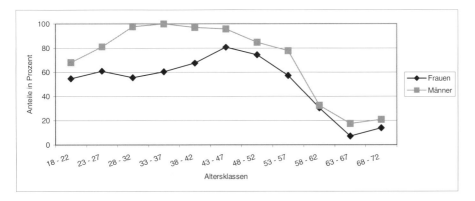

Abb. 22: Anteil der Erwerbstätigen an den Befragten
Quelle: Eigene Erhebung 1998, eigene Bearbeitung

Interessant ist auch der Übergang ins Rentenalter. FASSMANN & MEUSBURGER (1997, S. 88) weisen darauf hin, daß die Erwerbsquote bei Frauen mit Erreichen des Pensionsalters rascher absinkt als bei Männern. Ein eher unerwartetes Phänomen ist beiden Kurven gemeinsam: Nachdem in der Altersklasse der 63- bis 67jährigen jeweils ein absolutes Minimum existiert, ist ein erneuter Anstieg zu beobachten, der bei den Frauen mit 7 Prozentpunkten deutlicher ausfällt als bei den Männern (Zunahme um 3 Prozentpunkte). Dies ist eventuell darauf zurückzuführen, daß viele Frauen nach dem Tod ihres Partners nur einen geringen Rentenanspruch geltend machen können und versuchen, ihr Einkommen durch eine berufliche Tätigkeit aufzubessern (vgl. Kapitel 5.2.2).

Um regionale Charakteristika der Erwerbstätigenquote erfassen zu können, bietet sich ein Vergleich zwischen Daten der Erhebung und dem Mikrozensus an.[61] Wie

---

[61] Um die Werte vergleichen zu können, wurden die in SOZIALMINISTERIUM BADEN-WÜRTTEMBERG (1998, S. 226) verwendeten Altersklassen übernommen.

Abb. 23 zu entnehmen ist, weichen die Kurven der Männer nur geringfügig voneinander ab.

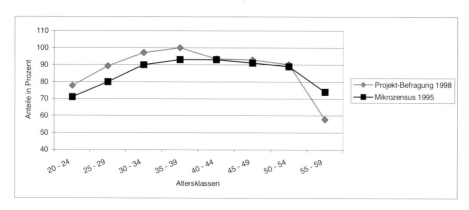

Abb. 23: Erwerbstätigenquoten von Männern im Vergleich
Quelle: SOZIALMINISTERIUM BADEN-WÜRTTEMBERG (1998, S. 226) sowie eigene Erhebung 1998, eigene Bearbeitung

Sehr viel größer sind die Differenzen zwischen den Frauen in der vorliegenden Untersuchung und den Werten des Mikrozensus für die Frauen in Baden-Württemberg (1995), wie aus Abb. 24 hervorgeht.

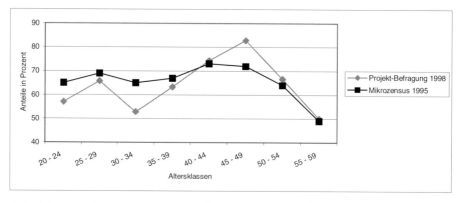

Abb. 24: Erwerbstätigenquoten von Frauen im Vergleich
Quelle: SOZIALMINISTERIUM BADEN-WÜRTTEMBERG (1998, S. 226) sowie eigene Erhebung 1998, eigene Bearbeitung

5.1 Qualifikationen im Geschlechtervergleich

Schon auf den ersten Blick fällt auf, daß die Kurve des Mikrozensus sehr viel gleichmäßiger verläuft als die der Projekterhebung, d.h. bezogen auf Baden-Württemberg ist das 3-Phasen-Modell tatsächlich nur noch von untergeordneter Bedeutung. Interessant ist außerdem, daß die landesweite Erwerbsbeteiligung auch in den Altersklassen vor und nach dem durch die Kinderpause verursachten Knick jeweils über der in den Untersuchungsgemeinden liegt. Dies kehrt sich in der Altersklasse der 40- bis 44jährigen Frauen um, wobei die Mikrozenus-Kurve gleichzeitig ihr Maximum erreicht: Danach weist die Kurve der Projekterhebung – insbesondere in der Altersklasse der 45- bis 49jährigen – höhere Werte als die des Mikrozensus auf.

Die beiden Kurven machen deutlich, daß die Frauen in den vier Gemeinden ungefähr in gleichem Maße wie die Frauen im Landesdurchschnitt erwerbstätig sind, doch liegen die Schwerpunkte eindeutig in anderen Lebensabschnitten. Die Erwerbsbeteiligung der Frauen in den untersuchten Gemeinden entspricht also noch der im 3-Phasen-Modell benannten und ist durch ein „zeitliches Nacheinander von Erwerbstätigkeit und Familienarbeit" gekennzeichnet SOZIALMINISTERIUM BADEN-WÜRTTEMBERG (1998, S. 315). Die landesweiten Daten weisen dagegen eher darauf hin, daß Erwerbstätigkeit und Familienarbeit parallel geleistet werden. Gilt dieses „zeitgleiche Nebeneinander von Familien- und Erwerbstätigkeit für *beide* Geschlechter", so werden dafür in der Literatur die Begriffe Simultan- oder Kontinuitätsmodell verwendet (ebd., S. 316, Herv. im Original). Aufgrund der Ergebnisse der repräsentativen Zeitbudgeterhebung des Statistischen Bundesamtes (vgl. BUNDESMINISTERIUM FÜR FAMILIE, SENIOREN, FRAUEN UND JUGEND 1996) scheinen diese Begriffe bislang allerdings eher unangemessen (vgl. Kapitel 4.2.3).

Ein wichtiger Aspekt bei der parallelen Bewältigung von Beruf und Familie kommt den Betreuungseinrichtungen für Kinder außerhalb der Familie zu. Schaut man sich beispielsweise die in Baden-Württemberg verfügbaren Hortplätze für Kinder an, so sind auf Kreisebene erhebliche Differenzen festzustellen (vgl. SOZIALMINISTERIUM BADEN-WÜRTTEMBERG 1998, S. 542). Während die Versorgungsquote (also die verfügbaren Plätze je 100 Kinder) in der Landeshauptstadt Stuttgart mit 11,7 % an der Spitze liegt, beträgt der Wert im Kreis Böblingen nur 1,4 %. Zu den Schlußlichtern im Land zählt der Kreis Calw mit 0,2 %. Es ist folglich von einem deutlichen Stadt-Land-Gefälle zu sprechen, das auch zur Erklärung der niedrigen Erwerbstätigenquote der befragten Frauen im Alter zwischen 30 und 34 Jahren beiträgt.

Qualifikation und Erwerbsbeteiligung

Es ist davon auszugehen, daß schulische und insbesondere berufliche Ausbildungen mit dem Ziel absolviert werden, diese in eine Erwerbstätigkeit umzusetzen: Mit steigender Qualifikation und damit zumeist einhergehender längerer Ausbildungsdauer „erscheint der Verzicht auf eine Erwerbstätigkeit sowohl mikro- als auch makroökonomisch zunehmend ineffizienter" (SOZIALMINISTERIUM BADEN-WÜRTTEMBERG 1998, S. 175). Betrachtet man nun den höchsten schulischen Abschluß im Zusammenhang mit der Erwerbsbeteiligung, so ist es möglich, Aussagen darüber zu machen, ob sich die Investitionen in höhere Schulbildung und damit in mehr Humankapital für die Befragten auch auszahlen. Besondere Aufmerksamkeit gilt dabei natürlich der Frage, ob sich diese Investitionen für die befragten Frauen und Männer in gleichem Maße auszahlen oder nicht (vgl. Tab. 21).[62]

Tab. 21: Schulabschluß und Erwerbsbeteiligung

	Frauen			Männer		
	Volks-/ Hauptschule (n = 241)	Mittlere Reife/Realschule (n = 283)	Abitur/ Fachhochschulreife (n = 138)	Volks-/ Hauptschule (n = 156)	Mittlere Reife/Realschule (n = 78)	Abitur/ Fachhochschulreife (n = 80)
Berufstätig mit Nebenjob	2	4	7	5	17	5
Berufstätig	37	48	45	65	74	73
Nebenjob	12	12	15	1	3	4
Nicht mehr berufstätig	44	35	28	29	6	14
Noch nie berufstätig	4	2	6	1	--	5
	99 %	101 %	101 %	101 %	100 %	101 %

Quelle: Eigene Erhebung 1998, eigene Bearbeitung

Es besteht für beide Geschlechter ein signifikanter Zusammenhang zwischen höchstem Schulabschluß und Erwerbsbeteiligung. So erreicht die Erwerbstätigenquote unter den Hauptschulabgängerinnen gerade mal 51 %, bei Frauen mit Realschulabschluß sind es bereits 64 % und die Abiturientinnen sind sogar zu 67 % in einer der drei genannten Formen erwerbstätig. Unter den männlichen Befragten sind zwar ebenfalls große Differenzen auszumachen, sie ergeben allerdings kein so stringentes Bild wie bei den weiblichen: Die Hauptschulabsolventen nehmen zu 71 % am Erwerbsleben teil, die Realschulabgänger zu 94 % und Männer mit (Fach)Hochschulreife zu 82 %.

---

[62] In die Berechnungen gehen nur Befragte bis zu 65 Jahren ein.

5.1 Qualifikationen im Geschlechtervergleich

Wie bereits in Kapitel 4.2 geschildert, weisen die befragten Frauen trotz häufig guter Schulbildung seltener als Männer formale berufliche Qualifikationen auf. Es ist anzunehmen, daß sich dies in der Erwerbsbeteiligung widerspiegelt, insofern als Frauen ohne Berufsausbildung meist mit Aushilfstätigkeiten vorliebnehmen müssen, die oft weder vertraglich noch sozial abgesichert und nur selten auf Dauer angelegt sind. In diesen Fällen erfolgt nach einer Kinderpause auch nicht unbedingt ein Wiedereinstieg.

Erwartungsgemäß variiert der Anteil der erwerbstätigen Probandinnen je nach beruflicher Qualifikation ganz erheblich, wobei tatsächlich jene Frauen ohne beruflichen Bildungsabschluß mit 37 % die niedrigste Erwerbstätigenquote aufweisen. Frauen, die eine Fachschule oder ähnliches absolviert haben, sind dagegen zu 74 % erwerbstätig.

Der minimale sowie der maximale Wert unter den männlichen Befragten liegt jeweils in der gleichen Kategorie wie bei den weiblichen, doch damit enden die Gemeinsamkeiten auch schon, denn das Erwerbsniveau unter den Probanden liegt – wie bereits erwähnt – insgesamt sehr viel höher: So sind auch jene Männer, die keine formale Berufsausbildung abgeschlossen haben, zu 56 % erwerbstätig und jene, die eine Fachschule oder ähnliches besucht haben, sogar zu 92 %.

Insgesamt setzen Frauen also ihre Ausbildung seltener als Männer in eine tatsächliche Erwerbstätigkeit um, so daß eine Ausbildung unter rein ökonomisch-rationalen Gesichtspunkten für Frauen einen geringeren Wert hat als für Männer. Es ist aber auch festzuhalten, daß sich das Nichtvorhandensein formaler beruflicher Qualifikationen in der Berufsbiographie einer Frau sehr viel stärker niederschlägt als bei einem Mann. Insbesondere bei den befragten Frauen nimmt mit zunehmender Qualifikation auch die Erwerbsbeteiligung zu.

5.1.2 Erwerbschancen und Familienzusammenhang

Neben den bereits geschilderten Qualifikationen beeinflußt auch das familiäre Umfeld die Erwerbschancen: Wie wirkt sich das Zusammenleben in einer Partnerschaft auf die Erwerbsbeteiligung der befragten Frauen aus? Beeinflussen im Haushalt lebende Kinder die beruflichen Aktivitäten der ProbandInnen? Zusätzlich zu den der Kernfamilie zuzurechnenden Personen werden indirekt auch die Großfamilien in die Überlegungen einbezogen.

Partnerschaft und Erwerbsbeteiligung

Über den Zusammenhang zwischen Partnerschaft[63] und Erwerbsbeteiligung ist es möglich, die in den Kapiteln 5.1.2 und 5.1.3 zu den Themen tatsächlicher innerfamiliärer Rollenverteilungen sowie gesellschaftlichen Rollenzuschreibungen getroffenen Aussagen zu ergänzen. Aufgrund der in Kapitel 5.2.1 geschilderten Differenzen zwischen weiblichen und männlichen Befragten ist dabei eine nach Geschlechtern getrennte Betrachtung notwendig.

Die Befragten im Alter bis einschließlich 65 Jahre[64] leben mehrheitlich in Partnerschaften: 30 % der Probanden und sogar nur 18 % der Probandinnen geben an, nicht mit einer Partnerin/einem Partner zusammenzuleben.

Tab. 22: Berufliche Situation und Partnerschaft

	Frauen		Männer	
	mit Partner *(n = 569)*	ohne Partner *(n = 123)*	mit Partnerin *(n = 234)*	ohne Partnerin *(n = 102)*
Berufstätig mit Nebenjob	3	7	8	6
Berufstätig	41	50	69	59
Nebenjob	14	10	1	9
Nicht mehr berufstätig	40	20	22	13
Noch nie berufstätig	3	13	--	14
	101 %	100 %	100 %	101 %

Quelle: Eigene Erhebung 1998, eigene Bearbeitung

Tab. 22 ist zu entnehmen, daß sowohl bei den weiblichen wie bei den männlichen Befragten ein Zusammenhang zwischen Partnerschaft und Erwerbsteilnahme besteht. Die Auswirkungen sind jedoch gegensätzliche, den Männer mit Partnerin weisen mit 78 % die höchste, Frauen mit Partner dagegen mit 58 % die niedrigste Erwerbsbeteiligung auf. Ähnliches ist auch für die verschiedenen Erwerbsformen zu beobachten: So es beispielsweise vornehmlich Frauen ohne Partner und Männer mit Partnerin, die zusätzlich zu ihrer Berufstätigkeit einem Nebenjob nachgehen.

---

[63] Partnerschaft: Zusammenleben mit einer Partnerin/einem Partner. Auf die Frage nach dem Familienstand wurde verzichtet. Die Formulierung im Fragebogen lautete ‚Leben Sie mit einem Partner/einer Partnerin zusammen?', um auch gleichgeschlechtliche Paare berücksichtigen zu können. Dies rief während der Erhebung unter den weiblichen wie männlichen Befragten einige Verwirrung hervor. Da bereits das unverheiratete Zusammenleben heterosexueller Paare in den Gemeinden noch recht selten ist (vgl. Kapitel 7.1.4), wird im folgenden davon ausgegangen, daß die Probandinnen mit einem Partner, die Probanden mit einer Partnerin zusammenleben.

[64] Sie bilden die Grundlage für die folgende Berechnung.

5.1 Qualifikationen im Geschlechtervergleich

Ausschließlich Nebenjobs werden hingegen eher von alleinstehenden Männern und Frauen, die in einer Partnerschaft leben, ausgeübt.[65]

Hier wird sehr deutlich, daß in Partnerschaften die klassische Rollen- und Aufgabenverteilung – Frauen übernehmen die Haus- und Familienarbeit, Männer die Erwerbsarbeit – nach wie vor relevant ist.

Erwerbsverhalten und der Einfluß von Kindern im Haushalt

Untersucht man nun den Einfluß von Kindern im Haushalt auf die Erwerbsbeteiligung der Befragten, so ist zu erwarten, daß sich dies zwar für die Frauen, nicht aber für die Männer auswirkt. Wie aus Tab. 23 hervorgeht, ist dies aber nur teilweise zutreffend:

Tab. 23: Einfluß von Kindern im Haushalt auf die Erwerbsbeteiligung

	Frauen		Männer	
	mit Kind(ern) *(n = 447)*	ohne Kind(er) *(n = 244)*	mit Kind(ern) *(n = 175)*	ohne Kind(er) *(n = 156)*
Berufstätig mit Nebenjob	4	4	9	5
Berufstätig	38	50	68	63
Nebenjob	14	11	4	3
Nicht mehr berufstätig	39	30	13	26
Noch nie berufstätig	5	6	6	3
	100 %	101 %	100 %	100 %

Quelle: Eigene Erhebung 1998, eigene Bearbeitung

Es werden Parallelen zum vorigen Abschnitt deutlich, denn Kinder im Haushalt bewirken bei männlichen Befragte eine verstärkte Erwerbsbeteiligung, bei weiblichen aber eine verringerte. Auffallend oft üben Männer mit Kindern eine Berufstätigkeit und einen Nebenjob aus. Frauen mit Kindern sind eher in Form einer Nebentätigkeit am Erwerbsleben beteiligt.

Um dieses Thema zu vertiefen, wird im folgenden auch die Zahl der Kinder pro Haushalt in die Überlegungen einbezogen (Eckdaten zur Kinderzahl siehe Kapitel 4.2.3). Familien mit einem Kind oder zwei Kindern stellen eine deutliche Mehrheit

---

[65] Eine Differenzierung nach Familienstand ist im „Familienbericht 1998" zu finden (SOZIALMINISTERIUM BADEN-WÜRTTEMBERG 1998, S. 232 ff.).

dar, und schon drei Kinder sind eher eine Seltenheit unter den 654 Befragten, in deren Haushalt Kinder leben.

Wie wirkt sich nun die Anzahl der Kinder auf die Erwerbsbeteiligung der Befragten aus? Betrachtet man Frauen und Männer gemeinsam, so ist kein Einfluß der Kinderzahl auf die Erwerbsbeteiligung festzustellen. Auch bei einer nach Geschlechtern getrennten Analyse erhält man keine signifikanten Werte, Tendenzen sind allerdings trotzdem erkennbar:[66]

So steigt der Anteil der berufstätigen Probanden von 64 % bei einem Kind im Haushalt auf 72 % bei drei Kindern an. Noch deutlicher zeigt sich dieser Trend bei Männern, die berufstätig sind und zusätzlich eine Nebentätigkeit ausüben: Sie machen unter Probanden mit einem Kind im Haushalt nur 6 % aus, in Haushalten mit drei Kindern dagegen 28 %.

Bei den befragten Frauen geht die Entwicklung in die umgekehrte Richtung, denn während bei einem Kind noch 40 % berufstätig sind, erreicht dieser Wert bei zwei und drei Kindern nur 36 %. Am auffälligsten jedoch ist der zunehmende Anteil von Frauen, die eine Nebentätigkeit ausüben: Während diese Form der Erwerbstätigkeit bei Frauen mit einem Kind von 12 % ausgeübt wird, sind es bei zwei Kindern bereits 15 und bei drei Kindern schließlich 21 %.

Es entsteht der Eindruck, daß Kinder nur durch verstärkte Erwerbstätigkeit – oft beider Elternteile – zu finanzieren sind. Dies läßt auf eine teilweise angespannte wirtschaftliche Situation von Haushalten mit Kindern schließen, die in Tab. 24 mit weiteren Daten belegt werden kann:

Tab. 24: Zahl der Kinder und finanzielle Lage der Haushalte

	Zahl der Kinder im Haushalt				
	0 (n = 543)	1 (n = 285)	2 (n = 253)	3 (n = 76)	4 u. mehr (n = 26)
Das Geld reicht vorne und hinten nicht.	4	5	5	5	4
Ich komme/wir kommen gerade so hin.	25	22	28	34	46
Ich kann mir/wir können uns öfter mal was leisten.	29	35	38	30	15
Ich bin/wir sind sehr zufrieden.	43	38	29	30	35
	101 %	100 %	100 %	99 %	100 %

Quelle: Eigene Erhebung 1998, eigene Bearbeitung

---

[66] Wegen der geringen Fallzahlen bei vier und mehr Kindern, sind im folgenden nur Befragte mit bis zu drei Kindern berücksichtigt. Grundlage sind auch hier die Befragten bis einschließlich 65 Jahre.

5.1 Qualifikationen im Geschlechtervergleich

Zwar ist auch bei zwei Kindern die Mehrheit der Ansicht, sich ‚öfter mal was leisten' zu können, doch noch besser stehen Befragte aus Haushalten mit einem oder ohne Kind da, denn sie äußern sich mehrheitlich sehr zufrieden über ihre finanzielle Lage. ProbandInnen aus Haushalten mit drei bzw. vier und mehr Kindern müssen noch mehr Abstriche machen und sind vorwiegend der Ansicht, gerade so hin zu kommen.

Nach diesem Exkurs geht es im folgenden darum, zu prüfen, ob und in welchem Maß sich das Alter der Kinder auf die Erwerbsbeteiligung der ProbandInnen auswirkt.

In Tab. 25 ist bereits auf den ersten Blick zu sehen, daß das Alter der im Haushalt lebenden Kinder auf die Erwerbsbeteiligung der befragten Männer anders auswirkt als auf die der befragten Frauen.

Tab. 25: Alter der Kinder und Berufstätigkeit

Mindestens ein Kind zwischen __ und einschließlich __ Jahren im Haushalt	Frauen				Männer			
	0 - 3 (n = 153)	4 - 5 (n = 104)	6 - 10 (n = 147)	11 - 15 (n = 107)	0 - 3 (n = 42)	4 - 5 (n = 21)	6 - 10 (n = 46)	11 - 15 (n = 46)
Berufstätig mit Nebenjob	1	5	3	3	14	15	15	11
Berufstätig	17	34	35	46	81	78	78	72
Nebenjob	14	17	17	15	----	----	----	4
Nicht mehr berufstätig	64	43	43	28	5	6	7	7
Noch nie berufstätig	4	1	2	8	----	2	----	7
	100 %	99 %	99 %	100 %	100 %	101 %	99 %	101 %

Quelle: Eigene Erhebung 1998, eigene Bearbeitung

Der Anteil der Probandinnen mit einem Nebenjob erweist sich als recht unabhängig vom Alter der Kinder. Der Anteil der nicht mehr erwerbstätigen nimmt mit zunehmendem Alter der Kinder von 64 auf 28 % ab. Dies ist vor allem auf eine Zunahme der berufstätigen Mütter zurückzuführen, denn ihr Anteil erhöht sich von 17 auf 46 %, wobei zwei Sprünge zu erkennen sind: Der Anteil verdoppelt sich nach Ablauf des Erziehungsurlaubes bzw. wenn das Kind in den Kindergarten gehen kann.

Ein zweiter deutlicher Anstieg fällt mit dem Ende der Grundschulzeit und dem Übergang auf weiterführende Schulen zusammen.

Unter den männlichen Befragten weist der Anteil jener, die berufstätig sind und einen Nebenjob ausüben ein relativ konstantes Niveau auf und ist folglich recht unabhängig vom Alter der Kinder. Nicht so die Gruppe der berufstätigen Probanden: Ihr Anteil verringert sich mit zunehmendem Alter der Kinder von 81 auf 72 %. Auch für Personen, in deren Haushalt Kinder leben, gilt die bereits in Kapitel 5.1.1 getroffene Feststellung, daß die Wiedereinstiegsphase der Frauen nach einer Kinderpause teilweise mit dem Ausscheiden der Männer aus dem Berufsleben zusammentrifft.

Festzuhalten ist, daß sich die Zahl und insbesondere das Alter der im Haushalt lebenden Kinder auf die Erwerbsbeteiligung von männlichen und weiblichen Befragten auswirkt. Interessant ist dabei, daß es sich in vielen Fällen um gegenläufige Entwicklungen handelt.

Großfamilie – Möglichkeit für höhere Erwerbsbeteiligung von Frauen?

Nachdem in den beiden letzten Abschnitten gezeigt wurde, wie die familiäre Situation der Kleinfamilie die Erwerbstätigkeit beeinflußt, geht es nun darum, herauszufinden, wie sich die räumliche Nähe der Großfamilie auswirkt. Denkbar sind zwei gegensätzliche Befunde: Erstens ist es möglich, daß in der Großfamilie fehlende Kinderbetreuungsangebote ausgeglichen werden können und Müttern dadurch eine Erwerbstätigkeit erleichtert wird. Zweitens kann es aber auch sein, daß Aufgaben wie Pflege u.ä. in der Großfamilie übernommen werden müssen, die Erwerbsmöglichkeiten einschränken (vgl. Kapitel 4.2.4). Letzteres wird in neueren Studien als ‚Vereinbarkeitsproblem' betrachtet, das heute nicht mehr übersehen werden darf und von dem vorrangig Frauen im Alter zwischen 40 und 50 Jahren betroffen sind (vgl. SOZIALMINISTERIUM BADEN-WÜRTTEMBERG 1998, S. 316).

Sich detailliert nach der Großfamilie der Befragten zu erkundigen, war im Rahmen der quantitativen Befragung nicht möglich, so daß man sich dieser Fragestellung über einen anderen Indikator nähern muß: So liegt den folgenden Überlegungen die These zugrunde, daß zugezogene Personen seltener über Angehörige (außerhalb der Kleinfamilie) im Ort verfügen als Einheimische.

Dabei ist es sinnvoll, sich schon vorab zu merken, daß insgesamt nur 32 % der Probandinnen, aber 43 % der Probanden angeben, an ihrem Wohnort auch aufgewachsen zu sein. Dies ist ein deutlicher Hinweis darauf, daß sich (Ehe-) Paare eher in der Heimatgemeinde des Mannes niederlassen. Für einen Teil der Frauen heißt das, daß zwar eine Großfamilie da ist, aber eben nicht die eigene: ein Unterschied auf den bereits hingewiesen wurde (vgl. Kapitel 4.2.2).

Tab. 26: *Erwerbsbeteiligung von Einheimischen und Zugezogenen*

	Frauen		Männer	
	im Ort aufgewachsen *(n = 209)*	nicht im Ort aufgewachsen *(n = 480)*	im Ort aufgewachsen *(n = 142)*	nicht im Ort aufgewachsen *(n = 192)*
Berufstätig und/oder Nebenjob	54	61	79	75
Nicht (mehr) berufstätig	46	39	21	25
	100 %	100 %	100 %	100 %

Quelle: Eigene Erhebung 1998, eigene Bearbeitung

Sowohl unter den befragten Männern als auch unter den Frauen (bis einschließlich 65 Jahre) sind nur geringfügige Unterschiede zwischen Einheimischen und Zugezogenen bezüglich der Erwerbstätigkeit nachzuweisen, wie Tab. 26 deutlich macht.

Die Differenzen zwischen den Frauen sind etwas größer als die zwischen den Männern. Zugezogene Frauen nehmen in etwas stärkerem Maße am Erwerbsleben teil als einheimische. Hierfür können zwei Gründe angeführt werden: Erstens müssen zugezogene Probandinnen seltener Aufgaben in der Großfamilie übernehmen und zweitens haben sie möglicherweise auch eine andere Haltung gegenüber Frauenerwerbstätigkeit (vgl. Kapitel 5.1.4).

5.1.3 Gemeindespezifische Unterschiede der Erwerbsbeteiligung

Da die vier untersuchten Gemeinden zwar ähnlich groß sind, aber beispielsweise verkehrstechnisch sehr unterschiedlich angebunden sind, ist davon auszugehen, daß sich dies in der jeweiligen Erwerbsbeteiligung niederschlägt. Die zentrale Frage ist auch in diesem Fall, ob Frauen und Männer in gleicher Weise von guter Anbindung profitieren können bzw. mit den negativen Folgen von schlechterer Anbindung konfrontiert sind.[67]

Bei den Männern wirkt sich der Wohnort kaum auf die Erwerbsbeteiligung aus, denn die Werte weisen keine signifikanten Unterschiede auf: Die Erwerbstätigenquote liegt zwischen 69 und 81 %, wobei zwischen 62 und 73 % die Angabe ‚be-

---

[67] Grundlage sind auch hier die Befragten bis einschließlich 65 Jahre.

rufstätig' machen. Aus Tab. 27 ist ersichtlich, daß sich die Werte bei den Probandinnen sehr signifikant unterscheiden.

Tab. 27: Gemeindespezifische Erwerbsbeteiligung der Probandinnen

	Steinenbronn *(n = 214)*	Nufringen *(n = 183)*	Bondorf *(n = 159)*	Haiterbach *(n = 138)*
Berufstätig mit Nebenjob	2	4	3	7
Berufstätig	48	32	48	41
Nebenjob	12	18	12	8
Nicht mehr berufstätig	31	43	33	38
Noch nie berufstätig	7	3	4	7
	100 %	100 %	100 %	101 %

Quelle: Eigene Erhebung 1998, eigene Bearbeitung

Ähnlich stark wie bei den männlichen Befragten – jedoch auf deutlich niedrigerem Niveau – variiert die Erwerbstätigenquote unter den Probandinnen je nach Gemeinde, sie liegt zwischen 54 und 63 %. Wie bei den Männern so weist auch bei den Frauen Nufringen die niedrigste Erwerbstätigenquote auf.

Sehr auffallend ist die deutliche Differenz der Anteile in der Kategorie Nebenjob: Der Wert liegt in Nufringen mit 18 % mehr als doppelt so hoch wie in Haiterbach. Da gerade bei Tätigkeiten in geringem Umfang der Weg nicht zu weit sein darf – sonst lohnt es sich weder zeitlich noch finanziell –, verwundert es nicht, daß der Maximalwert in der am besten angebundenen Gemeinde erzielt wird, erstaunlich ist allenfalls die Deutlichkeit. Dabei darf jedoch nicht übersehen werden, daß die Erwerbstätigenquote der Frauen gerade in Nufringen (54 %) und Haiterbach (56 %) auf einem niedrigeren Niveau liegt als in Steinenbronn oder Bondorf, wo sie 62 bzw. 63 % beträgt. Das relativiert die Aussagen über gute Erreichbarkeit von Arbeitsplätzen von Nufringen aus; denkbar ist natürlich auch, daß in Nufringen selbst nur wenige Arbeitsplätze (zumindest für die dort lebenden Menschen) vorhanden sind (vgl. Kapitel 6.2).

Festgehalten werden muß hier, daß sich bei den Frauen der Wohnort nicht nur in der Erwerbstätigenquote, sondern auch in der Form der (Nicht-)Erwerbstätigkeit niederschlägt. Dies zeigen besonders die unterschiedlichen Werte in der Kategorie ‚Nebenjob'. Für die Erwerbssituation der männlichen Befragten ist der Wohnort dagegen eher unerheblich.

5.1.4 Erwerbstätigkeit – auch eine Frage der Einstellung

Die Frage, ob in einer Familie ein oder zwei Elternteile einer Erwerbstätigkeit nachgehen, ist möglicherweise nicht nur von Fakten wie der finanziellen Notwendigkeit oder dem Arbeitsplatzangebot, sondern auch von persönlichen Einstellungen geprägt. Die ProbandInnen wurden deshalb mit folgender Aussage konfrontiert:

In einer Familie mit Kindern sollte nur ein Elternteil erwerbstätig sein.

Aus Abb. 25 geht das sehr unterschiedliche Antwortverhalten der befragten Frauen und Männer hervor.

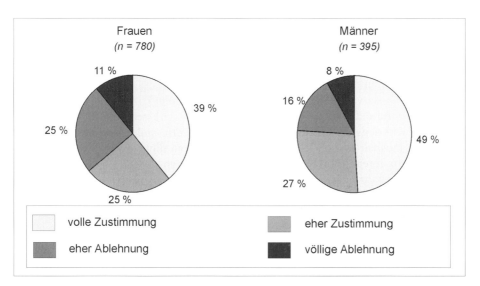

Abb. 25: Ansicht zur Erwerbsteilnahme von Eltern und Geschlecht der Befragten
Quelle: Eigene Erhebung 1998, eigene Bearbeitung

Während der genannten Aussage fast die Hälfte der Männer voll und 27 % eher zustimmen, liegen die entsprechenden Anteile bei den Frauen deutlich niedriger. Unter den weiblichen Befragten sind die Antworten sehr viel gleichmäßiger über die Kategorien verteilt als unter den männlichen. Dies mag besonders darauf zurückzuführen sein, daß die Vielfalt der Lebensphasen bei Frauen größer ist als bei Männern und die Frauen folglich eine weniger homogene Gruppe als die Männer darstellen.

Neben dem Geschlecht spielt auch das Alter eine maßgebliche Rolle bei der Zustimmung oder Ablehnung dieser Aussage. Die volle Zustimmung steigt von 29 % in der Klasse der bis 27jährigen auf 68 % bei jenen, die über 70 Jahre alt sind. Faßt man allerdings je zwei der Kategorien zusammen, so relativiert sich dieser Eindruck etwas, wie Tab. 28 zeigt.

Tab. 28: Ansicht zur Erwerbsteilnahme von Eltern und Alter der Befragten

	Bis einschl. 27 Jahre *(n = 168)*	28 bis 45 Jahre *(n = 494)*	46 bis 60 Jahre *(n = 268)*	61 bis 70 Jahre *(n = 148)*	71 Jahre und älter *(n = 96)*
Zustimmung	59	58	74	91	87
Ablehnung	31	42	26	9	13
	100 %	100 %	100 %	100 %	100 %

Quelle: Eigene Erhebung 1998, eigene Bearbeitung

So fällt vor allem die entschiedene Zustimmung unter den 61- bis 70jährigen auf, deren eher konservative Haltung sich auch in weiteren Zusammenhängen belegen läßt. Ein Grund dafür ist, daß diese Generation am stärksten vom Wirtschaftswunder der Nachkriegszeit profitierte und möglicherweise stolz darauf war (und ist), wenn ein Haushalt es sich leisten kann, daß die Frau nicht arbeiten gehen muß. In den beiden unteren Altersklassen fällt die Zustimmung schon deutlich schwächer aus, und es ist anzunehmen, daß die berufliche Tätigkeit beider Elternteile gesellschaftlich immer stärker akzeptiert wird.

Neben den individuellen Charakteristika ist auch das (Nicht-)Vorhandensein von Kindern im Haushalt der Befragten relevant für das Antwortverhalten bei diesem Statement.[68] Zu rechnen ist eigentlich damit, daß besonders Personen mit Kindern ihre Zustimmung bekunden, doch aus Tab. 29 geht hervor, daß das Gegenteil der Fall ist.

Der jeweils größte Anteil der Befragten kann dieser Aussage voll zustimmen, doch fällt diese Zustimmung bei Personen ohne Kinder noch deutlicher aus als bei jenen mit Kindern. Abgelehnt wird das Statement von 38 % der Befragten mit und von 25 % der Befragten ohne Kind. Dies läßt darauf schließen, daß einige der Befragten mit der Erwerbstätigkeit beider Elternteile auch positive Erfahrungen gemacht haben. Umgekehrt ist es für Personen ohne Kinder vielleicht nur schwer vorstellbar, Kinder und berufliche Tätigkeit beider Elternteile zu vereinbaren.

---

[68] Ohne Einfluß auf die Antworten ist dagegen, ob die Befragten in einer Partnerschaft leben oder nicht.

5.1 Qualifikationen im Geschlechtervergleich

Tab. 29: Ansicht zur Erwerbsteilnahme von Eltern und Kinder im Haushalt

	Kinder im Haushalt	
	ja *(n = 630)*	nein *(n = 530)*
Volle Zustimmung	37	48
Eher Zustimmung	25	27
Eher Ablehnung	26	17
Völlige Ablehnung	12	8
	100 %	100 %

Quelle: Eigene Erhebung 1998, eigene Bearbeitung

Tab. 30 verdeutlicht, daß zwischen den verschiedenen Formen der (Nicht-)Erwerbstätigkeit und der Ansicht zum genannten Statement ein Zusammenhang existiert.

Tab. 30: Ansicht zur Erwerbsteilnahme von Eltern und Erwerbssituation der Befragten

	Berufstätig mit Nebenjob *(n = 49)*	Berufstätig *(n = 502)*	Nebenjob *(n = 107)*	Nicht mehr berufstätig *(n = 438)*	Noch nie berufstätig *(n = 61)*
Zustimmung	67	60	64	79	67
Ablehnung	31	40	36	21	33
	101 %	100 %	100 %	100 %	100 %

Quelle: Eigene Erhebung 1998, eigene Bearbeitung

Am deutlichsten fällt die Zustimmung wie erwartet bei jenen Befragten aus, die nicht mehr am Erwerbsleben teilnehmen, denn dies sind zum einen ältere ProbandInnen, die traditionelle Rollenzuschreibungen erfahrungsgemäß seltener in Frage stellen, und zum anderen sind es vor allem Frauen, die ihre Erwerbstätigkeit wegen der Kinder – zumindest vorübergehend – unterbrochen haben. Die klarste Ablehnung tritt unter den Berufstätigen auf, aber auch bei den Befragten mit einem Nebenjob ist mehr als ein Drittel *nicht* der Ansicht, daß in Haushalten mit Kindern nur ein Elternteil berufstätig sein sollte.

Es ist anzunehmen, daß auch die Erwerbsbeteiligung des Partners/der Partnerin die Einstellung zur Erwerbstätigkeit beider Elternteile beeinflußt (vgl. Tab. 31). Wie erwartet lehnen jene Probanden, deren Partnerin berufstätig ist, das Statement in höherem Maße ab als die, deren Partnerin nicht am Erwerbsleben teilnimmt.

Tab. 31: Ansicht zur Erwerbsteilnahme von Eltern und Erwerbssituation der Partnerin/des Partners

	Frauen		Männer	
	Partner berufstätig *(n = 474)*	Partner nicht berufstätig *(n = 138)*	Partnerin berufstätig *(n = 136)*	Partnerin nicht berufstätig *(n = 147)*
Volle Zustimmung	33	58	39	61
Eher Zustimmung	25	23	27	25
Eher Ablehnung	29	15	23	10
Völlige Ablehnung	14	4	11	3
	101 %	100 %	100 %	99 %

Quelle: Eigene Erhebung 1998, eigene Bearbeitung

Eher überraschend ist das Resultat, daß auch zwischen der Einstellung der Probandinnen und der Erwerbssituation ihrer Partner ein Zusammenhang besteht: Ist der Partner berufstätig, so stimmen 60 % der Frauen dem Statement voll zu; ist er dagegen nicht erwerbstätig, beträgt die volle Zustimmung nur 34 %. Auch in diesem Fall spielt wohl das Alter der Probandinnen eine Rolle, da ja die Nicht-Erwerbstätigkeit der Männer in der Regel mit der Rente gleichzusetzen ist.

Wie bereits beim Thema Arbeitsteilung in der Familie geschildert, sind für die familiäre Erwerbssituation vier Konstellationen zu unterscheiden: beide, also Frau und Mann, sind erwerbstätig, beide, Frau und Mann, sind nicht erwerbstätig, Frau ist erwerbstätig, Mann ist nicht erwerbstätig sowie Frau ist nicht erwerbstätig, Mann ist erwerbstätig.

Tab. 32: Ansicht zur Erwerbsteilnahme von Eltern und Erwerbstätigkeit in der Partnerschaft

	Frauen		Männer	
	Partner berufstätig *(n = 474)*	Partner nicht berufstätig *(n = 138)*	Partnerin berufstätig *(n = 136)*	Partnerin nicht berufstätig *(n = 147)*
Volle Zustimmung	33	58	39	61
Eher Zustimmung	25	23	27	25
Eher Ablehnung	29	15	23	10
Völlige Ablehnung	14	4	11	3
	101 %	100 %	100 %	99 %

Quelle: Eigene Erhebung 1998, eigene Bearbeitung

5.1 Qualifikationen im Geschlechtervergleich

Nur in Partnerschaften, wo beide Teile am Erwerbsleben teilnehmen, lehnt unter den Frauen eine – wenn auch nur knappe Mehrheit – dieses Statement ab, und auch unter den Männern ist die Zustimmung mit ‚nur' 63 % längst nicht so ausgeprägt wie in den drei übrigen Gruppen (vgl. Tab. 32).

Leider lassen sich anhand der quantitativen Daten keine Aussagen darüber machen, ob nun eine positive Einstellung zur Erwerbstätigkeit beider Elternteile die Erwerbsbeteiligung ansteigen läßt, oder ob eine Erwerbstätigkeit beider Elternteile die Ansichten zu diesem Thema verändert. Dieser Frage für Frauen und Männer nachzugehen, ist wohl nur im Rahmen einer qualitativen Erhebung möglich.

Der Wandel des Bildungsverhaltens sowie die unterschiedliche Erwerbsneigung in Abhängigkeit von der schulischen Qualifikation wurden bereits erläutert (vgl. Kapitel 4.1.1 und 5.1.1). Die Resultate legen die Vermutung nahe, daß die Einstellung zum genannten Statement auch vom Bildungsniveau der Befragten abhängt.

Deutlicher als bei den bislang genannten Merkmalen zeigt sich der Einfluß höchsten allgemeinbildenden Schulabschlusses auf das Antwortverhalten, wie Tab. 33 zeigt.

Tab. 33: Ansicht zur Erwerbsteilnahme von Eltern und schulischer Abschluß

	Volks- oder Hauptschule *(n = 516)*	Mittlere Reife/ Realschule *(n = 374)*	Abitur/ Fachhochschulreife *(n = 225)*
Volle Zustimmung	54	40	24
Eher Zustimmung	24	26	29
Eher Ablehnung	16	23	31
Völlige Ablehnung	6	11	16
	100 %	100 %	100 %

Quelle: Eigene Erhebung 1998, eigene Bearbeitung

Stimmen unter den HauptschulabsolventInnen 78 % der Aussage voll oder eher zu, so sind es unter Befragten mit Mittlerer Reife noch zwei Drittel und bei Personen mit Abitur oder Fachhochschulreife gerade noch 53 %. Noch offensichtlicher sind die Differenzen in der Kategorie ‚stimme ich voll zu', wo die Werte bei Personen mit Hauptschulabschluß ganze 30 Prozentpunkte über jenen der AbiturientInnen liegen! Verglichen damit fallen die Unterschiede in der Kategorie ‚lehne ich ganz und gar ab' mit 10 Prozentpunkten eher gering aus. Die Befragten mit Hochschulreife sind diejenige Gruppe, wo sich die Antworten am gleichmäßigsten auf alle vier Möglichkeiten verteilen und wo eine relative Mehrheit das Statement eher ablehnt, in den beiden anderen Gruppen findet sich der jeweils größte Anteil der Befragten in der Kategorie ‚stimme ich voll zu' wieder.

Ein Grund für das unterschiedliche Antwortverhalten ist vermutlich darin zu sehen, daß die RealschülerInnen und GymnasiastInnen bereits während der Schulausbildung gezwungen sind, ihre Heimatgemeinden zu verlassen, denn keiner der vier Orte verfügt über eine Realschule oder ein Gymnasium. Auf diese Weise lernen sie auch Möglichkeiten kennen, die der Ort selbst nicht bietet. Außerdem befinden sich unter den Höherqualifizierten zahlreiche Zugezogene (z.B. aus Stuttgart). Wer dagegen überwiegend im Ort bleibt, sieht eher die dortigen Vorbilder und Ziele und hat vielleicht auch eine andere Vorstellung von Distanz, als jemand der bereits zu Schulzeiten größere Wege zurücklegen muß.

Die Erfahrung, daß Frauen mit einer guten Ausbildung ihre Tätigkeit nicht so einfach aufgeben, hat auch die Interviewpartnerin Beate T. gemacht: ‚*Manchmal habe ich das Gefühl, je höher die Qualifikation vormals war, um so mehr vermißt er das. Also, das ist ganz lustig. Alle, die wo irgendwie etwas, also das möchte ich jetzt nicht auf mich beziehen, aber die, die mal studiert haben oder so, der vermißt das schon sehr. Das bekomme ich im Moment so mit.*' Ihre Aussage bezieht sich, wie der erste Teil des Satzes klar macht, ausdrücklich auf Frauen, auch wenn sie von ‚er' spricht.

Zu guter Letzt werden nun auch die Wohnorte der ProbandInnen in die Überlegungen einbezogen, denn es ist zu vermuten, daß Einstellungen auch von der unmittelbaren Umgebung über Vorbilder etc. geprägt werden:

Tab. 34: Ansicht zur Erwerbsteilnahme von Eltern und Wohnort

	Steinenbronn *(n = 347)*	Nufringen *(n = 301)*	Bondorf *(n = 266)*	Haiterbach *(n = 260)*
Zustimmung	67	70	62	73
Ablehnung	33	30	38	26
	100 %	100 %	100 %	99 %

Quelle: Eigene Erhebung 1998, eigene Bearbeitung

Wie aus Tab. 34 hervorgeht, ist der Unterschied zwischen Bondorf und Haiterbach besonders auffallend, obwohl die beiden Orte nur wenige Kilometer auseinander liegen: Während die Aussage in Haiterbach stark befürwortet wird (73 %), stimmen ihr in Bondorf nur 62 % der Befragten zu. Die Datenlage läßt eine schlüssige Erklärung dieser Diskrepanz nicht zu.

Es läßt sich außerdem auch ein Zusammenhang zwischen der Ansicht zur Erwerbsteilnahme von Eltern sowie dem Status als EinheimischeR bzw. ZugezogeneR nachweisen: In der jeweiligen Gemeinde aufgewachsene Personen stimmen häufiger zu (73 %) als Zugezogene (65 %) (signifikant). Trennt man hier nach Geschlecht, so erhält man zwar keine signifikanten Werte, doch in der Tendenz ist die Zustimmung unter einheimischen Frauen und Männern jeweils größer als unter zugezogenen.

Die letzten Beispiele machen deutlich, daß die Einstellung zur Erwerbsteilnahme beider Elternteile nicht nur auf individuelle Merkmale wie Geschlecht und Alter sowie die familiäre Situation der Befragten zurückzuführen ist, sondern daß auch die unterschiedliche Sozialisation – sei es in der Schule oder am Wohnort – das Antwortverhalten beeinflußt.

5.2 Erwerbsarbeit: Chance oder Belastung für Frauen?

Nachdem im letzten Kapitel anhand des Zahlenmaterials gezeigt wurde, in welchem Umfang die Frauen aus den vier Untersuchungsgemeinden am Erwerbsleben teilnehmen, geht es im folgenden darum, mehr über ihre Motivation zu erfahren: Was veranlaßt viele Frauen trotz schlechterer beruflicher Qualifikation und weitestgehender Verantwortung für Haus- und Familienarbeit eine Erwerbstätigkeit aufzunehmen? Weshalb ziehen es andere vor, ihre Berufslaufbahn zu unterbrechen oder gar zu beenden? Betrachten Frauen eine Berufstätigkeit eher als Chance oder sehen sie darin eine Belastung?

Sucht man in der Fachliteratur nach Studien, die sich mit den Beweggründen zur Erwerbsteilnahme von Frauen beschäftigen, so wird man nur selten fündig. Dies ist wohl in erster Linie darauf zurückzuführen, daß ein Großteil der Arbeitsmarktuntersuchungen auf quantitativen Daten basiert, denen sich dieses Thema eher verschließt.[69]

Die folgenden Ergebnisse beruhen denn auch auf den Auswertungen der qualitativen Befragung, wobei ein Schwerpunkt auf den 17 in Steinenbronn und Haiterbach geführten Interviews liegt, die jedoch – wie bereits in Kapitel 4.2 – ergänzt werden durch Aussagen aus den übrigen 16 Interviews, wo Erwerbstätigkeit zwar nicht im Mittelpunkt stand, aber dennoch häufig zur Sprache kam.

---

[69] Auf zwei Ausnahmen weisen METZ-GÖCKEL & NYSSEN (1990, S. 188) hin: eine Studie von Andrea HELLMICH aus dem Jahr 1986 und eine Untersuchung von Helga KRÜGER ET AL. (1987).

Es wird zunächst differenziert zwischen Gesprächspartnerinnen, die zum Interviewzeitpunkt am Erwerbsleben teilnehmen, und jenen, die dies nicht tun.[70] In Form eines Exkurses werden abschließend die Strategien einiger Interviewpartnerinnen bei der Arbeitsplatzsuche vorgestellt, denn auch hier kommt gelegentlich die Motivation zum Tragen.

5.2.1 ‚Ich arbeite, weil ...' – Bedeutung der Erwerbstätigkeit

Die Gründe, die hinter der Erwerbstätigkeit von Frauen stehen, sind vielfältig, und so zählt für die meisten Frauen nicht nur ein Argument: Oft spielen mehrere Faktoren eine Rolle oder aber der Hauptgrund für die Erwerbsbeteiligung verändert sich im Laufe der Zeit. Das Thema Erwerbstätigkeit wird im Interviewleitfaden mit folgender Frage eingeleitet:

> Ihrem Tagebuch konnte ich entnehmen, daß Sie erwerbstätig sind. Von finanziellen Gründen einmal abgesehen, welche weiteren Gründe gibt es für Sie erwerbstätig zu sein?

Diese Formulierung wird gewählt, da anzunehmen ist, daß finanzielle Aspekte einerseits wohl meistens mitschwingen und die Probandinnen andererseits nicht unter Druck gesetzt werden oder das Gefühl haben sollen, sie werden über ihre finanzielle Situation ausgefragt. Damit wird auch dem regionalen Kontext Rechnung getragen, denn im ‚Schwäbischen' ist es eher unüblich, offen über Geld zu sprechen. In einigen Gesprächen geht es dennoch um wirtschaftliche Aspekte, doch die Initiative dazu geht dann von der jeweiligen Interviewpartnerin aus.

In den Interviews lassen sich vier zentrale Motivationen unterscheiden:

- Für einige der Frauen ist es vor allem wichtig, einen Beitrag zum Einkommen der Familie zu leisten.

- Andere wollen auch mal ‚rauskommen', was anderes machen und sich mit ihrer Berufstätigkeit selbst etwas gutes tun.

- Manche betonen die Unabhängigkeit, die sie mit einer Erwerbstätigkeit eher realisieren können als ohne; außerdem wird die Bedeutung eigener Rentenansprüche betont.

---

[70] In den beiden Überschriften wird der Begriff ‚arbeiten' im Sinne von ‚erwerbstätig sein' verwendet; dadurch ist eine größere Nähe zum Sprachgebrauch der Interviewpartnerinnen möglich.

- Schließlich gehen ein paar Frauen ihrer Arbeit aus politischer oder religiöser Überzeugung nach.

In dieses Schema lassen sich die meisten der Interviewpartnerinnen einordnen, und so wird jede dieser Einstellungen im folgenden an einigen Beispielen illustriert. Eine der jüngeren Frauen paßt allerdings zu keiner dieser Gruppen und hat sich über dieses Thema bislang noch keine Gedanken gemacht: *‚Ich mein' halt vom Alter her ist es eigentlich normal, daß man arbeiten geht (lacht) [...].'*

‚Ich verdien' auch ein bißle 'was' – Beitrag zum Familieneinkommen

Annemarie S. ist als Beispiel für eine ‚Hausfrau' in das Sample aufgenommen worden, doch nachdem sie das Tagebuch ausgefüllt hat, wird deutlich, daß sie stundenweise erwerbstätig ist. Damit steht sie beispielhaft auch für andere Frauen, die – obwohl sie zumindest in geringem Umfang erwerbstätig sind – von ihrer Umwelt ausschließlich als Hausfrauen wahrgenommen werden und sich auch selbst als solche bezeichnen.

*ANNEMARIE S.: Also ich muß sagen, am Anfang war **schon** mit auch ein finanzieller (INTERVIEWERIN: mhm), wenn man neu gebaut hat, dann so – kommt dann / es war irgendwo auch ein bißle noch – 'ne Bestätigung – ich verdien' auch noch ein bißle 'was (INTERVIEWERIN: mhm), trag' auch noch 'was dazu bei. Nachher war's auch irgendwo so, daß ich ein bißle 'rauskomm' (INTERVIEWERIN: mhm). So in 'ner / da kommt man irgendwo öfters doch auch mal ins Gespräch, im Sommer über, wenn die Leute im Garten arbeiten (INTERVIEWERIN: mhm) und so. Also, daß ich nicht nur zu Hause / und dann war's mir auch gesundheitlich – muß ich sagen – dann wichtig, [.]. So muß man sagen, die letzten Jahre war das der Hauptgrund, wo ich gesagt hab', ich muß das machen, weil es einfach wichtig ist (INTERVIEWERIN: mhm).*

Sehr anschaulich beschreibt Frau S., wie sich der Hauptgrund für ihre Tätigkeit im Laufe der Zeit – sie übt sie nun schon seit rund 18 Jahren aus – gewandelt hat: Zunächst besteht der Wunsch und eventuell auch die Notwendigkeit etwas zum Einkommen der Familie beizutragen. Die unpersönliche Formulierung *‚wenn man neu gebaut hat'* könnte darauf hindeuten, daß sie sich auch mit den negativen Seiten des Hausbaus konfrontiert sieht, denn als diejenige, die für den Haushalt zuständig war und ist, muß sie möglicherweise finanzielle Engpässe meistern. Vielleicht will sie damit aber auch nur ausdrücken, daß die Situation ihrer Familie nicht außergewöhnlich ist, und es anderen, die bauen, ähnlich ergeht. Im Laufe ihrer Ausführungen kommen persönliche Interessen dann stärker zum Tragen, denn während ihrer Tätigkeit ist sie im Freien, wo sie Leute aus der Nachbarschaft trifft und sich oft die Gelegenheit zu Gesprächen bietet. Während der letzten Jahre wurden schließlich gesundheitliche Gründe immer wichtiger.

Auch für Petra N. spielen wirtschaftliche Erwägungen eine wichtige Rolle. Doch anders als im eben beschriebenen Fall fließt ihr Verdienst nicht in den eigenen Haushalt.

INTERVIEWERIN: [...] Sie wurden mir ja als nicht berufstätige Frau vermittelt /
PETRA N.: Ja, ich bin natürlich / ich habe keine feste Anstellung.
INTERVIEWERIN: Sie haben im Tagebuch aber auch hingeschrieben bei ‚derzeitige Tätigkeit', daß Sie /
PETRA N.: Ich gebe Nachhilfe, ja, ja. Ich gebe jeden Tag Nachhilfe, im Moment nicht soviel, weil ich soviel in H. bin, aber ich habe es schon so gehabt, daß ich jeden Tag fünf Stunden Nachhilfe gegeben habe. Ja, in der Schulzeit, während des Schuljahres.

Zunächst zeigt sich, daß die Interviewpartnerinnen den Begriff Erwerbstätigkeit unterschiedlich definieren: Während Annemarie S. sich dabei am Umfang der Tätigkeit orientiert, spielt für Petra N. die Art der Beschäftigung, also ob in fester Anstellung oder nicht, eine Rolle. Dieser Interviewausschnitt bestätigt außerdem das oben bezüglich der Auswahl der Probandinnen gesagte, denn auch Petra N. übt eine Tätigkeit aus, die wohl von ihrer Umgebung nicht unbedingt registriert wird.

Der Nachhilfeunterricht ermöglicht es Frau N., auch ohne abgeschlossene Berufsausbildung Geld zu verdienen. Das dazu notwendige Wissen hat sie sich nach dem Abbruch der Ausbildung zur Bibliothekarin selbst angeeignet:

PETRA N.: Habe mich nie irgendwie auf dem Trockenen sitzen sehen, auch geistig nicht, ich habe sehr viel / habe mir sehr viel erarbeitet. Habe mir auch immer ganz bestimmte, ich habe mich sehr für Geschichte interessiert, habe mir immer bestimmte Geschichtsabschnitte vorgenommen, habe mir dann in der Landesbibliothek Bücher geholt und habe / so daß ich auch nie das Gefühl hatte, zu verblöden. Und das hat mir auch gut getan, aber irgendwann kommt ja der Moment, wo man auch Bilanz macht, nicht. Und sagt, also ich, das hätte ich ja vielleicht, vielleicht doch (.........).

Sehr interessant ist nun das eigentliche Motiv für die Erwerbstätigkeit, denn es hängt eng mit der Biographie – insbesondere mit dem Abbruch der Ausbildung – der Probandin zusammen (vgl. Kapitel 7.1.2). Ihre Beweggründe kamen zum Teil schon in einem Telefonat vor dem Interview zur Sprache, werden aber nochmals aufgegriffen:

PETRA N.: [...] ich habe wenig Unterstützung gehabt (.........) das wollte ich meinen Töchtern ersparen, deswegen. Deswegen habe ich gesagt / also, ich halte auch die moralische Unterstützung dabei für ganz, ganz wichtig dabei. Vor allen Dingen, wenn man Kinder hat. [...] Wenn das Kind eben weint und sagt, Mami, nicht weggehen. Und wenn dann noch die ganze Familie sagt, ha, Du, bleib' bei Deinen Kindern, und dann der Ehemann noch sagt, na Menschenskind, war das nun nötig? Das stärkt ja ihr schlechtes Gewissen, nicht. Als wenn man sagt, so Kind, jetzt ziehe es durch, wir helfen Dir, und dann sieht man weiter, das, das kann ich machen.

Es scheint, als habe Petra N. eine ganz konkrete Szene im Kopf: ein Kind, das weint, weil die Mutter wegen der Erwerbsarbeit das Haus verläßt, sowie Familienmitglieder und der Ehemann, die sich auf die vermeintliche Seite des Kindes stellen und das ohnehin schlechte Gewissen der berufstätigen Mutter stärken. Es ist zwar nicht klar, ob sie sich selbst oder eine Tochter in der Rolle der Mutter sieht, doch es wird deutlich, daß sie ihren Töchtern solche Situationen so weit als möglich ersparen will. Aus diesem Grund finanziert sie mit ihrer Nachhilfetätigkeit Reisen zu ihren Töchtern, um diese vor Ort moralisch, aber auch tatkräftig zu unterstützen, damit sie Beruf und Familie vereinbaren können.

Eine oft mangelnde Unterstützung oder gar eine Opposition gegen berufliches Engagement von Frauen sieht Petra N. dabei jedoch nicht als spezielles Problem in ihrer Familie, sondern stellt es an späterer Stelle in einen gesellschaftlichen Zusammenhang: Sie ist der Ansicht, daß es vor allem Politikerinnen schwer haben, nach einer Kinderpause wiedereinzusteigen, dazu seien Quoten notwendig, *„denn sonst kommen sie ja nie wieder rein, da sind Jüngere dann da, oder die Männer haben natürlich sowieso alles besetzt."* Nachdem sie sich etwas in Rage geredet hat, betont sie allerdings, *„keine Männerhasserin"* zu sein.

Trotz der sehr verschiedenen Nuancen, die in diesen beiden Interviews zum Ausdruck kommen, haben die beiden Probandinnen Gemeinsamkeiten: Sie gehören zur Altersklasse der 50- bis 59jährigen und haben wie viele Frauen dieser Jahrgänge keinen beruflichen Abschluß gemacht (siehe Kapitel 4.1.2).

‚Mal rauskommen' – Beruf als Ausgleich zur Hausarbeit

Anders als bei den gerade vorgestellten Probandinnen stehen für die folgenden Frauen die finanziellen Aspekte der Berufstätigkeit nicht im Vordergrund, denn für Ina Z. beispielsweise hat die berufliche Tätigkeit eine Art Ausgleichsfunktion, da sie an ihrem Arbeitsplatz (einem Büro) anders gefordert wird als Zuhause.

INA Z.: Ja, schon allein deswegen, weil es einfach schön ist, mal rauszukommen, nicht nur Kinder und Haushalt, sondern auch mal wieder so gefordert zu werden, [...]. Ich wollte immer 'ne Familie, ich wollte immer Kinder haben, aber im Beruf ist es, find' ich's auch ganz toll, daß man da einfach ganz anders gefordert wird und da hör ich von den Kindern nichts und seh' ich von den Kindern nichts und das find' ich auch wirklich O.K., das brauch' ich auch [...].

Wie die Probandin betont, wollte sie zwar schon immer Kinder bzw. eine Familie haben, geht aber gleichzeitig auch gerne ihrem Beruf nach. Für sie scheinen Haus- und Familienarbeit einerseits und Erwerbsarbeit andererseits keine Widersprüche zu sein. Im Gegenteil: Aus den Schilderungen von Frau Z. läßt sich eher der Eindruck gewinnen, daß sich diese Tätigkeiten in ihrem Fall ergänzen und beide zu ihrer Zufriedenheit beitragen.

Auch bei Ute D. ist nicht die finanzielle Seite der beruflichen Tätigkeit entscheidend, denn sie verdient dabei so gut wie nichts. Wie es dazu kam, schildert sie im folgenden Interviewausschnitt:

UTE D.: Also, wenn ich jetzt rein vom finanziellen Grund her sag', mit 610,- DM Job, könnt' ich sagen, könnt' ich daheim bleiben, weil ich ja (INTERVIEWERIN: mhm) arbeitslos bin, ich krieg' Arbeitslosengeld und das wird mir ja wieder von den 610,- DM abgezogen (INTERVIEWERIN: mhm), also durch das, daß ich auch nur achtzehn Stunden vorher geschafft habe, bleibt wirklich nur ein minimaler Betrag, also wenn ich da noch das Fahrgeld nach N. rechne [...] also bleibt eigentlich fast kann man sagen Null. Also wegen dem Geld könnt' ich zu Hause bleiben. Mir macht's echt Spaß zu arbeiten (INTERVIEWERIN: mhm) [...]. Also, ich würd' auch nie nur wegen dem Geld arbeiten gehen / [...], also wenn ich schaff', muß es mir Spaß machen und dann das Geld, obwohl das Geld wahrscheinlich ja wichtiger wär' aber / ich steck' dann lieber zurück (INTERVIEWERIN: mhm) und wie wenn ich sag', ‚ahh schon wieder' und das möchte ich halt nicht.

Ute D. ist als einzige der Probandinnen derzeit arbeitslos und bekommt Arbeitslosengeld. In Absprache mit dem Arbeitsamt ist sie auf 610-DM-Basis[71] tätig, doch dieser Betrag wird mit dem Arbeitslosengeld verrechnet, so daß sie fast nichts dazu verdienen kann. Berücksichtigt man noch die entstehenden Fahrtkosten, so macht sie wohl eher Verlust.

Hinzu kommt, daß sie bei den Fahrten an ihren Arbeitsplatz (vgl. Kapitel 6.2.3) auf die Unterstützung ihres Mannes angewiesen ist: Die Abholdienste von Herrn D. können darauf hindeuten, daß er hinter der beruflichen Tätigkeit seiner Frau steht und sie auf diese Weise dabei unterstützt.

Ganz anders stellt sich die Situation bei Johanna S. dar. Sie war – bis auf kurze Pausen wegen der Kinder – stets erwerbstätig und ärgert sich darüber, daß bei Frauen die Freude am Beruf nicht als Argument für eine berufliche Tätigkeit gilt.

Johanna S.: Ah, ich würde mich langweilen, um ganz ehrlich zu sein (lacht).Na, ich glaube, ich würde, na, also, wenn ich / ja gut, es ist natürlich einmal der Verdienst, das ist logisch, aber das steht überhaupt nicht zur Diskussion, finde ich, [...], die Frauen, da wird

---

[71] Die Verdienstgrenze für geringfügige Beschäftigungen liegt derzeit bei 630.- DM pro Monat; es ist anzunehmen, daß sich die Probandin darauf bezieht.

5.2 Erwerbsarbeit: Chance oder Belastung für Frauen

immer gesagt, ha, die hat es nicht nötig zu arbeiten, der Mann verdient genug. Da wird nie gesagt, die Frau arbeitet, weil ihr das Spaß macht oder weil sie das gerne möchte oder weil sie nicht den ganzen Tag Zuhause hocken will, nicht! Sondern da wird gesagt, entweder er verdient genug, dann braucht sie nicht zu / aber sie hat es nicht nötig zu arbeiten, ich finde, das ist für mich kein Argument, nee. Also, das / also ich will ja für mich was tun. Also ich habe auch gearbeitet, als meine Kinder ganz klein waren. Ich bin nach dem Mutterschutz praktisch mit reduziertem Lehrauftrag, aber bin ich gleich wieder in die Schule gegangen.

Die Probandin bekennt offen, mit ihrem beruflichen Engagement für sich selbst etwas tun zu wollen. Aus ihren Worten geht sehr deutlich hervor, daß sie sich nicht damit zufrieden gibt, daß Frauen nur dann eine Erwerbstätigkeit zugestanden wird, wenn es die finanzielle Situation einer Familie erfordert.

‚Meine Unabhängigkeit' – Eigenständigkeit und Rentenansprüche

Die beiden nächsten Probandinnen sehen im Verdienst für ihre berufliche Tätigkeit die Chance, ein gewisses Maß an Unabhängigkeit zu erlangen oder zu sichern. Sie denken dabei nicht nur an ihre momentane Situation, sondern stellen auch Überlegungen an, die ihre Rentenansprüche betreffen.

Nach einer Unterbrechung der Berufstätigkeit während des Erziehungsurlaubes ist Christa H. wieder ins Erwerbsleben zurückgekehrt. Sie vertritt die Ansicht, daß sich Frauen, die nicht erwerbstätig sind, nicht nur in wirtschaftlicher Hinsicht abhängig machen:

CHRISTA H.: *Also, das war eigentlich für immer klar, daß ich nie ganz daheim bin, das ist einfach meine Unabhängigkeit. Oder, oder für mich ist es, wenn ich jetzt daheim bin und ganz / mein Mann ist der einzige, der das Geld verdient, das ist so eine Abhängigkeit dann, das ist nichts für mich.*
INTERVIEWERIN: *In finanzieller Hinsicht?*
CHRISTA H.: *Nicht bloß in finanzieller, das ist / irgendwie, ich weiß nicht, wie ich das erklären soll. (-) Also, die / ach, ich war 18 Monate im Erziehungsurlaub, das war für mich, ähm, furchtbar, [...] von der Arbeit ist ja schon ganz anders. (-) So total abhängig von einem Mann zu sein, ja gerade finanziell, ja und dann macht man ja auch andere Einschnitte, man / das / (lacht) (INTERVIEWERIN: mhm) (Teekessel pfeift). Ich finde auch für die Altersversorgung [...], ich sehe es ja hier im Haus, Mütter, die haben da überhaupt kein Interesse dran (INTERVIEWERIN: mhm). Gut, man weiß ja nicht, man weiß ja noch nicht, bis man an die Rente kommt, ob es da noch 'was gibt. Aber trotzdem. (INTERVIEWERIN: mhm)*
INTERVIEWERIN: *Die andere Seite, die Sie angedeutet haben, die nicht-finanzielle, ist mir noch nicht ganz klar geworden, auf was es Ihnen da genau ankommt?*

CHRISTA H.: *Also, ich sehe es jetzt hier im Bekanntenkreis, gerade wenn die Frauen daheim sind oder ganz daheim bleiben, so von, von den Entscheidungen, das ändert sich. Also, Haushalt, also nicht nur Haushalt, überhaupt, das wird alles viel abhängiger vom Mann (INTERVIEWERIN: mhm). (-) Meist nicht bewußt, aber es entwickelt sich so mit der Zeit, peu à peu. Da heißt es dann, ‚da muß ich erst meinen Mann fragen'.*

Aus der Sicht von Christa H. bringt die berufliche Tätigkeit von Frauen folgende Vorteile: Zunächst seien sie in der aktuellen Situation wirtschaftlich unabhängiger, als wenn ausschließlich der Mann das Geld verdiene. Auch können sie sich auf diese Weise für die Zukunft eigene Rentenansprüche erwerben (dieser Aspekt kommt auch in den Kapiteln 7.1.1 und 7.1.6 zur Sprache). Besonders wichtig erscheint ihr jedoch, daß finanzielle Abhängigkeit dazu führen kann, daß Frauen keine Entscheidungsgewalt mehr haben und auch in anderen Zusammenhängen zunächst ihren Mann fragen (müssen).

Rebecca V. befindet sich zum Interviewzeitpunkt im Erziehungsurlaub[72] und darf deshalb nur in begrenztem Umfang erwerbstätig sein. Sie nennt als Gründe für ihr derzeitiges berufliches Engagement finanzielle Aspekte und ihren Sohn Tommy:

REBECCA V.: *(--) Äh, finanziell ist einmal der erste Grund, der zweite Grund ist der Tommy. Das ist relativ egoistisch gedacht, meinem Kind gegenüber, aber ich denke einmal, wenn der Tommy nicht wär', dann hätt' ich ein' Full-time-Job (INTERVIEWERIN: mhm), [...]. Aber das kommt ganz einfach auch deshalb, weil ich hab' im Speditionsgewerbe ganz klein angefangen, wirklich ganz klein, aber ich hab' innerhalb von ganz kurzer Zeit so viel leisten müssen und so viel, sag' ich mal, entbehren müssen von meiner Privatzeit, daß ich einfach ganz viel investiert hab', Zeit investiert hab' und mich da reingekniet hab', daß ich eigentlich stolz darauf bin (INTERVIEWERIN: mhm), was ich heut' bin [...]. Das ist auch einfach so, wenn es meinem Chef gut geht, geht es mir auch gut. Wenn mein Chef kein' Auftrag hat und keine Auftragsleistung da ist, oder wenn er einfach kein Geschäft für mich hat, in dem Moment bin ich weg, das ist klar (INTERVIEWERIN: mhm). Und ich denk' mir, so viele Arbeitslose und so (-) , also ich denk', ich bin froh [...].*

Obwohl Frau V. zunächst nur zwei Gründe erwähnt, ist ihre Argumentation wesentlich komplexer. Die Probandin ist erst seit wenigen Jahren in ihrem Beruf tätig und konnte sich relativ schnell eine gute Position erarbeiten. Sie will Familie und Beruf vereinbaren, da sie einerseits stolz ist auf das bisher erreichte und Spaß an ihrer Arbeit hat und andererseits will sie aufgrund der wirtschaftlichen Lage keine Job-Pause einlegen und ist dankbar dafür, daß sie eine Stelle hat. Das Wort ‚egoistisch' läßt ahnen, daß Frau V. trotz der Begeisterung für ihren Beruf gerne mehr Zeit mit ihrem Kind verbringen würde. Sie kommt darauf an anderer Stelle zurück:

---

[72] Das Interview mit Rebecca V. macht an vielen Stellen deutlich, daß der Begriff ‚Erziehungsurlaub' nicht sehr glücklich gewählt ist, denn im allgemeinen wird unter ‚Urlaub' ein Zeitraum verstanden, der frei ist von beruflichen Pflichten und der Erholung dient. Letzteres ist wohl eher selten der Fall.

5.2 Erwerbsarbeit: Chance oder Belastung für Frauen

REBECCA V.: [...] weil er relativ wenig von mir hat [...] und das tut einem schon manchmal weh (INTERVIEWERIN: ja, das glaub' ich) und auch leid, bloß die andere Seite ist die, ich denk' dann: jetzt kommt er dann im nächsten Jahr in den Kindergarten und dann hockst Du da ohne Arbeit, und von dem her leist' ich das jetzt einfach. Er wird auch größer und irgendwann wird er es versteh'n (INTERVIEWERIN: mhm), daß das einfach so ist, und daß er da Vorteile hat, es hat nicht bloß Nachteile (INTERVIEWERIN: mhm). [...]

Rebecca V. hofft, daß ihr Sohn sie eines Tages verstehen wird und erkennt, daß ihm die Erwerbstätigkeit der Mutter nicht nur Nach-, sondern auch Vorteile gebracht hat. Die Frage, ob sie lieber zu anderen Zeiten arbeiten würde, verneint Rebecca V. zunächst, doch dann meint sie, es wäre vielleicht besser nachmittags und nachts zu arbeiten um auf diese Weise mehr Zeit für ihr Kind zu haben. Außerdem verweist sie darauf, daß das Kind schon bald im Kindergartenalter sein wird und sie dann auf keinen Fall ohne Arbeit dastehen will. Zu dem Ergebnis, daß auch kleine Kinder von der Erwerbstätigkeit ihrer Mutter profitieren können, kommen auch wissenschaftliche Studien: Diese Kinder erlernen beispielsweise früher als andere soziale Kontakte (vgl. METZ-GÖCKEL & NYSSEN 1990, S. 189). Doch solche Begründungen sind gesellschaftlich – noch immer – weit weniger akzeptiert als die Argumentation mit der finanziellen Notwendigkeit.

‚Ich seh' das als Dienst' – Arbeit aus Überzeugung

Im letzten Teil dieses Kapitels werden einige Frauen vorgestellt, für die das soziale Engagement im Mittelpunkt ihrer Beschäftigung steht. Sie üben Tätigkeiten aus, die eng mit Haus- und Familienarbeit verbunden sind, so daß eine Trennung zwischen Erwerbsarbeit einerseits und Haus- und Familienarbeit andererseits nicht immer leicht ist.

Die Probandinnen haben Aufgaben im weiteren Familienkreis übernommen, einige Frauen engagieren sich in anderen Familien und schließlich gibt es auch den Fall, daß eine Art neue Familie gebildet wird. Die Motivationen, die hinter diesem Engagement stehen, variieren: Es gibt sowohl politische wie auch religiöse Hintergründe; und für andere Frauen scheint es einfach selbstverständlich zu sein, daß sie dort anpacken, wo es notwendig ist.

Auffallend ist dabei auch, daß die Probandinnen für diese Tätigkeiten keine formalen beruflichen Qualifikationen mitbringen: Entweder konnten sie keine Berufsausbildung absolvieren oder haben dies in einem völlig anderen Berufszweig getan. Dies heißt jedoch nicht, daß keine Qualifikationen notwendig sind, diese haben die Frauen meist bei der Haus- und Familienarbeit erworben.

Unabhängig von den Beweggründen, dem Rahmen, in dem diese Tätigkeiten übernommen werden oder der Qualifikation der Frauen, haben die Arbeiten gemeinsame Kennzeichen: Sie sind schlecht bezahlt, und trotzdem arbeiten die Frauen meist mehr als ursprünglich vereinbart, da viele ihrer oft personenbezogenen Aufgaben nicht einfach unterlassen oder verschoben werden können.

Gertrud G. – sie ist eigentlich schon aus dem Erwerbsleben ausgeschieden – ist gleich zweifach gefordert: zum einen als Großmutter und zum anderen als Schwiegertochter. Sie unterstützt also zwei bzw. drei Generationen. Der folgende Interviewauszug macht deutlich, daß es dabei auch Schwierigkeiten gibt:

INTERVIEWERIN: Haben Sie die Enkelkinder regelmäßig?
GERTRUD G.: Nein, äa, doch. Meine Tochter drüben, die mit denen Kleinen, die geht zwei Morgen wieder in ihre frühere Firma [...] Und das macht sie jetzt, solange es daheim noch nicht so läuft, und da habe ich noch das Kleine, die beiden Großen gehen in den Kindergarten (INTERVIEWERIN: mhm), und meine andere Tochter, die geht auch, die geht halbtags, aber der ihre Kinder sind schon größer, [...]. Aber ich sage es Ihnen auch, in letzter Zeit hat mir auch manches gestunken, gerade mit meiner Schwägerin, die kann nicht, sie kann nicht nach den Schwiegerleuten gucken, die hat auch so manische Depressionen, und dann hat mir der Schwiegervater 'was zukommen lassen, und dann haben sie mich jetzt so fertig gemacht, weil ich das Geld angenommen habe, und mich da / das ist unmöglich und so. Und das hat mich am ärgsten genommen, nicht das Schaffen. Wenn man alles tut für die Schwiegerleute, und er hat mir etwas gegeben, für das, und sie machen da jetzt so Schwierigkeiten.

Für die Probandin scheint es so selbstverständlich zu sein sich, sich um ihre Enkelkinder zu kümmern, daß sie die anfängliche Frage zunächst verneint. Doch augenblicklich sind es nicht die Enkelkinder, die sie beschäftigen, sondern die Familie ihres verstorbenen Mannes. Wie schon aus dem Tagebuch und anderen Interviewstellen hervorgeht, ist Frau G. mehrmals in der Woche bei ihrem Schwiegervater und fährt diesen auch zu ihrer Schwiegermutter, die in einem Pflegeheim lebt (vgl. Kapitel 4.2.4). Offensichtlich keine Selbstverständlichkeit für den Schwiegervater, der Gertrud G. dafür ‚was zukommen lassen' will. Teile der Familie sind jedoch anderer Ansicht und kritisieren die Probandin dafür, daß sie das Geld angenommen hat. Was hier auf den ersten Blick wie ein ganz gewöhnlicher Streit innerhalb einer Familie aussieht, macht deutlich, wie schwierig es – insbesondere im Familienkreis – ist, sich soziales Engagement bezahlen zu lassen.

Etwas anders stellt sich die Situation von Helga V. dar, denn sie hat in einer Familie die – bezahlte – Stelle der vor einiger Zeit verstorbenen Hausfrau übernommen.

5.2 Erwerbsarbeit: Chance oder Belastung für Frauen

HELGA V.: [...] Also mehr als Dienst und als Aufgabe seh' ich das (INTERVIEWERIN: mhm) gerade, wie ich den Haushalt gewechselt hab', das ist schon mehr Dienst kann man sagen (INTERVIEWERIN: mhm). Ich hab' halt gedacht, sie brauchen jemand' [...].

Nachdem Frau V. zunächst die schwerkranke Ehefrau und Mutter gepflegt hat, ist sie nach deren Tod als ‚Hausfrau' in dieser Familie tätig, wobei sie für das Kind wohl die Rolle der Ersatz- oder Pflegemutter spielt. Sie hat diese Stelle angetreten, weil sie wußte, daß dort dringend jemand gebraucht wird, und so sieht sie ihre derzeitige Tätigkeit als Verpflichtung und Aufgabe, die sie zusätzlich zu ihrem eigenen Haushalt (vgl. Kapitel 4.2.2) zu bewältigen hat; der finanzielle Aspekt ist nur nebensächlich. Diese Haltung steht in Zusammenhang mit ihrem Glauben, denn sie engagiert sich stark in der örtlichen Kirchengemeinde und der vom Pietismus geprägten Liebenzeller Gemeinschaft.

Auch eine weitere Probandin hat sich die Familie gewissermaßen zum Beruf gemacht, denn sie ist als Tagesmutter tätig. Die Schilderungen von Doris G. weisen zunächst auf ‚technische' Probleme wie die angemessene Wohnungsgröße (vgl. Kapitel 6.2.1) hin. Sie rechnet schließlich vor, daß auch mit diesem familienähnlichen Beruf kein großer Gewinn zu machen ist:

Doris G.: [...] Also am Schluß kommt raus, 4.75 Mark, haben wir mal ausgerechnet für die Stunde und dann haben aber die Kinder noch nichts zum Essen. Also verdient dabei ist nichts. [...] / die Kleine, die ich jetzt gekriegt hab', [...] da krieg' ich dreihundert Mark im Monat. Das Kind muß ich noch in den Kindergarten bringen und zu Essen geben. Also es ist zwei Stunden da, da hab' ich dann ein bißchen mehr, da hab' ich dann auch 'was für mich. Aber so im großen und ganzen kann ich keine großen Sprünge machen. Ich zahl' ja über tausend Mark für die Wohnung mit Garage. Also und Nebenkosten.

Im folgenden Abschnitt wird klar, vor welchem Hintergrund das Engagement von Frau G. zu sehen ist. Im Gegensatz zur eben beschriebenen religiös motivierten Probandin handelt sie eher politisch, denn sie hat – wie an anderer Stelle deutlich wird – keinen Kontakt zu einer Kirchengemeinde.

Doris G.: Ich bin schon seit ich sechzehn bin / ich war Jugendbetreuerin beim DGB, da hab' ich die Gruppe geleitet. [...] auch meine Söhne sind Jusos. Das ist bei uns gar nicht anders. Wir sind eine Arbeiterfamilie, und da gehört sich das (beide lachen). Wir waren als Eltern so, und die Kinder haben das übernommen. Genauso auch das Rote Kreuz, also ich bin ja jetzt nicht mehr im Roten Kreuz, aber früher war ich in der Firma Betriebskrankenschwester (Interviewerin: mhm).

Die genannten Beispiele vermitteln einen Eindruck der vielfältigen Motivationen, die hinter den beruflichen Tätigkeiten von Frauen stehen können. Die Datenlage ermöglicht leider keinen Vergleich mit Männern, aber es ist zu vermuten, daß bei ihnen die finanziellen Aspekte als Begründung überwiegen.

5.2.2 ‚Ich arbeite nicht, weil ...' – Frauen, die nicht erwerbstätig sind

Bereits aufgrund der Auswahlkriterien für die Gesprächspartnerinnen ist klar, daß einige Frauen zum Interviewzeitpunkt nicht berufstätig sind. Zu dieser Gruppe gehören jedoch weniger Frauen als zunächst angenommen, da einige in geringem Umfang beruflich tätig sind (vgl. Kapitel 3.2.3). Im Mittelpunkt dieses Kapitels stehen Mütter mit kleinen Kindern und Frauen, die bereits aus dem Erwerbsleben ausgeschieden sind.

‚Dann bleibe ich bei den Kindern' – Mütter berichten

Zum Gesprächszeitpunkt ist Elke K. nicht erwerbstätig und nennt als Grund dafür ihre Kinder. Im Interview berichtet sie jedoch auch von einem Versuch, Kind und Beruf zu vereinbaren.[73]

Interviewerin: Ja, also als wir das letzte Mal zusammen den Fragebogen ausgefüllt haben, da hatten Sie mir ja schon gesagt, daß Sie zur Zeit nicht arbeiten (Elke K.: mhm), nicht erwerbstätig sind. Was ist denn da der wichtigste Grund dafür?
ELKE K.: Meine Kinder – ja, – ja, also nach der ersten Tochter, wo die dann so anderthalb war, da hab' ich dann noch mal halbtags geschafft (INTERVIEWERIN: mhm), das war dann geschickt, dann hab' ich sie immer zur Schwiegermutter hinbringen können (INTERVIEWERIN: mhm), und die ist dann aber in der Zwischenzeit ziemlich krank geworden (INTERVIEWERIN: mhm), und dann ist das mal nicht mehr gegangen, und dann hab' ich sie mal zu meiner Oma runtergebracht, also zu der Uroma, dann (INTERVIEWERIN: mhm) / waren dann vielleicht noch zwei oder drei Monate und – aber mit drei Kindern ist das (INTERVIEWERIN: mhm) / das kann man niemand mehr zumuten, und ich möchte das auch nicht dann (INTERVIEWERIN: mhm).

Die Schilderungen der Probandin zeigen, daß sie zunächst vor hatte, auch als Mutter berufstätig zu sein und dabei von Frauen aus der Großfamilie (Schwiegermutter und Oma) unterstützt wurde. Möglich war dies, da sowohl Elke K. als auch ihr Mann in der Gemeinde aufgewachsen sind.[74] Doch die an sich erfreuliche Hilfe ist leider nicht von Dauer, und in der Konsequenz beschließt Frau K., ihre Tätigkeit

---

[73] Anmerkung zur Interviewsituation: Die Anwesenheit von zwei der drei Kinder ist möglicherweise der Grund dafür, daß die Probandin oft nur zögernd erzählte. Um das Gespräch in Gang zu halten war es deshalb notwendig, häufig ‚mhm' einzuwerfen.
[74] Dieses Arrangement kann als weiteres Beispiel für die in Kapitel 4.2.2 bereits beschriebenen matrilateral ausgeprägten Netzwerke von Frauen gelten.

aufzugeben. Inzwischen ist sie Mutter von drei Kindern und meint, deren Betreuung niemandem zumuten zu können. Schließlich bringt sie aber auch zum Ausdruck, selbst für die Kinder da sein zu wollen.

Auch die folgende Probandin ist wegen ihrer Kinder im Augenblick nicht berufstätig, doch im Gegensatz zu Elke K. hat Christine J. noch keinen Versuch gemacht, Familie und Kinder sowie den Beruf unter einen Hut zu bringen:

INTERVIEWERIN: Und was ist denn der Grund, warum Sie zur Zeit nicht erwerbstätig sind?
CHRISTINE J.: Ah, die Kinder, die Kinder, jetzt aktuell. Ich möchte auch nicht, daß sie irgendwann später mal Tante zu mir sagen. Weil wir sind finanziell nicht abhängig, daß ich ins Geschäft gehen muß, dann habe ich gesagt, na, dann bleibe ich eigentlich schon bei den Kindern.

Frau J. will nicht, daß ihre Kinder sie später einmal ‚Tante' nennen. Sie weist – mit gewissem Stolz – darauf hin, daß sie und ihre Familie sich diese Haltung leisten können, da nicht die finanzielle Notwendigkeit besteht, daß die Probandin arbeiten geht. Es sei jedoch auch erwähnt, daß Frau J. jeden Monat etwa fünf Stunden in ihrem erlernten Beruf tätig ist. Allerdings geht es ihr dabei nicht so sehr um ein eigenes Einkommen wie darum, den Anschluß an die fachlichen Entwicklungen nicht zu verlieren.

Für Beate T. scheint es dagegen eher so zu sein, daß sie sich nach ihrer langjährigen Berufstätigkeit nun eine Phase gönnen will, in der sie sich ausschließlich auf ihr Kind konzentriert. Wie sie an anderer Stelle schildert, fiel es ihr sehr schwer den Beruf vorläufig aufzugeben, doch sie hat sich mittlerweile an diese Situation gewöhnt.

Interviewerin: [...] Können Sie noch mal ein bißchen erzählen, warum Sie derzeit nicht erwerbstätig sind?
BEATE T.: Ja, also ich bin jetzt drei Jahre in Mutterschutz. Und ich war dreizehn Jahre berufstätig und ja, wollte eigentlich so die ersten drei Jahre mal einfach aufgrund dessen, daß ich sehr lange gearbeitet habe, einfach mal sagen, so jetzt bin ich für Mann und Kind (lacht und pustet) (INTERVIEWERIN: mhm).

Die Probandin war vor der Geburt des bislang einzigen Kindes 13 Jahre in einem sozialen Beruf tätig und möchte jetzt so lange wie möglich im ‚Mutterschutz' (gemeint ist wohl eigentlich der Erziehungsurlaub) bleiben. Sie will in dieser Zeit ganz für Mann und Kind da sein. Da sie nach dieser Aussage lacht und pustet, ist zu vermuten, daß sie sich auf Dauer nicht ausschließlich als Hausfrau und Mutter sieht. Es entsteht der Eindruck, daß Beate T. ihre Situation in hohem Maße reflektiert. Auch scheint sie als einzige Gesprächspartnerin Kind und Beruf irgendwie geplant zu haben bzw. zu planen (vgl. Kapitel 5.2.1 und 7.1.6).

Anhand dieser drei Beispiele ist gut zu erkennen, daß hinter der Tatsache, als Mutter von kleineren Kindern nicht arbeiten zu gehen, recht verschiedene Einstellungen stehen können: So gibt es Versuche, beides – vielleicht aufgrund finanzieller Notwendigkeit (vgl. Kapitel 2.3.2: proletarisches Familienmodell) – zu vereinbaren ebenso wie die Haltung ‚das haben wir nicht nötig' (vgl. Kapitel 2.3.2: kleinbürgerliches Familienmodell). Deutlich wird aber auch, daß Elke K. und Christine J. ihren Kindern Priorität einräumen: Die Erwerbstätigkeit hat sich unterzuordnen und wird im Zweifelsfall aufgegeben.

‚Am ersten Januar aufgehört' – Erfahrungen von Rentnerinnen

Die Rentnerinnen unter den Interviewpartnerinnen haben sehr unterschiedliche berufliche Erfahrungen gemacht: Während die eine bereits seit ihrer Jugend stets erwerbstätig war, nimmt die zweite erst im Alter von über 40 Jahren eine ganztägige Erwerbsarbeit auf. So hat die Berufstätigkeit für jede eine andere Bedeutung und auch die Art und Weise, wie sie aus dem Erwerbsleben ausgeschieden sind, differiert.

Der Übergang von der Berufstätigkeit in die Rente erfolgte bei Anna R. schrittweise. Den Grund schildert sie im folgenden Ausschnitt:

INTERVIEWERIN: Ja, Sie hatten ja schon erzählt, daß Sie in Rente sind (-) (ANNA R.: Ja). Wann haben Sie denn aufgehört zu arbeiten?
ANNA R.: Ganz hab' ich jetzt vor einem Jahr, also am ersten Januar aufgehört (INTERVIEWERIN: mhm). (–) Da war ich vorher noch teilbeschäftigt (INTERVIEWERIN: mhm).
INTERVIEWERIN: Sie haben das also irgendwie stufenweise (-) (ANNA R.: Ja) reduziert?
ANNA R.: Ja, damals hab' ich eben meinen Vater in Pflege gehabt (INTERVIEWERIN: mhm), dann wußte ich nicht, kann ich noch länger voll schaffen oder nicht (INTERVIEWERIN: mhm, mhm). Hm, weil er ja auch im Haus war, in der Wohnung drin / (INTERVIEWERIN: mhm, mhm). Ich mußte meinen Vater versorgen (INTERVIEWERIN: mhm), da hab' ich halt mit sechzig aufgehört, voll, und dann eben noch teil geschafft (INTERVIEWERIN: mhm), also die 560 Mark, was damals (INTERVIEWERIN: mhm) war, gell? (INTERVIEWERIN: mhm, mhm).

Bis zum Alter von sechzig Jahren hatte Anna R. eine Vollzeitstelle inne. Dann mußte sie die Pflege ihres Vaters übernehmen und wußte nicht, ob sie beides bewältigen kann oder nicht. Glücklicherweise war es möglich, den Umfang ihrer beruflichen Tätigkeit einzuschränken und auf der Basis einer geringfügigen Beschäftigung weiter zu arbeiten. Auch in dieser Form ist sie – vermutlich aus finanziellen Gründen – noch einige Jahre im Beruf, denn als sie endgültig aus dem Erwerbsleben ausscheidet, ist sie bereits über 70 Jahre alt. Auch in ihrem Fall ist also das Erreichen des Rentenalters nicht mit dem Ausstieg aus dem Erwerbsleben gleichzusetzen (vgl. Kapitel 5.1.1).

5.2 Erwerbsarbeit: Chance oder Belastung für Frauen

Paula R. ist ebenfalls seit einigen Monaten nicht mehr berufstätig und bezieht Rente, doch im Unterschied zu Anna R. begann ihr Berufsleben relativ spät:

INTERVIEWERIN: [...] Sie haben ja geschrieben, daß Sie seit Anfang des Jahres in Rente sind /
PAULA R.: Ja, ja, ich war hier in einem Betrieb, schon 13 Jahre, war ich da /
INTERVIEWERIN: Hier [...]?
PAULA R.: Hier [...], ja, gell, und danach habe ich / also mein Mann ist '84 gestorben, und dann habe ich da noch anfangen müssen zu arbeiten, gell (INTERVIEWERIN: mhm)
INTERVIEWERIN: Also, '84 haben Sie erst angefangen?
PAULA R.: Ja. Erst / ich bin vorher ein paar Jahre noch in einen Laden gegangen, vorher, und, da war ich aber nicht. Durch das, daß mein Mann so bald gestorben ist, habe ich mich noch anmelden müssen, gell, und dann bin ich jetzt gegangen bis zum 60. Lebensjahr.

Die Probandin war – vermutlich als geringfügig Beschäftigte – in einem Geschäft angestellt. Nach dem frühen Tod ihres Mannes mußte sie sich jedoch eine andere Stelle suchen und sich ‚anmelden', d.h. sie mußte Beiträge an die Rentenversicherung abführen. Dadurch konnte sie wohl ihre Witwenrente erhöhen. Es klingt durch, daß die finanzielle Situation nach dem Tod des Mannes eher schwierig war, denn die Probandin spricht von ‚anfangen müssen zu arbeiten' und ‚noch anmelden müssen'. Das Beispiel zeigt, daß die traditionelle Versorgerehe für Frauen recht problematisch sein kann, vor allem dann, wenn sie ihren Partner frühzeitig verlieren.

Anhand der Aussagen dieser beiden älteren Interviewpartnerinnen wird deutlich, daß die Bedeutung der eignen Altersversorgung von Frauen vielfach unterschätzt wird. Das hat zur Folge, daß die wirtschaftliche Situation alleinstehender Frauen gerade im Alter nach wie vor problematisch ist, und dies unabhängig davon, ob sie einmal verheiratet waren oder nicht.

5.2.3 Erwerbstätigkeit von Frauen: Pro und Contra

Aus Sicht der Interviewpartnerinnen gibt es sowohl Argumente für als auch Argumente gegen Erwerbstätigkeit. In den aufgeführten Begründungen sind drei zentrale Themen zu finden: die finanzielle Situation, die familiäre Situation sowie persönliche Wertvorstellungen und Zielsetzungen (vgl. Abb. 26).

In der familiären Situation sehen einige Gesprächspartnerinnen einen Hinderungsgrund für ihre Erwerbstätigkeit. Direkt genannt werden zumeist die Kinder, doch an anderen Stellen der Interviews wird deutlich, daß bei dieser Frage auch die Haltung des Partners eine große Rolle spielt (vgl. Kapitel 7.1.2). Die Verantwortung für die

Pflege von Angehörigen wirkt sich ebenfalls negativ auf die Erwerbsbeteiligung aus.

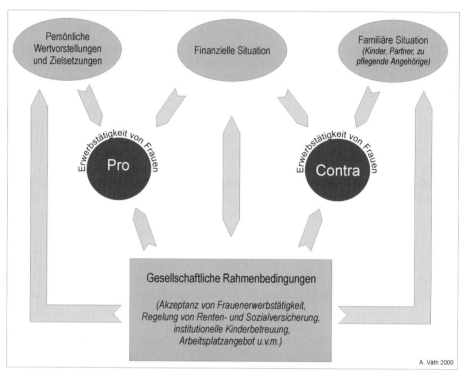

Abb. 26: Faktoren, die die Erwerbsbeteiligung von Frauen beeinflussen

Die finanzielle Lage ist für viele Interviewpartnerinnen ein Grund um erwerbstätig zu sein. Sie wollen zum einen ihren Beitrag zum Einkommen der Familie leisten, und zum anderen denken sie an ihre ‚Altersversorgung' und wollen eigene Rentenansprüche erwerben. Doch es kann auch genau umgekehrt sein: Die guten wirtschaftlichen Verhältnisse einer Familie bewirken unter Umständen einen Rückzug der Frau vom Arbeitsmarkt: ‚Wir sind finanziell nicht abhängig, daß ich ins Geschäft gehen muß.'

Persönliche Wertvorstellungen und Zielsetzungen stehen im Mittelpunkt der Argumentation jener Frauen, die sich für Erwerbstätigkeit aussprechen. Sie wollen ‚rauskommen', ‚gefordert werden' und haben ‚Spaß' an ihrer Erwerbsarbeit.

5.2.4 Exkurs: Strategien bei der Arbeitssuche

Wie haben nun die so unterschiedlich motivierten Frauen ihre derzeitigen oder letzten Arbeitsplätze gefunden? Und wie würden jene, die gerade nicht berufstätig sind, vorgehen, um eine neue Stelle zu finden? Auch diese Fragen konnten im Rahmen der qualitativen Interviews erläutert werden. In den Erzählungen der Frauen lassen sich folgende Leitlinien unterscheiden:

- ‚normal', also durch Bewerbung auf ein Inserat hin,

- durch Gestaltung einer eigenen Stellenanzeige oder durch Initiativbewerbungen,

- über persönliche Kontakte.

Kaum eine der Probandinnen hat ihr letzte Stelle durch die Antwort auf eine Zeitungsannonce bekommen, und wenn doch, so gibt es darüber offensichtlich nicht viel zu berichten. Die folgenden Beispiele werden sich deshalb auf die beiden letztgenannten Punkte beschränken.

‚Flexible Arbeitskraft sucht' – eigene Initiative entwickeln

Zwei der Probandinnen im Alter zwischen 30 und 39 Jahren habe ihre aktuelle bzw. letzte Stelle durch eigene Initiative gefunden. Eine von ihnen bekam ihren Arbeitsplatz über ein Inserat – allerdings nicht so wie eben geschildert, denn sie hat selbst eine Anzeige aufgegeben.

INTERVIEWERIN: Wissen Sie denn noch, wie Sie den Arbeitsplatz gefunden haben, oder gesucht haben?
REBECCA V.: Ja. [...] (–) Tommy kam im November auf die Welt, und ich hab' im Oktober aufgehört zu arbeiten, und hab' dann noch stundenweise [...], und, ja gut, dann war ich Zuhause, dann war ich Zuhause bis (-) Januar. Von November bis Januar beziehungsweise Anfang November bis Januar (INTERVIEWERIN: mhm). Und irgendwann Mitte Januar hab' ich einfach gemerkt, daß / erstmal finanziell, es paßt hinten und vorne nicht mehr, und zweitens hat mich das auch / ahh, ich muß wieder raus (INTERVIEWERIN: mhm). Das war wie wenn man ein Kind bestraft und einsperrt, und kochen, waschen, putzen, Windeln wechseln usw. das war alles nicht meine Welt (INTERVIEWERIN: mhm). Entweder das läuft alles mit und das funktioniert, oder / es gibt welche, die können das, die gehen da voll auf in Kindererziehung und (-) Hausfrau [...]. Dann hab' ich ein Inserat aufgegeben: Selbständige, flexible Arbeitskraft im Speditionsbereich sucht Arbeitsstelle, so, in der Art (INTERVIEWERIN: mhm) [...] Und daraufhin hat sich eben mein Arbeitgeber gemeldet (INTERVIEWERIN: mhm).

Sehr ausführlich beschreibt Rebecca V. die Situation, die sie veranlaßte eine Anzeige aufzugeben: Nach der Geburt ihres Kindes hat sie es nur drei Monate Zuhause ‚ausgehalten', dann war sie zum einen mit ihrer finanziellen Lage nicht mehr zufrieden und zum anderen wollte sie einfach ‚wieder raus', da sie sich durch die Beschränkung ihres Tätigkeitsfeldes auf Hausarbeiten eingeengt fühlte. Die Probandin gesteht anderen Frauen zwar zu, mit ihrer Rolle als Hausfrau und Mutter zufrieden zu sein, doch ihre Welt sei das eben nicht. So gab sie also ein Inserat auf und hatte sofort Glück damit, denn es meldet sich jener Arbeitgeber, für den sie auch zum Zeitpunkt des Interviews noch tätig ist.

Die Eigeninitiative von Elke K. sah etwas anders aus, wie aus dem nächsten Interviewausschnitt hervorgeht:

INTERVIEWERIN: *Und wissen Sie noch wie Sie Ihren Arbeitsplatz damals gefunden haben?*
ELKE K.: *Äh – weiß ich gar nicht / ach ja doch genau, ich hab', wo ich dann ausgelernt hatte, dann hat man einfach sämtliche Ärzte in N. einfach meine Bewerbungen halt geschickt* (INTERVIEWERIN: *mhm*) *– denkt, vielleicht braucht irgend jemand grad' eine* (INTERVIEWERIN: *mhm*) *da, weiß auch nicht, auf die Zeitung oder so hab' ich mich da auch nicht verlassen wollen* (INTERVIEWERIN: *mhm*), *und dann hat des dann geklappt, ja...* (INTERVIEWERIN: *mhm*).

Die Probandin zögert zunächst mit der Antwort und ist möglicherweise von der Frage überrascht, da sie zum Befragungszeitpunkt nicht mehr berufstätig ist. Doch dann erinnert sie sich: Nach Abschluß ihrer Ausbildung wurde sie nicht übernommen und mußte sich einen neuen Arbeitsplatz suchen. Da sie sich nicht auf Zeitungsanzeigen verlassen wollte, hat sie an sämtliche in Frage kommenden Praxen Bewerbungen geschickt. Auch diese Strategie erwies sich als erfolgreich, denn sie bekam eine Stelle. Etwas irritierend ist die Formulierung ‚dann hat man einfach'; sie deutet vielleicht darauf hin, daß die Eltern oder andere Personen an dieser Bewerbungsaktion beteiligt waren.

‚Die hat mir das erzählt' – persönliche Kontakte nutzen

Wie zu erwarten war, spielen gerade in ländlich geprägten Gemeinden persönliche Kontakte bei der Stellensuche eine gewichtige Rolle. Erstaunt hat allerdings, wie vielfältig diese Verbindungen sind und über welche Personen sie laufen können: Verwandte und Bekannte werden ebenso genannt wie Freundinnen oder Kolleginnen.

Bereits im letzten Kapitel ging es um Paula R., die sich nach dem Tod ihres Mannes eine Stelle suchen mußte:

5.2 Erwerbsarbeit: Chance oder Belastung für Frauen

INTERVIEWERIN: Wie sind Sie denn da rangekommen, an den Arbeitsplatz?
PAULA R.: Ha, ja, durch Empfehlung.
INTERVIEWERIN: Haben Sie da Bekannte /
PAULA R.: Nein, da bin ich direkt in den Betrieb gegangen damals. Ja, eine Bekannte hat mich da eingeführt, gell, und dann bin ich dort genommen worden, gell (INTERVIEWERIN: mhm). Ich meine, ich war schon 48, das tue ich der Firma hoch anrechnen, daß ich dort noch aufgenommen worden bin.

Die Interviewpartnerin ist wohl persönlich zu dem Betrieb gegangen, bei dem sie Arbeit suchte. Von einer Bewerbung oder einem Inserat ist nicht die Rede. Sie erwähnt allerdings eine ‚Empfehlung', und daß eine Bekannte sie dort eingeführt habe. Wie das genau von statten ging, ist den Ausführungen leider nicht zu entnehmen. Es klingt aber an, daß Paula R. selbst nicht so recht an den Erfolg ihrer Unternehmung glauben konnte, denn sie ist der Ansicht, daß es nicht selbstverständlich sei, in ihrem damaligen Alter noch eine Stelle zu bekommen.

Ines O. hat eine beruflich-schulische Ausbildung absolviert und mußte sich im Anschluß daran um einen Arbeitsplatz kümmern. Ihr kam es zu gute, daß eine Kollegin von ihrer Stellensuche wußte:

INTERVIEWERIN: Und wie hatten Sie den Arbeitsplatz gefunden?
INES O.: Ja, das war ganz witzig, ich hab' das eigentlich gar nicht selber veranlaßt. Da hat mich 'ne [...] Kollegin von der Schule angerufen / also mit der ich die Ausbildung gemacht habe, und die wußte, daß ich halt was suche, nach dem Praktikum, und hat gesagt, da und da ist 'ne Stelle frei. Und na' bin ich da hin, hab' mich vorgestellt, und dann hatt' ich die Stelle (beide lachen). Ich hab' mich auch woanders vorgestellt, aber da bin ich ganz froh, daß ich da nicht hingekommen bin. Und die hatten mir dann auch abgesagt.

Die Probandin bekam telefonisch den Hinweis auf eine freie Stelle. Es hört sich fast zu einfach an, wenn sie schildert, daß sie in den Betrieb gegangen sei, um sich dort vorzustellen und schon hätte sie die Stelle bekommen. Ob diesem Besuch eine schriftliche Bewerbung vorausging, bleibt offen.

Eine persönliche Beziehung verhalf auch Ina Z. zu ihrem Arbeitsplatz.

INTERVIEWERIN: Wie haben Sie denn Ihren jetzigen Arbeitsplatz gefunden?
INA Z.: Über 'ne Freundin, über 'ne Freundin, die dort bereits auch Teilzeit arbeitete, die 'ne Tochter hatte im gleichen Alter wie mein Kind, und die hat mir das erzählt, daß bei denen eine weggeht, die auch Teilzeit arbeitet, und das war genau der Zeitpunkt, als ich gesagt habe, ich arbeite jetzt wieder und dann hat sie gemeint, ich soll's mal probier'n, ich soll mich bewerben. Ich hab auch gleich die Stelle gekriegt und seither bin ich dort.

In diesem Fall war es eine Freundin, die der Probandin von einer passenden Stelle (Teilzeit) bei ihrem Arbeitgeber erzählte und sie ermunterte, sich dort zu bewerben

– mit Erfolg. Interessant sind hier die Gemeinsamkeiten zwischen Ina Z. und ihrer Freundin: Beide haben Kinder im gleichen Alter, und nachdem Frau Z. ihre Tätigkeit aufnimmt, sind beide in Teilzeit im gleichen Betrieb angestellt. Es ist denkbar, daß sich aus dieser Situation für beide Vorteile ergeben: so beispielsweise eine bessere Stellung der Teilzeitbeschäftigten innerhalb des Betriebes, wenn sich diese Personengruppe vergrößert.

Das Beschäftigungsverhältnis von Ute D. kam letztlich über ein Familienmitglied zustande:

INTERVIEWERIN: Und wie haben Sie den Arbeitsplatz gefunden?
UTE D.: Ah, durch Zufall eigentlich, also ich war arbeitslos, muß mich dann ja beim Arbeitsamt immer wieder vorstellen (INTERVIEWERIN: mhm) und dann hat es geheißen, die würden / ah eine Verkäuferin suchen, und die würden auch fremd anlernen, und als ich mich dann vorgestellt habe, dann hat es dann geheißen, daß ich dann den ganzen Tag arbeiten müßte, ich muß auch sagen, das kann ich gesundheitlich nicht, ich pack' das nicht mehr (INTERVIEWERIN: mhm), [...] das geht einfach über meine Kräfte (INTERVIEWERIN: mhm), dann war es auch so, daß / der dann gemeint hat, dann hätte das keinen Wert / das war dann vor Weihnachten, jetzt muß ich dazu sagen, mein Sohn schafft auch dort, [...] und vor Weihnachten hat er dann meinen Sohn angesprochen, also der Marktleiter, ob ich schon einen Job hätte, (INTERVIEWERIN: mhm) und ob ich Interesse hätte, dann wenigstens an der Kasse zu arbeiten (INTERVIEWERIN: mhm). Also einmal Arbeitsamt aber das zweite Mal dann doch eher privat (INTERVIEWERIN: mhm).

Zunächst erfuhr die Probandin über das Arbeitsamt von einer offenen Stelle und stellte sich dort vor. Da sie aus gesundheitlichen Gründen nur einen Teilzeitjob annehmen wollte, der Betrieb aber eine Vollzeitkraft suchte, kam kein Arbeitsvertrag zustande. Wie es der Zufall so will, ist ein Sohn der Probandin in diesem Betrieb angestellt, und als dort auch Kräfte benötigt werden, die nur teilzeit arbeiten, wird er gefragt, ob seine Mutter bereits Arbeit gefunden hat oder ob sie doch noch dort anfangen wolle. Und so ist auch hier der persönliche Kontakt ausschlaggebend für das Zustandekommen des Beschäftigungsverhältnisses.

Auch Anna R. kam über familiäre Verbindungen zu ihrem Arbeitsplatz, denn sie hat die Stelle sozusagen geerbt. Das mag in Familien, wo beispielsweise ein Geschäft an die nächste Generation weitergegeben wird, nicht ungewöhnlich sein, doch in diesem Fall handelt es sich nicht um einen Familienbetrieb:

INTERVIEWERIN: Erinnern Sie sich noch daran, wie Sie Ihren Arbeitsplatz gefunden haben?
ANNA R.: Ja, das war eigentlich ganz einfach (beide lachen), weil wir ja im alten Schulhaus waren, (INTERVIEWERIN: mhm), da waren ja drei Generationen mit mir (lacht) (INTERVIEWERIN: mhm): meine Großmutter, meine Mutter und wir hatten immer im alten Schulhaus die Hausmeisterstelle gehabt (INTERVIEWERIN: mhm, mhm), und als meine Mutter krank war, hat damals der damalige Bürgermeister (.....), daß man es auf mich

überschreibt (INTERVIEWERIN: mhm), und ob ich das machen will, da hab' ich gesagt ‚ha, ja, freilich' (INTERVIEWERIN: mhm), und durch das hab' ich das mit übernommen (INTERVIEWERIN: mhm), und dann war des (INTERVIEWERIN: vererbt sozusagen (lacht) ja, genau, und dann [...] das Angebot, da oben weiterzumachen (INTERVIEWERIN: mhm). Und dann hab' ich eben da mehr oder weniger auch bißchen die Verantwortung gehabt anfangs (INTERVIEWERIN: mhm), und so ist man eben dran geblieben wie so allgemeine Beschäftigung (lacht) (INTERVIEWERIN: mhm). Früher hatte man halt wenig Möglichkeiten, einen Beruf zu erlernen (INTERVIEWERIN: mhm), das war ja früher noch nicht so (INTERVIEWERIN: mhm).

Nach der Erkrankung ihrer Mutter bekommt Anna R. deren Stelle angeboten, ein Vorgang, der quasi schon Tradition hat, denn sie ist nach Mutter und Großmutter bereits die dritte Generation auf diesem Posten. Nach dem Umzug der Schule innerhalb des Ortes besteht die Möglichkeit, auch im neuen Gebäude weiterzumachen, und die Probandin ist stolz auf die ihr dort übertragene Verantwortung. Man gewinnt allerdings auch den Eindruck, daß sie sich für ihre Tätigkeit etwas geniert, denn sie lacht ab und zu eher verlegen und schließt ihre Antwort mit dem Hinweis, daß die Möglichkeiten einen Beruf zu erlernen früher schlechter gewesen seien. Darauf wird später noch einzugehen sein.[75]

Ruft man sich nun die unter dem Stichwort ‚persönliche Kontakte' zusammengefaßten Probandinnen und ihre Berichte nochmals in Erinnerung, so fällt doch auf, daß sie ihre Arbeitsplätze zumeist über Verbindungen zu weiblichen Personen bekommen haben. Eine Ausnahme stellt hier nur Ute D. dar, die ihre Stelle letztendlich über ihren Sohn erhielt. Es zeigt sich, daß die Netzwerke von Frauen sich keineswegs auf Haus- und Familienarbeit oder Ehrenämter beschränken, sondern daß sie im Bereich der Erwerbsarbeit ebenfalls funktionieren. Ein Kennzeichen der Netzwerke ist auch hier die weitgehende Geschlechtshomogenität. Es entsteht der Eindruck, daß die Dorfgemeinschaft für Frauen, die erwerbstätig sein wollen, auch einen Arbeitsplatz findet.

‚Einfach mal nachfragen' – Ideen für künftige Stellensuche

Nach den Berichten über bereits abgeschlossene, erfolgreiche Stellensuchen ist es nun auch interessant zu erfahren, wie jene Probandinnen, die derzeit nicht im Erwerbsleben stehen, bei einem geplanten Wiedereinstieg nach einem Arbeitsplatz suchen würden.

---

[75] Außerdem fallen die unpersönlichen Formulierungen mit ‚man' auf, die auch die Gesprächspartnerinnen Annemarie S. und Elke K. verwenden. Dies ist vermutlich darauf zurückzuführen, daß die Interviewsituation für die Frauen doch eher ungewöhnlich ist und sie etwas verwundert darüber sind, daß sich jemand ausgerechnet für sie interessiert. Es entsteht gelegentlich der Eindruck, als versteckten sie sich hinter unpersönlichen Formulierungen.

Eine zweigleisige Strategie ist in den Augen von Beate T. geeignet um eine neue Stelle zu finden.

INTERVIEWERIN: Und was meinen Sie, wie Sie dann Ihren Arbeitsplatz suchen werden? Wenn Sie wieder erwerbstätig sein wollen, wie würden Sie dann das anpacken?
BEATE T.: Ja, ich würde mich an der Zeitung orientieren, auf der anderen Seite würde ich aber auch mal bei den umliegenden Gemeinden einfach mal nachfragen, wie es aussieht und / (INTERVIEWERIN: also selber die Initiative ergreifen) ja, und das haben die bei uns auch immer gemacht. Die haben immer angerufen. Ich lasse das mal auf mich zukommen, weil ich habe jetzt in der Zeitung mitbekommen, daß sie jetzt zum Beispiel in E. jemand' für nachmittags gesucht haben. Immer nur zwei Stunden, so was wäre, denke ich, für mich auch mal gut. Gründe sind dann auch / ich würde mich auch erkundigen, wie das mit den Kollegen läuft. Bezahlung, ja, wobei mir das jetzt nicht ganz so extrem wichtig ist.

So würde sie sich zum einen an Zeitungsannoncen orientieren, und zum anderen aber auch persönlich bei den in Frage kommenden Stellen nachfragen. Bei der zweiten Möglichkeit kommen der Probandin Erfahrungen zu gute, die sie während ihrer Berufstätigkeit sammeln konnte, denn sie weiß, daß es in ihrem Beruf ‚normal' ist, sich telefonisch nach freien Stellen zu erkundigen. Zum Interviewzeitpunkt hat Beate T. noch rund ein Jahr Erziehungsurlaub vor sich, aber dennoch verfolgt sie bereits Stellenangebote in der Zeitung, und auch über den zeitlichen Rahmen hat sie sich schon Gedanken gemacht. Allerdings sagt sie gleichzeitig, sie wolle das auf sich zukommen lassen. Aufgrund ihrer langjährigen Berufserfahrung ist sie auch der Ansicht, daß ihr der KollegInnenkreis zusagen muß. Die Bezahlung steht für sie nicht an erster Stelle.

Ruth M. dagegen schwebt vor, Kind und Beruf sowohl zeitlich als auch räumlich zu verbinden:

INTERVIEWERIN: Und wie / wie würden Sie sich vorstellen, wie würden Sie an so was rankommen? Wie würden Sie da vorgehen?
RUTH M.: Ach, dadurch, daß die Ulla ja in den Kindergarten geht, ja da würde ich halt einfach mal ganz frech fragen, ob sie niemand' brauchen können. Ich will ja nicht / ich will ja nicht mordsmäßig Geld verdienen, ein paar Mark o.k., das kann man immer brauchen, aber hauptsächlich soll es mir Spaß machen, und dann kann ich es vielleicht auch mit der Ulla verbinden, wenn sie dann in den Kindergarten geht, vielleicht in den selben Kindergarten. Also damals, die Frau, die das gemacht hat, deren ihre Kinder sind gerade in die Schule gekommen, und dann hat sie auch Leerlauf gehabt und dann hat sie immer morgens da zwei Stunden mitgemacht und das hat denen ganz gut getan, weil das ziemlich große Gruppen waren.

Die Probandin weiß von einer Frau, die im Kindergarten mitgearbeitet hat, nach dem ihre Kinder in die Schule gekommen waren – ob dies ehrenamtlich geschah oder auf einer anderen Basis wird leider nicht berichtet. Ruth M. kann sich das

5.2 Erwerbsarbeit: Chance oder Belastung für Frauen

auch für sich selbst vorstellen, allerdings nicht erst, wenn alle Kinder die Schule besuchen, sondern bereits wenn das jüngste in den Kindergarten kommen wird. Ideal wäre es dann natürlich, wenn sie im selben Kindergarten tätig sein könnte. Dabei ist zu erwähnen, daß die Probandin nicht etwa gelernte Erzieherin ist, doch sie hat mit ihren drei Kindern Erfahrungen gesammelt und hofft, diese auch beruflich einsetzen zu können; daß eine solche Strategie durchaus erfolgversprechend ist, wurde ja bereits anhand der Beispiele von Helga V. und Doris G. deutlich (vgl. Kapitel 5.2.1).

Ähnlich wie die gerade beschriebene Beate T. will auch Ruth M. in erster Linie Spaß an einer zukünftigen Tätigkeit haben, so daß die Bezahlung zweitrangig ist. Beide Interviewpartnerinnen geben mehr oder weniger deutlich zu verstehen, daß sie auf den Verdienst nicht unbedingt angewiesen sind, und es sich daher leisten können, etwas wählerisch zu sein, was künftige Arbeitsplätze angeht.

So konkret sind die Vorstellungen jedoch nicht bei allen Frauen, wie abschließend das Beispiel von Christine J. verdeutlicht:

INTERVIEWERIN: Und, wie würden Sie sich denn auf die Suche machen nach einem Arbeitsplatz, wenn Sie dann wieder einsteigen wollten?
CHRISTINE J.: Habe ich gar keine Vorstellungen. Weiß ich noch nicht.
INTERVIEWERIN: So irgendwie eher über's Arbeitsamt (CHRISTINE J.: Ne, ich glaub schon über /) oder über Zeitungsannoncen. Da gibt es ja ganz verschiedene Möglichkeiten, oder irgendwie über/
CHRISTINE J.: Bekannte, denke ich. (zeitgleich INTERVIEWERIN: private Kontakte) Ja, schon im privaten Bereich. [...]. Also beim Arbeitsamt, glaube ich nicht. Schon eher privat.

Auch diese Gesprächspartnerin rechnet sich eher über private Verbindungen als über das Arbeitsamt oder Zeitungsannoncen eine Chance auf einen neuen Arbeitsplatz aus.

‚Nicht zumutbar' – schwierige Stellensuche im ländlichen Raum

Es liegt in der Natur der Sache, daß die Interviewpartnerinnen auf die Frage, wie sie denn ihren aktuellen bzw. letzten Arbeitsplatz gefunden haben, vorwiegend von erfolgreich verlaufenen Stellensuchen berichten. Dennoch soll jedoch nicht verschwiegen werden, daß gerade im ländlichen Raum diese Suche auch langwierig und schwierig sein kann.

Ein zentrales Problem liegt in der Erreichbarkeit auswärtiger Arbeitsplätze, wie vor allem in den Kapiteln 6.2 und 6.3 noch zu zeigen ist. Die folgende Schilderung von Ute D. dreht sich um eine Stelle, die ihr über das Arbeitsamt angeboten wird:

UTE D.: [...] dann ist ja mir auch so eine Arbeit empfohlen worden [...] also wenn ich jetzt Auto fahren würde, wäre ich in knapp zehn Minuten dort (INTERVIEWERIN: mhm), da ich aber mit dem Bus fahre, [...] vier Stunden würde ich arbeiten, aber fünf Stunden wäre ich dann glaub' ich unterwegs, also so, daß ich insgesamt neun Stunden unterwegs wäre. Wegen vier Stunden Arbeit. [...] um halb drei sollte ich anfangen, der Bus hier fährt aber schon um eins, so rum, dann bin ich um kurz nach viertel zwei drüben in Nagold, dann fährt der Bus aber von Nagold nach Talheim erst glaub' ich um dreiviertel drei. Also so, daß ich dann um drei dort wäre, obwohl ich ja schon um halb drei anfangen sollte, [...] dann sollte ich dort bis um halb sieben arbeiten, bis dann aber die Kasse gemacht wird und geputzt wird ist es dann wahrscheinlich doch sieben, der letzte Bus von Talheim nach Nagold fährt aber wieder um sechs Uhr / und dann müßte ich also zum Arbeitgeber sagen, ja du, ja es tut mir leid, bis zum Schluß kann ich nicht, ich muß jetzt gehen, mein Bus fährt, wär' dann in Nagold um sechs Uhr und müßte dann wieder warten, weil der sechser Bus in Nagold schon wieder weg ist, müßte ich dann warten bis zehn nach sieben, bis der Bus wieder nach Haiterbach fährt, da wäre ich bis um halb acht in Haiterbach. [...] ich habe das dann auch mit meiner Betreuerin vom Arbeitsamt besprochen (INTERVIEWERIN: mhm) [...] und dann hat sie gesagt, ob ich mit dem Zug fahren würde, dann hab ich gesagt, ha mit dem Zug ist es genauso, die Zugverbindungen sind noch schlechter, da müßte ich ja mit dem Bus nach Nagold fahren, dann mit dem, ja also bis zum Bahnhof hoch und dann bis nach Horb fahren, weil Talheim selber hat ja keine Haltestelle und dann müßte ich in Horb wieder gucken, wie ich von Horb nach Talheim komm, also ich wär da den ganzen Tag unterwegs wegen ein paar Stunden [...].

Sehr erregt berichtet Frau D. über den Arbeitsweg, der mit dem Auto kein Problem darstellt, ohne jedoch fast unüberwindlich scheint.[76] Die reine Arbeitszeit und der Zeitaufwand für die Fahrt stehen in einem deutlichen Mißverhältnis, und schließlich ist auch das Arbeitsamt der Ansicht, daß dies für Ute D. ‚nicht zumutbar' ist. Nach ihrer zunächst mißglückten Stellensuche findet die Interviewpartnerin wie schon geschildert doch einen Arbeitsplatz, wobei persönliche Kontakte maßgeblich sind.

---

[76] Dieser Interviewausschnitt fällt dadurch auf, daß von Seiten der Interviewerin nur sehr selten Einwürfe wie ‚mhm' oder ähnliches nötig und möglich sind. Die Gesprächspartnerin macht durch ihren Redefluß deutlich, daß ihr dieses Thema wichtig ist und daß sie gerne darüber berichten will.

6 Geschlechtsspezifische Segregation auf dem Arbeitsmarkt

6.1 Frauenberufe – Männerberufe?

Nachdem in den Kapiteln 4.2 und 5.1 die innerfamiliale Arbeitsteilung sowie die Erwerbstätigenquoten diskutiert wurden, geht es nun um die Verteilung von Aufgaben zwischen Frauen und Männern auf dem Arbeitsmarkt. Auf die Existenz sogenannter Frauenberufe wurde bereits mehrfach hingewiesen, insbesondere in Zusammenhang mit dem ‚weiblichen Arbeitsvermögen' (vgl. Kapitel 2.2.1) und der Hierarchiehypothese (vgl. Kapitel 2.2.2). Einen anderen Zugang ermöglicht dagegen die Perspektive des *doing gender* (vgl. Kapitel 2.2.3), die davon ausgeht, daß weibliche bzw. männliche Berufe sozial konstruiert sind. Für diese Sichtweise spricht die Erkenntnis, daß die Aufgaben, die typischerweise von Frauen bzw. Männern übernommen werden, sowohl zwischen einzelnen Kulturen als auch über die Zeit hinweg ganz erheblich variieren.

6.1.1 Geschlechtstypische Berufe – eine Einführung

Eine grundlegende Studie, die sich mit dem Thema geschlechtstypische Berufe befaßt, stammt von Angelika WILLMS-HERGET (1985). Sie untersucht auf der Basis historisch-quantitativer Daten den Strukturwandel der Frauenerwerbstätigkeit für den Zeitraum von 1880 (dem Jahr der ersten Berufszählung in Deutschland) bis 1980 und kommt u.a. zu folgenden Resultaten (vgl. ebd., S. 264 f.): Erstens sind Frauen bis heute in stärkerem Maße als Männer auf einige wenige Berufsfelder konzentriert. Allerdings hat die Konzentration im Laufe der Zeit etwas abgenommen, wodurch sich für Frauen und Männer die Möglichkeiten der Berufswahl etwas erweitert haben. Zweitens sind Frauen jedoch schon immer in geringerem Maße als Männer auf geschlechtstypische Berufe konzentriert. Mit der Zeit ist zudem die Konzentration beider Geschlechter auf geschlechtstypische Berufe angestiegen. Drittens sind es vornehmlich Frauen, die in hausarbeitsverwandten Berufsfeldern anzutreffen sind. Viertens sind jene neuen Beschäftigungsfelder, die sich durch die Tertiärisierung herausgebildet haben, Frauen und Männern größtenteils nicht gemeinsam. Die Autorin schließt daraus, daß „die Segregation seit 1925 unverändert hoch geblieben" ist (ebd., S. 265).

Über die Zeit hinweg sind trotz der weiterhin hohen Segregation Veränderungen zu beobachten, die sich mit den drei folgenden geschlechtsspezifischen Entwicklungsmustern beschreiben lassen (vgl. WILLMS-HERGET 1985, S. 258):

1. die Verweiblichung von Frauen- bzw. die Vermännlichung von Männerberufen, also eine stärkere Typisierung,

2. Männerberufe werden zu Frauenberufen und Frauenberufe zu Männerberufen, also der Wechsel einer vorhandenen Typisierung,

3. die Öffnung von Frauen- und Männerberufen, also eine Abschwächung der ursprünglichen Typisierung.

Die Veränderung der Geschlechtstypisierung wird auch als ‚Geschlechtswechsel', der zugehörige Prozeß als ‚Maskulinisierung' (Zunahme des Anteils der Männer) bzw. als ‚Feminisierung' (Zunahme des Anteils der Frauen) bezeichnet.

Beispielhaft für den erstgenannten Fall sind Schriftsetzerinnen die durch Schriftsetzer, Programmiererinnen die durch Programmierer ersetzt wurden (vgl. WETTERER 1995, S. 232).[77]

Die Beispiele für einen Geschlechtswechsel von Männer- zu Frauenberufen sind ebenso interessant: Die Arbeit von Sekretären übernahmen Sekretärinnen[78], die von Lehrern Lehrerinnen. Der Feminisierung des Lehrberufes wird von geographischer Seite besondere Aufmerksamkeit gewidmet (vgl. SCHMUDE 1988; MEUSBURGER & SCHMUDE 1991; FASSMANN & MEUSBURGER 1997; MEUSBURGER 1998). Nach einer Klassifizierung von SCHMUDE (1988) ist die tatsächliche von der passiven Feminisierung zu unterscheiden. Von einer tatsächlichen Feminisierung ist zu sprechen, wenn a) die Zahl der Frauen steigt und die der Männer sinkt, oder wenn b) die Zahl der Frauen schneller als die der Männer steigt. Passive Feminisierung liegt dagegen vor, wenn in einem wenig nachgefragten Beruf die Zahl der Männer schneller sinkt als die der Frauen.

An der oben geschilderten Situation hat sich zumindest bis Mitte der 90er Jahre (bezogen auf die alten Bundesländer) kaum etwas geändert, wie eine Studie des Instituts für Arbeitsmarkt- und Berufsforschung verdeutlicht (vgl. RAUCH & SCHOBER 1996): Sie kommt zu dem Ergebnis, daß nach wie vor eine hohe Konzentration von Frauen auf Frauenberufe und von Männern auf Männerberufe bestehe. Diese sei allerdings im Beschäftigungssystem selbst weniger ausgeprägt als in der Berufsausbildung. In Übereinstimmung mit WILLMS-HERGET (1985) stellen RAUCH & SCHOBER (1996) fest, daß die Konzentration der Männer auf Männerberufe stärker ist als die der Frauen auf Frauenberufe. Gestützt wird die vorhandene Segregation durch das Einstellungsverhalten von Betrieben: Das Geschlecht spielt bei der Einstellung von Fachkräften in der Hälfte aller Fälle eine Rolle, wobei Männer in Männerberufen sehr viel stärker bevorzugt werden als Frauen in Frauenberufen. Diese Präferenz hat zur Folge, daß es für Männer leichter ist in einem Frauenberuf beschäftigt zu werden, als umgekehrt für eine Frau in einem Männerberuf Fuß zu fassen.

---

[77] Sehr interessant sind auch die damit verbundenen geschlechtsspezifischen Konstruktionen: So galt die Schriftsetzerei in einer bestimmten Phase als geeignete Tätigkeit für Bürgerstöchter, da sie angeblich Ähnlichkeit mit dem Klavierspielen aufweist. Im Zuge der Technisierung der Schriftsetzerei wurde der Beruf zunehmend von Männern ausgeübt, und nun standen eher die „großen, komplizierten, lauten und dreckigen Maschinen" im Zentrum der Argumentation (WETTERER 1995, S. 232).

[78] Posten wie der eines Generalsekretärs (z.B. in Parteien oder bei der UNO) erinnern noch heute daran, dass dieser Beruf ursprünglich von Männern ausgeübt wurde.

Dieses Resultat muß nicht im Widerspruch zu den oben aufgeführten Ergebnissen stehen, denn es sind auch die Neigungen der Auszubildenden bzw. Arbeitskräfte gegenüber einzelnen Berufen zu berücksichtigen: Das Interesse von Frauen an Misch- oder Männerberufen ist als deutlich größer einzustufen als das der Männer an Frauen- oder Mischberufen.

6.1.2 Berufe der befragten Frauen und Männer

Nachdem in den letzten Kapiteln sowohl die formalen und familialen Voraussetzungen der Erwerbsteilnahme als auch die tatsächliche Erwerbsbeteiligung thematisiert wurden, ist nun zu fragen, in welchen Berufen die Frauen und Männer tätig sind bzw. zuletzt tätig waren. Gibt es auch in den untersuchten Gemeinden Berufe, die vorwiegend oder sogar ausschließlich von Frauen bzw. von Männern ausgeübt werden? Gibt es darüber hinaus Berufe, die typisch sind für die Bewohnerinnen und/oder Bewohner eines Ortes, oder weisen die Gemeinden eine mehr oder weniger ähnliche Berufsstruktur auf? Bevor diese Fragen beantwortet werden können, sind noch einige Anmerkungen notwendig, denn die Erfassung der Berufstätigkeit gilt als einer der schwierigsten Punkte in der Arbeitsmarkt- und Berufsforschung.

Methodische Vorbemerkungen

Zur Erfassung der Berufstätigkeit in schriftlichen oder mündlichen Erhebungen gibt es bislang kein einheitliches, von der jeweiligen Fragestellung unabhängiges Verfahren. In der einschlägigen Literatur findet man vielmehr Hinweise auf die damit verbunden Schwierigkeiten. FASSMANN & MEUSBURGER (1997, S. 120) empfehlen deshalb, bereits bei der Formulierung einzelne Aspekte so exakt wie möglich zu unterscheiden und listen folgende Punkte auf (Herv. im Original):

- „die *Berufsangabe*, die einen *Tätigkeitsinhalt* erkennen läßt [...], wobei zwischen erlerntem und zuletzt ausgeübtem Beruf zu unterscheiden ist;

- die sektorale, branchenmäßige Zugehörigkeit des Unternehmens, in dem man beschäftigt ist [...];

- die *Stellung im Beruf* [...];

- die hierarchische Position innerhalb des Unternehmens (leitend, ausführend; qualifiziert, unqualifiziert);

- inhaltliche Merkmale wie *Arbeitsverrichtungen, Arbeitsaufgabe* (Funktionsbereich) und *Arbeitsmittel*".

Um Aussagen über eine mögliche Geschlechtsspezifik von Berufen machen zu können, wurde der erste der aufgeführten Punkte ins Auge gefaßt, mit der Beschränkung auf den zuletzt ausgeübten Beruf. Weiterhin galt es abzuwägen zwischen der Erhebung in Form einer geschlossenen oder aber mittels einer offenen Frage. Die Entscheidung zugunsten einer offenen Frage fiel in der vorliegenden Untersuchung aufgrund folgender Argumente: Bei geschlossenen Fragen muß damit gerechnet werden, daß bestehende Vorstellungen durch entsprechende Konstruktion des Fragebogens reproduziert werden; offene Fragen liefern dagegen eher ungefilterte Informationen. Tätigkeiten, die im Rahmen geringfügiger Beschäftigung ausgeübt werden, sind nicht unbedingt in offiziellen Listen enthalten, aber gerade beim Thema Frauenerwerbstätigkeit ist ihre Berücksichtigung unerläßlich. Auch ein befragungstechnischer Aspekt darf nicht außer acht gelassen werden, denn „Listen mit sehr umfangreichen Antwortvorgaben sind [...] unübersichtlich und eignen sich weder für eine schriftliche noch für eine mündliche Befragung" (FASSMANN & MEUSBURGER 1997, S. 122). Schließlich ist auch zu erwähnen, daß es durch die in immer kürzeren Abständen entstehenden neuen Berufe zunehmend schwieriger wird, entsprechende Listen auf dem neuesten Stand zu halten.

Die Nachteile, die aus dem unterschiedlichen Abstraktionsniveau der Antworten resultieren, nämlich Probleme bei Vereinheitlichung der Angaben sowie deren aufwendige Kodierung, mußten billigend in Kauf genommen werden.

Obwohl in den meisten Fällen Berufsangaben notiert wurden und trotz genauer Anweisungen an die InterviewerInnen (Studierende) kam es auch zu Angaben, die sich auf die Stellung im Beruf oder aber einen konkreten Arbeitgeber beziehen. Letzteres ist im regionalen Kontext zu sehen, wo die großen Arbeitgeber – allen voran Daimler-Benz – so viel Einfluß haben, daß es nicht verwundert, wenn sich die dort Beschäftigten stärker mit ihrem Unternehmen als mit ihrer persönlichen Tätigkeit identifizieren (vgl. MERKEL 1996).

Zur Kodierung der Antworten wurde die amtliche Klassifikation der Bundesanstalt für Arbeit herangezogen (vgl. PARMENTIER, SCHADE & SCHREYER 1996, 1998). Diese gliedert sich wie folgt:

- *3 Berufsbereiche*: Unterschieden werden produktionsorientierte Berufe sowie primäre und sekundäre Dienstleistungsberufe (vgl. PARMENTIER, SCHADE & SCHREYER 1998, S. 8).

- *20 Berufsfelder*: Die darin zusammengefaßten Berufe bzw. Berufsgruppen weisen Gemeinsamkeiten bzgl. der Arbeitsaufgabe bzw. Tätigkeit, des verwendeten Materials, des beruflichen Milieus oder der allgemeinen Arbeitsanforderungen auf (vgl. ebd.).

- *83 Berufsgruppen*: Hier sind Berufe zusammengefaßt, „die hinsichtlich der Arbeitsaufgabe bzw. Tätigkeit, der Art des verwendeten Materials oder des Berufsmilieus fachlich näher zueinander gehören" (ebd., S. 8).
- *320 Berufsordnungen*: „Die darin zusammengefaßten Berufsklassen bzw. Berufsbenennungen sind nach dem Wesen ihrer Berufsaufgabe gleichartig" (ebd.).

Die oben genannten Sonderfälle wie Stellung im Beruf (von 5 % der Befragten angegeben) oder die Firma (von 2 % der ProbandInnen genannt) ließen sich nicht in dieses Schema einordnen; außerdem waren einige Berufe, die teilweise erst in jüngerer Zeit entstanden sind, nicht enthalten. Während dies etwa beim Austragen von Zeitungen zu erwarten war, überraschte es doch, daß auch geläufige Berufe wie SachbearbeiterIn (vgl. HEINTZ 1997) oder KundenberaterIn nicht aufgeführt waren. Sie wurden zusätzlich kodiert.

Berufsfelder für Frauen – Berufsfelder für Männer

Unter den weiblichen wie männlichen Befragten sind jeweils 16 der 20 möglichen Berufsfelder zu finden. Doch damit enden die Gemeinsamkeiten auch schon, wie ein Blick auf die fünf häufigsten Berufsfelder von Frauen und Männern zeigt.

Tab. 35: Wichtigste Berufsfelder der befragten Frauen

Ehemalige Beschäftigte (n = 332)		Derzeit Beschäftigte (n = 412)	
Verwaltungs-, Büroberufe, Wirtschafts-/ Sozialwissenschaftliche Berufe	22	Verwaltungs-, Büroberufe, Wirtschafts-/ Sozialwissenschaftliche Berufe	24
Waren- u. Dienstleistungskaufleute	15	Waren- u. Dienstleistungskaufleute	17
Körperpflege, Gästebetreuung	8	Sozial- u. Erziehungsberufe, SeelsorgerInnen	15
Gesundheitsdienstberufe	7	Gesundheitsdienstberufe	7
Sozial- u. Erziehungsberufe, SeelsorgerInnen	7	Körperpflege, Gästebetreuung	6
Übrige Berufsfelder	41	Übrige Berufsfelder	31
Summe	100 %	Summe	100 %

Quelle: Eigene Erhebung 1998, eigene Bearbeitung

Die fünf wichtigsten Berufsfelder der derzeit erwerbstätigen Probandinnen (siehe Tab. 35) stimmen mit jenen der ehemals beschäftigten weitgehend überein; es ist jedoch zu beachten, daß die Berufsfelder ‚Körperpflege, Gästebetreuung' und ‚Sozial- und Erziehungsberufe, SeelsorgerInnen' die Ränge drei und fünf getauscht haben. Die stärkste quantitative Veränderung hat eben dieses letztgenannte Berufsfeld erlebt, dessen Anteil sich mehr als verdoppelt hat. Dadurch, daß sich bei drei der fünf Berufsfelder der Anteil erhöht hat, ist insgesamt eine stärkere Konzentration der Probandinnen auf die erwähnten Berufsfelder zu beobachten: Waren unter den ehemaligen Beschäftigten noch 41 % in den übrigen Berufsfeldern tätig, so sind es unter den derzeit Erwerbstätigen nur noch 31 %.

Tab. 36: Wichtigste Berufsfelder der befragten Männer

Ehemalige Beschäftigte (n = 117)		Derzeit Beschäftigte (n = 264)	
Bau-, Baunebeh- u. Holzberufe	17	Installations- u. Metallbautechnik	11
Installations- u. Metallbautechnik	16	Verwaltungs-, Büroberufe, Wirtschafts-/ Sozialwissenschaftliche Berufe	10
Verkehrs- u. Lagerberufe	9	Bau-, Baunebeh- u. Holzberufe	9
Elektroberufe	6	Waren- u. Dienstleistungskaufleute	8
Technisch-naturwissenschaftliche Berufe	6	Technisch-naturwissenschaftliche Berufe	7
Übrige Berufsfelder	46	Übrige Berufsfelder	55
Summe	100 %	Summe	100 %

Quelle: Eigene Erhebung 1998, eigene Bearbeitung

Zieht man nun die Ergebnisse der männlichen Befragten zum Vergleich heran (siehe Tab. 36), so fällt folgendes auf: Die Überschneidungen zwischen den Berufsfeldern der ehemaligen und derzeitig Beschäftigten beschränken sich auf drei der fünf Felder. Damit verbunden ist die abnehmende Bedeutung jenes Berufsbereiches der die produktionsorientierten Berufe umfaßt, im vorliegenden Fall also ‚Bau-, Baunebeh- und Holzberufe' sowie ‚Installations- und Metallbautechnik', bei gleichzeitiger Zunahme des Berufsbereiches der primären Dienstleistungen. Die Erwerbstätigkeit der männlichen Befragten scheint demnach – zumindest auf der Ebene der Berufsfelder – einem stärkeren Wandel zu unterliegen, als die der weiblichen. Hinzu kommt, daß hier im Gegensatz zu den Frauen eine abnehmende Konzentration auf die fünf häufigsten Berufsfelder zu konstatieren ist, denn unter den ehemals beschäftigten Probanden sind 41 % den übrigen Berufsfeldern zuzurechnen und unter den derzeitigen bereits 55 %. Damit bestätigt die vorliegende Untersuchung die Befunde von WILLMS-HERGET (vgl. 1985, S. 264 f.), wonach Frauen bis in die Gegenwart stärker auf einige wenige Berufsfelder konzentriert sind als Männer.

Beim Vergleich der Berufsfelder von Frauen und Männern, die (zumindest vorübergehend) nicht am Erwerbsleben teilnehmen, fällt auf, daß es keine Überschneidungen gibt. Ganz anders die Situation unter den derzeit Beschäftigten, denn die zwei Berufsfelder (‚Verwaltungs-, Büroberufe, Wirtschafts-/ Sozialwissenschaftliche Berufe' sowie ‚Waren- u. Dienstleistungskaufleute'), die für die männlichen Befragten an Bedeutung gewonnen haben, liegen auch in der Rangfolge der Probandinnen weit vorne. Die Probanden haben damit in zwei Berufsfeldern Fuß gefaßt, die zuvor überwiegend für die Probandinnen relevant waren. Im Zuge der Tertiärisierung hat sich demnach – auf der Ebene der Berufsfelder – bei den Männern ein größerer Wandel vollzogen als bei den Frauen. Ausgehend von den Arbeitsinhalten dieser aktuell wichtigen Berufsfelder ist zu bemerken, daß alle stärker personenbezogenen Tätigkeiten auch weiterhin den Probandinnen vorbehalten sind.

Gemeindetypische Berufsstruktur bei Frauen und Männern?

Differenzen zwischen den vier untersuchten Gemeinden konnten bereits bei mehreren Sachverhalten gezeigt werden. Interessant ist folglich die Frage, ob die für Frauen und Männer vorgestellten Spitzenreiter unter den Berufsfeldern in allen Gemeinden von Bedeutung sind, oder ob sich hier Unterschiede abzeichnen. Dabei ist zu beachten, daß eventuelle Differenzen sich nicht ausschließlich auf die Arbeitsmarktsituation in den vier Orten beziehen (zur Lage der Arbeitsplätze vgl. Kapitel 6.2).

Betrachtet man die derzeit erwerbstätigen Frauen nach Gemeinden differenziert, so liegen die fünf im letzten Abschnitt genannten Berufsfelder zwar stets vorne, es bestehen jedoch Unterschiede hinsichtlich der Reihenfolge: So rangiert unter den Probandinnen aus Steinenbronn, Bondorf und Haiterbach das Berufsfeld Verwaltung auf Platz eins, in Nufringen dagegen das der Waren- und Dienstleistungskaufleute. Außerdem sind auch die Konzentrationen auf die fünf meist genannten Berufsfelder unterschiedlich ausgeprägt: Während darauf in Steinenbronn und Bondorf 64 bzw. 66 % entfallen, sind es in Nufringen und Haiterbach mit 73 bzw. 75 % deutlich mehr.

Weniger einheitlich ist das Bild der männlichen Befragten, denn hier scheint – im Gegensatz zu den weiblichen Befragten – in jedem Ort eine spezifische Struktur bezüglich der meist genannten Berufsfelder vorzuliegen, wie Tab. 37 zeigt.

Ruft man sich die im letzten Abschnitt geschilderten Differenzen zwischen ehemals und aktuell wichtigen Berufsfeldern in Erinnerung, so ist bezogen auf die Gemeinden festzustellen, daß die traditionell bedeutsamen in Haiterbach noch am stärksten vertreten sind, während in Nufringen auch ‚modernere' Berufsfelder Einzug gehalten haben.

Tab. 37: Wichtigste Berufsfelder derzeit erwerbstätiger Probanden nach Gemeinden

Steinenbronn (n = 74)		Nufringen (n = 66)	
Installations- u. Metallbautechnik	14	Technisch-naturwissenschaftliche Berufe	14
Waren- u. Dienstleistungskaufleute	14	Verwaltungs-, Büroberufe, Wirtschafts-/ Sozialwissenschaftliche Berufe	11
Technisch-naturwissenschaftliche Berufe	8	Installations- u. Metallbautechnik	8
Bau-, Bauneben- u. Holzberufe	7	Elektroberufe	6
Verwaltungs-, Büroberufe, Wirtschafts-/ Sozialwissenschaftliche Berufe	7	Sozial- u. Erziehungsberufe, SeelsorgerInnen	6
Übrige Berufsfelder	50	Übrige Berufsfelder	55
Summe	100 %	Summe	100 %

Bondorf (n = 62)		Haiterbach (n = 62)	
Verwaltungs-, Büroberufe, Wirtschafts-/ Sozialwissenschaftliche Berufe	18	Bau-, Bauneben- u. Holzberufe	16
Installations- u. Metallbautechnik	11	Elektroberufe	13
Bau-, Bauneben- u. Holzberufe	11	Installations- u. Metallbautechnik	11
Verkehrs- u. Lagerberufe	8	Verkehrs- u. Lagerberufe	11
Technisch-naturwissenschaftliche Berufe	7	Waren- u. Dienstleistungskaufleute	7
übrige Berufsfelder	45	übrige Berufsfelder	42
Summe	100 %	Summe	100 %

Quelle: Eigene Erhebung 1998, eigene Bearbeitung

Interessant ist auch der Zusammenhang zwischen dem Maß der Konzentration und der verkehrstechnischen Anbindung der Wohngemeinde: Der deutlichste Unterschied besteht auch in dieser Hinsicht zwischen Nufringen, wo 55 % der Probanden auf die übrigen Berufsfelder entfallen, und Haiterbach, wo der Vergleichswert nur 42 % beträgt.

Es ist festzuhalten, daß sich die Frauen recht unabhängig von ihrem Wohnort auf bestimmte Berufsfelder konzentrieren, während bei den Männern durchaus ein Zusammenhang zwischen Wohnort und Beschäftigungsbereich zu sehen ist. Weiterhin

6.1 Frauenberufe – Männerberufe?

wurde auch deutlich, daß die Konzentration auf die genannten Berufsfelder bei den Frauen sehr viel ausgeprägter ist als bei den Männern.

Typische Berufe: einige Skizzen

Um die eigentlichen Berufe trotz der notwendigen Aggregierung zu Berufsfeldern noch etwas näher betrachten zu können, werden hier exemplarisch noch einige Berufsgruppen und Berufsordnungen vorgestellt.[79]

Ein Blick auf die fünf häufigsten Berufsgruppen von weiblichen und männlichen Befragten in Tab. 38 zeigt zum einen, daß Überschneidungen selten sind, und zum anderen, daß – wie bereits bei den Berufsfeldern – die weiblichen Befragten sehr viel stärker konzentriert sind als die männlichen:

Tab. 38: Häufigste Berufsgruppen der ProbandInnen

Frauen (n = 754)		Männer (n = 389)	
Bürofach- u. Bürohilfskräfte	18	Ingenieure	6
Warenkauffrauen	12	Tischler, Modellbauer	5
Gesundheitsberufe (außer Ärztin, Apothekerin)	7	Mechaniker	4
Sozialpflegerische Berufe	7	Elektriker	4
Lehrerinnen	5	Bürofach- u. Bürohilfskräfte	4
Übrige Berufsgruppen	51	Übrige Berufsgruppen	77
Summe	100 %	Summe	100 %

Quelle: Eigene Erhebung 1998, eigene Bearbeitung

Anhand einiger Beispiele wird dieses Thema im Hinblick auf die eingangs genannten Typisierungen auf der Ebene der Berufsordnungen noch weiter vertieft. Dazu werden zwei Berufstypen vorgestellt: zunächst solche, die im Sample nur von Frauen angegeben wurden, dann jene, die ausschließlich von Männern genannt wurden.

In den Berufsgruppen ‚übrige Gesundheitsberufe' und ‚sozialpflegerische Berufe' werden – nicht nur in diesem Sample – zwei Berufe ausschließlich von Frauen ausgeübt: Es sind die stark personenbezogenen, nämlich Sprechstundenhelferin und Erzieherin (vgl. PARMENTIER, SCHADE & SCHREYER 1998, S. 424 bzw. 429). Bei genauerem Hinsehen werden allerdings auch Unterschiede zwischen diesen Berufen deutlich: Von den 37 Erzieherinnen ist zum Befragungszeitpunkt etwas mehr

---

[79] Als Grundlage dazu dienen alle Befragten, die erwerbstätig waren oder sind.

als die Hälfte erwerbstätig (53 %), während bei den Sprechstundenhelferinnen nur 11 von 27 am Erwerbsleben teilnehmen (41 %). Grund für diese Diskrepanz ist möglicherweise, daß sich eine Tätigkeit als Erzieherin leichter mit Kindern vereinbaren läßt als die Arbeit in einer Praxis: Erzieherinnen mit Kind im Haushalt sind zu 56 % erwerbstätig, Sprechstundenhelferinnen mit Kind im Haushalt dagegen nur zu 30 %.

Es stellt sich die Frage, ob der Beruf der Sprechstundenhelferin, der als typischer Frauenberuf[80] angesehen werden kann, für Frauen mit Kindern ungeeignet ist? Auf eine mögliche Erklärung wird in Kapitel 6.3.1 noch zurückzukommen sein. KRÜGER ET AL. (1987, S. 36) gelangen anhand statistischer Daten zu der Ansicht, „daß Frauenberufe, mit Ausnahme des Lehrerinnenberufes, keine Mütterberufe sind".

Da die beiden genannten Berufe eine formale Qualifikation erfordern, sei noch auf ein drittes Arbeitsfeld hingewiesen, das keine Berufsausbildung verlangt und ausschließlich von Frauen angegeben wurde: Den Beruf Raumreinigerin (Berufsgruppe der Reinigungsberufe) nennen 19 Probandinnen, von denen die Mehrheit keinen beruflichen Abschluß hat.

Zwei der ausschließlich von männlichen Befragten angegebenen Berufe gehören zu den Metallberufen: Schlosser und Mechaniker. Diese stehen grundsätzlich auch Frauen offen und zählen nicht zu jenen Berufen, die Frauen aufgrund gesetzlicher Bestimmungen nicht zugänglich sind.[81]

Ein eher unerwarteter Befund ergibt sich, schaut man sich den von den Probanden häufig genannten Beruf des Tischlers an. Auch hier ist mit deutlicher männlicher Dominanz zu rechnen, doch der Anteil der Frauen liegt höher als angenommen: 17 Männern stehen immerhin 6 Frauen gegenüber. Da jedoch die Mehrheit der Frauen und Männer nicht mehr im Beruf steht und die Frauen zumeist über 60 Jahre alt sind, handelt es sich möglicherweise um ein kurzzeitiges Phänomen.

Da die meisten TischlerInnen (bzw. SchreinerInnen wie es im süddeutschen Raum heißt) aus Haiterbach stammen, wo aufgrund der Lage am Rand des Schwarzwaldes die Forstwirtschaft und in der Folge davon die Holzverarbeitung eine lange Tradition haben, können diese Daten durch Informationen aus Gesprächen mit ortsansässigen Schlüsselpersonen ergänzt werden:

---

[80] Im Jahr 1997 waren 99 % aller SprechstundenhelferInnen in Deutschland weiblich (vgl. PARMENTIER, SCHADE & SCHREYER 1998, S. 424), der Vergleichswert für die ErzieherInnen liegt bei 97 % (ebd. S. 429).
[81] Noch am 1. Juli 1987 waren den Frauen laut BUNDESINSTITUT FÜR BERUFSBILDUNG (1988) 29 Ausbildungsberufe aufgrund von Arbeitsschutzbestimmungen verschlossen. In 5 der 29 Fälle ist ausdrücklich von einem Beschäftigungsverbot die Rede. Mittlerweile stehen den Frauen – rein rechtlich gesehen – nahezu alle Ausbildungsberufe offen (BUNDESINSTITUT FÜR BERUFSBILDUNG (1998). Davon ausgenommen ist der Bergbau, denn im Bundesberggesetz von 1994 ist ein absolutes Beschäftigungsverbot für Frauen festgeschrieben.

Wir haben früher viele Schreinereien gehabt, da gibt es jetzt nicht mehr so arg viele. [...], auch in den Schreinereien haben Frauen geschafft, wie's jetzt aussieht im Moment, weiß ich nicht so. Aber vielleicht vor 10 Jahren sind viele Frauen in die Schreinereien zum Schaffen. Jetzt mit der Arbeitslosigkeit ist es doch so, daß dann eher die Männer gehen.

Eine im Ort aufgewachsene Schlüsselperson kennt also das Phänomen der Frauen in den Schreinereien. Aus dem Interviewauszug wird allerdings auch deutlich, daß dies nicht von Dauer war. Eine weitere Schlüsselperson weiß auch wie es die jüngere Generation mit diesem Beruf hält:

[...] dann sind das lauter Schreiner. Das ist sehr dominierend: Holz. Und die tun sich heute auch nicht einfach. Die vielen Kleinbetriebe der Möbelindustrie haben jetzt in der konjunkturschwachen Phase auch zu kämpfen. [...] Es gibt noch relativ viele junge Leute, die auch Schreiner werden wollen, die da auch wieder einsteigen.

Nach wie vor ist also der Beruf des Schreiners interessant, und so mancher Kleinbetrieb wird wohl in der Familie bleiben. Von jungen Frauen, die in diesem Bereich tätig sind, ist nicht explizit die Rede, dabei bleibt unklar, ob dies auf den Sprachgebrauch (männliche Form wird für Frauen und Männer verwendet) oder ausschließlich männlichen Nachwuchs in den Schreinereien zurückzuführen ist.

Auch wenn die Daten zu einzelnen Berufen aufgrund der Größe des Samples keine statistisch signifikanten Ergebnisse liefern können, so vermitteln sie dennoch einen Eindruck von einigen beruflichen Möglichkeiten in den vier untersuchten Gemeinden. Sie sind damit – im Vergleich zu den eher abstrakten Aggregationen zu Berufsfeldern – näher an den befragten Personen.

6.2 Vielfältige Arbeitsorte und Arbeitswege

Die Orte, an denen Frauen und Männer ihrer Erwerbsarbeit nachgehen, haben großen Einfluß auf die Organisation ihres Alltages. Die Erreichbarkeit der Arbeitsplätze entscheidet über die notwendigen Verkehrsmittel und den zeitlichen Aufwand, der zusätzlich zur reinen Arbeitszeit nötig ist. Außerdem wirkt sich die Lage der Arbeitsplätze auf die Möglichkeiten, verschiedene Aktivitäten mit dem Weg zur Arbeit zu koppeln, aus.

Zu Wort kommen auch hier zunächst die interviewten Frauen. Anhand von Beispielen aus den qualitativen Interviews werden einige Typen von Arbeitsorten vorgestellt. Im anschließenden Abschnitt werden auf Grundlage der quantitativen Befragungsergebnisse die geschlechtsspezifischen Befunde herausgearbeitet und gemeindetypische Resultate vorgestellt. Letztere lassen auch Rückschlüsse auf das jeweilige Arbeitsplatzangebot der Untersuchungsgemeinden zu. Ergänzend wird der Zusammenhang zwischen Arbeitsort und Qualifikation geschildert. Der letzte

Punkt widmet sich schließlich den Wegen zu diesen Arbeitsplätzen und bezieht sowohl qualitative als auch quantitative Ergebnisse ein.

6.2.1 (Erwerbs-)Arbeitsorte der Interviewpartnerinnen

Die Angaben aus den 33 Tagebüchern dienen als Grundlage um sich ein Bild von den verschiedenen Arbeitsorten der Interviewpartnerinnen zu machen, sie werden ergänzt durch zahlreiche Hintergrundinformationen aus den Interviews. Stärker noch als bei den Motiven für Erwerbstätigkeit (Kapitel 5.2) kann hier auch auf die in Nufringen und Bondorf geführten Gespräche zurückgegriffen werden – ein eindeutiges Zeichen für die zentrale Bedeutung des Arbeitsplatzes bzw. Arbeitsortes im Rahmen der Alltagsorganisation. Es lassen sich die vier folgenden Arbeitsorte unterscheiden:

- im Wohnhaus bzw. in der Wohnung,

- am Wohnort,

- außerhalb des Wohnortes,

- mehrere Arbeitsplätze bzw. Kombinationen aus den bereits genannten Arbeitsorten.

Liegen die Arbeitsplätze in der Wohngemeinde oder aber außerhalb an einem festen Ort, so gehen die Interviewpartnerinnen darauf kaum näher ein. Detailliert berichten sie dagegen über den Arbeitsplatz Wohnung oder unterschiedliche Arbeitsorte, so daß sich auch die folgenden Ausführungen auf diese beiden Möglichkeiten beschränken werden.

‚Kommen alle hierher' – Arbeitsplatz Wohnung

Die Wohnung oder das Wohnhaus als Erwerbsarbeitsplatz ist – zumindest in Europa – durch die aus der kapitalistischen Arbeitsgesellschaft resultierende Trennung zwischen Familien- und Erwerbsleben selten geworden. An ihre Stelle traten zumeist Fabriken und Büros als Arbeitsstätten; diese wurden für viele Menschen „zum einzigen Ort, wo der Lebensunterhalt verdient werden konnte" (KRECKEL 1992, S. 252).

Die Erwerbsarbeit daheim auszuüben hat positive wie negative Seiten: Ein Vorteil ist, daß keine Wege entstehen und auf diese Weise nicht nur Geld sondern auch Zeit zu sparen ist. Außerdem müssen Kinder oder zu pflegende Personen nicht allein gelassen werden. Nachteilig ist, daß es eventuell schwieriger ist von Arbeit abzuschalten; vielleicht entsteht auch der Eindruck an das Haus gebunden zu sein,

6.2 Vielfältige Arbeitsorte und Arbeitswege

nicht wegzukommen (ein Aspekt der als Motivation für Arbeit genannt worden war). Außerdem gilt es zu bedenken, daß die Wohnung vermutlich auch den Erfordernissen der Arbeit angepaßt werden muß, was möglicherweise zu Lasten anderer Interessen geht.

Hinzu kommt, daß eine Erwerbstätigkeit in den eigenen vier Wänden von der Umgebung kaum wahrgenommen wird, und auch bei den beiden hier vorzustellenden Frauen war zunächst davon auszugehen, daß sie beruflich nicht aktiv sind. Welche Tätigkeiten sie daheim ausüben, berichten Petra N. und Doris G..

Um ihre bereits erwachsenen Kinder auch finanziell unterstützen zu können (vgl. Kapitel 5.2.1) ist Petra N. erwerbstätig: Sie gibt in verschiedenen Fächern Nachhilfeunterricht. Da sie dies privat organisiert, also nicht im Rahmen einer Organisation oder eines Vereines, kommen die SchülerInnen in ihre Wohnung, so daß sie das Haus aus beruflichen Gründen nicht verlassen muß.

INTERVIEWERIN: Mit Ihrer Nachhilfe, die Sie geben, arbeiten Sie hier [...], kommen die Schüler zu Ihnen?
PETRA N.: Kommen alle hierher.

Wie Frau N. an anderer Stelle schildert, ist ihr Arbeitsrhythmus von den Bedürfnissen der SchülerInnen gesteuert, denn während der Schulferien gibt sie keine Nachhilfestunden. Ob und inwiefern die Wohnung auf Erfordernisse des Unterrichts abgestimmt werden muß, kommt im Interview nicht zur Sprache.

Kinder stehen auch im Mittelpunkt der Tätigkeit von Doris G., die als Tagesmutter ebenfalls vorwiegend in ihrer Wohnung arbeitet. Die von ihr zu betreuenden Kinder kommen frühmorgens zu ihr (bzw. werden gebracht) und bleiben bis zum späten Nachmittag. Da Frau G. anfangs schildert, daß die Kinder in den Kindergarten bzw. die Schule gehen, fragt die Interviewerin nach:

INTERVIEWERIN: Die sind aber öfter bei Ihnen zu Hause?
DORIS G.: Ja, jeden Tag.
INTERVIEWERIN: Dann haben Sie ja immer ein volles Haus?
DORIS G.: Ja (beide lachen), bis abends um fünf.

Mit ‚jeden Tag' sind Montag bis Freitag gemeint, und nur an den Wochenenden hat sie die Wohnung für sich allein. Während der Schul- bzw. Kindergartenferien sind die Kinder auch am Vormittag bei ihr, wenn nicht deren Eltern gerade Urlaub haben.[82] Es ist leicht vorstellbar, daß die Wohnung einer alleinlebenden Frau, nicht unbedingt auf Kinder im Grundschul- und Kindergartenalter ausgerichtet ist, und folglich an deren Bedürfnisse angepaßt werden muß.

---

[82] Damit ist ein sehr interessanter Aspekt angesprochen, denn (Schul-) Ferien dauern in der Regel länger als der den Eltern zur Verfügung stehende Urlaub. Es können also trotz Ganztagsbetreuung, die oft an die Schule gekoppelt ist, noch „Betreuungslücken" entstehen.

Obwohl es sich zunächst wie selbstverständlich anhört, daß sich die Kinder (fast) täglich in ihrer Wohnung aufhalten, erzählt Frau G. kurz darauf, daß es gar nicht so einfach ist, die räumlichen Voraussetzungen für ihre Tätigkeit zu schaffen, sprich eine geeignete Wohnung zu finden.

DORIS G.: *[...] Ich hab' eine sehr schöne Wohnung, wo ich sehr zufrieden bin, die Vermieter sind auch sehr freundlich und nett. Es ist ein junges Ehepaar. Die finden das auch ganz toll, daß ich das mit den Kindern mach'. Weil ich hab' ja lang eine Wohnung gesucht, wo ich das machen darf. Heutzutage will ja niemand mehr Kinder. Wenn Sie sagen, Sie sind Tagesmutter, kriegen Sie keine Wohnung [...]. Als Tagesmutter muß ich halt ein Kinderzimmer vorweisen. Und als Alleinstehende würde mir ja auch eine Zweizimmerwohnung reichen.*
INTERVIEWERIN: *Und das geht dann nicht?*
DORIS G.: *Die haben gesagt, das geht nicht.*
INTERVIEWERIN: *Wer hat das gesagt?*
DORIS G.: *Die Vermieter haben gesagt, ich bin ja den ganzen Tag allein, da brauch' ich keine Dreizimmerwohnung. Dann hab' ich gesagt, aber die Kinder sind da. Und Tagesmutter darf ich bloß werden, wenn ich ein Kinderzimmer vorweisen kann. Kommt ja das Jugendamt und kontrolliert. Wenn Sie anfangen als Tagesmutter, kommt das Jugendamt und will die Räumlichkeiten sehen. Und auch Gespräche und so. Ich bin ja gemeldet beim Jugendamt. [...]*

Schwieriger als die Wohnung den Bedürfnissen der Kinder anzupassen, scheint es also zu sein, überhaupt zweckmäßige Räumlichkeiten zu finden und vor allem zu bekommen: Nicht alle VermieterInnen akzeptieren Kinder, und Alleinstehende haben sich offensichtlich mit kleineren Wohnungen zufrieden zu geben. Auch wenn sie hier nicht beantwortet werden kann, so drängt sich doch die Frage auf, inwieweit eine Tätigkeit als Tagesmutter oder die Inanspruchnahme einer Tagesmutter gesellschaftlich akzeptiert ist. In Kapitel 5.1.4 konnte bereits gezeigt werden, daß noch immer viele Menschen der Ansicht sind, daß in einer Familie mit Kindern nur ein Elternteil erwerbstätig sein sollte. Interessant ist außerdem, daß bereits in diesem eher noch ‚jungen' Beruf genaue Regeln bestehen, die auch staatliche Kontrolle (Jugendamt) beinhalten.

Nicht bestätigt hat sich dagegen die Vermutung, daß aus Arbeiten, die überwiegend oder ausschließlich in der Wohnung ablaufen, keine Kontakte entstehen würden, denn zumindest im Fall der Tagesmutter sind die Beziehungen zu den Eltern oder anderen Verwandten der Kinder nicht zu unterschätzen:

DORIS G.: *[...] Jetzt nächste Woche bin ich eingeladen nach Stuttgart, zu Miss Saigon* (INTERVIEWERIN: *mhm) da/ dem N. seine Großeltern haben mich eingeladen* (INTERVIEWERIN: *mhm). Das war das Weihnachtsgeschenk.*
INTERVIEWERIN: *Das ist ja schön. Haben Sie sonst auch Kontakt zu den Eltern von den Kindern?*

DORIS G.: Ja, jaja. Wenn ein Geburtstag ist, bin ich eingeladen, und wenn Probleme sind, bereden wir die miteinander, meine und ihre.

Auch zusätzlich zum Arbeitsplatz Wohnung weisen die beiden Probandinnen einige Gemeinsamkeiten auf: Die eigenen Kinder haben die Haushalte bereits verlassen, und die Interviewpartnerinnen kümmern sich nun um die Kinder anderer, d.h. sie übernehmen Dienstleistungen für andere Familien. Trotz ihrer unterschiedlichen Schulabschlüsse verfügt keine der beiden über einen formalen beruflichen Bildungsabschluß, und sie haben sich die für ihre Arbeiten notwendigen Kenntnisse selbst angeeignet. Zudem sind beide ungefähr gleich alt, sie wurden kurz vor dem Zweiten Weltkrieg geboren. Ihre Situation kann vermutlich als typisch für Frauen dieser Generation angesehen werden.

‚Also, ich mach' ja nicht nur' – mehrere Arbeitsplätze

Besonders vielschichtig sind die Berichte jener Probandinnen, die an mehr als einem Ort bzw. Arbeitsplatz beschäftigt sind. Hierbei ist zu differenzieren zwischen jenen, die eine Tätigkeit an verschiedenen Orten ausüben und jenen, die an verschiedenen Orten unterschiedlichen Arbeiten nachgehen. Die Tatsache, daß sich in jedem der Orte unter den Interviewpartnerinnen eine in dieser besonderen Situation befindet, läßt darauf schließen, daß es sich hier zwar nicht um den ‚Normalfall' aber eben auch nicht um Einzelfälle handelt. Anhand der Interviewausschnitte ist zu zeigen, ob die Frauen durch diese Situation zusätzlich belastet sind oder ob sich ihnen dadurch Erleichterungen und Vorteile bieten.

Rebecca V. arbeitet eigentlich außerhalb ihres Wohnortes, hat sich jedoch so eingerichtet, daß sie einen Teil ihrer Aufgaben Zuhause bzw. von Zuhause aus erledigen kann.

REBECCA V.: Weil meine Zeit, die eben von Zuhause läuft, oder die Tätigkeiten, die von Zuhause laufen, die darfst Du ja gar nicht mitrechnen (INTERVIEWERIN: mhm), die Telefonate, die von Zuhause geführt werden (INTERVIEWERIN: mhm), die Computersachen, die von Zuhause geführt werden, der Schriftverkehr und so weiter, die Vorbereitungen, jetzt zum Beispiel auf die Weihnachtsfeier und solche Dinge (INTERVIEWERIN: mhm), oder Weihnachtspräsente an die Kunden und so, das kannst Du alles gar nicht mitrechnen (INTERVIEWERIN: mhm).
INTERVIEWERIN: Das heißt, Sie machen einen Teil Ihrer Arbeit von Zuhause aus?
REBECCA V.: Ja, anders geht's ja gar nicht. Und das läuft dann abends ab, wenn der R. im Bett ist, INTERVIEWERIN: mhm) und wenn ich vielleicht meinen Haushalt so gut wie in Ordnung hab' [...].

Für die ‚Heimarbeiten' kommen am ehesten die Abendstunden in Frage, wenn ihr Kind bereits schläft und sie im Haushalt einiges erledigen konnte. Die Folge davon ist, daß so etwas wie Feierabend nicht existiert. Auch für diese Form der Heimarbeit müssen bestimmte Voraussetzungen gegeben sein: Ob damit gleich ein Arbeitszimmer verbunden sein muß, sei dahin gestellt. In diesem Fall geben wohl eher die technischen Vorbedingungen den Ausschlag, und das ist ohne Unterstützung des Arbeitgebers kaum machbar:

INTERVIEWERIN: *Und das wird auch von Ihrem Arbeitgeber unterstützt, daß Sie einen Teil der Arbeit Zuhause machen?*
REBECCA V.: *Ja, ich krieg' jetzt zu Weihnachten einen neuen PC, ja. Insofern wird das schon unterstützt (beide lachen). Oder zum / zum Geburtstag ein Handy, das heißt (beide lachen) ein Autotelefon [...]. So wird das unterstützt, ja, schon.*

Frau V. kann ihre Arbeit im Moment wohl nicht anders organisieren, doch daraus resultiert neben dem Stolz auf die berufliche Leistung auch eine enorme Belastung, was zur Folge hat, daß sie kaum Freizeitaktivitäten ausüben kann und auch für ihre Familie weniger Zeit hat, als sie sich eigentlich wünschen würde.

Im Fall von Edith L. veranlassen die Angaben im Tagebuch die Interviewerin dazu, sich nach der beruflichen Tätigkeit zu erkundigen:

INTERVIEWERIN: *Mhm. (-) Also Sie geben regelmäßig Klavierunterricht. Sechs Schüler kamen da nämlich vor.*
EDITH L.: *Ja, sieben sind es.*
INTERVIEWERIN: *Sogar sieben. Donnerwetter. Und die kommen aber zu Ihnen nach Hause (EDITH L.: mhm). Jüngere und Ältere?*
EDITH L.: *Ganz gemischt. [...].*
INTERVIEWERIN: *Haben Sie auch Kontakte mit den Leuten über die Klavierstunde hinaus?*
EDITH L.: *Ja, zum großen Teil, ja, ja. Das sind eigentlich / halbe halbe. Also zur einen Hälfte hab' ich ein bißchen mehr Kontakt und die anderen kommen eben nur zur Klavierstunde (INTERVIEWERIN: mhm).*

Ähnlich wie bei Doris G. resultieren auch aus der Zuhause ausgeübten Arbeit von Edith L. Kontakte, die über den Beruf hinausgehen. Die Probandin selbst bringt das Gespräch auf eine weitere Tätigkeit und ist wohl verwundert darüber, daß dies nicht von Seiten der Interviewerin angesprochen wird.

EDITH L.: *[...] Chor kam nicht vor, oder? [Anm.: im Tagebuch]*
INTERVIEWERIN: *Nein.*
EDITH L.: *Das ist weniger Freizeit, das ist eher Arbeit.*
INTERVIEWERIN: *Weil Sie den leiten.*
EDITH L.: *Ja. Also ich finde das so als Haus / Familienmutter unheimlich schwierig, zu trennen, das ist jetzt Freizeit, das ist Arbeit (INTERVIEWERIN: mhm), weil vieles ineinander übergeht (INTERVIEWERIN: mhm).*

Aus einer anderen Stelle im Interview geht hervor, daß es sich dabei um den Chor der örtlichen Kirchengemeinde handelt. Doch auch nachdem nun schon zwei Tä-

6.2 Vielfältige Arbeitsorte und Arbeitswege

tigkeiten von Edith L. thematisiert wurden, kommt in einem anderen Zusammenhang noch eine weitere zur Sprache:

INTERVIEWERIN: Wodurch kennen Sie die meisten Leute [Anm.: hier im Ort]?
EDITH L.: Über die Kirche. Also, ich mach' ja nicht nur den Chor, sondern auch Orgeldienste und dadurch einfach (INTERVIEWERIN: mhm) und daher kommt das auch, daß mehr Leute mich kennen, als andersrum [...].
INTERVIEWERIN: Spielen Sie da regelmäßig?
EDITH L.: Ja, relativ, also etwa einmal im Monat.

So ist Edith L. auf der Grundlage ihrer Qualifikation als Musikerin dreifach erwerbstätig, wobei die in der Wohnung stattfindenden Musikstunden den größten Raum einnehmen. Die beiden übrigen Ämter übt sie zwar außer Haus aber dennoch im Wohnort aus. Es ist anzunehmen, daß sie die Chorprobe einmal pro Woche leitet. Ihre Aufgabe als Organistin nimmt sie seltener wahr.

Anders stellt sich die Situation von Christa H. dar: Zum einen hat sie zwei Arbeitsplätze, weil sie zwei verschiedenen Tätigkeiten nachgeht, und zum anderen hat keine der Arbeiten mit ihrer formalen beruflichen Qualifikation als Bankkauffrau[83] zu tun.

INTERVIEWERIN: Und Sie arbeiten in S., ja? (CHRISTA H.: mhm) Aber sind Sie dann im Außendienst tätig, denn in Ihrem Tagebuch taucht auch M. mal als Arbeitsort auf. Oder haben Sie noch einen zweiten Job irgendwo?
CHRISTA H.: Ja (beide lachen). Das ist die Schwester von meiner Schwägerin. Der helfe ich einmal in der Woche beim Haushalt. Und zwar hat die Krebs, (......), oder auch hier im Brustbereich, und die kann mit den Armen bestimmte Sachen einfach nicht machen (INTERVIEWERIN: mhm). Staubsaugen und so Bewegungen, die mit Kraft verbunden sind, Fenster putzen und so. Und da hat sich das dann auch irgendwie ergeben, [...], ich kriege schon ein bißchen Geld, aber/ (lacht kurz).
INTERVIEWERIN: Also, das ist schon auf finanzieller Basis?
CHRISTA H.: Ja, aber das ist nicht so viel.

Zusätzlich zu ihrem Teilzeitjob als Sekretärin (im Tagebuch bezeichnet sie sich als ‚Sachbearbeiter') hilft Christa H. einer an Krebs erkrankten Frau im Haushalt und bekommt dafür auch ‚ein bißchen Geld'. Die Probandin hat also zwei Arbeitsplätze, die außerhalb ihres Wohnortes liegen. Da Familie H. nur über einen Pkw verfügt, wird es hier auch interessant sein zu sehen, wie sie ihre Arbeitswege zurücklegt (vgl. Kapitel 6.2.3). Was schon im Kapitel 5.2.1 anhand der Beispiele von Gertrud G., Helga V. und Doris G. erläutert wurde, scheint sich auch bei Christa H.

---

[83] Im Kurzfragebogen zum Tagebuch bezeichnet sich die Probandin allerdings selbst als ‚Bankkaufmann'. Das Phänomen, daß sich Frauen selbst mit der männlichen Form der Berufsbezeichnung definieren, tritt noch bei zwei weiteren Probandinnen auf, die angeben, eine Berufsausbildung als ‚Bekleidungstechniker' bzw. ‚Chemotechniker' absolviert zu haben.

zu bestätigen: Mit sozialer, personenbezogener Arbeit ist nicht viel Geld zu verdienen.

Die bisherigen Berichte werden durch den folgenden noch übertroffen: Am Beispiel von Frieda R. wird deutlich, daß es möglich ist – oder möglich sein muß – vier (!) verschiedene Tätigkeiten (den eigenen Haushalt nicht mitgerechnet) zu koordinieren und zu bewältigen. Da sie sich im Tagebuch als ‚Hausfrau / kaufm. Angestellte' bezeichnet, war eine so komplexe Situation nicht zu erwarten, und manches wird erst im Verlauf des Interviews deutlich. Bereits vor dem Gespräch ist bekannt, daß Frieda R. für die örtliche Volkshochschule arbeitet:

INTERVIEWERIN: Ich hab' mich schon gewundert, daß Sie vormittags ins Rathaus gehen und nachmittags auch noch arbeiten [...]
FRIEDA R.: [...] Also, ich schaffe seit Juli jetzt nachmittags. Das ist schon hart, weil ich ja / für vier Stunden Arbeit bin ich ja fast anderthalb Stunden unterwegs mit Hin- und Rückfahrt. Und das fehlt mir einfach. Und wenn ich dann noch jeden Tag zwei Stunden für die Volkshochschule erübrigen muß. Also, ich mein', im Moment ist ein bißchen tote Hose, das Programm ist fertig und die Kurse laufen aus. Aber wenn es nachher wieder losgeht, Anmeldung und so, dann bin ich wieder genauso im Streß, das schaff' ich dann nicht (beide lachen).

Aus dem Tagebuch geht hervor, daß die Probandin nachmittags außerhalb der Wohngemeinde beschäftigt ist, wobei nicht ganz klar ist, ob hier die gleiche Tätigkeit an einem anderen Ort ausgeübt wird, oder ob es sich um eine von der Volkshochschule unabhängige Arbeit handelt.

INTERVIEWERIN: Was arbeiten Sie sonst nachmittags?
FRIEDA R.: Das ist auch eine Büroarbeit. [...] Und das beinhaltet vom Telefon über Zentrale, also Empfang und Arbeiten am PC, eigentlich alles.

Schließlich zeigt sich am Thema Kontakte, daß auch Besuche mit Arbeit verbunden sein können:

INTERVIEWERIN: [...] Wie oft sind Sie so durchschnittlich bei Ihrer Mutter?
FRIEDA R.: Ich bin jeden Tag bei ihr und Hausarbeit einmal pro Woche.

Hier unterschätzt die Probandin ihren Einsatz eventuell selbst, denn in den Tagebuchaufzeichnungen (vier Tage) wird die Hausarbeit für die Mutter bereits zwei mal aufgeführt. Eine Bezahlung oder ein anderweitiger Ausgleich für diese Tätigkeit wird nicht erwähnt, so daß im eigentlichen Sinne nicht von einer Erwerbsarbeit gesprochen werden kann. Will man jedoch einen umfassenden Arbeitsbegriff zugrunde legen, muß auch diese Art der Arbeit erwähnt werden. Wenig später sind erneut Angaben aus dem Tagebuch Anlaß für eine Frage, denn in den Aufzeichnungen wird an zwei Abenden jeweils eine Stunde für ‚Heimarbeit' verwendet:

6.2 Vielfältige Arbeitsorte und Arbeitswege

INTERVIEWERIN: Sie hatten auch ‚Heimarbeit' geschrieben. Was ist das?
FRIEDA R.: Das bringt mein Mann ab und zu mit nach Hause. Arbeit.
INTERVIEWERIN: Ach, richtige Arbeit! Ich dachte eher, etwas Vergnügliches.
FRIEDA R.: Nein, nein, das ist richtige bezahlte Arbeit. Also, es ist nicht viel Zeit nebenher.

Die Reaktion der Interviewerin macht deutlich, daß eigentlich nicht mehr damit zu rechnen war, daß Frieda R. noch einer weiteren bezahlten Arbeit nachgeht. Dabei ist nicht zu vergessen, daß die Interviewpartnerin sich außerdem noch um ihren eigenen Vier-Personen-Haushalt kümmert (vgl. Kapitel 4.2.1). Sehr interessant ist hier die von Frau R. verwendete Definition für Arbeit: Arbeit ist erst dann richtige Arbeit, wenn sie auch bezahlt wird.

Abschließend sei noch auf eine markante Gemeinsamkeit der in diesem Kapitel erwähnten Interviewpartnerinnen hingewiesen: Oft ist ihnen nur ein Teil ihrer Tätigkeit bewußt, sie tragen nicht alle Aspekte in den Kurzfragebogen ein, machen also diesbezüglich nicht viel Aufhebens. Im Interview kommt es dann zu Verwirrungen, und meist wird erst durch Nachfragen klar, was die Frauen alles machen, wie das letzte Beispiel eindrücklich gezeigt hat. So ist es also durchaus denkbar, daß sich noch weitere Gesprächspartnerinnen in ähnlichen Situationen befinden und dies im Interview – aus welchen Gründen auch immer – nicht zur Sprache kam.

6.2.2 Arbeitsorte von Frauen und Männern

Die Ausschnitte aus den Interviews haben bereits einen Eindruck von den Arbeitsorten vermittelt, an denen die Frauen aus den vier untersuchten Gemeinden ihrer Erwerbsarbeit nachgehen. Sie werden nun durch Daten aus der standardisierten Befragung ergänzt, so daß es möglich ist, die Bedeutung einzelner Arbeitsorte für Frauen zu quantifizieren und einen Vergleich zu den männlichen Befragten herzustellen.

Es kann gezeigt werden, welcher Zusammenhang zwischen dem Lebensabschnitt bzw. dem Alter der ProbandInnen und der Lage des Arbeitsplatzes besteht. Außerdem gilt es herauszufinden, ob sich die Art der Beschäftigung (z.B. Nebenjob) auf den Arbeitsort auswirkt. Im Zentrum der Überlegungen steht jedoch die räumliche Differenzierung: Welcher Anteil der Befragten geht einer Erwerbstätigkeit in der Wohngemeinde nach, und welche Orte suchen jene ProbandInnen auf, die nicht in der Wohngemeinde beschäftigt sind? Abschließend werden Aspekte der Qualifikation sowie der Zufriedenheit mit der Beschäftigung dargestellt.

Unterschiedliche Arbeitsorte für Frauen und Männer?

Die Auswertung der Interviews weist – zumindest für Frauen – auf die Bedeutung der in Wohnhaus oder Wohnung ausgeübten Tätigkeiten hin. Ob es sich dabei eher um Einzelfälle handelt, oder ob sogar von einem Trend zu sprechen ist, kann mittels der quantitativen Daten geklärt werden. Von allgemeinem Interesse für die Zukunft der geschilderten ländlich geprägten bzw. suburbanen Gemeinden ist vor allem die Frage, inwiefern die Grunddaseinsfunktion ‚Arbeiten' dort verankert ist: Stellen die vier Gemeinden für die erwerbstätigen Teile der jeweiligen Bevölkerung in erster Linie Schlaf- und Freizeitorte dar, oder finden sie dort auch Erwerbsmöglichkeiten vor?

In Tab. 39 werden zwei Gruppen von Befragten einander gegenübergestellt: Es sind dies zum einen jene Befragten, die zum Befragungszeitpunkt erwerbstätig sind, und zum anderen jene, die aus verschiedenen Gründen nicht mehr am Erwerbsleben teilnehmen (Rente, Kinderpause, Arbeitslosigkeit etc.).[84]

Tab. 39: Entwicklung der Erwerbsarbeitsorte von Frauen und Männern

	Ehemalige Beschäftigte		Derzeit Beschäftigte	
	Frauen *(n = 105)*	Männer *(n = 39)*	Frauen *(n = 412)*	Männer *(n = 265)*
Wohnung/Wohnhaus	1	3	9	3
Wohnort (nicht Wohnung)	33	21	33	19
Außendienst/wechselnde Arbeitsorte	0	5	5	12
Außerhalb des Wohnortes	66	72	53	67
	100 %	101 %	100 %	101 %

Quelle: Eigene Erhebung 1998, eigene Bearbeitung

Die Daten zeigen sowohl geschlechtsspezifische Unterschiede als auch eine zeitliche Veränderung: Wie erwartet liegen die Arbeitsplätze von Frauen und Männern am häufigsten an einem festen Arbeitsort außerhalb der Wohngemeinde, doch die Differenzen zwischen den Anteilen sind beträchtlich. Außerdem liegt der Wert der Probanden, die im Außendienst oder an wechselnden Arbeitsorten beschäftigt sind, sehr deutlich über dem der Probandinnen. Dies gilt nicht nur für alle Beschäftigen, sondern auch für die beiden Teilmengen. Umgekehrt erreichen die Frauen in der Wohngemeinde höhere Werte.

---

[84] Da der Zeitpunkt des Ausscheidens aus dem Erwerbsleben nicht erfaßt wurde, werden hier nur jene Befragten berücksichtigt, die in der jeweiligen Untersuchungsgemeinde aufgewachsen oder aber im Alter bis einschließlich 14 Jahren zugezogen war; bei den übrigen besteht die Möglichkeit, daß sich ihre Aussage auf eine Tätigkeit bezieht, die vor dem Zuzug in die Untersuchungsgemeinde ausgeübt wurde. Bei den nicht mehr erwerbstätigen Befragten weisen 50 % der Zellen eine erwartete Häufigkeit von weniger als 5 auf.

Eher erstaunt haben hingegen die Resultate bezüglich der zeitlichen Entwicklung: So ist die Arbeit Zuhause zwar nach wie vor nur für einen kleinen Teil der Befragten von Bedeutung, doch während unter den ehemals Beschäftigten der Wert der Männer über dem den Frauen liegt, kehrt sich das Verhältnis für alle Beschäftigten sowie für die derzeit Beschäftigten um. Dies ist darauf zurückzuführen, daß der Anteil bei den Probanden konstant 3 % beträgt, während bei den weiblichen Befragten eine deutliche Zunahme von 1 auf 9 % zu verzeichnen ist. Daraus läßt sich schließen, daß die im letzten Abschnitt geschilderten Interviewpartnerinnen keine Ausnahmen darstellen, sondern die ‚Heimarbeit' tatsächlich an Bedeutung gewinnt.

Jeweils genau ein Drittel der weiblichen Befragten ist im Wohnort (aber nicht Wohnhaus) beschäftigt; hier scheinen sich keine Veränderungen abzuzeichnen. Für die männlichen Beschäftigten ist dagegen ein leichter Rückgang festzustellen.

Die deutlichsten Veränderungen betreffen Tätigkeiten außerhalb der Wohngemeinde: Unter den Probanden ging der Anteil fester Arbeitsorte außerhalb der Wohngemeinde nur leicht zurück (von 72 auf 67 %), während diese für die Frauen massiv an Bedeutung verloren (von 66 auf 53 %). Dies ist – vor allem bei den männlichen Befragten – auf einen steigenden Anteil von Beschäftigten im Außendienst oder mit wechselnden Arbeitsorten zurückzuführen. Zugenommen haben also gerade jene Beschäftigungen mit eher unregelmäßigen Arbeitszeiten, die vermutlich nur schwer mit sonstigen Verpflichtungen, sei es in der Familie oder im Ehrenamt, in Einklang zu bringen sind.

Zusammenfassend heißt dies, daß für die Männer die Wohngemeinde als Arbeitsort leicht an Bedeutung verliert (von 24 % bei den ehemals Beschäftigten auf 22 % bei den derzeit Beschäftigten). Gleichzeitig steigt durch die zunehmende Erwerbsarbeit in der Wohnung bzw. im Wohnhaus der Anteil der Frauen, die in ihrer Wohngemeinde beschäftigt sind (von 34 auf 42 %). Für die Frauen sind die Wohngemeinden also sehr viel eher als für die Männer auch Arbeitsorte.

Alter der ProbandInnen und Arbeitsorte

Nachdem die geschlechtsspezifischen Unterschiede bezüglich der Arbeitsorte sehr deutlich hervortreten ist es auch interessant zu prüfen, ob ein Zusammenhang zwischen Arbeitsorten und bestimmten Lebensabschnitten (sprich: Altersklassen) vorhanden ist. Zu erwarten ist, daß gerade Frauen mit Kindern eine Tätigkeit in der Wohngemeinde anstreben.

Wie Tab. 40 zeigt, besteht ein hochsignifikanter Zusammenhang zwischen dem Alter[85] und dem Arbeitsort der Befragten:

---

[85] In der höchsten Altersklasse (71 Jahre und älter) stehen nur zwei Befragte im Erwerbsleben, so daß auf deren Darstellung verzichtet wird.

Tab. 40: Alter und Erwerbsarbeitsorte derzeit beschäftigter ProbandInnen

	18 bis 27 Jahre (n = 106)	28 bis 45 Jahre (n = 361)	46 bis 60 Jahre (n = 183)	61 bis 70 Jahre (n = 24)
Wohnung/Wohnhaus	2	5	10	13
Wohnort (nicht Wohnung)	22	29	25	46
Außendienst/wechselnde Arbeitsorte	4	8	10	13
außerhalb des Wohnortes	73	58	54	29
	100 %	100 %	99 %	101 %

Quelle: Eigene Erhebung 1998, eigene Bearbeitung

So nimmt mit steigendem Alter der Anteil jener Personen, die außerhalb der Wohngemeinde tätig sind von 73 auf 29 % ab, während in den drei übrigen Kategorien jeweils ein Anstieg zu verzeichnen ist. Während mit einem Anstieg von Tätigkeiten im Wohnhaus bzw. in der Wohnung sowie im Wohnort (hier verläuft die Zunahme übrigens nicht kontinuierlich) zu rechnen war, erstaunt die mit zunehmendem Alter wachsende Bedeutung von Tätigkeit im Außendienst oder mit wechselnden Arbeitsorten: Aufgrund von unregelmäßigen Arbeitszeiten etc. ist sie als physisch und psychisch eher anstrengend einzustufen. Vielleicht erlauben es abnehmende familiäre Verpflichtungen gerade den Befragten über 45 Jahren einer solchen Tätigkeit nachzugehen. Denkbar ist aber auch, daß diese Tätigkeiten nicht sehr beliebt sind, und für ältere ArbeitnehmerInnen, deren Chancen auf anderen Gebieten abnehmen, eine Notlösung darstellen.[86]

Arbeitsorte und Erwerbsbeteiligung

Ausgehend von den in Kapitel 4.2 geschilderten familialen Rahmenbedingungen der Erwerbsbeteiligung von Frauen ist anzunehmen, daß vor allem Probandinnen, die sich aufgrund zeitlicher Einschränkungen für eine Teilzeitstelle entscheiden, an ihrem Wohnort arbeiten wollen, um nicht zusätzlich Zeit in weite Wege investieren zu müssen. Männer gehen dagegen, wie bereits erläutert, nur in einzelnen Lebensphasen (meist ohne Familie) einem Nebenjob nach, sind also überwiegend der Kategorie ‚berufstätig' zuzuordnen. Es ist denkbar, daß sie deshalb in geringerem Maße als Frauen darauf angewiesen sind, einen möglichst wohnungsnahen Arbeitsplatz zu finden.

Um so erstaunlicher ist, daß unter den Frauen kein signifikanter Zusammenhang zwischen der Form der Erwerbsbeteiligung und den Arbeitsorten festzustellen ist.

---

[86] Die wünschenswerte getrennte Betrachtung von weiblichen und männlichen Befragten ist nicht möglich, da die Zahl der Zellen mit erwarteten Häufigkeiten von unter 5 jeweils deutlich über 20 % liegt.

6.2 Vielfältige Arbeitsorte und Arbeitswege

Das gleiche gilt für die männlichen Befragten. Ein signifikantes Resultat liegt nur für die ProbandInnen insgesamt vor, wie Tab. 41 zu entnehmen ist.

Tab. 41: Formen der Erwerbsbeteiligung und Arbeitsorte

	Berufstätig mit Nebenjob (n = 50)	Berufstätig (n = 518)	Nebenjob (n = 109)
Wohnung/Wohnhaus	6	5	14
Wohnort (nicht Wohnung)	16	27	33
Außendienst/wechselnde Arbeitsorte	8	8	7
Außerhalb des Wohnortes	70	60	46
	100 %	100 %	100 %

Quelle: Eigene Erhebung 1998, eigene Bearbeitung

Unter den Personen mit Nebenjob wird sowohl der höchste Anteil an Heimarbeit als auch an Tätigkeiten im Wohnort erreicht. Sehr ausgeglichen sind demgegenüber die Werte in der Kategorie Außendienst. Die Bedeutung der Wohngemeinde als Arbeitsort nimmt mit zunehmender Beschäftigung von 33 auf 16 % ab. Umgekehrt nimmt die Relevanz fester Arbeitsorte außerhalb der Wohngemeinde stark zu.

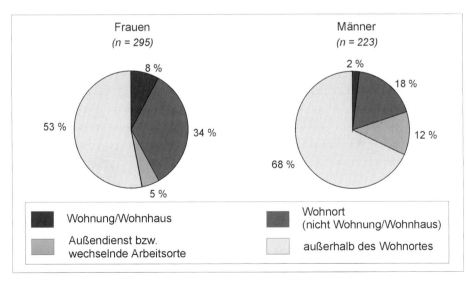

Abb. 27: Arbeitsorte berufstätiger Frauen und Männer
Quelle: Eigene Erhebung 1998, eigene Bearbeitung

Geht man dagegen von der Art der Tätigkeit aus, so ist unter den berufstätigen Befragten (ohne Nebenjob) ein hochsignifikanter Zusammenhang zwischen Geschlecht und Arbeitsort zu konstatieren (vgl. Abb. 27). Dabei zeigt sich erneut die Bedeutung der Wohngemeinde als Arbeitsort für Frauen: Sie sind dort mehr als doppelt so häufig (42 %) beschäftigt wie Männer (20 %).

Unter den Befragten, die zusätzlich zu ihrem Beruf eine Nebentätigkeit ausüben, sind keine geschlechtsspezifischen Differenzen nachzuweisen. Überraschend ist jedoch, daß sich auch unter Befragten, die ausschließlich einem Nebenjob nachgehen, die Arbeitsorte von Frauen und Männern kaum unterscheiden. Die Frage, ob dies eher auf einen Mangel an Teilzeitarbeitsplätzen in den vier Gemeinden zurückzuführen ist, oder ob eine Tätigkeit außerhalb dem Wunsch entspricht, den Wohnort zu verlassen, kann im folgenden Kapitel erläutert werden.

Gemeindespezifische Differenzen

Ruft man sich die in Kapitel 3.3 beschriebene Lage und verkehrstechnische Anbindung der vier ausgewählten Gemeinden in Erinnerung, so ist mit Differenzen zwischen den Orten zu rechnen. Hinzukommt die jeweilige Ausstattung mit Arbeitsplätzen, aber auch eher ‚weiche Faktoren' wie ‚Arbeitstraditionen' u.ä. Um geschlechtsspezifischen Unterschieden gerecht werden zu können, wird die Situation für Frauen und Männer getrennt dargestellt.

Tab. 42: Arbeitsorte derzeit beschäftigter Frauen im Gemeindevergleich

	Steinenbronn *(n = 132)*	Nufringen *(n = 99)*	Bondorf *(n = 102)*	Haiterbach *(n = 79)*
Wohnung/Wohnhaus	7	8	10	11
Wohnort (nicht Wohnung)	33	16	41	46
Außendienst/wechselnde Arbeitsorte	5	8	4	4
Außerhalb des Wohnortes	55	68	45	39
	100 %	100 %	100 %	100 %

Quelle: Eigene Erhebung 1998, eigene Bearbeitung

Die Diskrepanzen zwischen den Gemeinden unterstreichen die Notwendigkeit kleinräumiger Untersuchungen (vgl. Tab. 42): So nimmt der Anteil der Probandinnen, die in ihrem Wohnhaus bzw. ihrer Wohnung einer Erwerbstätigkeit nachgehen, mit wachsender Entfernung vom Ballungsraum Stuttgart zu. Zahlenmäßig von noch geringerer Bedeutung als die ‚Heimarbeit' ist der Außendienst bzw. wechselnde Arbeitsorte. Dennoch sind auch hier Unterschiede zu verzeichnen, denn im verkehrsgünstig gelegenen Nufringen ist der Anteil doppelt so hoch wie in Bondorf oder Haiterbach.

6.2 Vielfältige Arbeitsorte und Arbeitswege

Die weitaus größeren Differenzen weisen die Kategorien ‚außerhalb des Wohnortes' sowie ‚Wohnort' auf; sie unterscheiden sich um bis zu 30 Prozentpunkte voneinander. In Nufringen ist nur rund ein Sechstel der Probandinnen auch dort erwerbstätig, während in Haiterbach der vergleichbare Wert mit 46 % etwa dreimal so hoch liegt. Entsprechend variieren auch die Anteile jener Frauen, die außerhalb der Wohngemeinde arbeiten: Einem Anteil von 68 % in Nufringen stehen 39 % in Haiterbach gegenüber. Die Möglichkeiten, in der Wohngemeinde eine Anstellung zu finden, sind also in den beiden stuttgartfernen Orten besser als in den zentrumsnahen, wobei die Werte für Steinenbronn eher denen von Bondorf und Haiterbach gleichen als jenen von Nufringen.

Faßt man die Kategorien Wohnung und Wohnort zusammen, so treten die gemeindespezifischen Unterschiede noch deutlicher zu Tage: Nur 43 % der Haiterbacherinnen, aber 76 % der Nufringerinnen verlassen ihre Gemeinde zum Zwecke der Erwerbstätigkeit.

Um einen Eindruck vom zeitlichen und organisatorischen Aufwand der Arbeitswege zu bekommen, sind die tatsächlichen Zielorte außerhalb der Gemeinden von Interesse.

Tab. 43: Auswärtige Arbeitsorte derzeit beschäftigter Frauen im Gemeindevergleich

	Steinenbronn (n = 73)		Nufringen (n = 67)	
1. Rang	Stuttgart	48	Herrenberg	31
2. Rang	Leinfelden-Echterdingen	21	Böblingen	27
3. Rang	Böblingen	8	Gärtringen	12
4. Rang	Schönaich	5	Stuttgart	12
	Übrige Orte	18	Übrige Orte	18
		100 %		100 %

	Bondorf (n = 46)		Haiterbach (n = 31)	
1. Rang	Stuttgart	20	Nagold	52
2. Rang	Böblingen	17	Altensteig	10
3. Rang	Herrenberg	17	Horb	6
4. Rang	Nagold, Sindelfingen, Tübingen	je 3	Waldachtal	6
	Übrige Orte	34	Übrige Orte	26
		100 %		100 %

Quelle: Eigene Erhebung 1998, eigene Bearbeitung

Während an den Endpunkten des Profils (also in Steinenbronn und Haiterbach) jeweils ein Zielort dominiert (Stuttgart bzw. Nagold), sind in Bondorf und Nufringen die Anteile gleichmäßiger auf verschiedene Gemeinden verteilt (vgl. Tab. 43).

Wie zu erwarten, sind Stuttgart und Böblingen besonders für die Frauen aus dem Landkreis Böblingen als Arbeitsorte von Interesse. Es war allerdings nicht damit zu rechnen, daß Stuttgart für die Bondorferinnen häufiger als für die Nufringerinnen den Arbeitsort darstellt. Für beide Gemeinden zeigt sich auch die Rolle Herrenbergs als regionales Zentrum. Haiterbach weist kaum Überschneidungen mit den vier Gemeinden auf (einzige Ausnahme: Nagold, das jedoch für Bondorf nur eine untergeordnete Rolle spielt). Grund dafür kann neben der verkehrstechnischen Anbindung (der ÖPNV ist oft kreisweise organisiert) auch eine Art ‚Informationsgrenze' sein, da Haiterbach als einzige Gemeinde nicht dem Landkreis Böblingen, sondern dem Landkreis Calw angehört (andere Kreiszeitung, anderes Arbeitsamt). Insgesamt spielt Stuttgart für die derzeit außerhalb ihrer Wohngemeinde beschäftigten Probandinnen (n = 217) die wichtigste Rolle (25 %), gefolgt von Böblingen (15 %), Herrenberg (14 %) sowie Nagold (9 %).

Im Gegensatz zu den Probandinnen bleibt unter den männlichen Befragten jener Anteil, der im Wohnhaus oder der Wohnung seinen Arbeitsplatz hat, bedeutungslos (vgl. Tab. 44).

Tab. 44: Arbeitsorte derzeit beschäftigter Männer im Gemeindevergleich

	Steinenbronn *(n = 74)*	Nufringen *(n = 66)*	Bondorf *(n = 63)*	Haiterbach *(n = 62)*
Wohnung/Wohnhaus	4	0	5	3
Wohnort (nicht Wohnung)	22	9	13	31
Außendienst/wechselnde Arbeitsorte	15	5	14	13
Außerhalb des Wohnortes	60	86	68	53
	101 %	100 %	100 %	100 %

Quelle: Eigene Erhebung 1998, eigene Bearbeitung

Deutlicher als bei den Frauen fallen die Unterschiede in der Kategorie ‚Außendienst bzw. wechselnde Arbeitsorte' aus: Während der Wert in Nufringen gerade mal 5 % beträgt, schwankt er in den drei anderen Gemeinden zwischen 13 und 15 %. Dies erstaunt um so mehr, als Nufringen bei den Probandinnen durch einen besonders hohen Wert auffällt.

Ähnlich niedrig wie bei den Frauen fällt in Nufringen der Anteil der Männer aus, die in der Wohngemeinde beschäftigt sind. Parallelen zwischen Männern und

Frauen sind diesbezüglich auch in Haiterbach zu ziehen, wo die Werte für Probandinnen wie Probanden recht hoch liegen.

Die größten Diskrepanzen zwischen den Männern der einzelnen Untersuchungsgemeinden tun sich in Bezug auf die Arbeitsplätze außerhalb der Wohngemeinde auf: Hier liegt der Wert für Haiterbach 33 Prozentpunkte niedriger als für Nufringen, so daß die Differenz noch ausgeprägter als bei den Frauen ist.

Eine Addition der Werte von Wohnung und Wohnort zeigt, wie schon bei den Probandinnen, daß die Nufringer ihre Gemeinde am häufigsten verlassen (91 %), während die Haiterbacher offensichtlich auch in ihrer Wohngemeinde Beschäftigung finden und nur zu 66 % auswärts arbeiten. Da die überwiegende Mehrheit der Männer also außerhalb der Wohngemeinde ihrer Erwerbsarbeit nachgeht, ist es auch hier notwendig, sich mit den konkreten Zielorten auseinanderzusetzen, wie sie Tab. 45 aufschlüsselt.

Tab. 45: Auswärtige Arbeitsorte derzeit beschäftigter Männer im Gemeindevergleich

	Steinenbronn (n = 44)		Nufringen (n = 67)	
1. Rang	Stuttgart	25	Böblingen	40
2. Rang	Leinfelden-Echterdingen	18	Sindelfingen	23
3. Rang	Sindelfingen	14	Stuttgart	12
4. Rang	Böblingen	11	Herrenberg	9
	Übrige Orte	32	Übrige Orte	16
		100 %		100 %

	Bondorf (n = 46)		Haiterbach (n = 31)	
1. Rang	Sindelfingen	37	Sindelfingen	36
2. Rang	Böblingen	19	Nagold	24
3. Rang	Herrenberg	12	Horb	6
4. Rang	Stuttgart	9	Pfalzgrafenweiler	6
	Übrige Orte	23	Übrige Orte	28
		100 %		100 %

Quelle: Eigene Erhebung 1998, eigene Bearbeitung

Ähnlich wie bei den Probandinnen sind Stuttgart und Böblingen auch für die männlichen Befragten aus Steinenbronn, Nufringen und Bondorf als Arbeitsorte relevant. Ein wesentlicher Unterschied sticht sofort ins Auge: Sindelfingen – unter den Frauen nur für Bondorferinnen wichtig – ist für Probanden aus allen vier Gemeinden von Belang. Nimmt die Stadt für die Bondorfer und Haiterbacher sogar den Spitzenplatz ein, so liegt sie in Nufringen auf Rang zwei und in Steinenbronn immerhin noch auf dem vierten Platz.

Im Gegensatz zu den Frauen, die bezüglich Stuttgarts eher uneinheitliche Ergebnisse aufweisen, ist bei den Männern das bereits erwähnte Profil erkennbar: Die Bedeutung der Landeshauptstadt als Arbeitsort nimmt mit deren zunehmender Entfernung zu den Untersuchungsgemeinden ab. Parallelen zum Ergebnis der Frauen sind bezüglich Herrenberg zu verzeichnen, das für Nufringen und Bondorf als regionales Zentrum zu betrachten ist. Für die auswärts arbeitenden Probanden (n = 177) ergibt sich insgesamt folgendes Bild: Bedeutendster Arbeitsort ist Sindelfingen (27 %), gefolgt von Böblingen (20 %), Stuttgart (13 %) und Herrenberg (6 %).

Anhand der quantitativen Daten ist sehr gut abzulesen, daß sich die Chancen der Frauen und Männer, in ihrem Wohnort einen Arbeitsplatz zu finden, je nach Untersuchungsgemeinde ganz erheblich unterscheiden. Hinzu kommt, daß Frauen, die außerhalb ihrer Wohngemeinde arbeiten, dies nicht unbedingt an den gleichen Orten tun wie Männer aus der selben Gemeinde. Eindrücklichstes Beispiel dafür ist Sindelfingen, das – zumindest aus Sicht der vier untersuchten Orte – als Arbeitsort für Männer bezeichnet werden kann. Nur bei den männlichen Befragten stimmt die Bedeutung Stuttgarts mit der Idee des Profils überein. Bezieht man die in Kapitel 6.1 erarbeiteten Resultate in die Überlegungen ein, so ist festzuhalten, daß die weiblichen Befragten eine stärkere Konzentration bezüglich bestimmter Berufsfelder und Berufsgruppen aufweisen, die männlichen jedoch eine stärkere Konzentration auf bestimmte Arbeitsorte.[87] Hier spielen sicherlich die bereits erwähnten Großbetriebe (insbesondere Daimler-Benz), deren Arbeitsplätze lange Zeit überwiegend mit Männern besetzt waren, eine Rolle.

Qualifikation und Arbeitsorte

Die Möglichkeit, am Wohnort einer Erwerbsarbeit nachgehen zu können, erleichtert gerade Frauen mit Kindern die Vereinbarkeit von Familie und Beruf, da neben der reinen Arbeitszeit nicht zusätzlich lange Anfahrtswege bewältigt werden müssen. Wie im folgenden zu zeigen ist, geht dies oft zu Lasten einer der Qualifikation entsprechenden Tätigkeit.

Die quantitative Befragung weist für Frauen und Männer einen unterschiedlichen Einfluß der schulischen Qualifikation auf die Arbeitsorte nach: Während die Probanden unabhängig von ihrem höchsten Schulabschluß zu rund zwei Dritteln außerhalb der Wohngemeinde arbeiten, zeigt sich bei den weiblichen Befragten ein

---

[87] Bei den Probanden entfällt auf die Plätze 1 bis 4 der auswärtigen Arbeitsorte ein Anteil von 66 %; bei den Probandinnen nur ein Anteil von 53 %.

hochsignifikanter Zusammenhang zwischen aktuellem Arbeitsort und schulischer Qualifikation (vgl. Tab. 46).

Tab. 46: Schulabschluß und Arbeitsorte bei derzeit beschäftigten Frauen

	Volks- oder Hauptschule (n = 129)	Realschule/ Mittlere Reife (n = 179)	Abitur/Fachhochschulreife (n = 90)
Wohnung/Wohnhaus	13	7	8
Wohnort (nicht Wohnung)	41	29	26
Außendienst/wechselnde Arbeitsorte	5	2	12
Außerhalb des Wohnortes	40	62	54
	99 %	100 %	100 %

Quelle: Eigene Erhebung 1998, eigene Bearbeitung

Eine Tätigkeit im Wohnhaus/in der Wohnung ist vor allem für Frauen mit Hauptschulabschluß von Bedeutung. Entsprechend verhalten sich auch die Anteile jener Probandinnen, die in ihrer Wohngemeinde beschäftigt sind: Einem Anteil von 41 % unter den Hauptschulabsolventinnen stehen nur 26 % bei den Abiturientinnen gegenüber.

Weniger linear verlaufen die Werte für die beiden übrigen Kategorien: So weisen Frauen mit Mittlerer Reife den niedrigsten Anteil bezüglich wechselnder Arbeitsorte oder Außendienst auf, jedoch den höchsten bei Tätigkeiten außerhalb der Wohngemeinde. Insgesamt steigt der Anteil jener Frauen, die nicht in der eigenen Gemeinde arbeiten mit zunehmender Schulbildung deutlich an, wobei die Werte für die mittleren und höheren Schulabschlüsse relativ nahe beisammen liegen.

Anhand der beiden im Sample am häufigsten genannten beruflichen Qualifikationen ist zu zeigen, ob und wenn ja, welchen Einfluß diese auf die Arbeitsorte der befragten Frauen und Männer haben.

Zunächst ist die Situation von (derzeit erwerbstätigen) Befragten ohne formalen beruflichen Bildungsabschluß (n = 63) darzustellen. Sie sind vor allem im externen, unstrukturierten Teil des Arbeitsmarktes anzutreffen und somit nicht auf bestimmte Arbeitsplätze angewiesen (vgl. Kapitel 2.1.3). Da dieser Teilarbeitsmarkt auch durch geringe Einkommen gekennzeichnet ist, versuchen die Arbeitskräfte vermutlich eine wohnungsnahe Tätigkeit zu finden um die Fahrtkosten zu minimieren.

Die 48 Frauen in dieser Kategorie verhalten sich entsprechend der Annahme und sind zu 65 % in ihrer jeweiligen Wohngemeinde beschäftigt.[88] Nicht so die männlichen Befragten (n = 15), denn zwei Drittel von ihnen arbeiten außerhalb der Wohngemeinde. Eine mögliche Ursache für diese signifikante geschlechtsspezifische Diskrepanz besteht in der unterschiedlichen Entlohnung von Frauen und Männern, die auch für vergleichbare Tätigkeiten nachzuweisen ist (vgl. FASSMANN & MEUSBURGER 1997, S. 204). Daraus läßt sich schließen, daß auch Tätigkeiten für ungelernte Männer besser bezahlt werden als jene für Frauen ohne Berufsausbildung; damit ist für Männer in dieser Situation ein weiterer Weg zur Arbeit eher rentabel als für Frauen.

Ob ähnliche Differenzen auch bei Beschäftigten mit formaler Berufsausbildung bestehen, wird am Beispiel der Befragten, die eine betriebliche Lehre abgeschlossen haben, untersucht (vgl. Abb. 28).

Im Vergleich zu Befragten ohne formale Berufsqualifikation liegen hier die Anteile der im Wohnort beschäftigten Frauen und Männer mit 41 bzw. 21 % jeweils etwas niedriger. Der Unterschied zwischen weiblichen und männlichen Befragten ist – trotz gleicher formaler Qualifikation – erneut stark ausgeprägt.

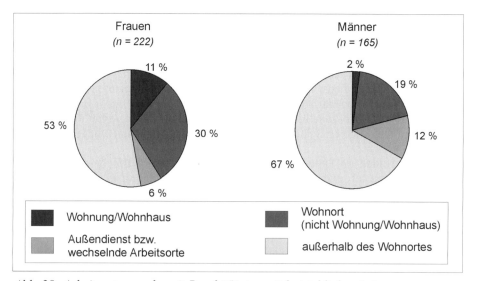

Abb. 28: Arbeitsorte von derzeit Beschäftigten mit betrieblicher Lehre
Quelle: Eigene Erhebung 1998, eigene Bearbeitung

---

[88] Die Anzahl der Befragten in dieser Gruppe (n = 63) macht es notwendig, die Kategorien der Arbeitsorte zusammenzufassen: innerhalb bzw. außerhalb der Wohngemeinde; Beschäftigte im Außendienst bzw. mit wechselnden Arbeitsorten kommen unter den 63 ProbandInnen nicht vor.

6.2 Vielfältige Arbeitsorte und Arbeitswege

Unabhängig von schulischen und beruflichen Abschlüssen ist es interessant, ob die Befragten ihre Tätigkeit als ihrer Qualifikation entsprechend einschätzen oder nicht. Hier ist vorauszuschicken, daß zwar 78 % der derzeit erwerbstätigen männlichen Befragten eine Tätigkeit ausüben, die ihrer Qualifikation entspricht, daß aber der Vergleichswert für die Frauen nur bei 67 % liegt. Wie schon eingangs erwähnt, läßt sich nachweisen, daß Frauen, die im Wohnort arbeiten, dies häufig unter Verzicht auf eine der Qualifikation entsprechende Tätigkeit tun.[89]

In der Wohngemeinde arbeitende männliche Befragte sind zu 83 % entsprechend ihrer Qualifikation beschäftigt, während der Wert bei den Probandinnen nur 60 % beträgt. Es ist folglich anzunehmen, daß Männer auch einen Arbeitsplatz in der Wohngemeinde eher von berufsfachlichen Kriterien abhängig machen als Frauen, die zumindest teilweise nach Lage und Erreichbarkeit entscheiden.

Festzuhalten ist, daß die Wohngemeinden als Arbeitsorte für Frauen eine größere Bedeutung haben als für Männer. Um jedoch am Wohnort arbeiten zu können, nehmen Frauen oftmals Tätigkeiten an, die nicht ihrer Qualifikation entsprechen, für die sie überqualifiziert sind. Es ist davon auszugehen, daß damit eine geringere Entlohnung, als sie im erlernten Beruf zu erzielen wäre, einhergeht.

6.2.3 Arbeitswege und Verkehrsmittel

Die sehr unterschiedliche verkehrstechnische Anbindung der vier ausgewählten Gemeinden kam bereits in Kapitel 3.3 zur Sprache. Neben diesem räumlichen Aspekt spielt wieder die geschlechtsspezifische Differenzierung eine zentrale Rolle, denn Frauen und Männer haben zumeist verschiedene Mobilitätsvoraussetzungen und Mobilitätsbedürfnisse (vgl. KAPPELER 1999). Bei diesem Themenkomplex kann auf vier verschiedene Datenquellen zurückgegriffen werden:

- Die *Schlüsselpersonen* äußern sich zu den in der jeweiligen Gemeinde vorhandenen Verkehrsmitteln und insbesondere zur Pkw-Verfügbarkeit.

- Die Auswertungen der *Tagebücher* zeigen aus Sicht der Interviewpartnerinnen, welche Verkehrsmittel wo und von wem genutzt werden.

- Dies wird ergänzt durch *Zitate aus den Interviews*, die das Wie und Warum erläutern: Wie wird der Weg zum Arbeitsplatz organisiert? Weshalb unterscheiden sich Hin- und Rückweg?

- Einen Vergleich der von erwerbstätigen Frauen und Männern genutzten Verkehrsmittel erlauben Daten aus der *standardisierten Befragung*: Sie beziehen

---

[89] Für die übrigen drei Kategorien von Arbeitsorten (Wohnung/Wohnhaus, Außendienst/wechselnde Arbeitsorte sowie außerhalb der Wohngemeinde) liegen keine geschlechtsspezifischen Unterschiede vor.

sich auf Aktivitäten – u.a. Arbeit und Ausbildung – am Vortag der Befragung (siehe Fragebogen im Anhang C), wobei außer den Verkehrsmitteln (inklusive Kombinationen) auch die Zielorte namentlich erfaßt wurden. Auf diese Weise ist ein Eindruck von den Verkehrsmöglichkeiten – oder auch den VerkehrsUNmöglichkeiten – im ländlichen und suburbanen Raum zu gewinnen.

„Jedes Haus ein paar Autos' – Ansichten von Schlüsselpersonen

Die Gespräche mit den Schlüsselpersonen aus allen vier Untersuchungsgemeinden vermitteln den Eindruck, daß Wege im ländlichen bzw. suburbanen Raum kein Problem (mehr) darstellen, da die allermeisten Erwachsenen – Frauen wie Männer – über einen Pkw verfügen.

In *Steinenbronn* äußern sich die *key persons* wie folgt:

Aufgerundet zwei Autos, Sie kennen das ja. Wenn Tochter oder Sohn 18 ist und noch daheim ist, haben viele ein zweites Auto. Oder die Ehefrau, wenn die Männer das Auto brauchen.

In der eigenen Straße bzw. im eigenen Haushalt, wenn die Kinder da sind, kommen auf einen Haushalt drei bis vier Autos. Im Durchschnitt sind es wohl zwei.

Ich denke, daß fast jeder Haushalt ein Auto hat, weil manche haben auch zwei oder drei. Und wenn man es dann umsetzt, denke ich, pro Haushalt ist ein Auto da. Spontan, bei uns gibt es eine Familie, die ist autolos, aber dann gibt es wieder ein paar, die haben zwei Autos, da fällt das dann schon wieder weg. Kein Auto ist die absolute Ausnahme. Ein Viertel vielleicht zwei Autos, und manche haben auch drei. Wenn dann die Kinder größer sind.

Über die genaue Zahl der Pkws pro Steinenbronner Haushalt besteht zwar Unklarheit, doch sind sich die Schlüsselpersonen darüber einig, daß es mehr als ein Fahrzeug ist. Interessant ist, daß in allen drei Argumentationen den Kindern eine wichtige Rolle zukommt: Wenn die Kinder erwachsen sind, ist für viele Familien der Zeitpunkt gekommen, sich einen Zweit- oder auch Drittwagen zuzulegen, der den Kindern dann zumindest phasenweise zur Verfügung steht.

Ganz ähnlich schätzen die *Nufringer* Schlüsselpersonen die Situation in ihrer Gemeinde ein. Hier wird außerdem ein Zusammenhang mit der Automobilindustrie gesehen, denn in einer Region, die vom Auto lebe, werde nicht unbedingt der ÖPNV begünstigt. Eine weitere Schlüsselperson geht auf die Pkw-Verfügbarkeit bei Frauen ein und konstatiert einen hohen Pkw-Besatz. Dies zeige sich vor allem daran, daß sehr viele Frauen ihre Kinder mit dem Auto in den Kindergarten fahren bzw. zur Schule bringen.

6.2 Vielfältige Arbeitsorte und Arbeitswege

Auch die Schlüsselpersonen in *Bondorf* sind der Ansicht, daß es in vielen Haushalten einen Zweitwagen gebe. Exakte Zahlen nennt auch hier niemand, vielmehr gehen die Schlüsselpersonen vom Straßenbild aus und verweisen darauf „*wie viele Autos hier 'rumstehen'*.

In *Haiterbach* vertritt eine Schlüsselperson die Meinung, „*es gebe keinen Haushalt mehr, in dem es kein Auto gibt'*. Eine andere geht davon aus, daß manche Familien sogar zwei Autos hätten, die Motorisierung also gut sei. Das folgenden Zitat zeigt, daß diese optimistische Einschätzung nicht für alle Bevölkerungsgruppen gleichermaßen zutreffend ist:

Ja, weil halt in jedem Haus ein paar Autos sind und nicht bloß eines. Die meisten Leute fahren ja. Außer den Alten, die nicht mehr Auto fahren können, die fahren dann mit dem Bus. Aber wirklich, es hat ja jedes Haus ein paar Autos.

Die Einzelaussagen der Schlüsselpersonen fügen sich zu einem insgesamt recht positiven Bild zusammen: Die im ländlich bzw. suburban geprägten Raum notwendigen Wege werden nicht als problematisch wahrgenommen.

‚Dann holt mich ja mein Mann' – Organisation des Arbeitsweges

Schaut man sich die Aussagen in den Tagebüchern der Interviewpartnerinnen unter dem Gesichtspunkt der Verkehrsmittelwahl an, so bestätigen sich zunächst die Eindrücke der Schlüsselpersonen: Die meisten Frauen legen den Arbeitsweg mit einem Pkw zurück, wobei sie vorwiegend selbst am Steuer sitzen. Doch es wird schnell deutlich, daß längst nicht alle Familien über mehrere Fahrzeuge verfügen. In diesen Fällen sind Absprachen zwischen den einzelnen NutzerInnen notwendig, da ein kurzfristiges Ausweichen auf den ÖPNV kaum möglich ist. Aufgrund solcher Absprachen hängen die Verkehrsmittel und Wege von einzelnen Familienmitgliedern manchmal zusammen: Sie holen sich gegenseitig vom Bahnhof ab oder legen ihre Termine und Arbeitszeiten so, daß gemeinsame Fahrten möglich sind. Die Beispiele von vier Interviewpartnerinnen zeigen Probleme, aber auch Lösungsmöglichkeiten bei der Organisation von Arbeitswegen in einer ländlich und suburban geprägten Region.

Bereits aus dem Tagebuch ist bekannt, daß im Haushalt von Therese H. nur ein Pkw vorhanden ist. Da sowohl sie als auch ihr Mann außerhalb der Wohngemeinde arbeiten, stellt sich die Frage, wie die beiden ihre Arbeitswege organisieren.

INTERVIEWERIN: *Sie fahren mit dem Auto ins Geschäft?*
THERESE H.: *Ja ja vierzehn Kilometer, das ist eigentlich eine gute Strecke.*
INTERVIEWERIN: *Sie wechseln sich dann mit Ihrem Mann ab mit dem Auto?*

THERESE H.: *Nein, der wird abgeholt, Fahrgemeinschaft, mit so einem kleinen Bus. Der wird am Haus abgeholt und wird auch nachts wieder hergefahren, und früher ist er noch mit dem Zug gefahren, aber da kommt er eine halbe Stunde später.*
INTERVIEWERIN: *Also das ist vom Betrieb organisiert?*
THERESE H.: *Nein nein, das ist ein Arbeiter.*
INTERVIEWERIN: *Privat?*
THERESE H.: *Ja ja, der nimmt vom Ort sechs oder sieben mit. Der fährt das ganze Jahr.*
INTERVIEWERIN: *So daß man sich nicht abwechselt, sondern /*
THERESE H.: *Nein nein, ja, der fährt immer, der hat extra einen Bus gekauft, und da zahlt jeder sieben Mark am Tag und dann / und wenn der dann Urlaub hat, dann fährt mein Mann oder ein anderer Arbeitskollege, das ist am geschicktesten.*
INTERVIEWERIN: *Das ist ja toll.*
THERESE H.: *Ich brauche ja immer das Auto, ich komme ja nie um eins heim oder wenn ich Frühschicht habe oder Spätschicht, das langt nie. Früher habe ich das gemacht, drei Jahre, aber das würde ich heute nicht mehr machen. Unangemeldet und dann bloß [wegen] drei Stunden vierzehn Kilometer fahren oder achtundzwanzig /.*
INTERVIEWERIN: *Aber obwohl Bondorf so gut angebunden ist, nehmen Sie trotzdem den Pkw?*
THERESE H.: *Ja, ich komme ja nicht nach Horb, da fährt ja nichts, erst ab nächstes Jahr, ab Ergenzingen fährt dann was. Sonst würde ich auch sagen, ich würde ab und zu mit dem Bus fahren, aber mit dem Auto ist man flexibler, auch mit dem Einkaufen und so.*

Bei Familie H. steht der Frau das Auto zur Verfügung, da der Mann eine private Fahrgemeinschaft[90] nutzen kann um an seinen Arbeitsplatz zu kommen. Therese H. dagegen ist auf das Auto angewiesen, da sie im Schichtdienst arbeitet. Auch bei verbessertem ÖPNV-Angebot würde sie wohl mit dem Pkw fahren, da sie in der Regel die Einkäufe mit dem Weg von der oder zur Arbeit koppelt. Ein weiteres Argument ist, daß der zeitliche Aufwand für die Fahrt und der Arbeitsumfang (bzw. das zu verdienende Geld) in vernünftigem Verhältnis stehen müssen.

Im Haushalt von Christa H. ist ebenfalls nur ein Auto vorhanden, und da weder sie noch ihr Mann im Wohnort arbeiten, mußte auch hier eine Lösung gefunden werden.

INTERVIEWERIN: *Arbeitet Ihr Mann hier im Ort?*
CHRISTA H.: *Ne, in Böblingen.*
INTERVIEWERIN: *Und ist das dann problemlos mit dem Pkw, wenn Sie nur ein Auto haben?*
CHRISTA H.: *Ja, das ist auch geschickt. Da ist der Opa wieder angesagt (lacht). Also mit unserem Auto fährt mein Mann ins Geschäft, und ich habe dann Opas Auto (*INTERVIEWERIN: *mhm). Der Opa ist ja/ der Vater ist ja Rentner, und wir machen das dann halt so. Wenn er einen Termin hat oder so, ist klar, dann hat er das Auto, gell.*
INTERVIEWERIN: *Der Opa?*

---

[90] Diese private Initiative ist aufwendig, kostenintensiv (zumindest für den Käufer des Busses) und auf Dauer angelegt. Ihr Funktionieren belegt, daß durchaus Interesse daran besteht, den Weg zur Arbeit nicht mit dem eigenen Pkw zurücklegen zu müssen.

6.2 Vielfältige Arbeitsorte und Arbeitswege

CHRISTA H.: *Ja, der Opa.*
INTERVIEWERIN: *Und wie machen Sie das dann, wenn Sie das Auto nicht haben können?*
CHRISTA H.: *Ja, dann gucken wir entweder, daß es vielleicht so kommt, daß gerade mein Mann frei hat (lacht), das ist dann gerade geschickt, oder ich fahre dann mit dem Bus* (INTERVIEWERIN: *mhm).*

Im Grunde können Christa H. und ihr Mann nur dann problemlos an ihre Arbeitsplätze gelangen, wenn sie ein zweites Auto zur Verfügung haben. Dies ist wohl meistens der Fall, denn ‚der Opa' (Generationsbezeichnung aus Sicht des Kindes von Christa H.) ist bereits in Rente und benötigt seinen Wagen nur noch selten. In Ausnahmefällen muß die Gesprächspartnerin jedoch auf den Bus zurückgreifen, und das ist gar nicht so einfach:

CHRISTA H.: *Da fahre ich dann über Waldstetten. Seit hier die S-Bahn ist, ist es für uns hier wesentlich komplizierter. Früher konnte man richtig schön auf einer Strecke durchfahren, [...].*
INTERVIEWERIN: *Also, jetzt speziell nach Stuttgart-Möhringen?*
CHRISTA H.: *Ja, ich muß quasi auch bis Leinfelden, und dann gehe ich in die Stadtbahn bis Möhringen, und dann muß ich in die U3, die nach Hohenheim fährt* (INTERVIEWERIN: *mhm).*
INTERVIEWERIN: *Und vorher mit dem Bus hätten Sie direkt durchfahren können?*
CHRISTA H.: *Mhm [im Sinne von ja]. Aber das haben sie jetzt durch die S-Bahn / ist das jetzt ja geändert. Früher war das so die Hauptverbindung, ähm, früher war das so Tübingen und Stuttgart* (INTERVIEWERIN: *Ja), war das so die Strecke, aber jetzt fährt er halt meistens nur nach Tübingen – Leinfelden oder ne, Tübingen – Leinfelden, ganz selten gibt es noch welche, die noch direkt nach Stuttgart fahren, vereinzelt, oder sie fahren auch bis Waldenbuch dann.*
INTERVIEWERIN: *Das heißt, wie war denn da der Zeitunterschied: Also jetzt mit der S-Bahn und früher mit dem Bus direkt?*
CHRISTA H.: *Ja, ich sage ja, früher, das hat auch so ungefähr so eine halbe Stunde, so wie jetzt mit dem Auto, [...] im Berufsverkehr, da war es gehupft wie gesprungen* (INTERVIEWERIN: *mhm).*
INTERVIEWERIN: *Das heißt für Sie ist die S-Bahn eher ein Nachteil, oder wie muß man das sehen?*
CHRISTA H.: *Ja, doch, doch, hier schon, auf der Strecke.*

Es wird deutlich, daß sich durch die ‚Modernisierung' (also die Umstellung von Bus auf Stadtbahn) die Mobilitätsmöglichkeiten eher verschlechtert haben, denn durch Umsteigen sind die Wege komplizierter und die Probandin benötigt mehr Zeit um an ihren Arbeitsplatz zu gelangen.

Aus der Sicht einer anderen Befragten stellt die S-Bahn eine Verbesserung dar, und Sigrid B. meint deshalb, daß eine Familie auch mit einem Auto auskommen könne:

SIGRID B.: *Und auch für die Kinder, wenn sie in die Schule fahren. Das war früher überhaupt nicht denkbar, daß die mal in der Mittagspause heim können und so können die mit einer S-Bahn heimfahren und wenn die alle 20 Minuten fährt, können sie problemlos wieder zum entsprechenden Unterricht, wieder weiterfahren (INTERVIEWERIN: mhm). Kann man sich schon / spart man sich auch als Eltern viel Hin- und Her-Fahrerei, auf jeden Fall. Und man kann auch, sag' ich jetzt einmal, mit einem Auto prima auskommen, durch / durch die S-Bahn.*
INTERVIEWERIN: *Mhm, das ist mir auch aufgefallen, daß Sie sehr oft auch mal **mitfahren**, zur Arbeit oder so.*
SIGRID B.: *Ja gut, mhm, wenn's sich's ergibt.*
INTERVIEWERIN: *Mhm. Aber sonst teilen Sie es [Anm.: das Auto] sich mit Ihrem Mann?*
SIGRID B.: *Nee, mein Mann schafft am Ort, der geht jeden Tag mit dem Fahrrad (INTERVIEWERIN: Ahhh). Ich geh' mit dem Auto, weil mir das mit den öffentlichen Verkehrsmittel zu zeitaufwendig ist (INTERVIEWERIN: mhm). Ich müßt', jedes mal auf die S-Bahn marschieren, das ist überhaupt kein Thema und das Laufen macht mir eh' nichts aus, aber mir geht's da echt, echt um die Zeit. Dann fahr' ich da mit der S-Bahn, dann steig ich auf der (...) in Böblingen aus, muß ich auf den Bus warten, fahr' dann mit dem Bus zum Daimler, hab' dann dort auch noch Fußweg, und rückzus genauso, zuerst zum Bus, ein paar Minuten muß man immer einkalkulieren, dann zur S-Bahn, sind wieder zehn Minuten, wo man warten muß, bis die S-Bahn kommt, dann bin ich hier, dann hab ich wieder zehn Minuten heim, und das ist eine Stunde, [...]. Und durch das, ich denk', zwöf Minuten fahr' ich morgens, wenn ich kurz nach sechs Uhr aus dem Haus geh', ist überhaupt kein Thema von der Strecke her, über die Autobahn, ruckizucki.*
INTERVIEWERIN: *Ist da kein Stau?*
SIGRID B.: *Um sechs Uhr noch nicht. Und um zwölf Uhr wenn ich mittags Feierabend hab', bin ich genauso schnell daheim, um zwölfe ist auf der Autobahn auch nichts los (INTERVIEWERIN: mhm). Geht also mit dem Pkw schon noch flotter wie mit den öffentlichen Verkehrsmitteln, das ist gar kein Thema.*

Doch obwohl die Probandin zunächst die positiven Seiten der S-Bahn erwähnt, stellt sich bald heraus, daß sie persönlich dieses Angebot gar nicht nutzt und statt dessen mit dem Auto zur Arbeit fährt. Wichtigstes Argument für den eigenen Pkw und gegen den ÖPNV ist auch bei ihr die Zeit: Mit Bus und Bahn würde sie rund eine Stunde für den Weg benötigen, den sie mit dem Wagen in zwölf Minuten zurücklegen kann. Möglich ist dies, da ihr Mann im Wohnort beschäftigt ist und mit dem Fahrrad an seinen Arbeitsplatz kommt. Dadurch relativiert sich auch die Aussage von Sigrid B., eine Familie könne auch mit einem Auto ‚prima auskommen'.

Auch Ute D. arbeitet außerhalb, ihr Mann dagegen in der Wohngemeinde.

UTE D.: *[...] also wenn ich da noch das Fahrgeld nach Nagold rechne und mein Mann holt mich ja dann am Abend (INTERVIEWERIN: mhm) [...], also morgens fahr' ich mit dem Bus (INTERVIEWERIN: mhm) wenn ich / oder nachmittags dann halt (INTERVIEWERIN: mhm) und am Abend, wenn ich mal bis zwanzig Uhr schaffen muß, dann holt mich ja mein Mann, weil die Busverbindung so schlecht ist (INTERVIEWERIN: mhm) dann fährt der auch noch mal extra.*

6.2 Vielfältige Arbeitsorte und Arbeitswege

Die Fahrten an den Arbeitsplatz gestalten sich recht kompliziert: Soweit es möglich ist, nutzt Ute D. den ÖPNV und fährt morgens bzw. vormittags mit dem Bus. Da das Angebot jedoch in den Abendstunden stark ausdünnt, wird sie nach der Arbeit meist von ihrem Mann mit dem Pkw abgeholt. Herr D. arbeitet in der Wohngemeinde und kann seine Frau folglich nicht auf dem eigenen Heimweg abholen, sondern fährt dazu extra in den Nachbarort. Etwas unklar bleibt, weshalb Ute D. nicht selbst mit dem Auto fährt, denn auf diese Weise ließen sich ja die Kosten für die Busfahrt einsparen:

UTE D.: *[...] wenn ich länger arbeiten muß, meistens eigentlich ab fünf Uhr, da rufe ich den an und sag: ‚Holst mich?' weil eben die Busverbindung so schlecht ist* (INTERVIEWERIN: *mhm*), *weil da muß ich ewig warten bis der nächste Bus kommt, und in der Zeit ist mein Mann 'rüber gefahren und ich bin schon wieder daheim* (INTERVIEWERIN: *mhm*).
INTERVIEWERIN: *Und Sie verfügen selber nicht über einen Pkw?*
UTE D.: *Nein, ich hab' zwar einen Führerschein aber keinen Pkw* (INTERVIEWERIN: *mhm*) *und ich muß dazu sagen, ich bin kein leidenschaftlicher Autofahrer, selbst wenn mein Mann sagen würde: ‚Komm', du fährst mich jetzt heut' morgen geschwind ins Geschäft, und dann nimmst du das Auto mit, und ich guck' dann, wie ich heimkomm''.*
INTERVIEWERIN: *Mhm, das wäre nicht Ihr Fall.*
UTE D.: *Wahrscheinlich, weil ich den Führerschein so spät gemacht habe, ich weiß nicht* (INTERVIEWERIN: *mhm*) *ich war damals zweiunddreißig, und da waren wir / da fährt ja eh der Mann, weil: ‚Ich bin ja jetzt schon da, dann brauchst du nicht zu fahren'* (INTERVIEWERIN: *mhm*), *‚dann mach' ich das'.*

Ein Grund scheint zu sein, daß Herr D. den Pkw selbst nutzt um den innerörtlichen Weg zur Arbeit zurückzulegen. Außerdem betrachtet die Probandin das Fahrzeug wohl als das ihres Mannes (‚ich hab' zwar einen Führerschein, aber keinen Pkw') und sagt von sich selbst (unter Verwendung der männlichen Bezeichnung), sie sei ‚kein leidenschaftlicher Autofahrer' und begründet dies damit, daß sie erst relativ spät die Führerscheinprüfung abgelegt hat. Es kommt allerdings auch zum Ausdruck, daß ihr Mann sie nicht gerade dazu ermuntert, sich ans Steuer zu setzen. Dies wird deutlich an Sätzen wie ‚selbst wenn mein Mann sagen würde' und ‚ich bin ja jetzt schon da, dann brauchst du nicht zu fahren'.

Als letztes Beispiel sei noch Frieda R. erwähnt. Im Interview mit ihr kamen die Arbeitswege zwar nicht zur Sprache, doch ihrem Tagebuch ist zu entnehmen, wie sie an ihre verschiedenen Arbeitsorte (vgl. Kapitel 6.2.1) gelangt: Ziele innerhalb der Wohngemeinde werden mit dem Fahrrad aufgesucht. Muß sie dagegen nach Sindelfingen, so bestehen zwei Möglichkeiten: Entweder sie geht zu Fuß zur S-Bahn, fährt damit nach Sindelfingen und macht es auf dem Rückweg umgekehrt oder aber sie wird auf dem Heimweg von ihrem Mann im Auto mitgenommen, der einen Umweg fahren muß, um sie abzuholen.

Die außerhalb des Wohnortes arbeitenden Frauen sind – wenn auch in unterschiedlich starkem Maße – auf einen Pkw angewiesen. Die genannten Beispiele zeigen, daß entgegen der gängigen Meinung keineswegs jeder Haushalt über zwei oder gar noch mehr Autos verfügt. Steht nur ein Wagen zur Verfügung, so ist oftmals ein hohes Maß an Organisation erforderlich, sei es um mit diesem einen Auto alle notwendigen Wege zurückzulegen, sei es um leihweise noch ein weiteres Fahrzeug zu bekommen. Der ÖPNV kann hier bislang nur teilweise einen Ausgleich schaffen, und die Vorzüge des ÖPNV scheinen wohl nur in der Theorie zu existieren. Die unterschiedliche verkehrstechnische Anbindung wirkt sich nicht so deutlich aus, wie dies zu erwarten gewesen wäre: Gesprächspartnerinnen aus allen vier Gemeinden nutzen – wenn möglich – das Auto.

Arbeitswege und Verkehrsmittel im ländlichen Raum

Nachdem in den beiden letzten Abschnitten anhand von Interviewausschnitten und Tagebuchaufzeichnungen gezeigt werden konnte, daß die Wege zum Arbeitsplatz auf sehr unterschiedliche Weise zurückgelegt werden, geht es nun darum, diese Erkenntnisse zu quantifizieren.[91] Da dem Pkw als Verkehrsmittel im ländlich strukturierten Raum erwartungsgemäß große Bedeutung zukommt, wird zunächst untersucht, ob das Auto von Frauen und Männern aller Altersklassen gleichermaßen genutzt werden kann (vgl. Abb. 29).

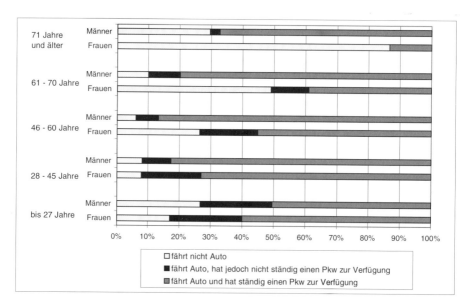

Abb. 29: Anteile der AutofahrerInnen und Pkw-Verfügbarkeit nach Altersklassen
Quelle: Eigene Erhebung 1998, eigene Bearbeitung

---

[91] Weitere Projektergebnisse zum Thema Mobilität vgl. KAPPELER (1999).

Während in den beiden unteren Altersklassen die Situation von Frauen und Männern jeweils relativ ähnlich ist, sind bei den älteren Befragten deutliche geschlechtsspezifische Unterschiede auszumachen: Schon die Frauen zwischen 46 und 60 Jahren fahren deutlich seltener Auto als Männer gleichen Alters. Diese Diskrepanz vergrößert sich in den beiden höchsten Altersklassen noch weiter. Ruft man sich die Aussagen der Schlüsselpersonen ins Gedächtnis, so ist festzuhalten, daß es insbesondere bei den Frauen keineswegs nur ‚die Alten' sind, die nicht Auto fahren. Es sind vielmehr auch Frauen im erwerbsfähigen Alter, die entweder nicht ständig einen Pkw zur Verfügung haben oder aber gar nicht Auto fahren.

Vor diesem Hintergrund ist nun zu untersuchen, mit welchen Verkehrsmitteln die Befragten an ihre Arbeitsplätze gelangten. Die ProbandInnen wurden deshalb gefragt, ob sie am Vortag der Befragung bestimmte Aktivitäten – darunter auch Arbeit bzw. Ausbildung – ausgeübt hätten, wo diese stattgefunden haben und mit welchem Verkehrsmittel die jeweiligen Zielorte erreicht wurden (vgl. Abb. 30).

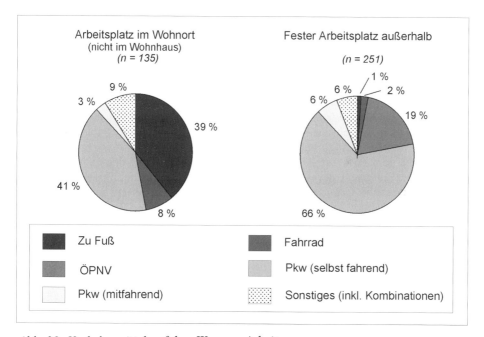

Abb. 30: Verkehrsmittel auf dem Weg zur Arbeit
Quelle: Eigene Erhebung 1998, eigene Bearbeitung

Liegt der Arbeitsplatz innerhalb der Wohngemeinde, so gehen die Befragten hauptsächlich zu Fuß oder fahren selbst mit dem Auto. Wesentlich differenzierter ist die Lage, wenn sich der Arbeitsplatz außerhalb der Gemeinde befindet, denn es wird verstärkt auf den Pkw zurückgegriffen und auch dem ÖPNV kommt eine gewisse Bedeutung zu. Der in den Interviews entstandene Eindruck, daß auch Fahrgemeinschaften (sowohl innerhalb der Partnerschaft als auch mit KollegInnen) eine wichtige Alternative darstellen, wird in dieser Auswertung nicht bestätigt. Eine zusätzliche Aufteilung der Daten nach Geschlecht erbringt keine weiteren Erkenntnisse, d.h. es liegen trotz der eingangs geschilderten unterschiedlichen Pkw-Verfügbarkeit keine geschlechtsspezifischen Differenzen vor.

Aufgrund der sehr unterschiedlichen lokalen Gegebenheiten (ÖPNV-Anbindung, Fahrradeignung, Anbindung an das Fernstraßennetz etc.) ist es notwendig, die vier Gemeinden auch einzeln darzustellen. Wichtig ist in diesem Zusammenhang erneut der Hinweis auf die variierenden Anteile der im Wohnort beschäftigten Personen.[92]

In *Steinenbronn* (n = 119) stammen nur 30 % der Antworten von Befragten, deren Arbeitsort innerhalb der Wohngemeinde liegt. Den Weg dorthin legt ein Großteil (47 %) von ihnen zu Fuß zurück. Rund zwei Fünftel nutzen den Pkw. Bei Arbeitsorten außerhalb Steinenbronns dominiert ganz eindeutig der Pkw (69 %); Fahrgemeinschaften sind zu vernachlässigen. Der Anteil des ÖPNV beträgt 19 % und ist damit niedriger als in Nufringen oder Bondorf (siehe unten). Hier schlagen sich vermutlich die Veränderungen bei den Buslinien nieder (siehe Bericht von Christa H. in Kapitel 6.2.3).

Mit nur 19 % fällt der Anteil der Antworten von ProbandInnen, die im Wohnort beschäftigt sind, in *Nufringen* (n = 86) noch niedriger aus als in Steinenbronn. Auch sie gehen zu Fuß zur Arbeit (56 %) oder benutzen einen Pkw (31 %). Eine deutliche Mehrheit jedoch hat ihren Arbeitsplatz außerhalb Nufringens: Sie fahren zumeist mit dem Pkw zur Arbeit. Mit 21 % fällt der Anteil des ÖPNV niedriger aus, als dies aufgrund der sehr guten S-Bahn-Anbindung des Ortes zu erwarten war. Auf mögliche Gründe wurde bereits hingewiesen (Bericht von Sigrid B. in Kapitel 6.2.3).

Der Anteil der im Wohnort beschäftigten Befragten liegt in *Bondorf* (n = 91) mit 40 % deutlich höher als in Steinenbronn und Nufringen. Bondorf ist die einzige Gemeinde, in der das Fahrrad für innerörtliche Arbeitswege wichtig ist (17 %), doch auch hier dominieren der Pkw bzw. die eigenen Füße als Verkehrsmittel. Arbeitsorte außerhalb werden zumeist mit dem Pkw aufgesucht (58 %), außerdem werden Fahrgemeinschaften gebildet (11 %). Bondorf weist mit 26 % den höchsten Anteil des ÖPNV auf.

In *Haiterbach* (n = 90) liegt der Anteil der innerorts Beschäftigten bei 50 %. Aufgrund der Topographie wird das Fahrrad, wie zu erwarten, nur äußerst selten als Verkehrsmittel genutzt. Die meisten Arbeitswege in Haiterbach werden mit dem

---

[92] Grundlage sind hier ebenfalls die Antworten auf Frage 4.5 des standardisierten Fragebogens. Eine getrennte Auswertung für weibliche und männliche Befragte lassen die Fallzahlen nicht zu.

Pkw bewältigt (49 %). Im Unterschied zu den drei anderen Gemeinden werden auch bei Fahrten innerhalb Haiterbachs Mitfahrgelegenheiten genutzt (9 %). Rund ein Drittel der im Ort arbeitenden Befragten kann zu Fuß zur Arbeit gehen. Arbeitswege an einen festen Arbeitsplatz außerhalb werden zum aller größten Teil mit dem eigenen Pkw zurückgelegt (74 %), allerdings spielen auch hier Fahrgemeinschaften eine gewisse Rolle (14 %). Der Anteil des ÖPNV ist mit nur 5 % im Vergleich zu den anderen Gemeinden deutlich geringer.

Es ist festzuhalten, daß der ÖPNV in den besser angebundenen Gemeinden sehr viel häufiger genutzt wird als in Haiterbach. Aufgrund des S-Bahn-Anschlusses war eigentlich anzunehmen, daß der ÖPNV-Anteil in Nufringen am höchsten ausfällt, doch dies ist nicht der Fall: Mit 21 % liegt er nur unwesentlich höher als in Steinenbronn (19 %) und deutlich niedriger als in Bondorf (26 %). Hier wirkt sich wohl der Status Nufringens als ‚Daimler-Ort' aus, denn in einem Umfeld, das so stark auf die Automobilproduktion ausgerichtet ist, ist es natürlich schwer, den ÖPNV zu etablieren (vgl. 13.3.1). Fahrgemeinschaften sind wohl – bezogen auf die vier Untersuchungsgemeinden – als eher ländliche Form der Verkehrsmittelnutzung zu betrachten, denn sie spielen in Steinenbronn und Nufringen so gut wie keine Rolle. Von Beschäftigten aus Bondorf werden sie nur genutzt, um an außerhalb liegende Arbeitsorte zu gelangen, und in Haiterbach schließlich werden sie nicht gebildet, um den Ort zu verlassen, sondern auch um in der Gemeinde an den Arbeitsplatz zu kommen.

6.3 Wünsche bezüglich des Arbeitsortes

Im letzten Kapitel wurde deutlich, daß sich die Mehrheit der Befragten zufrieden über ihre Tätigkeit äußert und daß keine Differenzen zwischen den verschiedenen Kategorien von Arbeitsorten bestehen. Im folgenden geht es darum, jene Wünsche zu erfassen, die speziell räumliche Veränderungen betreffen. Zu diesem Thema liegen einerseits die Aussagen der in Steinenbronn und Haiterbach interviewten Frauen vor, und zum anderen die Antworten von weiblichen und männlichen Befragten aus der standardisierten Erhebung.

6.3.1 ‚Lieber in ...' – Wunscharbeitsorte von Interviewpartnerinnen

Die Auseinandersetzung mit dem Themenbereich ‚Wunscharbeitsorte' erbrachte einen der interessantesten Befunde der gesamten qualitativen Interviews: Es wollen nämlich keineswegs alle Frauen in der Nähe ihres Wohnortes erwerbstätig sein. Abhängig ist dies von beruflichen Inhalten, wie in Kapitel 6.3.1 zu zeigen ist.

Um herauszufinden, wie zufrieden die Interviewpartnerinnen mit ihrem Arbeitsplatz unter Lagegesichtspunkten sind, wurde ihnen folgende Frage gestellt:

> Wenn Sie hier an die Region denken, an welchem Ort würden Sie am liebsten arbeiten?

Die Einschränkung auf die Region wurde vorgenommen, da davon auszugehen ist, daß die Gesprächspartnerinnen für diesen Bereich noch am ehesten über Informationen verfügen. Außerdem lassen sich Wünsche, die keinen Umzug voraussetzen, in vielen Fällen wohl eher realisieren und somit sind konkretere Antworten zu erwarten als bei einer sehr allgemein gehaltenen Frage. Die Frage wurde auch jenen Frauen gestellt, die zum Befragungszeitpunkt nicht mehr am Erwerbsleben teilnahmen, sei es, daß sie schon in Rente sind, sei es, daß sie nach einer Unterbrechung wieder ins Berufsleben einsteigen wollen.

Unter den Antworten dominiert der Wunsch nach einer Beschäftigung im Wohnort, allerdings sind die dahinter stehenden Gründen durchaus verschieden. Nur wenige Frauen würden lieber außerhalb arbeiten, ihre Begründungen jedoch sind völlig unerwartet. Ganz konkrete Vorstellungen, also genaue Orte, werden nur von wenigen Interviewpartnerinnen geäußert.

‚Da wär' die Fahrerei schon mal weg' – im oder näher am Wohnort

Der Wunsch nach einem Arbeitsplatz im Wohnort hängt zwar oft, aber nicht immer, mit Kindern zusammen, wie die Beispiele von drei älteren Probandinnen zeigen:

Paula R. (über 59 Jahre) begann nach dem Tod ihres Mannes auf einer Vollzeitstelle zu arbeiten (vgl. Kapitel 5.2.2) und war froh darüber, vor Ort eine Stelle zu finden.

INTERVIEWERIN: Sie haben jetzt in Steinenbronn gearbeitet. War das Ihnen sehr lieb in Steinenbronn zu arbeiten oder hätten Sie lieber woanders /
PAULA R.: Nein, nein, das war mir also angenehm, da sind die Leute, wo ich gekannt habe, also das war mir schon lieb. Weil, wenn ich woanders hätte hin müssen, ich glaube, das hätte ich gar nicht geschafft, das war mir schon lieb, daß ich hier untergekommen bin (INTERVIEWERIN: mhm), gell, das war mir schon lieb, wichtig, dann ist Gemeinschaft gewesen, wo man die Leute gekannt hat. Wenn ich wo 'reingekommen wäre, wo ich (...) fremd war, ich glaube, das hätte ich gar nicht gepackt, das war schon gut.

Rückblickend nennt Frau R. vorrangig soziale Aspekte: Sie bekam ihre Stelle über persönliche Kontakte (vgl. 11.4.2) und war dankbar dafür, mit Menschen zusammen arbeiten zu können, die ihr bereits bekannt waren. Da sie sich durch den Tod des Ehepartners in einer schwierigen persönlichen Lage befand, glaubt sie nicht, daß sie eine Tätigkeit an einem anderen Ort hätte bewältigen können. Hinzu ge-

6.3 Wünsche bezüglich des Arbeitsortes

kommen wären eventuell auch organisatorische Schwierigkeiten bei der Bewältigung des Arbeitsweges, da Paula R. nicht über einen Pkw verfügt.

Helga V. (Altersklasse 50 bis 59 Jahre) arbeitet zum Gesprächszeitpunkt in ihrem Wohnort und kann sich eine andere Situation nicht gut vorstellen. Sie begründet den Wunsch nach einer Beschäftigung in der Gemeinde mit ihren eingeschränkten Mobilitätsmöglichkeiten.

HELGA V.: Eigentlich schon gerne hier. [...] da ich halt selber nicht Auto fahren kann (INTERVIEWERIN: mhm). Das ist ein Nachteil, also ich muß ganz ehrlich sagen, es ist schon ein Nachteil, wenn du nicht selber fahren kannst. [...].

Für diese Probandin ist eine Beschäftigung außerhalb der Wohngemeinde unweigerlich an ‚Auto fahren' geknüpft; weitere Verkehrsmittel zieht sie nicht in Erwägung. Um zu ihrem gegenwärtigen Arbeitsplatz zu gelangen, nimmt sie einen 20minütigen Fußweg durch den Ort in Kauf.

Vor allem unter den Interviewpartnerinnen, die zum Gesprächszeitpunkt vorwiegend außerhalb der Wohngemeinde beschäftigt sind, besteht der Wunsch nicht oder zumindest nicht so weit fahren zu müssen.

Für Ute D. – ebenfalls der Altersklasse 50 bis 59 Jahre angehörend – scheint die Vorstellung, freiwillig außerhalb des Wohnortes zu arbeiten, eher abwegig zu sein. Nach ihren Äußerungen zum Thema Auto fahren (vgl. Kapitel 6.2.3) ist zu erwarten, daß ihr Wunsch in der Gemeinde beschäftigt zu sein vor allem daraus resultiert, daß sie selbst nicht Auto fährt. Überraschenderweise argumentiert sie ganz anders:

UTE D.: Dann würde ich Haiterbach wählen, das ist ja klar (beide lachen).
INTERVIEWERIN: Ja, aber manche sehen's vielleicht auch so, daß sie froh sind (UTE D.: nein) gelegentlich mal wo anders hinzukommen oder so, aber /.
UTE D.: Nein, das nicht, und ich muß auch dazu sagen, ich war früher (-) vielleicht gesellschaftlicher irgendwie aufgeschlossen, aber so / aber durch das / daß mein Mann so ein ruhiger ist, so und auch so ein Zurückgezogener (INTERVIEWERIN: mhm), steht das nicht mehr an, und wir sind ja auch schon über dreißig Jahre verheiratet (INTERVIEWERIN: mhm), da färbt das auch ein bißchen ab; und meistens nimmt die Frau ja mehr vom Mann an, wie der Mann von der Frau. Ich nehme mal an, daß die Frau sich eher doch wünscht, daß der Mann es anpackt (INTERVIEWERIN: lacht). Also ich will jetzt nicht sagen, daß mein Mann ein Tyrann ist oder so, ganz bestimmt nicht, aber er ist einfach, er ist familiär halt, er fühlt sich daheim wohler und was soll ich wo hin und was weiß ich was, ich bin jetzt (INTERVIEWERIN: mhm) froh, wenn ich daheim bin und allein macht es mir kein Spaß (INTERVIEWERIN: mhm) und da spricht dann irgendwie das ‚Lenor-Gewissen': ‚Was machst du jetzt, wenn dein Mann allein daheim hockt?' (beide lachen) ja.

Ute D. geht es also weniger um sich selbst als um ihren Mann. Da dieser gerne zurückgezogen lebt, will sie sich anpassen. Sie geht davon aus, daß sie in dieser Hinsicht kein Einzelfall ist und Frauen stets mehr von ihren Männern annehmen als umgekehrt. Die Äußerung zum ‚Lenor-Gewissen' läßt darauf schließen, daß sie die Anpassung an ihren Mann reflektiert hat.[93]

Wie bereits geschildert, liegt auch der Arbeitsort von Christa H. außerhalb ihrer Wohngemeinde, so daß sie auf ein Auto angewiesen ist. Im Gegensatz zu den vorigen Interviewpartnerinnen formuliert sie ihren Wunsch jedoch zurückhaltender.

CHRISTA H.: Sagen wir mal, näher wäre mir schon lieber (lacht), weil die Fahrerei ist auch schon, also / .
INTERVIEWERIN: Wie lange sind Sie unterwegs?
CHRISTA H.: Eine halbe Stunde. [...]
INTERVIEWERIN: Aber näher?
CHRISTA H.: Näher, ja.

Um weniger weit und/oder nicht mehr so lange fahren zu müssen, wäre ihr ein Arbeitsplatz in der Nähe lieber. Unklar bleibt, ob sie bewußt nicht im Wohnort arbeiten möchte oder diesen Wunsch für so unrealistisch hält, daß sie ihn erst gar nicht äußert.

Für Rebecca V. ist es dagegen keine Frage: Sie will an ihrem derzeitigen Wohnort arbeiten, denn die täglichen Fahrten kosten sie viel Zeit und ein Umzug an den Arbeitsort steht für sie nicht zur Debatte.

REBECCA V.: In Haiterbach. (INTERVIEWERIN: mhm). Aber ganz einfach deswegen, da wär' die Fahrerei schon mal weg (INTERVIEWERIN: mhm). Weil in Altensteig wohnen, das möcht ich nicht (INTERVIEWERIN: mhm), (–) da gefällt es mir nicht so (INTERVIEWERIN: mhm), und Haiterbach, das wär' aus dem Grund günstig, ganz einfach weil die Fahrerei morgens nicht wär' (INTERVIEWERIN: mhm). Dann bräucht' ich nur ins Industriegebiet oder sonst irgendwo hin (INTERVIEWERIN: mhm).

Ina Z. hat sich in den bisher vorgestellten Interviewausschnitten (z.B. Kapitel 4.2.2) sehr positiv über ihr derzeitiges Arrangement am Arbeitsplatz geäußert. So überrascht es, daß auch sie eine Arbeit im Wohnort begrüßen würde. Ihr wäre es lieber, nicht auf den Pkw angewiesen zu sein.

---

[93] In Bezug auf die Wahl des Arbeitsplatzes ist Ute D. unter den Probandinnen zwar ein Einzelfall, doch was das Freizeitverhalten angeht, schildert Theresa H. ähnliches: Da sich ihr Mann aus gesundheitlichen Gründen aus dem Dorfleben zurückgezogen hat, geht auch sie kaum noch zu Veranstaltungen, so daß sich ihre Kontakte stark eingeschränkt haben.

6.3 Wünsche bezüglich des Arbeitsortes

INA Z.: Also wenn, dann hätte ich am liebsten hier einen, in Steinenbronn. Gleich in der nächsten Umgebung, daß ich gar nicht aufs Auto angewiesen wäre, daß ich auch mal zu Fuß hingehen könnte, daß ich auch mal – wenn irgendwas wäre – kurz heimgehen könnte oder mal mein Kind vom Kindergarten nur abholen und vielleicht selber zu meiner Schwester bringen könnte. Also das wäre mir natürlich das Allerliebste (INTERVIEWERIN: mhm). Das wäre optimal. [...].

Ina Z., als erwerbstätige Frau, führt ein Argument an, das besonders bei den Gesprächspartnerinnen, die über einen Wiedereinstieg in den Beruf nachdenken, von großer Bedeutung ist: Sie möchte die Möglichkeit haben, ‚wenn irgendwas wäre' heimgehen zu können.

Den Müttern, die zum Befragungszeitpunkt gerade im Wohnhaus tätig oder nicht berufstätig sind, ist es wichtig, bei einem Wiedereinstieg in der Nähe der Kinder bleiben zu können. Christine J. gehört zu jenen Gesprächspartnerinnen, die zwar keinen konkreten Wiedereinstieg planen, sich aber bereits Gedanken darüber machen.

INTERVIEWERIN: Und wenn Sie mal hier an die Region denken und sich vorstellen, Sie würden wieder anfangen zu arbeiten, wo würden Sie da am liebsten arbeiten, in welchem Ort?
CHRISTINE J.: Da wär's mir eigentlich hier schon am liebsten. Schon allein wegen den Kindern, wenn da was ist, daß man / oder sagen wir Echterdingen, Waldenbuch, wo ich in kürzester Zeit praktisch da bin (INTERVIEWERIN: mhm).

Außer dem Wohnort käme für Christine J. auch die nähere Umgebung in Frage, doch auch sie legt Wert darauf, ‚wenn da was ist' innerhalb ‚kürzester Zeit' bei den Kindern sein zu können.

Vor ihrer Babypause war Beate T. im Wohnort beschäftigt, und dies würde sie auch bei einem Wiedereinstieg bevorzugen. Ihr Kind erwähnt sie dabei nicht, vermutlich es für sie klar, das dies eine Rolle spielt.

INTERVIEWERIN: Und wenn Sie sich hier in der Region einen Ort aussuchen könnten, wo würden Sie dann wieder anfangen zu arbeiten?
BEATE T.: Ich würde schon wieder ganz gerne hier arbeiten.
INTERVIEWERIN: Ja.
BEATE T.: Aber irgendwie zwei Stufen weniger, keine / kein so / nicht mehr die Funktion, die Verantwortung. Andernfalls könnte ich mir das auch in Pfalzgrafenweiler vorstellen, also irgendein Ort, wo ich nicht allzu weit zu fahren hätte. Das wäre ausschlaggebend.

Auch hier ist eine möglichst geringe Distanz zum Arbeitsplatz wichtig, und so käme neben der Wohngemeinde auch ein weiterer Ort in Frage. Sehr interessant ist, daß Beate T. selbst den Faktor Entfernung als ‚ausschlaggebend' bezeichnet. Dadurch wird eine frühere Aussage relativiert, nach der ihr vor allem der Kreis der KollegInnen zusagen müßte (vgl. Kapitel 5.2.4). Dies bestätigt die vorher geäußerte Vermutung, daß für Frauen vor allem die Lage des Arbeitsplatzes ein Entscheidungskriterium darstellt. (vgl. Kapitel 6.2).

Für Ruth M. ist es ebenfalls von Bedeutung, nicht weit fahren zu müssen und schnell wieder daheim zu sein.

INTERVIEWERIN: *Und wenn Sie sich so einen idealen Job vorstellen, wenn das irgendwie klappen würde, an welchem Ort würden Sie dann am liebsten arbeiten?*
RUTH M.: *Ja, hier [...] möglichst (*INTERVIEWERIN: *mhm), also daß ich nicht großartig hinfahren muß, sondern, daß ich das eben hier habe und da auch schnell wieder daheim bin (*INTERVIEWERIN: *mhm).*

Es bleibt festzuhalten, daß der Wunsch nach einer Tätigkeit im eigenen Ort von ganz unterschiedlichen Sachverhalten ausgelöst werden kann: So werden Kinder zwar häufig als Grund genannt, doch auch der fehlende Führerschein, das Verhältnis zum Ehepartner oder der Wunsch nach Kontakten sind von Bedeutung. Besondere Bedeutung hat die Nähe des Arbeitsplatzes zum Wohnort für Mütter, und zwar sowohl für jene die berufstätig sind, als auch für die Frauen, die mittel- bis langfristig einen Wiedereinstieg ins Berufsleben planen.

'Das ist mir einfach zu privat' – *nicht im Wohnort arbeiten wollen*

Wie bereits eingangs erwähnt, besteht nicht bei allen Interviewpartnerinnen der Wunsch in der Wohngemeinde zu arbeiten. Gerade die Frauen, die eine stark personenbezogene Tätigkeit (vgl. Kapitel 6.1) ausüben, sehen Schwierigkeiten, wenn Arbeitsplatz und Wohnort zu nahe beieinander liegen. Daraus entsteht folgender Zwiespalt oder gar Konflikt: Aus persönlichen oder familiären Gründen besteht vielfach der Wunsch nach einem Arbeitsplatz in der Nähe, und gleichzeitig erfordern einige Berufe eine gewisse Distanz. Dabei sind zwei Argumentationen zu unterscheiden: Es gibt zum einen Interviewpartnerinnen, die für sich selbst das Bedürfnis nach Abstand formulieren, und zum anderen jene, die beispielsweise bei ihren PatientInnen den Wunsch nach Distanz vermuten. In den folgenden Interviewausschnitten kommen beide Sichtweisen zur Sprache.

Elke K. ist zum Befragungszeitpunkt nicht erwerbstätig, was unter anderem auf die ihrer Ansicht nach erforderliche räumliche Entfernung zu den PatientInnen zurückzuführen ist.

INTERVIEWERIN: *Und wenn Sie sich jetzt wieder eine Arbeit suchen würden, gäb's dann einen Ort an dem Sie jetzt bevorzugt arbeiten würden hier in der Umgebung?*

6.3 Wünsche bezüglich des Arbeitsortes

ELKE K.: Ich weiß es nicht, also hier würde ich als Arzthelferin gar nicht arbeiten, und – ja also wenn dann wieder bei meinem alten Chef (INTERVIEWERIN: mhm), ja, also wieder in Nagold. Ja, genau. Aber das kommt nicht in Frage (INTERVIEWERIN: mhm).
INTERVIEWERIN: Und aus welchem Grund nicht hier vor Ort?
ELKE K.: Ich weiß es nicht, die Leute hier sind da ein bißchen komisch so / oder / ja, ich weiß auch nicht, ob die sich / wo man dann halt die Leute so kennt und so, ob man dann so ein Verhältnis aufbauen könnte wie jetzt zum Beispiel in Nagold, wo man die Leute nicht kennt (INTERVIEWERIN: mhm) / ist das irgendwie anders dann (INTERVIEWERIN: mhm). Ich weiß nicht / das / also hier wäre das nichts (INTERVIEWERIN: mhm).

Aus Sicht von Elke K. ist es in ihrem Beruf nicht sinnvoll, am Wohnort zu arbeiten. Sie ist der Meinung, daß man ein besseres Verhältnis zu den PatientInnen aufbauen kann, wenn man sie nicht auch persönlich kennt. Dabei scheint es sie nicht unbedingt selbst zu stören, PatientInnen zu treffen; es kommt vielmehr die Befürchtung zum Ausdruck, die Menschen im Ort könnten ‚komisch' reagieren. Möglicherweise bestehen in einer Gemeinde, in der sich die meisten noch persönlich kennen, eher Befürchtungen bezüglich der Wahrung der ärztlichen Schweigepflicht (die ja auch das jeweilige Personal zu beachten hat) als dies in einem anonymeren Umfeld der Fall wäre.

Schon in Kapitel 6.1.2 kam zur Sprache, daß viele der quantitativ befragten Sprechstundenhilfen nicht mehr am Berufsleben teilnehmen, wenn sie Kinder haben: Von 16 Frauen sind bzw. waren elf außerhalb ihrer Wohngemeinde und nur fünf innerhalb beschäftigt. Die Schilderungen von Elke K. liefern einen schlüssigen Erklärungsansatz: Während wegen der Kinder eine Tätigkeit im Wohnort anzustreben ist, erfordert der Beruf eine gewisse räumliche Distanz, so daß es für Sprechstundenhilfen schwieriger ist als für Frauen anderer Berufsgruppen Kinder und Beruf zu vereinbaren. Dies ist vor allem deshalb zu bedauern, weil Arztpraxen zumeist kleine Betriebseinheiten darstellen, deren Sprech- bzw. Öffnungszeiten leichter auch auf die Bedürfnisse der Angestellten bezüglich Arbeitszeiten und Arbeitsumfang angepaßt werden können, als dies beispielsweise in großen Unternehmen mit Schichtdienst oder im Einzelhandel der Fall ist.[94]

Ganz konkrete Vorstellungen von gewünschten Arbeitsorten äußern nur drei Interviewpartnerinnen, wobei auffällt, daß sich darunter zwei sehr junge Frauen befinden. Sie scheinen sich eher als ältere Befragte zu trauen, ihre Wünsche zu formulieren. Das tendenziell höhere Ausbildungsniveau der jüngeren Generation mag dabei eine gewisse Rolle spielen. Möglicherweise wirkt sich aber auch die Tatsache aus, daß die hier interviewten jungen Frauen zumeist (noch) nicht auf die

---

[94] Um so erstaunlicher ist es, daß die Teilzeitquote unter den SprechstundenhelferInnen mit nur 23 % deutlich niedriger liegt als bei beispielsweise unter den ErzieherInnen, bei denen sie 36 % erreicht (vgl. PARMENTIER, SCHADE & SCHREYER 1998, S. 424 bzw. 429).

Bedürfnisse von Kindern Rücksicht nehmen müssen, also mit relativ wenigen Sachzwängen konfrontiert sind.

Schon bevor Ines O. (Altersklasse 20 bis 29 Jahre) nach ihrem Wunschort gefragt wurde, äußert sie, nicht unbedingt in ihrer Wohngemeinde tätig sein zu wollen.

INES O.: *[...] ich hab' auch mal eine Zeitlang unten bei meinem Vater geschafft, aber Familienbetrieb, das ist nicht so toll, das würd' ich nicht mehr machen. Also da bin ich ganz froh, mal raus zu kommen, auch andere Leute kennen zu lernen, also es ist ganz gut, daß es woanders ist, nicht / ich würde nicht hier in der Apotheke arbeiten wollen.*

Für Ines O. stellt der Arbeitsplatz außerhalb der Wohngemeinde ein Möglichkeit dar, sich ein Stück weit von der Familie zu lösen und sich eventuell auch abzugrenzen. Da ihr Vater aufgrund seiner Tätigkeit im Wohnort recht bekannt ist, kann sie sich nicht mehr vorstellen dort zu arbeiten. Doch abgesehen davon hat die Probandin sogar einen Traum, wie sie im nächsten Abschnitt schildert.

INES O.: *Arbeiten. Ähm, also schon im ländlichen Raum (INTERVIEWERIN: mhm), auf jeden Fall. Also, wo ich gerne hin wollte, apothekenmäßig, das war nach Altensteig (Interviewerin: mhm), die hat ganz neu aufgemacht, die Apotheke [...]. Das war meine Traum-Apotheke (lacht) (INTERVIEWERIN: mhm), was weiß ich, warum. Ich mein', da ist echt nicht viel los irgendwie, [...]. Ja, aber nicht in die Stadt, also Land (INTERVIEWERIN: mhm), auf jeden Fall, und äh, 'ne PTA-Kollegin, die hat auch echt total auf so 'ner Landapotheke gearbeitet, und die hab' ich irgendwie beneidet, weil da gibt's nämlich kaum Kosmetik [...], sondern wo / wo die Leute einfach, was weiß ich, ein Hustenmittel für ihr Pferd / für ihr Pferd brauchen (INTERVIEWERIN: lacht), oder, was weiß ich, also total ausgefallen irgendwie und nicht so anspruchsvoll (INTERVIEWERIN: mhm), [...]. Also schon 'ne urige Landapotheke, das find' ich toll.*

Als einzige der Interviewpartnerinnen erwähnt Ines O. auf die Frage nach dem Ort, an dem sie am liebsten arbeiten würde, daß sie einen ‚Traum' hat; und falls sich dieser nicht erfüllen läßt, so müßte der Arbeitsplatz doch auf jeden Fall im ländlichen Raum liegen. Als Gründe führt sie an, daß dort noch eher ausgefallene Dinge nachgefragt werden (Hustensaft für Pferde) und weniger Kosmetik verkauft wird, die Apotheke und die entsprechenden Tätigkeiten also noch ursprünglicher sind. Die von einigen Gesprächspartnerinnen als unangenehm empfundene ;Fahrerei' scheint sie dabei nicht zu stören:

INES O.: *Aber ich fahr' gerne Auto, also da ich kann ein bißle abschalten und Radio hören, Musik hören (lacht).*

Auch Michaela A. (Altersklasse 20 bis 29 Jahre), antwortet auf die Frage nach ihrem Wunschort sehr spontan und konkret. Im Gegensatz zu Ines O., die ja den

6.3 Wünsche bezüglich des Arbeitsortes

ländlichen Raum favorisiert, wünscht sie sich einen Arbeitsplatz in städtischer Umgebung. Als Erzieherin ist es ihr aber vor allem wichtig, nicht im Einzugsbereich des Kindergartens, in dem sie beschäftigt ist, zu wohnen.

INTERVIEWERIN: Wenn Sie hier an die Region denken, am welchem Ort würden Sie am liebsten arbeiten?
MICHAELA A.: In Leinfelden-Echterdingen.
INTERVIEWERIN: In einem speziellen Kindergarten?
MICHAELA A.: Nein.
INTERVIEWERIN: Wegen des Ortes?
MICHAELA A.: Ja, in einer Stadt. Das kann auch Stetten, Leinfelden-Echterdingen sein.
INTERVIEWERIN: Warum?
MICHAELA A.: Weil mir das erstens von, ähm, ja von dem Klima, das gefällt mir einfach, von dem Betrieb her, ja, man hat viel Kontakt zu den anderen Erzieherinnen, weil man auch so Arbeitskreise hat. Dann dadurch, daß es ganz viele Kindergärten gibt, hat man die Möglichkeit, in viele verschiedene Kindergärten reinzuschnuppern, und die arbeiten ja alle nach einer anderen Konzeption, und, ja, vor allem hat man da vielleicht auch die Möglichkeit, nachher eine Anstellung zu finden, weil eben so viele Kindergärten da sind. Und auch von den Kindern her. Also in Steinenbronn / das ist mir zu privat schon, also hier / es ist mir schon zu privat.
INTERVIEWERIN: Also jetzt hier im Kindergarten?
MICHAELA A.: Ja, weil ich einfach in dem Einzugsgebiet von dem Kindergarten wohne und dauernd / ich kann nicht abschalten / die Kinder sind dauernd um mich 'rum, wenn ich mich raussetze auf die Terrasse, die Kinder sind da, weil direkt bei mir am Haus ein Spielplatz ist. Und auch wenn ich abends dann Feierabend habe. Es kam dann vor, daß Eltern abends um 20 Uhr noch bei mir geklingelt haben und irgendwas über den Kindergarten wissen wollten. Das ist mir einfach zu privat. Deshalb lieber weiter weg, [...].

Neben den breiter gefächerten beruflichen Möglichkeiten sieht Michaela A. in einem auswärtigen Arbeitsort eher die Chance, den Beruf vom Privatleben zu trennen. In der gegenwärtigen Lage muß sie sich auch in ihrer Freizeit mit den Kindergartenkindern auseinandersetzen bzw. wird von deren Eltern angesprochen. Dies hat zur Folge, daß sie nicht abschalten kann. Wie bei Elke K. scheint sich auch hier eine gewisse räumliche Distanz zwischen dem Wohn- und dem Arbeitsort positiv auszuwirken.

Ergänzend sei auch hier auf die Ergebnisse der standardisierten Befragung hingewiesen: Bei Erzieherinnen scheinen außerhalb liegende Arbeitsorte nicht so stark verbreitet zu sein wie bei Sprechstundenhelferinnen, denn hier ist das Zahlenverhältnis eher ausgeglichen: Von 23 Erzieherinnen sind/waren elf in der Wohngemeinde und zwölf außerhalb beschäftigt. Dies mag eher verwundern, da Erzieherinnen ja oft beim Staat oder der Kommune angestellt sind, wo flexiblere Arbeitszeitregelungen oft noch schwerer durchzusetzen sind als in der Privatwirtschaft, wie auch Beate T. (vgl. Kapitel 6.4) berichtet.

Als Lehrkraft sieht Johanna S. sowohl Vor- als auch Nachteile, wenn Wohn- und Arbeitsort identisch sind: ‚Eigentlich finde ich das schon ideal, am gleichen Ort zu wohnen. Ich meine, solange sie nicht ganz penetrant sind.' Positiv sieht sie den kurzen Arbeitsweg, ist aber gleichzeitig skeptisch, wenn ihre SchülerInnen im gleichen Teil des Ortes wohnen wie sie.

6.3.2 Arbeitsplätze und ArbeitgeberInnen – Wünsche von Frauen und Männern

Die Auswertung der Interviews hat deutlich gemacht, daß hinter dem Wunsch nach einem bestimmten Arbeitsort ganz verschiedene Gründe stehen können, und daß die Nähe zwischen Wohn- und Arbeitsort ebenso gefragt sein kann wie eine gewisse Entfernung. Um zu erfahren, wie beliebt die vier Untersuchungsgemeinden und andere Arbeitsorte sind, wurde auch in der standardisierten Erhebung die Frage gestellt, wo die ProbandInnen am liebsten arbeiten würden bzw. am liebsten gearbeitet hätten. Um eine Beeinflussung der Befragten zu vermeiden, wurde sie in offener Form gestellt; im Gegenzug müssen Einflüsse durch die unterschiedliche Dokumentation der BefragerInnen in Kauf genommen werden.

Orte in der näheren und weiteren Umgebung werden von den Befragten ebenso erwähnt wie ‚Insel' oder ‚in Meeresnähe', ArbeitgeberInnen (z.B. Daimler-Benz, HP) ebenso wie bestimmte Arbeitsplätze (z.B. Kindergarten) oder einzelne Berufe (z.B. Koch, Verkäuferin). Da jedoch einige wenige Antwortmöglichkeiten deutlich dominieren, lassen sich trotz der vielfältigen Nennungen Eindrücke von den gewünschten Arbeitsorten vermitteln. Diese werden aus zwei Perspektiven dargestellt: zum einen anhand der vier Typen von Arbeitsorten und zum anderen auf der Grundlage der vier untersuchten Gemeinden.

Aktuelle und gewünschte Arbeitsorte

Bevor die von den Befragten genannten Wunschorte geschildert werden, sei nochmals in Erinnerung gerufen, an welchen Arbeitsorten die derzeit Beschäftigen (n = 677) tätig sind: 44 Befragte sind in ihrer Wohnung/ihrem Wohnhaus beschäftigt, 53 im Außendienst/an wechselnden Arbeitsorten, 186 sind in der jeweiligen Wohngemeinde erwerbstätig und 394 arbeiten an einem festen Ort außerhalb der eigenen Gemeinde.

Von den derzeit 44 Beschäftigten, die in ihrer Wohnung bzw. ihrem Wohnhaus beschäftigt sind, liegen 32 Angaben zum gewünschten Arbeitsort vor: Fünf Befragte (16 %) sind mit ihrer jetzigen Situation zufrieden, elf (34 %) geben an, Zuhause oder am Wohnort arbeiten zu wollen und insgesamt acht (25 %) nennen ihren

6.3 Wünsche bezüglich des Arbeitsortes

jeweiligen Wohnort. Daraus ergibt sich insgesamt ein Anteil von 75 %, der Zuhause oder zumindest im Wohnort beschäftigt sei möchte. Unter diesen Befragten ist der Wunsch nach einer Tätigkeit außerhalb der Gemeinde also nur schwach ausgeprägt, sie sind im großen und ganzen mit ihrem Arbeitsplatz zufrieden.

159 Angaben zum gewünschten Arbeitsort liegen von jenen Personen vor, die derzeit in ihrer Wohngemeinde (aber nicht im Wohnhaus) arbeiten. Eine absolute Mehrheit von ihnen (69 %) ist mit ihrem Arbeitsort einverstanden und beantwortet die Frage mit ‚ist gut/bin zufrieden' oder nennt die jeweilige Wohngemeinde.

Auch ein großer Teil jener Befragten, die derzeit im Außendienst oder an wechselnden Arbeitsorten beschäftigt sind und eine Angabe zum Wunschort gemacht hat, ist mit dieser Situation zufrieden (16 von 43 Befragten, also 37 %). Doch ein Anteil von immerhin 26 % würde eine Beschäftigung in der jeweiligen Wohngemeinde bevorzugen. Es wird deutlich, daß die Zufriedenheit mit dem Arbeitsplatz hier nicht so stark ausgeprägt ist wie in den beiden zuvor genannten Kategorien

Unabhängig von ihrem tatsächlichen Arbeitsort würden 87 der 324 Personen, die außerhalb der Wohngemeinde arbeiten und einen Wunsch geäußert haben, lieber in ihrer jeweiligen Wohngemeinde einer Erwerbstätigkeit nachgehen; dies entspricht einem Anteil von 27 %. Der Wunsch nach Arbeit in der Wohngemeinde tritt hier gleich häufig auf, wie bei Befragten, die im Außendienst tätig sind.

Ausgehend von den Orten, die die Befragten am häufigsten als auswärtige Arbeitsorte (Stuttgart, Böblingen, Sindelfingen, Herrenberg und Nagold) nennen, werden nun die konkreten Wünsche erläutert:[95]

Für die Landeshauptstadt Stuttgart, einem wichtigen Arbeitsort für Frauen und Männer aus Steinenbronn sowie für Frauen aus Bondorf (vgl. Kapitel 6.2.2) liegen 72 Nennungen vor: Eine relative Mehrheit der Befragten ist mit dem Arbeitsort Stuttgart zwar zufrieden (39 %), doch ein Anteil von 22 % der Befragten wäre lieber in der Wohngemeinde beschäftigt. Rund ein Siebtel nennt andere Städte (z.B. Herrenberg) und weitere 8 % würden einen Arbeitsplatz vorziehen, der näher am Wohnort liegt, ohne dies jedoch zu konkretisieren.

Böblingen stellt für weibliche und männliche Befragte aus allen Gemeinden bis auf Haiterbach einen wichtigen Arbeitsort dar. 57 in Böblingen beschäftigte Befragte nannten ihre Wünsche: Wiederum ist eine Mehrheit mit diesem Arbeitsort zufrieden, wobei der Anteil mit 40 % ungefähr so hoch liegt wie für Stuttgart. 28 % der in Böblingen arbeitenden Befragten wäre lieber im Wohnort tätig.

---

[95] In die Berechnungen gehen jene Befragten ein, die derzeit arbeiten und einen Wunsch geäußert haben.

Für die als ‚Männer-Arbeitsort' gekennzeichnete Stadt Sindelfingen liegen 39 Angaben vor. Erneut beträgt der Anteil derer, die mit dieser Stadt als Arbeitsort zufrieden sind bzw. sie als Wunschort nennen rund zwei Fünftel (38 %). Wie bei Böblingen, so bevorzugen auch in diesem Fall 28 % der ProbandInnen einen Arbeitsplatz im Wohnort.

Das regionale Zentrum Herrenberg erfreut sich als Arbeitsort größerer Beliebtheit: Häufiger als bei den bislang genannten Städten ist bei den Befragten, die in Herrenberg beschäftigt sind, dies auch der Wunschort: 48 % der 33 Nennungen. Auch hier stehen die Wohnorte mit einem Anteil von ca. einem Viertel auf dem zweiten Platz.

Umgekehrt verhält es sich mit Nagold, denn anders als bei den vier bereits aufgeführten Städten rangiert bei jenen, die in Nagold arbeiten, der Wunsch dies im Wohnort tun zu können auf Platz eins: 12 von 22 Personen (54 %) machen diese Angabe. So liegt auch die Zufriedenheit mit Nagold oder dessen Nennung als Wunschort mit 36 % unter den entsprechenden Werten der anderen Orte.

Zusammenfassend läßt sich eine recht große Akzeptanz der genannten auswärtigen Arbeitsorte (zwischen 36 und 48 %) feststellen. Allerdings würden – je nach Arbeitsort – zwischen 22 und 54 % der Befragten eine Tätigkeit in der Wohngemeinde bevorzugen. Etwas überraschend mag die besonders positive Bewertung für Herrenberg sein: Die rund 30.000 EinwohnerInnen zählende Stadt übt im Gäu zentralörtliche Funktion aus. Sie bietet neben Arbeitsplätzen auch vielfältige Einkaufsmöglichkeiten und ist gut an das Straßennetz (B 28 und B 296) angebunden; zudem sind zentrumsnah rund 1.000 Parkplätze vorhanden. Von Nufringen und Bondorf aus ist Herrenberg aber auch mit dem ÖPNV innerhalb weniger Minuten via S-Bahn bzw. S-Bahn zu erreichen. Hier scheinen sich also die Vorteile kleinerer (ländlicher) Gemeinden mit denen größerer Orte zu einem attraktiven Ganzen zu verbinden.

Wohnorte und Wunschorte

Wie bereits in Kapitel 6.2 gezeigt werden konnte, unterscheiden sich die Arbeitsorte der Befragten entsprechend ihrer Wohnorte, wobei sich nur teilweise Überschneidungen ergeben.

Schaut man sich nun die Wohnorte der ProbandInnen und die jeweiligen Wunschorte an, so fallen zunächst zwei Dinge auf: Erstens wird die jeweilige Wohngemeinde von Frauen und Männern am häufigsten genannt, wobei der Wert der

6.3 Wünsche bezüglich des Arbeitsortes

Frauen in Steinenbronn und Bondorf über dem der Männer liegt, in Haiterbach zeigen sich keine Differenzen zwischen weiblichen und männlichen Befragten, in Nufringen ist der Wert der Männer deutlich höher als jener der Frauen. Zweitens stimmen nur in Steinenbronn die von Frauen und Männern am zweithäufigsten genannten Wünsche überein, während in den drei übrigen Gemeinden weibliche und männliche Befragte unterschiedliche Meinungen äußern.[96]

In *Steinenbronn* äußern sich 183 derzeit Beschäftige zu ihrem Wunschort: Die eigene Gemeinde liegt bei Frauen und Männern auf dem ersten Platz, jeweils gefolgt von Stuttgart. Die Werte der weiblichen Befragten liegen in beiden Fällen über denen der männlichen, die Wünsche sind also stärker auf die beiden genannten Orte konzentriert.

116 Befragte, die zum Erhebungszeitpunkt erwerbstätig sind, nennen in *Nufringen* ihren Wunscharbeitsort. Auch hier liegt die Wohngemeinde auf Rang eins, allerdings mit dem Unterschied, daß dieser Wunsch unter den männlichen Befragten (29 %) eine größere Rolle spielt als unter den weiblichen (20 %). An zweiter Stelle steht bei den Probanden Sindelfingen, während die Frauen Herrenberg am zweithäufigsten angeben.

Auch die 146 Befragten aus *Bondorf* favorisieren ihren Wohnort, es folgen auf Rang zwei Stuttgart (für die Frauen) und der Arbeitgeber Daimler-Benz (für die Männer).

Keine Differenz zeigt sich zwischen weiblichen und männlichen Befragten (n = 114) in *Haiterbach* bezüglich des häufigsten Wunsches: Die Frauen und Männer nennen zu 44 % ihre Wohngemeinde als Wunschort. Platz zwei unterscheidet sich jedoch erheblich, denn die Probandinnen nennen den Nachbarort Nagold, während die Männer eher den Wunsch der Selbständigkeit äußern.

Unabhängig von der Untersuchungsgemeinde dominiert also der jeweilige Wohnort unter den gewünschten Arbeitsorten. Die relativ niedrigen Werte für Nufringen fallen dabei etwas aus dem Rahmen. Nufringen ist gleichzeitig auch jene Gemeinde, in der nur ein vergleichsweise geringer Anteil der Befragten beschäftigt ist (vgl. Kapitel 6.2.2), und dies, obwohl die Zahl der versicherungspflichtig Beschäftigten dort in den letzten Jahren stark zugenommen hat (vgl. Kapitel 3.3.2). Denkbar ist, daß die Betriebe, die sich in Nufringen angesiedelt haben, ihr Personal bereits mitbrachten und somit die Beschäftigungseffekte für die Ortsansässigen nur gering waren.

---

[96] Die Grundlage sind die derzeit Beschäftigten.

6.3.3 Im Wohnort arbeiten – Pro und Contra

Resümiert man die Ergebnisse der qualitativen und der quantitativen Befragung in der Zusammenschau, so zeigt sich folgendes:

Ausgehend von den Wünschen der Befragten stellen die Wohngemeinden für rund ein Drittel der Frauen und Männer einen attraktiven Arbeitsort dar. Die meisten, die im Wohnort beschäftigt sind, wollen nicht außerhalb arbeiten, und ein Teil der auswärts Arbeitenden hätte den Arbeitsplatz gerne im Wohnort. Wie die Ausschnitte aus den qualitativen Interviews gezeigt haben, steht bei Frauen hinter dem Wunsch, am Wohnort zu arbeiten, sehr häufig das Vorhaben, Beruf und Kind(er) zu vereinbaren. Daneben spielt für einzelne Gesprächspartnerinnen der Wunsch, in vertrauter Umgebung und mit schon bekannten Menschen arbeiten zu können, eine Rolle. Neben diesen beiden eher sozialen Aspekten darf aber auch ein ganz praktischer Grund nicht vergessen werden: die Mobilität. Gerade für Frauen ab ca. 50 Jahren ist es keineswegs selbstverständlich einen Führerschein zu besitzen, und haben sie eine Fahrerlaubnis, so steht nicht unbedingt ständig ein Pkw zur Verfügung (vgl. Kapitel 6.2.3).

Sehr viele Befragte – Frauen wie Männer – sind jedoch mit ihren auswärtigen Arbeitsplätzen zufrieden. Auch hier können die Ergebnisse der qualitativen Interviews zur Erklärung beitragen: Nicht alle Berufe eigenen sich dafür, in unmittelbarer Umgebung der Wohnung ausgeübt zu werden. Gerade bei starkem Personenbezug, wie er in den sozialpflegerischen, erzieherischen oder medizinisch-pharmazeutischen Berufen gegeben ist, scheint eine gewisse räumliche Distanz von Vorteil zu sein. Aufgrund des Forschungsdesigns liegen diesbezüglich nur Aussagen von Frauen vor. Für eine weitergehende qualitative Erhebung scheint deshalb der Vergleich von Frauen und Männern sehr interessant. Dabei ließe sich herausfinden, ob das geschilderte Phänomen an typische Frauenberufe wie Erzieherin, Sprechstundenhelferin oder Lehrerin geknüpft ist, oder ob auch Männer, die beispielsweise als Ärzte, Apotheker oder Lehrer tätig sind, den Wunsch nach räumlichem Abstand äußern.

6.4 Wochenarbeitszeit – Umfang und Verteilung

Nachdem in den vorangegangenen Kapiteln deutlich wurde, daß sowohl im Hinblick auf die beruflichen Tätigkeiten als auch auf die Arbeitsorte von geschlechtsspezifischer Segregation auf dem Arbeitsmarkt gesprochen werden kann, geht es nun darum, zu zeigen, ob und in welchem Ausmaß dies auch für die Arbeitszeiten zutrifft.

Arbeitszeiten sind schon seit einigen Jahren ein wichtiges Thema in der öffentlichen Diskussion um Arbeitsplätze; mal geht es um den Umfang der wöchentlichen Arbeitszeit, mal um die Lebensarbeitszeit. Dabei fallen Schlagworte wie 35-Stunden-Woche, Vier-Tage-Woche, Wochenendarbeit, Zeitkonten, Rente mit 60, Altersteilzeit und viele mehr. Einige der genannten Punkte wurden bereits in die Tat umgesetzt, denn es ist eine zunehmende Flexibilisierung der Arbeitszeit zu beobachten: „Arbeiteten 1989 noch ein knappes Viertel der abhängig Beschäftigten unter den Bedingungen des Normalarbeitszeitstandards, so sind es 1995 nur noch gut ein Sechstel. Die Veränderungen sind vor allem auf eine deutliche Zunahme der Sonntags-, Teilzeit, Gleitzeit- und Überstundenarbeit zurückzuführen" (BAUER, GROß & SCHILLING 1996a, Vorwort, ohne Seitenangabe).[97]

Um einen Eindruck davon zu gewinnen, in welche Arbeitszeitsysteme Frauen eingebunden und wie zufrieden sie damit sind, kommen zunächst die Interviewpartnerinnen zu Wort. Sie geben sowohl Auskunft über den Umfang als auch die Verteilung ihrer wöchentlichen Arbeitszeit und äußern ihre diesbezüglichen Wünsche. Oft kommen hier wieder die bereits geschilderten Arrangements bezüglich der familialen Arbeitsteilung (vgl. Kapitel 4.2.2) zur Sprache.

Die quantitativen Daten können zum eigentlichen geschlechtsspezifischen Vergleich der Arbeitszeiten herangezogen werden. Neben dem Umfang und der Verteilung ist besonders der Zusammenhang von Umfang und einer der Qualifikation entsprechenden Beschäftigung interessant: Bei Frauen ist eine geringfügige Beschäftigung meist mit Tätigkeiten verbunden, die nicht mit der Qualifikation übereinstimmen. Es gilt herauszufinden, ob dies ein generelles Kennzeichen geringfügiger Beschäftigung ist, oder ob dabei geschlechtsspezifische Differenzen auftreten. Schließlich werden jene Formen der Arbeitszeit näher betrachtet, von denen ein Einfluß auf die Alltagsorganisation zu erwarten ist: Unregelmäßige Arbeitszeiten erschweren nicht nur die Betreuung von Kindern, sondern auch die Teilnahme an Freizeitaktivitäten. Gleitende Arbeitszeiten tragen wiederum dazu bei, den verschiedenen beruflichen und privaten Verpflichtungen gerecht werden zu können.

6.4.1 Von der (Un-)Zufriedenheit mit der Wochenarbeitszeit

Das Thema Arbeitszeitwünsche und Arbeitszeitwirklichkeit spielt in der Studie „Arbeitszeit '95" eine wichtige Rolle; die AutorInnen stellen darin fest, daß „zwi-

---

[97] In der Arbeitszeitberichterstattung wird Normalarbeitszeit folgendermaßen definiert: „Eine der Vollzeitbeschäftigung entsprechende Arbeitszeit zwischen 35 und 40 Stunden, die sich auf 5 Wochentage verteilt, in ihrer Lage nicht variiert und von montags bis freitags ausgeübt wird" (BAUER, GROß & SCHILLING 1996a, S. 52). Davon abweichende Arbeitszeitformen werden als „flexibel" bezeichnet (ebd.).

schen den tatsächlichen, den vertraglichen Arbeitszeiten [...] und den gewünschten Arbeitszeiten [...] beträchtlich Unterschiede" bestehen (BAUER, GROß & SCHILLING 1996a, S. 18). Inwiefern diese Diskrepanz auch bei den Interviewpartnerinnen festzustellen ist, wird der folgende Abschnitt zeigen.

Bereits die Frage nach dem Umfang der wöchentlichen Arbeitszeit offenbart große Unterschiede zwischen den Interviewpartnerinnen, denn die Spanne reicht von 10 bis 42,5 Stunden pro Woche (vgl. Tab. 47).

Tab. 47: Erwerbsarbeit der Interviewpartnerinnen im Überblick

PETRA N.: *Ja, jetzt habe ich etwa so zehn Stunden.*
INA Z.: *Also ich arbeite immer 2 Tage in der Woche, [...], so daß es immer 15 Stunden in der Woche sind.*
GERTRUD G.: *Ha so, gearbeitet, mit allem drum und dran, (....) und so? Ha, 3 Vormittage. 3 Vormittage.*
UTE D.: *15, mehr darf ich ja nicht* (INTERVIEWERIN: *mhm).*
HELGA V.: *Zur Zeit / in der Woche sind es / also 18 Stunden ungefähr.*
REBECCA V.: *Ha, offiziell, ganz offiziell (-) arbeite ich 19 Stunden.*
CHRISTA H.: *Es sind 20 Stunden.*
INES O.: *In der Woche / 36,25.*
PAULA R.: *Ha, Vollzeit, ja, ja. 37 / 37,5 haben wir da gearbeitet, gell.*
BEATE T.: *Oh, das waren / eigentlich war es, wir hatten 38,5 Stundenwoche aber / ja, da bin ich immer nie damit klargekommen.*
ELKE K.: *Ja, also anfangs war's, ja da war ich den ganzen Tag im Geschäft und danach war dann halt / ja da war ich dann nur noch vormittags.*
CHRISTINE J.: *(überlegt halblaut) ja, die anderen waren 38, und (.........) 42,5.*

Interessant scheinen vor allem jene Gesprächspartnerinnen, die Bemerkungen machen wie ‚mehr darf ich ja nicht', ‚ungefähr' oder ‚offiziell, ganz offiziell'; darauf wird noch einzugehen sein.

Geht man der Frage nach, wie zufrieden die Interviewpartnerinnen mit dem Umfang ihrer wöchentlichen Arbeitszeit sind, so können die Antworten in drei Gruppen unterteilt werden:

- Es gibt Frauen, die es begrüßen würden, in größerem Umfang erwerbstätig zu sein.

- Andere dagegen würden ihre Arbeitszeit lieber reduzieren.

- Schließlich äußern sich aber auch einige Probandinnen zufrieden über ihren derzeitigen Arbeitsumfang.

6.4 Wochenarbeitszeit – Umfang und Verteilung

‚Es ist mir zu wenig' – Wunsch nach mehr Arbeit

Geht es um Unzufriedenheit mit dem Umfang der wöchentlichen Arbeitszeit, so vermutet man wahrscheinlich meist, daß sich ArbeitnehmerInnen eine Reduzierung ihrer Wochenstunden wünschen – man denke nur an die öffentliche Diskussion um Arbeitszeitverkürzungen. Anhand der Beispiele von Ute D. und Helga V. kann illustriert werden, daß dies nicht immer so sein muß: Beide Interviewpartnerinnen arbeiten zwischen 15 und 20 Stunden, doch das ist ihnen zu wenig. Während jedoch Helga V. eine Vollzeitstelle[98] anstrebt, wäre Ute D. schon mit rund 25 Stunden ausgelastet.

INTERVIEWERIN: [...], das haben Sie ja eigentlich schon gesagt, daß Sie jetzt eigentlich eher unzufrieden sind, weil es ein bißchen zu wenig Arbeit ist, also von der Stundenzahl pro Woche.
UTE D.: Ja, es ist mir zu wenig, ich würde lieber halbtags. Volltags, das muß ich ehrlich sagen, das würde ich wahrscheinlich nicht mehr packen (INTERVIEWERIN: mhm), da bin ich ehrlich, weil das ist einfach auch eine Streßfrage und das möchte ich meinen Kolleginnen oder meinem Arbeitgeber oder Kundschaft gleich gar nicht zumuten, daß man dann so gezwungen ist oder so (INTERVIEWERIN: mhm) oder /.
INTERVIEWERIN: Und wie viele Stunden in der Woche wären für Sie ideal?
UTE D.: Also so 20, so 25 Stunden / (–).

Aufgrund ihres Status als Arbeitslose darf Frau D. nur 15 Stunden in der Woche einer Erwerbstätigkeit nachgehen, doch das ist ihr etwas zu wenig. Sie ist im Sinne des Erwerbspersonenkonzeptes zu den ‚Unterbeschäftigten' zu zählen. So werden Personen bezeichnet, „die unfreiwillig weniger arbeiten als sie wollen oder dürfen" (FASSMANN & MEUSBURGER 1997, S. 86). Bevorzugen würde Ute D. ‚halbtags', nicht mehr, aber eben auch nicht weniger. Interessant ist hier vor allem die Begründung, weshalb sie keine Vollzeitstelle annehmen möchte: Sie ist der Ansicht, sie könne das nicht mehr bewältigen und möchte an ihrem Arbeitsplatz keine Belastung darstellen.

Etwas anders stellt sich die Situation von Helga V. dar, die angibt, rund 18 Stunden pro Woche zu arbeiten.

INTERVIEWERIN: Und vom Umfang her, sind Sie da zufrieden oder sagen Sie, ich möchte lieber mehr arbeiten oder mal lieber weniger?
HELGA V.: Ach, ich möchte auch wieder voll arbeiten, wieder (INTERVIEWERIN: mhm). Aber das geht halt im Moment noch nicht so / also hier geht das halt nicht und zwei Stellen annehmen, das ist mir halt zuviel, das ist ja dann auch wieder / also auf einer Stelle will ich mal sagen voll, das geht aber nicht auf zwei Stellen arbeiten (INTERVIEWERIN: mhm). Das

---

[98] BAUER, GROß & SCHILLING (1996a, S. 15) erwähnen, daß im gesamten Bundesgebiet rund ein Fünftel der Teilzeitbeschäftigten eine Vollzeitstelle bevorzugen würde.

ist mit der Zeit auch ungünstig. Ich kann nicht hier um zehn anfangen und / na (IN-TERVIEWERIN: mhm) das ist irgendwie mit der Zeit halt, das haut nicht hin.

Frau V. hätte lieber wieder eine Ganztagsstelle, doch da sie – wie bereits geschildert – als ‚Ersatzmutter' in einer Familie tätig ist, läßt sich dieser Wunsch augenblicklich nicht realisieren: Es scheint – vermutlich aufgrund der finanziellen Situation der Familie, in der sie arbeitet – nicht möglich zu sein, ihre jetzige Stelle auszuweiten. Auch wäre es vermutlich schwierig eine zweite halbe Stelle anzutreten, die sich mit ihren derzeitigen Arbeitszeiten (siehe folgendes Kapitel) vereinbaren läßt. Völlig indiskutabel ist es für Helga V., ihre Stelle einfach aufzugeben, um sich nach etwas anderem umzuschauen. Um diese Haltung verstehen zu können, muß man sich die schon erwähnten Beweggründe für ihre Tätigkeit nochmals vergegenwärtigen: Sie versteht ihren Beruf ‚als Dienst und als Aufgabe'. Aus diesem Grund schaut sie bei ihrer Arbeit auch nicht so genau auf die Uhr, wie im nächsten Abschnitt noch zu zeigen sein wird.

‚Voll, das ist ein bißchen viel' – weniger Arbeit erwünscht

Unter dem Motto ‚Vollzeit ist mir eigentlich zuviel' kommen nun vier Gesprächspartnerinnen zu Wort, die ihre Vollzeittätigkeiten gerne reduzieren würden bzw. wollten. Doch dies läßt sich ebensowenig realisieren, wie die beiden gerade geschilderten Wünsche nach mehr Arbeit.

Zunächst äußern sich drei Interviewpartnerinnen, die aufgrund der finanziellen Situation als Vollzeitkraft tätig sind bzw. waren. Ihre Gründe unterscheiden sich allerdings trotz dieser Gemeinsamkeit und werden vom jeweiligen Alter beeinflußt.

Etwas mehr als 36 Stunden beträgt die wöchentliche Arbeitszeit von Ines O., wobei sie sich nicht ganz sicher ist, ob das einer Vollzeitstelle entspricht oder nicht.

INTERVIEWERIN: Und wie zufrieden sind Sie da mit dem zeitlichen Umfang Ihrer Tätigkeit?
INES O.: Also von der Dauer.
INTERVIEWERIN: Ja, eben gerade mit diesen 36 ein Viertel Stunden pro Woche. Ist das das, was Sie sich vorstellen, oder könnten Sie sich auch was anderes/.
INES O.: Also ich find's schön, mal 'n Tag frei, also ich hätte mir auch aussuchen können, zwei halbe Nach / also zwei Nachmittage und das wollt' ich aber nicht wegen der Fahrerei, dann lieber einen ganzen Tag, dann hat man auch was davon, kann sich's einteilen. Also ich möcht' nicht voll arbeiten / und dann ist man bloß für die Arbeit da und so kann man noch einiges machen (INTERVIEWERIN: mhm), Arzttermine legen und vorbereiten / Jungschar und einkaufen, viele Sachen einfach erledigen. Oder man kann auch mal jemand besuchen (INTERVIEWERIN: mhm) fahren, also länger, längers und dann denkt man nicht, oh, jetzt muß ich heim (INTERVIEWERIN: mhm). Also, das find' ich echt gut.

6.4 Wochenarbeitszeit – Umfang und Verteilung

INTERVIEWERIN: Und das zählt nicht als Vollzeit, weil Sie gerade gesagt haben, Sie möchten nicht voll arbeiten?
INES O.: Also voll, das ist ja glaub' 38 Stunden (INTERVIEWERIN: mhm), aber das hat der Chef mir gleich angeboten (INTERVIEWERIN: mhm) [...]
INTERVIEWERIN: Und würden Sie lieber noch weniger arbeiten wollen?
INES O.: Ja (beide lachen), also vielleicht noch einen Nachmittag weniger (INTERVIEWERIN: mhm). Oder am liebsten wär's mir nur vormittags (INTERVIEWERIN: lacht).
INTERVIEWERIN: Läßt sich das realisieren?
INES O.: Ich glaub', da würd' ich halt finanziell ziemlich schlecht stehen (INTERVIEWERIN: mhm), also jetzt sowieso, wenn ich auszieh' und so viel rauskrieg' ich eigentlich auch nicht (INTERVIEWERIN: mhm). Ja, das wär' dann schon zu wenig (INTERVIEWERIN: mhm). Dann müßte man also einen Partner haben um das zu realisieren (INTERVIEWERIN: mhm).
INTERVIEWERIN: Daß dann zwei verdienen?
INES O.: Genau.

Ginge es nach dem Wunsch von Ines O., so würde sie ausschließlich vormittags arbeiten, oder wenigstens noch einen Nachmittag weniger als augenblicklich. An die Machbarkeit diese Wunsches glaubt sie allerdings nicht so recht, da sie dann vermutlich nicht ausreichend Geld verdienen würde. Dies erstaunt etwas, da sie an anderer Stelle darauf hinweist, daß sie nach wie vor von ihren Eltern finanziell unterstützt wird. Außerdem gilt es hier festzuhalten, daß sie in ihrem Arbeitgeber wohl keinen Hinderungsgrund sieht.

Während Ines O. die aktuelle wirtschaftliche Lage als Argument anführt, denkt Johanna S. (Altersklasse 50 bis 59) eher an ihre Zukunft, genauer gesagt an die Zeit nach ihrer Pensionierung.

INTERVIEWERIN: Also in Moment arbeiten Sie Vollzeit?
JOHANNA S.: Voll, das ist allerdings ein bißchen viel, muß ich sagen, ich würde gerne etwas weniger tun. Ich arbeite deshalb voll, weil, einfach um einen gewissen Standard nachher aufrechtzuerhalten für die Pension, das ist der eigentlich der Grund. (INTERVIEWERIN: mhm), sonst würde ich reduzieren.

Als ihre Kinder noch klein waren hat die Probandin mit reduziertem Lehrauftrag gearbeitet; wegen des Pensionsanspruches arbeitet sie nun voll, obwohl sie gerne ein Drittel reduzieren würde. Sie weist allerdings auch darauf hin, daß viele Veranstaltungen wie Lehrerkonferenzen natürlich auch mit reduziertem Lehrauftrag absolviert werden müssen, so daß dadurch nicht so viel weniger Arbeit anfällt als es auf den ersten Blick scheint.

Die älteste dieser drei Probandinnen ist Paula R. (über 59 Jahre alt). Sie ist bereits aus dem Erwerbsleben ausgeschieden und schildert rückblickend, weshalb sie als Vollzeitkraft gearbeitet hat.

INTERVIEWERIN: War das, was den zeitlichen Umfang Ihrer Tätigkeit anbetrifft, also Vollzeit (PAULA R.: Ja, ja), war das für Sie okay, waren Sie damit zufrieden?
PAULA R.: Ja, da habe ich zufrieden sein müssen. Das / ich habe ja für meinen Lebensunterhalt schaffen müssen. Ich meine, ich habe eine Rente gekriegt von meinem Mann, aber so / wenn einer jung stirbt kriegt man nicht soviel. Und dann hat man ein Haus, und die Zahlungen sind trotzdem da, also, da habe ich das machen müssen, ob mir das gefallen hat oder nicht.
INTERVIEWERIN: Also auch, wenn Sie jetzt die Möglichkeit gehabt hätten, vielleicht Teilzeit zu arbeiten /
PAULA R.: Ja, wenn ich das gehabt hätte, hätte ich es vielleicht auch gemacht, Teilzeit, aber da sind nur Vollzeitarbeitende genommen worden, gell (INTERVIEWERIN: mhm). Also, ich meine, Teilzeit hätte ich da auch gemacht, ähm, weil ich war da nervlich belastet, dann war es doch ein bißchen viel für mich, gell (INTERVIEWERIN: mhm). Wenn man morgens in den Betrieb gegangen ist und abends heimgegangen, dann ist ja das, was daheim war auch noch angefallen (INTERVIEWERIN: Ja), gell, das war schon schwierig, war schon schwierig.

Es kam bereits zur Sprache, daß die Probandin nach dem frühen Tod ihres Mannes eine Erwerbstätigkeit aufnehmen mußte, die über eine geringfügige Beschäftigung hinaus ging. Dabei spielen für sie die bereits geschilderten Argumente von Ines O. und Johanna S. beide eine Rolle, denn Paula R. will einerseits ihre finanzielle Situation zum Zeitpunkt der Erwerbstätigkeit verbessern und andererseits auch in die Rentenkasse einzahlen um ihre Rente zu erhöhen. Ein weiterer Grund für die Vollzeitbeschäftigung ist, daß ihr der Betrieb wohl keine Wahl gelassen und sie nur unter diesen Bedingungen eingestellt hat.

Auch Beate T. hatte den Wunsch, ihre wöchentliche Arbeitszeit herabzusetzen, und hätte sich dies auch ‚leisten' können, da ihr Mann ebenfalls erwerbstätig war, doch ihr Arbeitgeber war damit nicht einverstanden:

INTERVIEWERIN: Und wie zufrieden waren Sie damals mit dem zeitlichen Umfang Ihrer Tätigkeit, hätten Sie vielleicht lieber weniger gearbeitet?
BEATE T.: Also, es gab Zeiten, da hätte ich bestimmt gern weniger gearbeitet, weil / weil ich dann auch einen Haushalt hatte und / ja und es wäre mir wesentlich lieber gewesen, wenn ich hätte vielleicht, was ich mir immer gewünscht habe, daß ah, ich zwei Nachmittage für mich hätte. Weil das ging ja nicht, aber das war klar, aber das wäre schön gewesen (INTERVIEWERIN: mhm).
INTERVIEWERIN: Aber wenn Sie damals die Wahlmöglichkeit gehabt hätten, hätten Sie vielleicht Ihre paar Stunden weniger gearbeitet?
BEATE T.: Hätte ich gerne, ja aber das / stand nicht zur Diskussion (INTERVIEWERIN: mhm).
INTERVIEWERIN: Haben Sie das mal angesprochen?
BEATE T.: Ja, aber da sind die sehr unflexibel (INTERVIEWERIN: mhm) also das bedeutet sicherlich auch wieder wesentlich mehr Umstände dann / wieder dann für die zwei Tage dann, für die zwei Nachmittage hätte man dann vielleicht jemand anderen gebraucht / ja

6.4 Wochenarbeitszeit – Umfang und Verteilung

also da waren die immer sehr / (INTERVIEWERIN: nicht sehr kooperativ) nein, das war / das ging nicht nur mir so, es ging also anderen Kollegen auch so, [...].

Die Probandin weiß zwar, daß eine Verkürzung ihrer Arbeitszeit einige Umstellungen an ihrem Arbeitsplatz erfordert hätte. Doch sie führt ebenfalls an, daß sie mit ihrem Anliegen nicht allein dastand, da im Kreis der KollegInnen noch andere den gleichen Wunsch äußerten und ebenfalls an der Unflexibilität der Arbeitgeber (öffentlicher Dienst) scheiterten.

Die Beispiele zeigen, daß finanzielle Aspekte zwar häufig, aber keinesfalls immer der Grund dafür sind, daß sich eine Reduzierung der wöchentlichen Arbeitszeit nicht verwirklichen läßt. Oft scheinen die ArbeitgeberInnen bestimmte Vorstellungen zu haben, die dann auch nicht in Frage gestellt werden. Hinzu kommt, daß in einigen Fällen – beispielsweise im öffentlichen Dienst – das Tarifrecht nicht flexibel genug ist. Bedauerlich ist dies insbesondere deshalb, weil Frauen mit angepaßten Arbeitszeiten hochmotivierte Arbeitskräfte sind, wie der nächste Abschnitt zeigt.

'Keine Stunde mehr arbeiten' – angepaßter Arbeitsumfang

Um nun nicht den Eindruck zu erwecken, alle Interviewpartnerinnen oder gar alle Frauen seien unzufrieden mit dem Umfang ihrer wöchentlichen Arbeitszeit, kommen zum Abschluß dieses Kapitels noch drei Frauen zu Wort, die von einem angepaßten Arbeitsumfang bzw. angepaßten Arbeitszeiten profitier(t)en.

Christine J. ist derzeit wegen ihrer drei Kinder nicht berufstätig und bezieht sich deshalb auf die Situation an ihrem letzten Arbeitsplatz.

*INTERVIEWERIN: Wie zufrieden waren Sie denn mit dem zeitlichen Umfang von Ihrer /
CHRISTINE J.: Ich habe Gleitzeit gehabt, das war halt gar nicht schlecht (INTERVIEWERIN: mhm).
INTERVIEWERIN: Und daß es jetzt, 42,5 Stunden waren, also Vollzeit, war das für Sie okay?
CHRISTINE J.: Ja, das war damals, wenn man keine Kinder hat [...].
INTERVIEWERIN: Wenn Sie damals die Wahlmöglichkeit gehabt hätten Teilzeit oder Vollzeit zu arbeiten?
CHRISTINE J.: Ha, ich hätte schon Vollzeit (INTERVIEWERIN: Schon). Ja, ja. Wenn man frisch verheiratet ist, na / mein Mann ist ja ins Geschäft gegangen, und / was hätte ich da daheim möchten (INTERVIEWERIN: mhm) (beide lachen).*

Ebenso wie es für die Interviewpartnerin in der aktuellen Situation selbstverständlich ist, wegen ihrer Kinder die Erwerbstätigkeit aufzugeben oder zumindest zu unterbrechen, so klar war es für sie am Anfang ihrer Ehe, wie ihr Mann vollzeit zu arbeiten. Diese Haltung macht deutlich, daß Arbeit – ob sie nun ‚im Geschäft' stattfindet oder aber Zuhause – ein sehr wichtiger Bestandteil des Alltags ist. Es klingt durch, daß es in der Generation von Christine J. (Altersklasse 30 bis 39 Jahre) schon nicht mehr selbstverständlich ist, als verheiratete Frau Zuhause zu bleiben. Dies ist erst durch die Kinder gerechtfertigt.

Zufrieden äußert sich auch Christa H., die zum Befragungszeitpunkt eine Teilzeitstelle mit 20 Wochenstunden inne hat.

INTERVIEWERIN: *Wie zufrieden sind Sie denn mit dem zeitlichen Umfang Ihrer Arbeit?*
CHRISTA H.: *Daß es 20 Stunden sind?*
INTERVIEWERIN: *Ja genau. Würden Sie gerne mehr oder lieber weniger arbeiten. Oder wenn Sie wählen könnten, würden Sie lieber Vollzeit arbeiten?*
CHRISTA H.: *Nee, also ich bin also ganz zufrieden. Das ist gerade so richtig (lacht).*

Für Frau H. ist eine Halbtagsstelle offensichtlich genau das richtige, denn so hat sie trotz ihrer Berufstätigkeit noch ausreichend Zeit für ihr Kind. Zu dieser Zufriedenheit tragen aber wohl auch der Mann sowie die Großeltern des Kindes bei, denn sie helfen bei der Kinderbetreuung und/oder im Haushalt (vgl. Kapitel 4.2.2).

Ganz ähnlich ist die Situation bei Ina Z., die sich als alleinerziehende Mutter ihren Wochenablauf so organisiert hat, daß sie sowohl arbeiten gehen als auch Zeit mit ihrem Kind verbringen kann.

INTERVIEWERIN: *Also zum einen die Zeiten, also wann, und auch was den zeitlichen Umfang anbetrifft.*
INA Z.: *Ja, (-) bin ich eigentlich zufrieden. Also ich möcht' keine Stunde mehr arbeiten, muß ich sagen, 15 Stunden in der Woche ist wirklich das absolute Maximum, mehr würd' ich nicht arbeiten, weil ich hab' jetzt auch / ich hätt' jetzt 'nen neuen Job angeboten gekriegt, gut, ich hab' 'nen neuen Job angeboten gekriegt und hätt' auch mehr arbeiten können* (INTERVIEWERIN: *mhm*), *aber das mach' ich auf gar keinen Fall. Also das ist wirklich genau, das paßt alles ganz (-) toll, die zwei Tage, das ist prima, 15 Stunden ist auch / reicht auch von der Zeit, ist , ist find' ich net zuviel, aber ich möcht' auch nicht mehr* (INTERVIEWERIN: *mhm*), *auf gar keinen Fall, weil sonst würd' ich / Haushalt und Kinder würden dann irgendwie zu kurz kommen* (INTERVIEWERIN: *ja*) *und das möcht' ich auf gar keinen Fall. In erster Linie bin ich halt nun mal, hab' ich halt nun mal ein Kind, und das steht bei mir an erster Stelle* (INTERVIEWERIN: *mhm*) *und nicht der / unbedingt der Beruf jetzt. Also, so schön das alles ist, aber mein Kind steht an erster Stelle* (INTERVIEWERIN: *mhm*).

Die Ausdrucksweise der Probandin (Bsp. ‚das absolute Maximum') vermittelt einen Eindruck davon, wie straff ihr Alltag organisiert sein muß: Vieles ist wohl auf die Stunde genau geplant. Da das Kind[99] bei ihr an erster Stelle steht, hat sie auf eine berufliche Veränderung verzichtet, die mit einer höheren wöchentlichen Arbeitszeit verbunden gewesen wäre (vgl. Kapitel 7.1.5).

Mit Arbeitszeitwünschen von Frauen hat sich auch eine quantitative Studie des Instituts für Arbeitsmarkt- und Berufsforschung in Nürnberg befaßt. Danach ist – im Unterschied zur hier vorliegenden Untersuchung – die überwiegende Mehrheit der voll- und teilzeitbeschäftigten Frauen in Westdeutschland mit ihrem Arbeitsumfang zufrieden. Rund 15 % der Vollzeitbeschäftigen würden gerne weniger arbeiten. Umgekehrt würden 12 % der Teilzeitbeschäftigten eine Vollzeitstelle bevorzugen. Ein Vergleich dieser Veränderungswünsche macht deutlich, daß „das zusätzliche Potential für eine freiwillige Teilzeitbeschäftigung unter den erwerbstätigen Frauen [...] sehr begrenzt ist" (vgl. BECKMANN & KEMPF 1996, S. 396 f.).

6.4.2 Verteilung der Arbeitszeit über die Woche

In den letzten Interviewausschnitten hat sich bereits angedeutet, daß neben dem Umfang der wöchentlichen Arbeitszeit auch deren Verteilung über die Woche erheblichen Einfluß auf die Organisation des Alltags und vor allem auf die Vereinbarkeit von Beruf und Familie hat. Dabei sind die zeitlichen Vorgaben verschiedener Institutionen (Arbeitszeiten, Öffnungszeiten, Schul- oder Kindergartenzeiten, Abfahrtszeiten des ÖPNV) zu koordinieren. Die Aussagen der Gesprächspartnerinnen zu Verteilung der wöchentlichen Arbeitszeit lassen sich in den folgenden drei Gruppen zusammenfassen:

- Zunächst sind jene Probandinnen zu nennen, die flexibel sind (oder glauben, dies sein zu müssen) und keine oder kaum Wünsche äußern.

- Außerdem sind jene Frauen zu erwähnen, die sich eine andere Einteilung ihrer Arbeitszeit wünschen oder gewünscht hätten, um ihren Alltag besser strukturieren zu können.

- Und schließlich gibt es Probandinnen, die bei der Verteilung ihrer Arbeitszeit ein Mitspracherecht hatten und infolgedessen von positiven Erfahrungen berichten.

---

[99] Probandin spricht oft von „Kindern", da sie sich an den erwerbsarbeitsfreien Tagen sowohl um ihr Kind als auch um das der Schwester kümmert.

‚Da wäre ich flexibel' – nicht auf bestimmte Zeiten festgelegt

Was die Verteilung der Arbeitsstunden über die Woche anbelangt, sind einige Probandinnen – innerhalb bestimmter Grenzen – recht flexibel bzw. gehen sie davon aus, daß Flexibilität von ihnen erwartet wird. So erwähnt beispielsweise Ute D., daß sie unterschiedliche Arbeitszeiten habe, die teilweise wohl kurzfristig vereinbart werden:

UTE D.: *[...] dann muß ich dann auch meinem Arbeitgeber sagen, wenn er sagt: ‚Könntest dann kommen?', ‚och, es tut mir leid, der Bus fährt aber erst dann und dann (INTERVIEWERIN: mhm), ich kann erst dann und dann kommen' [...].*

Ihre zeitliche Flexibilität ist vermutlich Teil ihrer Übereinkunft mit dem Arbeitgeber, doch da sie auf öffentliche Verkehrsmittel angewiesen ist, wären regelmäßige Arbeitszeiten leichter zu organisieren.

INTERVIEWERIN: *[...] Wäre es Ihnen denn lieber, Sie hätten irgendwelche festen Arbeitszeiten? Regelmäßige?*
UTE D.: *Ja, /.*
INTERVIEWERIN: *Und welche wären Ihnen da am liebsten?*
UTE D.: *Also wie gesagt, halbtags, entweder also auch stundenweise (INTERVIEWERIN: mhm), ob das jetzt vormittag oder am Nachmittag ist, wär' mir egal (INTERVIEWERIN: mhm), [...]. Wo ich drauf Wert leg', das ist samstags, samstags frei, bzw. jeden zweiten Samstag mindestens (INTERVIEWERIN: mhm), also, das ist jetzt ja auch so, daß ich da nicht immer Samstags frei haben kann und das muß man dann halt auch in Kauf nehmen aber / grundsätzlich möchte ich nicht jeden Samstag arbeiten (INTERVIEWERIN: mhm). [...].*

Da im Haushalt von Frau D. kein Kind im Alter unter 16 mehr lebt, kann sie sich ihre Zeit recht frei einteilen und so ist es ihr egal, ob sie vormittags oder nachmittags arbeitet. Wichtig ist ihr allerdings, zumindest jeden zweiten Samstag frei zu haben. An die unregelmäßigen Arbeitszeiten hat sie sich schon gewöhnt. Man gewinnt den Eindruck, daß sie aufgrund ihrer persönlichen Situation – also ohne Berufsausbildung und als Arbeitslose – der Ansicht ist, keine großen Ansprüche an einen Arbeitsplatz stellen zu dürfen (vgl. Kapitel 5.2.1).

Auch Michaela A. ist der Meinung flexibel sein zu müssen, wenn sie im Anschluß an die Ausbildung in ihrem sozialpflegerischen Beruf eine Stelle finden will.

INTERVIEWERIN: *Wenn Sie jetzt mal fertig sind mit der Ausbildung, zu welchen Zeiten würden Sie bevorzugt arbeiten? Und auch in welchem Umfang?*
MICHAELA A.: *Also, es ist ja so, daß wir sechs Stunden am Kind arbeiten müssen, und ich würde sie lieber dann durchgängig machen, ohne Mittagspause. Also gerade in so einem Kinderhaus oder so, wo dann eben die geregelten Öffnungszeiten sind. Und da wäre es mir dann eigentlich egal, ob ich dann von morgens um 7 bis 13 Uhr, oder ob ich von 11*

bis 17 Uhr / da wäre ich flexibel, ich denke, das muß man auch sein, weil es wird oft dann geschichtet (INTERVIEWERIN: mhm), also das wäre mir relativ egal, wenn ich eine Anstellung finde.

Michaela A. hat zwar eine Vorstellung davon, wie sie ihre Arbeitszeit gerne einteilen würde – nämlich ohne (lange) Mittagspause. Doch schon bevor sie ihre Ausbildung beendet hat, bringt sie zum Ausdruck, daß ihr ein solches Detail weniger wichtig sei, als überhaupt eine Anstellung zu finden.

Beide Frauen sehen, trotz ihres unterschiedlichen Alters, unterschiedlicher Qualifikation und unterschiedlicher Branchen, Flexibilität als wichtige Voraussetzung an, um auf dem Arbeitsmarkt eine Chance zu haben.

‚Von nachmittags bis nachts' – Zeit optimal nutzen wollen

Einige Probandinnen schildern, daß sie ‚ihre Zeit' mit veränderten Arbeitszeiten besser nutzen könnten. ‚Ihre' Zeit heißt dabei aber nicht unbedingt, daß sie dann Zeit für sich selbst hätten, es geht vielmehr darum, mehr Zeit für die Familie bzw. einzelne Familienmitglieder (z.B. Kind, Mann) zu haben.

Ähnlich wie im letzten Abschnitt Michaela A. ist auch Elke K. der Ansicht, ihre Mittagspause sei zu lang gewesen.

INTERVIEWERIN: Und waren Sie mit dem zeitlichen Umfang Ihrer Arbeit da immer zufrieden oder hätten Sie – (ELKE K.: ja, also) da gerne was verändert?
ELKE K.: Ja, ich habe da zwei Stunden Mittagspause gehabt, das war mit eigentlich immer relativ lang dann (INTERVIEWERIN: mhm), da hätt's mir auch mal bloß 'ne Stunde oder so getan dann, und ja abends ist es eigentlich gegangen – das war bis um halb sieben, und selbst wenn dann da noch Patienten oder so dann in der Praxis waren haben wir immer heimgehen können, also (INTERVIEWERIN: mhm) das war selten, daß man da mal länger hat schaffen müssen (INTERVIEWERIN: mhm), also da war unser Chef immer kulant (INTERVIEWERIN: mhm), muß man sagen.

Die Mittagspause wird als verlorene Zeit geschildert, denn sie kann nicht immer sinnvoll genutzt werden. Unausgesprochen bleibt, daß diese Zeit zu anderen Tageszeiten bzw. Zeitpunkten fehlt. Frau K. erwähnt allerdings auch, daß sie abends meist pünktlich gehen konnte, ein Punkt, den sie wohl keineswegs für selbstverständlich hält.

Die Frage, ob sie andere Arbeitszeiten bevorzugen würde, verneint Rebecca V. zunächst, doch dann stellt sich heraus, daß sie durchaus konkrete Vorstellungen hat:

INTERVIEWERIN: Sie hatten vorher schon kurz gesagt, daß Ihre Arbeitszeit eigentlich von halb acht bis um zwei Uhr (REBECCA V.: um 14 Uhr) mittags 'rum. (-) Ähm. Und daß Sie das selten einhalten können. Das hab' ich schon richtig verstanden, oder? (lacht).
REBECCA V.: Ja (INTERVIEWERIN: mhm), also von dem Jahr maximal fünfmal geschafft (?) (Kind schreit etwas), aber wirklich fünfmal (INTERVIEWERIN: mhm) (zum Kind: ja, das ist nicht schlimm).
INTERVIEWERIN: Und gäb' es irgendwelche Zeiten, zu denen Sie lieber arbeiten würden?
REBECCA V.: Eigentlich net / ja gut, vielleicht von nachmittags bis nachts, ja ganz einfach, vielleicht um etwas mehr Zeit für ihn zu kriegen, [...].

Ein Grund dafür, daß sie zuerst mit ‚eigentlich net' antwortet, ist vermutlich in ihrem Kind und der Interviewsituation zu sehen. Das Kind ist wenig begeistert davon, die Mutter am Nachmittag mit der Interviewerin zu teilen und versucht seinen Anspruch auf die Zeit der Mutter geltend zu machen. Es hat den Anschein, als ob dies auch Rebecca V. durch den Kopf geht, denn sie schiebt nach, daß es vielleicht besser wäre nachmittags und nachts zu arbeiten um auf diese Weise mehr Zeit für ihr Kind zu haben.

Während Rebecca V. am liebsten nachmittags und abends bzw. nachts arbeiten würde, ist es bei Ines O. genau umgekehrt, denn sie bevorzugt die Vormittage; da sie weder einen Partner noch Kinder hat, muß sie bislang nur in geringem Maß Rücksicht auf die Bedürfnisse anderer nehmen.

INTERVIEWERIN: Die Arbeitszeiten [...], die Sie mir eben geschildert haben, sind das die üblichen oder ändert sich das auch mal?
INES O.: Das sind die üblichen. Also ich hab' eigentlich schon einen festen Tag in der Woche, wo ich weiß, da hab' ich frei. Aber wenn's irgendwie Kollegen / also wenn die irgendwie tauschen wollen, dann bin ich auch flexibel.
INTERVIEWERIN: Gibt es von den Tageszeiten her irgendwelche Zeiten, wo Sie lieber arbeiten würden?
INES O.: Also lieber oder am / am liebsten arbeite ich vormittags (INTERVIEWERIN: mhm), also am Nachmittag, so nach dem Essen und / ich weiß auch nicht. Dann wird's jetzt auch dunkel (lacht), der Tag ist weg (INTERVIEWERIN: mhm).

Ähnlich argumentiert Helga V., die am liebsten morgens arbeiten würde, um dann ebenfalls den Nachmittag für sich zu haben.

INTERVIEWERIN: [...] Aus Ihrem Tagebuch ging hervor, daß Sie meistens von zehn Uhr bis 15.30 Uhr ungefähr arbeiten, ist das so das übliche oder / ändert sich das auch mal?
HELGA V.: Ja, also heute war es halt wieder später (INTERVIEWERIN: mhm), und manchmal gehe ich auch früh um neun Uhr und komm' dann am Nachmittag auch, also um 14 Uhr, also es kommt drauf an (INTERVIEWERIN: mhm) [...]. Das teilen wir uns / also eigentlich wird das eingeteilt, wie es, wenn er also anruft, der Kleine ist zum Beispiel krank, dann

geh' ich schon früh halb acht hoch [...]. Die teilen wir halt ein, die Zeit (INTERVIEWERIN: mhm).
INTERVIEWERIN: Gibt es irgendwelche Zeiten, zu denen Sie lieber arbeiten würden?
HELGA V. Ja, ich würde schon früh gern gehen und würde / also bis Nachmittag, das wäre mir ganz recht (INTERVIEWERIN: mhm). Nachmittag gefällt uns nicht so, weil ich dann erst spät heimkomme (INTERVIEWERIN: mhm) aber das geht auch.

Im Grunde genommen sind die Arbeitszeiten von Helga V. festgelegt, werden jedoch oft den Bedürfnissen der Familie angepaßt, vor allem wenn das Kind krank ist. Umgekehrt kann Frau V. auch mal etwas früher gehen, wenn sie am Nachmittag etwas vorhat. Sie würde morgens gerne früher anfangen zu arbeiten, um den Nachmittag Zuhause verbringen zu können. Dies ist vermutlich auch der Wunsch ihres Mannes, den sie indirekt erwähnt (‚Nachmittag gefällt uns nicht so').

‚Die konnt' ich mir ja auch aussuchen' – Arbeitszeiten nach Maß

Zwei der Probandinnen berichten von kooperativen Arbeitgebern, die ihnen quasi ‚maßgeschneiderte' Arbeitszeiten möglich machten bzw. machen. Beide sind, wie oben schon dargestellt, auch mit dem Umfang der Tätigkeit zufrieden (gewesen).

Wie im letzten Kapitel geschildert, hatte Christine J. eine Vollzeitstelle inne und war mit dem Umfang ihrer Arbeit auch ganz zufrieden. Als jedoch ihr Vater starb, mußte sie ihre Mutter bei verschiedenen Dingen unterstützen und versuchen, dies mit ihrer beruflichen Tätigkeit zu vereinbaren.

CHRISTINE J.: [...] ich habe morgens schon ziemlich bald angefangen, meistens um halb sieben und dann nachmittags um vier schon aufhören können, ähm, als mein Vater so bald gestorben ist, habe ich die Stunden über Mittag immer reingeschafft, habe ich eine besondere Regelung gekriegt, praktisch auch kein Mittag gemacht. Und dann habe ich den Freitagnachmittag freigehabt. Und bin dann mit meiner Mutter Sachen erledigen gegangen, weil sie ja kein Auto hat (INTERVIEWERIN: mhm). Und dann habe ich mit dem Chef dann mal so geschwätzt, und dann sagt der, ha ja, das kann man schon machen, ausnahmsweise. Und habe dann praktisch die Zeit so reinholen können. Wir haben zwar jeden Morgen schon um sechs / habe ich manchmal angefangen, oder um halb sechs, das war mir lieber wie nachmittags oder abends dranhängen (INTERVIEWERIN: ja). Klar, aufstehen muß ich so oder so, dann habe ich lieber morgens schon alles weggeschafft.

In einem Gespräch mit dem Chef kann Christine J. eine Sonderregelung vereinbaren, die es ihr ermöglicht, morgens früher mit der Arbeit zu beginnen und keine Mittagspause zu machen, so daß sie früher nach Hause gehen kann und außerdem den Freitag nachmittag frei hat.

Eigentlich optimal gestaltete sich die Vereinbarung der Arbeitszeiten im Fall von Ina Z.: Bei ihr sind Sonderregelungen nicht notwendig, da sie ihre Arbeitstage von vornherein selbst festlegen konnte.

INTERVIEWERIN: *Und die zeitliche Einteilung, wann Sie jetzt arbeiten, (-) sind Sie damit zufrieden?*
INA Z.: *Ja, total, die konnt' ich mir ja auch aussuchen. Ja, fand ich, find' ich äh in Ordnung (*INTERVIEWERIN: *mhm).*
INTERVIEWERIN: *Konnten Sie sich die selbst aussuchen?*
INA Z.: *Ja, ich konnt' mir die Tage aussuchen (*INTERVIEWERIN: *mhm).*
INTERVIEWERIN: *Entgegenkommend.*
INA Z.: *Ja, ganz toll. Deswegen hatt' ich auch nie Probleme, weil meine Schwester arbeitet ja schon, schon viel länger als ich, [...], die hat schon immer dann Dienstag und Mittwoch gearbeitet, weil ihr das quasi das / die mußte das, die haben ihr die Tage gegeben und haben gesagt, ‚Sie müssen hier arbeiten', und dann konnt' ich natürlich sagen, also gut, dann nehm' ich natürlich äh die Tage, wo sie daheim ist und (*INTERVIEWERIN: *mhm) eben Montag und Donnerstag. Ich hab' eine Zeitlang Montag und Freitag gearbeitet (*INTERVIEWERIN: *mhm), aber dann war mir das eigentlich nicht mehr so recht, dann / Freitag geh' ich meistens einkaufen fürs Wochenende und hab' gedacht (*INTERVIEWERIN: *mhm), dann nehm' ich da für Freitag den Donnerstag (*INTERVIEWERIN: *mhm) und das ist auch / das klappt hervorragend.*

Die erstaunte Reaktion der Interviewerin zeigt, daß diese Form der Mitsprache bei der Arbeitszeitgestaltung keineswegs der Normalfall ist; auch Ina Z. weiß, daß dies nicht selbstverständlich ist, wie sie am Beispiel ihrer Schwester berichtet. Da Frau Z. im Wechsel mit ihrer Schwester die Kinder von beiden betreut, war es für sie wichtig, nicht gleichzeitig wie die Schwester arbeiten zu müssen. Nachdem sie zu Beginn montags und freitags an ihrem Arbeitsplatz war, sind nun Montag und Donnerstag ihre Arbeitstage: ein Wechsel, gegen den der Arbeitgeber wohl nichts einzuwenden hatte. Dieses individuelle Arbeitszeitarrangement führt dazu, daß die Probandin sehr motiviert ist, arbeiten zu gehen – sonst wäre ihr wohl auch nicht, wie im letzten Abschnitt erwähnt, eine umfangreichere Stelle angeboten worden. Da diese Vereinbarung zum Interviewzeitpunkt schon rund zwei Jahre läuft, ist anzunehmen, daß nicht nur die Arbeitnehmerin, sondern auch der Arbeitgeber damit zufrieden ist.

6.4.3 Erwerbsarbeitszeiten im geschlechtsspezifischen Vergleich

Nach den sehr persönlichen Eindrücken aus den Interviews mit Frauen geben nun die quantitativen Daten einen Einblick in die Erwerbsarbeitszeit von Frauen und Männern und ermöglichen so einen geschlechtspezifischen Vergleich.

6.4 Wochenarbeitszeit – Umfang und Verteilung

Um zu sinnvollen Aussagen über den Umfang der wöchentlichen Arbeitszeit der befragten Frauen und Männer zu gelangen, ist es notwendig, die vorliegenden Daten in Klassen einzuteilen. In der (neueren) Literatur sind beispielsweise die beiden folgenden Gliederungen zu finden: In der Untersuchung „Frauen in Ländlichen Räumen Baden-Württembergs" (1993) werden Daten aus dem Mikrozensus von 1989 in vier Klassen eingeteilt: unter 15 Stunden (geringfügig), unter 20 Stunden (kurzzeitig), 20 bis 37 Stunden sowie 37 und mehr Stunden.

Geringfügige Beschäftigungsverhältnisse sind dadurch gekennzeichnet, daß sie „in der Kranken-, Renten- und Arbeitslosenversicherung versicherungsfrei" sind (STATISTISCHES LANDESAMT BADEN-WÜRTTEMBERG 1993, S. 113). Im Unterschied dazu besteht bei kurzzeitigen Beschäftigungsverhältnissen nur eine Befreiung von der Arbeitslosenversicherung, Kranken- und Rentenversicherung sind dagegen zu entrichten.[100]

Bei BAUER, GROß & SCHILLING (1996a, S. 123) dagegen liegt die Grenze zwischen Teilzeit- und Normalarbeitsverhältnissen schon etwas niedriger: Bis einschließlich 34 Stunden wird von Teilzeitbeschäftigung gesprochen; diese kann weiter untergliedert werden in 1 bis 14 Stunden, 15 bis 17 Stunden, 18 bis 29 Stunden sowie 30 bis 34 Stunden.

Um sowohl der Einführung der 35-Stunden-Woche als auch der Größe des vorliegenden Datensatzes (Anzahl möglicher Klassen) und der Verteilung der Daten Rechnung zu tragen, werden folgende Klassen verwendet: unter 15 Stunden, 15 bis 19 Stunden, 20 bis 34 Stunden, 35 bis 49 Stunden sowie 50 Stunden und mehr.

‚Teilzeitfrauen – Vollzeitmänner': Umfang wöchentlicher Erwerbsarbeit

In der bereits erwähnten Studie „Arbeitszeit '95" wird von einer Zunahme der Teilzeitbeschäftigten in Westdeutschland berichtet: Während die Quote 1989 noch bei 15 % lag, waren es 1995 bereits 20 % (vgl. BAUER, GROß & SCHILLING 1996a, S. 123). Dabei zeigen sich extreme Unterschiede zwischen den Geschlechtern: Einem Anteil von nur 3 % bei den Männern, stehen 44 % bei den Frauen gegenüber.

Die vorliegende Untersuchung zeigt erstens, daß Teilzeitbeschäftigung auch im ländlichen bzw. suburbanen Raum enorme Bedeutung bekommen hat. Zweitens wird deutlich, daß die Tendenz zur Teilzeitbeschäftigung weiter anhält. Drittens ist dieses Phänomen keineswegs mehr auf die Frauen beschränkt, wie Tab. 48 veranschaulicht.

---

[100] Diese Regelung hatte bis 1. April 1999 – also auch zum Zeitpunkt der beiden Befragungen – Gültigkeit, danach trat das neue 630-DM-Gesetz in Kraft.

Tab. 48: Anteil der Teilzeitbeschäftigten

	Ehemalige Beschäftigte		Derzeit Beschäftigte	
	Frauen *(n = 326)*	Männer *(n = 114)*	Frauen *(n = 403)*	Männer *(n = 262)*
Vollzeit (35 h und mehr)	72	96	41	89
Teilzeit (unter 35 h)	28	4	59	11
	100 %	100 %	100 %	100 %

Quelle: Eigene Erhebung 1998, eigene Bearbeitung

Da, wie bereits eingangs erwähnt, die gesetzlichen Grundlagen für Teilzeitarbeit je nach wöchentlicher Arbeitszeit unterschiedlich sind, ist es notwendig, die Daten weiter aufzuschlüsseln (vgl. Abb. 31). Grundlage hierfür sind die derzeit beschäftigten Befragten.

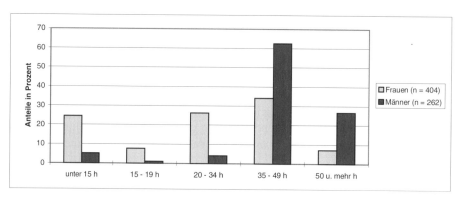

Abb. 31: Wöchentlicher Arbeitsumfang der derzeit Beschäftigten
Quelle: Eigene Erhebung 1998, eigene Bearbeitung

Unter den männlichen Befragten zeigt sich eine starke Konzentration der Arbeitszeiten im Bereich von 35 bis 49 Stunden und die zweitgrößte Gruppe arbeitet sogar 50 und mehr Stunden.

Betrachtet man dagegen die weiblichen Befragten, so erhält man ein ganz anderes Bild, da sie sehr viel gleichmäßiger als die Männer über die fünf Klassen verteilt sind. Auch der Großteil der Probandinnen ist zwischen 35 und 49 Stunden pro Woche beruflich tätig, allerdings liegt der prozentuale Anteil mit 34 % weit unter dem der Probanden. Hervorzuheben ist insbesondere, daß ein Viertel der befragten

Frauen weniger als 15 Stunden pro Woche arbeitet und somit zu den geringfügig Beschäftigten zählt, deren Tätigkeiten sozial nicht abgesichert sind.

Es stellt sich natürlich die Frage, wie Teilzeitarbeit – gerade vor dem Hintergrund eingeschränkter sozialer Sicherung – zu bewerten ist, denn noch gibt es „keine institutionell gesicherte Normalität von Teilzeitarbeit" (PFAU-EFFINGER & GEISSLER 1992, S. 369). Die Geographin KILCHENMANN (vgl. 1993, S. 141 f.) kommt bezogen auf die Schweiz zu dem Schluß, daß die Teilzeitarbeit bislang nicht zu größerer ökonomischer Unabhängigkeit von Frauen geführt hat, da die meisten Teilzeitstellen als nichtexistenzsichernd zu bezeichnen sind. Viele Frauen werden ihrer Ansicht nach die Erfahrung machen, daß ihre Arbeit gering bewertet wird und „die diskriminierenden Auswirkungen der geschlechtlichen Arbeitsteilung" erkennen (ebd.). KILCHENMANN geht davon aus, daß diese Konstellation einige soziale Sprengkraft birgt.

Auch die Historikerin KLEIN (1993, S. 15) benennt negative Aspekte zur Charakterisierung von Teilzeitbeschäftigungsverhältnissen, denn diese seien „überwiegend nicht existenzsichernd, auf niedrig qualifizierte, monotone Arbeiten konzentriert, häufig nicht sozialversicherungspflichtig, insbesondere in den Bereichen Dienstleistung und Handel konzentriert, gegenüber Vollzeitbeschäftigungsverhältnissen niedriger entlohnt und überwiegend ohne berufliche Aufstiegschancen". Trotz dieser Nachteile plädiert KLEIN dafür, Frauen nicht zu „Teilzeitopfern" zu stilisieren (ebd.).

Den Vorteil dieser Beschäftigungsform sieht KILCHENMANN darin, daß sie „für viele verheiratete Frauen die einzige Möglichkeit" seien, „nach einem Unterbruch wieder eine Erwerbstätigkeit aufzunehmen" (1993, S. 141). Anhand weiterer Beispiele macht sie deutlich, daß dies jedoch keineswegs der einzige Personenkreis ist, der an Teilzeitarbeit interessiert ist: „Für viele Frauen und Männer bildet die Teilzeitarbeit die notwendige Grundlage, eine längere Ausbildung absolvieren zu können, da die Stipendienordnung einerseits zu viele ausschließt und andererseits kaum das Existenzminimum sichert. Pensionierte mit einer Minimalrente gehen häufig einer begrenzten Teilzeittätigkeit nach, um ihre Lebensqualität auf ein menschliches Niveau zu bringen. Eine Teilzeitbeschäftigung ermöglicht in vielen Fällen auch Behinderten, am Erwerbsleben teilzunehmen" (ebd.).

Auch bei der Bewertung geringfügiger Beschäftigungsverhältnisse müssen zwei Aspekte berücksichtigt werden: So ist es einerseits kritisch, daß „insbesondere bei verheirateten Frauen Lücken in den Rentenanwartschaftszeiten entstehen" (SCHUPP 1991, S. 210). Andererseits werden solche Beschäftigungsverhältnisse auch als Brücke oder Durchgang auf dem Weg zu einer sozialversicherungspflichtigen Tätigkeit, sei sie nun in Vollzeit oder Teilzeit, genutzt (vgl. BAUER, GROß & SCHILLING 1996a, S. 122).

Neben diesen – zumindest scheinbar – objektiven Aspekten ist jedoch auch die Frage der Wahrnehmung von Teilzeitarbeit in deren Bewertung einzubeziehen. STOLL (1993, S. 101) kommt diesbezüglich zu dem Ergebnis, daß Teilzeitarbeit in der überwiegenden Wahrnehmung der Betroffenen als eine Erwerbsform erscheine, „die die Doppelbelastung der Frauen, die gleichzeitig Berufs- und Familienverpflichtungen eingehen, mildert". Dabei werde der für diese Entlastung zu bezahlende Preis, nämlich der Verzicht auf berufliche Entwicklung zwar gesehen, aber in Kauf genommen.

Arbeitszeitumfang und Qualifikation

Um die bereits angesprochenen Teilzeitbeschäftigungsverhältnisse noch näher charakterisieren zu können, ist es notwendig, den Zusammenhang herzustellen zwischen dem Umfang der wöchentlichen Arbeitszeit und der Tatsache, ob eine Tätigkeit der Qualifikation entspricht oder nicht. Dabei sind folgende Faktoren zu berücksichtigen:

- Wie bereits in Kapitel 4.1 gezeigt werden konnte, verfügen die derzeit erwerbstätigen Befragten zumeist über eine solide schulische und berufliche Ausbildung.

- Teilzeitstellen sind oft in Bereichen angesiedelt, die nur niedrige Qualifikationen erfordern (vgl. KLEIN 1993, S. 15).

- Es sind noch immer überwiegend Frauen, die Teilzeitstellen inne haben; dies hat auch die Untersuchung in den Gemeinden Steinenbronn, Nufringen, Bondorf und Haiterbach bestätigt.

- Die Anteile der Erwerbstätigen, die eine ihrer Qualifikation entsprechende Tätigkeit ausüben, differieren zumindest in der vorliegenden Umfrage recht deutlich: Während mehr als drei Viertel der männlichen Befragten eine adäquate Beschäftigung haben, trifft dies nur für 66 % der weiblichen Befragten zu.

Ausgehend von diesen vier Punkten ist zu vermuten, daß gerade teilzeitarbeitende Frauen Tätigkeiten ausüben, die nicht ihrer Qualifikation entsprechen (vgl. Tab. 49).

6.4 Wochenarbeitszeit – Umfang und Verteilung

Sowohl die Männer, die eine ihrer Ausbildung adäquate Stelle haben, als auch jene, für die dies nicht zutrifft, sind auf wöchentliche Arbeitszeiten zwischen 35 und 49 Stunden konzentriert. Auffallend hoch liegt unter ersteren der Anteil jener, die 50 Stunden und mehr pro Woche arbeiten.

Die Frauen der beiden Gruppen verteilen sich gleichmäßiger auf die fünf Arbeitszeitkategorien als dies bei den männlichen Befragten der Fall ist. Die größten Differenzen zwischen den Frauen treten zum einen bei den geringfügig Beschäftigten (unter 15 Stunden pro Woche) und zum anderen bei wöchentlichen Arbeitszeiten von 35 bis 49 Stunden auf: Die weiblichen Befragten, die keine ihrer Ausbildung adäquate Stelle haben, arbeiten größtenteils (40 %) weniger als 15 Stunden in der Woche. Dagegen dominieren bei jenen Frauen, die entsprechend ihrer Qualifikation erwerbstätig sind, wie bei den Männern dieser Gruppe, Arbeitszeiten zwischen 35 und 49 Stunden pro Woche.

Tab. 49: Arbeitsumfang und der Qualifikation entsprechende Tätigkeit

Wöchentliche Arbeitszeit	Frauen *(n = 388)*		Männer *(n = 256)*	
	Tätigkeit entspricht der Qualifikation *(n = 257)*	Tätigkeit entspricht nicht der Qualifikation *(n = 131)*	Tätigkeit entspricht der Qualifikation *(n = 198)*	Tätigkeit entspricht nicht der Qualifikation *(n = 58)*
Unter 15 h	17	40	3	10
15 bis 19 h	8	8	1	3
20 bis 34 h	29	22	5	3
35 bis 49 h	39	24	58	78
50 h u. mehr	8	6	34	5
	100 %	100 %	100 %	100 %

Quelle: Eigene Erhebung 1998, eigene Bearbeitung

Im Augenblick ‚bezahlen' viele Frauen ihren Wunsch nach einer Teilzeitbeschäftigung also im wahrsten Sinne des Wortes damit, daß sie auf eine adäquate Tätigkeit verzichten. Damit gehen finanzielle Einbußen einher, denn in der Regel wird eine Stelle im erlernten Beruf besser bezahlt sein, als eine Arbeit, für die keine Qualifikation vorliegt oder aber die keine Qualifikation erfordert.

Es besteht also ein Defizit an qualifizierten Teilzeitarbeitsplätzen, obwohl gerade diesen potentielle Vorteile zugeschrieben werden, denn hier kann „von einem existenzsichernden Einkommen, von freiwillig bzw. anteilig gezahlten Sozialversicherungsbeiträgen etc. ausgegangen werden" (KLEIN 1993, S. 11). Die zahlenmäßige Bedeutung qualifizierter Teilzeitarbeit ist jedoch noch sehr gering. Die oben genannten Zahlen machen deutlich, daß die Forderung nach qualifizierter Teilzeitbeschäftigung gerade für Frauen von großer Bedeutung ist; so ist auch die „Bereitstellung qualifizierter Arbeitsplätze ein Hauptanliegen der Frauenförderung" (HOLLAND 1993, S.60). HOLLAND verlangt, das Humankapital auch im Teilzeitbereich zu erhalten: „Anspruchsvolle Arbeitsinhalte, Leitungsfunktionen und Entwicklungs- bzw. Aufstiegsmöglichkeiten sind gefragt, verbunden mit entsprechender Bezahlung. Einfachere Arbeiten sollten womöglich mit einzelnen schwierigeren Tätigkeitsmerkmalen versehen sein. Nur so bleiben die vorhandenen Kenntnisse und Fähigkeiten aufrechterhalten, eine weitere berufliche Entwicklung wird nicht verbaut und verhindert und die Teilzeitjahre werden [...] nicht zur Sackgasse" (ebd., S. 60 f.).

Einen ähnlichen, jedoch stärker feministisch orientierten Anspruch formulieren auch KILLMANN & KLEIN (1997, S. 92): „An increase in qualified part-time work is of paramount importance. Opportunities for part-time work should be availible at all levels of qualification, in order to break up to power structures within companies and the orientation towards the male model of careers and thus the traditional gender-specific of labour."

Verteilung der Erwerbsarbeit über die Woche

Wie schon eingangs erwähnt, ist der Begriff der Normalarbeitszeit nicht ausschließlich über den wöchentlichen Arbeitsumfang definiert. Auch die Verteilung der Arbeitsstunden über die Woche und deren Regelmäßigkeit spielen eine Rolle.

Tab. 50 ist ersichtlich, daß sich unter den Männern jeweils ein größerer Anteil der Befragten mit unregelmäßigen Arbeitszeiten arrangieren muß als unter den Frauen.[101] Vergleicht man die ehemaligen mit den derzeit Beschäftigten, so zeigt sich bei beiden Geschlechtern eine Zunahme unregelmäßiger Arbeitszeiten; da bei den Frauen diese Tendenz stärker ausgeprägt ist, gleichen sich die Werte der weiblichen und männlichen Befragten an.[102]

Ob die Arbeitszeiten regelmäßig oder unregelmäßig sind, hängt bei den weiblichen Befragten auch mit dem Umfang der wöchentlichen Arbeitszeit zusammen, denn Frauen, die nur geringfügig (also unter 15 Stunden) beschäftigt sind, arbeiten zu

---

[101] Für ehemalige und derzeit Beschäftigte sowie ehemalige Beschäftigte sind die geschlechtsspezifischen Unterschiede signifikant.
[102] Ein Zusammenhang zwischen einer der Qualifikation entsprechenden Tätigkeit und regelmäßigen Arbeitszeiten ist nicht nachweisbar.

6.4 Wochenarbeitszeit – Umfang und Verteilung

30 % unregelmäßig, während dieser Anteil bei Probandinnen mit 35 bis 49 Stunden pro Woche nur 12 % beträgt.

Tab. 50: Regelmäßigkeit der Arbeitszeiten

	Ehemalige Beschäftigte		Derzeit Beschäftigte	
	Frauen	Männer	Frauen	Männer
	(n = 330)	(n = 119)	(n = 413)	(n = 264)
(Eher) regelmäßig	92	79	78	73
(Eher) unregelmäßig	9	21	22	27
	101 %	100 %	100 %	100 %

Quelle: Eigene Erhebung 1998, eigene Bearbeitung

Der im Fragebogen enthaltene ‚Stundenplan' macht es möglich, auch die Verteilung der Arbeitszeit über die Woche zu präzisieren.[103] Da aus dem unterschiedlichen wöchentlichen Arbeitsumfang von weiblichen und männlichen Befragten zwangsläufig auch verschiedene Arbeitszeiten resultieren, ist hier eine nach Geschlechtern getrennte Betrachtung notwendig. Gleichzeitig wird versucht, die Entwicklung zu skizzieren, indem jeweils die ehemaligen den derzeitigen Beschäftigten gegenübergestellt werden.[104]

Die bereits aus dem Erwerbsleben ausgeschiedenen Männer (n = 77) arbeiteten zu über 70 % zu den klassischen Arbeitszeiten, also Montag bis Freitag jeweils vor- und nachmittags. Weitere 10 % waren zusätzlich auch am Samstag Vormittag erwerbstätig. Wochenendarbeit in verschiedener Form mußten 21 % dieser Befragten leisten. Ein Anteil von 10 % gibt an, unter der Woche abends gearbeitet zu haben.

Vergleicht man diese Gruppe nun mit den derzeit erwerbstätigen männlichen Befragten (n = 159), so lassen sich folgende Unterschiede feststellen: Der Anteil der klassischen Arbeitszeiten hat sich deutlich verringert (46 %). Mittlerweile kommt es häufiger vor, daß der Freitag nachmittag frei ist. Zugenommen hat allerdings auch die Arbeit am Wochenende: 29 % der Befragten sind davon betroffen. Mit nun 24 % hat sich der Anteil der Befragten, die unter der Woche abends arbeiten mehr als verdoppelt. Die Arbeitszeiten verteilen sich also insgesamt stärker über die gesamte Woche, als dies bei den ehemals Beschäftigten der Fall war.

---

[103] Für alle sieben Wochentage konnten jeweils die Kategorien vormittags, nachmittags sowie abends/nachts angekreuzt werden.
[104] Grundlage der Berechnung sind alle Befragten, die im Stundenplan wenigstens einen Termin angekreuzt haben.

Aufgrund der stärkeren Teilzeitorientierung der Frauen ist hier ein anderes Bild zu erwarten: Unter den Frauen, die nicht mehr am Erwerbsleben teilnehmen (n = 279), dominiert – wie bei den männlichen Befragten – die klassische Arbeitseinteilung, denn 50 % von ihnen geben an, von Montag bis Freitag jeweils vor- und nachmittags gearbeitet zu haben. Daneben spielt jedoch auch die klassische Halbtagsarbeit (Montag bis Freitag, jeweils vormittags) mit einem Anteil von 18 % eine Rolle. Ähnlich hoch wie bei den Männern der Vergleichsgruppe liegt mit 19 % der Wert für die Wochenendarbeit. Etwas weniger verbreitet als bei den Männern ist die Abendarbeit unter der Woche. Dafür muß auf ein Phänomen hingewiesen werden, das bei den männlichen Befragten so gut wie gar nicht auftritt: die Arbeit an weniger als fünf Terminen pro Woche (im Stundenplan war das Ankreuzen von maximal 21 Terminen möglich). Dies trifft für 5 % dieser Probandinnen zu.

Betrachtet man dagegen die derzeit erwerbstätigen Frauen (n = 277), so wird deutlich, daß bereits eine Flexibilisierung der Arbeitszeiten stattgefunden hat: Mit einem Anteil von nur noch 26 % hat die klassische Arbeitszeit massiv an Bedeutung verloren. Ähnlich sieht es mit der klassischen Halbtagsarbeit aus, die nun einen Anteil von 13 % ausmacht. Im Vergleich zu den ehemals beschäftigten Frauen hat die Wochenendarbeit leicht abgenommen, dafür arbeiten etwas mehr Frauen unter der Woche abends. Besonders hervorzuheben ist jedoch die Tatsache, daß sich der Anteil der Probandinnen, die an höchstens vier Terminen in der Woche erwerbstätig sind, etwa verfünffacht hat (26 %)! Dieser Wert wird auch durch die Angaben zum Umfang der wöchentlichen Arbeitszeit bestätigt, denn unter den aktuell erwerbstätigen Frauen geben 25 % an, unter 15 Stunden pro Woche zu arbeiten. Diese Zahlen machen deutlich, daß ein immer größerer Anteil der Frauen ohne eigene soziale Absicherung berufstätig ist – auch dies ein Aspekt geschlechtsspezifischer Segregation auf dem Arbeitsmarkt.

6.4.4 Formen der Arbeitszeit

Nach Umfang und Verteilung der Wochenarbeitszeit werden abschließend noch drei besondere Formen der Arbeitszeit auf ihre Bedeutung für die Befragten hin untersucht. Es sind dies im einzelnen Schichtarbeit, Arbeit auf Abruf und Gleitzeit. Während der Schichtarbeit ein eher negatives Image[105] anhaftet, hat Gleitzeit einen recht guten Ruf. Neben dem geschlechtsspezifischen Aspekt interessiert vor allem, ob sich die quantitative Bedeutung verändert hat.

---

[105] Dies belegt die Studie „Arbeitszeit '95": Danach werden Schicht- und Nachtarbeit „von Beschäftigten, die nicht in dieser Arbeitszeitform tätig sind, fast ausnahmslos (94 %) abgelehnt" (vgl. BAUER, GROẞ & SCHILLING 1996a, S. 13).

Schichtdienst

Aufgrund der regionalen Gegebenheiten, beispielsweise der großen Arbeitgeber in der Umgebung der vier untersuchten Gemeinden (u.a. Automobilindustrie), ist zu erwarten, daß der Schichtdienst eine vorwiegend von Männern ausgeübte Form der Arbeitszeitregelung ist. Interessant ist hier vor allem die Frage, ob der Anteil der Schichtenden möglicherweise zugenommen hat. Gründe dafür wären im produzierenden Gewerbe in besserer Auslastung der Maschinen zu sehen; im Handel könnte durch die Einführung veränderter Ladenschlußzeiten Schichtdienst notwendig sein. Nur bezüglich der Geschlechtsspezifik erfüllen sich die Erwartungen, wie Tab. 51 zu entnehmen ist. Eine Zunahme dieser Arbeitsverhältnisse ist hingegen in den vier untersuchten Gemeinden nicht feststellbar, denn sowohl der minimale Rückgang unter den männlichen Befragten als auch der leichte Zuwachs unter den weiblichen ist zu vernachlässigen.

Tab. 51: Entwicklung der Schichtarbeit

	Ehemalige Beschäftigte		Derzeit Beschäftigte	
	Frauen *(n = 331)*	Männer *(n = 119)*	Frauen *(n = 409)*	Männer *(n = 261)*
Schichtdienst	8	24	9	21
Kein Schichtdienst	92	77	91	79
	100 %	101 %	100 %	100 %

Quelle: Eigene Erhebung 1998, eigene Bearbeitung

Interessant ist natürlich auch die Frage, wo die Schichtarbeitenden ihrer Erwerbstätigkeit nachgehen: Die Schichtbeschäftigten, die nicht mehr am Erwerbsleben teilnehmen (n = 53), arbeiteten zum Großteil (51 %) in Sindelfingen, während Böblingen hier nur eine untergeordnete Rolle spielte (4 %). Im Vergleich dazu sieht die aktuelle Situation etwas anders aus, denn unter den derzeit Schichtarbeitenden (n = 89) ist zwar noch immer die Mehrheit in Sindelfingen beschäftigt, der Anteil beträgt allerdings nur noch 37 %. Böblingen hat hingegen an Bedeutung gewonnen (11 %). Die – zumeist männlichen – Befragten müssen also auch die Arbeitswege ihrer Schicht entsprechend organisieren (vgl. Kapitel 6.2.3).

Die Studie „Arbeitszeit '95" kommt durch den Vergleich von Daten aus den letzten Jahren zu dem Ergebnis, daß sich die Schichtarbeit rückläufig entwickelt (vgl. BAUER, GROß & SCHILLING 1996a, S. 78). Ein weiteres Merkmal der Schichtarbeit ist, daß sie vor allem in großen Betrieben praktiziert wird, also mit steigender Betriebsgröße zunimmt (vgl. ebd., S. 80). Außerdem ist sie in einzelnen Wirtschaftszweigen unterschiedlich stark verbreitet: Im Hinblick auf die Untersuchungsregion ist der Wirtschaftszweig Stahl-, Maschinen- und Fahrzeugbau interessant; er weist (bezogen auf Westdeutschland) einen Anteil von 18 % im Schichtdienst auf (vgl. ebd., S. 82). Unter dem Aspekt der Geschlechtsspezifik ist es interessant, daß weibliche Schichtbeschäftigte eher als männliche davon berichten, daß persönliche Belange bei der Schichteinteilung berücksichtigt werden (vgl. ebd., S. 85).

Arbeiten auf Abruf

Eine Tätigkeit auf Abruf ist vor allem bei den Nebentätigkeiten zu erwarten, um kurzfristig Engpässe in Betrieben ausgleichen zu können. Da Teilzeitarbeit und insbesondere geringfügige Beschäftigung für Frauen von größerer Bedeutung ist als für Männer, ist zu erwarten, daß die Probandinnen häufiger als die männlichen Befragten mit dieser Art der Arbeitszeitgestaltung zurecht kommen müssen.

Um so überraschender ist das Ergebnis, denn die Anteile derer, die auf Abruf arbeiten, sind bei beiden Geschlechtern nahezu identisch, wie Tab. 52 zeigt: Die Unterschiede zwischen Frauen und Männern sind nicht signifikant. Interessant ist allerdings, daß die aktuell Beschäftigten sehr viel häufiger auf Abruf arbeiten als jene Befragten, die nicht mehr am Erwerbsleben teilnehmen. Diese Form der Arbeitszeit gewinnt also an Bedeutung.

Tab. 52: Entwicklung der Arbeit auf Abruf

	Ehemalige Beschäftigte		Derzeit Beschäftigte	
	Frauen *(n = 329)*	Männer *(n = 117)*	Frauen *(n = 410)*	Männer *(n = 258)*
Auf Abruf arbeitend	8	13	24	19
Nicht auf Abruf arbeitend	92	87	76	81
	100 %	100 %	100 %	100 %

Quelle: Eigene Erhebung 1998, eigene Bearbeitung

Zu bestätigen ist dagegen die Annahme, daß die Arbeit auf Abruf ein Kennzeichen von Nebentätigkeiten darstellt: ProbandInnen, die berufstätig sind, arbeiten nur zu 18 % auf Abruf. Etwas höher liegt dieser Anteil mit 23 % unter jenen, die zusätzlich zu ihrem Beruf eine Nebentätigkeit ausüben, doch den höchsten Wert weisen mit 40 % die Befragten auf, die einem Nebenjob nachgehen.

6.4 Wochenarbeitszeit – Umfang und Verteilung

Der Zusammenhang zwischen Arbeit auf Abruf und Arbeitsumfang bestätigt sich auch, wenn man auf der Basis des wöchentlichen Arbeitsumfangs argumentiert.

Die Aufschlüsselung nach Wochenstunden zeigt noch deutlichere Differenzen als jene nach Art der Berufstätigkeit, wie Tab. 53 zeigt. Auch hier stechen die Beschäftigungsverhältnisse im Rahmen der Normalarbeitszeit deutlich heraus, denn sie weisen mit einigem Abstand den niedrigsten Anteil an auf Abruf arbeitenden Personen auf. Der Anteil von rund einem Viertel bei 50 und mehr Wochenstunden ergänzt die Zahlen der vorigen Tabelle, die für Personen mit Beruf und Nebenjob ebenfalls einen relativ hohen Wert aufweisen.

Tab. 53: Arbeit auf Abruf und wöchentliche Arbeitszeit bei derzeit Beschäftigten

	Bis 14 h *(n = 112)*	15 bis 19 h *(n = 33)*	20 bis 34 h *(n = 174)*	35 bis 49 h *(n = 251)*	50 h u. mehr *(n = 98)*
Auf Abruf arbeitend	44	39	19	11	25
Nicht auf Abruf arbeitend	56	61	82	89	75
	100 %	100 %	100 %	100 %	100 %

Quelle: Eigene Erhebung 1998, eigene Bearbeitung

Neben den geschilderten Zusammenhängen besteht noch ein weiterer, nämlich mit dem Arbeitsort. Personen, die an einem festen Arbeitsplatz außerhalb ihrer Wohngemeinde tätig sind, weisen mit 12 % nur einen sehr niedrigen Anteil an auf Abruf arbeitenden Personen auf. Befragte, die in ihrer Wohngemeinde arbeiten, tun dies zu rund einem Fünftel auf Abruf und Befragte, die im Wohnhaus arbeiten sogar zu einem Viertel. Verglichen jedoch mit Personen, die im Außendienst oder an wechselnden Arbeitsorten eingesetzt werden, sind all diese Werte noch recht niedrig, denn in dieser Personengruppe arbeiten 43 % auf Abruf.

Unter dem Gesichtspunkt der Vereinbarkeit beruflicher und familiärer Verpflichtungen ist das Arbeiten auf Abruf als erhebliches Handikap zu betrachten, denn ökonomisches Zeitmanagement, wie es beispielsweise in Kapitel 4.2.2 geschildert wurde, ist unter diesen Umständen nicht zu realisieren. Im Hinblick auf die Bewertung von Teilzeitarbeit (vgl. Kapitel 6.4.3) ist das Arbeiten auf Abruf deshalb als weiterer negativer Aspekt zu nennen.

Gleitzeit

„Gleitzeit ermöglicht den Beschäftigten im Rahmen von zumeist betrieblich vereinbarten Regelungen, den Beginn und das Ende ihrer täglichen Arbeitszeit zu variieren" (BAUER, GROß & SCHILLING 1996a, S. 141). Es kann dabei zwischen erweiterten und eingeschränkten (Variation der Lage der täglichen Arbeitszeit bei gleicher Dauer) Vereinbarungen unterschieden werden. Mit steigender Betriebsgröße nimmt die Verbreitung erweiterter Gleitzeitmodelle zu. In den alten Bundesländern haben 28 % der abhängig Beschäftigten eine Vereinbarung über Gleitzeit, wobei der Wert der Männer mit 29 % etwas über dem der Frauen (26 %) liegt (ebd., S. 142).

Der Vergleich zwischen ehemals und derzeit Beschäftigten in Tab. 54 macht deutlich, daß der Anteil jener Befragten, die diese Form der flexiblen Arbeitszeit nutzen können, zugenommen hat, wobei sich die Differenz zwischen weiblichen und männlichen Beschäftigten vergrößert hat.[106] Die Anteile bei den derzeit Beschäftigten liegen etwas höher als die von BAUER, GROß & SCHILLING (1996a, S. 142) ermittelten. Diese Differenz resultiert vermutlich daraus, daß der Trend zur Gleitzeit seither weiter zugenommen hat.

Tab. 54: Entwicklung der gleitenden Arbeitszeit

	Ehemalige Beschäftigte		Derzeit Beschäftigte	
	Frauen *(n = 330)*	Männer *(n = 117)*	Frauen *(n = 410)*	Männer *(n = 261)*
Mit Gleitzeitvereinbarung	26	30	31	44
Ohne Gleitzeitvereinbarung	75	70	69	56
	101 %	100 %	100 %	100 %

Quelle: Eigene Erhebung 1998, eigene Bearbeitung

Der etwas höhere Anteil bei den Männern ist auf verschiedene Ursachen zurückzuführen: Hier sind zunächst erhebliche Unterschiede zwischen den Wirtschaftszweigen zu nennen, denn während 27 % der im produzierenden Gewerbe Beschäftigten gleitende Arbeitszeit haben, sind es im Handel nur 14 % (vgl. BAUER, GROß & SCHILLING 1996a, S. 151). Ein weiterer Grund ist die Stellung in der betrieblichen Hierarchie. Je höher die Position ist, um so größer ist auch die Wahrscheinlichkeit, eine Gleitzeitregelung zu bekommen. Wie schon erwähnt, spielt auch die Betriebsgröße eine Rolle. Schließlich macht sich auch der Umfang der wöchentlichen Ar-

---

[106] Die Werte der ehemaligen Beschäftigten unterscheiden sich für die beiden Geschlechter nicht signifikant; die beiden anderen Gruppen weisen hochsignifikante Differenzen auf.

beitszeit bemerkbar, und gerade im Bereich der geringfügigen Beschäftigung sind gleitende Arbeitszeiten eher unwahrscheinlich.

Der Anteil derer mit Gleitzeit schwankt ganz erheblich, je nach dem welcher Art von Berufstätigkeit die Befragten nachgehen: Bei jenen, die derzeit nur einem Nebenjob nachgehen, beträgt der Anteil nur 26 %, bei den Berufstätigen 38 % und schließlich bei Personen mit Beruf und Nebenjob sogar 42 %. Möglicherweise ist gleitende Arbeitszeit im Hauptberuf eine Voraussetzung um überhaupt zwei Beschäftigungsverhältnisse koordinieren und bewältigen zu können. Was den Umfang der wöchentlichen Arbeitszeit angeht, so ist noch zu ergänzen, daß bei unter 15 Stunden pro Woche nur 25 % der Befragten mit Gleitzeit arbeiten können. Das Maximum erreichen Befragte mit 50 und mehr Wochenstunden, denn über die Hälfte von ihnen hat eine Gleitzeitvereinbarung.

Regelungen über Gleitzeit erhalten die Befragten vor allem dann, wenn sie auch entsprechend ihrer jeweiligen Qualifikation tätig sind: Jene ProbandInnen, die eine adäquate Stelle innehaben, verfügen zu 41 % über gleitende Arbeitszeit, während dies bei Befragten, die nicht im Sinne ihrer Qualifikation arbeiten, nur 27 % sind.

Ergebnisse zur Bewertung von Gleitzeitarbeit sind ebenfalls der Arbeitszeit-Studie von BAUER, GROß & SCHILLING (1996a) zu entnehmen. Danach erfreut sich diese Form der flexiblen Arbeitszeit großer Beliebtheit, und die AutorInnen sprechen in diesem Zusammenhang von „erhöhtem Zeitwohlstand" (S. 17). Neben guter Planbarkeit von Freizeitaktivitäten sowie der Chance, auch ungestört im Betrieb arbeiten zu können, schätzen Personen mit Gleitzeit insbesondere die Möglichkeit, die Bedürfnisse einzelner Familienmitglieder aufeinander abstimmen zu können. So werden beispielsweise Arbeitsbeginn und -ende an Kindergarten- oder Schulzeiten angepaßt. Wichtig ist außerdem, daß sich Gleitzeitbeschäftigte „in besonderem Maße als arbeitszeitsouverän erfahren" (ebd.). Selbstgeschaffene Arbeitszeitroutinen ermöglichen „eine Balance von Organisationsaufwand und erweiterten Gestaltungschancen" (ebd., S. 18).

6.4.5 Zusammenfassung

Die eingangs gestellte Frage, ob auch im Hinblick auf die Arbeitszeiten von geschlechtsspezifischer Segregation auf dem Arbeitsmarkt gesprochen werden kann, läßt sich uneingeschränkt mit ja beantworten. Allerdings weisen auch die Arbeitszeitarrangements innerhalb der Gruppe der Frauen erhebliche Unterschiede auf, wie insbesondere in den qualitativen Interviews deutlich wurde.

Vergleicht man die quantitativen Daten der Befragten, die nicht mehr am Erwerbsleben teilnehmen mit jenen der derzeit erwerbstätigen, so ist ein Trend zu stärkerer Flexibilisierung der Arbeitszeiten zu beobachten: Kennzeichen dafür sind die zunehmende Teilzeitarbeit, insbesondere im Bereich der geringfügigen Beschäftigung, die abnehmende Zahl von Beschäftigungsverhältnissen, die von Montag bis Freitag jeweils vor- und nachmittags ausgeübt werden sowie die Tendenz zu Gleitzeitregelungen.

BAUER, GROß & SCHILLING (vgl. 1996b, S. 425) kommen zu dem Schluß, daß die Arbeitszeitflexibilisierung eine deutliche Geschlechtsspezifik aufweist, denn während sie für Frauen tendenziell eine Reduktion ihrer Erwerbsarbeitszeiten (also Teilzeitarbeit) bedeutet, läuft sie für einen beträchtlichen Teil der Männer auf eine Verlängerung der Arbeitszeiten (also Überstunden) hinaus. Die Erwerbsarbeit und die damit verbundene soziale Absicherung ist somit trotz steigender Erwerbsbeteiligung von Frauen sehr ungleich zwischen den Geschlechtern verteilt.

7 Berufslaufbahnen von Frauen

7.1 Brüche und Unterbrechungen

Daß ‚Frau im ländlichen Raum' längst nicht mehr mit ‚Bäuerin' gleichzusetzen ist, gilt inzwischen als allgemein bekannt. Die Frage, welche Berufslaufbahnen das Landwirtinnendasein nun abgelöst haben, ist jedoch keineswegs beantwortet. Mit der Studie „Frauen in ländlichen Räumen Baden-Württembergs" (STATISTISCHES LANDESAMT BADEN-WÜRTTEMBERG 1993) steht eine differenzierte und grundlegende Momentaufnahme über Bildungsabschlüsse, Berufe und Einkommensquellen zur Verfügung; die Lebensläufe von Frauen werden dort allerdings nicht weiter untersucht. Allgemein sind erwerbsbiographische Aspekte durchaus Gegenstand arbeitsmarktgeographischer und soziologischer Studien (z.B. FASSMANN 1993; BIRG, FLÖTHMANN & REITER 1990; LAUTERBACH 1994), gleichwohl treten auch hier individuelle Berufsbiographien hinter statistischen Aussagen zurück.

Um gerade diese individuellen Berufsbiographien erfassen zu können, werden in den Interviews die einzelnen Etappen von Ausbildung und Berufslaufbahn erfragt und gemeinsam mit der Gesprächspartnerin in ein Diagramm eingetragen, so daß Unklarheiten, Lücken und Überschneidungen in vielen Fällen direkt angesprochen werden können. Einzelne Interviewpartnerinnen jedoch sparten bestimmte Teile ihres Lebens mehr oder weniger bewußt aus. Hier wird – unter Verzicht auf vollständige Informationen – nicht weiter interveniert, sondern die Haltung der Frauen respektiert, um eine möglichst gleichberechtigte Teilnahme von Probandin und Interviewerin am Gespräch zu gewährleisten (vgl. Kapitel 3.1.1).

Aufgrund der Verwendung qualitativer Einzelfallstudien entsteht „das methodische Problem, die Einmaligkeit jeder einzelnen Biographie zu bewahren und doch über das Individuelle hinaus das gesellschaftlich Exemplarische zu erkennen" (BECKER-SCHMIDT & BILDEN 1995, S. 25). Dieser Ambivalenz wird dadurch Rechnung getragen, daß zunächst alle 17 Gesprächspartnerinnen im Sinne einer vollständigen Darstellung von Einzelfällen beschrieben werden (vgl. Kapitel 3.2.3), wobei Interviewzitaten noch einmal zentrale Bedeutung zukommt. In einem zweiten Schritt werden überindividuelle Elemente wie typische Ausbildungswege und Berufswünsche sowie familiäre Einflüsse erarbeitet.

7.1.1 ‚Das haben früher die Mädle gemacht' – Berufsausbildung selten

In den Berichten von drei älteren Probandinnen spielen in unterschiedlichen Kombinationen folgende Themen eine Rolle: die elterliche Landwirtschaft, Besuch der Haushaltsschule, Tätigkeit in Nähereien, Pflege der älteren Generation sowie die Enkelkinder.

‚Als Verkäuferin wäre ich gegangen' – unerfüllter Berufswunsch

Anna R., kurz nach dem Ersten Weltkrieg geboren, hat fast ihr ganzes Leben in der Untersuchungsgemeinde verbracht; auch ihre Eltern sind dort zur Welt gekommen. Wie die meisten Frauen ihrer Generation im ländlichen Raum (73 %) hat sie keine Möglichkeit einen Beruf zu erlernen, so daß ihre formale Qualifikation mit der Pflichtschule beendet ist (vgl. STATISTISCHES LANDESAMT BADEN-WÜRTTEMBERG 1993, S. 63). Im Laufe ihres Lebens übt sie verschiedene Tätigkeiten aus, manche über längere Zeit, andere nur kurz. Ihre berufliche Laufbahn ist bis etwa zum 60. Lebensjahr eng mit ihren Eltern verknüpft:

ANNA R.: *Der war in einer Schreinerei, an den Maschinen, [...]. Eigentlich hat mein Vater Dreher gelernt (*INTERVIEWERIN: *mhm), aber dann war kein Geschäft mehr drin [...]. Und meine Mutter hat gleich von Anfang an / sie hat eigentlich gar kein' Beruf gehabt, sie war halt, ja, bevor sie verheiratet war, hat sie bei ihren Eltern mitgeholfen auf dem Feld (*INTERVIEWERIN: *mhm), wie es halt früher so üblich war (*INTERVIEWERIN: *mhm), bis wir dann das angefangen haben in der Schule.*

Ihre Mutter arbeitet jedoch nicht nur auf dem elterlichen Feld, sondern betreibt auch gemeinsam mit Anna R.s Vater im Nebenerwerb Landwirtschaft:

ANNA R.: *Ach je, Viecher hatten wir nicht, so halt ein paar Felderle [...]. Halt mit Kartoffeln, ein Acker mit Getreide [...].*

Der Nebenerwerbsbetrieb wird im Laufe der Zeit unrentabel und die Felder schließlich verpachtet. In der schon erwähnten Schule hatte bereits Anna R.s Großmutter die Stelle der Hausmeisterin inne, die später ihre Mutter und schließlich sie selbst übernimmt:

ANNA R.: *[...] ich war vierzehn, als wir ins Schulhaus gekommen sind (*INTERVIEWERIN: *mhm) und von dort an hab' ich immer wieder auch mitgeschafft (*INTERVIEWERIN: *mhm). Und ich hab' auch noch nebenher Landwirtschaft, bißchen [...] und bin auch nebenher noch ins G'schäft gegangen, zwischendurch [...].*

Mit ‚ins Geschäft gehen' werden – nicht nur in diesem Interview – bezahlte Arbeiten benannt, von denen Anna R. mehrere ausgeübt hat:

ANNA R.: *[...] ganz jung war ich ja im Haushalt (*INTERVIEWERIN: *mhm) ja, im Arzthaushalt (*INTERVIEWERIN: *mhm), da war ich neunzehn, neunzehn, zwanzig (*INTERVIEWERIN: *mhm). Da war ich dreieinhalb Jahre in einem Arzthaushalt [...].*

Die Interviewpartnerin erinnert sich nicht mehr ganz genau, wie alt sie damals war. Wie sich herausstellt, ist dies aber nicht ihre erste Stelle, denn schon als 17jährige ist sie in einem der Nachbarorte ‚auch im Haushalt'. In den Kriegsjahren geht sie einer in der Region für diese Zeit typischen Tätigkeit nach:

7.1 Brüche und Unterbrechungen

ANNA R.: [...] das war aber im Krieg schon / fünf, sechsundvierzig und so 'rum, vierundvierzig, habe ich in einer Näherei geschafft [...].

Da das Unternehmen immer wieder geschlossen wird, findet die Beschäftigung mit Unterbrechungen statt. Nur noch teilweise erinnert sich Anna R. an die dort hergestellten Kleidungsstücke, die auch für die Wehrmacht bestimmt waren. Wie aus dem Kurzfragebogen bekannt ist, bekommt sie in dieser Zeit ein Kind, das sie jedoch in ihrer biographischen Erzählung nicht erwähnt. In den 50er Jahren erkrankt ihre Mutter, und nach einer Übergangsphase übernimmt die Probandin deren Stelle im Schulhaus ganz: Nicht verwunderlich, hat sie dort doch seit ihrem 14. Lebensjahr ‚immer mitgeschafft'. Später muß sie sich auch um ihren Vater kümmern:

ANNA R.: Ja, damals hab' ich eben meinen Vater in Pflege gehabt (INTERVIEWERIN: mhm), dann wußte ich nicht, kann ich noch länger voll schaffen oder nicht (INTERVIEWERIN: mhm, mhm). Hm, weil er ja auch im Haus war [...], da hab' ich halt mit sechzig aufgehört, voll, und dann eben noch teil geschafft (INTERVIEWERIN: mhm), also die 560 Mark [...].

Auch nachdem sie ihren Arbeitsumfang reduziert hat, bleibt Anna R. noch über 10 Jahre in ihrem Beruf, wobei vorrangig finanzielle Überlegungen eine Rolle spielen.

ANNA R.: [...] wo meine Mutter schon nicht mehr gelebt hat, habe ich dann / habe ich in der Schule geschafft. [...], und das war dann mein Geld, da war ich dann angemeldet. Daß man wenigstens eine kleine Rente kriegt.

Die Probandin spricht ein Problem an, mit dem viele Frauen aus ihrer Generation konfrontiert waren und sind: das (fehlende) eigene Geld. Vermutlich wurden weder die Arbeit in der elterlichen Landwirtschaft noch die Mithilfe im Schulhaus bezahlt, mit entsprechenden Folgen für die soziale Absicherung. Auf die Bemerkung hin, daß sie ja bereits viele verschiedene Berufe ausgeübt habe, erwähnt Anna R. – wenn auch etwas zögernd – noch zwei weitere Tätigkeiten, die zeitlich nicht genau einzuordnen, aber wohl unter dem Begriff ‚ins Geschäft gehen' zu fassen und ebenfalls in ihrer Wohngemeinde zu lokalisieren sind:

ANNA R.: Ja, man hat schon viel gemacht, [...] im Kindergarten mal ein paar Wochen ausgeholfen (lacht), als praktisch / ich war ja nicht gelernt als Kindertante [...]. Damals hat man ja noch viele Kinder gehabt (INTERVIEWERIN: mhm), das waren oft 30 oder noch mehr (beide lachen), und da war es schwierig, das war ja viel primitiver wie heute (INTERVIEWERIN: mhm), aber (-) das ging auch (INTERVIEWERIN: mhm) (beide lachen).
INTERVIEWERIN: Sie haben es dann gemacht?
ANNA R.: Vier oder fünf Wochen hab' ich das gemacht (INTERVIEWERIN: mhm). Aber ich war immer fix und fertig (beide lachen) (INTERVIEWERIN: Das glaube ich) (beide lachen) (INTERVIEWERIN: mhm). Ja (-) Schon vielseitig, dann (-) habe ich sehr viel bedient, in den / bei jeder Hochzeit [...]. Das hat mir eigentlich immer sehr viel Spaß gemacht (INTERVIEWERIN: mhm). Und das war mein, mein Geld praktisch (INTERVIEWERIN: mhm), was man so verdient hat [...].

INTERVIEWERIN: Haben Sie mal überlegt, das vollberuflich zu machen? Gerade in die Gastronomie zu gehen?
ANNA R.: Ahhh, das war mal im Gespräch, ja (lacht). Aber dann war es mir dann doch zuviel (INTERVIEWERIN: mhm). Und ich hätte auch Gelegenheit gehabt da / hier (-) die sind aber / der hat sich dann / hat es dann aufgegeben und ist weggezogen (INTERVIEWERIN: mhm). Der hat gemeint, ich könne das mit ihm zusammen betreiben, aber / (INTERVIEWERIN: mhm) erstens: der Mann war damals über zwanzig Jahre älter wie ich (INTERVIEWERIN: mhm) und das war mir dann einfach zuviel (INTERVIEWERIN: mhm). Das zu machen und das andere auch noch [...].

Ob das gemeinsame Betreiben eines Gasthauses wohl mit einer Heirat verbunden gewesen wäre? Alles in allem hat Anna R. – sie war über mehr als 60 Jahre hinweg erwerbstätig – von einem halben Dutzend verschiedener Tätigkeiten berichtet, und doch hat sie ihren Wunschberuf nie ausgeübt:

INTERVIEWERIN: Und wenn Sie als junge Frau die Möglichkeit gehabt hätten, irgendwo in die Lehre zu gehen, [...] was hätten Sie sich da gewünscht?
ANNA R.: Als Verkäuferin wäre ich gegangen, das hatte ich eigentlich vor. Irgendwo in ein Geschäft und Verkäuferin gelernt (INTERVIEWERIN: mhm), aber es war keine Möglichkeit da, wo ich /
INTERVIEWERIN: Und welche Branche hätte Ihnen da gefallen? [...].
ANNA R.: Eigentlich hätte ich ja wollen in ein Lebensmittelgeschäft damals (INTERVIEWERIN: mhm), das war eigentlich so vorgesehen (lacht).

Interessant sind einige Parallelen zwischen ihrer Mutter und Anna R.: Beide haben keine formale Berufsqualifikation, waren in der elterlichen Landwirtschaft sowie dem Schulhaus beschäftigt und haben ihren Geburtsort nie für längere Zeit verlassen. Die Berufsbiographie von Anna R. ist von wechselnden Tätigkeiten geprägt, obwohl sie – im Gegensatz zu ihrer Mutter – nicht geheiratet hat und auch keinen mit dem Kind zusammenhängenden Einschnitt erwähnt. In der Literatur jedoch werden gerade diese beiden Gründe am häufigsten zur Erklärung von Brüchen in weiblichen Berufsbiographien herangezogen (vgl. TÖLKE 1993).

‚Vorbereitung vom Ehestand' – Besuch der Haushaltsschule

Paula R., kurz vor dem Zweiten Weltkrieg geboren, hat ebenfalls nicht die Möglichkeit eine Lehre zu machen. Allerdings kann sie nach der Volksschule noch eine einjährige Haushaltsschule absolvieren. Diese Art der Ausbildung ist inzwischen schon fast in Vergessenheit geraten, wie an der Reaktion der Interviewerin festzustellen ist:

PAULA R.: [...] Nach der Volksschule bin ich [...], in die Hauswirtschaftsschule gegangen, gell. Aber das ist / das haben früher die Mädle gemacht (INTERVIEWERIN: mhm), gell.

7.1 Brüche und Unterbrechungen

INTERVIEWERIN: Ist das dann der Beruf quasi? Ich muß mal nachfragen, weil ich es einfach nicht weiß.
PAULA R.: (Fällt ins Wort) Nein, nein, das ist / das ist Hauswirtschaft, also /
INTERVIEWERIN: Ist man dann Hauswirtschafterin?
PAULA R.: Ha nein, das hat man für sich / Vorbereitung ist das gewesen (INTERVIEWERIN: Ja) vom Ehestand, oder / (INTERVIEWERIN: mhm). Wo man die Hauswirtschaft von Grund auf gelernt hat, also Kochen, Haushalt, Nähen, alles, was man in den jungen Jahren so lernen muß.

Der mit ‚aber das ist' begonnene und dann abgebrochene Satz deutet an, daß sich Paula R. vielleicht selbst nicht so ganz sicher ist, ob die Haushaltsschule nun mit einer Ausbildung zu vergleichen ist oder nicht. Nach Abschluß dieser Schule heiratet Frau R., und Anfang der 60er Jahre kommen ihre beiden Kinder zur Welt. Ende der 70er Jahre nimmt sie eine Teilzeit-Erwerbstätigkeit auf.

PAULA R.: [...] bevor ich da draußen geschafft habe, habe ich viereinhalb Jahre in einem, in einem Laden gearbeitet, gerade im Nachbarort, [...]. Also, das hat mir schon gefallen, gell, aber, ähm, ich war noch dortmals nicht angemeldet und habe dann gucken müssen, daß ich angemeldet bin, und durch das habe ich mir dann ein anderes Geschäft gesucht. [...] das war im Verkauf, da ist ein bißchen Publikumsverkehr gewesen, gell, das hat mir doch schon Spaß gemacht, [...] wenn man seine Sachen gemacht hat, ist man sein freier Herr gewesen, gell [...].

Nach dem frühen Tod ihres Mannes, ist Paula R. gezwungen, sich nach einer anderen Stelle umzusehen, da sie während der Tätigkeit im Verkauf als geringfügig Beschäftigte nicht angemeldet war. Hinzu kommt, daß Frau R. seither auch wesentlich zurückgezogener lebt, und nicht weiß, ob sie weiterhin Spaß an einer Arbeit mit Kundenkontakt gehabt hätte. Wie tief der durch den Tod des Mannes verursachte Einschnitt in ihre private wie berufliche Biographie war, läßt sich unter anderem daran ermessen, daß sie dieses Thema an verschiedenen Stellen des Interviews aufgreift (vgl. auch Kapitel 5.2.2):

PAULA R.: [...] ich habe ja für meinen Lebensunterhalt schaffen müssen. Ich meine, ich habe eine Rente gekriegt von meinem Mann, aber so / wenn einer jung stirbt kriegt man nicht soviel.

Durch die Vermittlung einer Bekannten bekommt Paula R. eine Vollzeitstelle in der Wohngemeinde (vgl. Kapitel 5.2.4). Die Tatsache, vor Ort arbeiten zu können, ist aus zwei Gründen von Bedeutung: Zum einen verfügt sie nicht über einen Pkw, so daß sie bei einer außerhalb liegenden Stelle auf den ÖPNV angewiesen gewesen wäre. Zum anderen schätzt sie es, mit Menschen arbeiten zu können, die sie kennt. Die Wiederholungen im folgenden Interviewausschnitt machen deutlich, daß für sie dieser Aspekt im Vordergrund stand:

PAULA R.: *[...] das war mir also angenehm, da sind die Leute, wo ich gekannt habe, also das war mir schon lieb. Weil, wenn ich woanders hätte hin müssen, ich glaube, das hätte ich gar nicht geschafft, das war mir schon lieb, daß ich hier untergekommen bin (INTERVIEWERIN: mhm), gell, das war mir schon lieb, wichtig, dann ist Gemeinschaft gewesen, wo man die Leute gekannt hat. Wenn ich wo reingekommen / wo ich (...) fremd war, ich glaube, das hätte ich gar nicht gepackt, das war schon gut.*

Während Paula R. von ihrer Tätigkeit als Verkäuferin mehrfach betont, daß sie Spaß gemacht habe, sieht sie die neue Arbeit als Montiererin wohl eher negativ.

PAULA R.: *[...] da habe ich das machen müssen, ob mir das gefallen hat oder nicht.*

Bei dieser Bewertung mag es vielleicht auch eine Rolle spielen, daß die erste Arbeit eher freiwillig ausgeübt wird, bei der zweiten jedoch ein gewisser Zwang bzw. die Notwendigkeit besteht, Geld zu verdienen. Interessant ist auch, daß Frau R. über diese Arbeit eigentlich nichts erzählen will, wie sie im Interview deutlich zum Ausdruck bringt:

PAULA R.: *[...] Ja, aber ich will da nicht so ganz private Sachen, also (lacht), das / das ist dann nicht meine Sache, weil sonst, ich / [Anm.: es ist ihr sehr unangenehm, darüber zu sprechen].*

Weshalb Paula R. gerade über dieses Thema nicht sprechen möchte, bleibt unklar. Jedenfalls arbeitet sie noch über 10 Jahre als Montiererin, bevor sie im Alter von 60 Jahren in Rente geht. Seither übt sie zwar keine bezahlten Tätigkeiten mehr aus, kümmert sich aber regelmäßig um ihre Enkelkinder und übernimmt für ihre Tochter einen Teil der Hausarbeiten.

‚Im Büro mitgeschafft' – Arbeit im Familienbetrieb

Gertrud G., ungefähr im gleichen Alter wie Paula R., hat im Anschluß an die Pflichtschule ebenfalls eine Hauswirtschaftsschule besucht. Die sich daran anschließende Etappe ihrer Berufsbiographie weist dagegen Parallelen zu jener von Anna R. auf, denn sie hat sowohl in der elterlichen Landwirtschaft als auch einer Näherei gearbeitet:

GERTRUD G.: *Ich war bloß zwei Jahre einmal in einer Näherei, also im Winter, wo es nicht so viel zu tun gibt, also in der Landwirtschaft, da war ich da. [...]. Das stimmt nicht, das war mehr, es waren 5 Jahre [...] aber nicht also das ganze Jahr durchgeschafft, sondern halt wie es von der Landwirtschaft her äh, äh möglich war (INTERVIEWERIN: mhm). (-) Ja, und dann habe ich geheiratet, dann sind die Kinder gekommen, und da war ich nicht berufstätig, gar nicht, [...] wo wir das Geschäft übernommen haben, no, da habe ich (...).*

7.1 Brüche und Unterbrechungen

In den 70er Jahren übernimmt sie gemeinsam mit ihrem Mann den holzverarbeitenden Betrieb der Schwiegereltern. Um die im Büro anfallenden Aufgaben erledigen zu können, bildet sie sich weiter, erinnert sich jedoch nicht mehr an die genauen Umstände.

GERTRUD G.: *Mhm, ich habe noch mal so einen Kurs gemacht, so, äh, Maschinenschreiben und so schriftliche Sachen eben, aber so, bloß einen Abendkurs.*

Als Gertrud G. ihre Aufgaben beschreibt, wird klar, daß auch mindestens eines ihrer Kinder phasenweise in den Betrieb eingebunden ist.[107]

GERTRUD G.: *Ha, ich habe die Rechnungen geschrieben, also, oder habe auf der Bank die Sachen gemacht (INTERVIEWERIN: mhm). Ja, also Buchhaltung haben wir no weggegeben (INTERVIEWERIN: mhm), später no. Und dann haben die Kinder no in der Zwischenzeit kaufmännische Lehren gemacht, später, und dann haben die es gemacht, [...] dann war es aber auch nichts, dann ist der Betrieb ja auch groß geworden (INTERVIEWERIN: mhm), dann haben wir einen Buchhalter (...) geben, und dann habe ich halt [...] Rechnungen geschrieben.*

Frau G. erwähnt gleich zweifach, daß *sie* die Rechnungen schreibt. Dadurch kommt zum Ausdruck, daß sie, obwohl sie nur den erwähnten Kurs absolviert hat, in der Firma eine wichtige Position innehat und vor allem über die finanzielle Situation informiert ist. Nicht ganz deutlich wird, ob die Kinder hauptberuflich in die Firma einsteigen. Auch als Gertrud G. ihre Eltern zu sich nehmen muß, ist sie weiter im Familienbetrieb tätig. Ob und wie stark sie deshalb ihren Arbeitsumfang reduziert, geht aus dem Gespräch nicht hervor:

GERTRUD G.: *[...] Weil da habe ich auch noch meine Eltern gehabt zum Pflegen, die sind in der Zwischenzeit auch 70 gewesen, [...], und da habe ich sie müssen hernehmen, und dann war das nicht mehr drin (INTERVIEWERIN: mhm), also so viel (...).*

Nach dem Tod ihrer Eltern erkrankt der Mann von Gertrud G.. Als er aus gesundheitlichen Gründen nicht mehr arbeiten kann, führt sie den Betrieb gemeinsam mit ihrer Tochter weiter. Da dort ausschließlich Männer angestellt waren, ist von einer sehr ungewöhnlichen Situation auszugehen. Die Leitung der Firma hat die Probandin als sehr anstrengend in Erinnerung, da sie sich sowohl um ihren Mann als auch um den Betrieb zu kümmern hat und zusätzlich auch für ihre Enkelkinder da sein muß, damit die Tochter ausreichend Zeit hat, um in der elterlichen Firma zu arbeiten.

INTERVIEWERIN: *Aber als Ihr Mann krank war haben Sie noch im Betrieb gearbeitet?*
GERTRUD G.: *Ja, ja. Mit der Tochter zusammen.*
INTERVIEWERIN: *Wieder so 3 Vormittage ?*

---

[107] Der Dialektausdruck „no", eine Kurzform von „noch", wird hier oft im Sinne von „dann" verwendet.

GERTRUD G.: *Ja, ja, haja, halt so, ja. Da hat sie es aber / da hat sie noch mehr gemacht, weil ich bin ja in der ganzen Zeit noch in Tübingen gewesen den halben Tag.*
INTERVIEWERIN: *Im Krankenhaus?*
GERTRUD G.: *Mhm, ja, [...] und da hat sie no, äh, hat sie das gemacht, weil ich mußte auf ihre Kinder no morgens aufpassen, weil die haben ja drei kleine Kinder gehabt. Dann habe ich praktisch, äh, äh (-) die Stelle (......), daß meine Tochter hat können ins Büro. Dann habe ich Sachen gemacht, was, was normal die Mutter hätte machen müssen (*INTERVIEWERIN: *mhm), aber weil ja das Geschäft weiter gelaufen ist in der Zeit, [...].*

Ende der 80er Jahre stirbt Herr G.. Gertrud G. und ihre Tochter leiten die Firma gemeinsam noch ungefähr ein Jahr, dann wird ein Meister eingestellt, der den Betrieb einige Monate später ganz übernimmt. Das Unternehmen ist nun also nicht mehr in Familienbesitz; Frau G. scheidet zu diesem Zeitpunkt aus dem Erwerbsleben aus. Inzwischen ist sie über 60 Jahre alt, und ihre Aktivitäten stehen nach wie vor in Zusammenhang mit der Familie: Wie bereits in Kapitel 5.2.1 erläutert, kümmert sie sich zum einen um ihre Enkelkinder und zum anderen um die Schwiegereltern.

7.1.2 ‚Nie 'ne Diskussion' – Einfluß des Mannes auf den Berufsverlauf

Zwei Frauen schildern unter anderem die Rolle ihrer Männer in Bezug auf ihre berufliche Laufbahn. Obwohl Frau S. ‚nur' die Hauptschule, Frau N. dagegen das Gymnasium abschließt, können beide keine formale Berufsausbildung absolvieren. Die Ehemänner dagegen haben eine abgeschlossene Berufsausbildung und bekleiden inzwischen leitende Positionen.

Um die Haltung der Ehemänner einordnen zu können, ist ein kurzer Blick auf das Ehe- und Familienrecht notwendig. Bis zu dessen Reform im Jahre 1977 liegt ihm das Leitbild der sogenannten ‚Hausfrauenehe' zugrunde, das eine genaue Aufgabenteilung vorsieht: Die Frau führt den Haushalt, der Mann verdient das Geld. „Erwerbstätig durfte eine Frau nur sein, ‚soweit dies mit ihren Pflichten in Ehe und Familie vereinbar' war. Verdiente jedoch der Mann zu wenig, war die Frau verpflichtet ebenfalls erwerbstätig zu sein. Umgekehrt aber konnte der Mann nicht zur Mitarbeit im Haushalt verpflichtet werden" (BUNDESMINISTERIUM FÜR FAMILIE, SENIOREN, FRAUEN UND JUGEND 1998, S. 99). Seit 1977 gilt jedoch das Partnerschaftsprinzip, d.h. es gibt in der Ehe keine gesetzlich vorgeschriebene Aufgabenteilung mehr.

Auffallend ist, daß in der aktuellen Situation beide Probandinnen ihre erwachsenen Töchter unterstützen, in dem sie mehr oder weniger regelmäßig die Betreuung der Enkelkinder übernehmen. Jedoch bringt nur eine der beiden dieses Engagement mit ihren eigenen Erfahrungen in Verbindung.

7.1 Brüche und Unterbrechungen

‚Gleich abgeblockt' – Veränderungen nicht erwünscht

Annemarie S. hat ihr ganzes Leben in der Untersuchungsgemeinde verbracht und ihre Biographie weist einige Parallelen zu jener von Gertrud G. auf. Auch Frau S. besucht im Anschluß an die Volksschule – wie andere auch Probandinnen nennt sie als Zeitmarke ihre Konfirmation – eine Haushaltsschule und ist einige Zeit in einer Näherei beschäftigt.

ANNEMARIE S.: *Ich war, äh, bevor die Kinder zur Welt gekommen sind war ich in 'ner – also erst mal nach der Schule hab' ich erst ein Jahr Haushaltsschule gemacht [...].*

Im Gegensatz zu Paula R. ist für Annemarie S. nach der Haushaltsschule die ‚Vorbereitung auf den Ehestand' noch nicht abgeschlossen:

ANNEMARIE S.: *[...] Dann war ich, äh, noch im Haushalt, ein knappes Jahr, also um praktisch das Kochen zu erlernen (INTERVIEWERIN: mhm) und dann war ich in 'nem Geschäft, wo also Kleidung hergestellt hat (INTERVIEWERIN: mhm), Näherei. [...], dann war ich (–-) ja war einige Monate oder 'n Jahr fast gar nicht mehr berufstätig, weil's halbtags nicht ging [...]. Und dann war ich stundenweise beschäftigt auf der Bank (INTERVIEWERIN: mhm), [...]. So Sachen, was ich halt (INTERVIEWERIN: mhm) praktisch konnte (INTERVIEWERIN: mhm), ohne das gelernt zu haben (INTERVIEWERIN: mhm) [...].*

Doch es fällt auch eine Gemeinsamkeit mit Paula R. auf, denn ebenso wie ihr ist es Annemarie S. auffallend unangenehm über berufliche Aspekte ihrer Biographie zu reden. Ihr zögernder Bericht ist nur durch häufiges Einwerfen von ‚mhm' in Gang zu halten. Ob dies an der Biographie selbst liegt oder aber daran, daß fast alle weiblichen Familienmitglieder während des Interviews im Raum sind, ist schwer zu beurteilen.

Als nach der Heirat mit einem ebenfalls im Ort aufgewachsenen Mann das erste von drei Kindern zur Welt kommt, unterbricht Annemarie S. ihre Berufstätigkeit.

ANNEMARIE S.: *Und dann war ich also, ja, ein paar Jahre gar nicht mehr berufstätig (INTERVIEWERIN: mhm) und dann hatte ich mit dem Job angefangen (INTERVIEWERIN: mhm), [...].*

Noch bevor das jüngste der Kinder das Kindergartenalter erreicht, nimmt Frau S. wieder eine Beschäftigung auf. Ihren ‚Job' übt sie seit nunmehr über 15 Jahren aus, wobei sich die eigentliche Tätigkeit gar nicht, der zeitliche Rahmen dagegen sehr stark verändert hat.

ANNEMARIE S.: *[...] seit eigentlich die Kinder in den Kindergarten gegangen sind, wo ich nachmittags [...] die Kontoauszüge zugestellt habe (INTERVIEWERIN: mhm). Und das war am Anfang erst täglich (INTERVIEWERIN: mhm), dann hat sich's auf dreimal die Woche beschränkt (INTERVIEWERIN: mhm) und jetzt im Moment ist es höchstens noch einmal die Woche [...].*

Viele Frauen bauen mit zunehmendem Alter ihrer Kinder den Umfang ihrer Erwerbsarbeit aus, doch bei Annemarie S. ist es genau umgekehrt. Grund für diese Reduktion ist, daß immer mehr KundInnen aus Kostengründen auf eine Zustellung verzichten und sich ihre Kontoauszüge selbst ausdrucken. Interessant ist auch, daß Frau S. sich inzwischen ‚nicht mehr' als berufstätig bezeichnet, d.h. ihre Definition von Berufstätigkeit ist ausschließlich vom Umfang bestimmt.

ANNEMARIE S.: Es war manchmal so, daß ich einfach nachmittags die Küche nicht gemacht hab' (INTERVIEWERIN: mhm). Ich hab' also das Geschirr stehen lassen und bin schnell, hab' sortiert und bin schnell gegangen (INTERVIEWERIN: mhm), daß ich um vier wieder am Kindergarten war (INTERVIEWERIN: mhm). Und dann ist es halt hinterher erledigt worden (INTERVIEWERIN: mhm). Also in der Zeit war's öfters schon manchmal stressig (INTERVIEWERIN: mhm). Oder nachdem sie nicht zum Kindergarten wollten, mußt' man sie zum Teil mitnehmen (INTERVIEWERIN: mhm) und - ja wenn dann / öfters ist auch mal die Oma gekommen, aber - da frag' ich mich manchmal, wie ich das gemacht habe (lacht) [...].

Sehr anschaulich beschreibt sie hier, wie sie die Betreuung ihrer Kinder und ihre Erwerbsarbeit zeitlich organisiert hat. Trotz der gelegentlichen Unterstützung durch die Oma (Bezeichnung aus Sicht der Kinder) ist sie manchmal gezwungen, die Kinder auf ihrer Runde mitzunehmen. Die Erzählung macht den Zwiespalt zwischen der Belastung einer Erwerbstätigkeit einerseits und den damit verbundenen Chancen andererseits sehr deutlich. Wegen ihrer Kinder war und ist Frau S. auch froh darüber, im Wohnort arbeiten zu können:

ANNEMARIE S.: [...] außerhalb wär's nicht möglich gewesen [...] die einen kommen um dreizehn Uhr von der Schule und äh also wie sie schulpflichtig waren, war's mir immer schon auch wichtig, daß ich hier bin und auch die Kinder beaufsichtige und auch geschaut hab', daß sie ihre Hausaufgaben gemacht haben. [...]. Und äh, von daher war das also nie eigentlich zur Diskussion, daß ich was mach', wo ich [...] dann den Nachmittag weg gewesen wäre.

Außerhalb zu arbeiten wäre für Frau S. wohl nicht in Frage gekommen, doch innerhalb des Ortes denkt sie ab und zu über einen Wechsel nach.

*ANNEMARIE S.: Ja - ich hab' schon gesagt, irgendwie wo man vielleicht (-) nicht bei Wind und Wetter draußen sein **müsste** (INTERVIEWERIN: mhm), [...]. Ich hab' schon gesagt gehabt, ja, wenn irgendwie, wissen Sie, so in 'ner Bäckerei, ich könnte ein paar Stunden als Verkäuferin was machen, so (-) wär' auch (-) ein bißchen – unter den Leuten (INTERVIEWERIN: mhm), man käme auch ins Gespräch und so (INTERVIEWERIN: mhm). Das (-) schon, aber das war eigentlich dann nie 'ne Diskussion. Mein Mann hat das immer ein bißle (lacht) gleich abgeblockt (INTERVIEWERIN: mhm), weil er sagt, im Grunde (-) hast Du*

7.1 Brüche und Unterbrechungen

jetzt das angefangen und das ist ein Job, und sonst möcht' er's eigentlich gar nicht haben, daß ich noch zusätzlich (INTERVIEWERIN: mhm) was machen würde.

Schon im Kapitel 5.2.1 kommt zum Ausdruck, daß Annemarie S. ihrer Arbeit sehr gerne nachgeht, da sie auf diese Weise mit den Menschen aus der Nachbarschaft und darüber hinaus in Kontakt steht. Obwohl sie gerne draußen ist, scheint es ihr nicht mehr zu gefallen, draußen sein zu *müssen* wie die starke Akzentuierung andeutet. Die Möglichkeit, mit anderen Menschen ins Gespräch zu kommen, sieht sie auch bei einer Tätigkeit im Verkauf, doch davon will ihr Mann nichts wissen, wie sie etwas verlegen sagt. Sie verwendet dabei erneut den Begriff ‚Diskussion', so daß der Eindruck entsteht, es habe diese – entgegen ihrer Behauptung – doch gegeben.

ANNEMARIE S.: [...] wissen Sie / wenn jetzt grad' alle wieder zu Hause sind (INTERVIEWERIN: mhm), daß man das auch verschmerzt [...] / dann geht die Tochter [...] in die Schule, sie kommt dann wieder um dreizehn Uhr zum Essen, der Mann kommt kurz nach halb eins und - das sind so verschiedene Zeiten [...]. Wenn wir vielleicht nur noch zu zweit wären (INTERVIEWERIN: mhm).
INTERVIEWERIN: Wenn die Kinder dann mal alle (ANNEMARIE S.: mhm) aus dem Haus sind ...
ANNEMARIE S.: Aber dann ist's ja auch so: Jetzt ist die Oma 79 (INTERVIEWERIN: mhm), kann sein, in ein, zwei Jahren ist es dann so, daß [...] sie mich wieder so braucht, daß ich es (Interviewerin: mhm) auch nicht machen könnte (INTERVIEWERIN: mhm). Und dann (-) mach' ich mir da eigentlich keine Gedanken mehr (INTERVIEWERIN: lacht).
INTERVIEWERIN: Abgehakt das Thema (beide lachen), oder?
ANNEMARIE S.: Jaa (gedehnt)... Wenn auch die Wintermonate sind, wenn man vielleicht / ja es ist ruhiger. So wie letztes Jahr, die Kinder sind nicht mehr / die Situation ändert sich ja dann (INTERVIEWERIN: mhm) immer wieder ein bißchen, da hab' ich schon gesagt gehabt: also, ich will was machen (INTERVIEWERIN: mhm). Aber - nachdem jetzt wieder alle da sind, und (INTERVIEWERIN: lacht) 's läuft / die Woche läuft jeden Tag wieder die Waschmaschine (INTERVIEWERIN: mhm) und das kann ich dann / dann wird's mir wieder zuviel (INTERVIEWERIN: mhm) (INTERVIEWERIN: lacht). Und grad' äh, das sagt auch der Mann ja, daß / dann gesagt / hab' ich / ich hab' immer Hemden zum Bügeln und wieder jetzt grad' Hosen ausgebügelt (INTERVIEWERIN: mhm) und (-) es macht halt auch Arbeit (INTERVIEWERIN: mhm) für mich.

Sehr deutlich wird in dieser Passage, daß für Frau S. die Bedürfnisse der einzelnen Familienmitglieder und nicht etwa berufliche Interessen im Vordergrund stehen. Da sie erneut ihren Mann erwähnt, ist denkbar, daß sie hier dessen Argumente wiedergibt. Zu den schon genannten Aufgaben, die sich auf ihre jüngste (allerdings bereits erwachsene) Tochter, ihren Ehemann sowie in vermutlich zunehmendem Maße auf ihre Mutter beziehen, kommt die Versorgung eines Enkelkindes, das regelmäßig für einige Wochen im Haushalt von Annemarie S. lebt, um die älteste Tochter zu entlasten. Aus dem Gespräch geht nicht genau hervor, ob die Tochter im Augenblick berufstätig ist oder sich nach der Babypause eine neue Arbeit sucht.

Festzuhalten ist, daß Annemarie S. während ihrer Berufslaufbahn bereits vier verschiedene Erwerbstätigkeiten – Haushalt (nicht der eigene), Näherei, Bank sowie Austragen der Kontoauszüge – ausgeübt hat. Gerne würde sie nun nochmals wechseln und hat auch eine konkrete Vorstellung, nämlich als Verkäuferin in einer Bäckerei zu arbeiten. Dieser Berufswunsch ließe sich in räumlicher wie fachlicher Hinsicht sicherlich realisieren, denn zum einen bietet auch der Arbeitsmarkt in kleineren Gemeinden solche Stellen und zum anderen ist es in diesem Bereich durchaus üblich, auch mit ungelernten Kräften zu arbeiten. Die Ursachen dafür, daß Frau S. trotzdem nicht mehr glaubt, ihren Wunsch umsetzen zu können, liegen somit weniger am Arbeitsplatzangebot oder mangelnder Qualifikation, sondern vielmehr an den familiären Gegebenheiten.

‚Mein Mann war dann dagegen' – Ausbildung nicht beendet

Petra N. ist nicht in der Untersuchungsgemeinde aufgewachsen, lebt dort aber schon seit mehr als zwei Jahrzehnten. Sie gehört zur im Zuge der Suburbanisierung für viele ursprünglich ländliche Gemeinden typisch gewordenen Schicht der Zugezogenen mit hohem Bildungsstand. Frau N. geht länger als die meisten Einheimischen zur Schule und macht – für eine Frau Mitte der 50er Jahre durchaus ungewöhnlich – Abitur. Danach beginnt sie eine Berufsausbildung, die sie aber nicht beenden kann. Bereits vor dem eigentlichen Interview betont die Probandin, aufgrund dieser Erfahrung ihre Kinder so gut wie möglich bei der Vereinbarkeit von Beruf bzw. Ausbildung und Familie unterstützen zu wollen (vgl. Kapitel 5.2.1):

PETRA N.: *Ja, weil ich eben nicht später in den Beruf gekommen bin. Mein Mann war dann dagegen. [...] ich habe ja die Bibliothekarsausbildung gemacht [...] und dann war das Kind da, damals gab es noch keine Pille, das muß man dazu sagen, [...]Und dann habe ich gesagt, ich höre jetzt erst mal auf, [...].*

Wegen eines, wie sie sehr deutlich formuliert, ungeplanten Kindes muß Petra N. zu Beginn der 60er Jahre ihre Ausbildung unterbrechen. Ihr Mann absolviert in dieser Zeit sein Referendariat, dessen Ende mit der Kündigung der Wohnung zusammenfällt, so daß die Familie daraufhin nach Stuttgart zieht. Als Ende der 60er Jahre das zweite Kind zur Welt kommt ist für die Probandin ‚diese Sache gelaufen'.

Ohne damit einen formalen Bildungsabschluß anzustreben, erarbeitet sich Petra N. umfangreiches Wissen. Darauf ist sie einerseits zwar zu recht stolz, doch andererseits entsteht der Eindruck, daß sie ihrer unvollendeten Ausbildung nachtrauert. Die im Selbststudium erworbenen Kenntnisse sind inzwischen seit mehr als 10 Jahren eine wichtige Grundlage für ihr berufliches Engagement:

PETRA N.: *[...] ich habe dann z.B. immer mal wieder annonciert, daß ich Nachhilfe gebe [...].*

7.1 Brüche und Unterbrechungen

Die Tätigkeit als Nachhilfelehrerin stellt eine auf Petra N. zugeschnittene Arbeitsmarktnische dar: Sie benötigt dazu keine formale Berufsausbildung, kann Zuhause arbeiten und den Arbeitsumfang an die Bedürfnisse ihrer Kinder (als sie ihre Tätigkeit aufnimmt, ist das jüngste Kind acht Jahre alt) und später auch der Enkelkinder anpassen:

PETRA N.: *[...] weil ich 1,5 Jahre mein Enkelkind hatte [...]. Meine Tochter hat nach der Scheidung ein zweites Studium gemacht, [...], da mußte das Kind versorgt werden. [...]. Hat sich eben familiär bei uns so ergeben, und deswegen arbeite ich etwas weniger.*

Dieses Arrangement ist notwendig, da die Tochter ihr Zweitstudium nicht in der näheren Umgebung (z.B. Stuttgart oder Tübingen) absolvieren kann und am Studienort keine Unterstützung bei der Kinderbetreuung hat. Auf die Frage, ob sie gerne außerhalb der Wohngemeinde arbeiten würde, berichtet Petra N. von einem Angebot, das sie nicht wahrnimmt. Die starke Akzentuierung einzelner Begriffe läßt ahnen, wie schwer ihr der Verzicht fällt.

PETRA N.: *[...]. Ich habe z.B. ein Angebot [...] als Reiseleiterin, vor etwa zehn Jahren. Also das hätte ich **wahnsinnig** gerne gemacht, da war ich also auch hoch motiviert, und wäre, ja, schon viel außer Haus gewesen. Das war der Moment, wo praktisch unsere Kinder alle das Haus verlassen haben. Das kann (m?)ein Mann eben überhaupt nicht, ganz allein dazusitzen. Ihm fiel das sehr schwer, daß alle drei Töchter weggehen, und dann wäre ich eben auch noch viel weg gewesen. [...]. Und dann habe ich ein **weiteres** mal (...). Damals hat mich das schon sehr geärgert, daß ich das letztendlich nicht gemacht habe, aber auch heute ist das jetzt für mich nicht mehr so wild. Ich meine, wenn ich das in Hinblick auf meine Rente gesehen hätte, [...]. Das wäre **immer** letztendlich über einen 610-Mark-Job gelaufen, mehr wäre es im Laufe des Jahres nicht gewesen. Also von daher hätte es wieder auch nicht soviel gebracht, [...].*

Besagtes Angebot erhält Frau N. in der Zeit, als die Kinder das Haus verlassen, also zu einem Zeitpunkt, der für eine berufliche Neuorientierung wie geschaffen scheint. Es kommen jedoch familiäre Zwänge zum Ausdruck, die eine berufliche Entfaltung zu beeinträchtigen scheinen. Es ist denkbar, daß die räumlichen Bedingungen ihren Teil dazu beitragen: Womöglich wäre ihre Erwerbsbiographie in einer Stadt mit breiterem Berufsspektrum anders verlaufen. Doch die Probandin sieht im persönlichen Resümee keinen Nachteil in einer kleineren Gemeinde:

PETRA N.: *[...] wir sind immer sehr viel gereist, von daher hatte ich da nicht so ein großes Defizit. [...]. Dadurch hatte ich nie das Gefühl, auf dem Land eingesperrt zu sein, also das hatte ich überhaupt nicht! [...].*

Zentraler Beweggrund für das Handeln von Petra N. ist, zu verhindern, daß ihre Töchter in Bezug auf die berufliche Laufbahn ähnliche Erfahrungen machen müssen, wie sie selbst. Aus diesem Grund will sich auch weiterhin erwerbstätig sein, finanziert sie doch damit Reisen zu einer Tochter, die in einer mehrere hundert Kilometer entfernten Stadt lebt. Dort verbringt sie monatlich eine Woche, um ihr Enkelkind zu versorgen. Der Bericht von Frau N. zeigt beispielhaft, daß auch nicht vollzogene Handlungen zur Erklärung der Erwerbsbiographien beitragen.

7.1.3 ‚Schöner Job, aber ...' – Einschnitte durch Geschäftsaufgaben

Finanzielle Schwierigkeiten haben bei Ute D. und Ruth M. dazu geführt, daß sie keine Ausbildung anfangen oder sie zumindest nicht beenden konnten. Die Brüche in ihren Berufsbiographien entstehen vor allem dadurch, daß für sie wichtige Arbeitgeber ihre Betriebe aufgeben (müssen) und sie sich deshalb neue Stellen suchen müssen.

‚Geschäft aufgegeben, seither arbeitslos' – *schwieriger Neuanfang*

Ute D. kommt in den 60er Jahre als junges Mädchen in den Stuttgarter Raum. Nach dem frühen Tod ihrer Eltern kann sie im Anschluß an die Hauptschule keine Ausbildung absolvieren, da die finanziellen Mittel fehlen. Um nicht auf die Unterstützung der älteren Geschwister angewiesen zu sein, nimmt sie eine Erwerbstätigkeit auf.

> UTE D.: *[...] und dann ging ich erst mal in den Haushalt. Das war im Gaststättengewerbe (INTERVIEWERIN: mhm), es war so eine Großküche / dann hab' ich auch mit achtzehn / nebenher durfte ich dann mal bedienen / hab' auch Kost und Logis frei gehabt in der Gaststätte (INTERVIEWERIN: mhm) und dann hat es mich nach Stuttgart verschlagen, da war ich dann in Lebensmittel / auch erst im Haushalt oben / hat mir aber dann, muß ich dazu sagen, nicht soviel Spaß gemacht, [...] als dann / jemand gesucht wurde unten in der Gemüseabteilung dann (INTERVIEWERIN: mhm), also im Feinkostgeschäft war das (INTERVIEWERIN: mhm), da hab' ich den Chef gefragt, ob er nicht lieber jemand für den Haushalt suchen würde und mit mir versuchen, daß ich 'runterkomm'. Und so ist das dann auch gewesen, daß ich da dann irgendwie in den Verkauf 'reingekommen bin.*

Die Tätigkeit im Haushalt ihres Arbeitgebers macht Ute D. nicht besonders viel Spaß, und als ihr Chef für sein Feinkostgeschäft eine Verkäuferin sucht, sieht sie ihre Chance in einen Arbeitsbereich mit Kundenkontakt zu wechseln. Auf diese Weise kann sie erste berufliche Erfahrungen im Verkauf sammeln. Mitte der 60er Jahre heiratet die Probandin, bekommt zwei Kinder und unterbricht ihre Berufstätigkeit für mehrere Jahre. Im Alter von etwa 25 Jahren zieht Frau D. mit ihrer Familie in die Untersuchungsgemeinde, nennt jedoch im Interview keinen Grund für diesen Umzug. Als die Kinder etwas älter sind, sucht sie sich wieder eine Erwerbsarbeit.

> UTE D.: *[...] ich habe dann auch mal zwischendurch 610,- Mark Job gemacht, Verpackungsservice (INTERVIEWERIN: mhm) (-) und dann hat die [Gemeinde] jemanden*

gesucht als Kindergartenhelferin (INTERVIEWERIN: mhm) zur Unterstützung der Kindergartenleiterin (INTERVIEWERIN: mhm), da hab' ich dann geschafft,

Von einer längeren Krankheit unterbrochen, ist Ute D. im Kindergarten beschäftigt, bis sie Ende der 70er Jahre nochmals schwanger wird. Als der ‚Nachzügler', wie sie ihr drittes Kind nennt, in die Schule kommt, nimmt sie erneut eine Erwerbstätigkeit auf. Sie kann rund 10 Jahre in einem Geschäft in ihrer Wohngemeinde arbeiten, wobei ihr die Erfahrungen im Verkauf natürlich zugute kommen. Ute D. kann ihre Stelle zunächst auch über einen Pächterwechsel hinweg behalten, doch dann wird der Betrieb endgültig geschlossen:

UTE D.: *Der hat dann aber das Geschäft da aufgegeben (INTERVIEWERIN: mhm), letztes Jahr / und seither war ich dann eben arbeitslos (INTERVIEWERIN: mhm).*

Zum Interviewzeitpunkt ist Ute D. noch immer arbeitslos, kann aber in Absprache mit dem Arbeitsamt jede Woche einige Stunden im Nachbarort arbeiten. Die Stelle bekommt sie durch Vermittlung ihres Sohnes (vgl. Kapitel 5.2.4). Auch hier ist sie wieder im Verkauf beschäftigt und die Tätigkeit an sich gefällt ihr sehr gut. Dennoch wünscht sie sich zwei Veränderungen: Zum einen würde sie viel lieber im Wohnort arbeiten und zum anderen den wöchentlichen Arbeitsumfang erhöhen. Sie macht deutlich, daß ihr diese beiden Aspekte wichtiger sind als der eigentliche Arbeitsinhalt, d.h. sie ist offen für verschiedene Tätigkeiten, wobei es ihr nicht darauf ankommt, sich die ‚Fingernägel nicht dreckig' zu machen.

Ein Grund dafür, daß sich die Arbeitsuche in der Gemeinde nicht ganz einfach gestaltet, ist sicher darin zu sehen, daß Ute D. und ihr Mann nicht dort aufgewachsen und somit nicht in ein verwandtschaftliches Netzwerk eingebunden sind. Verstärkt wird die Situation durch die zurückgezogene Lebensweise von Familie D., da soziale Kontakte bei der Stellensuche in kleineren Gemeinden eine zentrale Rolle spielen, wie verschiedene Beispiele zeigen (vgl. Kapitel 5.2.4).

‚Dumm gelaufen' – Ausbildung für den Familienbetrieb

Ruth M. wohnt erst seit Ende der 80er Jahre in der Untersuchungsgemeinde, hat aber ihr ganzes Leben im Großraum Stuttgart verbracht. In ihrer Berufsbiographie schlagen sich gleich zwei Geschäftsaufgaben nieder, wobei sie von einer auch persönlich sehr stark betroffen ist.

RUTH M.: *Das ist / bei mir ist es etwas dumm gelaufen kann man sagen, weil mein Vater, dem seine Firma, die hat Konkurs gemacht und ich sollte eigentlich bei ihm im Geschäft arbeiten und habe deswegen, ich habe also Hauptschulabschluß gemacht, dann habe ich eine Handelsschule abgeschlossen (Kind ruft) und als ich damit fertig war, da war ich siebzehn, achtzehn 'rum, da hat mein Vater Konkurs anmelden müssen, also war meine Laufbahn im Büro besiegelt, weil das habe ich eh' nie machen wollen, das war für mich schon immer ein Graus aber ich habe es ihm zuliebe gemacht, weil er / weil er eben wollte, daß jemand aus seiner Familie da eben auch drin ist und dann habe ich also die Ausbildung fertig gehabt und dann standen wir sozusagen vor dem Nichts,*

Nachdem Frau M. in den 70er Jahren die Hauptschule beendet, geht sie auf Wunsch ihres Vaters an eine Handelsschule, um danach in den elterlichen Betrieb einzusteigen. Doch das Ende ihrer Ausbildung fällt mit dem Konkurs der Firma zusammen. Ruth M. versucht in dieser schwierigen Situation einen Neuanfang.

RUTH M.: *[...] habe ich dann noch mal eine Ausbildung angefangen und zwar habe ich da so eine Sozialpädagogische Fachschule besucht [...].*

Die wirtschaftlichen Probleme der Eltern wirken sich auch auf die Probandin aus, denn sie kann von Zuhause keine finanzielle Unterstützung erhalten. Um selbst Geld zu verdienen, bricht sie die Ausbildung an der Fachschule ab, und findet eine Arbeit, an der sie großen Spaß hat.

RUTH M.: *[..] dann habe ich beim Brillendesigner / da hatte mir wiederum die Handelsschule geholfen, weil der suchte eine, die ihm alles macht im Büro und auch noch Lager und alles macht und ich war also bei dem vier Jahre allein ahm, wie soll man sagen, ich habe also die Firma alleine geschmissen und das als Berufsanfängerin, das war schon ganz schön hart, [...] und habe also alles gemacht, das war schön, das war ein richtig schöner Job und dann hat er aufgehört, er hat also, er war auch schon so Mitte sechzig 'rum, also er hat aufhören wollen [...].*

Obwohl dies schon fast 15 Jahre zurückliegt, berichtet Frau M. darüber mit Enthusiasmus. Doch wieder zwingt sie eine Geschäftsaufgabe dazu, sich nach etwas neuem umzusehen.

RUTH M.: *Und dann habe ich bei einem Verlag angefangen, [...] und da habe ich dann die ganzen Jahre geschafft in der Buchhaltung, also am Computer und auch (Kind ruft) nebenher noch andere Sachen, [...] und da habe ich dann geschafft, bis ich sechsundzwanzigeinhalb war (beide lachen) das ist mein beruflicher Werdegang* (INTERVIEWERIN: *mhm*).

Ende der 80er Jahre bekommt Ruth M. ihr erstes Kind und zieht in die Untersuchungsgemeinde; seither ist sie nicht mehr berufstätig. Inzwischen hat sie drei Kinder und äußert sich zu einem möglichen Wiedereinstieg ins Erwerbsleben widersprüchlich:

RUTH M.: *Vorstellen kann ich mir das im Moment nicht, also ich wüßte nicht / also ich habe auf keinen Fall will ich wieder in das Büro.*

Das jüngste Kind geht zum Interviewzeitpunkt noch nicht in den Kindergarten, so daß im Augenblick wohl nicht an einen Wiedereinstieg zu denken ist. Ruth M. betont jedenfalls, nicht zu ihrem letzten Arbeitgeber zurückkehren zu wollen. Mög-

7.1 Brüche und Unterbrechungen

lich ist statt dessen, daß die Pläne ihres Vaters in abgewandelter Form noch Wirklichkeit werden.

RUTH M.: *[...] und dann ist es so, daß ich dann irgendwann auch mal, wahrscheinlich unten, ihm [Anm.: dem Ehemann] helfen werde im Büro, das was jetzt der Steuerberater alles macht, das kann ja ich auch machen, ich habe ja auch meinen Computer und ich kann viel selber machen und dann das halt so ein bißchen verbinden. [...] also das wird dann mal zwei Stunden am Tag oder so werden.*

So müßte Frau M. doch die Büroarbeiten im Familienbetrieb übernehmen, obwohl ihr das ‚ein Graus' ist. Die Heimarbeit hätte allerdings den Vorteil, daß sie sich mit der Betreuung der Kinder ‚verbinden' ließe. Aber ihr geht auch eine andere Idee durch den Kopf.

RUTH M.: *Mich würde was mit Kindern interessieren, [...] aber da sind die Möglichkeiten ja nicht so groß, denn meistens nehmen / nehmen sie dann ja schon ausgebildete, richtig ausgebildete Kindergärtnerinnen oder Erzieherinnen, [...].*

Damit würde sie an ihre begonnene sozialpädagogische Ausbildung anknüpfen. Die Chancen, in diesem Bereich Fuß zu fassen, wären aber vermutlich besser, hätte sie dort einen Abschluß gemacht.

RUTH M.: *[...] aber jetzt irgendwo schaffen gehen, bloß damit ich irgend etwas schaff', damit ich irgendwie beschäftigt bin, das will ich nicht. Also was mir gar keinen Spaß machen täte, das wollte ich also nicht machen. Bloß daß ich jetzt nicht daheim 'rumsitze (INTERVIEWERIN: ja) und den Tag totschlage irgendwie, also ich will schon was machen, was mich wirklich interessiert, wenn ich mal wieder schaffen gehe / wo mir Spaß macht [...].*

Wie andere Probandinnen in vergleichbarer Situation ist auch Ruth M. der Ansicht, daß die Arbeit bei einem Wiedereinstieg auf alle Fälle Spaß machen muß.

RUTH M.: *Irgendwie haben wir auch schon mit dem Gedanken gespielt, also mein Mann und ich, [...] daß ich irgendwie einen Laden aufmache, also das täte mich reizen, [...] da haben wir schon gebrütet und haben uns einen Plan gemacht, da haben wir alles so abgehakt, was man so machen könnte und was nicht läuft und / und worüber die Mütter klagen, was fehlt gell, weil man ja oft sagt, ach wenn es das hätte und so und dann vielleicht auch einfach so ein Müttercafé oder so, das haben wir auch mit aufgeschrieben gehabt (INTERVIEWERIN: mhm), wo man also rein kann und sitzen und seine Kinder springen lassen kann und Tee trinken kann [...], also das werde ich vielleicht mal machen [...].*

Im Augenblick sind diese Überlegungen zwar noch nicht aktuell, doch gewinnt man anhand der Ausführungen den Eindruck, daß Ruth M. bereits recht konkrete Vorstellungen hat: So wurde nach örtlichen Marktlücken gesucht und über die Finanzierung nachgedacht. Außerdem könnte sie mit einer beruflichen Selbständigkeit an die Tradition ihrer Familie anknüpfen. Deutlich wird aber auch, daß gerade der räumlichen Komponente, d.h. der Nähe zu den Kindern, eine zentrale Rolle beim geplanten Wiedereinstieg zukommt.

7.1.4 ‚Ich bin stolz da drauf, was ich heute bin' – Arbeit im erlernten Beruf

Von den 17 in Haiterbach und Steinenbronn befragten Frauen haben zehn eine abgeschlossene Berufsausbildung. Zum Interviewzeitpunkt sind zehn erwerbstätig. In der Schnittmenge befinden sich nur fünf Interviewpartnerinnen, d.h. sie haben eine Berufsausbildung *und* sind erwerbstätig. Doch von diesen fünf Frauen sind nur zwei zum Interviewzeitpunkt in ihrem erlernten Beruf beschäftigt.

Die bisherigen Berufslaufbahnen dieser beiden Frauen unterscheiden sich ganz erheblich: Die Karriere der älteren ist durch ein hohes Maß an inhaltlicher und räumlicher Kontinuität geprägt, während die jüngere bereits einen berufsfachlichen sowie mehrere räumliche Wechsel hinter sich hat.

Die private Situation weist trotz des großen Altersunterschiedes Gemeinsamkeiten auf: Beide Interviewpartnerinnen sind geschieden und formulieren – vermutlich aufgrund dieser Erfahrung – den Wunsch nach vor allem finanzieller Unabhängigkeit. Da beide Kinder haben, müssen sie versuchen, familiäre und berufliche Verpflichtungen aufeinander abzustimmen.

‚Sie werden Lehrer, bleiben Lehrer' – berufliche Kontinuität

Johanna S. wohnt zwar schon seit fast drei Jahrzehnten in der Untersuchungsgemeinde, ist jedoch nicht dort, sondern an verschiedenen Orten – vom Dorf *(‚300 Seelen mit Hund und Katze')* bis zur Großstadt – aufgewachsen. Nach dem Abitur studiert sie in Norddeutschland und zieht dann in den Süden, obwohl sie als angehende Lehrerin wegen der verschiedenen Schulsysteme mit Schwierigkeiten rechnen muß.

JOHANNA S.: Ich hab' mich immer mehr im süddeutschen Raum heimisch gefühlt als im norddeutschen. [...] damals war es noch so, daß Lehrer sich die Schulen noch aussuchen konnten und eigentlich auch, ja, man konnte sagen: mir gefällt das nicht, ich möchte woanders hin. [...].

Nach der Ablehnung einer Stelle in Baden-Baden bekommt Frau S. Mitte der 60er Jahre in der Untersuchungsgemeinde eine Anstellung als Grund- und Hauptschullehrerin, die sie noch zum Interviewzeitpunkt innehat. Die Möglichkeit, wie geplant auch an einer Realschule zu unterrichten, hat sie in Baden-Württemberg allerdings nicht.

7.1 Brüche und Unterbrechungen

JOHANNA S.: [...] Ich kam an die Schule, meine erste [...]. Ja, und das ist ja das schöne bei den Lehrern: Sie bleiben / sie werden Lehrer, bleiben Lehrer, wenn sie nicht Rektor werden wollen (lacht), sonst, und das will ich nicht.

Auf den Sachverhalt, daß sich Grund- und Hauptschullehrerinnen zwar gegenüber ihren männlichen Kollegen in der Überzahl befinden, aber dennoch nur selten in den gehobenen Positionen, d.h. als Schulleiterin, anzutreffen sind, wurde bereits in Kapitel 2.3.2 hingewiesen: „Im Schulberuf sind die Aufstiegschancen für Männer deutlich günstiger als die ihrer Kolleginnen mit der gleichen Ausbildung" (KRECKEL 1992, S. 243).

In den 70er Jahren kommen die beiden Kinder von Johanna S. zur Welt, und sie unterbricht ihre Tätigkeit im Rahmen des Mutterschutzes jeweils für einige Wochen.

JOHANNA S.: Ha, 6 Wochen, 6 Wochen danach und, äh, 8 Wochen danach und 6 Wochen davor, und dann bin ich wieder mit halben Lehrauftrag, 18 Stunden, eingestiegen (INTERVIEWERIN: mhm).

Dieser schnelle Wiedereinstieg mit reduziertem Lehrauftrag ist möglich, da sie Zuhause von einer Kinderfrau unterstützt wird. Aufgrund der Trennung von ihrem Mann und der dadurch veränderten finanziellen Lage übernimmt sie in den 80er Jahren wieder die volle Lehrverpflichtung. Die in gewissem Maße vorhandene zeitliche Flexibilität des Berufes als Lehrerin gestattet es Johanna S., den Arbeitsumfang den privaten Bedürfnissen anzupassen. Dieser Beruf hat also wohl zu Recht ein sehr gutes Image bei Frauen, die Erwerbstätigkeit und Kinder vereinbaren wollen (vgl. KRÜGER ET AL. 1987, S. 36). Hinzu kommt auch ein räumlicher Aspekt, noch immer verfügen viele kleinere Gemeinden zumindest über eine Grund- und Hauptschule, so daß hier auch qualifizierte Arbeitsplätze angeboten werden. Und schließlich darf auch die finanzielle Seite der Erwerbstätigkeit nicht vergessen werden: Im Gegensatz zu vielen anderen typischen Frauenberufen sind Lehrerinnen relativ gut bezahlt, so daß für sie die Berufstätigkeit tatsächlich die Grundlage zu finanzieller Unabhängigkeit sein kann.

Bei dieser unter den Interviewpartnerinnen einmaligen beruflichen Kontinuität stellt sich fast zwangsläufig die Frage, ob Johanna S. den Wunsch nach beruflicher Veränderung verspürt.

JOHANNA S.: Eine Wunschvorstellung? Reiseleiterin (beide lachen), oder so was ähnliches, eine mit ordentlichen Gruppen, die nicht andauernd meckern (lacht). Also irgendsowas.

Frau S. würde wie Petra N. gerne als Reiseleiterin arbeiten, doch hat sie im Gegensatz zu ihr schon Erfahrung mit diesem Beruf, da sie nach ihrem Studium rund ein halbes Jahr Reisen geführt hat – deshalb wohl auch ihre Bemerkung über unzufriedene Reisegruppen. Sie kann sich allerdings nicht vorstellen, diese Tätigkeit auf

Dauer auszuüben. Außerdem sagt sie sich selbst, sie besitze nicht genug Risikobereitschaft um ihren derzeitigen Beruf, der ja ein sehr hohes Maß an Sicherheit bietet, einfach aufzugeben. Die Reiseleitung wird deshalb wohl eine Wunschvorstellung bleiben.

‚Ein bißchen Zukunft' – vom Frauenberuf zur Männerdomäne

Rebecca V. wächst nicht in der Untersuchungsgemeinde, sondern in einem Ort der Umgebung auf; dort schließt sie Anfang der 80er Jahre die Realschule ab und absolviert auf einem Berufskolleg die Ausbildung zur Altenpflegerin, einem der typischen Frauenberufe. Die Kombination aus Realschule und Lehre stellt gleichzeitig den charakteristischen Ausbildungsweg der nach 1960 geborenen Frauen des Samples dar.

REBECCA V.: *[...] ich hab' ja Altenpflegerin gelernt von Beruf, hab' ich ja aufgegeben damals durch meine Ehe, weil sich das einfach nicht mehr vereinbaren ließ, die Wochenenddienste, die Nachtdienste usw. [...]. Letztendlich ist die Ehe dann auch dadurch gescheitert, [...].*

Nach Abschluß ihrer Ausbildung ist Rebecca V. noch einige Zeit in ihrem erlernten Beruf tätig, hat aber über Bekannte bereits Kontakt zu einer ganz anderen Branche, dem in der Untersuchungsregion traditionell stark vertretenen Speditionsgewerbe.

REBECCA V.: *Also ich hab' praktisch gejobbt im medizinischen Bereich. [...] bin ich dann zur Spedition U. und habe dort als ungelernte Kraft gearbeitet (INTERVIEWERIN: mhm), bis ich mich dann entschlossen habe die Umschulung als Speditionskauffrau zu machen.*

Aufgrund ihrer persönlichen Kontakte kann Frau V. eine Weile als ungelernte Kraft in einer der Speditionen arbeiten, so daß sie bereits vor der eigentlichen Umschulung einen Einblick erhält und weiß, was sie in ihrem neuen Beruf erwarten wird. Ausschlaggebend für die Entscheidung, gerade diese Umschulung zu machen, sind allerdings die beruflichen Aussichten als Speditionskauffrau:[108]

REBECCA V.: *[...]. Also bei mir war noch die Alternative: Wenn ich was mach', wenn ich eine Umschulung mach und das dann in meinem Alter noch damals, das sind ja jetzt grad' mal sechs, (-) sieben Jahre her, so ungefähr (INTERVIEWERIN: mhm), dann (-) weiß ich nicht, dann muß es so was sein, wo eben bißchen Zukunft ist, ne. Ich werd' nicht jünger (INTERVIEWERIN: mhm). Das ist mal mit der Grund. Und dann muß ich aber / ich muß immer so sagen: meine Devise für mein ganzes Leben war so: ich muß so einen Job haben, daß ich mich allein ernähren kann (INTERVIEWERIN: mhm), also niemals angewiesen auf irgendeinen Mann oder so [...].*

---

[108] Speditionskaufleute werden den sogenannten Mischberufen zugerechnet (vgl. RAUCH & SCHOBER 1996, S. 22).

7.1 Brüche und Unterbrechungen

Den Wunsch nach finanzieller Unabhängigkeit teilt Rebecca V. mit anderen geschiedenen Interviewpartnerinnen. Zu Beginn der 90er Jahre zieht sie in die Untersuchungsgemeinde. Nach Abschluß ihrer zweiten Ausbildung wird sie von der Spedition übernommen und ist dort noch einige Jahre, bis zur Geburt ihres Kindes, beschäftigt. Mit der neuen Situation als Mutter und Hausfrau ohne Erwerbstätigkeit ist sie jedoch nicht lange zufrieden und sucht sich wieder eine Stelle (vgl. Kapitel 5.2.1).

REBECCA V.: [...] erst mal finanziell, es paßt hinten und vorne nicht mehr, und zweitens hat mich das auch / ahh, ich muß wieder raus [...]. Dann hab' ich ein Inserat aufgegeben: Selbständige, flexible Arbeitskraft im Speditionsbereich sucht Arbeitsstelle, so, in der Art (INTERVIEWERIN: mhm) [...]. Und darauf hin hat sich eben mein Arbeitgeber gemeldet (INTERVIEWERIN: mhm).

Der neue Arbeitsplatz liegt in einer Nachbargemeinde, so daß zu den 19 Stunden pro Woche, die Rebecca V. während ihres Erziehungsurlaubes arbeiten darf, auch Fahrzeiten für den Arbeitsweg kommen. Einen Teil der anfallenden Arbeiten kann sie dennoch im Wohnort erledigen: Zuhause via Internet. Da auch ihr Lebensgefährte berufstätig ist und beide als Zugezogene keine Verwandten im Ort haben, wird das Kind von einer Tagesmutter betreut.

REBECCA V.: Normalerweise bist Du ja auch auf so einem Dorf verheiratet und hast gesittete Verhältnisse, der Vati bringt ein gutes Einkommen, die Mutti bleibt daheim, so läuft das in der Regel. Wir sind da schon 'ne Ausnahme.

Trotz dieser kritischen Bemerkung lebt Frau V. gerne in der Gemeinde und ein Umzug an den Arbeitsort kommt nicht in Frage. Selbstbewußt berichtet sie über die jüngste Expansion des neuen Arbeitgebers.

REBECCA V.: Ja und (-) deshalb sag ich ja: ich bin stolz da drauf, das zu sein was ich heute bin (INTERVIEWERIN: mhm), weil ich den Betrieb praktisch von null auf das, was er jetzt ist, was er jetzt darstellt, 'raufgeschafft habe.

Dennoch hat Rebecca V. bereits neue Pläne:

REBECCA V.: Also ich würd' mich zum Beispiel ziemlich gern in der Politik voll engagieren (INTERVIEWERIN: mhm), das wär' was, was mich auch interessieren würde, da müßt' ich (-) aber auf alles andere verzichten [...].

Dass dies keineswegs nur ein Traum ist, beweist die Tatsache, daß sich Frau V. schon erkundigt hat, ob man unbedingt Parteimitglied sein muß, um sich zur Gemeinderatswahl aufstellen lassen zu können; derzeit stellt der Gemeinderat noch eine Männerdomäne dar. Doch zum Zeitpunkt des Interviews steht zunächst eine andere Veränderung an: Der Erziehungsurlaub von Rebecca V. geht dem Ende entgegen, und danach wird sie bei ihrem derzeitigen Arbeitgeber eine volle Stelle übernehmen, schon um finanziell unabhängig zu sein.

7.1.5 ‚Das hat sich so ergeben' – berufsfremde Tätigkeiten

Drei Frauen, die eine Berufsausbildung absolviert haben, sind zum Befragungszeitpunkt in anderen Bereichen beschäftigt. Eine Schneidermeisterin arbeitet als Ersatzmutter und Haushaltshilfe, eine Zahnarzthelferin als Sekretärin und eine Bankkauffrau als Sachbearbeiterin. Die Kinder der erst genannten sind bereits erwachsen, die beiden anderen haben Kinder, die zu Beginn der 90er Jahre zur Welt kamen.

Wie es zu den Wechseln in andere Berufe kam, und ob die Frauen mit ihren neuen Tätigkeiten zufrieden sind oder lieber zurück in ihren erlernten Beruf wollen, sind die zentralen Themen des Kapitels.

‚Die wäre zu versorgen' – von der Schneiderin zur Pflegemutter

Helga V. ist während des Zweiten Weltkriegs geboren und in der ehemaligen DDR aufgewachsen. Bei ihr fällt der Umzug in die Untersuchungsgemeinde mit einer beruflichen Veränderung zusammen.

Nach neun Schuljahren beginnt Frau V. Ende der 50er Jahre eine dreijährige Lehre als Schneiderin und arbeitet im Anschluß daran in zwei verschiedenen Betrieben bis nach der Heirat ihr erstes Kind zur Welt kommt:

HELGA V.: *[...] ja da hab' ich dann bei einem Schneider geschafft (INTERVIEWERIN: mhm) und dann habe ich noch mal in einem Betrieb geschafft / zwischendurch. (--). Ursprünglich habe ich [...] geschafft, bis die Tochter kam (INTERVIEWERIN: mhm).*

Während einer mehrjährigen Unterbrechung ihrer Berufstätigkeit bekommt Frau V. auch ihr zweites Kind. Als sie ihren Beruf wieder aufnimmt, will sie sich weiterqualifizieren.

HELGA V.: *Dann habe ich ausgesetzt bis, bis ich dann die Meisterprüfung wieder angefangen habe.*

Ende der 60er Jahre erhält Helga V. ihren Meisterbrief und eröffnet einen eigenen Betrieb. In den ersten Jahren ihrer Selbständigkeit kommen zwei Kinder zur Welt.

INTERVIEWERIN: *Und da haben Sie dann nicht mehr ausgesetzt, als die beiden jüngeren Kinder auf die Welt kamen?*

7.1 Brüche und Unterbrechungen

HELGA V.: Überhaupt nicht (INTERVIEWERIN: mhm), ich hatte dann gar keinen Arbeitsausfall mehr.

Kinderpausen sind jedoch aufgrund der besonderen Situation von Selbständigen in der DDR nun nicht mehr möglich, und so wird Helga V. bei der Bewältigung der Haus- und Familienarbeit von ihrer Pflegemutter unterstützt. Schließlich erhöht sich die Belastung noch durch einen mehrjährigen Pflegefall:

HELGA V.: Ja, dann habe ich da ja die Oma zur Pflege gehabt (INTERVIEWERIN: mhm) / wir hatten ja von meiner Pflegemutter wieder die Mutter, die hatten wir ja über vier Jahre zur Vollpflege.

In den 80er Jahren trennen sich Frau V. und ihr Mann. Kurz nach der Wende denkt die Probandin über einen Umzug in den Westen nach, wo bereits einige Familienmitglieder leben. Da außerdem berufsbedingte Gesundheitsprobleme auftreten, muß sie auch in dieser Hinsicht eine Neuorientierung in Betracht ziehen. Durch Zufall liest sie in den Kleinanzeigen einer Zeitschrift von einer Familie im Großraum Stuttgart, die dringend eine Pflegekraft sucht.

Kurz entschlossen meldet sich Helga V. bei dieser Familie und fährt zu einem ersten Kennenlernen in den Westen. Es gibt zwar noch weitere Interessentinnen für die Stelle, doch Helga V. und die zu pflegende Kranke verstehen sich sofort. Wenige Wochen später zieht Frau V. in die Untersuchungsgemeinde:

HELGA V.: [...] Und dann kam ich überhaupt nicht zum Nachdenken [...].

Insgesamt äußert sich die Probandin zufrieden, bringt aber auch zum Ausdruck, daß ihr die Arbeit, trotz der Pflegeerfahrung in der eigenen Familie, nicht immer leicht gefallen sei.

HELGA V.: [...]. Ich hatte meine Wohnung und meinen Verdienst, halt mehr wenigstens, wie drüben. [...] ja von der Zeit kannst du das nicht rechnen, ich war rund um die Uhr da (INTERVIEWERIN: mhm) aber das hat mich eigentlich, wie wir vorhin schon gesagt haben, das war eigentlich ein Dienst mehr [...]. Ich habe es aber nicht bereut. Ich hab' sie gern versorgt, aber eine Aufgabe war es schon also / ich meine, die Krankheit, da hast du halt auch immer gesehen, daß sie immer weniger wird und das war schon nicht so einfach.

Auch nach dem Tod der Patientin arbeitet Helga V. in dieser Familie, doch ihre Aufgaben haben sich natürlich verändert.

HELGA V.: Also ursprünglich / ja jetzt mach' ich ja / jetzt bin ich ja nur so halbtags, nicht? Weil da ja nur ein kleiner (.......) da ist, der in die Schule geht (INTERVIEWERIN: mhm). Also ursprünglich die Küche alles und die Wäsche / bügeln, [...] und kochen und nebenher Hausaufgaben [...]. Früher hab' ich ja die Frau von früh bis abend gepflegt, das war ja ein Pflegefall, also / seit dem die halt gestorben ist, mach ich halt jetzt den Haushalt [...].

Die neue Aufgabe, also Pflegemutter statt Pflegekraft zu sein, ist Helga V. ebenfalls vertraut, da sie selbst in einer Pflegefamilie aufgewachsen ist. Inzwischen lebt Frau V. schon seit mehreren Jahren in der Untersuchungsgemeinde, hat dort auch einen privaten Neuanfang gewagt und nochmals geheiratet. Ihr Arbeitgeber will die Gemeinde möglicherweise verlassen, so daß sie sich nun schon wieder überlegen muß, was sie in diesem Fall machen wird.

HELGA V.: *Ich würde gerne in meinem Beruf wieder einsteigen und das geht bestimmt nicht.*
INTERVIEWERIN: *Sie wären gern wieder als Schneiderin berufstätig?*
HELGA V.: *Ja, als / ich war ja direkt als Schneiderin, als Meisterin / also ich hab' ja alles angefertigt (INTERVIEWERIN: mhm). Das werde ich natürlich nicht mehr machen, weil das / da bin ich jetzt zu lange / da müßte ich mir auch direkt hier alles wieder anschaffen und alles wieder / und das möchte ich nicht mehr (INTERVIEWERIN: mhm). Also hier lohnt es sich auf jeden Fall nicht (INTERVIEWERIN: mhm). [...], wenn du da alles fertig bekommen kannst / ja billiger [...] ich würde gerne Änderungen für ein Geschäft übernehmen, aber da wir hier nichts haben, ist das schon ungünstig. [...] zuschneiden, in der Stoffabteilung oder so, das wäre immer mein Traum gewesen (INTERVIEWERIN: mhm) so (.....murmelt leise....) jetzt bin ich auch schon so alt. [...].*

Am liebsten würde Helga V. in ihren erlernten Beruf zurückkehren, glaubt aber, daß sich – bezogen auf die Gemeindegröße – höchstens eine Änderungsschneiderei lohnen würde. Den Traum, als Zuschneiderin zu arbeiten, hat sie schon fast aufgegeben, und ihre Bemerkung ‚jetzt bin ich auch schon so alt' drückt Resignation aus. Sollte es nicht möglich sein etwas mit Stoffen zu machen, so kann sie sich auch vorstellen als Tagesmutter zu arbeiten oder zumindest stundenweise Kinder zu beaufsichtigen.

Der Lebenslauf von Helga V. ist von zahlreichen Brüchen geprägt, die sich alle innerhalb weniger Jahre abgespielt haben: Da sind auf privater Ebene die Trennung von ihrem ersten Mann und der Beginn einer neuen Ehe. Die politische Wende als gesellschaftlicher Umbruch ermöglicht den Umzug in den Westen, und stellt gleichzeitig auch eine räumliche Veränderung dar. Beruflich wechselt sie von der Selbständigkeit in ein Angestelltenverhältnis und wird außerdem von der Schneidermeisterin zur Pflegemutter.

‚Wird ausprobiert' – von der Bankkauffrau zur Sachbearbeiterin

Im Gegensatz zu Helga V. hat Christa H. zwar ihr ganzes Leben in der Wohngemeinde verbracht, doch auch sie hat schon einen Branchenwechsel hinter sich. Nachdem sie Anfang der 80er Jahre die Realschule abschließt, beginnt sie eine Berufsausbildung als Bankkauffrau, arbeitet nun allerdings im Verlagswesen.

7.1 Brüche und Unterbrechungen

CHRISTA H.: *Ähm, ich hatte ja meine Ausbildung fertig und dann war das gerade so die Zeit, wo nicht mehr alle übernommen wurden, und dann bin ich erst mal ein Jahr an eine andere Bank, das war aber nicht so das Wahre, und dann habe ich wieder was anderes gesucht. Da habe ich mich unter anderem auch dort beworben.*

Seit über 10 Jahren ist sie ‚mit der Unterbrechung vom Erziehungsurlaub' bei einem Verlag angestellt. Nach der Geburt ihres Kindes unterbricht sie ihre Tätigkeit für 18 Monate, nimmt sie dann jedoch wieder auf, da sie sich, ähnlich wie Rebecca V., ein gewisses Maß an Unabhängigkeit bewahren will. Der Wiedereinstieg ist möglich, weil sie ihren ursprünglichen Arbeitsumfang reduzieren kann und außerdem ihr Mann sowie die Großeltern des Kindes sie bei dessen Betreuung unterstützen.

CHRISTA H.: *Ne, ne, das war vorher ein Ganztagsjob, und die / nach Absprache wurde da dann ein Halbtagsjob d'raus.*

Mit ihrer derzeitigen, inzwischen nicht mehr ganz neuen Tätigkeit ist Christa H. zufrieden, führt dies allerdings auch auf die Macht der Gewohnheit zurück; ein äußerer Anlaß für einen erneuten Wechsel ist nicht gegeben.

CHRISTA H.: *(-) Sagen wir mal, das ist die Macht der Gewohnheit, gell (beide lachen). [...]. Das hat halt den Vorteil, man kennt eigentlich jede Situation, wo alles liegt, wie alles geht, gell, das ist angenehm (INTERVIEWERIN: mhm). [...].*

Den Branchenwechsel hat sie bislang nicht bereut:

CHRISTA H.: *Ne, [...] ich war neugierig auf alles (beide lachen). Das war halt mal was neues, was anderes, das wird ausprobiert, wenn es nichts ist, dann hätte ich mir was anderes gesucht (lacht).*

Ihren erlernten Beruf vermißt Christa H. im Gegensatz zu Helga V. nicht. Dazu tragen vermutlich verschieden Faktoren bei: So kann Frau H. die während ihrer Ausbildung erworbenen Fähigkeiten nach wie vor gebrauchen. Außerdem hat sie in ihrem erlernten Beruf weniger Zeit verbracht als dies bei Helga V. der Fall war; daß daraus eine weniger intensive Beziehung zum Beruf resultiert, ist nicht verwunderlich. Und schließlich spielt auch das Alter, in dem die Frauen jeweils ihren Beruf gewechselt haben, eine große Rolle. Der Wechsel von Frau H. liegt mittlerweile schon einige Jahre zurück, doch sie scheint sich ihre Offenheit gegenüber neuem bewahrt zu haben; bei einer weiteren beruflichen Veränderung hätte sie gerne eine Aufgabe, die ‚mehr ins Kreative' geht.

‚Gar keine Ahnung mehr' – von der Arzthelferin zur Sekretärin

Wie Christa H. macht auch Ina Z. zu Beginn der 80er Jahre zunächst die Mittlere Reife und fängt dann eine Lehre an. Sie lebt zum Befragungszeitpunkt erst wenige Jahre in der Untersuchungsgemeinde und ist – obwohl erst Mitte 30 – bereits fünf mal umgezogen, stets aber im Großraum Stuttgart geblieben. Da die Umzüge, wie sie betont, nur persönlich, nicht aber beruflich motiviert waren, muß nur der letzte ausführlicher erwähnt werden. Nach ihrer bisherigen Laufbahn gefragt holt sie – um nichts falsches zu sagen – einen Lebenslauf herbei.

INA Z.: Als Arzthelferin hab' ich eigentlich nur die Lehre gemacht, da bin ich dann gleich nach der Lehre gegangen und bin in ein Abrechnungszentrum [...] da hab' ich auch nur so, so kaufmännische Dinge gemacht, also war auch Sekretärin, hab' alles, alle mögliche Verwaltungsdinge dort gemacht, [...].

Zu ihrem erlernten Beruf besteht zu diesem Zeitpunkt nur noch ein indirekter Zusammenhang. Diese Stelle im Abrechnungszentrum hat sie mehrere Jahre bis zur Geburt ihres Kindes inne. Es folgt eine vierjährige Erwerbsunterbrechung. In diese Zeit fällt die Trennung von ihrem Mann und in der Folge davon auch der Umzug in die Untersuchungsgemeinde.

INA Z.: [...] ich bin ja hier hergezogen weil, ich hab' mich ja scheiden lassen und dann / meine Schwester hat hier gewohnt und deswegen wollt' ich auch hierher weil / ich hab' gewußt, ich mein', allein hätt' ich es nicht geschafft, wie soll ich arbeiten geh'n, wo soll ich mein Kind hinbringen, und das war halt dann / das wär's Beste, daß ich [hier her] ziehe und meiner Schwester ihre Tochter und meine zusammen in den gleichen Kindergarten gehen und wir halt dann gegenseitig immer auf die Kinder aufpassen. [...].

Die wechselseitige Kinderbetreuung stellt die wesentliche Voraussetzung für ihren Wiedereinstieg ins Berufsleben dar. Ina Z. und ihre Schwester greifen als Zugezogene auf ein verwandtschaftliches Netzwerk zurück, wie es sonst den Einheimischen vorbehalten ist.

INA Z.: [...]. Und von daher hab' ich eigentlich / kenn' ich mich mit dem PC aus, ich hab' eigentlich dann schon die Kenntnisse (INTERVIEWERIN: mhm), die man da braucht und deswegen war für mich eigentlich auch klar, daß ich nicht wieder als Arzthelferin arbeite, weil da würde ich wieder von vorne anfangen, da hab' ich ja gar keine Ahnung mehr. Und damals, als ich die Lehre gemacht habe, war ja noch alles anders. Die haben ja jetzt auch alle Computer, das gab's ja zu meiner Zeit damals noch gar nicht (INTERVIEWERIN: mhm). Und deswegen wollt' ich eigentlich auch nicht unbedingt in eine Arztpraxis (INTERVIEWERIN: mhm) wieder gehen. Deswegen war für mich eigentlich eher (-), ja, klar, daß ich mir was in einem Büro mir such' (INTERVIEWERIN: mhm). Und hab' dann da eigentlich auch deswegen keine Schwierigkeiten gehabt, weil ich / also ich kann mit dem PC umgehen, ich kann eigentlich mit allem, mit allen Geräten umgehen, die es dort so gibt (INTERVIEWERIN: mhm) [...].

7.1 Brüche und Unterbrechungen

Ina Z. beginnt eine Tätigkeit als Sekretärin in der Immobilienbranche und entfernt sich damit wieder ein Stück von ihrem Ausbildungsberuf. Die Argumente, die diese Entscheidung betreffen, wirken allerdings ein wenig widersprüchlich: Einerseits betont sie aufgrund ihrer PC-Kenntnisse gute Voraussetzungen für die Bürotätigkeit mitzubringen, und andererseits nennt sie die Einführung von Computern in den Arztpraxen als Hindernis für eine mögliche Rückkehr in den Beruf der Arzthelferin.

Mittlerweile ist Frau Z. schon einige Jahre als Teilzeitkraft für das Unternehmen tätig. Sie konnte ihre Arbeitszeiten (vgl. Kapitel 6.4.2) so festlegen, daß sie sich mit ihrer ebenfalls erwerbstätigen Schwester die Kinderbetreuung teilen kann (beide gehen an zwei Tagen pro Woche ihrer Erwerbstätigkeit nach). Die Begeisterung über dieses Arrangement ist der Probandin deutlich anzumerken, und auch der Betrieb ist mit ihrer Arbeit sehr zufrieden.

INA Z.: [...] also das hätte er [Anm.: der Chef] halt bei mir und bei meiner Kollegin erlebt, daß das völlig ein anderes Arbeiten wäre, wie die, die Vollzeit da waren und deswegen will er wieder Teilzeitkräfte, weil er eigentlich nur gute Erfahrungen mit uns gemacht hat (INTERVIEWERIN: mhm). Ich mein', wir sind, meine Kollegin auch, die ist auch wahnsinnig gerne ins Geschäft gegangen, die hat auch zwei Kinder, ist auch alleinerziehend (INTERVIEWERIN: mhm), der hat das auch ganz arg Spaß gemacht und von daher war / wir haben wirklich locker alles weggeschafft.

Trotz dieser positiven Resonanz sieht Ina Z. die Situation von Alleinerziehenden kritisch:

INA Z.: Und ich weiß auch daß die sehr gern' Alleinerziehende einstellen, weil grad' meine Freundin, durch die ich den Job gekriegt hab', die ist auch alleinerziehend, und da haben sie einfach das Gefühl, die denken, 'ne Alleinerziehende, die ist eh' darauf angewiesen zu arbeiten, und die wird so, wahrscheinlich nicht so wahnsinnig sein und schnellstmöglich wieder irgendein Kind kriegen oder so (INTERVIEWERIN: lacht). Ja, so / ich hab' wirklich / ich glaub's / die denken wirklich so / so ist halt mein Gefühl, und von daher haben die da / stellen die echt wahnsinnig gern Alleinerziehende ein (INTERVIEWERIN: aha). Ein Kollege hat sogar schon mal gesagt, also wir können da jetzt auch mal eine Anzeige aufgeben: Aber nur Alleinerziehende bitte bewerben (INTERVIEWERIN: lacht, INA Z. dann auch).

Aus dem Bericht von Ina Z. geht hervor, daß es Firmen gibt, die sich die Situation alleinerziehender Mütter gezielt zunutze machen: Sie gehen davon aus, daß Alleinerziehende wohl stärker als andere auf den Verdienst angewiesen sind, und daß alleinerziehende Frauen keine Kinder mehr bekommen und dadurch seltener mit Ausfällen zu rechnen ist als bei verheirateten Frauen vergleichbaren Alters. Die vielen an- und abgebrochenen Sätze in dieser Passage verdeutlichen, daß die Probandin nicht genau weiß, was sie von dieser Situation halten soll.

Ina Z. hat nun die Möglichkeit, innerhalb des Betriebes die Stelle zu wechseln und hat zwei Angebote vorliegen. Eines davon kommt nicht in Frage, weil es mit höherem Arbeitsumfang verbunden wäre, was Frau Z. zum einen wegen ihres Kindes nicht will und was zum anderen auch das Betreuungssystem nicht zuläßt (vgl. Kapitel 6.4.1). Die andere Stelle jedoch will Frau Z. gerne antreten:

INA Z.: Also ich hab' jetzt z.B., bei mir im Geschäft weiß ich niemand [...], daß ich vorhab', irgendwann wieder eine Familie zu gründen und irgendwann auch noch mal ein Kind zu kriegen, weil wenn ich das gesagt hätte, dann hätt' ich schon die Stelle [...] mit Sicherheit nicht gekriegt (-), [...] weil das war nämlich genau das Problem, die, die den Job gehabt hat, die hat wieder aufgehört, weil sie äh sich mehr um die Familie kümmern wollte [...].

Diese Angebote basieren auf der Annahme, daß Ina Z. dem Unternehmen langfristig angehören und vor allem kein weiteres Kind bekommen wird. Ihre privaten Pläne gehen jedoch genau in diese Richtung: Sie will in naher Zukunft mit ihrem Freund zusammenziehen und wünscht sich außerdem noch ein Kind. Um sich nicht selbst zu schaden und den Arbeitsplatz bis dahin nicht zu verlieren, ist die Probandin gezwungen, dies für sich zu behalten. Dabei kommt ihr sicherlich zu gute, daß ihr Arbeitsplatz außerhalb der Wohngemeinde liegt, wenngleich sie wegen der Zeitersparnis lieber vor Ort arbeiten würde. Außerdem kann sich Ina Z. auch wegen der Arbeitsinhalte nochmals einen Wechsel vorstellen:

INA Z.: Mein, also mein absoluter Traum, und Traumberuf, mein absolut größter Wunsch ist es, entweder Erzieherin zu sein oder Lehrerin oder irgendwas mit Kindern zu machen (INTERVIEWERIN: mhm), [...] Mittwochs geh' ich, meine Tochter und meiner Schwester ihre Tochter ins Vorschulturnen [...] und da hab' ich mich jetzt also schon die meiste Zeit bereit erklärt, da mitzuhelfen (INTERVIEWERIN: mhm). Und das macht mir jedesmal so einen Spaß, und jedesmal denk' ich, warum hab' ich das nicht gemacht? Ich hab' mich ja jetzt mittlerweile schon erkundigt, [...] ob ich nicht noch mal anfang' [...]

Noch ist nicht klar, ob sich dieser Traum verwirklichen läßt, doch Ina Z. schildert sehr ausführlich, welche Erkundigungen sie bereits eingezogen hat und wie die Zukunftsaussichten für die genannten Berufe sind. Momentan steht jedenfalls ihre neue Familie im Vordergrund.

7.1.6 ‚Wenn die Kinder in die Schule gehen' – Wiedereinstieg oder nicht?

In den Biographien dreier Probandinnen im Alter zwischen 30 und 39 Jahren sind Überlegungen und Versuche, wieder in den Beruf einzusteigen, wichtige Elemente. Alle drei haben im Anschluß an die Realschule eine Berufsausbildung absolviert und einige Jahre in ihrem Beruf gearbeitet. Die Geburt des ersten Kindes war jeweils der Anlaß, die Berufstätigkeit zu unterbrechen.

7.1 Brüche und Unterbrechungen

Die Laufbahnen unterscheiden sich trotz der erwähnten Gemeinsamkeiten: Eine Probandin hat bereits einen Wiedereinstiegsversuch hinter sich und möchte vorerst nicht mehr erwerbstätig sein. Eine andere hält es für schwierig in ihren erlernten Beruf zurückzukehren, da sie wichtige Entwicklungen versäumt hat. Die dritte schließlich kann sich gut vorstellen ihren Beruf mittelfristig wieder aufzunehmen.

‚Noch mal halbtags geschafft' – versuchter Wiedereinstieg

Nicht immer gelingt der Wiedereinstieg ins Berufsleben, wie der Bericht von Elke K. zeigt. Sie ist in der Untersuchungsgemeinde aufgewachsen und beginnt nach der Mittleren Reife am Krankenhaus einer Nachbargemeinde die Ausbildung zur Arzthelferin, wiederum ein für Jahrgang und Untersuchungsraum typischer Ausbildungsweg (vgl. Rebecca V.). Bis zur Geburt ihres ersten Kindes Anfang der 90er Jahre arbeitet Frau K. als ausgebildete Kraft ganztags in einer Arztpraxis, die ebenfalls in einem Nachbarort liegt.

ELKE K.: *Also nach der ersten Tochter, wo die dann so anderthalb war, da hab' ich dann noch mal halbtags geschafft (INTERVIEWERIN: mhm) das war dann geschickt, dann hab' ich sie immer zur Schwiegermutter hinbringen können (INTERVIEWERIN: mhm) und die ist dann aber in der Zwischenzeit ziemlich krank geworden (INTERVIEWERIN: mhm), und dann ist das mal nicht mehr gegangen, und dann hab' ich sie mal zu meiner Oma 'runtergebracht, also zu der Uroma dann (INTERVIEWERIN: mhm) / waren dann vielleicht noch zwei oder drei Monate und - aber mit drei Kindern ist das (INTERVIEWERIN: mhm) / das kann man niemand mehr zumuten und ich möchte das auch nicht (INTERVIEWERIN: mhm).*

Auch Herr K. stammt aus der Gemeinde, und so kann die Probandin von beiden Teilen der Großfamilie unterstützt werden, als sie nach einer 18monatigen Unterbrechung an ihren Arbeitsplatz zurückkehrt. Doch das erweist sich nicht als Dauerlösung, und rückblickend hat Elke K. diese Zeit als sehr anstrengend in Erinnerung:

ELKE K.: *Und dann hab' ich dann halt auch immer drauf geguckt, daß ich wirklich um zwölf dann wieder 'rauskomme, [...] wenn's da halt schon zehn Minuten war oder so, daß war mir dann schon nicht recht (INTERVIEWERIN: mhm) na, bei der Oma hab' ich mir gedacht, vielleicht packt sie's auch nicht so, weil die ist ja auch schon 86 (INTERVIEWERIN: mhm). Ja. (–) Es ist gegangen, aber ich will's nicht noch mal machen [...].*

Aus dem Bericht wird deutlich, daß es nicht immer einfach ist, die Hilfe aus der Großfamilie anzunehmen. Da sie nicht eingefordert werden kann, ist das System der einheimischen Familie in diesem Fall instabiler als das der zugezogenen Familie, die auf eine Tagesmutter zurückgreift (vgl. 16.4.2). Als Elke K. das zweite Kind erwartet, beendet sie ihre Teilzeitarbeit. Inzwischen ist sie Mutter von drei Kindern und ein erneuter Wiedereinstieg ins Berufsleben kommt für sie mittelfristig nicht in Frage:

ELKE K.: Nee, weil ich denk immer / die Leute sagen zwar immer, wenn, ja wenn dann deine Kinder mal in die Schule gehen, dann kannst du dann wieder schaffen gehen, aber ich find' immer dann kann man's noch viel weniger, weil die Kinder haben dann unterschiedlich Schule, kommen unterschiedlich heim und wenn sie dann zum Beispiel schon ohne die Mutter aus dem Haus gehen oder kommen heim und die Mutter ist nicht da, das find ich einfach nicht so geschickt (INTERVIEWERIN: mhm). Ich find einfach, da gehört die Mutter dann - heim [...].

So wie Elke K. sich ausdrückt, ist es denkbar, daß sie bereits gefragt wurde, ob sie nicht wieder erwerbstätig sein wolle und ihre Position verteidigen mußte. Die Phase, wenn die Kinder in die Schule gehen, wird wohl von vielen als für einen Wiedereinstieg geeignet angesehen, doch Frau K. ist eher der Ansicht, daß ihre Kinder sie dann erst recht brauchen. Die Entscheidung gegen den Wiedereinstieg ist aber auch davon beeinflußt, daß Elke K. als Arzthelferin nicht in der Wohngemeinde arbeiten will, wie bereits in Kapitel 6.3.1 erläutert. Im Falle eines erneuten Wiedereinstiegs würden neben der reinen Arbeitszeit stets auch Fahrzeiten anfallen, durch die sie noch länger von zu Hause weg wäre. Die räumlichen Gegebenheiten wirken sich in diesem Fall indirekt auf die Erwerbstätigkeit aus.

‚Die Zeit ist an mir vorbei gegangen' – Wiedereinstieg schwierig

Auch Christine J. lebt seit ihrer Geburt in der Untersuchungsgemeinde und beginnt ebenso wie Elke K. nach der Mittleren Reife im Nachbarort eine Lehre: Sie wird technische Zeichnerin und arbeitet – im Unterschied zu Frau K. – noch einige Jahre in ihrem Ausbildungsbetrieb.

CHRISTINE J.: [...] ich bin eigentlich immer ein bißchen so derjenige gewesen, der wo in die anderen Firmen hat müssen. [...] und dann haben die gemeint, ob ich nicht dableiben möchte. Und dann denkt man, ja, nach 15 Jahren oder nach zehn Jahren oder was, jetzt könnte man auch mal wechseln. [...].

Da Christine J. von ihrer Firma häufig ‚verliehen' wird, hat sie Einblick in andere Unternehmen, und bekommt von einem dieser Betriebe schließlich ein Stellenangebot. Frau J. ist der Ansicht, lange genug in ihrem Ausbildungsbetrieb gewesen zu sein und nimmt das Angebot an. Diese Tätigkeit übt sie bis Ende der 80er Jahre aus, dann kommt ihr erstes Kind zur Welt. Sie hat vor, sich im Anschluß an den Mutterschutz mit einer Kollegin eine Stelle zu teilen und ergreift gegenüber ihrem Chef die Initiative.

CHRISTINE J.: [...] Da hat eine Kollegin auch ein Baby gekriegt, in der gleichen Zeit wie ich, und dann haben wir gesagt, ob das nicht möglich wäre, daß man sich da nach dem Mutterschutz einigt, daß man praktisch einen Arbeitsplatz besetzt, und man wechselt sich ab, daß ständig der Arbeitsplatz rund um die Uhr besetzt ist. Und wir zwei täten uns ab-

7.1 Brüche und Unterbrechungen

sprechen und / daß es von der Zeit her schon gleich bleibt, und da ist der Chef halt nicht drauf eingegangen.
INTERVIEWERIN: Nicht?
CHRISTINE J.: Mhe [Anm.: im Sinne von nein]. Das wäre eigentlich Optimallösung für uns gewesen. In der Zeit, wo mein Mann daheim gewesen wäre, hätte ich praktisch gehen können, und der Rest von der Zeit hätte sie sich mit ihrem Mann oder mit der Nachbarin abwechseln können, aber (INTERVIEWERIN: mhm) da hat der Chef sich damals nicht drauf eingelassen. So täte ich es eigentlich gar nicht schlecht finden. [...].

Aus Kostengründen lehnt der Arbeitgeber dieses *job sharing* ab, obwohl ihm die Idee an sich gut gefallen hätte.

CHRISTINE J.: [...] ich schaff' seit die Laura auf der Welt ist, [...] ist nicht viel. Am Anfang war es in der Woche vielleicht so zwei Stunden, drei Stunden, und jetzt habe ich im Monat vielleicht noch vier, fünf Stunden, wo ich daheim was zeichne (INTERVIEWERIN: mhm). Ein bißchen so, (INTERVIEWERIN: mhm) daß man auch in der Übung bleibt.

Nach der Geburt des zweiten Kindes nimmt die Probandin ihren Beruf wieder auf: In Heimarbeit zeichnet sie für eine ortsansässige Firma, um in Übung zu bleiben. Ob das jedoch ausreicht, um den Anschluß nicht zu verlieren, ist fraglich.

CHRISTINE J.: Ich mein', von der Zeit her muß ich wahrscheinlich schon noch mal ein paar Jahre schaffen, weil man ja gar keinen Anspruch auf Rente hat. Ich mein', meine zehn Jahre, die habe ich schon, aber / irgendwann, wenn die Kinder aus dem Haus sind, daß ich vielleicht halbtags mal wieder was mache. Daß man (-) in den Beruf zurück kann, das glaube ich kaum (INTERVIEWERIN: mhm). Heute ist halt alles am PC, und die Zeit ist gerade an mir vorbei gegangen.

Da sich das Technische Zeichnen in den letzten Jahren durch den Computereinsatz grundlegend verändert hat, muß sich Christine J. auf diesem Gebiet neue Kenntnisse aneignen. Sie hat bereits eine Idee, wie sie die Grundbegriffe der elektronischen Datenverarbeitung erlernen kann:

CHRISTINE J.: Man müßte halt von Grund auf noch mal anfangen und / wenn's der Uwe / wenn's bei dem in der Schule mal kommt, daß ich da gleich mit 'ransitze und das auch gleich mitmache, damit ich wenigstens Grundbegriffe habe (INTERVIEWERIN: mhm). So denke ich mir, daß das vielleicht / daß ich noch irgendwo hin kann (INTERVIEWERIN: mhm).

Doch momentan kommt auch für Christine J. wegen ihrer drei Kinder ein Wiedereinstieg nicht in Frage.

CHRISTINE J.: Die Kinder, die / wenn die Hausaufgaben machen, sie machen es zwar selbständig, aber es ist immer mal eine Frage, und wenn ich dann nicht da wäre, also (INTERVIEWERIN: mhm) / wenn das dann mal auf den Kindern ihr Dings ausläuft / daß / daß die mit der Schule nicht mitkommen, das wäre ja nicht (INTERVIEWERIN: mhm) der Sinn vom Schaffen. Und die Kleine ist jetzt erst in den Kindergarten gegangen / ist auch ständig irgend etwas / muß ich eigentlich jetzt nicht ins Geschäft gehen (INTERVIEWERIN: mhm).

Es wird deutlich, daß Christine J. nicht auf Kosten ihrer Kinder berufstätig sein will, eine Haltung, die sich Familie J. leisten kann (vgl. Kapitel 5.2.2). Im Gegensatz zu Elke K., die mittelfristig keine Erwerbstätigkeit mehr aufnehmen will, nennt Frau J. einen ungefähren Zeitpunkt für einen Wiedereinstieg.

CHRISTINE *J.: Ah frühestens, wenn die Kleine einmal in die Schule geht.*

Diese Aussage paßt nicht ganz zu ihrem Argument, sie wollte gerade wegen der Hausaufgaben der Kinder nicht berufstätig sein. An einer anderen Stelle im Gespräch wird außerdem deutlich, daß ein Wiedereinstieg stark von der Tätigkeit abhängen wird, denn auch Frau J. hat einen Berufswunsch, der sich bislang nicht realisieren ließ.

INTERVIEWERIN: *Oder gibt es vielleicht etwas, was Sie lieber machen würden als technische Zeichnerin, daß Sie sagen, ich hätte eigentlich mal Lust auf was anderes?*
CHRISTINE *J.: Ja, das tät' ich schon. Gerade bei einem Tierarzt würde ich gerne mal helfen.*
INTERVIEWERIN: *Beim Tierarzt?*
CHRISTINE *J.: Das würde mir schon Spaß machen. (*INTERVIEWERIN: *mhm) Ha ja, das war ja auch mein Wunschberuf, aber (-) es hat halt irgendwie nicht geklappt. Da habe ich zu weit weg eine Lehrstelle gekriegt, und das habe ich damals halt nicht möchten. [...].*

Offensichtlich hat Frau J. schon einmal versucht, im Bereich der Tiermedizin eine Ausbildung anzufangen. Die Lehrstelle als Tierarzthelferin ist jedoch ‚zu weit weg' gewesen, so daß Christine J. sich dagegen entscheidet, um am Wohnort bleiben zu können. Mit Tieren hat sie augenblicklich nur in ihrer Freizeit zu tun, ihr liebstes Hobby, wie sie sagt. Doch mit etwas Glück läßt sich daraus auch ohne entsprechende formale Qualifikation noch eine berufliche Tätigkeit machen.

CHRISTINE *J.: Ha ja, ich habe schon einige Zeitungsannoncen gesehen, wo Sie auch Hausfrauen suchen, gerade beim Tierarzt, [...].*

Eine der erwähnten Annoncen spricht Christine J. besonders an. Möglicherweise wäre dies die ideale Stelle für sie, doch da sie zu dieser Zeit gerade ihr drittes Kind erwartet, ist es nicht möglich, sich dort zu bewerben. Nun hofft sie darauf, zum richtigen Zeitpunkt auf ein ähnliches Angebot zu stoßen. Wie andere Interviewpartnerinnen hat auch Christine J. ihren Berufswunsch noch nicht aufgegeben und sucht nach Möglichkeiten, ihn zu realisieren. Im Unterschied zu Ina Z. kommt aber für sie eine formale Ausbildung nicht in Frage. Dennoch besteht eine Gemeinsamkeit zwischen Christine J. und Ina Z., denn beide beschäftigen sich in ihrer Freizeit mit jenen Themen, die sich auch beruflich interessieren.

7.1 Brüche und Unterbrechungen

‚Zwei Stufen weniger' – Wiedereinstieg vorgesehen

Beate T. ist – anders als Christine J. und Elke K. – nicht in der Untersuchungsgemeinde aufgewachsen. Nach Abschluß ihrer Ausbildung als Erzieherin zieht sie aus beruflichen Gründen in den Ort.

BEATE T.: Ja, [..] das war eigentlich ganz lustig. Ich wollte eigentlich lieber nach Berlin zu meinem Anerkennungsjahr / und da waren also meine Eltern überhaupt gar nicht damit einverstanden, weil sie auch einfach ein bißchen Angst hatten. Höchstwahrscheinlich weil ich auch relativ behütet aufgewachsen bin und / ich habe einen Bruder und der war zu der Zeit in USA und da habe ich mir dann gedacht, also das könnte ich auch mal machen und dann hat meine Mutter gemeint, nein, ich soll doch jetzt mal für den Anfang / soll ich doch mal in einen kleinen Ort gehen, vielleicht nicht allzu weit weg von zu Hause / ja, und dann hat sich das hier angeboten, das war in der Schule ausgehängt die Stelle und dann ist meine Mutter noch mitgegangen und dann haben wir uns das angekuckt und / was mir dann eigentlich hier sehr gut gefallen hat, da war eine kleine Wohnung dabei [...]. Es war eigentlich dann der Grund, weshalb ich die Stelle hier genommen habe / obwohl ich / mir vorgenommen habe, länger wie ein Jahr wirst du hier nicht bleiben. Also, das war für mich ganz klar, daß das eine Übergangslösung ist, weil ich einfach auch in einem Alter war, wo ich mir gesagt hab' ich / ich möchte vielleicht studieren oder ich möchte einfach noch ein bißchen mehr von der Welt sehen / und dann habe ich meinen Mann kennengelernt und dann war es eigentlich so, daß der dann noch eine Zusatzausbildung gemacht hat [...] ja und dann habe ich mir gesagt, dann steck' ich halt (spricht immer leiser) zurück. Hat mir aber nicht leid getan, muß ich sagen, also weil ich hier dann eigentlich eine ganz gut dotierte Stelle dann auch gekriegt habe.

Kaum eine Gesprächspartnerin beschreibt die Motive ihrer Ausbildung so detailliert wie Beate T.; es wird dabei sehr deutlich, daß für Töchter keineswegs die gleichen ‚Spielregeln' gelten wie für Söhne, wenn es darum geht, den Ausbildungsweg und vor allem den Ausbildungsort festzulegen. Bemerkenswert ist außerdem, wie direkt sie den Zusammenhang zwischen ihrer Ausbildung und der ihres Mannes sieht und schildert.

Frau T. entscheidet sich demnach bewußt für ein Leben in der kleinen Gemeinde, in der ihr Mann aufgewachsen ist. Wie die Daten aus der quantitativen Erhebung belegen, kommt es recht häufig vor, daß Frauen wegen einer Partnerschaft in den Wohnort des Mannes ziehen: Unter den befragten Frauen sind nur 32 % in ihrer Wohngemeinde aufgewachsen, bei den Männern dagegen beträgt dieser Anteil 43 %.

In der Biographie von Beate T. bleibt es jedenfalls nicht bei einer Übergangslösung, denn sie ist dort rund 10 Jahre beschäftigt. Als sie ihr Kind erwartet, ist sie natürlich längst nicht mehr Praktikantin, sondern hat eine gut bezahlte Stelle.

BEATE T.: Also, wenn ich ganz ehrlich bin, dann hat es mit sehr weh getan, wo ich aufhören mußte. Ich war schon sehr bevorzugt mit der Stelle [...] ich habe ja angefangen als Praktikantin und war dann zum Schluß dann Leiterin / [...] eh, habe ich die neun Monate, wo ich dann schwanger war, habe ich bis (-) wirklich auch verdauen müssen. Ahm, auch einfach weg zu sein, von dem ganzen Geschehen, und ich mußte mir dann auch wirklich sagen, es geht auch ohne dich [...].

Als einzige der Interviewpartnerinnen berichtet Beate T. davon, daß es ihr schwer gefallen ist, den Beruf – zumindest vorläufig – aufzugeben. Sie führt dies auf die lange Tätigkeit und den gleichzeitigen beruflichen Aufstieg zurück. Ein Wiedereinstieg ist frühestens in ein bis zwei Jahren geplant, wenn ihr Kind in den Kindergarten gehen wird.

BEATE T.: Ja. Ich möchte schon irgendwann wieder / ich möchte aber jetzt einfach abwarten, wie sich das mit dem Kindergarten entwickelt. Wenn ich wieder eine Stelle annehmen würde, dann muß das für mich so sein, daß das nicht in wahnsinnigen Streß ausartet, daß ich dann derjenige bin, der / sondern da müssen die Rahmenbedingungen ganz klar sein.

Bei einem Wiedereinstieg müssen bestimmte Rahmenbedingungen erfüllt sein, auf die bereits hingewiesen wurde: Der Arbeitsplatz darf nicht zu weit vom Wohnort entfernt sein (vgl. Kapitel 6.4.1) und auch der Kreis der KollegInnen muß ihr sympathisch sein (vgl. Kapitel 5.2.4). Außerdem würde sie eine Stelle bevorzugen, die mit weniger Verantwortung verbunden ist (also keine leitende Funktion mehr) um, wie sie sagt, den Kopf frei zu haben für ihr Kind. Für eine erneute Berufstätigkeit sprechen folgende Gründe:

BEATE T.: [...] Sicherlich ist der eine Grund, daß ich das wegen meiner Rente machen will. Der zweite Grund ist / also das merke ich jetzt sehr stark, daß der Kontakt, außer mit Bezugspersonen, auch mit Kindern, jetzt sehr fehlt. Auch andere Themen oder / ja das ist für mich ein wichtiger Grund, sich auch wieder mit anderen Menschen zu befassen und wieder sich auf die einzulassen, ja das fehlt mir im Moment doch etwas. Das liegt sicherlich auch daran, dass ich relativ lange berufstätig war. Ich gehe ja mit vielen Müttern in die Mutter-Kind-Gruppe und manchmal habe ich das Gefühl, je höher die Qualifikation vormals war, um so mehr vermißt er das. Also, das ist ganz lustig. Alle, die wo irgendwie etwas, also das möchte ich jetzt nicht auf mich beziehen, aber die, die mal studiert haben oder so, der vermißt das schon sehr. Das bekomme ich im Moment so mit.

Nicht nur der Ausstieg selbst fällt Beate T. schwer, auch jetzt noch vermißt sie ihren Beruf und vor allem die damit verbundenen vielfältigen Kontakte. Nach ihren Beobachtungen vermissen jene, die lange berufstätig waren und/oder über eine hohe Qualifikation verfügen, ihre Berufstätigkeit besonders stark (vgl. Kapitel 5.1.4).

7.1 Brüche und Unterbrechungen   327

Obwohl sich Beate T. vermutlich erst in zwei Jahren wieder einen Arbeitsplatz suchen wird, verfolgt sie bereits jetzt die Stellenangebote in der Zeitung. Was die Qualifikation angeht, so muß sie bei einem Wiedereinstieg vermutlich nicht mit Schwierigkeiten rechnen, da sich der Beruf der Erzieherin längst nicht so schnell verändert wie beispielsweise der der Technischen Zeichnerin. Ein weiterer Vorteil ist natürlich auch, daß Erzieherinnen wie die Lehrerinnen auch, selbst in kleineren Gemeinden recht gute Chancen haben, einen qualifizierten Arbeitsplatz zu finden.

7.1.7 ‚Hat viel mit Kindern zu tun' – Berufswahl junger Frauen

In anderen Bundesländern aufgewachsen, ziehen zwei der jüngeren Interviewpartnerinnen erst als Jugendliche in die Untersuchungsgemeinden. Beide haben den Wunsch, sich beruflich mit Kindern zu beschäftigen, ziehen jedoch aufgrund ihrer unterschiedlichen Schulabschlüsse verschiedene Berufe in Erwägung. Eine von ihnen erfüllt sich ihren Wunsch bereits, die andere ist bislang in einer anderen Branche tätig und beschäftigt sich neben ihrer Erwerbsarbeit mit Kindern.

‚Wunsch mit Kindern zu arbeiten' – aufgeschoben oder aufgehoben?

Ines O. kommt in der ehemaligen DDR zur Welt und zieht noch vor der politischen Wende mit ihrer Familie in den Westen. Sie lebt inzwischen seit über zehn Jahren in der Untersuchungsgemeinde. Nachdem sie Anfang der 90er Jahre das Abitur ablegt, beginnt für sie die Suche nach einem geeigneten Beruf. Um Zeit zu gewinnen, entscheidet sich Ines O. für ein Freiwilliges Soziales Jahr und kann in einem Nachbarort arbeiten. Die Beschäftigung mit sprach- und lernbehinderten Kindern beeinflußt ihre Berufswahl.

INES O.: *Und dann ist so der Wunsch entstanden, was mit Kindern zu arbeiten. Äh, aber das soziale Jahr hab' ich gemacht, weil ich einfach nicht wußte, was machst'e jetzt (lacht).*

Interessant ist, daß Frau O. eingesteht, zunächst nicht gewußt zu haben, was sie beruflich machen will – eine Situation, die keine andere Probandin erwähnt. Nach Abschluß dieses Jahres geht Ines O. an eine Pädagogische Hochschule und nimmt ein Studium auf, um Grund- und Hauptschullehrerin zu werden.

INES O.: *Dann natürlich auch 'n Blockpraktikum, das erste, das ging vier Wochen, das war mit / direkt mit unterrichten (*INTERVIEWERIN: *mhm). So, ja betreut von 'ner Lehrerin. [...] in meiner Familie war auch ein Todesfall (ganz leise) [...] ich hab's einfach nicht so richtig verkraftet und hab' auch gemerkt, daß mich das überfordert, die Arbeit (*INTERVIEWERIN: *mhm) / rein psychisch, wie ich so bißl' der Perfektionist bin und hohe Ansprüche hab' auch an mich und die konnt' ich / dem konnt' ich nicht gerecht werden (*INTER-

VIEWERIN: mhm mhm) / den Kindern und echt, ich weiß auch nicht. Da war ich echt irgendwie / ich war überfordert (lacht).

Im Verlaufe eines Praktikums muß sie feststellen, daß sie ihren eigenen Ansprüchen und Anforderungen (u.a. aufgrund der großen Klassen) nicht gerecht werden kann; als zusätzlich private Belastungen auftreten, bricht sie das Studium ab. Während in vielen Interviews der Eindruck entsteht, die Frauen würden den meisten Anforderungen mehr oder weniger leicht gerecht, zeichnet Ines O. ein anderes Bild von sich: Sie schildert offen die schwierige Situation, eigene Ansprüche an das im Beruf machbare anpassen zu müssen. Leicht fällt es aber auch ihr nicht darüber zu reden; wenn sie sich unsicher ist, lacht sie etwas verlegen.

Da sie nicht sofort – im laufenden Ausbildungsjahr bzw. Semester – etwas neues beginnen kann, muß sie einige Monate überbrücken. Dann entschließt sich Ines O., eine Ausbildung zur Pharmazeutisch-technischen Assistentin (PTA) anzufangen. Die räumliche Nähe zwischen Ausbildungsort und Wohngemeinde spielt bei dieser Entscheidung eine wichtige Rolle, denn so kann sie ihre Familie und ihre FreundInnen regelmäßig sehen. Die neue Ausbildung steht, wie es zunächst scheint, in keinem Zusammenhang mit ihren bislang formulierten Interessen, doch sie skizziert eine Verbindung:

INES O.: Die Botanik (lacht), die hat mich gereizt (INTERVIEWERIN: mhm). Also Grundschullehrerin / da hab' ich Reli genommen und Heimat- und Sachunterricht (INTERVIEWERIN: mhm) und da ist ja alles vertreten, Bio und Physik und das hat mich schon immer interessiert [...].

Nach erfolgreichem Abschluß dieser dreijährigen Schule kann Ines O. in einem nahegelegenen Ort eine Stelle als PTA antreten, die sie auch zum Interviewzeitpunkt inne hat. Kinder spielen derzeit ausschließlich in ihrer erwerbsarbeitsfreien Zeit eine Rolle:

INES O.: [...] deswegen mach' ich auch / betreu' Kinderstunde und Kindergottesdienst / jetzt Jungschar.

Doch dieses Engagement muß nicht auf eine Freizeitbeschäftigung beschränkt bleiben, denn, nach weiteren beruflichen Wünschen gefragt, entwirft Ines O. zwei Perspektiven:

INES O.: [...] ich hab' mir überlegt, ob ich noch Pharmazie studieren soll (INTERVIEWERIN: mhm), na ja, aber ich mein', so der Traumjob ist es auch nicht. Man kriegt halt bißle mehr Geld, aber / na, jetzt der Aufwand, das sind auch noch mal fünf Jahre (INTERVIEWERIN: mhm). Und wie gesagt / mit Kindern, also irgendwie bin ich da trotzdem noch dran / Sonderschullehrer, so was in die Richtung (INTERVIEWERIN: mhm), einfach was soziales. [...].
INTERVIEWERIN: Glauben Sie, daß sich einer der Wünsche realisieren läßt, also entweder doch noch die Sonderpädagogik oder das Pharmaziestudium?

7.1 Brüche und Unterbrechungen

INES O.: *Ich weiß auch nicht, keine Ahnung. Ja, ich will mich mal umhören, da in Tübingen und mal 'reinschauen. Aber eher nicht, ne. (-) Eher nicht (lacht). Also und dann muß ich ja auch ähm wirklich dahinter stehen und jetzt / ich mein', ich arbeit' ja erst seit zwei Jahren so (*INTERVIEWERIN: *mhm). Ich mein', ist halt auch bequem, gell, man kriegt sein Geld und dann, ist man halt wieder abhängig (lacht) von den Eltern.*

Die berufliche Weiterbildung oder Umorientierung betreffend befindet sich Frau O. in einer zwiespältigen Situation: Einerseits bestehen die beiden genannten Wünsche und sie will sich in Tübingen nach den jeweiligen Studienbedingungen erkundigen, doch andererseits scheut sie vor einer weiteren Ausbildung zurück, da sie in diesem Fall aus finanziellen Gründen nochmals einige Jahre von ihren Eltern abhängig wäre. Sie erwähnt zwar kurz die Möglichkeit parallel zum Studium Geld zu verdienen, scheint sie aber nicht ernsthaft in Erwägung zu ziehen. Da sie sich gerade im nahegelegenen Tübingen informiert, ist anzunehmen, daß auch bei einer weiteren Ausbildung der räumlichen Nähe zu den Eltern und dem Kreis der Bekannten und FreundInnen Bedeutung zukommt.

‚Vier Jahre investiert' – sich den Berufswunsch erfüllen

Michaela A. wächst in einer Großstadt auf, bevor ihre Familie in einen kleinen Ort des Stuttgarter Umlandes zog. Dort verbringt sie mehrere Jahre und verlegt ihren Wohnsitz vor rund fünf Jahren in die Untersuchungsgemeinde. Schon bevor sie die Schule abschließt, weiß Frau A., daß sie einen Beruf ergreifen will, der mit Kindern zu tun hat. Da ihr höchster Schulabschluß die Mittlere Reife ist, kommen für sie andere Berufe in Frage als für Ines O.

MICHAELA A.: *Also, ich arbeite unheimlich gerne mit Kindern zusammen. Ich habe eine kleine Schwester von zwölf Jahren noch, und ja, das war für mich einfach so, ja, das war mein Kind so, weil meine Mutter berufstätig war und ich habe sie dann versorgt, und ich wollte eigentlich Kinderkrankenschwester werden und das war mir dann zu hart und dann wollte ich lieber Erzieherin werden. Hat auch viel mit Kindern zu tun, und (-) und auch so kann ich kreativ arbeiten, und das macht mir Spaß. Es ist nicht so / wenn ich jetzt hinter dem Tresen stehe und jeden Tag dasselbe mache, das ist so monoton, das wäre nichts für mich (*INTERVIEWERIN: *mhm).*

Der Wunsch, sich mit Kindern zu beschäftigen, ist eng mit den familiären Erfahrungen der Probandin verknüpft. Sie ändert ihre ursprüngliche Absicht, Kinderkrankenschwester zu werden, weil ihr das ‚zu hart' ist. Aus dem Interview geht nicht hervor, ob diese Feststellung auf konkreten, praktischen Erfahrungen oder theoretischen Überlegungen beruht. Der Weg zum Erzieherinnenberuf erweist sich für Frau A. als langwierig.

MICHAELA A.: *Ja, das ist ein bißchen schwierig zu sagen. Ähm, ich habe vier Jahre lang Vorpraktikum gemacht, weil ich keinen Platz an der Fachschule gekriegt habe, weil ich einfach in der Realschule halt einen schlechten Notendurchschnitt hatte und aber unbedingt Erzieherin werden wollte und deshalb habe ich dann halt vier Jahre investiert (INTERVIEWERIN: mhm). Und dann mach' ich jetzt das zweite Jahr Schule. [...] da stand ich dann immer auf der Warteliste, und da wird jedes Jahr ein gewisser Prozentsatz von den Zweitbewerbern genommen, und ich habe dann jetzt, letztes Jahr einen Platz bekommen, und den Kindergartenplatz muß man sich selber suchen.*

Die Tatsache, daß Michaela A. bereit ist, an Stelle *eines* verlangten Jahres gleich *vier* Jahre Vorpraktikum zu machen, um doch noch einen Platz an der Fachschule zu bekommen, zeigt, wie ernst sie ihren Berufswunsch nimmt. Sie selbst spricht von dieser Zeit als Investition; mittlerweile absolviert sie ihr zweites und letztes Jahr an der Fachschule, doch damit ist die Ausbildung noch nicht beendet.

MICHAELA A.: *Ein Jahr staatliche Anerkennung, da kann ich dann auch durchfallen.*

Wie schon Ines O. so thematisiert auch Michaela A. Zweifel an den eigenen Fähigkeiten: Da wird der schlechte Notendurchschnitt auf der Realschule ebenso erwähnt, wie die Möglichkeit, das staatliche Anerkennungsjahr nicht zu bestehen. Es entsteht der Eindruck, daß die jüngeren Frauen trotz besserer schulischer Qualifikation und größerer beruflicher Chancen, mit erheblichen Problemen zu kämpfen haben. Daß gerade die jüngste Interviewpartnerin über Noten berichtet, mag ein Hinweis darauf sein, daß der Leistungsdruck zugenommen hat.

In der Zeit, die Michaela A. neben ihrer Ausbildung noch bleibt, hat sie mit Kindern nichts zu tun, sondern hilft sporadisch in einer Gaststätte aus.

MICHAELA A.: *Und da, da habe ich meinen Nebenjob. Ab und zu mal. Bedienen tue ich da, in einem Vereinsheim, aber nur / also / das ist dann schon periodisch. Mal jedes Wochenende und dann mal wieder drei Monate nichts.*

So wird auch eine frühere Bemerkung – ‚wenn ich jetzt hinter dem Tresen stehe und jeden Tag dasselbe mache, das ist so monoton, das wäre nichts für mich' – verständlich: Die Erfahrung mit einer Tätigkeit, die ihr zwar zwischendurch Spaß macht, aber als Dauerbeschäftigung zu eintönig ist, trägt vermutlich zu ihrem Durchhaltevermögen auf dem Weg zur Erzieherin bei. Offen bleibt allerdings, ob Michaela A. diesen Nebenjob nur zum Vergnügen ausübt, oder ob sie auf diese Einkünfte angewiesen ist, denn schließlich gehören angehende Erzieherinnen zu den eher schlecht bezahlten Auszubildenden.

7.1.8 Berufsbiographien von Frauen – überindividuelle Komponenten

In den 17 Berufsbiographien finden sich immer wieder Elemente, die einander gleichen. Die Interviewpartnerinnen berichten von Tätigkeiten, Erfahrungen und beruflichen Wünschen, die entweder für den Untersuchungsraum, eine bestimmte

7.1 Brüche und Unterbrechungen 331

Zeit oder eine private Situation charakteristisch sind. Dabei sind solche Gemeinsamkeiten keineswegs auf Frauen aus einer der Gemeinden beschränkt, sondern es sind auch Parallelen zwischen Berichten aus Steinenbronn und Haiterbach vorhanden.

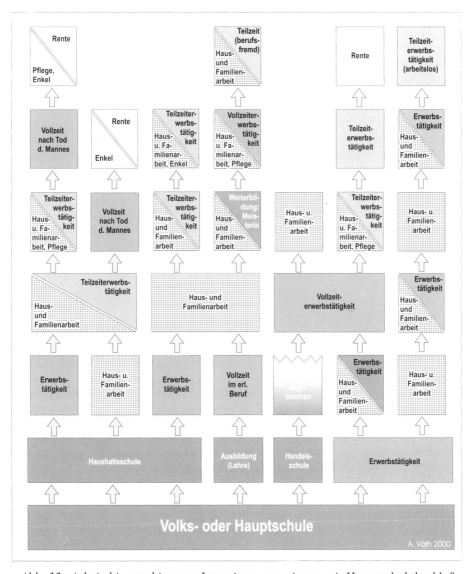

Abb. 32: Arbeitsbiographien von Interviewpartnerinnen mit Hauptschulabschluß

Unter den Ausbildungswegen, die die Probandinnen beschritten haben, fallen zwei Kombinationen besonders auf: Volksschule mit anschließender Haushaltsschule (vgl. Abb. 32) sowie Mittlere Reife mit anschließender beruflich-betrieblicher bzw. beruflich-schulischer Ausbildung (vgl. Abb. 33).

Drei in der jeweiligen Untersuchungsgemeinde aufgewachsene Frauen der Jahrgänge bis 1950 haben im Anschluß an die damals gängige Volksschule eine einjährige Haushaltsschule besucht. Die dortige Ausbildung –‚*Kochen, Haushalt, Nähen, alles, was man in den jungen Jahren so lernen muß'* – war nicht darauf ausgerichtet, den jungen Frauen ein eigenes Einkommen zu ermöglichen, sondern diente als ‚*Vorbereitung [...] vom Ehestand'*, wie sich eine Gesprächspartnerin ausdrückt.

Aus Abb. 32 ist außerdem ersichtlich, daß nur eine der Frauen eine Berufsausbildung absolvieren konnte. Die schematisierten Arbeitsbiographien der Hauptschulabsolventinnen machen auch deutlich, daß die Doppelorientierung auf Familie und Beruf eher den Normalfall als eine Ausnahme darstellt. Nur eine Interviewpartnerin hat nach einer Phase der Vollzeiterwerbstätigkeit eine Phase begonnen in der sie ausschließlich für Haus- und Familienarbeit zuständig ist.

Unter den jüngeren Probandinnen (Jahrgänge ab 1960) haben sechs zunächst die Realschule absolviert und dann eine beruflich-betriebliche bzw. beruflich-schulische Ausbildung abgeschlossen bzw. begonnen (vgl. Kapitel 7.1.4 - 7.1.6). Diese Beobachtung deckt sich mit der in den Statistiken festgehalten Verschiebung des Bildungsniveaus (vgl. STATISTISCHES LANDESAMT BADEN-WÜRTTEMBERG 1993).

Aus Abb. 33 geht hervor, daß nur zwei der Interviewpartnerinnen immer in ihrem erlernten Beruf beschäftigt waren. Drei Frauen haben – zumindest phasenweise – berufsfremd gearbeitet. Auch für die Frauen mit Realschulabschluß ist es nicht ungewöhnlich neben den Verpflichtungen in Haus und Familie einer Teilzeitbeschäftigung nachzugehen.

Frauen mit Abitur bzw. Fachhochschulreife stellen die kleinste Gruppe unter den Interviewpartnerinnen dar. Ihnen ist gemeinsam, daß sie nicht in den Untersuchungsgemeinden aufgewachsen sind. Wie Abb. 34 zeigt, haben drei der Abiturientinnen ein Studium begonnen, aber nur eine hat es auch beendet. Die Berufsausbildung, genauer gesagt die beruflich-schulische Ausbildung, ist auch für Frauen mit höherem Schulabschluß von Bedeutung.

Einschnitte durch Kinder, Enkelkinder, Scheidungen oder zu pflegende Angehörige (vgl. GEISSLER 1998, S. 158) prägen von familiärer Seite aus die Berufsverläufe der befragten Frauen: Bis auf zwei Frauen, die ganz bewußt so gewählt wurden, haben alle Gesprächspartnerinnen Kinder. Von ihnen berichtet nur eine einzige nicht über eine Pause wegen des Kindes (vgl. Kapitel 7.1.1), während in den Erzählungen aller anderen davon die Rede ist. Sehr unterschiedlich ist dabei die Dauer der Unterbrechung: Einige Frauen nehmen nur den Mutterschutz in An-

7.1 Brüche und Unterbrechungen

spruch, andere den Erziehungsurlaub, doch es kann ebenso gut sein, daß eine Kinderpause mehr als zehn Jahre dauert. Der Begriff des Wiedereinstiegs erhält je nach Dauer dieser Phase eine unterschiedliche Bedeutung.

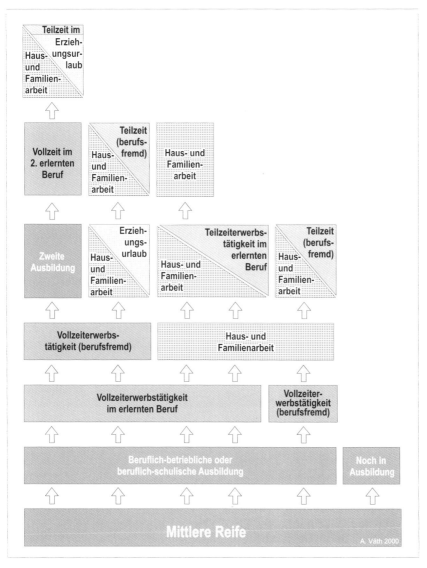

Abb. 33: Arbeitsbiographien von Interviewpartnerinnen mit Mittlerer Reife

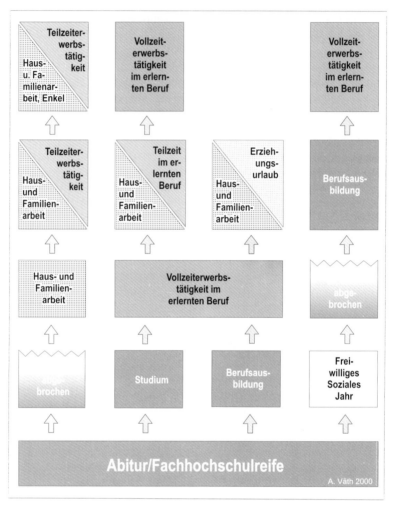

Abb. 34: Arbeitsbiographien von Interviewpartnerinnen mit (Fach-)Abitur

Neben den eigenen Kindern wirken sich bei drei Probandinnen (sie sind über 50 Jahre alt) auch die Enkelkinder (vgl. Kapitel 7.1.2) auf die Berufskarriere aus: Sie reduzieren den Umfang ihrer Erwerbstätigkeit oder bauen ihn zumindest nicht aus, um Zeit für ihre Enkel zu haben. Ihr Ziel ist es, den Töchtern größeren (beruflichen) Spielraum zu ermöglichen. In vier Berufsbiographien schlägt sich die Verpflichtung zur Pflege von Angehörigen nieder. Die betroffenen Probandinnen mußten entweder ihre Tätigkeit zeitlich einschränken oder aber beginnen keine neue Arbeit, da sie mittelfristig die Pflege auf sich zukommen sehen (vgl. Kapitel 7.1.2 und Abb. 32). Schließlich machen sich auch Scheidungen mit Brüchen und

7.1 Brüche und Unterbrechungen

Veränderungen in den Berufsverläufen bemerkbar. Zwei der vier geschiedenen Gesprächspartnerinnen erwähnen einen direkten Zusammenhang zwischen der Trennung von ihrem Mann und einer beruflichen Veränderung: Eine erhöht daraufhin aus finanziellen Gründen den wöchentlichen Arbeitsumfang, eine andere wechselt die Branche. Allerdings folgen auch bei den beiden anderen auf die Scheidung berufliche Veränderungen: Eine jüngere Probandin nimmt nach der Kinderpause wieder eine Erwerbstätigkeit auf (vgl. Kapitel 7.1.5), eine andere wechselt zunächst die Stelle und dann ebenfalls die Branche.

Geht man der Frage nach, welche Tätigkeiten die Frauen denn nun ausüben bzw. ausgeübt haben, so stößt man auf zwei interessante Sachverhalte: Drei der älteren Probandinnen, die nicht die Möglichkeit hatten, einen Beruf zu erlernen, waren zeitweise in ortsansässigen Nähereien beschäftigt (in Haiterbach und Steinenbronn). Zwei von ihnen waren parallel dazu in der elterlichen Landwirtschaft tätig (vgl. Kapitel 7.1.1), und daran richtete sich auch der Umfang der Arbeit in der Näherei aus: ‚aber nicht also das ganze Jahr durchgeschafft, sondern halt wie es von der Landwirtschaft her [...] möglich war'. Während man sich bei Frauen ohne Berufsausbildung vielleicht nicht über wechselnde Tätigkeiten wundert, erwartet man von jenen, die eine formale berufliche Qualifikation erlangt haben, zumindest was die Tätigkeitsinhalte angeht, kontinuierlichere Berufsverläufe. Doch die sind selten anzutreffen: Von den 17 Frauen verfügen 10 über eine abgeschlossene Berufsausbildung oder sind gerade dabei eine zu absolvieren. Sieben von ihnen sind momentan erwerbstätig, allerdings nur vier im erlernten Beruf. Drei Probandinnen haben aus verschiedensten Gründen ihren ursprünglichen Beruf aufgegeben: Eine Schneidermeisterin arbeitet als Ersatzmutter und Haushaltshilfe, eine Zahnarzthelferin als Sekretärin und eine Bankkauffrau als Sachbearbeiterin. Sie haben sich also unterschiedlich weit von den bisherigen Tätigkeiten entfernt. Nur die Schneidermeisterin äußert den Wunsch, in ihren Beruf zurückzukehren.

Die beruflichen Wünsche der Probandinnen gehen vorwiegend in die folgenden zwei Richtungen: Unter den Frauen ohne Berufsausbildung stehen Verkaufstätigkeiten hoch im Kurs (vgl. Kapitel 7.1.1, 7.1.2), und zwar sowohl bei denen, die damit bereits Erfahrungen haben, als auch bei jenen, die (noch) nie als Verkäuferin gearbeitet haben (jeweils zwei). Wichtiges Argument sind dabei die Kontakte zu anderen Menschen. Häufiger noch als im Verkauf wollen die Interviewpartnerinnen mit Kindern arbeiten, und dies unabhängig davon, ob sie auf diesem Gebiet eine Ausbildung absolviert haben oder nicht. Drei Frauen haben sich ihren Wunsch bereits verwirklicht, sind Lehrerin, Erzieherin oder geben Nachhilfeunterricht, und eine jüngere Probandin befindet sich noch in der Ausbildung zur Erzieherin. Aber auch drei Frauen, die bislang keine oder aber andere Ausbildungen absolviert haben, äußern diesen Wunsch und überlegen, ob und wie sie sich in dieser Richtung formal qualifizieren können; zwei von ihnen hatten bereits Ausbildungen zur Erzieherin bzw. Grund- und Hauptschullehrerin begonnen, diese dann jedoch abgebrochen. Auffallend ist, daß sich jene Probandinnen, die schon mit Kindern arbeiten oder gearbeitet haben, etwas zurückhaltender äußern als die anderen.

Die Aspekte des ländlichen Raumes treten in unterschiedlichster Formen in den einzelnen Erwerbsbiographien zu Tage und spiegeln den Strukturwandel der Untersuchungsgemeinden durchaus wider. Ortsgebundenheit und landwirtschaftliche Komponenten, bei den älteren Probandinnen charakteristische Elemente, verlieren zunehmend an Bedeutung. Bei vielen Probandinnen fällt auf, daß die tatsächlich ausgeübten Tätigkeiten von den erlernten Berufen abweichen. Bei einem guten Teil der Fälle ist dies durch mangelndes Angebot an Arbeitsmöglichkeiten vor Ort begründet. In einigen Situationen scheint jedoch die geringe Anonymität der Gemeinde einer Arbeit vor Ort im Wege zustehen (vgl. Kapitel 6.3.3). Bemerkenswert ist, daß den möglichen Unzulänglichkeiten, unabhängig von Alter und Bildungsniveau, mit Pragmatismus und Flexibilität begegnet wird.

7.2 Fazit

Nachdem sich bereits im Kapitel ‚Brüche und Unterbrechungen' viele Einzelinformationen aus den verschiedenen Erhebungen zu konkreten Arbeits- und Erwerbsbiographien zusammenfügen, werden abschließend nochmals drei zentrale Themenkomplexe aufgegriffen: Unter dem Gesichtspunkt der formalen Qualifikation können Frauen – gerade auch im ländlichen Raum – als Gewinnerinnen der Bildungsexpansion bezeichnet werden. Ein Blick auf die Aufgabenverteilung in Partnerschaften und in der Gesellschaft zeigt, daß traditionelle Verhaltensmuster zwar noch immer dominieren, doch ganz allmählich setzen Veränderungen ein. Beide Punkte gemeinsam führen dazu, daß für die Frauen auf dem Arbeitsmarkt noch kein Ende der Segregation in Sicht ist.

7.2.1 Qualifikationen – Frauen als Gewinnerinnen der Bildungsexpansion

Die Daten der quantitativen Erhebung zu den schulischen Bildungsabschlüssen zeigen, daß in den untersuchten Gemeinden der Anteil mittlerer und höherer Schulabschlüsse kontinuierlich angestiegen ist. Wie Kapitel 4.1.1 zeigt, ist diese Entwicklung mittlerweile jedoch zum Stillstand gekommen. Diese Stagnation auf hohem Niveau bestätigen auch Daten zu SchülerInnen an weiterführenden allgemeinbildenden Schulen in Baden-Württemberg: Die prozentuale Verteilung der SchülerInnen auf die drei Schularten ist ungefähr seit Beginn der 80er Jahre konstant (vgl. SOZIALMINISTERIUM BADEN-WÜRTTEMBERG 1998, S. 144).

Verbunden mit dem Trend zu höherer Schulbildung ist ein Abbau geschlechtsspezifischer Disparitäten, wie er in vielen Industrieländern in den letzten Jahrzehnten zu beobachten ist (vgl. MEUSBURGER 1998, S. 288). Gemeint ist damit, daß Frauen gegenüber Männern aufgeholt haben. Ein Blick auf die jüngste Altersklasse der Befragten (bis einschließlich 27 Jahre) macht allerdings deutlich, daß inzwischen

7.2 Fazit

eher von *überholen* als von *aufholen* gesprochen werden muß: Einem Anteil von 40 % der männlichen Befragten, die einen Hauptschulabschluß haben, steht bei den Frauen ein Anteil von nur 23 % gegenüber. Fast genau so ausgeprägt ist der Unterschied bezüglich der Mittleren Reife: Sie wird von 36 % der Männer, aber von 49 % der Frauen genannt. Näher beisammen liegen die Werte nur für das Abitur mit 24 % bei den männlichen und 28 % bei den weiblichen Befragten. Während also der Realschulabschluß als mittlere schulische Qualifikation für die Frauen an Bedeutung gewinnt, wird die Hauptschule als unterste Qualifikationsstufe „zunehmend zu einer Domäne der Männer" (vgl. KRECKEL 1992, S. 232). Die Frauen sind als Gewinnerinnen der Bildungsexpansion zu bezeichnen (vgl. HRADIL 1999, S. 158).

Daß diese Entwicklung auch in den vier untersuchten Gemeinden beobachtet werden kann, ist in sofern erwähnenswert, als dem ländlichen Raum lange Zeit ein Qualifikationsrückstand (vgl. HRADIL 1999, S. 165 f.) bescheinigt wurde: Parallel zum Abbau *geschlechtsspezifischer* Bildungsdisparitäten nehmen auch die *räumlichen* Bildungsdisparitäten ab. Beide Entwicklungen gemeinsam haben dazu geführt, daß auch Frauen in ländlichen Gemeinden Chancen auf eine gute Schulbildung haben.

Um sich jedoch auf dem Arbeitsmarkt gut positionieren zu können, reicht eine gute Schulbildung allein nicht aus, hier ist vielmehr eine formale Berufsausbildung gefragt. Dabei zeigt sich, daß die befragten Frauen ihre Schulbildung anders als die Männer in berufliche Qualifikation umsetzen. Die beruflich-betriebliche Ausbildung, also die Lehre, spielt – sofern die Befragten überhaupt eine Berufsausbildung abschließen können – über alle Altersklassen hinweg die wichtigste Rolle. Gerade in der jüngsten Altersklasse zeigt sich, daß die Ausbildungsabschlüsse der Frauen eine größere Vielfalt aufweisen als die der Männer, die sich stärker auf die Lehre konzentrieren (vgl. Kapitel 4.1.2). Beim Übergang in das Beschäftigungssystem ergeben sich daraus gravierende Unterschiede, denn „die Übernahme in ein Arbeitsverhältnis ist bei den betrieblichen Ausbildungen viel eher gegeben. Die jungen Männer sind hier also im Vorteil. Für die jungen Frauen mit einem ‚Schulberufabschluß ist der Einstieg in den Arbeitsmarkt problematischer, da die Ausbildung vom Beschäftiger abgekoppelt und in diesen Bereichen auch die zeitliche Passung von Ausbildung und Nachfrage nach Ausgebildeten schwieriger ist" (METZ-GÖCKEL & NYSSEN 1990, S. 93).

Gleichzeitig ist bezüglich der konkreten Berufswahl festzustellen, daß sich die Frauen auf eine weitaus geringere Anzahl von Berufen konzentrieren als dies bei den Männern der Fall ist (vgl. Kapitel 6.1.2). Diese Situation scheint sich zu konsolidieren oder gar noch zu verstärken, wie Zahlen der Berufsbildungsstatistik veranschaulichen: Während 1996 nur 37 % der männlichen Auszubildenden auf die zehn von Männern am stärksten besetzten Ausbildungsberufe entfallen, beträgt der Vergleichswert für die Frauen fast 58 % (vgl. SOZIALMINISTERIUM BADEN-WÜRTTEMBERG 1998, S. 150 f.).

Auch für die weiblichen Befragten verbessern und diversifizieren sich die Möglichkeiten, eine berufliche Qualifikation zu erwerben, mit steigender schulischer Qualifikation. Im Interview mit einer jungen Frau mit Abitur wird allerdings deutlich, daß dieser an sich positive Umstand auch negative Seiten haben kann, denn ihr fällt es schwer, eine Berufswahl zu treffen (vgl. Kapitel 7.1.7), ein Problem, das sie keineswegs nur bei sich selbst sieht: *„So geht es auch noch echt vielen, wenn ich jetzt noch so rumhör'.'* Von anderen Interviewpartnerinnen wird der Prozeß der Berufsfindung nicht thematisiert.

In diesem Zusammenhang ist auch darauf hinzuweisen, daß diese Wahlmöglichkeiten durch den räumlich-distanziellen Parameter wieder eingeschränkt werden: Da qualifizierte Arbeitsplätze noch immer in den Verdichtungsräumen konzentriert sind (vgl. STATISTISCHES LANDESAMT BADEN-WÜRTTEMBERG 1993, S. 52) und bestimmte Qualifikationen im ländlichen Raum nicht oder nur selten nachgefragt werden, wird die Umsetzung einer hohen beruflichen Qualifikation in eine tatsächliche Erwerbstätigkeit im ländlichen Raum nicht mit allen Berufen gleich gut gelingen.

Einerseits weisen Frauen mit besserer Qualifikation – ganz im Sinne der Humankapitaltheorie – eine höhere Erwerbsbeteiligung auf. Andererseits gelingt Frauen insgesamt seltener die Umsetzung ihrer Qualifikation in eine Erwerbstätigkeit als Männern (vgl. SOZIALMINISTERIUM BADEN-WÜRTTEMBERG 1998, S. 176). Hier kommen verschiedene Faktoren zusammen: Zum einen spielt die von der Arbeitgeberseite praktizierte statistische Diskriminierung eine Rolle (vgl. ebd., S. 316 f. sowie Kapitel 2.1.2), zum anderen wirkt sich auch die tatsächliche Rollen- und Aufgabenverteilung in den Partnerschaften auf das Erwerbsverhalten der Frauen aus.

7.2.2 Aufgabenverteilung in Partnerschaften – allmähliche Veränderungen

Zunehmende Qualifikation und steigende Erwerbsbeteiligung von Frauen haben an der Rollen- und Aufgabenverteilung in der Gesellschaft und in Partnerschaften nur wenig verändert: Auch in modernen Gesellschaften besteht noch immer die normative Erwartung, daß „der Ehemann *primär* für den ökonomischen Unterhalt der Familie und die Ehefrau *primär* für die Familienarbeit zuständig ist" (LORBER 1999, S. 274, Herv. im Original). Dies bestätigen sowohl die qualitativen Interviews als auch die Ergebnisse der quantitativen Erhebung: Nur wenige Frauen stellen die traditionelle Rollen- und Aufgabenverteilung in Frage. Am stärksten sind solche Ansätze bei Frauen ausgeprägt, die sich von ihrem Partner scheiden ließen (vgl. Kapitel 4.2.2 und 7.1.4).

Gerade was die Betreuung von Kindern angeht, dominiert auch heute noch die Vorstellung, daß die ökonomische Absicherung der Kinder dem Mann obliegt, die hauswirtschaftliche und emotionale Versorgung dagegen den Frauen (vgl. SOZIALMINISTERIUM BADEN-WÜRTTEMBERG 1998, S. 313). Langsam scheint jedoch ein Wandel in Gang zu kommen: Die Befragung zeigt, daß Männer ihre Beteiligung an der Familienarbeit (hier: Kinderbetreuung) höher einschätzen als beispielsweise beim Einkauf oder gar beim Wäsche waschen (vgl. Kapitel 4.2.3). Zieht man zur Beurteilung dieser Einschätzung auch Daten der Zeitbudgeterhebung heran, so wird deutlich, daß die tatsächliche Kinderbetreuung hauptsächlich von den Frauen übernommen wird. Diese beiden gegensätzlich erscheinenden Befunde passen zusammen, wenn man von einer emotionalen Umorientierung der Männer ausgeht. „Die Bereitschaft zu mehr Mitarbeit [...] bei den Kindern scheint zwar im Bewußtsein vieler Männer schon stärker geworden zu sein, im faktischen Verhalten ist die Einstellungsänderung kaum sichtbar" (vgl. SOZIALMINISTERIUM BADEN-WÜRTTEMBERG 1998, S. 356).

Wenn sich Männer an der praktischen Kinderbetreuung beteiligen, dann übernehmen sie andere Aufgaben als Frauen, so daß auch hier eine Form der geschlechtsspezifischen Segregation vorliegt: Während die Mütter den beispielsweise aus Fahrdiensten, Waschen, Anziehen oder Füttern bestehenden Alltag bewältigen müssen, sind den Vätern eher die besonderen Dinge wie Ausflüge, Spiele oder Sport mit den Kindern vorbehalten. Die Aktivitäten der Väter mit ihren Kindern finden zumeist am Wochenende statt und bieten auch für die Männer selbst einen gewissen Freizeitwert. Interessant ist dabei, daß einige Frauen dieser asymmetrischen Aufteilung der Kinderbetreuung durchaus positive Aspekte abgewinnen, wie aus Kapitel 4.2.2 hervorgeht: Die Frauen nutzen diese Zeiten beispielsweise für unerledigte Hausarbeiten oder genießen es, Zeit für sich alleine zu haben.

Aus der gesellschaftlich zugeschriebenen und individuell häufig akzeptierten Zuständigkeit der Frauen für die Alltagsbewältigung mit Kindern resultieren eine zumindest phasenweise eingeschränkte Verfügbarkeit für den Arbeitsmarkt oder Erwerbsunterbrechungen. Da im ländlichen und suburbanen Raum die institutionalisierte Kinderbetreuung vor allem im Bereich der Ganztagsbetreuung noch längst nicht soweit ausgebaut ist, wie in den größeren Städten Baden-Württembergs (vgl. SOZIALMINISTERIUM BADEN-WÜRTTEMBERG 1998, S. 542), wird häufig die Hilfe von zumeist weiblichen Verwandten in Anspruch genommen: Ältere Frauen holen ihre Enkel (gelegentlich auch Urenkel) vom Kindergarten ab oder verbringen ganze Nachmittage mit ihnen (vgl. Kapitel 4.2.1).

Solche verwandtschaftlichen Unterstützungsleistungen beruhen auf Gegenseitigkeit und bleiben deshalb für viele Frauen nicht ohne Folgen: Sie werden – meist mit einer zeitlichen Verzögerung – mit einer neuen Aufgabe konfrontiert, nämlich der Pflege von Angehörigen. Verglichen mit dem Thema ‚Vereinbarkeit von Familie und Beruf' (wobei mit Familie in der Regel Kinder bzw. eine Kleinfamilie gemeint ist) wird der ‚Vereinbarkeit von Pflege und Beruf' in Forschung und Öffentlichkeit bislang nur wenig Aufmerksamkeit gewidmet (vgl. NAEGELE & REICHERT 1998, S. 7). In ländlich geprägten Gemeinden findet die Versorgung alter und kranker Menschen noch heute überwiegend in der Familie statt und „scheint ein bislang untrennbarer Bestandteil der Frauenrolle in Ländlichen Räumen" zu sein (vgl. STATISTISCHES LANDESAMT BADEN-WÜRTTEMBERG 1993, S. 262).

Die in Kapitel 4.2.4 vorgestellten Beispiele aus den Tagebüchern und Interviews zeigen die Vielfalt der unter dem Stichwort Pflege zusammengefaßten Hilfeleistungen (vgl. auch STATISTISCHES LANDESAMT BADEN-WÜRTTEMBERG 1993, S. 262 f.). Aus den quantitativen Daten geht jedoch hervor, daß mit diesen Aufgaben keineswegs nur Frauen konfrontiert sind, denn jeweils 8 % der weiblichen und der männlichen Befragten geben an, für die Pflege von Angehörigen zuständig zu sein. Ein Blick auf die Altersverteilung der regelmäßig Pflegenden zeigt, daß sie größtenteils zwischen 46 und 60 Jahre alt sind, der zweitgrößte Anteil entfällt auf die 28- bis 45jährigen.[109]

Es bedarf nur der Nennung einiger weniger Aspekte der Pflege, um deutlich zu machen, daß diese Vereinbarkeitsproblematik noch erheblich komplexer ist oder sein kann, als die Vereinbarkeit von Kindern und Beruf: Die Aufnahme von Unterstützungsleistungen kann, beispielsweise nach einem Schlaganfall, quasi von einem Tag auf den anderen erfolgen, oder zunächst mit Kleinigkeiten anfangen, um sich dann nach und nach auszuweiten. Dabei ist nicht abzusehen, wie lange und mit welcher Intensität Pflegeleistungen zu erbringen sind. Hinzu kommt, daß die Pflegenden selbst aufgrund ihres Alters nicht mehr beliebig belastbar sind. Schließlich sind Kindererziehung und Pflege auch qualitativ nicht zu vergleichen (vgl. BÄCKER 1998, S. 52).

Die Aufnahme von Pflegeverpflichtungen fällt bei Frauen oft in eine Phase, wo durch das fortgeschrittene Alter der Kinder ein beruflicher Wiedereinstieg oder aber eine zeitliche Ausweitung beruflicher Tätigkeit möglich wäre, wie das Beispiel von Annemarie S. veranschaulicht (vgl. Kapitel 4.2.4 und 7.1.2, allgemeiner in SOZIALMINISTERIUM BADEN-WÜRTTEMBERG 1998, S. 315 f.). Genau diese Konstellation führt dazu, daß dieses Thema weder von Gewerkschaften noch von Betrieben angemessen wahrgenommen wird, denn nirgendwo wird festgehalten,

---

[109] Laut Familienbericht '98 konzentrieren sich erwerbstätige Hilfe- und Pflegeleistende auf die Gruppe von Frauen zwischen 40 und 50 Jahren (vgl. SOZIALMINISTERIUM BADEN-WÜRTTEMBERG 1998, S. 316).

weshalb eine Frau nicht wieder ins Erwerbsleben einsteigt oder aber ihre (Teilzeit-) Erwerbstätigkeit vor Erreichen des Rentenalters aufgibt (vgl. BÄCKER 1998, S. 52).

Derzeit gibt es keine Regelungen für die Pflege älterer Angehöriger, die dem gesetzlichen Erziehungsurlaub oder der bezahlten Freistellung zur Pflege kranker Kinder entsprechen (vgl. BÄCKER 1998, S. 45). Obwohl mit der Vereinbarkeitsproblematik von Erwerbstätigkeit und Pflege aufgrund der demographischen Entwicklung in den nächsten Jahren immer mehr Frauen aber auch Männer konfrontiert sein werden, scheint die Gesellschaft darauf bislang nur ungenügend vorbereitet zu sein (vgl. NAEGELE & REICHERT 1998).

7.2.3 Frauen auf dem Arbeitsmarkt – kein Ende der Segregation in Sicht

„*Arbeit* – bezahlte oder unbezahlte – kann als Verrichtung von Aufgaben definiert werden, bei der geistige und körperliche Energie aufgewendet wird, diese Aufgaben haben zum Ziel, Güter und Dienstleistungen hervorzubringen, die sich an menschliche Bedürfnisse wenden. Eine *Beschäftigung* oder ein Job ist Arbeit, die im Austausch gegen einen regelmäßigen Lohn oder ein regelmäßiges Gehalt verrichtet wird" (GIDDENS 1999, S. 335, Herv. im Original). Wann sich Frauen in ihrer Eigenwahrnehmung als erwerbstätig ansehen, ist, wie die Beispiele aus einigen Interviews zeigen, auch noch an andere Faktoren geknüpft.

Mit der hier aufgeführten Definition von Beschäftigung stimmt die Ansicht von Frieda R. überein (vgl. Kapitel 6.2.1): Um der Interviewerin klar zu machen, daß sie mit ‚Heimarbeit' nicht etwa ein Hobby bezeichnet, betont sie, daß diese ‚richtige Arbeit' bezahlt wird. Auch Gertrud G. bekommt Geld für ihre Arbeit: Sie betreut ihre Schwiegereltern (vgl. Kapitel 5.2.1 und 4.2.4). Als Beschäftigung im Sinne einer Erwerbstätigkeit sieht sie ihre familiären Hilfeleistungen allerdings trotzdem nicht, denn sie bezeichnet sich selbst als Hausfrau. Während in diesem Fall also der Inhalt der Tätigkeit gegen eine Benennung als Erwerbstätigkeit spricht, ist es bei Annemarie S. der Umfang der Beschäftigung: Als sie ihre Tätigkeit vor rund 15 Jahren beginnt, ist sie deshalb an fünf Nachmittagen pro Woche außer Haus. Im Laufe der Zeit erfolgen Reduzierungen und inzwischen wird dafür nur noch ein Nachmittag benötigt. Rückblickend ist Frau S. der Ansicht, damals berufstätig gewesen zu sein, aber zum gegenwärtigen Zeitpunkt würde sie das nicht mehr so nennen (vgl. Kapitel 7.1.2).

In zwei anderen Interviews ist noch ein weiterer Aspekt zu finden, der für die Eigenwahrnehmung relevant ist: der *Arbeitsort*. Wie in Kapitel 6.2.1 erläutert arbeitet Doris G. als Tagesmutter, eine Tätigkeit, die bei sieben ‚Tageskindern' im Umfang sicherlich einer Vollzeitbeschäftigung entspricht und bezahlt wird. Im Kurzfragebogen bezeichnet sich Frau G. dennoch als ‚Hausfrau/Tagesmutter'. Ein Grund hierfür ist vermutlich, daß sich die beiden Rollen aufgrund der räumlichen, zeitlichen und inhaltlichen Übereinstimmungen nur schwer differenzieren lassen. Ähnlich und anders zugleich ist die Situation von Petra N., die als derzeitige Tätigkeit im Kurzfragebogen ‚Nachhilfe für Schüler' angibt (vgl. Kapitel 7.1.2). Auf die Frage nach der Arbeitsteilung in der Partnerschaft antwortet sie im Interview: ‚Das ist noch nach altem Muster und hat sich eben einfach so ergeben, dadurch daß ich eben Zuhause bin. Wenn sich die Berufstätigkeit, aus welchen Gründen auch immer, für mich ergeben hätte, dann hätte sich das sicher geändert.' Da sie ihrer Erwerbstätigkeit Zuhause nachgeht, ist sie allein für die Hausarbeit zuständig. Eine „richtige" Berufstätigkeit dagegen findet nach dieser Definition außer Haus statt.

Diese Beispiele machen deutlich, daß es für die Interviewpartnerinnen selbst nicht ganz leicht ist, sich und ihre Tätigkeiten zu definieren. Gemeinsam ist den hier aufgeführten Frauen, daß sie – mit Ausnahme von Frieda R. – nicht über eine abgeschlossene Berufsausbildung verfügen. Dieses Thema scheint bei Frauen mit formaler beruflicher Qualifikation eine geringere Rolle zu spielen. Es ist anzunehmen, daß sich diese Frauen leichter einordnen können, da Erwerbsarbeit und andere Arbeiten klarer von einander zu trennen sind.

Frauen konzentrieren sich sehr viel stärker als Männer auf einige wenige Ausbildungsberufe. Die derzeit beliebtesten sind mit einem Anteil von zusammen fast 18 % an den weiblichen Auszubildenden *Arzthelferin* und *Zahnarzthelferin* (vgl. SOZIALMINISTERIUM BADEN-WÜRTTEMBERG 1998, S. 150). Daß diese beiden ausgesprochenen Frauenberufe für Mütter nur bedingt geeignet sind, wird in den Kapiteln 6.1.2 und 6.3.1 deutlich. Die Quote der Teilzeitbeschäftigten: Sie hat seit 1993 nur um 2 Prozentpunkte zugenommen und liegt 1997 bei 23 % (vgl. PARMENTIER, SCHADE & SCHREYER 1998, S. 424).

Ein weiterer Blick in die Statistik (ebd.) zeigt, daß gerade der Beruf der Sprechstundenhelferin aber auch nach einer Kinderpause nur selten ausgeübt wird. So sind 59 % der Beschäftigten unter 35 Jahre, 33 % sind zwischen 35 und 50 Jahre alt, und nur 8 % sind älter als 50 Jahre. Es scheint, als gäbe es „in diesen Berufen ‚imaginäre' Altersgrenzen oder einen Zwang zur Jugendlichkeit" (METZ-GÖCKEL & NYSSEN 1990, S. 96). Es ist festzuhalten, daß der Begriff ‚Frauenberuf' Berufe bezeichnet, denen zwar vorrangig Frauen, aber gleichzeitig nur bestimmte Frauen – nämlich oftmals junge, die (noch) keine Kinder haben – nachgehen. Weshalb die genannten Berufe für junge Frauen so attraktiv erscheinen, muß an dieser Stelle offenbleiben. Hier besteht weiterer Forschungsbedarf.

Die für weibliche Berufsbiographien noch immer typischen Erwerbsunterbrechungen, seien sie durch Kinder oder Pflegeaufgaben bedingt, gehen in der Regel mit

7.2 Fazit

einer „Entwertung von Erwerbshumanvermögen (Dequalifikation)" einher (vgl. SOZIALMINISTERIUM BADEN-WÜRTTEMBERG 1998, S. 316). Dabei tragen Frauen mit besserer Ausbildung „ein höheres Dequalifizierungs- und Abstiegsrisiko" (vgl. ebd., S. 269). Solche Dequalifizierungsprozesse sind von verschiedenen Faktoren abhängig:

- Vor allem der Beruf selbst spielt eine wichtige Rolle, denn Wissen veraltet in einzelnen Berufen unterschiedlich schnell.

- Der Prozess der Dequalifikation ist eng mit der zeitlichen Dimension verknüpft, d.h. je länger eine Erwerbsunterbrechung andauert um so größer ist das Dequalifizierungsrisiko.

- Schließlich wirkt sich auch die Dauer der Berufstätigkeit *vor* der Unterbrechung aus: Je länger jemand eine Tätigkeit ausübt, um so gefestigter ist in der Regel das diesbezügliche Wissen und um so langsamer werden Dequalifizierungsprozesse ablaufen.

Die Biographien der Interviewpartnerinnen zeigen, daß von Dequalifizierung vorwiegend Frauen mit formaler beruflicher Qualifikation betroffen sind. D.h., es handelt sich dabei – zumindest in den derzeitigen Ausmaßen – um ein relativ junges Problem. Anhand der Interviews wird deutlich, daß die Frauen recht unterschiedliche Strategien verfolgen, um diesem Prozeß zu begegnen.

Eine Chance besteht darin, die Unterbrechung so kurz wie möglich zu halten. Die Umstände, unter denen dies geschieht, können sich allerdings ganz erheblich von einander unterschieden. Wie in Kapitel 7.1.5 erläutert, unterbricht Helga V. ihre Erwerbstätigkeit, als das erste Kind zur Welt kommt; und noch während dieser Pause bekommt sie ihr zweites Kind. Im Anschluß daran qualifiziert sie sich weiter, legt eine Meisterprüfung ab und macht sich selbständig. Als die beiden jüngeren Kinder geboren werden, läßt die Selbständigkeit keine Unterbrechungen mehr zu, so daß nicht die Gefahr der Dequalifikation besteht.

Während bei Helga V. fehlende Wahlmöglichkeiten dazu führen, daß sie unmittelbar nach der Entbindung wieder beruflich arbeitet, hat die Entscheidung von Johanna S. eher freiwilligen Charakter (vgl. Kapitel 7.1.4). Sie arbeitet als Lehrerin und als sie ihre Kinder bekommt, unterbricht sie ihre Tätigkeit jeweils nur im gesetzlich vorgeschriebenen Rahmen des Mutterschutzes. Danach nimmt sie ihren Beruf mit reduziertem Lehrauftrag wieder auf. Von einer finanziellen Notwendigkeit ist in diesem Fall nicht auszugehen, da sie zur Betreuung ihrer Kinder eine Kinderfrau beschäftigt. Aufgrund der beiden minimalen Unterbrechungen ist auch Johanna S. nicht von Dequalifizierungsprozessen betroffen.

Beate T. ist schon über 10 Jahre erwerbstätig, als sie ihre Beschäftigung wegen eines Kindes unterbricht (vgl. 7.1.6). Im Vergleich zu technisch-orientierten Berufen verändert sich ihre Tätigkeit als Erzieherin relativ langsam. Beide Faktoren, also die Dauer und der Inhalt ihrer Tätigkeit tragen dazu bei, daß die Gefahren für eine Dequalifizierung recht gering sind. Sie kann deshalb den gesamten Erziehungsurlaub in Anspruch nehmen und trotzdem damit rechnen, danach wieder eine adäquate Anstellung zu finden.

Deutlich schlechter als die Wiedereinstiegschancen von Beate T. sind jene von Christine J. einzuschätzen, denn ihr Metier – sie hat eine Ausbildung zur technischen Zeichnerin absolviert – hat sich in den letzten Jahren gravierend verändert (vgl. Kapitel 7.1.6). Sie versucht, mit Heimarbeit den Anschluß an die Entwicklung nicht ganz zu verlieren, hat sich aber bislang nicht mit dem EDV-gestützten technischen Zeichnen auseinandergesetzt. Hier wirkt die Erwerbsunterbrechung trotz der geschilderten Heimarbeit eindeutig dequalifizierend; dieser Ansicht ist auch die Interviewpartnerin selbst und denkt deshalb daran, bei einem Wiedereinstieg die Branche zu wechseln.

Rebecca V. hat eine andere Strategie gewählt: Sie ist im gesetzlich erlaubten Rahmen sogar während des Erziehungsurlaubes erwerbstätig. Diese Art, Dequalifizierungsprozessen entgegen zu wirken, ist nicht nur unter den Interviewpartnerinnen selten. So liegt der Anteil der erziehungsgeldberechtigten ErziehungsurlauberInnen *mit* Teilzeitbeschäftigung an der entsprechenden Gesamtheit vorher abhängig Beschäftigter im Jahr 1995 nur bei 3,9 % (vgl. SOZIALMINISTERIUM BADEN-WÜRTTEMBERG 1998, S. 328). Dabei darf die geschlechtsneutrale Formulierung nicht darüber hinweg täuschen, daß die Möglichkeit des Erziehungsurlaubes fast ausschließlich von Frauen genutzt wird (vgl. ebd., S. 323). Dies bestätigt auch die vorliegende Untersuchung, denn unter den insgesamt 83 Befragten, die zum Befragungszeitpunkt im Mutterschutz oder Erziehungsurlaub sind, befindet sich nur ein Mann. Nebenbei bemerkt ist dieser Mann von Beruf Lehrer: der ‚Mütterberuf' eignet sich demnach auch für Väter (vgl. Kapitel 6.1.2).

Um die Attraktivität des Erziehungsurlaubes zu steigern, plant die Bundesregierung derzeit eine Änderung des Bundeserziehungsgeldgesetzes, die zum Januar 2001 in Kraft treten soll. Kernpunkte des Gesetzesentwurfs sind eine Erhöhung der Einkommensgrenzen sowie Erleichterungen beim Erziehungsurlaub. Danach soll es Müttern und Vätern künftig möglich sein, gleichzeitig Erziehungsurlaub zu nehmen und währenddessen bis zu 30 Stunden wöchentlich erwerbstätig zu sein. Ob diese Veränderung dazu geeignet ist, Väter stärker und unter teilweisem Verzicht auf ihre Erwerbstätigkeit an der Betreuung von Kindern zu beteiligen, muß sich erst zeigen.

Umfassende Aufklärung über die schon bestehenden Möglichkeiten zur Vereinbarung von Beruf und Familie scheinen nicht nur bei den potentiellen ErziehungsurlauberInnen notwendig, sondern auch bei den ArbeitgeberInnen. Dabei müssen insbesondere Klein- und Mittelbetriebe angesprochen werden, da hier der Frauenanteil an den ArbeitnehmerInnen höher liegt als in Großbetrieben (vgl. BUNDESMINISTERIUM FÜR FAMILIE, SENIOREN, FRAUEN UND JUGEND 1998, S. 116).

Eine wichtige, vermittelnde Rolle können die vom Wirtschaftsministerium Baden-Württemberg konzipierten und finanziell geförderten ‚Kontaktstellen Frau und Beruf' übernehmen. Sie bieten ein umfassendes Beratungsspektrum von der Berufswahl über die Planung des Erziehungsurlaubes bis zu Anpassungsqualifikationen beim Wiedereinstieg (vgl. SOZIALMINISTERIUM BADEN-WÜRTTEMBERG 1998, S. 335 f.). Dabei wird Wert auf eine *„ganzheitliche Beratung"* gelegt, die „von besonderer Bedeutung für die Frauen im ländlichen Raum mit ihren speziellen Lebensbedingungen" ist (ebd., Herv. im Original). Derzeit gibt es in Baden-Württemberg acht dieser Kontaktstellen, die alle in größeren Städten angesiedelt sind. Von den vier Untersuchungsgemeinden aus sind die beiden Kontaktstellen in Stuttgart und Reutlingen am nächsten gelegen. Es ist schwer einzuschätzen, wie bekannt diese Einrichtungen bei den im ländlichen Raum lebenden Frauen sind.

In der Summe führen die geschilderten Faktoren zu deutlichen geschlechtsspezifischen Unterschieden in der Erwerbstätigenquote (vgl. Kapitel 5.1) sowie zu einer anhaltenden geschlechtsspezifischen Segregation auf dem Arbeitsmarkt. Letztere äußert sich insbesondere im unterschiedlichen Umfang der wöchentlichen Erwerbsarbeitszeit (vgl. Kapitel 6.4) und der Lage der Erwerbsarbeitsorte (vgl. Kapitel 6.2).

Die Ergebnisse der quantitativen Erhebungen zeigen, daß weibliche und männliche Befragte in unterschiedliche Arbeitszeitstrukturen eingebunden sind: Während beispielsweise Schichtarbeit, gleitende Arbeitszeit oder ein wöchentlicher Arbeitsumfang von 50 und mehr Stunden (und darin enthaltene Überstunden) männliche Arbeitszeitdomänen sind, ist die geringfügige Beschäftigung eine weibliche. Doch nicht nur was den wöchentlichen Arbeitsumfang angeht, sondern auch bezogen auf die Lebensarbeitszeit sind geschlechtsspezifische Differenzen vorhanden: In der Regel weisen Frauen aufgrund von Erwerbsunterbrechungen weniger Berufsjahre auf als Männer (vgl. BUNDESMINISTERIUM FÜR FAMILIE, SENIOREN, FRAUEN UND JUGEND 1998, S. 66).

Mit dem zeitlichen Aspekt der Erwerbsarbeit eng verknüpft ist der finanzielle: So tragen beispielsweise Schichtarbeit mit entsprechenden Tarifzuschlägen und Überstunden zu den Einkommensdifferenzen zwischen Frauen und Männern bei. Daneben wirkt sich aber auch aus, daß Frauen seltener als Männer in Führungspositionen anzutreffen sind und häufiger unterhalb ihres Ausbildungsniveaus beschäftigt sind (vgl. BUNDESMINISTERIUM FÜR FAMILIE, SENIOREN, FRAUEN UND JUGEND 1998, S. 66).

Auch die geringere Zahl an Berufsjahren ist mit finanziellen Folgen verbunden, denn sie schlägt sich in der Rente nieder. Da die Rentenberechnungen von Vollzeitarbeitskräften ausgehen, ist auf der Basis von Teilzeitarbeit kaum ein existenzsichernder Rentenanspruch zu erwerben. Viele Frauen sind zwar (auch) über ihren Ehemann abgesichert, doch ist zu berücksichtigen, daß sich die sogenannte Witwenrente im günstigsten Fall auf 60 % des Betrages beläuft, den der Verstorbene als Vollrente erhalten hätte (vgl. BUNDESMINISTERIUM FÜR FAMILIE, SENIOREN, FRAUEN UND JUGEND 1998, S. 131).

Doch für die Zufriedenheit mit der Erwerbsarbeit ist keineswegs nur die finanzielle Seite relevant: Ein auf die Bedürfnisse der ArbeitnehmerInnen abgestimmter Arbeitsumfang und ein Mitspracherecht bei der Ausgestaltung der Arbeitszeit wirken sich sehr positiv auf die Arbeitsmotivation der Arbeitskräfte aus (vgl. Kapitel 6.4.1 und 6.4.2).

Interessant ist die Entwicklung weg von der klassischen Ganz- oder Halbtagsarbeit: Umfang und Verteilung der wöchentlichen Arbeitszeit variieren in immer stärkerem Ausmaß (vgl. Kapitel 6.4.3). Hier sind positive wie negative Folgen denkbar: Aus Sicht der Arbeitskräfte können Gleitzeitregelungen u.ä. zur besseren Vereinbarkeit von beruflichen und außerberuflichen Verpflichtungen beitragen. Gleichzeitig wird es aber auch schwieriger, z.B. Öffnungszeiten von Kinderbetreuungseinrichtungen auf die Bedürfnisse von erwerbstätigen Eltern abzustimmen, wenn deren Arbeitszeiten immer unterschiedlicher werden. Besondere Bedeutung kommt hier dem Mitspracherecht bei der Arbeitszeitgestaltung zu.

Bei der Wahl des Arbeitsplatzes ist dessen Lage und Erreichbarkeit für viele Frauen ein ganz entscheidendes Kriterium. Unter Umständen wird diesem räumlichen Aspekt sogar mehr Bedeutung beigemessen, als dem Arbeitsinhalt, wie in mehreren Interviews deutlich wird (vgl. Kapitel 7.1.2 und 7.1.3). Für diese Gewichtung gibt es verschiedene Ursachen: Eingeschränkte Mobilitätsmöglichkeiten werden ebenso erwähnt wie der Wunsch, nicht zu lange von Zuhause weg zu sein. Frauen greifen in sehr viel stärkerem Maße auf die in ihrer Wohngemeinde vorhandenen Arbeitsplätze zurück; der Radius der Männer ist diesbezüglich wesentlich größer. Frauen sind deshalb sehr viel direkter als Männer mit dem tatsächlichen Arbeitsplatzangebot der Wohngemeinde oder aber einem Arbeitsplatzdefizit konfrontiert. Dem Wunsch, auch während der Erwerbsarbeit in der Nähe der Familie zu sein, steht bei bestimmten Berufsgruppen eine als notwendig erachtete räumliche Distanz zwischen Wohn- und Erwerbsarbeitsort entgegen (vgl. 6.3.3).

7.2 Fazit

Die Tatsache, daß viele Männer außerhalb der jeweiligen Wohngemeinde einer Erwerbstätigkeit nachgehen, die Frauen aber in der Wohngemeinde, hängt auch mit dem Prozeß der Suburbanisierung zusammen: Die Gesprächspartnerinnen berichten davon, daß die Familie ihren Wohnsitz in suburbane Gemeinden wie Steinenbronn oder Nufringen verlegt. Oftmals behält der Mann dabei seinen Arbeitsplatz in der Stadt (z.B. Stuttgart oder Böblingen), während die Frau versucht, sich in der neuen Wohngemeinde zu arrangieren, da sich für die vielfach angestrebte Teilzeitarbeit ein weiterer Arbeitsweg nicht lohnen würde. Die Familie von Petra N. ist wegen der Kinder ‚bewußt aufs Land raus' gezogen. Der Ehemann hat seinen ‚städtischen' Arbeitsplatz behalten, doch Petra N. sucht sich eine der neuen Umgebung angepaßte Arbeitsmarktnische (vgl. Kapitel 7.1.2). Ganz ähnlich ist die Situation bei Edith L.: Auch ihre Familie will wegen der Kinder in einer ländlicheren Umgebung wohnen und zieht deshalb vor einigen Jahren von Sindelfingen in die Untersuchungsgemeinde. Ebenso wie der Mann von Petra N. bleibt Herr L. an seinem Arbeitsplatz und pendelt zwischen dem neuen Wohn- und dem alten Arbeitsort. Edith L. dagegen hat sich eine neue, auf die kleine Gemeinde abgestimmte Existenz aufgebaut (vgl. 6.2.1).

Frieda R. nennt als Grund für den Umzug in die kleinere Gemeinde ganz direkt die dort günstigeren Baulandpreise, die es ihrer Familie ermöglichen, ein eigenes Haus zu finanzieren. Der Bauplatz wird in einem bestimmten Radius um den Arbeitsort des Mannes gesucht, der seither pendelt. Für Frieda R. ist die Situation jedoch ein wenig komplizierter: Sie sucht sich zunächst eine Tätigkeit am Wohnort, weitet ihre Erwerbsarbeit dann aber zeitlich aus und nimmt einen weiteren Job an, der sie ebenfalls zum Pendeln zwingt (vgl. Kapitel 6.2.1). Auch für Familie K. sind der Wunsch nach einem eigenen Haus und damit verbunden die im Umland günstigeren Grundstückspreise der Anlaß, aus Stuttgart wegzuziehen. In diesem Fall behalten sowohl die Interviewpartnerin Brigitte K. selbst als auch ihr Mann ihre Arbeitsplätze in Stuttgart, so daß nun beide pendeln müssen. Die hier genannten Frauen leben in drei der vier untersuchten Gemeinden, nämlich in Steinenbronn, Nufringen und Bondorf; dies kann als Indiz dafür gewertet werden, daß Haiterbach von der Suburbanisierung bislang noch nicht so stark erfaßt wird, wie die drei näher an Stuttgart liegenden Gemeinden. Deutlich wird, daß die arbeitsmarktbezogene Komponente des Suburbanisierungsprozesses von geschlechtsspezifischen Differenzen geprägt ist.

Die in weiblichen Biographien sehr enge Verzahnung zwischen den verschiedenen gesellschaftlich notwendigen Arbeiten – Haus-, Familien-, Pflege- und Erwerbsarbeit – wird besonders in den qualitativen Interviews deutlich. Der von KRECKEL (1992, S. 282) beschriebene systematische Zusammenhang zwischen Produktions- und Reproduktionssphäre läßt sich damit untermauern (vgl. Kapitel 2.3.2).

Die Forderung von CYBA (1998, S. 58), an Stelle der bisherigen Theorien des Arbeitsmarktes Theorien zu einer Analyse sozialer Ungleichheiten am Arbeitsmarkt zu entwickeln, ist deshalb zu unterstreichen (vgl. Kapitel 2.3.2). Möglicherweise jedoch stellen solche Theorien zur Analyse sozialer Ungleichheiten am Arbeitsmarkt nur eine Zwischenstufe dar auf dem Weg zu einer Arbeits- und Beschäftigungsforschung, die alle gesellschaftlich notwendigen Tätigkeiten in ihren theoretischen Erklärungsmustern gleichermaßen berücksichtigen kann.

Literatur

Abkürzungen

ISO   Institut zur Erforschung sozialer Chancen
MittAb   Mitteilungen aus der Arbeitsmarkt- und Berufsforschung
SAMF   Arbeitskreis sozialwissenschaftliche Arbeitsmarktforschung

ABELS, Gabi (1997): Zur Methodologie-Debatte in der feministischen Forschung. In: FRIEBERTSHÄUSER, Barbara & PRENGEL, Annedore (Hrsg.) (1997): Handbuch Qualitative Forschungsmethoden in der Erziehungswissenschaft. Weinheim, München. S. 131–143.

BÄCKER, Gerhard (1998): Vereinbarkeit von Erwerbstätigkeit und Pflege – Anforderungen an die Arbeitswelt und die Tarifparteien. In: NAEGELE, Gerhard & REICHERT, Monika (Hrsg.) (1998): Vereinbarkeit von Erwerbstätigkeit und Pflege: nationale und internationale Perspektiven. Dortmunder Beiträge zur angewandten Gerontologie, Bd. 7. Hannover. S. 35–59.

BAUER, Frank, GROß, Hermann & SCHILLING, Gabi (1996a): Arbeitszeit '95. Arbeitszeitstrukturen, Arbeitszeitwünsche und Zeitverwendung der abhängig Beschäftigten in West- und Ostdeutschland. Ergebnisse einer aktuellen Repräsentativbefragung durch das ISO, Köln, im Auftrag des Ministeriums für Arbeit, Gesundheit und Soziales des Landes Nordrhein-Westfalen. Düsseldorf.

BAUER, Frank, GROß, Hermann & SCHILLING, Gabi (1996b): Zur Geschlechtsspezifik der Arbeitszeitformen, der Arbeitszeitwünsche und der Zeitverwendung bei den abhängig Beschäftigten. MittAB 3/96. S. 409–427.

BAUER, Frank, GROß, Hermann & SCHILLING, Gabi (1997): Zeitverwendung in Arbeits- und Lebenswelt. Fallstudien bei Alleinstehenden und Beschäftigten in Paarhaushalten mit und ohne Kind. Berichte des ISO 53. Köln.

BECK-GERNSHEIM, Elisabeth (1980): Das halbierte Leben. Männerwelt Beruf, Frauenwelt Familie. Frankfurt.

BECKER, Gary S. (1964): Human Capital. New York.

BECKER, Gary S. (1965): A Theory of the Allocation of Time. In: Economic Journal, vol. 75, S. 493–517.

BECKER, Gary S. (1971): The Economics of Discrimination. Chicago, London.

BECKER, Peter L. & LUCKMANN, Thomas (1969): Die gesellschaftliche Konstruktion der Wirklichkeit. Frankfurt.

BECKER-SCHMIDT, Regina (1984): „Eines ist zuwenig – beides ist zuviel." Erfahrungen von Arbeiterfrauen zwischen Familie und Fabrik. Bonn.

BECKER-SCHMIDT, Regina (1987a): Die doppelte Vergesellschaftung – die doppelte Unterdrückung: Besonderheiten der Frauenforschung in den Sozialwissenschaften. In: UNTERKIRCHER, Lilo & WAGNER, Ina (Hrsg.) (1987): Die andere Hälfte der Gesellschaft. Wien. S. 10–25.

BECKER-SCHMIDT, Regina (1987b): Frauen und Deklassierung. Geschlecht und Klasse. In: BEER, Ursula (Hrsg.) (1987): Klasse Geschlecht. Feministische Gesellschaftsanalyse und Wissenschaftskritik. Bielefeld. S. 187–235.

BECKER-SCHMIDT, Regina (1991): Individuum, Klasse und Geschlecht aus der Perspektive der Kritischen Theorie. In: ZAPF, Wolfgang (Hrsg.) (1991): Die Modernisierung moderner Gesellschaften. Verhandlungen des 25. Deutschen Soziologentages in Frankfurt am Main. Frankfurt, New York. S. 383–394.

BECKER-SCHMIDT, Regina (1998): Trennung, Verknüpfung, Vermittlung: zum feministischen Umgang mit Dichotomien. In: KNAPP, Gudrun-Axeli (Hrsg.) (1998): Kurskorrekturen. Feminismus zwischen Kritischer Theorie und Postmoderne. Frankfurt, New York. S. 84–125.

BECKER-SCHMIDT, Regina & KNAPP, Gudrun-Axeli (Hrsg.) (1995): Das Geschlechterverhältnis als Gegenstand der Sozialwissenschaften. Frankfurt, New York.

BECKER-SCHMIDT, Regina & BILDEN, Helga (1995): Impulse für die qualitative Sozialforschung aus der Frauenforschung. In: FLICK, Uwe et al. (Hrsg.) (1995): Handbuch qualitative Sozialforschung. Grundlagen, Konzepte, Methoden und Anwendungen. München. S. 23–30.

BECKMANN, Petra & KEMPF, Birgit (1996): Arbeitszeit und Arbeitszeitwünsche von Frauen in West- und Ostdeutschland. MittAB 3/96. S. 388–408.

BEER, Ursula (1990): Geschlecht, Struktur, Geschichte. Soziale Konstituierung des Geschlechterverhältnisses. Frankfurt, New York.

BEHNKE, Cornelia & MEUSER, Michael (1999): Geschlechterverhältnis und qualitative Methoden. Opladen.

BIRG, Herwig, FLÖTHMANN Ernst-Jürgen & REITER, Iris (1990): Biographische Theorie der demographischen Reproduktion. Demographische Verhaltensweisen regionaler Arbeitsmarktkohorten im biographischen Kontext. Institut für Bevölkerungsforschung und Sozialpolitik. Bielefeld.

BLÄTTEL-MINK, Birgit, KRAMER, Caroline & MISCHAU, Anina (1998): Lebensalltag von Frauen zwischen Tradition und Moderne. Soziale Lage und Lebensführung von Frauen in zwei Landkreisen Baden-Württembergs. Baden-Baden.

BOURDIEU, Pierre (1985): Sozialer Raum und „Klassen". Leçon sur la leçon. Zwei Vorlesungen. Frankfurt.

BROWN, Lisa Jo (1994): „Gender" und die Wirtschaftswissenschaften. Eine feministische Perspektive. In: REGENHARD, Ulla, MAIER, Friederike & CARL, Andrea-Hilla (Hrsg.) (1994): Ökonomische Theorien und Geschlechterverhältnis. Der männliche Blick der Wirtschaftswissenschaft. Berlin. S. 93–106.

BRÜCK, Brigitte ET AL. (1997): Feministische Soziologie. Eine Einführung. Frankfurt, New York.

BUNDESINSTITUT FÜR BERUFSBILDUNG (Hrsg.) (1988): Verzeichnis der anerkannten Ausbildungsberufe. Berlin.

BUNDESINSTITUT FÜR BERUFSBILDUNG (Hrsg.) (1998): Verzeichnis der anerkannten Ausbildungsberufe 1997. Berlin.

BUNDESMINISTERIUM FÜR FAMILIE, SENIOREN, FRAUEN UND JUGEND (Hrsg.) (1996): Zeit im Blickfeld: Ergebnisse einer repräsentativen Zeitbudgeterhebung. Stuttgart, Berlin, Köln.

BUNDESMINISTERIUM FÜR FAMILIE, SENIOREN, FRAUEN UND JUGEND (Hrsg.) (1998): Frauen in der Bundesrepublik Deutschland. Bonn.

BURCHELL, Brendan & RUBERY, Gill (1990): An empirical investigation into the segmentation of the labour supply. In: Employment and Society, vol. 4, no. 4, S. 551–575.

BUTLER, Judith (1991): Das Unbehagen der Geschlechter. Frankfurt.

CHOW NGAN-LING, Esther, WILKINSON, Doris & ZINN, Maxine Baca (Hrsg.) (1996): Race, Class and Gender. Common Bonds, Different Voices. Thousand Oaks.

CYBA, Eva (1998): Geschlechtsspezifische Arbeitsmarktsegregation: Von den Theorien den Theorien des Arbeitsmarktes zur Analyse sozialer Ungleichheiten am Arbeitsmarkt. In: GEISSLER, Birgit, MAIER, Friederike & PFAU-EFFINGER, Birgit (Hrsg.) (1998): FrauenArbeitsMarkt: Der Beitrag der Frauenforschung zur sozio-ökonomischen Theorieentwicklung. SAMF, Neue Folge, Bd. 6. Berlin. S. 37–61.

DETERS, Magdalene (1995): Sind Frauen vertrauenswürdig? Vertrauen, Rationalität und Macht: Selektionsmechanismen in modernen Arbeitsorganisationen. In: WETTERER, Angelika (Hrsg.) (1995): Die soziale Konstruktion von Geschlecht in Professionalisierungsprozessen. Frankfurt, New York. S. 85–100.

DIEKMANN, Andreas, ENGELHARDT, Henriette & HARTMANN Peter (1993): Einkommensungleichheit in der Bundesrepublik Deutschland: Diskriminierung von Frauen und Ausländern? In: MittAB 3/93, S. 386–398.

DIEZINGER, Angelika ET AL. (Hrsg.) (1994): Erfahrung mit Methode. Wege sozialwissenschaftlicher Frauenforschung. In: Forum Frauenforschung, Bd. 8. Freiburg.

DOERINGER, Peter & PIORE, Michael J. (1971): Internal Labor Markets and Manpower Analysis. Lexington.

ENGLAND, Paula (1992): Comparable Worth. Theories and Evidence. New York.

FASSMANN, Heinz (1993): Arbeitsmarktsegmentation und Berufslaufbahnen. Ein Beitrag zur Arbeitsmarktgeographie Österreichs. Wien.

FASSMANN, Heinz & MEUSBURGER, Peter (1997): Arbeitsmarktgeographie. Erwerbstätigkeit und Arbeitslosigkeit im räumlichen Kontext. Stuttgart.

FLICK, Uwe (1995): Qualitative Forschung. Theorie, Methoden, Anwendung in Psychologie und Sozialwissenschaften. Reinbek bei Hamburg.

FLICK, Uwe ET AL. (Hrsg.) (1995): Handbuch qualitative Sozialforschung. Grundlagen, Konzepte, Methoden und Anwendungen. Weinheim.

FRERICHS, Petra (1997): Klasse und Geschlecht 1. Arbeit. Macht. Anerkennung. Interessen. Opladen.

GEBHARDT, Hans (1993): Forschungsmethoden in der Kulturgeographie. Kleinere Arbeiten aus dem Geographischen Institut der Universität Tübingen. H. 13. Tübingen.

GEBHARDT, Hans ET AL. (1992): Heimat in der Großstadt. Räumliche Identifikation im Verdichtungsraum und seinem Umland (Beispiel Köln). In: Berichte zur deutschen Landeskunde, Bd. 66, H. 1. S. 75–144.

GEBHARDT, Hans & SCHRÖDER, Peter (1993): Das Südliche Neckarland. In: BORCHERDT, Christoph (Hrsg.) (1993): Geographische Landeskunde von Baden-Württemberg. Stuttgart. S. 299–320.

GEISSLER, Birgit (1998): Weibliche Lebensführung und Erwerbsverlauf – Ein lebenslauftheoretischer Beitrag zur Analyse der Frauenarbeit. In: Geissler, Birgit, MAIER, Friederike & PFAU-EFFINGER, Birgit (Hrsg.) (1998): FrauenArbeitsMarkt: Der Beitrag der Frauenforschung zur sozio-ökonomischen Theorieentwicklung. SAMF, Neue Folge, Bd. 6. Berlin. S. 145–164.

GEISSLER, Birgit, MAIER, Friederike & PFAU-EFFINGER, Birgit (Hrsg.) (1998): FrauenArbeitsMarkt: Der Beitrag der Frauenforschung zur sozio-ökonomischen Theorieentwicklung. SAMF, Neue Folge, Bd. 6. Berlin.

GIDDENS, Anthony (1984): Interpretative Soziologie. Frankfurt.

GIDDENS, Anthony (1995): Soziologie. Graz, Wien.

GIDDENS, Anthony (1997): Die Konstitution der Gesellschaft. Grundzüge einer Theorie der Strukturierung. Frankfurt, New York.

GIDDENS, Anthony (1999): Soziologie. Graz, Wien.

GILDEMEISTER, Regine & WETTERER, Angelika (1992): Wie Geschlechter gemacht werden. Die soziale Konstruktion der Zweigeschlechtlichkeit und ihre Reifizierung in der Frauenforschung. In: KNAPP, Gudrun-Axeli & WETTERER, Angelika (Hrsg.) (1992): Traditionen Brüche. Entwicklungen feministischer Theorie. Forum Frauenforschung, Bd. 6. Freiburg. S. 201–254.

GÖTTNER-ABENDROTH, Heide (1984): Wissenschaftstheoretische Positionen in der Frauenforschung (Amerika, Frankreich, Deutschland). In: ZENTRALEINRICHTUNG ZUR FÖRDERUNG VON FRAUENSTUDIEN UND FRAUENFORSCHUNG AN DER FREIEN UNIVERSITÄT BERLIN (Hrsg.) (1984): Methoden der Frauenforschung. Symposium an der Freien Universität Berlin vom 30.11. - 2.12.1983. S. 250–267.

GOTTSCHALL, Karin (1990): Vom weiblichen Arbeitsvermögen zur doppelten Vergesellschaftung – Zur Rezeption und Kritik eines für die Frauenarbeitsforschung zentralen Paradigmas. In: SAMF (Hrsg.) (1990): Erklärungsansätze zur geschlechtsspezifischen Strukturierung des Arbeitsmarktes. Arbeitspapier 1990 - 1. Paderborn. S. 40–53.

GOTTSCHALL, Karin (1995a): Geschlechterverhältnis und Arbeitsmarktsegregation. In: BECKER-SCHMIDT, Regina & KNAPP, Gudrun-Axeli (Hrsg.) (1995): Das Geschlechterverhältnis als Gegenstand der Sozialwissenschaften. Frankfurt, New York. S. 125–162.

GOTTSCHALL, Karin (1995b): ‚Geschlecht' und ‚Klasse' als Dimensionen des sozialen Raums. Neuere Beiträge zum Verhältnis von Geschlechterhierarchie und sozialer Ungleichheit. In: WETTERER, Angelika (Hrsg.) (1995): Die soziale Konstruktion von Geschlecht in Professionalisierungsprozessen. Frankfurt, New York. S. 33–50.

GOTTSCHALL, Karin (1997): Zum Erkenntnispotential sozialkonstruktivistischer Perspektiven für die Analyse von sozialer Ungleichheit und Geschlecht. In: HRADIL, Stefan (Hrsg.) (1997): Differenz und Integration. Die Zukunft moderner Gesellschaften Verhandlungen des 28. Kongresses der Dt. Gesellschaft für Soziologie. Frankfurt, New York. S. 479–496.

GOTTSCHALL, Karin (1998): Doing Gender While Doing Work? Erkenntnispotentiale konstruktivistischer Perspektiven für eine Analyse des Zusammenhangs von Arbeitsmarkt, Beruf und Geschlecht. In: GEISSLER, Birgit, MAIER, Friederike & PFAU-EFFINGER, Birgit (Hrsg.) (1998): FrauenArbeitsMarkt: Der Beitrag der Frauenforschung zur sozio-ökonomischen Theorieentwicklung. SAMF, Neue Folge, Bd. 6. Berlin. S. 63–94.

GOTTSCHALL, Karin (2000): Soziale Ungleichheit und Geschlecht. Kontinuitäten und Brüche, Sackgassen und Erkenntnispotentiale im deutschen soziologischen Diskurs. Opladen.

GUKENBIEHL, Hermann L. (2000): Institution und Organisation. In: KORTE, Hermann & SCHÄFERS, Bernhard (2000): Einführung in die Hauptbegriffe der Soziologie. Opladen.

HAGEMANN-WHITE, Carol (1984): Sozialisation: Weiblich – männlich? Opladen.

HAGEMANN-WHITE, Carol (1988): Wir werden nicht zweigeschlechtlich geboren ... In: HAGEMANN-WHITE, Carol & RERRICH, Maria S. (1988): FrauenMännerBilder. Männer und Männlichkeit in der feministischen Diskussion. Bielefeld. S. 224–235.

HAKIM, Cathrine (1993): Segregated and integrated occupations: A new approach to analysing social change. In: European Sociological Review, vol. 9, no. 3, S. 289–314.

HALL, Elaine J. (1993): Waitering/Waitressing: Engendering the Work of Table Servers. In: Gender and Society 1993, Heft 3, S. 329–346.

HEINTZ, Bettina (1997): Ungleich unter gleichen: Studien zur geschlechtsspezifischen Segregation des Arbeitsmarktes. Frankfurt/Main.

HELLMICH, Andrea (1986): Frauen zwischen Familie und Beruf. Eine Untersuchung über Voraussetzungen und Nutzen einer Berufskontaktpflege von Frauen in der Familienphase. Schriftenreihe des Bundesministers für Jugend, Familie, Frauen und Gesundheit, Bd. 184. Stuttgart.

HOLLAND, Jürgen (1993): Optimale Arbeitszeit für alle und Förderung qualifizierter Teilzeitarbeit als Aufgabe der Tarif- und Betriebspolitik. In: KLEIN, Martina (Hrsg.) (1993): Nicht immer, aber immer öfter. Flexible Beschäftigung und ungeschützte Arbeitsverhältnisse. Marburg. S. 57–74.

HOPF, Christel (1995): Qualitative Interviews in der Sozialforschung. Ein Überblick. In: FLICK, Uwe ET AL. (Hrsg.) (1995): Handbuch qualitative Sozialforschung. Grundlagen, Konzepte, Methoden und Anwendungen. Weinheim. S. 177–182.

HORKHEIMER, Max & ADORNO, Theodor W. (1947): Dialektik der Aufklärung. Amsterdam.

HORKHEIMER, Max & ADORNO, Theodor W. (1956): Soziologische Exkurse. Frankfurt.

HRADIL, Stefan (1999): Soziale Ungleichheit in Deutschland. Opladen.

JURCZYK, Karin (1994): Zwischen Selbstbestimmung und Bedrängnis. Zeit im Alltag von Frauen. In: BRÜCKNER, Margit & MEYER, Birgit (Hrsg.) (1994): Die sichtbare Frau. Die Aneignung der gesellschaftlichen Räume. Forum Frauenforschung, Bd. 7. Freiburg.

KAPPELER, Anja (1999): Aktionsräume von Frauen in ländlich geprägten Gemeinden. Am Beispiel von vier Gemeinden südwestlich von Stuttgart. Unveröffentlichte Diplomarbeit am Geographischen Institut der Universität Heidelberg. Heidelberg.

KAPPELER, Anja ET AL. (1999): Aktionsräume von Frauen in der Region Stuttgart. Arbeitsbericht. Tübingen, Heidelberg.

KELLER, Berndt (1997): Einführung in die Arbeitspolitik. Arbeitsbeziehungen und Arbeitsmarkt in sozialwissenschaftlicher Perspektive. München, Wien.

KERR, Clark (1950): Labour Markets: Their Caracters and Consequences. American Economic Review, Papers and Proceedings 40, S. 278–291.

KIEDAISCH, Verena, VÄTH, Anke & VALLEY, Heike (1997): Wie leben Frauen in Stuttgart? Der Alltag von Frauen in unterschiedlichen Stadtvierteln. In: LANDESHAUPTSTADT STUTTGART, STATISTISCHES AMT (Hrsg.) (1997): Statistik und Informationsmanagement, Heft 4/1997, S. 5–20.

KILCHENMANN, Ulla (1993): Teilzeitbeschäftigung: Chance oder Hindernis für eine emanzipatorische Ausrichtung der Arbeitsverhältnisse? In: BÜHLER, Elisabeth, MEYER, Heide, REICHERT, Dagmar & SCHELLER, Andrea (1993): Ortssuche. Zur Geographie der Geschlechterdifferenz. Zürich, Dortmund. S. 123–144.

KILLMANN, Claudia & KLEIN, Martina (1997): Part-Time Work in Germany: Gender-Specific Structures of Working Hours. In: KLEIN, Martina (Hrsg.) (1997): Part-Time Work in Europe. Gender, Jobs, and Opportunities. Frankfurt, New York. S. 81–94.

KIRSCH-AUWÄRTER, Edit (1995): Kulturmuster organisationalen Handelns am Beispiel wissenschaftlicher Institutionen. In: WETTERER, Angelika (Hrsg.) (1995): Die soziale Konstruktion von Geschlecht in Professionalisierungsprozessen. Frankfurt, New York. S. 73–84.

KLEBER, Michaela (1988): Arbeitsmarktsegmentation nach dem Geschlecht. Eine kritische Analyse ökonomischer Theorien über Frauenarbeit und Frauenlöhne. München.

KLEBER, Michaela (1991): Arbeitsmarktsegmentation nach dem Geschlecht. In: KRELL, Gertraude & OSTERLOH, Margit (Hrsg.) (1991): Personalpolitik aus der Sicht von Frauen – Frauen aus der Sicht der Personalpolitik: Was kann die Personalforschung von der Frauenforschung lernen? München, Mering. S. 85–106.

KLEIN, Martina (1993): Zur Ambivalenz von Teilzeitarbeit, ‚Teilzeitfallen' und der Notwendigkeit emanzipatorischer Gewerkschaftspolitik. In: KLEIN, Martina (Hrsg.) (1993): Nicht immer, aber immer öfter. Flexible Beschäftigung und ungeschützte Arbeitsverhältnisse. Marburg. S. 8–25.

KNAPP, Gudrun-Axeli (1987): Arbeitsteilung und Sozialisation: Konstellationen von Arbeitsvermögen und Arbeitskraft im Lebenszusammenhang von

Frauen. In: BEER, Ursula (Hrsg.) (1987): Klasse Geschlecht. Feministische Gesellschaftsanalyse und Wissenschaftskritik. Bielefeld. S. 236-273.

KNAPP, Gudrun-Axeli (1988a): Das Konzept „weibliches" Arbeitsvermögen – theoriegeleitete Zugänge, Irrwege, Perspektiven. In: Zeitschrift für Frauenforschung 4/1988, S. 8-19.

KNAPP, Gudrun-Axeli (1988b): Die vergessene Differenz. In: Feministische Studien Jg. 6, 1988, S. 12-31.

KNAPP, Gudrun-Axeli (1993): Segregation in Bewegung: Einige Überlegungen zum „Gendering" von Arbeit und Arbeitsvermögen. In: HAUSEN, Karin & KRELL, Gertraude (Hrsg.) (1993): Frauenerwerbsarbeit: Forschungen zu Geschichte und Gegenwart. München, Mering. S. 25-46.

KNAPP, Gudrun-Axeli (1995): Unterschiede machen: Zur Sozialpsychologie der Hierarchisierung im Geschlechterverhältnis. In: BECKER-SCHMIDT, Regina & KNAPP, Gudrun-Axeli (Hrsg.) (1995): Das Geschlechterverhältnis als Gegenstand der Sozialwissenschaften. Frankfurt, New York. S. 163-194.

KNAPP, Gudrun-Axeli. & WETTERER, Angelika (Hrsg.) (1992): Traditionen Brüche. Entwicklungen feministischer Theorie. Forum Frauenforschung, Bd. 6. Freiburg.

KÖRNTGEN, Silvia (1996): Mobilität von Frauen im ländlichen Raum. Mobilitätsbedarf, Mobilitätschancen, frauengerechte Verkehrsplanung. Kaiserslautern.

KORTE, Hermann (1998): Einführung in die Geschichte der Soziologie. Opladen.

KRECKEL, Reinhard (1983): Soziale Ungleichheit und Arbeitsmarktsegmentierung. In: KRECKEL, Reinhard (Hrsg.) (1983): Soziale Ungleichheiten. Soziale Welt, Sonderband 2. Göttingen. S. 137-162.

KRECKEL, Reinhard (1992): Politische Soziologie der sozialen Ungleichheit. Frankfurt, New York.

KRÜGER, Marlis (1994): Methodologische und wissenschaftstheoretische Reflexionen über eine feministische Soziologie und Sozialforschung. In: DIEZINGER, Angelika ET AL. (Hrsg.) (1994): Erfahrung mit Methode. Wege sozialwissenschaftlicher Frauenforschung. In: Forum Frauenforschung, Bd. 8. Freiburg. S. 69-84.

KRÜGER, Helga ET AL. (1987): Privatsache Kind – Privatsache Beruf: „... und dann hab' ich ja noch Haushalt, Mann und Wäsche"; zur Lebenssituation von Frauen mit kleinen Kindern in unserer Gesellschaft. Leverkusen.

LAPPE, Lothar (1981): Die Arbeitssituation erwerbstätiger Frauen. Geschlechtsspezifische Arbeitsmarktsegmentation und ihre Folgen. Frankfurt, New York.

LAUTERBACH, Wolfgang (1994): Berufsverläufe von Frauen: Erwerbstätigkeit, Unterbrechung und Wiedereintritt. Frankfurt/Main, New York.

LENZ, Ilse (1995): Geschlecht, Herrschaft und internationale Ungleichheit. In: BECKER-SCHMIDT, Regina & KNAPP, Gudrun-Axeli (Hrsg.) (1995): Das Geschlechterverhältnis als Gegenstand der Sozialwissenschaften. Frankfurt, New York. S. 19–46.

LORBER, Judith & FARELL, Susan A. (1991): Principles of Gender Construction. Preface Part I. In: LORBER, Judith & FARELL, Susan A. (Hrsg.) (1991): The Social Construction of Gender. Newbury Park. S. 7–11.

LUTZ, Burkhart (1979): Qualifikation und Arbeitsmarktsegmentation. In: BRINKMANN, Christian (Hrsg.) (1979): Arbeitsmarktsegmentation. Theorie und Therapie im Lichte der empirischen Befunde. Beiträge zur Arbeitsmarkt- und Berufsforschung 33. Nürnberg. S. 45–73.

LUTZ, Burkhart (1987): Arbeitsmarktstruktur und betriebliche Arbeitskräfteschlange. Eine theoretisch-historische Skizze zur Entstehung betriebszentrierter Arbeitsmarktsegmentation. Frankfurt, New York.

MAIER, Friederike (1990): Arbeitsmarktsegregation und patriarchale Gesellschaftsstruktur – Thesen zu einem gesellschaftssystem-übergreifenden Zusammenhang. In: SAMF (Hrsg.) (1990): Erklärungsansätze zur geschlechtsspezifischen Strukturierung des Arbeitsmarktes. Arbeitspapier 1990 - 1. Paderborn. S. 54–90.

MAIER, Friederike (1994): Das Wirtschaftssubjekt hat (k)ein Geschlecht! Oder: Bemerkungen zum gesicherten Wissen der Ökonomen zur Geschlechterfrage. In: REGENHARD, Ulla, MAIER Friederike & CARL, Andrea-Hilla (Hrsg.) (1994): Ökonomische Theorien und Geschlechterverhältnis. Der männliche Blick der Wirtschaftswissenschaft. Berlin. S. 15–39.

MAIER, Friederike (1996): Arbeitsmarkt und Geschlechterverhältnis. Frauenarbeit als Gegenstand politischer Regulierung. In: KULAWIK, Teresa & SAUER, Birgit (Hrsg.) (1996): Der halbierte Staat: Grundlagen feministischer Politikwissenschaft. Frankfurt/Main, New York. S. 175–205.

MAIER, Friederike (1997): Geschlechterverhältnisse und Arbeitsmarkttheorien. In: ALLGOEWER, Elisabeth ET AL. (Hrsg.) (1998): Ökonomie weiterdenken! Beiträge von Frauen zu einer Erweiterung von Gegenstand und Methode. Frankfurt/Main, New York. S. 200–227.

MAIER, Friederike (1998): Ökonomische Arbeitsmarktforschung und Frauenerwerbstätigkeit – Versuch einer kritischen Bilanz. In: GEISSLER, Birgit, MAIER, Friederike & PFAU-EFFINGER, Birgit (Hrsg.) (1998): FrauenArbeitsMarkt: Der Beitrag der Frauenforschung zur sozio-ökonomischen Theorieentwicklung. SAMF, Neue Folge, Bd. 6. Berlin. S. 17–35.

MAIER, Karl Ulrich, ALLMENDINGER, Jutta & HUININK, Johannes (Hrsg.) (1991): Vom Regen in die Traufe: Frauen zwischen Beruf und Familie. Frankfurt, New York.

MALECEK, Sabine (1997): Mütter und Alltag. Lebensgestaltung und Alltagsmobilität von Müttern mit Kleinkindern in Innsbruck. Innsbrucker Materialien zur Geographie, Folge 4. Innsbruck.

MAURICE, Marc (1990): Gedanken zu den Bestimmungsfaktoren des Arbeitsmarktes. In: AUER, Peter ET AL. (Hrsg.) (1990): Beschäftigungspolitik und Arbeitsmarktforschung im deutsch-französischen Dialog. Beiträge zur Arbeitsmarkt- und Berufsforschung 137. Nürnberg. S. 79–84.

MAYR-KLEFFEL, Verena (1991): Frauen und ihre Netzwerke. Auf der Suche nach einer verlorenen Ressource. Opladen.

MERKEL, Helga (1996): Die Daimler-Familie Sindelfingen. Zur Wahrnehmung des soziokulturellen Wandels in einer Industriestadt. Tübingen.

MEIER, Verena (1989): Frauenleben im Calancatal – eine sozialgeographische Studie. Cauco.

METZ-GÖCKEL, Sigrid (1995): Geschlechterverhältnis. In: FLICK, Uwe ET AL. (Hrsg.) (1995): Handbuch qualitative Sozialforschung. Grundlagen, Konzepte, Methoden und Anwendungen. Weinheim. S. 351–355.

METZ-GÖCKEL, Sigrid & NYSSEN, Elke (1990): Frauen leben Widersprüche. Zwischenbilanz der Frauenforschung. Weinheim, Basel.

MEUSBURGER, Peter (1998): Bildungsgeographie. Wissen und Ausbildung in räumlicher Dimension. Heidelberg, Berlin.

MEUSBURGER, Peter & SCHMUDE, Jürgen (1991): Regionale Disparitäten in der Feminisierung des Lehrerberufs an Grundschulen (Volksschulen). Dargestellt an Beispielen aus Österreich, Baden-Württemberg und Ungarn. Geographische Zeitschrift 79, S. 75–93.

MEUSER, Michael & NAGEL, Ulrike (1991): ExpertInneninterviews – vielfach erprobt, wenig bedacht. Ein Beitrag zur qualitativen Methodendiskussion. In: GARZ, Detlef & KRAIMER, Klaus (Hrsg.) (1991): Qualitativ-empirische Sozialforschung. Konzepte, Methoden, Analysen. Opladen. S. 441–471.

MIES, Maria (1978): Methodische Postulate zur Frauenforschung: Dargestellt am Beispiel der Gewalt gegen Frauen. In: beiträge zur feministischen theorie und praxis, Jg. 1. S. 41–63.

MIES, Maria (1984): Die Debatte um die Methodischen Postulate zur Frauenforschung. In: ZENTRALEINRICHTUNG ZUR FÖRDERUNG VON FRAUENSTUDIEN UND FRAUENFORSCHUNG AN DER FREIEN UNIVERSITÄT BERLIN (Hrsg.) (1984): Methoden der Frauenforschung. Symposium an der Freien Universität Berlin vom 30.11. - 2.12.1983. S. 165–197.

MIES, Maria (1984/87a): Methodische Postulate zur Frauenforschung: Dargestellt am Beispiel der Gewalt gegen Frauen. In: beiträge zur feministischen theorie und praxis, Jg. 7, Heft 11. S. 7–25. (Nachdruck von 1978, 3. Auflage 1987).

MIES, Maria (1984/87b): Frauenforschung oder feministische Forschung? Die Debatte um feministische Wissenschaft und Methodologie. In: beiträge zur feministischen theorie und praxis, Jg. 7, Heft 11. S. 40–60. (Nachdruck von 1978, 3. Auflage 1987).

MIES, Maria (1994): Frauenbewegung und 15 Jahre „Methodische Postulate zur Frauenforschung". In: DIEZINGER, Angelika ET AL. (Hrsg.) (1994): Erfahrung mit Methode. Wege sozialwissenschaftlicher Frauenforschung. In: Forum Frauenforschung, Bd. 8. Freiburg.

MILZ, Helga (1994): Frauenbewußtsein und Soziologie. Opladen.

MINCER, Jacob (1962): „Labor Force Participation of Married Women", Aspects of Labor Economics. Princeton. S. 63–97.

MÜLLER, Ursula (1993): Sexualität, Organisation und Kontrolle. In: AULENBACHER, Brigitte & GOLDMANN, Monika (Hrsg.) (1993): Transformationen im Geschlechterverhältnis: Beiträge zur industriellen und gesellschaftlichen Entwicklung. Frankfurt, New York. S. 97–114.

MÜLLER, Ursula (1994): Feminismus in der empirischen Forschung: Eine methodologische Bestandsaufnahme. In: DIEZINGER, Angelika ET AL. (Hrsg.) (1994): Erfahrung mit Methode. Wege sozialwissenschaftlicher Frauenforschung. In: Forum Frauenforschung, Bd. 8. Freiburg. S. 31–68.

NAEGELE, Gerhard & REICHERT, Monika (Hrsg.) (1998): Vereinbarkeit von Erwerbstätigkeit und Pflege: nationale und internationale Perspektiven. Dortmunder Beiträge zur angewandten Gerontologie, Bd. 7. Hannover.

NAEGELE, Gerhard & REICHERT, Monika (1998): Einführung. In: NAEGELE, Gerhardt & REICHERT, Monika (Hrsg.) (1998): Vereinbarkeit von Erwerbstätigkeit und Pflege: nationale und internationale Perspektiven. Dortmunder Beiträge zur angewandten Gerontologie, Bd. 7. Hannover. S. 7–12.

NEUENDORFF, Hartmut (1983): Arbeitsmarktstrukturen und Tendenzen der Arbeitsmarktentwicklung. In: LITTEK, Wolfgang, RAMMERT, Werner, WACHTLER, Günther (Hrsg.) (1983): Einführung in die Arbeits- und Industriesoziologie. Frankfurt, New York. S. 186–207.

NIEDZWETZKI, Klaus (1984): Möglichkeiten, Schwierigkeiten und Grenzen qualitativer Verfahren in den Sozialwissenschaften. Ein Vergleich zwischen qualitativer und quantitativer Methode unter Verwendung empirischer Ergebnisse. In: Geographische Zeitschrift, Bd. 72. S. 65–80.

OFFE, Claus & HINRICHS, Karl (1977): Opfer des Arbeitsmarktes. Neuwied.

OSTERLOH, Margit & OBERHOLZER, Karin (1994): Der geschlechtsspezifische Arbeitsmarkt: Ökonomische und soziologische Erklärungsansätze. In: Aus Politik und Zeitgeschichte B 6/94. S. 3–10.

OSTNER, Ilona (1978): Beruf und Hausarbeit. Die Arbeit der Frau in unserer Gesellschaft. Frankfurt, New York.

OSTNER, Ilona (1987): Scheu vor der Zahl? Die qualitative Erforschung von Lebenslauf und Biographie als Element einer feministischen Wissenschaft. In: VOGES, Wolfgang (Hrsg.) (1987): Methoden der Biographie und Lebenslaufforschung. Opladen. S. 103–124.

OSTNER, Ilona (1990): Das Konzept des weiblichen Arbeitsvermögens. In: SAMF (Hrsg.) (1990): Erklärungsansätze zur geschlechtsspezifischen Strukturierung des Arbeitsmarktes. Arbeitspapier 1990 - 1. Paderborn. S. 22–39.

OSTNER, Ilona (1991): Zum letzten Male: Anmerkungen zum „weiblichen Arbeitsvermögen". In: KRELL, Gertraude & OSTERLOH, Margit (Hrsg.) (1991): Personalpolitik aus der Sicht von Frauen – Frauen aus der Sicht der Personalpolitik: Was kann die Personalforschung von der Frauenforschung lernen? München, Mering. S. 107–121.

OTT, Notburga (1993a): Die Rationalität innerfamilialer Entscheidungen als Beitrag zur Diskriminierung weiblicher Arbeit. In: GRÖZINGER, Gerd, SCHUBERT, Renate & BACKHAUS, Jürgen (Hrsg.) (1993): Jenseits von Diskriminierung. Zu den Bedingungen weiblicher Arbeit in Beruf und Familie. Marburg. S. 113–146.

OTT, Notburga (1993b): Zum Rationalverhalten familialer Entscheidungen. In: BORN, Claudia & KRÜGER, Helga (Hrsg.) (1993): Erwerbsverläufe von Ehepartnern und die Modernisierung weiblicher Lebensläufe. Weinheim. S. 25–51.

OTT, Notburga & RINNE, Karin (1994): Was können ökonomische Theorien zur Erklärung der geschlechtsspezifischen Arbeitsteilung beitragen? In: DONHAUSER, Karin, HEMMERICH, Vera, IRRGANG, Bernhard & KLAWITTER, Jörg (Hrsg.) (1994): Frauen-fragen, Frauen-perspektiven. Forum für interdisziplinäre Forschung 12. Dettelbach. S. 141–182.

PARMENTIER, Klaus, SCHADE, Hans-Joachim & SCHREYER, Franziska (1996): Berufe im Spiegel der Statistik. Beschäftigung und Arbeitslosigkeit 1985–1995. Beiträge zur Arbeitsmarkt- und Berufsforschung 60. Nürnberg.

PARMENTIER, Klaus, SCHADE, Hans-Joachim & SCHREYER, Franziska (1998): Berufe im Spiegel der Statistik. Beschäftigung und Arbeitslosigkeit 1993–1997. Beiträge zur Arbeitsmarkt- und Berufsforschung 60. Nürnberg.

PASERO, Ursula (1994): Geschlechterforschung revisited: konstruktivistische und systemtheoretische Perspektiven. In: WOBBE Theresa & LINDEMANN, Gesa (Hrsg.): Denkachsen. Zur theoretischen und institutionellen Rede vom Geschlecht. Frankfurt. S. 264–296.

PASERO, Ursula (1995): Dethematisierung von Geschlecht. In: PASERO, Ursula & BRAUN, Friederike (Hrsg.) (1995): Konstruktion von Geschlecht. Pfaffenweiler. S. 50–66.

PFAU-EFFINGER, Birgit (1990): Geschlechtsspezifische Unterschiede auf dem Arbeitsmarkt: Grenzen segmentationstheoretischer Erklärung. In: SAMF (Hrsg.) (1990): Erklärungsansätze zur geschlechtsspezifischen Strukturierung des Arbeitsmarktes. Arbeitspapier 1990 - 1. Paderborn. S. 3–21.

PFAU-EFFINGER, Birgit (1998): Arbeitsmarkt- und Familiendynamik in Europa – Theoretische Grundlagen der vergleichenden Analyse. In: GEISSLER, Birgit, MAIER, Friederike & PFAU-EFFINGER, Birgit (Hrsg.) (1998): FrauenArbeitsMarkt: Der Beitrag der Frauenforschung zur sozio-ökonomischen Theorieentwicklung. SAMF, Neue Folge, Bd. 6. Berlin. S. 177–194.

PFAU-EFFINGER, Birgit & GEISSLER, Birgit (1992): Institutionelle und sozio-kulturelle Kontextbedingungen der Entscheidung verheirateter Frauen für Teilzeitarbeit. Ein Beitrag zur Soziologie des Erwerbsverhaltens. MittAB 3/92. S. 358–370.

PIORE, Michael J. (1975): Notes for a Theory of Labor Market Stratification. In: EDWARDS, Richard C., REICH, Michael & GORDON, David M. (Hrsg.) (1975): Labor Market Segmentation. Lexington. S. 125–150.

RABE-KLEBERG, Ursula (1993): Verantwortlichkeit und Macht. Ein Beitrag zum Verhältnis von Geschlecht und Beruf angesichts der Krise traditioneller Frauenberufe. Bielefeld.

RADKE, Petra (1996): Zeitallokation im Familienzusammenhang: Modellierung des Arbeitsangebots unter Einbezug des sozialen Tausches. Frankfurt, New York.

RAUCH, Angela & SCHOBER, Karen (1996): Geschlechtsspezifisches Rekrutierungsverhalten westdeutscher Betriebe bei der Ausbildung und Beschäftigung von Fachkräften in anerkannten Ausbildungsberufen. In: LIESERING, Sabine & RAUCH, Angela (Hrsg.) (1996): Hürden im Erwerbsleben. Aspekte beruflicher Segregation nach Geschlecht. Beiträge zur Arbeitsmarkt- und Berufsforschung 198. S. 17–45.

REGENHARD, Ulla, MAIER, Friederike & CARL, Andrea-Hilla (Hrsg.) (1994): Ökonomische Theorien und Geschlechterverhältnis. Der männliche Blick der Wirtschaftswissenschaft. Berlin.

REGENHARD, Ulla & FIEDLER, Angela (1994): Frauenlöhne: Resultat rationalen Optimierungsverhaltens? Zur humankapitaltheoretischen Erklärung der Minderentlohnung von Frauenerwerbsarbeit. In: REGENHARD, Ulla, MAIER, Friederike & CARL, Andrea-Hilla (Hrsg.) (1994): Ökonomische Theorien und Geschlechterverhältnis. Der männliche Blick der Wirtschaftswissenschaft. Berlin. S. 41–65.

REICH, Michael, GORDON, David M. & EDWARDS, Richard C. (1973): A Theory of Labor Market Segmentation. American Economic Review 63, S. 359–365.

REICHERT, Dagmar & ZIERHOFER, Wolfgang (1993): Erzählen und Zuhören: Die verwendete qualitative Methode. In: REICHERT, Dagmar & ZIERHOFER, Wolfgang (Hrsg.) (1993): Umwelt zur Sprache bringen. Über umweltverantwortliches Handeln, die Wahrnehmung der Waldsterbensdiskussion und den Umgang mit Unsicherheit. Opladen. S. 319–324.

REINHARDT, Christina (1996): Interpretation von Interviews. Vom Zitat zu abstrakten Aussagen. Unveröffentlichtes Manuskript.

REINHARZ, Shulamit & DAVIDMAN, Lynn (1992): Feminist Methods in Social Research. New York.

REUBER, Paul (1993): Heimat in der Großstadt. Eine sozialgeographische Studie zu Raumbezug und Entstehung von Ortsbindung am Beispiel Kölns und seiner Stadtviertel. Köln.

REUBER, Paul (2000): Macht und Raum – Geographische Konfliktforschung am Beispiel von Gebietsreformen. In: Berichte zur Deutschen Landeskunde, Bd. 74, H. 1, S. 31–54.

RICHTER, Ulrike (1994): Geographie der Arbeitslosigkeit in Österreich. Theoretische Grundlagen – Empirische Befunde. Wien.

SCHÄFERS, Bernhard (2000): Grundbegriffe der Soziologie. Opladen.

SCHMUDE, Jürgen (1988): Die Feminisierung des Lehrberufs an öffentlichen, allgemeinbildenden Schulen in Baden-Württemberg. Heidelberger Geographische Arbeiten 87. Heidelberg.

SCHNELL, Rainer, HILL, Paul B. & ESSER, Elke (1999): Methoden der empirischen Sozialforschung. München, Wien.

SCHUBERT, Renate (1993a): Ökonomische Diskriminierung von Frauen. Eine volkswirtschaftliche Verschwendung. Frankfurt.

SCHUBERT, Renate (1993b): Zur ökonomischen Diskriminierung von Frauen: Bedeutung, Ausmaß, Konsequenzen. In: GRÖZINGER, Gerd, SCHUBERT, Renate & BACKHAUS, Jürgen (Hrsg.) (1993): Jenseits von Diskriminierung. Zu den Bedingungen weiblicher Arbeit in Beruf und Familie. Marburg. S. 21–54.

SCHUBERT, Renate (1997): Frauen im Arbeitsmarkt – zur Relevanz von Diskriminierung. In: ALLGOEWER, Elisabeth ET AL. (Hrsg.) (1998): Ökonomie weiterdenken! Beiträge von Frauen zu einer Erweiterung von Gegenstand und Methode. Frankfurt/Main, New York. S. 177–199.

SCHUPP, Jürgen (1991): Teilzeitarbeit als Möglichkeit der beruflichen (Re-) Integration. Empirische Analysen auf der Basis aktueller Längsschnittdaten. In: MAIER, Karl Ulrich, ALLMENDINGER, Jutta & HUININK, Johannes (Hrsg.)

(1991): Vom Regen in die Traufe: Frauen zwischen Beruf und Familie. Frankfurt, New York. S. 207–232.

SENGENBERGER, Werner (1975): Arbeitsmarktstruktur. Ansätze zu einem Modell des segmentierten Arbeitsmarktes. Frankfurt.

SENGENBERGER, Werner (Hrsg.) (1978): Der gespaltene Arbeitsmarkt. Probleme der Arbeitsmarktsegmentation. Frankfurt, New York.

SENGENBERGER, Werner (1987): Struktur und Funktionsweise von Arbeitsmärkten. Frankfurt, New York.

SOZIALMINISTERIUM BADEN-WÜRTTEMBERG (Hrsg.) (1998): Familien in Baden-Württemberg. Familienbericht 1998. Erstellt von der Familienwissenschaftlichen Forschungsstelle im Statistischen Landesamt Baden-Württemberg. Stuttgart.

STATISTISCHES LANDESAMT BADEN-WÜRTTEMBERG (Hrsg.) (1993): Frauen in Ländlichen Räumen Baden-Württembergs. Strukturen, Probleme, Meinungen. Materialien und Berichte der Familienwissenschaftlichen Forschungsstelle im Statistischen Landesamt Baden-Württemberg, Heft 25. Stuttgart.

STOLL, Evelyn (1993): Die Qualität von Teilzeitarbeit. In: HAUSEN, Karin & KRELL, Gertraude (Hrsg.) (1993): Frauenerwerbsarbeit: Forschungen zu Geschichte und Gegenwart. München, Mering. S. 85–107.

STURM, Gabriele (1994): Wie forschen Frauen? Überlegungen zur Entscheidung für qualitatives oder quantitatives Vorgehen. In: DIEZINGER, Angelika ET AL. (Hrsg.) (1994): Erfahrung mit Methode. Wege sozialwissenschaftlicher Frauenforschung. In: Forum Frauenforschung, Bd. 8. Freiburg. S. 85–104.

TEUBNER, Ulrike (1992): Geschlecht und Hierarchie. In: WETTERER, Angelika (Hrsg.) (1992): Profession und Geschlecht. Über die Marginalität von Frauen in hochqualifizierten Berufen. Frankfurt, New York. S. 45–50.

TEUBNER, Ulrike (1995): Das Fiktionale der Geschlechterdifferenz. Oder: wie geschlechtsspezifisch ist die Kategorie Geschlecht? In: WETTERER, Angelika (Hrsg.) (1995): Die soziale Konstruktion von Geschlecht in Professionalisierungsprozessen. Frankfurt, New York. S. 247–262.

TÖLKE, Angelika (1989): Lebensverläufe von Frauen. Familiäre Ereignisse, Ausbildungs- und Erwerbsverhalten. München.

TÖLKE, Angelika (1993): Heirat und Geburt als Einschnitte in der weiblichen Erwerbsbiographie. In: GATHER, Claudia, GERHARD, Ute, PRINZ, Karin & VEIL, Mechthild (Hrsg.) (1993): Frauen-Alterssicherung. Lebensläufe von Frauen und ihre Benachteiligung im Alter. Berlin. S. 32–45.

TREIBEL, Annette (2000): Einführung in soziologische Theorien der Gegenwart. Opladen.

THÜRMER-ROHR, Christina (1984/87): Der Chor der Opfer ist verstummt. In: beiträge zur feministischen theorie und praxis, Jg. 7, H. 11. S. 71–84. (3. Auflage 1987).

VÄTH, Anke (1996): Angst-(freie) Räume in Stuttgart aus der Sicht von BewohnerInnen und ExpertInnen. Unveröffentlichte Diplomarbeit am Geographischen Institut der Universität Tübingen. Tübingen.

WEST, Candance & FENSTERMAKER, Sarah (1995a): Doing Difference. In: Gender and Society 1995, Heft 9, S. 8–37.

WEST, Candance & FENSTERMAKER, Sarah (1995b): Reply. (Re-)Doing Difference. In: Gender and Society 1995, Heft 9, S. 506–513.

WEST, Candance & FENSTERMAKER, Sarah (1996): Doing Difference. In: CHOW NGAN-LING , Esther, WILKINSON, Doris & ZINN, Maxine Baca (Hrsg.) (1996): Race, Class and Gender. Common Bonds, Different Voices. Thousand Oaks. S. 357–384.

WEST, Candance & ZIMMERMAN Don H. (1991): Doing Gender. In: LORBER, Judith & FARELL, Susan A. (Hrsg.) (1991): The Social Construction of Gender. Newbury Park. S. 13–37.

WETTERER, Angelika (1992): Theoretische Konzepte zur Analyse der Marginalität von Frauen in hochqualifizierten Berufen. In: WETTERER, Angelika (Hrsg.) (1992): Profession und Geschlecht. Über die Marginalität von Frauen in hochqualifizierten Berufen. Frankfurt, New York. S. 13–40.

WETTERER, Angelika (1995): Dekonstruktion und Alltagshandeln. Die (möglichen) Grenzen der Vergeschlechtlichung von Berufsarbeit. In: WETTERER, Angelika (Hrsg.) (1995): Die soziale Konstruktion von Geschlecht in Professionalisierungsprozessen. Frankfurt, New York. S. 223–246.

WILMS-HERGET, Angelika (1985): Frauenarbeit. Zur Integration der Frauen in den Arbeitsmarkt. Frankfurt, New York.

WITZEL, Andreas (1982): Verfahren der qualitativen Sozialforschung. Überblick und Alternativen. Frankfurt, New York.

WOLDE, Anja (1995): Geschlechterverhältnis und gesellschaftliche Transformationsprozesse. In: BECKER-SCHMIDT, Regina & KNAPP, Gudrun-Axeli (Hrsg.) (1995): Das Geschlechterverhältnis als Gegenstand der Sozialwissenschaften. Frankfurt, New York. S. 279–308.

Anhang

A Leitfaden für Gespräche mit Schlüsselpersonen

Leitfaden für Gespräche mit Schlüsselpersonen in den Gemeinden Steinenbronn, Nufringen, Bondorf und Haiterbach im Juli 1997

1. Vorstellung des Projekts

2. Position des/der Befragten

3. Untersuchungsgemeinde
⇒ **Einstieg**: ‚Wie würden Sie Ihre Gemeinde charakterisieren?'
⇒ **Weiterführende Frage**: ‚Kann Ihre Gemeinde eher als städtisch oder eher als ländlich bezeichnet werden?'

4. Dorfentwicklung und Stellung der Gemeinde
⇒ **Dorfentwicklung**: ‚Welche Veränderungen haben Ihre Gemeinde in den letzten 5 bis 10 Jahren geprägt?'
⇒ **Dorfentwicklungskonzepte**
⇒ **Stellung der Gemeinde in der Region**

5. Informationen zu folgenden Themenbereichen

⇒ **Versorgungsmöglichkeiten**	⇒ **Verkehrsanbindung**	⇒ **Arbeitsplätze**
⇒ **Kindergärten / Schulen**	⇒ **Freizeiteinrichtungen**	⇒ **Soziale Kontakte**

6. Alltag in der Gemeinde:
‚Sehen Sie Unterschiede im Alltag von Frauen und Männern in Ihrer Gemeinde?'

7. Abschluß:
‚Gibt es Themen oder Besonderheiten hier im Ort, die wir nicht angesprochen haben, die aber Ihrer Meinung nach sehr wichtig sind?'

B Qualitative Erhebung

B.1 Liste der Interviewpartnerinnen

Name (fiktiv)	Altersklasse	Wohndauer in der Gemeinde	Partnerschaft	Kinder im Haushalt bis 16 Jahre	Kinder im Haushalt 16 Jahre und älter	Erwerbstätigkeit	Pkw im Haushalt
Andrea B.	20 - 29 J.	20 - 29 J.	mit Partner	2	–	Teilzeit	1
Anna R.	über 59 J.	über 49 J.	ohne Partner	–	–	keine	---
Annemarie S.	50 - 59 J.	über 49 J.	mit Partner	–	2	Teilzeit	3
Beate T.	30 - 39 J.	10 - 19 J.	mit Partner	1	–	keine	2
Birgit P.	20 - 29 J.	20 - 29 J.	ohne Partner	–	–	Vollzeit	3
Brigitte K.	30 - 39 J.	1 - 9 J.	mit Partner	3	1	Teilzeit	1
Christa H.	30 - 39 J.	30 - 39 J.	mit Partner	1	–	Teilzeit	1
Christine J.	30 - 39 J.	30 - 39 J.	mit Partner	3	–	Teilzeit	2
Doris G.	50 - 59 J.	10 - 19 J.	ohne Partner	–	–	Vollzeit	---
Edith L.	30 - 39 J.	1 - 9 J.	mit Partner	2	–	Teilzeit	2
Elke K.	30 - 39 J.	30 - 39 J.	mit Partner	3	–	keine	1
Frieda R.	40 - 49 J.	10 - 15 J.	mit Partner	1	1	Vollzeit	1
Gertrud G.	über 59 J.	über 49 J.	ohne Partner	–	–	keine	1
Helga V.	50 - 59 J.	1 - 9 J.	mit Partner	–	–	Teilzeit	1
Ina Z.	30 - 39 J.	1 - 9 J.	ohne Partner	1	–	Teilzeit	1
Ines O.	20 - 29 J.	10 - 19 J.	ohne Partner	–	–	Vollzeit	2
Johanna S.	50 - 59 J.	30 - 39 J.	ohne Partner	–	2	Vollzeit	2
Judith H.	40 - 49 J.	40 - 49 J.	mit Partner	–	1	keine	3
Katharina S.	über 59 J.	über 49 J.	ohne Partner	–	–	keine	---
Martha P.	50 - 59 J.	20 - 29 J.	mit Partner	–	1	Vollzeit	2
Martina B.	30 - 39 J.	1 - 9 J.	ohne Partner	2	–	Teilzeit	1
Melanie D.	20 - 29 J.	20 - 29 J.	ohne Partner	1	–	keine	2
Michaela A.	20 - 29 J.	1 - 9 J.	mit Partner	–	–	Vollzeit	2
Paula R.	über 59 J.	über 49 J.	ohne Partner	–	–	keine	---
Petra N.	50 - 59 J.	20 - 29 J.	mit Partner	–	1	Teilzeit	2
Rebecca V.	30 - 39 J.	1 - 9 J.	mit Partner	1	–	Teilzeit	1
Ruth M.	30 - 39 J.	10 - 19 J.	mit Partner	3	–	keine	3
Sigrid B.	40 - 49 J.	40 - 49 J.	mit Partner	1	1	Teilzeit	1
Tamara W.	30 - 39 J.	30 - 39 J.	mit Partner	2	–	keine	2
Therese H.	40 - 49 J.	40 - 49 J.	mit Partner	–	2	Teilzeit	1
Ute D.	50 - 59 J.	20 - 29 J.	mit Partner	–	1	Teilzeit	2
Veronika K.	über 59 J.	20 - 29 J.	ohne Partner	–	–	keine	---
Wiebke V.	20 - 29 J.	20 - 29 J.	ohne Partner	–	–	Vollzeit	2

B.2 Kurzfragebogen und Tagebuch

1 Familienstand

ledig	☐	nichtehel. Lebensgemeinschaft	☐
verheiratet	☐	getrennt lebend	☐
verwitwet	☐	geschieden	☐

2 Haushaltsgröße

Zahl der Personen im Haushalt _____

3 Alter

Eigenes Geburtsjahr 19___
Geburtsjahr des Ehemannes/Partners 19___

4 Geburtsorte

Eigener Geburtsort _____
Geburtsort des Ehemannes/Partners _____

5 Kinder

Geschlecht _____	Geburtsjahr 19___
Geschlecht _____	Geburtsjahr 19___
Geschlecht _____	Geburtsjahr 19___
Geschlecht _____	Geburtsjahr 19___
Geschlecht _____	Geburtsjahr 19___

6 Ausbildung/Beruf

höchster Schulabschluß _____
beruflicher Bildungsabschluß _____
derzeitige Tätigkeit _____

7 Ausbildung/Beruf des Ehemannes/Partners

höchster Schulabschluß _____
beruflicher Bildungsabschluß _____
derzeitige Tätigkeit _____

8 Pkw-Besitz

Wieviele Pkw sind in Ihrem Haushalt vorhanden? _____

9 Religionszugehörigkeit?

Gehören Sie einer Religionsgemeinschaft an?
☐ nein ☐ ja, folgender: _____

10 Wohnverhältnisse und Wohnort

Wohnen Sie zur Miete?
☐ ja ☐ nein, sondern: _____

Seit wann wohnen Sie in _____? Seit 19___

Für die Angaben in diesem kleinen Fragebogen danken wir Ihnen; Sie helfen uns damit, das Gespräch mit Ihnen besser vorbereiten zu können.

Wochentag, Datum, Uhrzeit	Tätigkeiten, Ortswechsel, Angabe der Person, die Sie möglicherweise begleitet hat	Ort, wenn nicht Wohnort	Verkehrsmittel (bitte ankreuzen)					
			zu Fuß	Rad	ÖPNV Bahn	Bus	PKW selbst	mit

Anhang

B.3 Interviewleitfaden zu ‚Erwerbstätigkeit und Raumwahrnehmung'

I Einstiegsfragen

1 Stadtleben - Landleben

1.1 Es gibt Menschen, die sich in einer kleinen Gemeinde am wohlsten fühlen, andere bevorzugen das Stadtleben. Welcher Gruppe fühlen Sie sich zugehörig?

2 Zugezogene und Einheimische

2.1 Fühlen Sie sich in Steinenbronn als Einheimische oder als Zugezogene?

2.2 Woher stammen Ihre Eltern?

2.3 Wodurch sind Sie mit dem Ort Steinenbronn verbunden?

3 Informationen über Steinenbronn und die Umgebung

3.1 Wie informieren Sie sich über das, was sich in Steinenbronn so tut?

3.2 Wie informieren Sie sich über andere Orte?

3.3 *Wenn bislang noch keine Tageszeitung erwähnt:* Beziehen Sie eine Tageszeitung?

3.4 Wenn ja, welche?

3.5 Wie wichtig ist Ihnen der Lokalteil?

II Erwerbstätigkeit und Arbeitsteilung

1 Erwerbstätigkeit / Erwerbslosigkeit

Erwerbstätige Probandin	*Probandin ohne Erwerbsarbeit*
1.1 Ihrem Tagebuch konnte ich entnehmen, daß Sie erwerbstätig sind. Von finanziellen Gründen einmal abgesehen. Welche weiteren Gründe gibt es für Sie, erwerbstätig zu zu sein?	1.1* Ihrem Tagebuch konnte ich entnehmen, daß Sie nicht erwerbstätig sind. Aus welchem Grund sind Sie derzeit nicht erwerbstätig?

2 Beruf

Erwerbstätige Probandin

2.1 Welchen Beruf üben Sie zu Zeit aus?

2.2 Was machen Sie dort genau?

2.3 Wieviele Stunden pro Woche arbeiten Sie?

2.4 Wo befindet sich Ihr Arbeitsplatz?

2.5 Wie haben Sie diesen Arbeitsplatz gefunden?

Probandin ohne Erwerbsarbeit

2.1* Welchen Beruf haben Sie zuletzt ausgeübt?

2.2* Was haben Sie dort gemacht?

2.3* Wieviele Stunden pro Woche haben Sie dort gearbeitet?

2.4* Wo befand sich Ihr letzter Arbeitsplatz?

2.5* Wie hatten Sie Ihren letzten Arbeitsplatz gefunden?

3 Ausbildung und spätere Tätigkeit

Arbeit im erlernten Beruf

3.1 Sie haben einen beruflichen Abschluß als _____ gemacht und arbeiten/ arbeiteten **auch** in diesem Bereich. War das seit Ihrer Ausbildung immer so?

nicht im erlernten Beruf

3.1* Sie haben einen beruflichen Abschluß als _____ gemacht und arbeiten/ arbeiteten aber **nicht** in diesem Bereich. Wie kam es dazu?

ohne Berufsausbildung

3.1** Dem Fragebogen entnehme ich, daß Sie zwar keine abgeschlossene Berufsausbildung haben, aber **trotzdem** als ___ arbeiten. Wie kam es dazu?

4 Arbeitszeiten

Erwerbstätige Probandin

4.1 Aus ihrem Tagebuch geht hervor, daß Sie von ___ bis ___ arbeiten. Sind das Ihre üblichen Arbeitszeiten?

4.2 Zu welchen Zeiten würden Sie bevorzugt arbeiten?

4.3 Wie zufrieden sind Sie mit dem (zeitlichen) Umfang Ihrer Tätigkeit?

Probandin ohne Erwerbsarbeit

4.1* *entfällt*

4.2* *entfällt*

4.3* Wie zufrieden waren Sie mit dem (zeitlichen) Umfang Ihrer Tätigkeit?

4.4 Wenn Sie wählen können: Würden Sie lieber vollzeit oder teilzeit arbeiten?

4.4* Wenn Sie wählen könnten: Würden Sie lieber vollzeit oder teilzeit arbeiten?

5 Arbeitsort

5.1 Wenn Sie hier an die Region denken, an welchem Ort würden Sie am liebsten arbeiten?

5.2 Weshalb?

6 Arbeitsteilung

Erwerbstätige Probandin

6.1 Wie bringen Sie die Haus- und Familienarbeit einerseits und Ihre Erwerbsarbeit andererseits unter einen Hut?

6.2 Welche Schwierigkeiten gibt es dabei?

6.3 Wie würden Sie sich die Arbeitsteilung in ihrer Familie wünschen?

Probandin ohne Erwerbsarbeit

6.1* Wie konnten Sie die Haus- und Familienarbeit einerseits und Ihre Erwerbsarbeit andererseits unter einen Hut bringen?

6.2* Welche Schwierigkeiten gab es dabei?

6.3* Wie würden Sie sich die Arbeitsteilung in ihrer Familie wünschen?

7 Zukunftswünsche bzgl. der Erwerbstätigkeit

Erwerbstätige Probandin

7.1 *entfällt*

7.2 *entfällt*

7.3 *entfällt*

Probandin ohne Erwerbsarbeit

7.1* Wären Sie im Augenblick gerne erwerbstätig?

Wenn 7.1* negativ:

7.2* Möchten Sie in naher Zukunft (in 1-2 Jahren) wieder berufstätig sein?
Wenn 7.1* und/oder 7.2* positiv:

7.3* Weshalb möchten Sie wiedereinsteigen?

7.4 *entfällt*	7.4* Wie wollen Sie Ihren zukünftigen Arbeitsplatz suchen?
	Impulse: Arbeitsamt, private Arbeitsvermittlung, Zeitungsannoncen lesen, Stellenanzeige aufgeben, Freunde, ehemalige KollegInnen
7.5 Welche Tätigkeit möchten Sie lieber ausüben als Ihre jetzige?	7.5* Welche Tätigkeit möchten Sie lieber ausüben als Ihre letzte?
7.6 Aus welchem Grund?	7.6* Aus welchem Grund?
7.7 Wie ließe sich dieser Wunsch realisieren?	7.7* Wie ließe sich dieser Wunsch realisieren?

8 Abschließende Frage

8.1 Was würden Sie als Arbeitgeberin unternehmen, um Frauen die Vereinbarkeit von Familie und Beruf zu erleichtern / zu ermöglichen?

III Raumwahrnehmung – Raumimages und aktionsräumliches Verhalten

Nachdem wir den Teil ‚Arbeit' abgeschlossen haben, wird es nun darum gehen, in welchem Umkreis von Steinenbronn/Haiterbach Sie sich bewegen.

1 Wohngemeinde

1.1 Zunächst soll uns Steinenbronn/Haiterbach interessieren. Ich werde Ihnen nun gleich eine Aussage vorlesen und möchte Sie bitten, mir Ihre Meinung dazu zu sagen.

‚Es wäre ideal, wenn ich in meinem Alltag keine Veranlassung hätte, Steinenbronn/Haiterbach zu verlassen.'

2 Freizeit

2.1 Wie und wo verbringen Sie Ihre Freizeit am liebsten? *(WIE: Aktivität, mit wem; WO: Ort und Einrichtung)*

2.2 Wie zufrieden sind Sie mit den Freizeitmöglichkeiten vor Ort?

2.3 Wie und wo haben Sie Ihre letzten Wochenenden verbracht?

3 Einkaufen

3.1 Nun würde ich gerne wissen, welche Kriterien für Sie bei der Wahl eines Einkaufsortes am wichtigsten sind. Eine Auswahl möglicher Kriterien sehen Sie auf diesen Kärtchen.

Günstiges Preisniveau	Angenehme Einkaufsatmosphäre
Große Auswahl	Einkäufe lassen sich gut mit dem Auto erledigen
Einkäufe lassen sich gut mit anderen Aktivitäten verbinden	*Raum für Eintragungen der Interviewpartnerin*

Können Sie die Auswahlkriterien bitte so sortieren, wie sie für Sie persönlich am wichtigsten sind. Wenn Ihnen irgendwelche Kriterien fehlen, können Sie sie auf die leeren Karten schreiben.

3.2 Wie zufrieden sind Sie mit den Versorgungsmöglichkeiten vor Ort?

4 Aktionsraum

Die im Tagebuch deutlich gewordene Orientierung kurz zusammenfassen: **Aus Ihrem Tagebuch geht hervor, daß Sie ...** *(Einfach-/ Mehrfachorientierung bzw. starke Bindung an Wohngemeinde, Zweck, Häufigkeit).*

4.1 Sind die von Ihnen beschriebenen Tage mehr oder weniger normal verlaufen?

4.2 Gibt es Orte, die Sie häufiger aufsuchen, die aber während der Tagebuchzeit zufällig nicht vorkamen? *Tabelle gemeinsam mit der Probandin vervollständigen.*

4.3 *Die zwei Orte, die am häufigsten aufgesucht werden, auswählen:*
Welche Gründe sind für Sie ausschlaggebend nach x zu fahren, welche Gründe sind für Sie entscheidend, nach y zu fahren? Was verbindet Sie mit x, was mit y?

4.4 Könnten Sie mir diese beiden Orte bitte kurz in Ihren eigenen Worten beschreiben?

5 Wahrnehmung Leinfelden (für Steinenbronn) bzw. Nagold (für Haiterbach)

Für Steinenbronn/Haiterbach hat ja Leinfelden/Nagold als nächstes größeres Zentrum ohne Zweifel eine gewisse Bedeutung.

5.1 Könnten Sie mir bitte Leinfelden/Nagold aus Ihrer eigenen Sicht beschreiben.

5.2 Könnten Sie mir auf diesem Stadtplan die Orte und Gebiete in Leinfelden/Nagold eintragen, die Ihnen gut bekannt sind und die sie häufiger aufsuchen?

6 Stuttgart

6.1 Nehmen wir einmal an, Sie bekämen neue Nachbarn, die aus einem anderen Bundesland hierherziehen. Um ihnen das Zurechtfinden in der neuen Umgebung zu erleichtern, erzählen Sie ihnen nicht nur das Wichtigste zu Steinenbronn/Haiterbach, sondern auch zu Orten und Städten der Umgebung. Was würden Sie ihnen z.B. zu Stuttgart sagen?

6.2 Was verbindet Sie selbst mit Stuttgart? Warum?

6.3 Zu welchen Anlässen und wie häufig gehen Sie nach Stuttgart?

7 ‚Wunschort'

7.1 Stellen Sie sich vor, Orte und Städte könnten wie Bauklötze verschoben werden. Wenn Sie die Möglichkeit hätten, einen Ort in der Weise zu versetzen, daß er für Sie von hier aus sehr gut und schnell zu erreichen wäre, welchen Ort würden Sie an diesen optimalen Standpunkt versetzen?

7.2 Warum gerade diesen?

IV Biographie-Diagramm

Das Biographie-Diagramm wurde in den Interviews als als Impuls verwendet. Während des Gesprächs wurden Daten wie z.B. Geburtsjahr der Probandin (und eventuell der Kinder), aber auch die Dauer von Ausbildungen, Erwerbsphasen und Erwerbsunterbrechungen sowie Ortswechsel bzw. Umzüge eingetragen wurden. Die Interviewpartnerin hatte dadurch die Möglichkeit, zu prüfen, ob das von ihr Erzählte richtig verstanden wurde; auch konnte sie ihr wichtig erscheinende und/oder bis dahin fehlende Informationen nachtragen.

Anhang

Geburtsjahr
Ausbildung / Beruf
Wohnorte / Umzüge
Kinder

1930 1940 1950 1960 1970 1980 1990 2000

B.4 Interviewleitfaden zu ‚Wohnsituation und soziale Netzwerke'

1. Zeitgestaltung und Aktionsraum

Sind die von Ihnen beschriebenen Tage mehr oder weniger normal verlaufen?
Welche regelmäßig stattfindenden Tätigkeiten sind nicht vorgekommen?
Wo kaufen Sie Ihre täglichen Lebensmittel ein?
Wo wohnen Ihre Freunde, Bekannte und Verwandte?

Bereich Freizeit

Was ist Ihnen in Ihrer Freizeit wichtig? (Was ist für Sie Freizeit?)
Wie verbringen Sie normalerweise Ihre freie Zeit?
Was haben Sie die letzten Sonntage gemacht?

Vor dem Interview werden die Aussagen in die folgende Tabelle eingetragen und während des Gespräches ergänzt:

Tätigkeiten außer Haus

Wo und Was?	Wie oft?	Wen Treffen Sie?

Aus diesen Informationen wird eine Mobility Map gezeichnet und diese mit der Probandin diskutiert.

2. Bezugssysteme

Wodurch kennen Sie die meisten Leute in Bondorf?
*Wie sieht der Kontakt zu Ihren **Nachbarn** aus?* (zum Ankreuzen)
  - gegenseitige Einladungen
  - gemeinsame Unternehmungen
  - kleine Handreichungen, wie etwas leihen
  - man grüßt sich
  - man hält ein ausgiebiges Schwätzchen
  - man spricht so gut wie gar nicht miteinander

Anhang

> *Haben Sie Kontakte durch die **Kirche**? Wenn ja:*
> *Gehen die Kontakte über die Veranstaltung hinaus? Wie oft und bei was nehmen Sie teil? In welcher Form nehmen Sie teil?*
> *Wieviele Frauen sind im Kirchengemeinderat? Hätten Sie Lust zu kandidieren?*
> *Würden Sie eine Frau wählen?*
> *Sind Sie in irgendwelchen **Initiativen** engagiert?*
> *Besuchen Sie (oder haben Sie) **VHS-Kurse**(besucht)? Wenn ja, welche?*
> *Sind daraus Freundschaften entstanden?*
> *Sind Sie kommunalpolitisch aktiv?*
> *Welche **Feste** oder kulturellen Ereignisse besuchen Sie in Bondorf?*
> *An welchen Veranstaltungen in Bondorf nehmen Sie sonst noch regelmäßig teil?*
> *Auf wen würden Sie zurückgreifen, wenn Not am Mann/an der Frau ist?*
> *Zum Beispiel: Schlüssel vergessen, Blumen gießen bei Urlaub, Auto kaputt, häusliche Unfälle, bei Krankheit, auf Kinder aufpassen,?*

Ranking: Institutional Diagramm

Bezugsgruppe	Wichtigster Kontakt	Häufigster Kontakt
Nachbarn		
Freunde/ Bekannte		
Verwandte		
Verein		
Kirche		

3. Integration und Ortsbindung

Fühlen Sie sich als...?

Zugezogene	**Einheimische**
Woher stammen Ihre Eltern?	
Was waren die Gründe für Ihren Umzug nach Bondorf?	*Was glauben Sie, warum Leute hierher ziehen?*
Fiel es Ihnen leicht - mittel - schwer sich hier einzuleben?	
Wie ist Ihr Verhältnis zu den Einheimischen?	*Wie ist Ihr Verhältnis zu den Zugezogenen?*
Haben Sie mehr Kontakt zu Zugezogenen oder Einheimischen?	*Haben Sie mehr Kontakt zu Einheimischen oder Zugezogenen?*

Wollen Sie hier wohnen bleiben?	Haben Sie schon einmal daran gedacht, hier wegzuziehen?
Fühlen Sie sich mit Bondorf verbunden? Wenn ja, wodurch?	Wodurch fühlen Sie sich an Bondorf gebunden?
Was würden Sie am meisten vermissen, wenn Sie hier wegziehen müßten/würden? Woran denken Sie bei dem Begriff Heimat? An welchem Ort fühlen Sie sich heimisch? Was würden Sie als Ihr Zuhause bezeichnen?	

4. Fragen zur Gemeinde

Was verbinden Sie mit Bondorf?

eintönig						bunt
groß						klein
fremd						vertraut
verwinkelt						übersichtlich
gut angebunden						schlecht angebunden
städtisch						ländlich
Gemeinschaft						Vereinzelung
reich						arm
tolerant						intolerant
gefährlich						sicher
Gewerbe						Landwirtschaft
gemütlich						hektisch
Großfamilie						Kleinfamilie
traditionell						modern
Ort zum Leben						Ort zum Schlafen
Klatsch & Tratsch						Respekt
reizvoll						langweilig
Kirchturm						Rathaus
benachteiligt						begünstigt
Lebensmitte						Aufenthaltsort

Weiterführende Fragen:

Würden Sie sich selbst als Stadt- oder Landmensch bezeichnen?
Was ist für Sie das wichtigste Kriterium für einen guten Wohnort? Trifft das auf Bondorf zu?

Wie beurteilen Sie das Zusammengehörigkeitsgefühl der Bevölkerung in xy?
(Zum Ankreuzen)
- es gibt einen starken Zusammenhalt unter den xy-ern
- jeder kennt jeden
- bei Ereignissen im Dorf machen viele mit
- es sind nur bestimmte Leute, die sich untereinander kennen
- man grüßt sich, aber nicht viel mehr
- man kennt sich kaum

Übersichtskarte

Gibt es in Bondorf verschiedene **Viertel**? *(Subjektive Gliederung in Karte einzeichnen lassen, evtl. angeben: Einheimische, Zugezogene, Ausländer, ...)*
Gibt es einen allgemeinen **Treffpunkt** *im Ort? Zum Beispiel den Dorfladen?*
Gibt es einen Bereich, der ausschließlich von Frauen oder Männer aufgesucht wird?
Haben Sie persönliche **Lieblingsplätze,** *Treffpunkte, wo Sie gern hingehen? (Ein Café, eine Kneipe, ein Spielplatz oder der Dorfplatz? Wenn ja, wie oft?)*
Wo gehen Sie auf keinen Fall hin? Warum?
Gibt es sonst Punkte im Ort, die Sie einzeichnen würden?

5. Zukunft

Wo werden Sie voraussichtlich wohnen, wenn Sie alt sind?
Glauben Sie, daß Ihre Kinder hier wohnen bleiben werden?

C Quantitative Erhebung

> Befragung von Bewohnerinnen und Bewohnern
> **Erwerbsmöglichkeiten und Mobilität im ländlichen Raum**
> **Steinenbronn, Nufringen, Bondorf und Haiterbach 27. - 30. Mai 1998**

Einstieg: Wohnen Sie hier in ...? *(Befragung nur bei „ja" fortsetzen)*

1 Zunächst wird es um Ihren Wohnort gehen.

1.1 Seit wann wohnen Sie hier in der Gemeinde? Seit 19____ / ____ Jahre

1.2 Sind Sie hier im Ort aufgewachsen?
☐ ja *(weiter mit 2.1)* ☐ nein *(weiter mit 1.3)*

1.3 Wo sind Sie aufgewachsen? *(pro Spalte 1 Nennung)*
☐ kleine Gemeinde   ☐ Region Stuttgart
☐ Stadt   ☐ Baden-Württemberg
☐ Großstadt   ⇒   ☐ anderes Bundesland
                          ☐ Ausland *(Staat nennen)*:
                          _____

2 Die folgenden Fragen betreffen Ihren Haushalt.

2.1 Leben Sie mit einem Partner/einer Partnerin zusammen?
☐ ja   ☐ nein

2.2 Wie viele Personen leben ständig in Ihrem Haushalt? ___ (Personenzahl)

2.3 Leben in Ihrem Haushalt Kinder?
☐ nein *(weiter mit 3.1)*   ☐ ja *(weiter mit 2.4)*

2.4 Wie alt sind die Kinder, die in Ihrem Haushalt leben?
1. Kind ____   4. Kind ____
2. Kind ____   5. Kind ____
3. Kind ____   6. Kind ____

2.5 *(nur wenn Kinder unter 16 Jahren im Haushalt leben)*
Sind die Einrichtungen zur Kinderbetreuung (von Kleinkinderbetreuung bis Jugendclub) **Ihren Bedürfnissen angepaßt?**
☐ ja   ☐ eingeschränkt   ☐ nein

3 Als nächstes haben wir einige Fragen zu im Alltag anfallenden Arbeiten:

3.1 Wer ist in Ihrem Haushalt für folgende Tätigkeiten zuständig?
- A) Einkaufen _____
- B) Geld und Finanzen verwalten _____
- C) Wäsche waschen usw. _____
- D) kleinere Reparaturen in der Wohnung erledigen _____
- E) sich um Kinder kümmern *(nicht nur eigene)* _____

Antworten (nur 1 Nennung möglich):   *(1) vorwiegend ich*
(2) vorwiegend Partner/Partnerin   *(3) Partner/Partnerin und ich zu gleichen Teilen*
(4) vorwiegend andere Personen   *(5) andere Personen und ich zu gleichen Teilen*
(6) kommt bei mir/uns nicht vor

3.2 *Nur bei Bedarf:* **Raum für Bemerkungen, die den Haushalt betreffen:**
_____

3.3 Sind Sie zur Zeit für die Pflege von Angehörigen zuständig?
☐ ja   ☐ ab und zu   ☐ nein

4 Nun würden wir Ihnen gerne Fragen zum Thema Mobilität stellen:

4.1 Fahren Sie selbst Auto? ☐ nein *(weiter mit 4.5)*   ☐ ja *(weiter mit 4.2)*

   4.2 Haben Sie ständig einen Pkw zu Ihrer Verfügung?
       ☐ ja *(weiter mit 4.5)*   ☐ nein *(weiter mit 4.3)*

   4.3 Mit wem teilen Sie oder von wem bekommen Sie ein Auto?
       (Mehrfachnennungen möglich)
       ☐ (Ehe-)Partner/in   ☐ Freunde/innen o. Nachbarn/innen
       ☐ Verwandte   ☐ sonstige Personen

   4.4 Bekommen Sie das Auto *(nur 1 Nennung möglich)*
       ☐ uneingeschränkt?
       ☐ nach Absprache?
       ☐ nur, wenn es sonst nicht gebraucht wird?

4.5 Wir wollen nun wissen, ob Sie gestern folgendes gemacht haben:

Aktivitäten	nein	ja, aufgesuchter Ort *(max. 2 Gemeinden notieren)*	Verkehrsmittel *(evtl. Kombinationen)*
1. Einkaufen			
2. Arbeit/Ausbildung			
3. Kinder wegbringen u. abholen			
4. Freizeitaktivitäten außer Haus			

Verkehrsmittel (Kombinationen möglich):
(1) zu Fuß   (2) Fahrrad   (3) motor. Zweirad   (4) Taxi
(5) ÖPNV   (6) Pkw (selbst)   (7) Pkw (mitfahrend)   (8) Sonstiges

4.6 Verbinden Sie in der Regel einzelne der 4 vorgegebenen Aktivitäten?
☐   nein *(weiter mit 5.1)*   ☐   ja *(weiter mit 4.7)*

4.7 Welche dieser Tätigkeiten verbinden Sie häufig miteinander?
_____

5 Um das Thema Verkehr abzuschließen, haben wir noch Fragen zu Stuttgart.

5.1 Wie häufig kommen Sie nach Stuttgart? *(nur 1 Nennung möglich)*
☐   mind. 1mal/Woche *(weiter mit 5.2)*   ☐   seltener *(weiter mit 5.2)*
☐   mind. 1mal/Monat *(weiter mit 5.2)*   ☐   nie *(weiter mit 6)*

5.2 Welches war der Hauptgrund für Ihren letzten Stuttgart-Besuch?
(nur 1 Nennung möglich)
☐   Arbeit/Ausbildung   ☐   Einkaufen, Dienstleistungen
☐   Freizeit   ☐   Freunde/Verwandte besuchen
☐   sonstiges: _____

5.3 Welches Verkehrsmittel haben Sie bei Ihrem letzten Stuttgart-Besuch benutzt? *(Mehrfachnennungen möglich)*
☐   Pkw (selbstfahrend)   ☐   ÖPNV
☐   Pkw (mitfahrend)   ☐   motorisiertes Zweirad
☐   zu Fuß   ☐   Fahrrad
☐   Taxi   ☐   Sonstiges

6 Im folgenden lese ich Ihnen einige Aussagen vor und bitte Sie um Ihre Meinung:
(zutreffendes bitte ankreuzen; nur 1 Antwort pro Aussage möglich)

6.1 Zunächst hören Sie verschiedene Ansichten zum Thema Berufstätigkeit.

	stimme ich voll zu	stimme ich eher zu	lehne ich eher ab	lehne ich ganz und gar ab
Frauen und Männer sollten sich Erwerbsarbeit und Hausarbeit gleichmäßig teilen.				
Berufstätigkeit ist im allgemeinen eine gute Möglichkeit, sich selbst zu verwirklichen.				
In einer Familie mit Kindern sollte nur ein Elternteil berufstätig sein.				

6.2 Bei den folgenden Sätzen denken Sie bitte an Haiterbach.

	stimme ich voll zu	stimme ich eher zu	lehne ich eher ab	lehne ich ganz und gar ab
Es sind vor allem die Zugezogenen, die sich hier im Ort engagieren.				
Es wäre ideal, wenn ich in meinem Alltag keine Veranlassung hätte, Haiterbach zu verlassen.				
Der Verein ist hier der wichtigste Treffpunkt.				

7 Unsere nächsten Fragen befassen sich mit dem Thema Berufstätigkeit.

7.1 Welche der folgenden Aussagen trifft/treffen auf Sie zu?
    (Mehrfachnennungen möglich)
- ☐ Ich mache eine Lehre/Ausbildung.
- ☐ Zur Zeit mache ich eine Umschulung.
- ☐ Ich gehe noch zur Schule bzw. studiere.
- ☐ Ich bin in Frührente/Rente.
- ☐ Ich bin Hausfrau/Hausmann.
- ☐ Zur Zeit habe ich keine Arbeit/bin arbeitslos.
- ☐ Ich bin im Mutterschutz bzw. ich habe Erziehungsurlaub.
- ☐ Ich bin Wehrpflichtiger bzw. mache Zivildienst / soziales Jahr.
- ☐ Auf mich trifft keine der Aussagen zu.

7.2 Sind Sie zur Zeit berufstätig? *(nur 1 Nennung möglich)*
- ☐ bin berufstätig und gehe einem Nebenjob nach *(weiter mit 7.3)*
- ☐ bin berufstätig *(weiter mit 7.3)*
- ☐ gehe einem Nebenjob nach *(weiter mit 7.3)*
- ☐ bin nicht mehr berufstätig *(weiter mit *-Fragen, ab 7.3*)*
- ☐ war noch nie berufstätig *(weiter mit 9.1)*

Befragte mit mehreren Arbeitsverhältnissen sollen bei den folgenden Fragen an die wichtigere Tätigkeit/Hauptbeschäftigung denken.

7.3 Sind Sie mit Ihrer jetzigen beruflichen Tätigkeit zufrieden?
7.3* Waren Sie mit Ihrer letzten beruflichen Tätigkeit zufrieden?
    ☐ ja   ☐ nur teilweise   ☐ nein

7.4 Welche Tätigkeit üben Sie zur Zeit aus?
7.4* Welche Tätigkeit haben Sie zuletzt ausgeübt?
    _____*(möglichst genaue Beschreibung)*

7.5 Wo arbeiten Sie? *(Mehrfachnennungen möglich)*
7.5* Wo haben Sie zuletzt gearbeitet? *(Mehrfachnennungen möglich)*
- ☐ in dem Haus, in dem ich wohne
- ☐ in Haiterbach
- ☐ Außendienst bzw. wechselnde Arbeitsorte
- ☐ außerhalb, nämlich in _____ *(Gemeinde)*

7.6 Wo würden Sie am liebsten arbeiten?
7.6* Wo hätten Sie am liebsten gearbeitet?
_____ *(Gemeinde oder Arbeitgeber)*

8 Nun würden wir gerne etwas über Ihre Arbeitszeiten erfahren.

8.1 Wieviele Stunden arbeiten Sie durchschnittlich in der Woche?
8.1* Wieviele Stunden haben Sie pro Woche zuletzt durchschnittlich gearbeitet?
_____ Stunden *(evtl. Spannbreite angeben)*

8.2 Haben Sie regelmäßige Arbeitszeiten?
8.2* Hatten Sie zuletzt regelmäßige Arbeitszeiten? *(Nur 1 Nennung möglich)*
☐ ja   ☐ eher ja   ☐ eher nein   ☐ nein

8.3 Können Sie Ihre Arbeitszeiten bitte in diesem Stundenplan ankreuzen?
8.3* Können Sie die Arbeitszeiten bei Ihrer letzten Tätigkeit bitte in diesem Stundenplan ankreuzen?
☐ nein

	Mo	Di	Mi	Do	Fr	Sa	So
vormittags							
nachmittags							
abends/nachts							

8.4 Haben Sie gleitende Arbeitszeiten?
8.4* Hatten Sie gleitende Arbeitszeiten?   ☐ ja   ☐ nein

8.5 Arbeiten Sie im Schichtdienst?
8.5* Haben Sie im Schichtdienst gearbeitet?   ☐ ja   ☐ nein

8.6 Arbeiten Sie auf Abruf?
8.6* Haben Sie auf Abruf gearbeitet?   ☐ ja   ☐ nein

8.7 Haben Sie Einfluß auf Ihre Arbeitszeiten?
8.7* Hatten Sie Einfluß auf Ihre Arbeitszeiten?
☐ ja   ☐ nur teilweise   ☐ nein

9 Wir wollen nochmals kurz auf Ihren Haushalt zu sprechen kommen.

9.1 *(Wenn 2.1 = „ja„)* **Ist Ihr Partner/Ihre Partnerin erwerbstätig?**
☐ nein *(weiter mit 9.3)* ☐ ja *(weiter mit 9.2)*

9.2 In welchem Umfang ist Ihr Partner/Ihre Partnerin erwerbstätig?
☐ Vollzeit
☐ Teilzeit
☐ schwer einschätzbar, denn er/sie ist selbständig

9.3 Wie würden Sie die finanzielle Situation Ihres Haushaltes einschätzen? Welche der vier folgenden Aussagen trifft bei Ihnen am ehesten zu?
(nur 1 Nennung möglich)
☐ Das Geld reicht hinten und vorne nicht.
☐ Ich komme/Wir kommen gerade so hin.
☐ Ich kann mir/Wir können uns öfter mal was leisten.
☐ Ich bin/Wir sind sehr zufrieden.

10 So, nun versetzen wir uns vielleicht ein paar Jahre zurück, denn wir haben noch Fragen zu Schule und Ausbildung.

10.1 Welchen höchsten allgemeinbildenden Schulabschluß haben Sie?
(Nur 1 Nennung möglich)
☐ Schule noch nicht beendet ☐ Mittlere Reife/Realschule
☐ Schule nicht abgeschlossen ☐ Abitur/Fachhochschulreife
☐ Volks-/ Hauptschule ☐ sonstiger Schulabschluß

10.2 Welchen beruflichen Ausbildungsabschluß haben Sie?
(Mehrfachnennungen möglich)
☐ ohne beruflichen Abschluß
☐ noch in Ausbildung/ Studium
☐ Fachschule, Fachakademie, Berufsakademie
☐ Fachhoch-, Ingenieurschule
☐ Lehre/Ausbildung (in Betrieb, Praxis etc.)
☐ Hochschule
☐ beruflich-schulische Ausbildung
☐ Sonstiger Abschluß:_____ *(bitte notieren)*

10.3 Wie schätzen Sie Ihre eigene Ausbildung im Vergleich zu der Ihrer Eltern ein?
(Je 1 Nennung möglich)
A) Ich habe eine ☐ niedrigere
☐ gleichwertige
☐ höhere Ausbildung im Vergleich zu meiner Mutter.

B) Ich habe eine ☐ niedrigere
☐ gleichwertige
☐ höhere Ausbildung im Vergleich zu meinem Vater.

10.4 Arbeiten Sie entsprechend Ihrer Qualifikation?
10.4* Haben Sie zuletzt entsprechend Ihrer Qualifikation gearbeitet?
☐ ja   ☐ nein

10.5 Was wäre Ihrer Meinung nach der ideale Beruf für
A) Ihre Tochter: _____

B) Ihren Sohn: _____

(bitte jeweils Aussage notieren)

11 Darf ich Sie abschließend bitte noch nach Ihrem Alter fragen?

11.1 Wie alt sind Sie? _____ Jahre

Vielen Dank für Ihre Mitarbeit, auf Wiedersehen!

12 Geschlecht   ☐ weiblich   ☐ männlich

Raum für Bemerkungen:
_____
_____
_____
_____

HEIDELBERGER GEOGRAPHISCHE ARBEITEN*

Heft 1	Felix Monheim: Beiträge zur Klimatologie und Hydrologie des Titicacabeckens. 1956. 152 Seiten, 38 Tabellen, 13 Figuren, 4 Karten.　　DM 12,--
Heft 4	Don E. Totten: Erdöl in Saudi-Arabien. 1959. 174 Seiten, 1 Tabelle, 11 Abbildungen, 16 Figuren.　　DM 15,--
Heft 5	Felix Monheim: Die Agrargeographie des Neckarschwemmkegels. 1961. 118 Seiten, 50 Tabellen, 11 Abbildungen, 7 Figuren, 3 Karten.　　DM 22,80
Heft 8	Franz Tichy: Die Wälder der Basilicata und die Entwaldung im 19. Jahrhundert. 1962. 175 Seiten, 15 Tabellen, 19 Figuren, 16 Abbildungen, 3 Karten.　　DM 29,80
Heft 9	Hans Graul: Geomorphologische Studien zum Jungquartär des nördlichen Alpenvorlandes. Teil I: Das Schweizer Mittelland. 1962. 104 Seiten, 6 Figuren, 6 Falttafeln.　　DM 24,80
Heft 10	Wendelin Klaer: Eine Landnutzungskarte von Libanon. 1962. 56 Seiten, 7 Figuren, 23 Abbildungen, 1 farbige Karte.　　DM 20,20
Heft 11	Wendelin Klaer: Untersuchungen zur klimagenetischen Geomorphologie in den Hochgebirgen Vorderasiens. 1963. 135 Seiten, 11 Figuren, 51 Abbildungen, 4 Karten.　　DM 30,70
Heft 12	Erdmann Gormsen: Barquisimeto, eine Handelsstadt in Venezuela. 1963. 143 Seiten, 26 Tabellen, 16 Abbildungen, 11 Karten.　　DM 32,--
Heft 17	Hanna Bremer: Zur Morphologie von Zentralaustralien. 1967. 224 Seiten, 6 Karten, 21 Figuren, 48 Abbildungen.　　DM 28,--
Heft 18	Gisbert Glaser: Der Sonderkulturanbau zu beiden Seiten des nördlichen Oberrheins zwischen Karlsruhe und Worms. Eine agrargeographische Untersuchung unter besonderer Berücksichtigung des Standortproblems. 1967. 302 Seiten, 116 Tabellen, 12 Karten.　　DM 20,80
Heft 23	Gerd R. Zimmermann: Die bäuerliche Kulturlandschaft in Südgalicien. Beitrag zur Geographie eines Übergangsgebietes auf der Iberischen Halbinsel. 1969. 224 Seiten, 20 Karten, 19 Tabellen, 8 Abbildungen.　　DM 21,--
Heft 24	Fritz Fezer: Tiefenverwitterung circumalpiner Pleistozänschotter. 1969. 144 Seiten, 90 Figuren, 4 Abbildungen, 1 Tabelle.　　DM 16,--
Heft 25	Naji Abbas Ahmad: Die ländlichen Lebensformen und die Agrarentwicklung in Tripolitanien. 1969. 304 Seiten, 10 Karten, 5 Abbildungen.　　DM 20,--
Heft 26	Ute Braun: Der Felsberg im Odenwald. Eine geomorphologische Monographie. 1969. 176 Seiten, 3 Karten, 14 Figuren, 4 Tabellen, 9 Abbildungen.　　DM 15,--

*Nicht aufgeführte Hefte sind vergriffen.

Heft 27	Ernst Löffler: Untersuchungen zum eiszeitlichen und rezenten klimagenetischen Formenschatz in den Gebirgen Nordostanatoliens. 1970. 162 Seiten, 10 Figuren, 57 Abbildungen. DM 19,80
Heft 29	Wilfried Heller: Der Fremdenverkehr im Salzkammergut – eine Studie aus geographischer Sicht. 1970. 224 Seiten, 15 Karten, 34 Tabellen. DM 32,--
Heft 30	Horst Eichler: Das präwürmzeitliche Pleistozän zwischen Riss und oberer Rottum. Ein Beitrag zur Stratigraphie des nordöstlichen Rheingletschergebietes. 1970. 144 Seiten, 5 Karten, 2 Profile, 10 Figuren, 4 Tabellen, 4 Abbildungen. DM 14,--
Heft 31	Dietrich M. Zimmer: Die Industrialisierung der Bluegrass Region von Kentucky. 1970. 196 Seiten, 16 Karten, 5 Figuren, 45 Tabellen, 11 Abbildungen. DM 21,50
Heft 33	Jürgen Blenck: Die Insel Reichenau. Eine agrargeographische Untersuchung. 1971. 248 Seiten, 32 Diagramme, 22 Karten, 13 Abbildungen, 90 Tabellen. DM 52,--
Heft 35	Brigitte Grohmann-Kerouach: Der Siedlungsraum der Ait Ouriaghel im östlichen Rif. 1971. 226 Seiten, 32 Karten, 16 Figuren, 17 Abbildungen. DM 20,40
Heft 37	Peter Sinn: Zur Stratigraphie und Paläogeographie des Präwürm im mittleren und südlichen Illergletscher-Vorland. 1972. 159 Seiten, 5 Karten, 21 Figuren, 13 Abbildungen, 12 Längsprofile, 11 Tabellen. DM 22,--
Heft 38	Sammlung quartärmorphologischer Studien I. Mit Beiträgen von K. Metzger, U. Herrmann, U. Kuhne, P. Imschweiler, H.-G. Prowald, M. Jauß †, P. Sinn, H.-J. Spitzner, D. Hiersemann, A. Zienert, R. Weinhardt, M. Geiger, H. Graul und H. Völk. 1973. 286 Seiten, 13 Karten, 39 Figuren, 3 Skizzen, 31 Tabellen, 16 Abbildungen. DM 31,--
Heft 39	Udo Kuhne: Zur Stratifizierung und Gliederung quartärer Akkumulationen aus dem Bièvre-Valloire, einschließlich der Schotterkörper zwischen St.-Rambert-d'Albon und der Enge von Vienne. 1974. 94 Seiten, 11 Karten, 2 Profile, 6 Abbildungen, 15 Figuren, 5 Tabellen. DM 24,--
Heft 42	Werner Fricke, Anneliese Illner und Marianne Fricke: Schrifttum zur Regionalplanung und Raumstruktur des Oberrheingebietes. 1974. 93 Seiten. DM 10,--
Heft 43	Horst Georg Reinhold: Citruswirtschaft in Israel. 1975. 307 Seiten, 7 Karten, 7 Figuren, 8 Abbildungen, 25 Tabellen. DM 30,--
Heft 44	Jürgen Strassel: Semiotische Aspekte der geographischen Erklärung. Gedanken zur Fixierung eines metatheoretischen Problems in der Geographie. 1975. 244 Seiten. DM 30,--

Heft 45	Manfred Löscher: Die präwürmzeitlichen Schotterablagerungen in der nördlichen Iller-Lech-Platte. 1976. 157 Seiten, 4 Karten, 11 Längs- u. Querprofile, 26 Figuren, 8 Abbildungen, 3 Tabellen. DM 30,--
Heft 49	Sammlung quartärmorphologischer Studien II. Mit Beiträgen von W. Essig, H. Graul, W. König, M. Löscher, K. Rögner, L. Scheuenpflug, A. Zienert u.a. 1979. 226 Seiten. DM 35,--
Heft 51	Frank Ammann: Analyse der Nachfrageseite der motorisierten Naherholung im Rhein-Neckar-Raum. 1978. 163 Seiten, 22 Karten, 6 Abbildungen, 5 Figuren, 46 Tabellen. DM 31,--
Heft 52	Werner Fricke: Cattle Husbandry in Nigeria. A study of its ecological conditions and social-geographical differentiations. 1993. 2nd Edition (Reprint with Subject Index). 344 pages, 33 maps, 20 figures, 52 tables, 47 plates. DM 42,--
Heft 55	Hans-Jürgen Speichert: Gras-Ellenbach, Hammelbach, Litzelbach, Scharbach, Wahlen. Die Entwicklung ausgewählter Fremdenverkehrsorte im Odenwald. 1979. 184 Seiten, 8 Karten, 97 Tabellen. DM 31,--
Heft 58	Hellmut R. Völk: Quartäre Reliefentwicklung in Südostspanien. Eine stratigraphische, sedimentologische und bodenkundliche Studie zur klimamorphologischen Entwicklung des mediterranen Quartärs im Becken von Vera. 1979. 143 Seiten, 1 Karte, 11 Figuren, 11 Tabellen, 28 Abbildungen. DM 28,--
Heft 59	Christa Mahn: Periodische Märkte und zentrale Orte – Raumstrukturen und Verflechtungsbereiche in Nord-Ghana. 1980. 197 Seiten, 20 Karten, 22 Figuren, 50 Tabellen. DM 28,--
Heft 60	Wolfgang Herden: Die rezente Bevölkerungs- und Bausubstanzentwicklung des westlichen Rhein-Neckar-Raumes. Eine quantitative und qualitative Analyse. 1983. 229 Seiten, 27 Karten, 43 Figuren, 34 Tabellen. DM 39,--
Heft 62	Gudrun Schultz: Die nördliche Ortenau. Bevölkerung, Wirtschaft und Siedlung unter dem Einfluß der Industrialisierung in Baden. 1982. 350 Seiten, 96 Tabellen, 12 Figuren, 43 Karten. DM 35,--
Heft 64	Jochen Schröder: Veränderungen in der Agrar- und Sozialstruktur im mittleren Nordengland seit dem Landwirtschaftsgesetz von 1947. Ein Beitrag zur regionalen Agrargeographie Großbritanniens, dargestellt anhand eines W-E-Profils von der Irischen See zur Nordsee. 1983. 206 Seiten, 14 Karten, 9 Figuren, 21 Abbildungen, 39 Tabellen. DM 36,--
Heft 65	Otto Fränzle et al.: Legendenentwurf für die geomorphologische Karte 1:100.000 (GMK 100). 1979. 18 Seiten. DM 3,--

Heft 66   Dietrich Barsch und Wolfgang-Albert Flügel (Hrsg.): Niederschlag, Grundwasser, Abfluß. Ergebnisse aus dem hydrologisch-geomorphologischen Versuchsgebiet "Hollmuth". Mit Beiträgen von D. Barsch, R. Dikau, W.-A. Flügel, M. Friedrich, J. Schaar, A. Schorb, O. Schwarz und H. Wimmer. 1988. 275 Seiten, 42 Tabellen, 106 Abbildungen.   DM 47,--

Heft 68   Robert König: Die Wohnflächenbestände der Gemeinden der Vorderpfalz. Bestandsaufnahme, Typisierung und zeitliche Begrenzung der Flächenverfügbarkeit raumfordernder Wohnfunktionsprozesse. 1980. 226 Seiten, 46 Karten, 16 Figuren, 17 Tabellen, 7 Tafeln.   DM 32,--

Heft 69   Dietrich Barsch und Lorenz King (Hrsg.): Ergebnisse der Heidelberg-Ellesmere Island-Expedition. Mit Beiträgen von D. Barsch, H. Eichler, W.-A. Flügel, G. Hell, L. King, R. Mäusbacher und H.R. Völk. 1981. 573 Seiten, 203 Abbildungen, 92 Tabellen, 2 Karten als Beilage.   DM 70,--

Heft 71   Stand der grenzüberschreitenden Raumordnung am Oberrhein. Kolloquium zwischen Politikern, Wissenschaftlern und Praktikern über Sach- und Organisationsprobleme bei der Einrichtung einer grenzüberschreitenden Raumordnung im Oberrheingebiet und Fallstudie: Straßburg und Kehl. 1981. 116 Seiten, 13 Abbildungen.   DM 15,--

Heft 72   Adolf Zienert: Die witterungsklimatische Gliederung der Kontinente und Ozeane. 1981. 20 Seiten, 3 Abbildungen; mit Farbkarte 1:50 Mill.   DM 12,--

Heft 73   American-German International Seminar. Geography and Regional Policy: Resource Management by Complex Political Systems. Eds.: John S. Adams, Werner Fricke and Wolfgang Herden. 1983. 387 Pages, 23 Maps, 47 Figures, 45 Tables.   DM 50,--

Heft 74   Ulrich Wagner: Tauberbischofsheim und Bad Mergentheim. Eine Analyse der Raumbeziehungen zweier Städte in der frühen Neuzeit. 1985. 326 Seiten, 43 Karten, 11 Abbildungen, 19 Tabellen.   DM 58,--

Heft 75   Kurt Hiehle-Festschrift. Mit Beiträgen von U. Gerdes, K. Goppold, E. Gormsen, U. Henrich, W. Lehmann, K. Lüll, R. Möhn, C. Niemeitz, D. Schmidt-Vogt, M. Schumacher und H.-J. Weiland. 1982. 256 Seiten, 37 Karten, 51 Figuren, 32 Tabellen, 4 Abbildungen.   DM 25,--

Heft 76   Lorenz King: Permafrost in Skandinavien – Untersuchungsergebnisse aus Lappland, Jotunheimen und Dovre/Rondane. 1984. 174 Seiten, 72 Abbildungen, 24 Tabellen.   DM 38,--

Heft 77   Ulrike Sailer: Untersuchungen zur Bedeutung der Flurbereinigung für agrarstrukturelle Veränderungen – dargestellt am Beispiel des Kraichgaus. 1984. 308 Seiten, 36 Karten, 58 Figuren, 116 Tabellen.   DM 44,--

Heft 78   Klaus-Dieter Roos: Die Zusammenhänge zwischen Bausubstanz und Bevölkerungsstruktur – dargestellt am Beispiel der südwestdeutschen Städte Eppingen und Mosbach. 1985. 154 Seiten, 27 Figuren, 48 Tabellen, 6 Abbildungen, 11 Karten.   DM 29,--

Heft 79	Klaus Peter Wiesner: Programme zur Erfassung von Landschaftsdaten, eine Bodenerosionsgleichung und ein Modell der Kaltluftentstehung. 1986. 83 Seiten, 23 Abbildungen, 20 Tabellen, 1 Karte. DM 26,--
Heft 80	Achim Schorb: Untersuchungen zum Einfluß von Straßen auf Boden, Grund- und Oberflächenwässer am Beispiel eines Testgebietes im Kleinen Odenwald. 1988. 193 Seiten, 1 Karte, 176 Abbildungen, 60 Tabellen. DM 37,--
Heft 81	Richard Dikau: Experimentelle Untersuchungen zu Oberflächenabfluß und Bodenabtrag von Meßparzellen und landwirtschaftlichen Nutzflächen. 1986. 195 Seiten, 70 Abbildungen, 50 Tabellen. DM 38,--
Heft 82	Cornelia Niemeitz: Die Rolle des PKW im beruflichen Pendelverkehr in der Randzone des Verdichtungsraumes Rhein-Neckar. 1986. 203 Seiten, 13 Karten, 65 Figuren, 43 Tabellen. DM 34,--
Heft 83	Werner Fricke und Erhard Hinz (Hrsg.): Räumliche Persistenz und Diffusion von Krankheiten. Vorträge des 5. geomedizinischen Symposiums in Reisenburg, 1984, und der Sitzung des Arbeitskreises Medizinische Geographie/Geomedizin in Berlin, 1985. 1987. 279 Seiten, 42 Abbildungen, 9 Figuren, 19 Tabellen, 13 Karten. DM 58,--
Heft 84	Martin Karsten: Eine Analyse der phänologischen Methode in der Stadtklimatologie am Beispiel der Kartierung Mannheims. 1986. 136 Seiten, 19 Tabellen, 27 Figuren, 5 Abbildungen, 19 Karten. DM 30,--
Heft 85	Reinhard Henkel und Wolfgang Herden (Hrsg.): Stadtforschung und Regionalplanung in Industrie- und Entwicklungsländern. Vorträge des Festkolloquiums zum 60. Geburtstag von Werner Fricke. 1989. 89 Seiten, 34 Abbildungen, 5 Tabellen. DM 18,--
Heft 86	Jürgen Schaar: Untersuchungen zum Wasserhaushalt kleiner Einzugsgebiete im Elsenztal/Kraichgau. 1989. 169 Seiten, 48 Abbildungen, 29 Tabellen. DM 32,--
Heft 87	Jürgen Schmude: Die Feminisierung des Lehrberufs an öffentlichen, allgemeinbildenden Schulen in Baden-Württemberg, eine raum-zeitliche Analyse. 1988. 159 Seiten, 10 Abbildungen, 13 Karten, 46 Tabellen. DM 30,--
Heft 88	Peter Meusburger und Jürgen Schmude (Hrsg.): Bildungsgeographische Studien über Baden-Württemberg. Mit Beiträgen von M. Becht, J. Grabitz, A. Hüttermann, S. Köstlin, C. Kramer, P. Meusburger, S. Quick, J. Schmude und M. Votteler. 1990. 291 Seiten, 61 Abbildungen, 54 Tabellen. DM 38,--
Heft 89	Roland Mäusbacher: Die jungquartäre Relief- und Klimageschichte im Bereich der Fildeshalbinsel Süd-Shetland-Inseln, Antarktis. 1991. 207 Seiten, 87 Abbildungen, 9 Tabellen. DM 48,--

Heft 90   Dario Trombotto: Untersuchungen zum periglazialen Formenschatz und zu periglazialen Sedimenten in der "Lagunita del Plata", Mendoza, Argentinien. 1991. 171 Seiten, 42 Abbildungen, 24 Photos, 18 Tabellen und 76 Photos im Anhang.   DM 34,--

Heft 91   Matthias Achen: Untersuchungen über Nutzungsmöglichkeiten von Satellitenbilddaten für eine ökologisch orientierte Stadtplanung am Beispiel Heidelberg. 1993. 195 Seiten, 43 Abbildungen, 20 Tabellen, 16 Fotos.   DM 38,--

Heft 92   Jürgen Schweikart: Räumliche und soziale Faktoren bei der Annahme von Impfungen in der Nord-West Provinz Kameruns. Ein Beitrag zur Medizinischen Geographie in Entwicklungsländern. 1992. 134 Seiten, 7 Karten, 27 Abbildungen, 33 Tabellen.   DM 26,--

Heft 93   Caroline Kramer: Die Entwicklung des Standortnetzes von Grundschulen im ländlichen Raum. Vorarlberg und Baden-Württemberg im Vergleich. 1993. 263 Seiten, 50 Karten, 34 Abbildungen, 28 Tabellen.   DM 40,--

Heft 94   Lothar Schrott: Die Solarstrahlung als steuernder Faktor im Geosystem der sub-tropischen semiariden Hochanden (Agua Negra, San Juan, Argentinien). 1994. 199 Seiten, 83 Abbildungen, 16 Tabellen.   DM 31,--

Heft 95   Jussi Baade: Geländeexperiment zur Verminderung des Schwebstoffaufkommens in landwirtschaftlichen Einzugsgebieten. 1994. 215 Seiten, 56 Abbildungen, 60 Tabellen.   DM 28,--

Heft 96   Peter Hupfer: Der Energiehaushalt Heidelbergs unter besonderer Berücksichtigung der städtischen Wärmeinselstruktur. 1994. 213 Seiten, 36 Karten, 54 Abbildungen, 15 Tabellen.   DM 32,--

Heft 97   Werner Fricke und Ulrike Sailer-Fliege (Hrsg.): Untersuchungen zum Einzelhandel in Heidelberg. Mit Beiträgen von M. Achen, W. Fricke, J. Hahn, W. Kiehn, U. Sailer-Fliege, A. Scholle und J. Schweikart. 1995. 139 Seiten.   DM 25,--

Heft 98   Achim Schulte: Hochwasserabfluß, Sedimenttransport und Gerinnebettgestaltung an der Elsenz im Kraichgau. 1995. 202 Seiten, 68 Abbildungen, 6 Tabellen, 6 Fotos.   DM 32,--

Heft 99   Stefan Werner Kienzle: Untersuchungen zur Flußversalzung im Einzugsgebiet des Breede Flusses, Westliche Kapprovinz, Republik Südafrika. 1995. 139 Seiten, 55 Abbildungen, 28 Tabellen.   DM 25,--

Heft 100   Dietrich Barsch, Werner Fricke und Peter Meusburger (Hrsg.): 100 Jahre Geographie an der Ruprecht-Karls-Universität Heidelberg (1895-1995). 1996.   DM 36,--

Heft 101   Clemens Weick: Räumliche Mobilität und Karriere. Eine individualstatistische Analyse der baden-württembergischen Universitätsprofessoren unter besonderer Berücksichtigung demographischer Strukturen. 1995. 284 Seiten, 28 Karten, 47 Abbildungen und 23 Tabellen.   DM 34,--

Heft 102 Werner D. Spang: Die Eignung von Regenwürmern (Lumbricidae), Schnecken (Gastropoda) und Laufkäfern (Carabidae) als Indikatoren für auentypische Standortbedingungen. Eine Untersuchung im Oberrheintal. 1996. 236 Seiten, 16 Karten, 55 Abbildungen und 132 Tabellen. DM 38,--

Heft 103 Andreas Lang: Die Infrarot-Stimulierte-Lumineszenz als Datierungsmethode für holozäne Lössderivate. Ein Beitrag zur Chronometrie kolluvialer, alluvialer und limnischer Sedimente in Südwestdeutschland. 1996. 137 Seiten, 39 Abbildungen und 21 Tabellen. DM 25,--

Heft 104 Roland Mäusbacher und Achim Schulte (Hrsg.): Beiträge zur Physiogeographie. Festschrift für Dietrich Barsch. 1996. 542 Seiten. DM 50,--

Heft 105 Michaela Braun: Subsistenzsicherung und Marktpartizipation. Eine agrargeographische Untersuchung zu kleinbäuerlichen Produktionsstrategien in der Province de la Comoé, Burkina Faso. 1996. 234 Seiten, 16 Karten, 6 Abbildungen und 27 Tabellen. DM 32,--

Heft 106 Martin Litterst: Hochauflösende Emissionskataster und winterliche SO_2-Immissionen: Fallstudien zur Luftverunreinigung in Heidelberg. 1996. 171 Seiten, 29 Karten, 56 Abbildungen und 57 Tabellen. DM 32,--

Heft 107 Eckart Würzner: Vergleichende Fallstudie über potentielle Einflüsse atmosphärischer Umweltnoxen auf die Mortalität in Agglomerationen. 1997. 256 Seiten, 32 Karten, 17 Abbildungen und 52 Tabellen. DM 30,--

Heft 108 Stefan Jäger: Fallstudien von Massenbewegungen als geomorphologische Naturgefahr. Rheinhessen, Tully Valley (New York State), Yosemite Valley (Kalifornien). 1997. 176 Seiten, 53 Abbildungen und 26 Tabellen. DM 29,--

Heft 109 Ulrike Tagscherer: Mobilität und Karriere in der VR China – Chinesische Führungskräfte im Transformationsprozess. Eine qualitativ-empirische Analyse chinesischer Führungskräfte im deutsch-chinesischen Joint-Ventures, 100% Tochtergesellschaften und Repräsentanzen. 1999. 254 Seiten, 8 Karten, 31 Abbildungen und 19 Tabellen. DM 39,--

Heft 110 Martin Gude: Ereignissequenzen und Sedimenttransporte im fluvialen Milieu kleiner Einzugsgebiete auf Spitzbergen. 2000. 124 Seiten, 28 Abbildungen und 17 Tabellen. DM 29,--

Heft 111 Günter Wolkersdorfer: Politische Geographie und Geopolitik zwischen Moderne und Postmoderne. 2001. 272 Seiten, 43 Abbildungen und 6 Tabellen. DM 36,--

Heft 112 Paul Reuber und Günter Wolkersdorfer (Hrsg.): Politische Geographie. Handlungsorientierte Ansätze und Critical Geopolitics. 2001. 304 Seiten. Mit Beiträgen von Hans Gebhardt, Thomas Krings, Julia Lossau, Jürgen Oßenbrügge, Anssi Paasi, Paul Reuber, Dietrich Soyez, Ute Wardenga, Günter Wolkersdorfer u.a. DM 39,--

Heft 113   Anke Väth: Erwerbsmöglichkeiten von Frauen in ländlichen und suburbanen Gemeinden Baden-Württembergs. Qualitative und quantitative Analyse der Wechselwirkungen zwischen Qualifikation, Haus-, Familien- und Erwerbsarbeit. 2001. 396 Seiten, 34 Abbildungen, 54 Tabellen und 1 Karte.
DM 42,--

Bestellungen an:

Selbstverlag des Geographischen Instituts
Universität Heidelberg
Berliner Straße 48
D-69120 Heidelberg
Fax: 06221/544996
E-Mail: hga@urz.uni-heidelberg.de

HEIDELBERGER GEOGRAPHISCHE BAUSTEINE*

Heft 1	D. Barsch, R. Dikau, W. Schuster: Heidelberger Geomorphologisches Programmsystem. 1986. 60 Seiten.	DM 9,--
Heft 7	J. Schweikart, J. Schmude, G. Olbrich, U. Berger: Graphische Datenverarbeitung mit SAS/GRAPH - Eine Einführung. 1989. 76 Seiten.	DM 8,--
Heft 8	P. Hupfer: Rasterkarten mit SAS. Möglichkeiten zur Rasterdarstellung mit SAS/GRAPH unter Verwendung der SAS-Macro-Facility. 1990. 72 Seiten.	DM 8,--
Heft 9	M. Fasbender: Computergestützte Erstellung von komplexen Choroplethenkarten, Isolinienkarten und Gradnetzentwürfen mit dem Programmsystem SAS/GRAPH. 1991. 135 Seiten.	DM 15,--
Heft 10	J. Schmude, I. Keck, F. Schindelbeck, C. Weick: Computergestützte Datenverarbeitung. Eine Einführung in die Programme KEDIT, WORD, SAS und LARS. 1992. 96 Seiten.	DM 15,--
Heft 12	W. Mikus (Hrsg.): Umwelt und Tourismus. Analysen und Maßnahmen zu einer nachhaltigen Entwicklung am Beispiel von Tegernsee. 1994. 122 Seiten.	DM 20,--
Heft 14	W. Mikus (Hrsg.): Gewerbe und Umwelt. Determinaten, Probleme und Maßnahmen in den neuen Bundesländern am Beispiel von Döbeln / Sachsen. 1997. 86 Seiten.	DM 15,--
Heft 15	M. Hoyler, T. Freytag, R. Baumhoff: Literaturdatenbank Regionale Bildungsforschung: Konzeption, Datenbankstrukturen in ACCESS und Einführung in die Recherche. Mit einem Verzeichnis ausgewählter Institutionen der Bildungsforschung und weiterführenden Recherchehinweisen. 1997. 70 Seiten.	DM 12,--

Bestellungen an:

Selbstverlag des Geographischen Instituts
Universität Heidelberg
Berliner Straße 48
D-69120 Heidelberg
Fax: 06221/544996
E-Mail: hga@urz.uni-heidelberg.de

---

*Nicht aufgeführte Hefte sind vergriffen.

HETTNER-LECTURES

Heft 1   *Explorations in critical human geography*. Hettner-Lecture 1997 with Derek Gregory. Heidelberg. 1998. 122 Seiten.   DM 25,--

Heft 2   *Power-geometries and the politics of space-time*. Hettner-Lecture 1998 with Doreen Massey. Heidelberg 1999. 112 Seiten.   DM 25,--

Heft 3   *Struggles over geography: violence, freedom and development at the millennium*. Hettner-Lecture 1999 with Michael J. Watts. 2000. 142 Seiten.
   DM 25,--

Heft 4   *Reinventing geopolitics: geographies of modern statehood*. Hettner-Lecture 2000 with John A. Agnew. 2001. 84 Seiten.   DM 25,--

Heft 5   *Science, space and hermeneutics*. Hettner-Lecture 2001 with David N. Livingstone. 84 Seiten. Erscheint 2002.

Bestellungen an:

**Selbstverlag des Geographischen Instituts
Universität Heidelberg
Berliner Straße 48
D-69120 Heidelberg
Fax: 06221/544996
E-Mail: hga@urz.uni-heidelberg.de**